e时代 打官司一本通

Guidance on Lawsuits in e-Age

孙军工◉主编

打官司一本通　让诉讼更轻松

扫描封底二维码　互联网＋精彩视频解读

青岛出版社
QINGDAO PUBLISHING HOUSE

图书在版编目（CIP）数据

e 时代打官司一本通 / 孙军工主编. — 青岛：青岛出版社，2015. 9
ISBN 978-7-5552-3015-1

Ⅰ. ① e… Ⅱ. ①孙… Ⅲ. ①法律—基本知识—中国 Ⅳ. ① D920. 5

中国版本图书馆 CIP 数据核字（2015）第 204257 号

书　　名　e 时代打官司一本通
主　　编　孙军工
出版发行　青岛出版社（青岛市海尔路 182 号，266061）
本社网址　http://www.qdpub.com
邮购电话　0532-68068141
策　　划　张化新
责任编辑　张性阳　黄　锐
装帧设计　央美阳光
美术编辑　张　晓
制　　版　青岛艺鑫制版印刷有限公司
印　　刷　青岛新华印刷有限公司
出版日期　2015 年 9 月第 1 版　2015 年 9 月第 1 次印刷
开　　本　16 开（710 mm × 1000 mm）
印　　张　45.5
插　　页　2
字　　数　800 千
书　　号　ISBN 978-7-5552-3015-1
定　　价　98.00 元

编校印装质量、盗版监督服务电话　4006532017　0532 – 68068638
印刷厂服务电话　4008053267

致读者

随着依法治国进程的加快，社会公众对法治建设表现出前所未有的渴望。特别是党的十八届四中全会之后，社会公众对法治个案愈发关注。作为法官，我们对这一点的感受更加深刻。执法办案对于涉案当事人来说会引起强烈的关注，对于那些没有涉诉、没有机会参与到诉讼中的社会公众来说同样具有吸引力，因为法治建设的成果直接关系到每一个人宪法权利的实现。

“打官司难”曾经是困扰法治建设的一大难题。自2015年5月1日开始，人民法院全面施行立案登记制。人民法院对依法应予受理的案件，有案必立、有诉必理，长期以来困扰人民群众诉权行使的“立案难”问题已经成为历史。互联网时代催生的“互联网思维”、“互联网+”模式，凡此种种，都为社会公众通过诉讼渠道维护合法权益提供了更为便利、快捷的途径。“触网”之后的诉讼出现哪些变化？立案登记制实施后群众怎样打官司？登记立案给群众打官司提供了哪些便利？关心法治建设的人们都亟待了解这些问题的答案。

诉讼的目的就是要让受到矛盾纠纷困扰的当事人早日得到解脱，尽快开启祥和、无忧的工作生活模式。但客观地说，打官司并不是一件容易的事。法律知识不多的人们在浩如烟海的法律条文中觅寻维护权益之路，个中艰辛我们感同身受。虽然能力、水平有限，但我们凭借“有梦想谁都了不起”的勇气，将编写《e时代打官司一本通》的想法付诸实施。移动互联网时代的信息传播，空前注重用户参与和分众传播，实现量身订做、精确传播的效果。在新媒体环境中传播司法信息，必须树立“用户至上”理念，从受众的内容喜好和阅读习惯出发，用受众易于接受、乐于接受的方式，把打官司应知、必知的内容传播出去。基于此，本书分为立案、民事诉讼、刑事诉讼、行政诉讼、国家赔偿、执行程序以及司法公开7大部分，从社会公众最关注的热点问题出发，用一问一答的方式，就整个诉讼过程中可能遇到的法律问题和相关联的法律知识进行了充分说明和阐释。

为了让抽象的法律知识更加生动直观、便于理解，本书配有大量轻松幽默的漫画作品，对于在答问中涉及的相关法律法规、司法文件，均标注了权威网站网址链接。用漫画作品的方式辅助传播司法信息，不是简单的形式上的创新，而是期待着用社会公众易于接受、一看就懂的方式把诉讼知识传播出去，真正让读者看得懂、记得住、学得会、用得上，尽可能减轻读者单纯阅读白纸黑字的疲劳感，以提高实际的阅读率。同时，部分配有漫画的问答还使用了“图像识别”技术，为“e网情深”的读者度身定制。读者朋友们使用手机扫描书中标有▶的漫画，即可观看相关联的视频信息，真正“即扫即现”，切实让您体验传统出版物与互联网融合所带来的新鲜感受。在传统的法律出版物中使用电子技术实现“书网联通互动”，还不多见吧。

一切的努力，都是为了让我们大家一起沐浴在法治的阳光下，享受幸福和安康。打官司一本通，让诉讼更轻松！

编　者

2015年9月

目录 Contents

第一章 立　案 / 1

立案综合 / 2
民事案件 / 49
刑事案件 / 77
行政案件 / 84
执行案件 / 103

第二章 民事诉讼 / 113

审判组织 / 114
回　避 / 127
诉讼参加人 / 130
证　据 / 158
期间和送达 / 174
调　解 / 182
保全和先予执行 / 187
对妨害民事诉讼的强制措施 / 196
第一审普通程序 / 202
简易程序 / 218
第二审程序 / 225
特别程序 / 231
审判监督程序 / 244
督促程序 / 268
公示催告程序 / 274
涉外民事诉讼的特别规定 / 279
涉港澳台案件民事诉讼的有关规定 / 294

第三章 刑事诉讼 / 335

刑事自诉及综合 / 336
证　据 / 350
强制措施 / 360
刑事附带民事诉讼 / 374
期间、送达、审理期限 / 380
侦查和提起公诉 / 382
一审程序 / 388

目录 Contents

简易程序 / 405
二审程序 / 407
死刑复核程序 / 431
查封、扣押、冻结财物及其处理 / 442
审判监督程序 / 448
涉外司法协助 / 458
未成年人刑事案件诉讼程序 / 472
当事人和解的公诉案件诉讼程序 / 484
犯罪嫌疑人、被告人逃匿、死亡案件违法所得的没收程序 / 489
依法不负刑事责任的精神病人的强制医疗程序 / 495

第四章 行政诉讼 / 503

证　据 / 504
起诉和受理 / 509
审理和判决 / 513
涉外行政诉讼 / 536

第五章 国家赔偿 / 537

成立要件 / 538
行政赔偿 / 539
刑事赔偿 / 551
赔偿方式和计算标准 / 576
其他规定 / 584

第六章 执行程序 / 591

民事执行 / 592
刑事执行 / 623
行政执行 / 661

第七章 司法公开 / 673

索　引 / 684

e时代打官司一本通

第一章 立案

1 2 3 4 5 6 7

立案综合

Q 什么是打官司？

A “打官司”是一种古已有之的通俗说法，“官”和“司”本义都是“官方”、“官府”的意思。发生利害冲突的双方到官府或长官那里去告状，请求裁决是非，维护自己的正当权益，或者因为被人告到官府或长官那里而同对方争论辩白，以维护自己的正当利益，这种活动在民间被称为“打官司”。在现代社会，“打官司”用法律术语表达就是“诉讼”。“诉讼”在法律上分为民事诉讼、刑事诉讼和行政诉讼3种类型，也就是人们常说的民事官司、刑事官司和行政官司。

Q 什么是民事官司？

A 民事官司即民事诉讼，是指作为平等主体的公民之间、法人之间、其他组织之间或者他们相互之间因财产关系和人身关系发生纠纷向法院提起的诉讼，旨在请求法院通过审判解决争议，保护自身的合法权益。例如：甲借给乙人民币10万元，乙到期不还，甲到法院起诉乙要求归还借款，就是民事官司。

什么是刑事官司？

刑事官司即刑事诉讼，是指人民法院、人民检察院和公安机关（含国家安全机关）在当事人及其他诉讼参与人的参加下，依照法律规定的程序，追究犯罪人刑事责任的活动。按照法律规定，刑事诉讼案件绝大多数是由检察院提起的公诉案件，但也有被害人及其法定代理人、近亲属可以直接起诉的自诉案件。例如：将他人的遗忘物或者埋藏物非法占为己有，数额较大，拒不交出的，即涉嫌构成刑法第二百七十条规定的侵占罪，就是典型的刑事自诉案件。

什么是行政官司？

行政官司即行政诉讼，也就是通常所称的“民告官”，是指公民、法人或者其他组织认为行政机关或法律、法规、规章授权组织的行政行为侵犯其合法权益向法院提起的诉讼，旨在请求法院对被诉行政行为的合法性进行审查。例如：公安机关认为甲违法路边停车，对其处以罚款200元的处罚，甲认为自己并未违法而将公安机关诉至法院，要求撤销行政处罚，就是行政诉讼。

打官司应该到哪里立案？

“打官司，到法院。”立案是打官司的第一步，当然要到法院办理手续。为了方便当事人诉讼，当事人除了到法院立案，还可以选择就近到人民法庭立案。另外，法院还提供“预约立案”、“远程立案”等多种便民立案方式。

Q 法院的哪个部门负责立案？

A 各地法院一般都设立了专门的诉讼服务大厅，负责诉调对接、立案登记、诉讼风险提示、诉讼材料接转、诉讼费用缴纳、财产保全、案件流程查询、信访接待等方面的工作，可以为当事人提供包括立案在内的“一站式”、“全方位”的诉讼服务。

Q 法庭可以立案吗？

A 当事人可以就近到人民法庭立案。《最高人民法院关于进一步加强新形势下人民法庭工作的若干意见》（法发〔2014〕21 号，http://www.chinacourt.org/law）规定：“山区、牧区、林区、边远地区等交通不便地区的人民法庭，要加强和完善人民法庭直接立案工作机制。”不只是交通不便地区的人民法庭可以直接立案，经济发达、交通便利地区的人民法庭也推出了这项服务。例如：北京市海淀区法院早在 2010 年就在东升、复兴、上地、山后 4 个派出法庭设立了立案点，办理各类案件的立案手续。

北京市海淀区法院各立案点地址及管辖案件范围

打官司可以预约立案吗？

人民法院为当事人提供网上立案、上门立案、节假日预约立案等服务。当事人可以通过网络提交案件材料，经立案法官在线审查，符合登记立案条件的，预约当事人、代理人到诉讼服务大厅办理立案手续。行动不便的伤病患者、残疾人、老年人、未成年人等群体，可以通过拨打“12368”诉讼服务热线预约节假日立案、上门立案等服务。

【**背景链接：** 1.《最高人民法院关于进一步做好司法便民利民工作的意见》，法发〔2014〕293号，http://www.chinacourt.org/law；

2.《最高人民法院关于进一步加强新形势下人民法庭工作的若干意见》，法发〔2014〕21号，http://www.chinacourt.org/law。】

立案登记制何时开始实施？

2015年4月1日，中央全面深化改革领导小组第十一次会议审议通过了《关于人民法院推行立案登记制改革的意见》（法发〔2015〕6号，http://www.chinacourt.org/law）。该意见已于2015年5月1日起施行。这项改革坚持以宪法和法律为依据，以群众需求为导向，从解决实际问题入手，要求对依法应该受理的案件，做到有案必立、有诉必理，切实保障当事人诉权，从制度上、源头上、根本上解决“立案难”问题。

Q 立案登记制是什么意思？

A 所谓“立案难”的问题，与此前实施的立案审查制有很大关系。立案审查制，就是当事人向法院提起诉讼时，法院对主体资格、法律关系、诉讼请求以及管辖权等诉讼要件进行实质审查后，决定是否受理。2015年5月1日后，立案审查制已经不再实施，改为立案登记制。立案登记制，就是法院对当事人的起诉不再进行实质审查，仅仅对形式要件进行核对。除《关于人民法院推行立案登记制改革的意见》规定不予登记立案的情形外，法院对当事人提交的诉状一律接收，并出具书面凭证。起诉状和相关证据材料符合诉讼法规定条件的，当场登记立案。

Q 最高人民法院对实行登记立案提出了哪些要求？

A 为规范登记立案程序，提高立案工作效率，切实保护当事人诉权，最高人民法院对登记立案作了以下5点要求：1. 对起诉、自诉，做到一律接收诉状，出具书面凭证并注明收到日期。2. 对接受诉状后，符合法律规定的起诉、自诉，应当当场予以登记立案。对不符合法律规定的起诉、自诉，应当予以释明。当事人坚持起诉的，应当书面裁定或者决定不予受理、不予立案，并载明理由。3. 对当场不能判定是否符合法律规定的，在法律规定期限内仍不能决定的，可以先行立案。4. 对当事人提交的诉状和材料不符合要求的，一次性书面告知在指定期限内补正。5. 对当事人提起民事、行政起诉，只要符合条件，不管有没有当场交诉讼费，都应该立案。

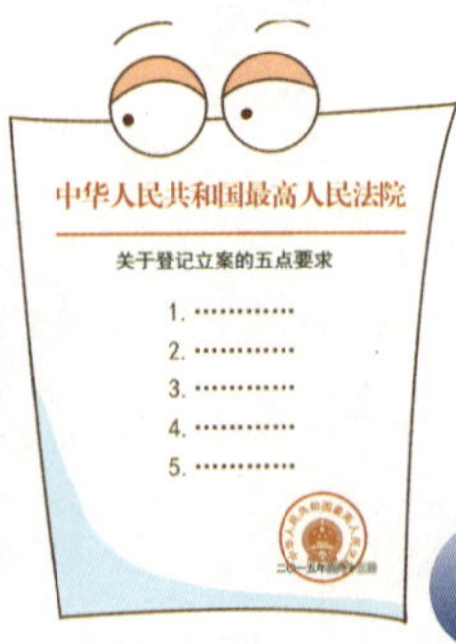

Q 什么样的案件可以登记立案？

A 登记立案针对的是初始案件，包括民事起诉、行政起诉、刑事自诉、强制执行和国家赔偿申请。对上诉、申请再审、申诉等，法律另有规定，不适用登记立案的规定。《关于人民法院推行立案登记制改革的意见》规定了上述5种情形的初始案件可以登记立案。

Q 消费者协会提起的民事公益诉讼是否适用立案登记制？

A 从2015年5月1日开始，全国法院全面实施立案登记制，对依法应该受理的案件，“有案必立、有诉必理”。消费民事公益诉讼案件是诉讼案件的一种类型，只要属于初始案件，当然适用立案登记制。

Q 可以登记立案的初始民事起诉需要具备哪些条件？

A 与本案有直接利害关系的公民、法人和其他组织提起的民事诉讼，有明确的被告、具体的诉讼请求和事实依据，属于人民法院主管和受诉人民法院管辖。

Q 可以登记立案的初始行政起诉需要具备哪些条件？

A 行政行为的相对人以及其他与行政行为有利害关系的公民、法人或者其他组织提起的行政诉讼，有明确的被告、具体的诉讼请求和事实根据，属于人民法院受案范围和受诉人民法院管辖。

Q 可以登记立案的初始刑事自诉需要具备哪些条件？

A 属于告诉才处理的案件，被害人有证据证明的轻微刑事案件，以及被害人有证据证明应当追究被告人刑事责任而公安机关、人民检察院不予追究的案件，被害人告诉，且有明确的被告人、具体的诉讼请求和证明被告人犯罪事实的证据，属于受诉人民法院管辖。

Q 可以登记立案的初始执行申请需要具备哪些条件？

A 生效法律文书有给付内容且执行标的和被执行人明确，权利人或其继承人、权利承受人在法定期限内提出申请，属于受申请人民法院管辖。

Q 可以登记立案的国家赔偿申请需要具备哪些条件？

A 赔偿请求人可以向作为赔偿义务机关的人民法院提出申请，也可以因对人民法院、人民检察院、公安机关等作出的赔偿、复议决定或者对逾期不作为不服而提出赔偿申请。

当事人可以自助立案吗？

可以。立案登记制实行以来，各地法院出台了一系列方便群众诉讼的立案措施。例如：上海浦东新区法院自主开发了自助立案系统，设立了自助立案登记室，正式推出了自助立案方式。对于简单的民商事案件、集团案件及执行案件，经预约、预检，确认符合受理条件的，该院在征得当事人同意的条件下由其自助立案。当事人可在自助立案登记室登录自助立案登记系统，自行输入案件信息，提交证据材料，打印相关诉讼法律文书后，自助完成立案登记。

当事人可以申请法官上门立案吗？

可以。全国法院在推行立案登记制改革过程中出台了多项司法便民措施，如对病人、残疾人、行动不便的老年人等特殊群体实施法官上门立案就是其中一项。例如：河北省邯郸市曲周县刘某在一起交通事故中受伤住院，其兄替他到县法院提起民事赔偿诉讼，并要求对肇事车辆采取保全措施，但由于不了解起诉要求，既未带当事人身份证明也未带委托代理手续。曲周法院两名立案法官考虑到当事人的特殊情况，驱车赶往县医院，到病床前为刘某办理了登记立案手续。刘某非常感动，称赞道：“车祸无情法有情，病房立案慰民心。”

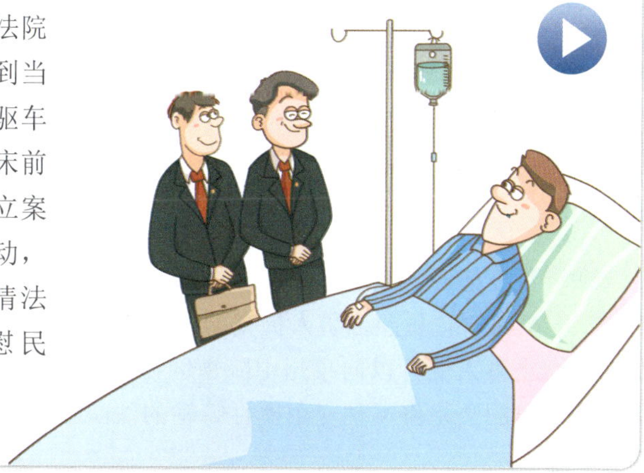

当事人可以通过微信申请立案吗？

可以。在立案登记制改革实施过程中，人民法院切实强化以信息化手段满足人民群众诉讼多元化需求。例如：广西壮族自治区各级法院通过阳光司法网开设网上诉讼服务，部分法院开通了微信公众号，可以为人民群众提供预约立案服务，实现足不出户就可以轻松把材料上传到法院，办理预立案手续。对经过网上、微信审核材料合格的起诉，当事人只需在预约时间到法院办理确认手续就可完成登记立案手续，避免排队或因材料不全而往返。

当事人未交诉讼费，法院可以先立案吗？

可以。为落实立案登记制改革关于当场登记立案的要求，提高案件移转效率，北京法院改变“先交费后立案”的模式，对符合法律规定条件的案件，当场登记立案。立案庭发出交纳诉讼费的书面通知后，两日内移送审判庭审理。当事人是否在 7 日内交纳诉讼费用由审判庭查明，逾期未交费的，由审判庭依据民事诉讼法及相关司法解释规定，裁定按撤诉处理。

当事人可以异地申请立案吗？

可以。当前，各地法院以立案登记制改革为契机，切实加强诉讼服务中心建设。例如：福建泉州法院根据立案工作实际建设“跨域·连锁·直通”式诉讼服务平台，对泉州地区法院有管辖权的一审民事起诉、行政起诉、刑事自诉、执行申请案件及其他应当依法受理的案件，只要当事人提交的材料齐全，且符合法律规定的立案条件，当事人就可以向泉州中院辖区内任一法院提交起诉材料，再由收材料的法院将案件交由案件管辖的法院处理，从而实现异地立案。

Q 哪些案件不能登记立案？

A 实施立案登记制并不意味着所有的案件都可以无条件登记立案，有 6 种特定类型的起诉和自诉是不予登记立案的：1. 违法起诉或者不符合法律规定的；2. 涉及危害国家主权和领土完整的；3. 危害国家安全的；4. 破坏国家统一和民族团结的；5. 破坏国家宗教政策的；6. 所诉事项不属于人民法院主管的。

Q 登记立案都是当场立案吗？

A 当事人到法院起诉、自诉或者申请强制执行、国家赔偿，法院应一律接受诉状。当场能够判定起诉、自诉和申请符合法律规定条件的，当场登记立案。当场不能判定是否符合法律规定条件的，应当在法律规定期限内决定是否立案。

Q 法律规定的立案期限有多少天？

A 法律规定的立案期限主要有以下几种：1. 对民事、行政起诉，应当在收到起诉状之日起 7 日内决定是否立案；2. 对刑事自诉，应当在收到自诉状次日起 15 日内决定是否立案；3. 对第三人撤销之诉，应当在收到起诉状之日起 30 日内决定是否立案；4. 对执行异议之诉，应当在收到起诉状之日起 15 日内决定是否立案。

Q 什么情况下法院可以先行立案？

A 在法律规定期限内，认为起诉、自诉和申请不符合法律规定的条件，法院应当依法裁决不予受理或不予立案，并载明理由。法院在法律规定期限内不能判定起诉、自诉和申请是否符合法律规定的，应当先行立案。登记立案后，法院应当及时将案件材料转给相关业务庭。对登记立案后移送的案件，相关部门不得随意以起诉材料不齐全、诉讼证据有缺失或者案件难以审理执行等为由，退回立案部门。

Q 到法院打官司需要提交哪些材料？

A 当事人提出起诉、自诉的，应当提交以下材料：1. 起诉人、自诉人是自然人的，提交身份证明复印件；起诉人、自诉人是法人或者其他组织的，提交营业执照或者组织机构代码证复印件、法定代表人或者主要负责人身份证明书；法人或者其他组织不能提供组织机构代码的，应当提供组织机构被注销的情况说明。2. 委托起诉或者代为告诉的，应当提交授权委托书、代理人身份证明、代为告诉人身份证明等相关材料。3. 具体明确的足以使被告或者被告人与他人相区别的姓名或者名称、住所等信息。4. 起诉状原本和与被告或者被告人及其他当事人人数相符的副本。5. 与诉请相关的证据或者证明材料。

打官司提交的材料不符合要求怎么办？

对当事人而言，起诉、自诉和申请都应当提供必要的材料。法院如果认为诉状和材料不符合形式要件的，当场应当及时释明，以书面形式一次性全面告知应当补正的材料和期限。这里要明确的是：首先是书面形式告知，防止口头表达不清或者事后是否告知了说不清楚；其次是一次性全面告知，不能反反复复，让当事人跑冤枉路。

当事人补交材料后立案期限能否延长？

当事人在指定期限内补正的，人民法院决定是否立案的期间，自收到补正材料之日起计算。当事人在指定期限内经补正达到法律规定条件的，应当登记立案。在指定期限内没有补正的，退回诉状并记录在册；当事人坚持起诉、自诉的，裁决不予受理或者不予立案。经补正仍不符合形式要件的，裁决不予受理或不予立案。

民事和行政起诉状应该包括哪些内容？

根据《中华人民共和国民事诉讼法》第一百二十一条及《最高人民法院关于人民法院登记立案若干问题的规定》第四条之规定（法释〔2015〕8号，http://www.chinacourt.org/law），民事起诉状应该包括以下内容：1. 原告的姓名、性别、年龄、民族、职业、工作单位、住所、联系方式，法人或者其他组织的名称、住所和法定代表人或者主要负责人的姓名、职务、联系方式；2. 被告的姓名、性别、工作单位、住所等信息，法人或者其他组织的名称、住所等信息；3. 诉讼请求和所根据的事实与理由；4. 证据和证据来源；5. 有证人的，载明证人姓名和住所。行政起诉状参照民事起诉状书写。

Q 立案时法院不收材料、不予答复、不出具法律文书怎么办？

A 对立案工作中存在的不接收诉状，接收诉状后不出具书面凭证，不一次性告知当事人补正诉状内容，以及有案不立、拖延立案、干扰立案、既不立案又不作出裁定或者决定等违法违纪情形，当事人可以向受诉法院或者上级法院投诉。法院应当在受理投诉之日起15日内，查明事实，并将情况反馈当事人。发现违法违纪行为的，依法依纪追究相关人员责任；构成犯罪的，依法追究其刑事责任。

Q 立案登记制实行后的情况如何？

A 自2015年5月1日起，全国法院全面实行立案登记制。5月1日至5月31日，全国各级法院共登记立案113.27万件，与2014年同期的87.4万件相比，增长29%。其中，江苏、浙江、山东登记立案数量均超过8万件，北京、河北等9个地区立案数量均超过4万件。各地法院高效开展登记立案工作，当场登记立案率达90%，上海、河南、重庆、甘肃等地均超过95%，人民群众诉讼更加快捷便利。少数没有当场登记立案的原因，主要是当事人提供的诉状和起诉材料不合格，各地法院在接待处理时，相应都进行了一次性书面告知。从社会各界的反响来看，立案登记制度改革措施落实坚决、彻底，大大地方便了群众诉讼，提高了诉讼效率，减轻了当事人诉累。一定意义上说，长期以来困扰人民群众诉权行使的“立案难”问题已经成为历史。

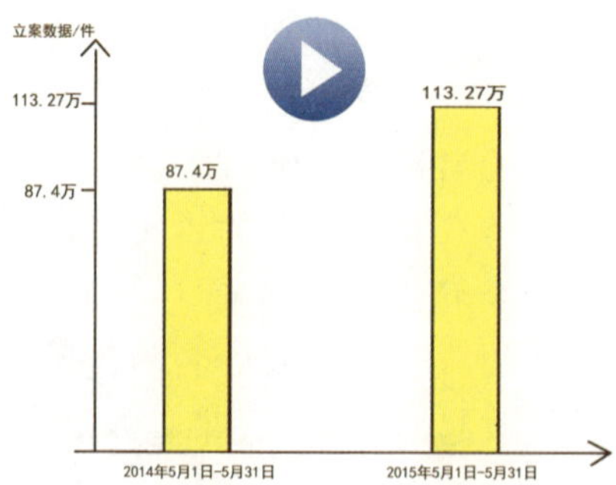

哪些省份的立案数量增幅较大？

从立案登记制实行一个月内法院受理案件的增长幅度看，主要呈现 3 种情形：1. 大幅增长。如北京、河北、河南、辽宁等地，增幅均超过 40%。2. 小幅增长。如江苏、江西、山东、湖北、广东、西藏、甘肃等地，增幅均在 20% 以下。3. 有一定幅度增长。如天津、山西、黑龙江、安徽、贵州等地，增幅在 20%~30%。

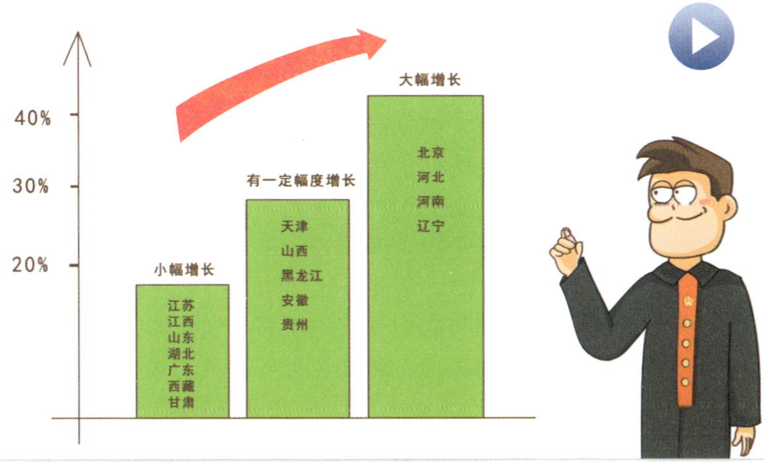

哪些类型的案件立案增幅较大？

立案登记制实行一个月的数据显示，行政案件同比增幅最大，同比增长 221%。其中，天津法院同比增长 7 倍，山西、上海同比增长近 5 倍，浙江同比增长近 3 倍。刑事自诉案件同比、环比均出现翻倍增长的情况。民事案件增长幅度也比较明显，同比增长 27.8%。究其原因，既是社会经济形势变化、修订后行政诉讼法施行等客观因素作用的结果，更是法院严格落实立案登记制改革要求的结果。

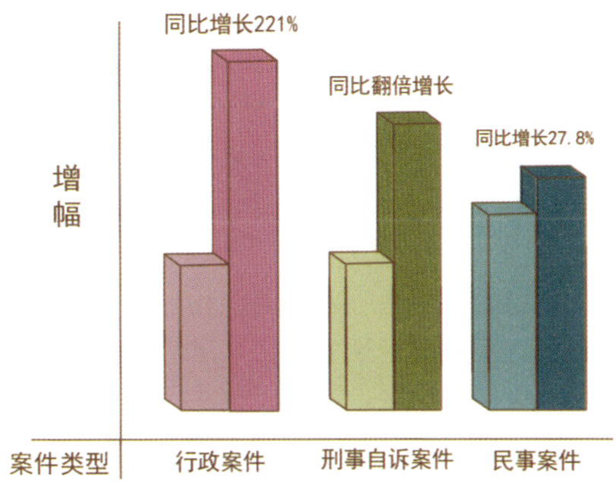

Q 立案登记制改革让人民群众"获得感"提升了吗?

A 立案登记制改革的实践表明，这项改革得民心、顺民意，人民法院实现了"有案必立、有诉必理"的庄严承诺，以往有案不立、有诉不理、拖延立案的"立案难"问题已经得到彻底根除，人民群众的"获得感"得到全面提升。主要表现在：1. 保障诉权意识进一步增强。各级法院对属于人民法院依法应该受理的案件，敞开大门，实现"有案必立、有诉必理"。如涉及物业纠纷、信用卡纠纷、村民自治组织成员权益纠纷、拆迁纠纷、信息公开纠纷等等，人民法院一律予以登记立案。2. 立案工作更加规范。各地法院加强业务培训，规范诉讼指引，细化登记立案流程，实行一次性告知，让当事人明明白白、轻轻松松完成登记立案程序。3. 诉讼服务水平显著提升。各地法院以立案登记制改革为契机，加强诉讼服务中心建设，如上海在律师服务平台上开通网上立案，福建泉州推行异地立案等等，通过形式多样的诉讼服务让司法更加贴近群众。4. 立案工作更加公开透明。密切与人大代表、政协委员、专家学者、律师、新闻媒体和人民群众的沟通，邀请社会各界代表监督立案工作，实现阳光立案。

Q 立案登记制实行以后带来哪些新问题?

A 实行立案登记制改革后，各地出现不少新情况、新问题。主要表现在：1. 审判任务加重。众多涉及土地征收、房屋拆迁、企业改制、物业供暖等引发的群体性纠纷大量进入法院，立案和审判的压力进一步增大。以民事案件为例，虽然2015年5月同比增长仅有27.8%，但是案件绝对数却增长了近20万件，人民法院承担了更加繁重的审判任务和更大的社会责任。2. 审理难度加大。对于符合法律规定的行政起诉和刑事自诉，人民法院都要依法立案和审理，如不能妥善审理，既不能解决当事人的问题，又容易形成连锁反应。人民法院需要进一步提升审判能力，有效解决矛盾纠纷。3. 宣传尚未到位。一些群众对登记立案的范围存在误解，认为所有起诉法院都能立案，对不属于法院主管范围的事由，也要求法院"有案必立"。此外，违法起诉增多，个别人甚至借助登记立案，在全国法院提起大量不符合立案条件的诉讼，严重干扰正常审判秩序，挤占有限司法资源。部分地区陆续出现一些"奇葩诉讼"。例如：在上海浦东新区法院，有当事人竟然起诉某演员在电视中瞪他，要求法院予以登记立案。

Q 在切实保障当事人诉权方面法院还有哪些新举措？

A 全国法院将严格按照中央部署，强化当事人诉权保护意识，深入推进立案登记制改革，防止改革一阵风。1. 加强调研分析，着力解决改革中遇到的新问题、新矛盾。对于立案工作出现的新问题、新情况，要进行专门的调研，提出对策和方案，促进立案工作的长远发展。2. 完善制度规范，实现登记立案工作常态化。在前期调研和各地工作总结的基础上，最高人民法院将制定规范性文件，统一立案流程，规范登记立案工作。3. 坚持问题导向，提高诉讼服务水平。立案登记制改革后，大量案件进入人民法院，诉讼服务要做到精益求精。2015 年将召开诉讼服务中心建设推进会，进一步提升诉讼服务水平。4. 加强宣传普及，赢得人民群众和社会各界更多的认同和支持。围绕“有案必立、有诉必理”，继续正面引导当事人依法理性行使诉权，阐明人民法院登记立案的前提是依法应该受理的案件，提升全社会的法治思维水平。5. 完善配套机制，推动矛盾纠纷的快速、有效化解。尽快完善诉讼机制，提升审判执行效率。加快健全多元化纠纷解决机制，尽快形成党委领导、政府支持、社会各界共同参与的矛盾纠纷化解新格局。

Q 打民事官司需要符合哪些条件？

A 根据《中华人民共和国民事诉讼法》第一百一十九条之规定，起诉必须符合下列条件：1. 原告是与本案有直接利害关系的公民、法人和其他组织；2. 有明确的被告；3. 有具体的诉讼请求和事实、理由；4. 属于人民法院受理民事诉讼的范围和受诉人民法院管辖。

Q “原告与本案有直接利害关系”是什么意思？

A 所谓“原告与本案有直接利害关系”，是指当事人自己的民事权益受到侵害或者与他人发生争议。只有为保护自己的民事权益而提起诉讼的人，才是本案的适格原告。

Q 什么是“有明确的被告”？

A 起诉时原告提供被告的姓名或者名称、住所等信息具体明确，足以使被告与他人相区别的，可以认定为“有明确的被告”。

Q 民事起诉状上所写的被告信息不明确，法院能受理吗？

A 不能。起诉状列写被告信息不足以认定明确的被告的，人民法院可以告知原告补正。原告补正后仍不能确定明确的被告的，人民法院裁定不予受理。

Q 原告在民事起诉状中谩骂被告，法院能受理吗？

A 不能。原告在起诉状中有谩骂和人身攻击之辞的，人民法院应当告知其修改后提起诉讼。

Q 什么是诉讼请求？

A 所谓“诉讼请求”，是指原告向被告提出的并要求人民法院予以审理和裁判的实体主张，一般有 3 种类型：1. 请求人民法院确认某一法律关系存在或不存在，如请求确认双方之间成立或不成立收养关系等；2. 请求人民法院判令被告履行一定的给付义务，如请求判令被告履行合同义务等；3. 请求人民法院变更或消灭某一民事法律关系，如请求判决离婚等。

Q 法律规定的“事实、理由”是什么意思？

A 所谓“事实、理由”，即能够支撑原告诉讼请求的事实和理由。“事实”是指纠纷发生过程的客观情况；“理由”则是原告用于证明前述“事实”的证据材料，也指有利于原告的相关法律规定。

Q “属于人民法院受理民事诉讼的范围”应该怎么理解？

A “属于人民法院受理民事诉讼的范围”是指属于人民法院主管范围，即当事人争议事项属于人民法院行使审判权的职权范围。“属于受诉人民法院管辖”是指在当事人争议事项属于人民法院主管范围的前提条件之下，受诉人民法院对该争议事项还享有管辖权。管辖权是行使审判权的前提条件，包括级别管辖和地域管辖。如果起诉事项不属于受诉人民法院管辖，受诉人民法院当然不能受理，但应当告知向有管辖权的法院起诉。

Q 原告在民事起诉状中直接列写第三人有何法律效力？

A 原告在起诉状中直接列写第三人的，视为其申请人民法院追加该第三人参加诉讼。但是，是否通知第三人参加诉讼，需由人民法院审查决定。

Q 口头起诉与书面起诉具有同等效力吗？

A 《中华人民共和国民事诉讼法》第一百二十条规定："起诉应当向人民法院递交起诉状，并按照被告人数提出副本。书写起诉状确有困难的，可以口头起诉，由人民法院记入笔录，并告知对方当事人。"根据本条规定，原告起诉的方式以书面起诉为原则，口头起诉为例外。"书写起诉状确有困难"是指原告或其法定代理人因个人文化修养或法律知识欠缺所造成的自行书写起诉状确有困难的情形，此种情形允许口头起诉。口头起诉的，由人民法院记入笔录，在起诉人签名或盖章后具有与书面起诉状同等的法律效力。人民法院既可以把抄录的原告口头起诉笔录送给被告，也可以把原告口头起诉的主要内容口头告知被告。

Q 对基于同一事实发生的纠纷，法院可以合并审理吗？

A 基于同一事实发生的纠纷，当事人分别向同一人民法院起诉的，人民法院可以合并审理。

Q 当事人重复起诉，法院会受理吗？

A 不会。当事人重复起诉的，裁定不予受理；已经受理的，裁定驳回起诉，但法律、司法解释另有规定的除外。

Q 裁判生效后发生新的事实，可以再次起诉吗？

A

可以。裁判发生法律效力后，发生新的事实，当事人再次提起诉讼的，人民法院应当依法受理。

Q 当事人达成仲裁协议后还能不能提起诉讼？

A

依照法律规定，双方当事人达成书面仲裁协议申请仲裁、不得向人民法院起诉的，法院要告知原告向仲裁机构申请仲裁。在人民法院首次开庭前，被告以有书面仲裁协议为由对受理民事案件提出异议的，人民法院应当进行审查。经审查符合下列情形之一的，人民法院应当裁定驳回起诉：1. 仲裁机构或者人民法院已经确认仲裁协议有效的；2. 当事人没有在仲裁庭首次开庭前对仲裁协议的效力提出异议的；3. 仲裁协议符合仲裁法第十六条规定且不具有仲裁法第十七条规定情形的。

【背景链接：《中华人民共和国仲裁法》(http://www.chinacourt.org/law) 第十六条：仲裁协议包括合同中订立的仲裁条款和以其他书面方式在纠纷发生前或者纠纷发生后达成的请求仲裁的协议。仲裁协议应当具有下列内容：（一）请求仲裁的意思表示；（二）仲裁事项；（三）选定的仲裁委员会。

第十七条：下列情形之一的，仲裁协议无效：（一）约定的仲裁事项超出法律规定的仲裁范围的；（二）无民事行为能力人或者限制民事行为能力人订立的仲裁协议；（三）一方采取协迫手段，迫使对方订立仲裁协议的。**】**

Q 法院对不属自身主管的争议如何处理？

A 依照法律规定，应当由其他机关处理的争议，法院要告知原告向有关机关申请解决。人民法院与其他国家机关的职权范围有着明确的分工，凡依法应当由其他机关处理的争议，人民法院无权处理。例如：行政机关工作人员对单位给予的行政处分不服的，不属于人民法院主管范围。如果被处分者向法院起诉，法院应当告知其向有关行政机关申请解决。

Q 法院对不属本院管辖的案件如何处理？

A 对不属于本院管辖的案件，法院要告知原告向有管辖权的人民法院起诉。在人民法院内部，依据一定的原则划分了上下级法院之间以及同级人民法院之间受理第一审民事纠纷案件的分工和权限，人民法院只能按照各自的分工，在自己的管辖范围内受理案件。如果原告提起的诉讼法院没有管辖权，就应当告知原告向有管辖权的法院起诉。

Q 对已经发生法律效力的案件，当事人还能起诉吗？

A 对判决、裁定、调解书已经发生法律效力的案件，当事人又起诉的，人民法院告知原告申请再审，但准许撤诉的裁定除外。为了避免浪费司法资源，维护生效裁判的司法权威，世界各国民事诉讼制度普遍确立了“禁止重复诉讼”或者“一事不再理”原则，即对于已经发生法律效力的裁判，当事人不得就同一诉讼标的再次起诉，法院也不得予以受理裁判。由于撤诉被视为自始未起诉，因此作为“一事不再理”原则的例外，撤诉后以同一诉讼标的再次起诉的，人民法院应予受理。

Q 哪些情形构成“重复起诉”？

A 当事人就已经提起诉讼的事项在诉讼过程中或者裁判生效后再次起诉，同时符合下列条件的，构成重复起诉：1. 后诉与前诉的当事人相同；2. 后诉与前诉的诉讼标的相同；3. 后诉与前诉的诉讼请求相同，或者后诉的诉讼请求实质上否定前诉裁判结果。

Q 法律规定哪些案件在一定期限内不能起诉？

A 依照法律规定，在一定期限内不得起诉的案件，在不得起诉的期限内起诉的，人民法院不予受理。当事人行使诉权的初始时间原则上不应受到限制，但为了保护某些特殊群体的合法权益，立法特别设立了禁诉期制度。例如：根据婚姻法和妇女权益保障法相关规定，女方在怀孕期间、分娩后一年内或者终止妊娠后6个月内，男方不得提出离婚。

Q 打官司需要向法院交纳哪些诉讼费用？

A 根据2007年4月1日起实施的《诉讼费用交纳办法》（国务院令第481号，http://www.chinacourt.org/law）第六条之规定，当事人应当向人民法院交纳的诉讼费用包括：1. 案件受理费；2. 申请费；3. 证人、鉴定人、翻译人员、理算人员在人民法院指定日期出庭发生的交通费、住宿费、生活费和误工补贴。

Q 案件受理费包括哪些费用？

A 案件受理费具体包括：第一审案件受理费、第二审案件受理费以及再审案件中依照《诉讼费用交纳办法》规定需要交纳的案件受理费。其实，再审案件当事人一般不需要交纳案件受理费，但有两种情形除外，即：当事人有新的证据，足以推翻原判决、裁定，向人民法院申请再审，人民法院经审查决定再审的案件；当事人对人民法院第一审判决或者裁定未提出上诉，第一审判决、裁定或者调解书发生法律效力后又申请再审，人民法院经审查决定再审的案件。

Q 申请费包括哪些费用？

A 当事人依法向人民法院申请下列事项，应当交纳申请费：申请执行人民法院发生法律效力的判决、裁定、调解书，仲裁机构依法作出的裁决和调解书，公证机构依法赋予强制执行效力的债权文书；申请保全措施；申请支付令；申请公示催告；申请撤销仲裁裁决或者认定仲裁协议效力；申请破产；申请海事强制令、共同海损理算、设立海事赔偿责任限制基金、海事债权登记、船舶优先权催告；申请承认和执行外国法院判决、裁定以及国外仲裁机构裁决。

Q 复制卷宗材料要不要交纳费用？

A 当事人复制案件卷宗材料和法律文书应当按实际成本向人民法院交纳工本费。

Q 打官司过程中发生的鉴定费用应该由谁承担？

A 诉讼过程中因鉴定、公告、勘验、翻译、评估、拍卖、变卖、仓储、保管、运输、船舶监管等发生的依法应当由当事人负担的费用，根据“谁主张、谁负担”的原则，由当事人直接支付给有关机构或者单位，法院不得代收代付。

Q 在少数民族聚居地区打官司使用法院提供的翻译收费吗？

A 《中华人民共和国民事诉讼法》第十一条规定：“各民族公民都有用本民族语言、文字进行民事诉讼的权利。在少数民族聚居或者多民族共同居住的地区，人民法院应当用当地民族通用的语言、文字进行审理和发布法律文书。人民法院应当对不通晓当地民族通用的语言、文字的诉讼参与人提供翻译。”法院依照上述规定提供当地民族通用语言、文字翻译的，不收取费用。

Q 财产案件的受理费按照什么标准交纳？

A 财产案件根据诉讼请求的金额或者价额，按照下列比例分段累计交纳：1. 不超过1万元的，每件交纳50元；2. 超过1万元至10万元的部分，按照2.5%交纳；3. 超过10万元至20万元的部分，按照2%交纳；4. 超过20万元至50万元的部分，按照1.5%交纳；5. 超过50万元至100万元的部分，按照1%交纳；6. 超过100万元至200万元的部分，按照0.9%交纳；7. 超过200万元至500万元的部分，按照0.8%交纳；8. 超过500万元至1000万元的部分，按照0.7%交纳；9. 超过1000万元至2000万元的部分，按照0.6%交纳；10. 超过2000万元的部分，按照0.5%交纳。

Q 非财产案件的受理费按照什么标准交纳？

A 非财产案件按照下列标准交纳：1. 离婚案件每件交纳50元至300元。涉及财产分割，财产总额不超过20万元的，不另行交纳；超过20万元的部分，按照0.5%交纳。2. 侵害姓名权、名称权、肖像权、名誉权、荣誉权以及其他人格权的案件，每件交纳100元至500元。涉及损害赔偿，赔偿金额不超过5万元的，不另行交纳；超过5万元至10万元的部分，按照1%交纳；超过10万元的部分，按照0.5%交纳。3. 其他非财产案件每件交纳50元至100元。

Q 知识产权民事案件的受理费按照什么标准交纳？

A 知识产权民事案件，没有争议金额或者价额的，每件交纳500元至1000元；有争议金额或者价额的，按照财产案件的标准交纳。

Q 劳动争议案件的受理费按照什么标准交纳？

A 劳动争议案件每件交纳10元。

Q 行政案件的受理费按照什么标准交纳？

A 行政案件按照下列标准交纳：1. 商标、专利、海事行政案件每件交纳100元；2. 其他行政案件每件交纳50元。

管辖权异议案件按照什么标准交费？

当事人提出案件管辖权异议，异议不成立的，每件交纳 50 元至 100 元。

申请执行生效法律文书的按照什么标准交费？

根据《诉讼费用交纳办法》相关规定，依法向人民法院申请执行人民法院发生法律效力的判决、裁定、调解书，仲裁机构依法作出的裁决和调解书，公证机关依法赋予强制执行效力的债权文书，申请承认和执行外国法院判决、裁定以及国外仲裁机构裁决的，按照下列标准交纳申请费：1. 没有执行金额或者价额的，每件交纳 50 元至 500 元。2. 执行金额或者价额不超过 1 万元的，每件交纳 50 元；超过 1 万元至 50 万元的部分，按照 1.5%交纳；超过 50 万元至 500 万元的部分，按照 1%交纳；超过 500 万元至 1000 万元的部分，按照 0.5%交纳；超过 1000 万元的部分，按照 0.1%交纳。3. 诉讼标的是同一种类、当事人一方人数众多在起诉时人数尚未确定的，人民法院可以发出公告，说明案件情况和诉讼请求，通知权利人在一定期间向人民法院登记。未参加登记的权利人向人民法院提起诉讼的，按照前述规定的标准交纳申请费，不再交纳案件受理费。

申请保全措施应该按照什么标准交费？

申请保全措施的，根据实际保全的财产数额按照下列标准交纳：财产数额不超过 1000 元或者不涉及财产数额的，每件交纳 30 元；超过 1000 元至 10 万元的部分，按照 1% 交纳；超过 10 万元的部分，按照 0.5%交纳。但是，当事人申请保全措施交纳的费用最多不超过 5000 元。

Q 申请支付令应该按照什么标准交费？

A 依法申请支付令的，比照财产案件受理费标准的1/3交纳。

Q 申请公示催告应该按照什么标准交费？

A 依法申请公示催告的，每件交纳100元。

Q 申请撤销仲裁裁决应该按照什么标准交费？

A 申请撤销仲裁裁决或者认定仲裁协议效力的，每件交纳400元。

Q 破产案件应该按照什么标准交费？

A 破产案件依据破产财产总额计算，按照财产案件受理费标准减半交纳，但是最高不超过30万元。

Q 海事案件申请费的交纳标准是什么？

A 海事案件的申请费按照下列标准交纳：1. 申请设立海事赔偿责任限制基金的，每件交纳1000元至1万元；2. 申请海事强制令的，每件交纳1000元至5000元；3. 申请船舶优先权催告的，每件交纳1000元至5000元；4. 申请海事债权登记的，每件交纳1000元；5. 申请共同海损理算的，每件交纳1000元。

Q 哪些案件不需要交纳案件受理费？

A 根据相关规定，以下6类案件当事人无须交纳案件受理费：1. 按照民事诉讼法规定的特别程序审理的案件；2. 裁定不予受理、驳回起诉、驳回上诉的案件；3. 对不予受理、驳回起诉和管辖权异议的裁定提起上诉的案件；4. 行政赔偿案件；5. 根据民事诉讼法和行政诉讼法规定的审判监督程序审理的案件，当事人除特定情形外一般也不交纳案件受理费；6. 诉讼标的是同一种类、当事人一方人数众多在起诉时尚未确定，由法院发出公告通知权利人在一定期间向法院登记的案件，不预交案件受理费，结案后按照诉讼标的额由败诉方交纳。

Q 哪些案件的受理费可以减半交纳？

A 按照《诉讼费用交纳办法》规定，以下3种情形可以减半交纳案件受理费：1. 以调解方式结案或者当事人申请撤诉的，减半交纳案件受理费；2. 适用简易程序审理的案件减半交纳案件受理费；3. 被告提起反诉、有独立请求权的第三人提出与本案有关的诉讼请求，人民法院决定合并审理的，分别减半交纳案件受理费。

Q 立案后必须马上交纳诉讼费用吗？

A 诉讼费用一般要在接到通知次日起 7 日内交纳：1. 原告自接到人民法院交纳诉讼费用通知次日起 7 日内交纳案件受理费；反诉案件由提起反诉的当事人自提起反诉次日起 7 日内交纳案件受理费。2. 上诉案件的案件受理费由上诉人向人民法院提交上诉状时预交。双方当事人都提起上诉的，分别预交。上诉人在上诉期内未预交诉讼费用的，人民法院应当通知其在 7 日内预交。3. 申请费由申请人在提出申请时或者在人民法院指定的期限内预交。

Q 诉讼费用应该由谁交纳？

A 部分诉讼费用需要当事人预交，部分诉讼费用则不用预交。各种诉讼费用的交纳人分别为：1. 案件受理费由原告、有独立请求权的第三人、上诉人预交。被告提起反诉需要交纳案件受理费的，由被告预交。追索劳动报酬的案件可以不预交案件受理费。2. 申请费由申请人预交。但是，申请执行法律文书和申请破产的，申请费不由申请人预交，执行申请费执行后交纳，破产申请费清算后交纳。3. 当事人复制案件卷宗材料和法律文书的工本费，以及法院代收的证人、鉴定人、翻译人员、理算人员交通费、住宿费、生活费和误工补贴均不预交，待实际发生后交纳。4. 需要交纳案件受理费的再审案件，由申请再审的当事人预交。双方当事人都申请再审的，分别预交。

案件中止诉讼或中止执行，诉讼费用能退吗？

中止诉讼、中止执行的案件，已交纳的案件受理费、申请费不予退还。中止诉讼、中止执行的原因消除，恢复诉讼、执行的，不再交纳案件受理费、申请费。

法律规定的中止诉讼有哪些情形？

中止诉讼的情形有：1. 一方当事人死亡，需要等待继承人表明是否参加诉讼的；2. 一方当事人丧失诉讼行为能力，尚未确定法定代理人的；3. 作为一方当事人的法人或者其他组织终止，尚未确定权利义务承受人的；4. 一方当事人因不可抗拒的事由，不能参加诉讼的；5. 本案必须以另 案的审理结果为依据，而另一案尚未审结的；6. 其他应当中止诉讼的情形。

法律规定的中止执行有哪些情形？

中止执行的情形有：1. 申请人表示可以延期执行的；2. 案外人对执行标的提出确有理由的异议的；3. 作为一方当事人的公民死亡，需要等待继承人继承权利或者承担义务的；4. 作为一方当事人的法人或者其他组织终止，尚未确定权利义务承受人的；5. 人民法院认为应当中止执行的其他情形。

Q 哪些情形应当退还当事人交纳的案件受理费？

A 第二审人民法院决定将案件发回重审的，应当退还上诉人已交纳的第二审案件受理费。第一审人民法院裁定不予受理或者驳回起诉的，应当退还当事人已交纳的案件受理费；当事人对第一审人民法院不予受理、驳回起诉的裁定提起上诉，第二审人民法院维持第一审人民法院作出的裁定的，第一审人民法院应当退还当事人已交纳的案件受理费。

Q 依法终结诉讼的案件受理费退不退？

A 打民事官司时，法院依法终结诉讼的情形主要有以下几种：1. 原告死亡，没有继承人，或者继承人放弃诉讼权利的；2. 被告死亡，没有遗产，也没有应当承担义务的人的；3. 离婚案件一方当事人死亡的；4. 追索赡养费、扶养费、抚育费以及解除收养关系案件的一方当事人死亡的。对于上述案件，已交纳的案件受理费不予退还。

Q 诉讼费用最终由谁来负担？

A 诉讼费用由败诉方负担，胜诉方自愿承担的除外。部分胜诉、部分败诉的，人民法院根据案件的具体情况决定当事人各自负担的诉讼费用数额。共同诉讼当事人败诉的，人民法院根据其对诉讼标的的利害关系，决定当事人各自负担的诉讼费用数额。

Q 调解结案的案件诉讼费用如何负担？

A 经人民法院调解达成协议的案件，诉讼费用的负担由双方当事人协商解决；协商不成的，由人民法院决定。

Q 离婚案件的诉讼费用如何负担？

A 离婚案件诉讼费用的负担由双方当事人协商解决；协商不成的，由人民法院决定。

Q 执行中达成和解协议的申请费由谁负担？

A 执行中当事人达成和解协议的，申请费的负担由双方当事人协商解决；协商不成的，由人民法院决定。

Q 当事人申请撤诉的民事案件受理费应该由谁负担？

A 民事案件的原告或者上诉人申请撤诉，人民法院裁定准许的，案件受理费由原告或者上诉人负担。

当事人申请撤诉的行政案件受理费应该由谁负担？

行政案件的被告改变或者撤销具体行政行为，原告申请撤诉，人民法院裁定准许的，案件受理费由被告负担。

逾期举证增加的诉讼费用应该由谁负担？

当事人因自身原因未能在举证期限内举证，在二审或者再审期间提出新的证据致使诉讼费用增加的，增加的诉讼费用由该当事人负担。

打官司时对应当交纳的诉讼费用有异议怎么办？

当事人不得单独对人民法院关于诉讼费用的决定提起上诉。当事人单独对人民法院关于诉讼费用的决定有异议的，可以向作出决定的人民法院院长申请复核。复核决定应当自收到当事人申请之日起 15 日内作出。当事人对人民法院决定诉讼费用的计算有异议的，可以向作出决定的人民法院请求复核。计算确有错误的，作出决定的人民法院应当予以更正。

Q 家庭生活困难的当事人能免交诉讼费用吗？

A 当事人申请司法救助，符合下列情形之一的，人民法院应当准予免交诉讼费用：1. 残疾人无固定生活来源的；2. 追索赡养费、扶养费、抚育费、抚恤金的；3. 最低生活保障对象、农村特困定期救济对象、农村五保供养对象或者领取失业保险金人员，无其他收入的；4. 因见义勇为或者为保护社会公共利益致使自身合法权益受到损害，本人或者其近亲属请求赔偿或者补偿的；5. 确实需要免交的其他情形。

Q 哪些情形可以减交诉讼费用？

A 当事人申请司法救助，符合下列情形之一的，人民法院应当准予减交诉讼费用：1. 因自然灾害等不可抗力造成生活困难，正在接受社会救济，或者家庭生产经营难以为继的；2. 属于国家规定的优抚、安置对象的；3. 社会福利机构和救助管理站；4. 确实需要减交的其他情形。人民法院准予减交诉讼费用的，减交比例不得低于30%。

Q 缓交诉讼费用需要具备什么条件？

A 当事人申请司法救助，符合下列情形之一的，人民法院应当准予缓交诉讼费用：1. 追索社会保险金、经济补偿金的；2. 海上事故、交通事故、医疗事故、工伤事故、产品质量事故或者其他人身伤害事故的受害人请求赔偿的；3. 正在接受有关部门法律援助的；4. 确实需要缓交的其他情形。

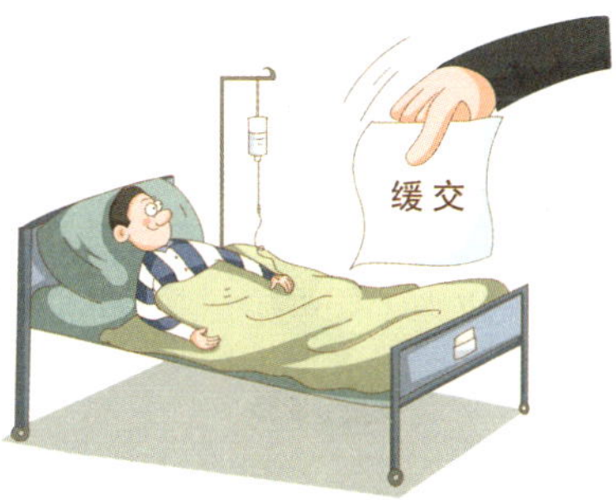

Q 基层巡回法庭能否当场收取诉讼费用？

A 在边远、水上、交通不便地区，基层巡回法庭当场审理案件，当事人提出向指定代理银行交纳诉讼费用确有困难的，基层巡回法庭可以当场收取诉讼费用，并向当事人出具省级人民政府财政部门印制的财政票据；不出具省级人民政府财政部门印制的财政票据的，当事人有权拒绝交纳。

Q 可以在法院刷卡交纳诉讼费用吗？

A 可以。为方便当事人诉讼，减轻当事人诉累，各地法院普遍设立了自动取款机、POS 机等设施，方便当事人交费、退费。

Q 当事人可以用支付宝交纳诉讼费用吗？

A 可以。2014 年 7 月，浙江省高级人民法院与支付宝达成合作，全省任何一家法院都可用手机支付宝交纳诉讼费。使用支付宝交费有两种方式：1. 当事人登录支付宝钱包后，选择服务，添加“浙江法院 12368”服务窗，点开诉讼交费内的费用交纳，输入诉讼费交纳专属账户，支付成功后即完成诉讼费交纳。2. 当事人也可以通过支付宝钱包，扫描交费通知单上的二维码，自动关注“浙江法院 12368”服务窗号，直接在手机上查看案件案号、当事人信息、诉讼费交纳专属账户、开户银行、诉讼费金额、收款单位、费用类型等信息，当事人确认无误后，点击交费即可完成诉讼费用的交纳。

Q 人民法庭可以代办诉讼费用交纳、退费事项吗？

A 可以。当事人到基层人民法院办理诉讼费用的结算和退费确有困难的，有条件的人民法庭可以代为办理。

Q 诉讼费用应该交到哪里？

A 人民法院收取诉讼费用按照其财务隶属关系使用国务院财政部门或者省级人民政府财政部门印制的财政票据。案件受理费、申请费全额上缴财政，纳入预算，实行收支两条线管理。法院收取诉讼费用应当向当事人开具缴费凭证，当事人持缴费凭证到指定代理银行交费。依法应当向当事人退费的，法院应当按照国家有关规定办理。

Q 没能及时交上诉讼费会有什么后果？

A 原告应当预交而未预交案件受理费，人民法院应当通知其预交，通知后仍不预交或者申请减、缓、免未获批准而仍不预交的，裁定按撤诉处理。原告撤诉或者人民法院按撤诉处理后，原告以同一诉讼请求再次起诉的，人民法院应予受理。

Q 简易程序转为普通程序的需要补交案件受理费吗？

A 适用简易程序审理的案件转为普通程序的，原告自接到人民法院交纳诉讼费用通知之日起 7 日内补交案件受理费。原告无正当理由未按期足额补交的，按撤诉处理，已经收取的诉讼费用退还一半。

Q 消费者网购时如何维护自身权益？

A 1. 经营者采用网络、电视、电话、邮购等方式销售商品，消费者有权自收到商品之日起7日内退货，且无须说明理由，但下列商品除外：（1）消费者定做的；（2）鲜活易腐的；（3）在线下载或者消费者拆封的音像制品、计算机软件等数字化商品；（4）交付的报纸、期刊。除上述商品外，其他根据商品性质并经消费者在购买时确认不宜退货的商品，不适用无理由退货。2. 消费者通过网络交易平台购买商品或者接受服务，其合法权益受到损害的，可以向销售者或者服务者要求赔偿。网络交易平台提供者不能提供销售者或者服务者的真实名称、地址和有效联系方式的，消费者也可以向网络交易平台提供者要求赔偿；网络交易平台提供者作出更有利于消费者的承诺的，应当履行承诺。网络交易平台提供者赔偿后，有权向销售者或者服务者追偿。网络交易平台提供者明知或者应知销售者或者服务者利用其平台侵害消费者合法权益，未采取必要措施的，依法与该销售者或者服务者承担连带责任。

Q 单位知假买假受消费者权益保护法保护吗？

A 消费者是为生活消费需要购买、使用商品或者接受服务的人。单位不属于消费者，当然不受消费者权益保护法保护。但是，这并不意味着单位在这种情形下不能获得法律保护。单位购买了不合格的商品，可以通过合同法、产品质量法等其他法律获得保护。

超市出售过期食品，消费者如何维权？

经营者销售过期食品，属于明知食品不安全而销售的行为，消费者有权请求退还货款并支付价款10倍赔偿。最高人民法院2015年6月15日公布的“殷崇义诉武汉汉福超市有限公司汉阳分公司买卖合同纠纷案”（案例网址：http://www.court.gov.cn/zixun-xiangqing-14729.html）就是一起典型案例。2013年6月17日，殷崇义向武汉汉福超市支付251元，购买桃花姬阿胶糕一盒，后发现该食品已超过保质期10天。殷崇义向该超市要求退货无果，遂向湖北省武汉市汉阳区人民法院起诉，请求汉福超市退还货款251元，10倍赔偿货款2510元，支付交通费3000元、精神抚慰金3000元。一审、二审法院均依照《中华人民共和国食品安全法》相关规定，判决汉福超市退还货款251元，10倍赔偿货款2510元，赔偿殷崇义交通费500元。

药店出售假冒批号保健食品，消费者如何维权？

经营者出售假冒其他批号的保健食品，属于出售明知是不安全的食品，消费者有权请求退还货款并支付价款10倍赔偿。最高人民法院2015年6月15日公布的“刘新诉陕西立新药房买卖合同纠纷案”（案例网址：http://www.court.gov.cn/zixun-xiangqing-14729.html）即是如此。该案基本案情如下：2012年10月19日，刘新向陕西立新药房支付280元购买4盒“快速瘦身减肥胶囊”，产品包装注明批准文号为卫食健字（2003）第0129号。刘新购买后未拆封、未食用，后登录国家食品药品监督管理局网站查询，未找到该产品的相关信息。另根据产品包装上注明的批准文号卫食健字（2003）第0129号，查询出经中华人民共和国卫生部批准的该文号下的保健品名称为“俏妹牌减肥胶囊”。刘新认为其所购的保健食品未在国家食品药品监督管理局登记，应为不合格的假冒产品，遂向陕西省西安市莲湖区人民法院起诉，请求立新药房退还货款280元，10倍赔偿购货价款2800元。一审法院支持了刘新的全部诉讼请求，立新药房未上诉。

Q 网购广告打出“当日特价”却设置“定时抢购”，合法吗？

A 这种行为是价格欺诈行为。销售者网上销售商品有价格欺诈行为，诱使消费者购买该商品的，即使该商品质量合格，消费者有权请求销售者“退一赔三”和保底赔偿。最高人民法院2015年6月15日公布的“王辛诉小米科技有限责任公司网络购物合同纠纷案”（案例网址：http://www.court.gov.cn/zixun-xiangqing-14729.html）就是一起典型案例。2014年4月8日，小米公司在其官方网站上发布的广告显示：10400mAh移动电源，“米粉节”特价49元。当日，王辛在该网站上订购了以下两款移动电源：小米金属移动电源10400mAh银色69元，小米移动电源5200mAh银色39元。王辛提交订单后，于当日通过支付宝向小米公司付款108元。同月12日，王辛收到上述两个移动电源及配套的数据线。此后，王辛以小米公司对其实施价格欺诈为由向北京市海淀区人民法院起诉，请求撤销网络购物合同，退还小米公司两套涉案移动电源，并请求小米公司：1. 赔偿王辛500元；2. 退还王辛购货价款108元；3. 支付王辛快递费15元；4. 赔偿王辛交通费、打印费、复印费100元。经一审、二审法院审理，法院依法判决王辛退还小米公司上述两个移动电源，小米公司保底赔偿王辛500元，退还王辛货款108元，驳回王辛其他诉讼请求。

Q 网上商品不是特价却标注为特价，消费者如何维权？

A 电商作为销售者在利用网络销售货物过程中有欺诈行为，交易后与消费者达成赔偿协议而不履行，消费者有权请求销售者依照协议承担赔偿责任。最高人民法院2015年6月15日公布的“李晓东诉酒仙网电子商务股份有限公司网购合同纠纷案”（案例网址：http://www.court.gov.cn/zixun-xiangqing-14729.html）即是如此。2012年8月9日，李晓东在淘宝网购买了酒仙公司销售的白酒6瓶，网上商品页面描述为“白酒中国名牌52度五粮液（1618）500ml特价”，成交价为8349元。交易完成后，李晓东查询上述网页发现，其购买的白酒在酒仙公司的淘宝店铺中标注的商品“特价”和“原价”相等，于是向北京市价格举报中心举报。之后，李晓东与酒仙公司达成《谅解协议书》，约定双方于协议签订后5日内完成退货、退款手续，酒仙公司赔偿李晓东8394元，如一方违约，承担总金额20%的违约金。因酒仙公司未履行该协议，李晓东诉至江苏省滨海县人民法院，请求酒仙公司赔偿8394元并承担违约金1678.8元。一审法院支持了李晓东的全部诉讼请求，酒仙公司未上诉。

Q 网购货物被人冒领，消费者如何维权？

A 消费者网购的货物在交付过程中被他人冒领，消费者主张销售者与送货人共同承担赔偿责任的，根据合同相对性原则，应由销售者承担赔偿责任。最高人民法院2015年6月15日公布的“杨波诉巴彦淖尔市合众圆通速递有限公司乌拉特前旗分公司、付迎春网络购物合同纠纷案”（案例网址：http://www.court.gov.cn/zixun-xiangqing-14729.html）就是一起典型案例。2013年3月19日，杨波以网购形式从付迎春开办的电子经营部购买价值15123元的电脑一台，下单后货款及邮寄费95元均已向付迎春付清。同日，付迎春委托巴彦淖尔市合众圆通速递有限公司乌拉特前旗分公司送货。该货物于同月24日到达交货地后被他人冒领。为此，杨波多次要求付迎春交货未果，遂诉至内蒙古自治区乌拉特前旗人民法院，请求判令速递公司、付迎春赔偿其电脑款15123元和邮寄费95元。一审法院认为，根据合同相对性原则，合同只约束缔约双方当事人，速递公司将货物错交给他人，属于付迎春与速递公司之间的运输关系。速递公司不应在本案中承担赔偿责任，故判决付迎春赔偿杨波已付的电脑款15123元及邮寄费95元。当事人均未上诉。

买到假冒首饰，消费者该如何维权？

销售者出售假冒首饰，构成对消费者的欺诈，消费者有权请求向销售者退货，销售者向消费者退还货款并支付价款3倍赔偿。最高人民法院2015年6月15日公布的“范建武诉广东省文物总店买卖合同纠纷案”（案例网址：http://www.court.gov.cn/zixun-xiangqing-14729.html）就是一起典型案例。2014年4月17日，范建武在广东省文物总店花17100元购买了一只手镯，该商店向其开具了发票，发票载明的商品为“yqgda-0765玉镯”，金额为17100元。同月24日，范建武又到该商店要求换开发票，该商店遂收回原来开的发票，重新为范建武开具一张发票，发票载明的商品为“yqgda-0765翡翠手镯”。后该手镯被鉴定为石榴石质玉手镯。范建武认为文物总店将普通的石榴石手镯冒充翡翠手镯出售，以假充真，对其构成欺诈，遂向广东省广州市越秀区人民法院起诉，请求文物总店向其退还货款17100元，并依法赔偿其51300元。一审、二审法院均支持了范建武的全部诉讼请求。

经营者对保健用品进行虚假宣传，消费者如何维权？

经营者对其保健用品作虚假宣传，诱导消费者购买，构成商业欺诈，消费者有权请求经营者退还货款并支付货款3倍的赔偿。最高人民法院2015年6月15日公布的“于奥泳诉毕丽萍产品销售者责任纠纷案”（案例网址：http://www.court.gov.cn/zixun-xiangqing-14729.html）即是如此。2014年4月16日，于奥泳在毕丽萍处以14100元的价格购买双宁牌功能性保健床垫两套，规格为2米×1.5米×0.12米。经使用，该床垫并没有毕丽萍宣传的预防癌症发生、抑制癌细胞生长、治病防病等功能。为此，于奥泳向山东省威海火炬高技术产业开

发区人民法院起诉，主张毕丽萍的行为对其构成欺诈，请求判令毕丽萍退还货款 28200 元，并按购货价款 3 倍赔偿其 84600 元。受诉法院经审理认为，毕丽萍认可于奥泳所主张的事实，其行为构成了商业欺诈，并承认应按原告诉讼请求返还货款及支付货款 3 倍的赔偿。该院依照《中华人民共和国消费者权益保护法》第五十五条之规定支持了于奥泳的全部诉讼请求。毕丽萍未上诉。

Q 因预付卡消费产生争议，消费者如何维权？

A 在使用预付卡消费的过程中，因经营者不在原地址经营，导致消费卡无法使用，消费者有权请求解除合同并请求经营者退还预付卡余额。最高人民法院 2015 年 6 月 15 日公布的“王某诉北京伊露游婴儿用品有限公司服务合同纠纷案”（案例网址：http://www.court.gov.cn/zixun-xiangqing-14729.html）就是一起典型案例。2013 年 9 月 3 日，婴儿王某在北京伊露游婴儿用品有限公司体验游泳一次，其母向伊露游公司交纳办理游泳卡押金 100 元。同月 5 日，其母向伊露游公司交纳办理 40 次游泳卡余款 2498 元（期限为 2013 年 9 月 5 日至 2014 年 9 月 5 日）。办卡后王某曾游泳一次，未出现哭闹现象，但在第三次和第四次游泳时开始哭闹。后王某家人与伊露游公司协商退还卡内剩余金额及押金，未获同意，遂向北京市丰台区人民法院提起诉讼。北京市丰台区人民法院经审判未支持王某家人的诉讼请求。王某家人不服判决，向北京市第二中级人民法院提请二审。本案二审期间，伊露游公司变更经营地址，王某的游泳卡不能再继续使用。法院经审理认为，伊露游公司未在其经营地及注册地经营，致王某购买的游泳次卡无法继续使用，王某上诉主张要求解除合同，有事实及法律依据，应当予以支持。二审法院判决解除王某与伊露游公司之间的服务合同，伊露游公司返还王某游泳卡费用 2262.65 元、押金 100 元。

空调等电器安装不当造成损害，可以要求赔偿吗？

销售者依约安装其销售的空调机，安装过程中因其不慎发生安全隐患，造成消费者损失，应当承担相应的赔偿责任。最高人民法院2015年6月15日公布的“吴军梅诉浙江苏宁云商商贸有限公司买卖合同纠纷案”（案例网址：http://www.court.gov.cn/zixun-xiangqing-14729.html）即是如此。2008年4月30日，吴军梅向浙江苏宁云商商贸有限公司购买大金牌空调机一台，总价款为8051元。苏宁公司向吴军梅出具安装单，并依约于2008年5月11日派人到吴军梅家中安装空调机。2013年8月，吴军梅家中客厅及相邻房间的地板、墙面被水侵蚀。经大金空调售后人员检查确认，漏水系空调机排水管通过的墙洞处没有封堵，老鼠咬断墙洞处排水管所致。吴军梅对受损地板、墙面及相关区域进行了维修，维修费用未获赔偿。吴军梅遂向浙江省杭州市萧山区人民法院起诉，请求判令苏宁公司赔偿其损失14104元，并支付精神损害抚慰金10000元。一审法院判决苏宁公司赔偿吴军梅实际修复费用12175元。苏宁公司未上诉。

Q 经营者销售已公告召回的汽车，消费者如何维权？

A 经营者销售已公告召回的汽车，构成商业欺诈。消费者有权请求退还所购汽车，并由经营者退还购车款并赔偿1倍的购车款。最高人民法院2015年6月15日公布的“王毅诉天津中进沛显汽车服务有限公司买卖合同纠纷案”（案例网址：http://www.court.gov.cn/zixun-xiangqing-14729.html）即是如此。2013年9月28日，王毅向天津中进沛显汽车服务有限公司（以下简称“中进汽车公司”）购买欧蓝德JE3A2693小型越野客车一辆，价款为249800元。中进汽车公司为王毅代缴车辆购置税22700元、车船税225元、机动车交通事故强制险保险费1100元、机动车辆综合险保险费10752元，共计34777元，收取上牌费900元。2013年10月15日，中进汽车公司向王毅交付车辆。2014年2月7日，中进汽车公司通知王毅该车辆应当被召回。2013年6月4日，三菱汽车销售（中国）有限公司发布召回部分进口欧蓝德汽车公告，召回时间为2013年6月5日至2014年6月4日，召回车辆范围包括王毅所购车辆。王毅遂向天津市滨海新区人民法院起诉，请求退还汽车，中进汽车公司返还购车款285477元，3倍赔偿购车款749400元。经一审、二审法院审理，法院认为：中进汽车公司隐瞒车辆瑕疵而销售，构成商业欺诈。该案车辆销售行为发生在《中华人民共和国消费者权益保护法》修订前，故中进汽车公司应当承担“退一赔一”的法律责任。因此，二审法院判决撤销该案一审判决，王毅向中进汽车公司退车，中进汽车公司退还王毅购车款249800元，加倍赔偿王毅249800元，并赔偿王毅车辆购置税等共计35677元。

Q 医院不合理用药，患者如何维护自身权益？

A

医疗服务合同是调整医疗机构与患者之间权利义务关系的合同。我国现阶段医疗纠纷日益增加，不仅影响到患者及家属的心理，也加重了医务人员的心理压力，降低了医疗单位和医务人员在社会上的声誉。在实践中确实存在部分医疗机构或医务人员为了追求经济利益，给患者开出价格较为昂贵或不必要的药物，加重了患者的经济负担。患者有权要求医院赔偿因不合理用药行为造成的经济损失。最高人民法院 2015 年 6 月 15 日公布的“张丰春与泰安市中心医院医疗服务合同纠纷案”（案例网址：http://www.court.gov.cn/zixun-xiangqing-14729.html）就是一起典型案例。原告张丰春因道路交通事故受伤在山东省泰安市中心医院住院治疗，入院伤情诊断为全身多处软组织伤，住院 43 天，住院期间花费医疗费 16747.64 元、检查费 4 元，共计 16751.64 元。原告出院后，以机动车交通事故责任为由将侵权人孔凡忠及中华联合保险泰安支公司诉至泰安市泰山区人民法院，要求赔偿其因交通事故所遭受的经济损失。该案在审理过程中，中华联合保险泰安支公司申请对原告住院期间的用药合理性进行审查，剔除与交通事故所致伤情无关的用药。泰安东岳司法鉴定所出具司法鉴定意见书认为：奥扎格雷钠为本次损伤治疗中的不合理用药，应去除费用为 7250.40 元。法院对鉴定意见予以采纳，判决认定原告受伤住院治疗过程中因使用奥扎格雷钠所花费的 7250.40 元为不合理用药，应在赔偿范围内予以扣除。因此，原告再次诉至法院，要求被告泰安市中心医院赔偿其因不合理用药所受到的经济损失。法院支持了原告张丰春的诉讼请求。被告已按判决履行完毕。

Q 人民调解和法院调解是一回事吗？

A

调解，是请第三方作为协调矛盾的中间人的纠纷解决机制，可分为诉讼中的调解和诉讼外的调解。诉讼中的调解是指法院调解；诉讼外的调解，包括人民调解、仲裁中的调解以及其他行政性调解。因此，人民调解与人民法院调解不是一回事。

Q 人民调解协议有没有强制执行效力？

A 人民调解委员会是依法设立的调解民间纠纷的群众性组织。人民调解，是指人民调解委员会通过说服、疏导等方法，促使当事人在平等协商的基础上自愿达成调解协议，解决民间纠纷的活动。人民调解委员会调解民间纠纷，不收取任何费用。经人民调解委员会调解达成的调解协议，具有法律约束力，当事人应当按照约定履行。经过司法确认的调解协议具有强制执行效力。双方当事人可以自调解协议生效之日起30日内共同向人民法院申请司法确认。人民法院依法确认调解协议有效，一方当事人拒绝履行或者未全部履行的，对方当事人可以向法院申请强制执行。法院依法确认调解协议无效的，当事人可以通过人民调解方式变更原调解协议或者达成新的调解协议，也可以向法院提起诉讼。

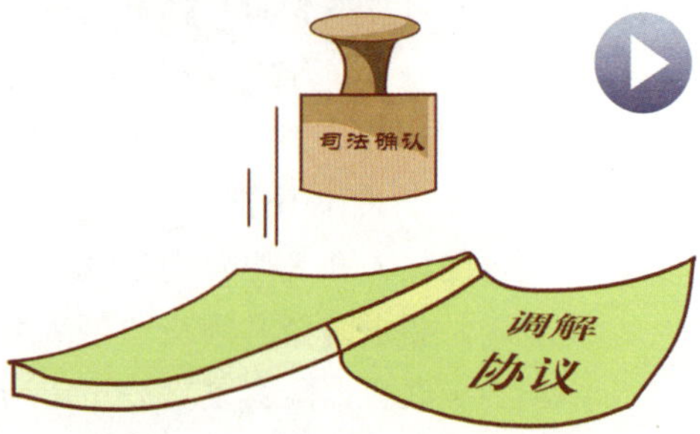

Q 法院制作的调解书与判决书具有同等法律效力吗？

A 法院调解是指当事人就自己的争议起诉到法院后，在法官的主持下，对争议的问题，摆事实，讲道理，促使双方当事人就争议的解决达成一致意见，从而解决纠纷的一种审判方式。法院审理民事案件，应当根据自愿和合法的原则进行调解。除法律规定可以不制作调解书的案件外，对达成的调解协议应当制作调解书。调解书经双方当事人签收后与生效判决书具有同等法律效力。

民事案件

Q 打民事官司应该到哪个法院起诉？

A 这个问题涉及的是民事诉讼中的“管辖”问题。所谓“管辖”，是指各级法院之间和同级法院之间受理第一审民事案件的分工和权限。我国法院有四级，即最高人民法院、高级人民法院、中级人民法院和基层人民法院。除最高人民法院外，其他三个级别都有多个法院。因此，只要某一纠纷确定应该由法院受理，接着就需要通过管辖制度把案件分配到某一个具体法院。案件的分配分为两个步骤：首次分配在不同级别的法院进行，通过分配明确四级法院各自受理第一审民事案件的分工和权限，也就是“级别管辖”。二次分配是在同级法院之间进行的，将案件分配到同一级中的各个具体法院，也就是“地域管辖”。确定了一个案件的级别管辖和地域管辖，也就解决了应该到哪个法院起诉的问题。

Q 四级法院分别管辖哪些案件？

A 根据民事诉讼法的规定，四级法院在管辖方面的具体分工是：1. 基层人民法院管辖第一审民事案件，但民事诉讼法另有规定的除外。2. 中级人民法院管辖下列第一审民事案件：重大涉外案件；在本辖区有重大影响的案件；最高人民法院确定由中级人民法院管辖的案件。3. 高级人民法院管辖在本辖区有重大影响的第一审民事案件。4. 最高人民法院管辖下列第一审民事案件：在全国有重大影响的案件；认为应当由本院审理的案件。

Q 哪些案件可以由最高人民法院的巡回法庭受理？

A 巡回法庭审理或者办理巡回区内应当由最高人民法院受理的案

件有以下几种：

1. 应当由最高人民法院审理的第一审行政或者民商事案件，这主要是指根据行政诉讼法、民事诉讼法规定，依法由最高人民法院第一审的案件，一般是在全国范围内重大、复杂的第一审行政案件和在全国有重大影响的第一审民商事案件。今后，巡回区内跨行政区划的重大行政和民商事案件完全可能由最高人民法院巡回法庭一审。

2. 包括不服高级人民法院作出的第一审行政或者民商事判决、裁定提起上诉的案件，对高级人民法院作出的已经发生法律效力的行政或者民商事判决、裁定申请再审的案件，刑事申诉案件，以及依法定职权提起再审的案件。这些案件在目前最高人民法院办案任务中占较大比例，放到巡回法庭审理有利于减轻最高人民法院本部的审判工作压力，也免去当事人奔波劳苦，方便当事人诉讼。

3. 一些涉及程序性事项的案件，主要是指不服高级人民法院作出的罚款、拘留决定申请复议的案件，高级人民法院因管辖权问题报请最高人民法院裁定或者决定的案件，以及高级人民法院报请批准延长审限的案件。

4. 涉港澳台民商事案件和司法协助案件。这样有利于方便港澳台居民诉讼，便于开展司法协助，有利于向港、澳、台地区展示最高人民法院的良好司法形象。自2015年6月1日起，第一巡回法庭负责办理其巡回区（广东、广西、海南3省区）内的涉台调查取证司法互助案件及其因自身审理案件需要请求台湾地区协助的送达文书或调查取证司法互助案件。最高人民法院认为应当由巡回法庭审理或者办理的其他案件也可以由巡回法庭审理。

为了落实中央就地化解矛盾纠纷的要求，巡回法庭依法办理巡回区内向最高人民法院提出的来信来访事项。

Q 最高人民法院巡回法庭不管辖哪些案件?

A 知识产权、涉外商事、海事海商、死刑复核、国家赔偿、执行案件和最高人民检察院抗诉的案件暂由最高人民法院本部审理或者办理。这主要是考虑到这些案件统一规则适用意义较大,或者审理、办理程序具有特殊性,或者根据目前巡回法庭的办案保障情况等因素暂时由本部审理或办理较为适宜。

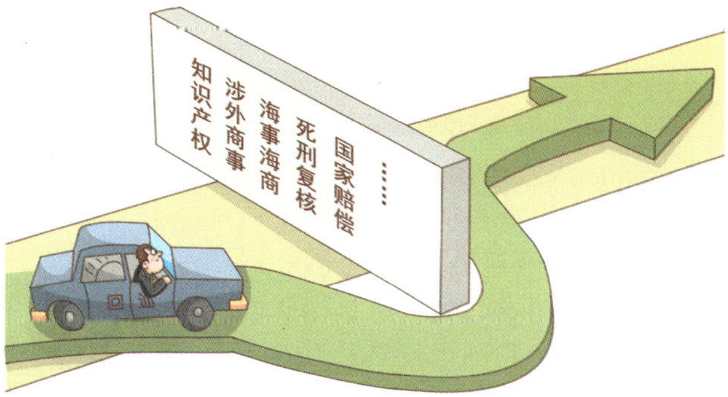

Q 民事官司中的诉讼时效是什么意思?

A 打民事官司首先要注意到法律上有关诉讼时效的规定。诉讼时效,是指权利人经过法定期限不行使自己的权利,依法律规定其胜诉权便归于消灭的制度。法律规定的诉讼时效期间内,权利人提出请求的,人民法院就强制义务人履行所承担的义务。在法定的诉讼时效期间届满之后,权利人行使请求权的,人民法院不再予以保护。一般民事案件的诉讼时效为 2 年,但有 4 类案件诉讼时效为 1 年。这 4 类案件是:1. 身体受到伤害要求赔偿的;2. 出售质量不合格的商品未声明的;3. 延付或者拒付租金的;4. 寄存财物被丢失或者损毁的。上述诉讼时效都是从“当事人知道或者应当知道权利被侵害之日”起计算。但是,从权利被侵害之日起计算超过 20 年的,即使权利享有人不知道自己的权利被侵害的,人民法院也不再予以保护。

Q 当事人超过民事诉讼时效起诉的如何处理？

A 当事人超过诉讼时效期间起诉的，人民法院应予受理。受理后对方当事人提出诉讼时效抗辩，人民法院经审理认为抗辩事由成立的，判决驳回原告的诉讼请求。

Q 我国现有几个知识产权法院？

A 根据《全国人民代表大会常务委员会关于在北京、上海、广州设立知识产权法院的决定》，我国已设立北京知识产权法院、上海知识产权法院和广州知识产权法院。

Q 知识产权法院管辖哪些案件？

A 知识产权法院管辖所在市辖区内的下列第一审案件：1. 专利、植物新品种、集成电路布图设计、技术秘密、计算机软件民事和行政案件；2. 对国务院部门或者县级以上地方人民政府所作的涉及著作权、商标、不正当竞争等行政行为提起诉讼的行政案件；3. 涉及驰名商标认定的民事案件。

Q 广州知识产权法院对广东哪些案件实行跨区域管辖？

A 广州知识产权法院对广东省内的两类知识产权案件实行跨区域管辖：1. 专利、植物新品种、集成电路布图设计、技术秘密、计算机软件民事和行政案件；2. 涉及驰名商标认定的民事案件。

Q 北京知识产权法院管辖哪些一审行政案件？

A 下列第一审行政案件由北京知识产权法院管辖：1. 不服国务院部门作出的有关专利、商标、植物新品种、集成电路布图设计等知识产权的授权确权裁定或者决定的；2. 不服国务院部门作出的有关专利、植物新品种、集成电路布图设计的强制许可决定以及强制许可使用费或者报酬的裁决的；3. 不服国务院部门作出的涉及知识产权授权确权的其他行政行为的。

Q 哪些上诉案件由知识产权法院审理？

A 当事人对知识产权法院所在市的基层人民法院作出的第一审著作权、商标、技术合同、不正当竞争等知识产权民事和行政判决、裁定提起的上诉案件，由知识产权法院审理。

Q 当事人对知识产权法院裁判不服，应向哪个法院提起上诉？

A 当事人对知识产权法院作出的第一审判决、裁定提起的上诉案件和依法申请上一级法院复议的案件，由知识产权法院所在地的高级人民法院知识产权审判庭审理。

Q 铁路运输法院管辖哪些民事案件？

A 下列涉及铁路运输、铁路安全、铁路财产的民事诉讼，由铁路运输法院管辖：1. 铁路旅客和行李、包裹运输合同纠纷；2. 铁路货物运输合同和铁路货物运输保险合同纠纷；3. 国际铁路联运合同和铁路运输企业作为经营人的多式联运合同纠纷；4. 代办托运、包装整理、仓储保管、接取送达等铁路运输延伸服务合同纠纷；5. 铁路运输企业在装卸作业、线路维修等方面发生的委外劳务、承包等合同纠纷；6. 与铁路及其附属设施的建设施工有关的合同纠纷；7. 铁路设备、设施的采购、安装、加工承揽、维护、服务等合同纠纷；8. 铁路行车事故及其他铁路运营事故造成的人身、财产损害赔偿纠纷；9. 违反铁路安全保护法律、法规，造成铁路线路、机车车辆、安全保障设施及其他财产损害的侵权纠纷；10. 因铁路建设及铁路运输引起的环境污染侵权纠纷；11. 对铁路运输企业财产权属发生争议的纠纷。

Q 按照中央司法改革要求设立的跨行政区划法院有几家？

A 目前有两家，分别是上海市第三中级人民法院和北京市第四中级人民法院。2014 年 12 月 28 日，上海市第三中级人民法院依托上海铁路运输中级法院设立，同时组建上海知识产权法院，与上海市第三中级人民法院合署办公，实行“三块牌子一个机构”。2014 年 12 月 30 日，北京市第四中级人民法院依托北京铁路运输中级法院挂牌成立。

北京市第四中级人民法院

上海市第三中级人民法院

Q 上海市第三中级人民法院管辖哪些案件？

A 上海市第三中级人民法院是探索审理跨地区行政诉讼案件、重大民商事案件、重大环境资源保护案件、重大食品药品安全案件和跨行政区划检察机关提起公诉的案件的新型人民法院。上海市第三中级人民法院目前依法管辖下列案件：1. 以市级人民政府为被告的第一审行政案件，以市级行政机关为上诉人或者被上诉人的第二审行政案件（不包括知识产权行政案件）；2. 上海市人民检察院第三分院提起公诉的案件；3. 上级法院指定管辖的其他案件。

Q 北京市第四中级人民法院管辖哪些案件？

A 北京市第四中级人民法院管辖下列第一审案件：1. 以北京市区（县）人民政府为被告的行政案件，但目前各区（县）人民法院受理的以区（县）人民政府名义办理不动产物权登记的案件，仍由各区（县）人民法院办理；2. 按照级别管辖标准，应由北京市中级人民法院管辖的金融借款合同纠纷案件、保险纠纷案件、涉外及涉港澳台的商事案件；3. 跨地区的重大环境资源保护案件、重大食品药品安全案件；4. 北京市人民检察院第四分院提起公诉的案件；5. 北京市高级人民法院指定管辖的其他特殊案件；6. 按照最高人民法院《关于铁路运输法院案件管辖范围的若干规定》、北京市高级人民法院《关于指定北京铁路运输中级法院和北京铁路运输法院受理案件范围的通知》，由北京铁路运输中级法院管辖的案件。

重大食品药品安全案件

军事法院管辖哪些民事案件？

下列民事案件由军事法院管辖：1. 双方当事人均为军人或者军队单位的案件，但法律另有规定的除外；2. 涉及机密级以上军事秘密的案件；3. 军队设立选举委员会的选民资格案件；4. 认定营区内无主财产案件。

军人是指哪些人员？

军人是指中国人民解放军的现役军官、文职干部、士兵及具有军籍的学员，中国人民武装警察部队的现役警官、文职干部、士兵及具有军籍的学员。军队中的文职人员、非现役公勤人员、正式职工，由军队管理的离退休人员，参照军人确定管辖。

军队单位是什么意思？

军队单位是指中国人民解放军现役部队和预备役部队、中国人民武装警察部队及其编制内的企业事业单位。

营区具体是指哪些地方？

营区是指由军队管理使用的区域，包括军事禁区、军事管理区。

Q 哪些民事案件地方当事人起诉后军事法院应当受理？

A 下列民事案件，地方当事人向军事法院提起诉讼或者提出申请的，军事法院应当受理：1. 军人或者军队单位执行职务过程中造成他人损害的侵权责任纠纷案件；2. 当事人一方为军人或者军队单位，侵权行为发生在营区内的侵权责任纠纷案件；3. 当事人一方为军人的婚姻家庭纠纷案件；4.《中华人民共和国民事诉讼法》第三十四条规定的不动产所在地、港口所在地、被继承人死亡时住所地或者主要遗产所在地在营区内，且当事人一方为军人或者军队单位的案件；5. 申请宣告军人失踪或者死亡的案件；6. 申请认定军人无民事行为能力或者限制民事行为能力的案件。

Q 哪些合同纠纷当事人可以约定由军事法院管辖？

A 当事人一方是军人或者军队单位，且合同履行地或者标的物所在地在营区内的合同纠纷，当事人书面约定由军事法院管辖，不违反法律关于级别管辖、专属管辖和专门管辖规定的，可以由军事法院管辖。

Q 军事法院与地方法院发生管辖权争议的怎么办？

A 军事法院与地方人民法院之间因管辖权发生争议，由争议双方协商解决；协商不成的，报请各自的上级法院协商解决；仍然协商不成的，报请最高人民法院指定管辖。

法律对地域管辖是如何规定的？

地域管辖就是同级人民法院在各自的辖区内受理第一审民事案件的分工和权限。《中华人民共和国民事诉讼法》第二十一条规定："对公民提起的民事诉讼，由被告住所地人民法院管辖；被告住所地与经常居住地不一致的，由经常居住地人民法院管辖。对法人或者其他组织提起的民事诉讼，由被告住所地人民法院管辖。同一诉讼的几个被告住所地、经常居住地在两个以上人民法院辖区的，各级别人民法院都有管辖权。"

为何地域管辖实行"原告就被告"原则？

按照民事诉讼法相关规定，我国一般地域管辖的原则是"原告就被告"，即民事诉讼由被告所在地人民法院管辖。实行这一原则，有利于人民法院调查核实证据，迅速查明案情，正确处理民事纠纷；有利于传唤被告出庭应诉；有利于采取财产保全和先予执行措施，如果被告败诉，还有利于执行。

如何确定公民的住所地与经常居住地？

公民的住所地是指公民的户籍所在地。公民的经常居住地是指公民离开住所地至起诉时已连续居住一年以上的地方，但公民住院就医的地方除外。原告、被告均被注销户籍的，由被告居住地人民法院管辖。当事人的户籍迁出后尚未落户，有经常居住地的，由该地人民法院管辖；没有经常居住地的，由其原户籍所在地人民法院管辖。债务人申请支付令的，由债务人住所地基层人民法院管辖。

Q 如何确定法人或其他组织的住所地？

A 法人或者其他组织的住所地是指法人或者其他组织的主要办事机构所在地。法人或者其他组织的主要办事机构所在地不能确定的，法人或者其他组织的注册地或者登记地为住所地。对没有办事机构的个人合伙、合伙型联营体提起的诉讼，由被告注册登记地人民法院管辖。没有注册登记，几个被告又不在同一辖区的，被告住所地的人民法院都有管辖权。

Q 哪些案件可以由原告住所地法院管辖？

A 一般地域管辖的“原告就被告”原则，在某些特殊情况下无法适用或者适用后将对原告和法院极为不便。为此，法律和司法解释规定了 8 种情形可以“被告就原告”，由原告住所地人民法院管辖；原告住所地与经常居住地不一致的，由原告经常居住地人民法院管辖：1. 对不在中华人民共和国领域内居住的人提起的有关身份关系的诉讼；2. 对下落不明或者宣告失踪的人提起的有关身份关系的诉讼；3. 对被采取强制性教育措施的人提起的诉讼；4. 对被监禁的人提起的诉讼；5. 被告被注销户籍的，但原告、被告均被注销户籍的由被告居住地人民法院管辖；6. 追索赡养费、抚育费、扶养费案件的几个被告住所地不在同一辖区的，可以由原告住所地人民法院管辖；7. 不服指定监护或者变更监护关系的案件，可以由被监护人住所地人民法院管辖；8. 夫妻一方离开住所地超过一年，另一方起诉离婚的案件，可以由原告住所地人民法院管辖。

Q 离婚和收养案件的起诉有哪些特别规定？

A 判决不准离婚和调解和好的离婚案件，判决、调解维持收养关系的案件，没有新情况、新理由，原告在6个月内又起诉的，不予受理。婚姻关系和收养关系等以当事人的感情归属为基础的人身关系纠纷具有自身的特点，随着时间的推移和情况的变化，当事人可能再次产生消灭此类人身关系的需求，所以立法规定了6个月的禁诉期。

Q 夫妻一方下落不明，另一方起诉离婚，法院会受理吗？

A 法院会受理。夫妻一方下落不明，另一方诉至人民法院，只要求离婚，不申请宣告下落不明人失踪或者死亡的案件，人民法院应当受理，对下落不明人公告送达诉讼文书。

Q 赡养费、扶养费、抚育费案件可以再次起诉吗？

A 可以。赡养费、扶养费、抚育费案件，裁判发生法律效力后，因新情况、新理由，一方当事人再行起诉要求增加或者减少费用的，人民法院应作为新案受理。

Q 涉外婚姻案件应该到哪个法院起诉？

A 涉外婚姻案件的管辖具有一定的特殊性，应当根据不同情况分别确定管辖法院：1. 在国内结婚并定居国外的华侨，如定居国法院以离婚诉讼须由婚姻缔结地法院管辖为由不予受理，当事人向人民法院提出离婚诉讼的，由婚姻缔结地或者一方在国内的最后居住地人民法院管辖。2. 在国外结婚并定居国外的华侨，如定居国法院以离婚诉讼须由国籍所属国法院管辖为由不予受理，当事人向人民法院提出离婚诉讼的，由一方原住所地或者在国内的最后居住地人民法院管辖。3. 中国公民一方居住在国外，一方居住在国内，不论哪一方向人民法院提起离婚诉讼，国内一方住所地人民法院都有权管辖。国外一方在居住国法院起诉，国内一方向人民法院起诉的，受诉人民法院有权管辖。4. 中国公民双方在国外但未定居，一方向人民法院起诉离婚的，应由原告或者被告原住所地人民法院管辖。5. 已经离婚的中国公民，双方均定居国外，仅就国内财产分割提起诉讼的，由主要财产所在地人民法院管辖。

Q 合同纠纷案件应该怎样确定管辖法院？

A 因合同纠纷提起的诉讼，由被告住所地或者合同履行地人民法院管辖。

Q 保险合同纠纷案件如何确定管辖法院？

A 因保险合同纠纷提起的诉讼，由被告住所地或者保险标的物所在地人民法院管辖。因财产保险合同纠纷提起的诉讼，如果保险标的物是运输工具或者运输中的货物，可以由运输工具登记注册地、运输目的地、保险事故发生地人民法院管辖。因人身保险合同纠纷提起的诉讼，可以由被保险人住所地人民法院管辖。

Q 票据纠纷案件如何确定管辖法院？

A 因票据纠纷提起的诉讼，由票据支付地或者被告住所地人民法院管辖。

被告住所地法院管辖

Q 公司设立纠纷案件应该由哪个法院管辖？

A 因公司设立、确认股东资格、分配利润、解散等纠纷或者因股东名册记载、请求变更公司登记、股东知情权、公司决议、公司合并、公司分立、公司减资、公司增资等纠纷提起的诉讼，由公司住所地人民法院管辖。

运输合同纠纷案件如何确定管辖法院？

因铁路、公路、水上、航空运输和联合运输合同纠纷提起的诉讼，由运输始发地、目的地或者被告住所地人民法院管辖。

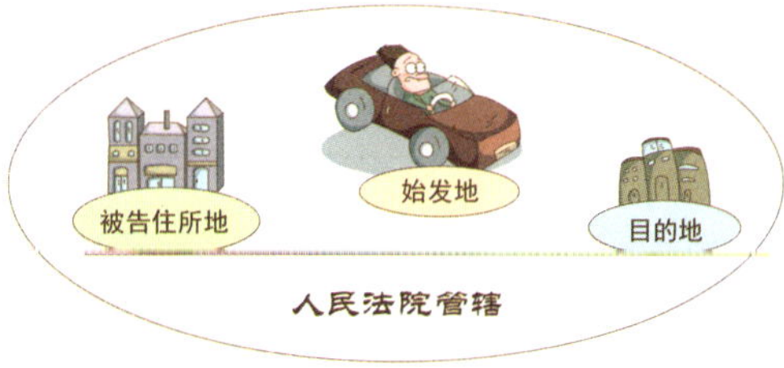

如何认定合同履行地？

合同约定履行地点的，以约定的履行地点为合同履行地。合同对履行地点没有约定或者约定不明确，争议标的为给付货币的，接收货币一方所在地为合同履行地；交付不动产的，不动产所在地为合同履行地；其他标的，履行义务一方所在地为合同履行地。即时结清的合同，交易行为地为合同履行地。合同没有实际履行，当事人双方住所地都不在合同约定的履行地的，由被告住所地人民法院管辖。

融资租赁合同如何确定合同履行地？

财产租赁合同、融资租赁合同以租赁物使用地为合同履行地。合同对履行地有约定的，从其约定。

网上订立的买卖合同如何确定合同履行地？

以信息网络方式订立的买卖合同，通过信息网络交付标的的，以买受人住所地为合同履行地；通过其他方式交付标的的，收货地为合同履行地。合同对履行地有约定的，从其约定。

Q 哪些法院可以管辖侵权纠纷案件？

A 因侵权行为提起的诉讼，由侵权行为地或者被告住所地人民法院管辖。

Q 哪些法院可以管辖交通事故损害赔偿案件？

A 因铁路、公路、水上和航空事故请求损害赔偿提起的诉讼，由事故发生地或者车辆、船舶最先到达地、航空器最先降落地或者被告住所地人民法院管辖。

Q 哪些法院可以管辖海事损害事故损害赔偿案件？

A 因船舶碰撞或者其他海事损害事故请求损害赔偿提起的诉讼，由碰撞发生地、碰撞船舶最先到达地、加害船舶被扣留地或者被告住所地人民法院管辖。

Q 哪些法院可以管辖海难救助费用诉讼案件？

A 因海难救助费用提起的诉讼，由救助地或者被救助船舶最先到达地人民法院管辖。

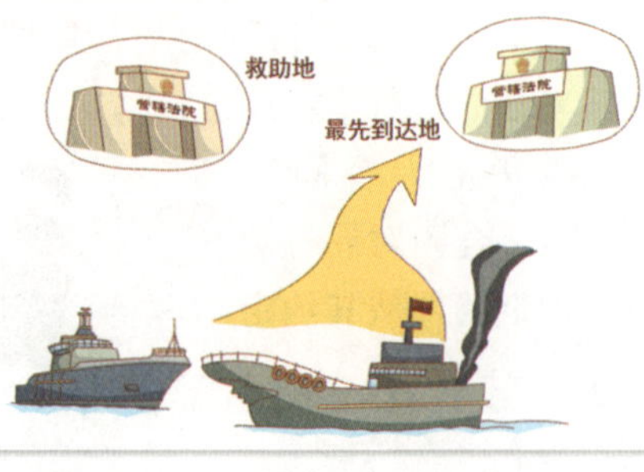

哪些法院可以管辖共同海损诉讼案件？

因共同海损提起的诉讼，由船舶最先到达地、共同海损理算地或者航程终止地的人民法院管辖。

侵权行为地如何确定？

侵权行为地，包括侵权行为实施地、侵权结果发生地。信息网络侵权行为实施地包括实施被诉侵权行为的计算机等信息设备所在地，侵权结果发生地包括被侵权人住所地。

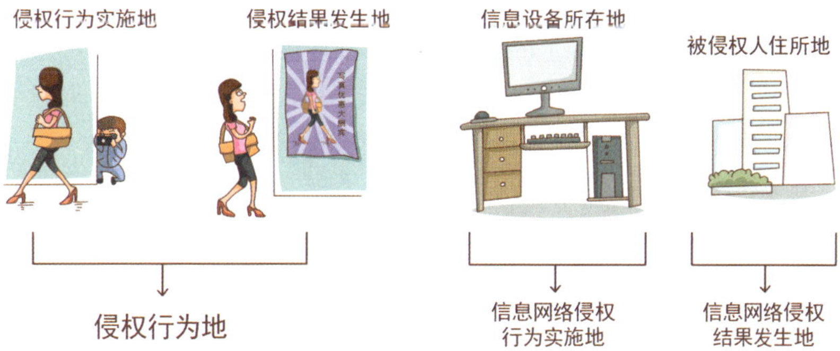

因产品质量造成的侵权纠纷案件如何确定管辖法院？

因产品、服务质量不合格造成他人财产、人身损害提起的诉讼，产品制造地、产品销售地、服务提供地、侵权行为地和被告住所地人民法院都有管辖权。

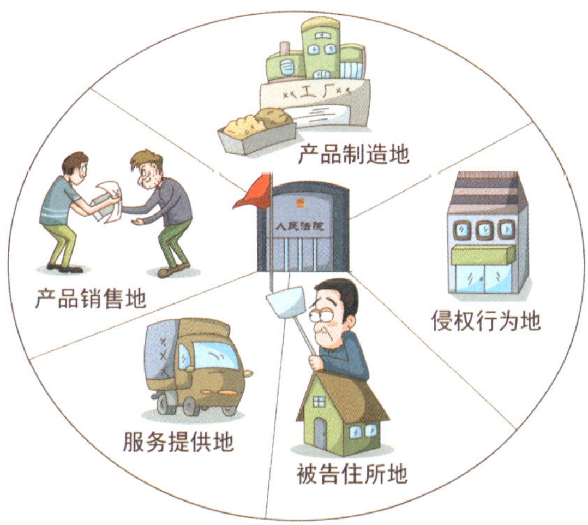

Q 诉前保全造成的侵权纠纷案件应该由哪个法院管辖？

A 当事人申请诉前保全后，没有在法定期间起诉或者申请仲裁，给被申请人、利害关系人造成损失引起的诉讼，由采取保全措施的人民法院管辖。当事人申请诉前保全后，在法定期间内起诉或者申请仲裁，被申请人、利害关系人因保全受到损失提起的诉讼，由受理起诉的人民法院或者采取保全措施的人民法院管辖。

Q 什么是专属管辖？

A 专属管辖是指法律规定某些特殊类型的案件专门由特定的法院管辖。专属管辖是排他性管辖，既排除了任何国家对诉讼的管辖权，也排除了当事人以协议方式选择国内其他法院管辖。

Q 民事诉讼法规定的专属管辖都有哪些情形？

A 下列案件由人民法院专属管辖：1. 因不动产纠纷提起的诉讼，由不动产所在地人民法院管辖；2. 因港口作业中发生纠纷提起的诉讼，由港口所在地人民法院管辖；3. 因继承遗产纠纷提起的诉讼，由被继承人死亡时住所地或者主要遗产所在地人民法院管辖。

Q 不动产纠纷案件具体是指哪些案件？

A 《中华人民共和国民事诉讼法》第三十三条第一项规定的不动产纠纷是指因不动产的权利确认、分割、相邻关系等引起的物权纠纷。农村土地承包经营合同纠纷、房屋租赁合同纠纷、建设工程施工合同纠纷、政策性房屋买卖合同纠纷，按照不动产纠纷确定管辖。不动产已登记的，以不动产登记簿记载的所在地为不动产所在地；不动产未登记的，以不动产实际所在地为不动产所在地。

什么是协议管辖？

协议管辖，也称为“合意管辖”或“约定管辖”，是指双方当事人在纠纷发生之前或者纠纷发生之后，通过书面方式约定特定案件由特定法院管辖。

当事人协议管辖可以选择哪些法院？

合同或者其他财产权益纠纷的当事人可以书面协议选择被告住所地、合同履行地、合同签订地、原告住所地、标的物所在地等与争议有实际联系的地点的人民法院管辖，但不得违反民事诉讼法对级别管辖和专属管辖的规定。书面协议，包括书面合同中的协议管辖条款或者诉讼前以书面形式达成的选择管辖的协议。

管辖协议无法确定管辖法院的如何处理？

根据管辖协议，起诉时能够确定管辖法院的，从其约定；不能确定的，依照民事诉讼法的相关规定确定管辖。

当事人约定多个法院管辖的如何确定管辖法院？

管辖协议约定两个以上与争议有实际联系的地点的人民法院管辖，原告可以向其中一个人民法院起诉。

Q 使用格式条款订立的管辖协议有没有效力？

A 经营者使用格式条款与消费者订立管辖协议，未采取合理方式提请消费者注意，消费者主张管辖协议无效的，人民法院应予支持。

Q 管辖协议签订后住所地变更的如何确定管辖法院？

A 管辖协议约定由一方当事人住所地人民法院管辖，协议签订后当事人住所地变更的，由签订管辖协议时的住所地人民法院管辖，但当事人另有约定的除外。

Q 合同转让后原管辖协议对合同受让人是否有效？

A 合同转让的，合同的管辖协议对合同受让人有效，但转让时受让人不知道有管辖协议，或者转让协议另有约定且原合同相对人同意的除外。

Q 当事人对离婚后发生的财产争议可以协议管辖吗？

A 当事人因同居或者在解除婚姻、收养关系后发生财产争议，约定管辖的，可以按照协议管辖的规定确定管辖。

Q 两个法院都有管辖权，当事人该向哪个法院起诉？

A 如果两个以上人民法院对某个诉讼都有管辖权，法律把起诉选择权赋予了当事人，原告可以向其中任何一个人民法院起诉。原告向两个以上有管辖权的人民法院起诉的，由最先立案的人民法院管辖。

Q 案件受理后发现不应由该法院管辖怎么办？

A 人民法院发现受理的案件不属于本院管辖的，应当移送有管辖权的人民法院，受移送的人民法院应当受理。受移送的人民法院认为受移送的案件依照规定不属于本院管辖的，应当报请上级人民法院指定管辖，不得再自行移送。

Q 两个法院都有管辖权，先立案的法院可以把案件移送出去吗？

A 两个以上人民法院都有管辖权的诉讼，先立案的人民法院不得将案件移送给另一个有管辖权的人民法院。人民法院在立案前发现其他有管辖权的人民法院已先立案的，不得重复立案；立案后发现其他有管辖权的人民法院已先立案的，裁定将案件移送给先立案的人民法院。

Q 案件受理后当事人住所地发生变化影响管辖吗？

A 案件受理后，受诉人民法院的管辖权不受当事人住所地、经常居住地变更的影响。这是管辖恒定原则的体现。确定案件的管辖权以起诉时为标准，起诉时对案件享有管辖权的法院，不因确定管辖的事实在诉讼过程中发生变化而影响其管辖权。

Q 案件受理后行政区域调整影响管辖吗？

A 有管辖权的人民法院受理案件后，不得以行政区域变更为由，将案件移送给变更后有管辖权的人民法院。判决后的上诉案件和依审判监督程序提审的案件，由原审人民法院的上级人民法院进行审判；上级人民法院指令再审、发回重审的案件，由原审人民法院再审或者重审。

Q 案件受理后当事人增加诉讼请求影响管辖吗？

A 人民法院对管辖异议审查后确定有管辖权的，不因当事人提起反诉、增加或者变更诉讼请求等改变管辖，但违反级别管辖、专属管辖规定的除外。

Q 两个法院对同一起案件都认为有权管辖怎么办？

A 人民法院之间因管辖权发生争议，由争议双方协商解决；协商解决不了的，逐级报请它们的共同上级人民法院指定管辖。双方同属一个地、市辖区的基层人民法院的，由该地、市的中级人民法院及时指定管辖；同属一个省、自治区、直辖市的两个人民法院的，由该省、自治区、直辖市的高级人民法院及时指定管辖；双方为跨省、自治区、直辖市的人民法院，高级人民法院协商不成的，由最高人民法院及时指定管辖。

Q 上级法院可以将哪些案件交下级法院审理？

A

上级法院对下列第一审民事案件可以在开庭前交下级法院审理：

1. 破产程序中有关债务人的诉讼案件；
2. 当事人人数众多且不方便诉讼的案件；
3. 最高人民法院确定的其他类型案件。

Q 上级法院将案件交下级法院审理有何程序？

A

人民法院将案件交下级法院审理前，应当报请其上级法院批准。上级法院批准后，人民法院应当裁定将案件交下级法院审理。

Q 下级法院能否将案件转给上级法院审理？

A

下级人民法院对它所管辖的第一审民事案件，认为需要由上级人民法院审理的，可以报请上级人民法院审理。这里的“需要”可以是指案件本身的需要，如案情重大、特别复杂、涉及面很广，下级法院审理有困难；也可以是由于某种特殊原因的需要，如由于自然灾害，下级法院审理有困难。下级法院报请上级法院审理应由自己管辖的民事案件时，应当取得上级法院的同意。上级法院认为案件仍然应该由下级法院审理的，下级法院应当服从上级法院的决定。

Q 当事人对法院管辖权有异议应当如何提出？

A 管辖权异议，是当事人向受诉法院提出的该院对案件无管辖权的主张。人民法院受理案件后，当事人对管辖权有异议的，应当在提交答辩状期间提出。人民法院对当事人提出的异议，应当审查。异议成立的，裁定将案件移送有管辖权的人民法院；异议不成立的，裁定驳回。当事人未提出管辖异议，并应诉答辩的，视为受诉人民法院有管辖权，但违反级别管辖和专属管辖规定的除外。

Q 原告增加诉讼请求导致超过级别管辖标准的，被告可否提出管辖权异议？

A 可以。提交答辩状期间届满后，原告增加诉讼请求金额，致使案件标的额超过受诉人民法院级别管辖标准，被告提出管辖权异议，请求由上级人民法院管辖的，人民法院应当依法审查并作出裁定。

Q 同时违反级别管辖和地域管辖规定的可以提出管辖权异议吗？

A 可以。被告以受诉人民法院同时违反级别管辖和地域管辖规定为由提出管辖权异议的，受诉人民法院应当一并作出裁定。

Q 对发回重审的案件能否提出管辖权异议？

A 管辖权异议的客体是第一审民事案件的管辖权。当事人只能对第一审民事案件的管辖权提出异议。人民法院发回重审或者按第一审程序再审的案件，当事人提出管辖异议的，人民法院不予审查。

Q 发生交通事故后需要交通管理部门进行调解应当何时提出?

A 交通事故的当事人向公安机关交通管理部门提出书面调解申请的期限为自收到交通事故认定书之日起10日内。公安机关交通管理部门调解交通事故损害赔偿的期限为10日。

Q 学校发生学生受伤事件可以请求教育行政部门进行调解吗?

A 发生学生伤害事故，教育行政部门收到调解申请，认为必要的，可以指定专门人员进行调解，应当完成调解的期限为自受理申请之日起60日内。

Q 因人身受到损害而误工的起算日如何计算?

A 受害人因伤致残持续误工的，误工时间可以计算至定残日前一天。

Q 因伤残不能自理的可以请求对方支付多少年的护理费?

A 受害人因残疾不能恢复自理能力的，护理期限最长不超过20年。

Q 人身损害赔偿包括什么?

A 《中华人民共和国侵权责任法》第十六条规定：侵害他人造成人身损害的，应当赔偿医疗费、护理费、交通费等为治疗和康复支出的合理费用，以及因误工减少的收入。造成残疾的，还应当赔偿残疾生活辅助具费和残疾赔偿金。造成死亡的，还应当赔偿丧葬费和死亡赔偿金。

Q 医疗费赔偿金额如何计算？

A 医疗费 = 诊疗费 + 医药费 + 住院费。

Q 误工费赔偿金额如何计算？

A 误工费赔偿金额 = 受害人工资（元 / 天）× 误工时间（天）。

Q 护理费赔偿金额如何计算？

A 护理费赔偿额 = 护理标准（元 / 天）× 护理期限（天）。

Q 交通费赔偿金额如何计算？

A 交通费赔偿金额 = 就医、转院实际发生的交通费用。

Q 住宿费赔偿金额如何计算？

A 住宿费赔偿金额 = 国家机关一般工作人员出差住宿标准 × 住宿时间。

Q 住院伙食补助费如何计算？

A 住院伙食补助费 = 当地国家机关一般工作人员出差伙食补助标准（元 / 天）× 住院天数。

Q 营养费赔偿额如何计算？

A 营养费 = 实际发生的必要营养费用。

Q 残疾赔偿金赔偿额如何计算？

A 残疾赔偿金 = 受诉法院所在地上年度城镇居民（农村居民）人均可支配收入 × 伤残等级系数 × 赔偿年限（20 年）。但 60 周岁以上的，年龄每增加 1 岁减少 1 年；75 周岁以上的，按 5 年计算。

Q 残疾辅助器具费赔偿如何计算？

A 残疾辅助器具费 = 普通适用器具的合理费用。

Q 丧葬费赔偿额如何计算？

A 丧葬费赔偿额 = 受诉法院所在地上一年度职工月平均工资 ×6 个月。

Q 被扶养人生活费赔偿额如何计算？

A 1. 被扶养人没有其他扶养人的，扶养费用由赔偿义务人承担，在计算时应确定赔偿标准和赔偿年限。未成年人计算至 18 周岁，其他无劳动能力又无其他生活来源的计算 20 年。但 60 周岁以上的，年龄每增加 1 岁减少 1 年。75 周岁以上的，按 5 年计算。被扶养人生活费赔偿额 = 受诉法院所在地上一年度城镇居民人均消费性支出（农村居民人均年生活消费支出）× 伤残系数 × 赔偿年限。

2. 被扶养人还有其他扶养人的，则赔偿义务人只赔偿受害人依法应当负担的部分，即：被扶养人生活费赔偿额 = 受害人依法应承担的扶养费用。

Q 死亡赔偿金如何计算？

A 死亡赔偿金 = 受诉法院所在地上一年度城镇居民人均可支配收入（农村居民人均纯收入）×20 年。60 周岁以上的，年龄每增加 1 岁减少 1 年。75 周岁以上的，按 5 年计算。

Q 如何计算工作日？

A 年工作日：365 天 -104 天（休息日）-11 天（法定节假日）= 250 天

季工作日：250 天 ÷4 季 = 62.5 天 / 季

月工作日：250 天 ÷12 月 = 20.83 天 / 月

Q 工资如何计算？

A 按照《中华人民共和国劳动法》第五十一条的规定，法定节假日用人单位应当依法支付工资，即折算日工资、小时工资时不剔除国家规定的 11 天法定节假日。据此，日工资、小时工资的折算方法为：

日工资：月工资收入 ÷ 月计薪天数。

小时工资：月工资收入 ÷（月计薪天数 ×8 小时）。

月计薪天数 =（365 天 -104 天）÷12 月 = 21.75 天。

月薪工资：月工资额 ÷21.75 天 × 当月考勤天数。

月计件工资：计件单价 × 当月所做件数。

平时加班费：月工资额 ÷21.75 天 ÷8 小时 ×1.5 倍 × 平时加班时数。

假日加班费：月工资额 ÷21.75 天 ÷8 小时 ×2 倍 × 假日加班时数。

法定假日加班费：月工资额 ÷21.75 天 ÷8 小时 ×3 倍 × 法定假日加班时数。

刑事案件

什么情况下当事人可以直接向法院提起刑事诉讼？

按照法律规定，有3种情况人民法院可以直接受理：一是告诉才处理的案件；二是人民检察院没有提起公诉，被害人有证据证明的轻微刑事案件；三是被害人有证据证明对被告人侵犯自己人身、财产权利的行为应当依法追究刑事责任，且有证据证明曾经提出控告，而公安机关或者人民检察院不予追究被告人刑事责任的案件。

可以向哪个法院提起刑事自诉？

被害人可以向犯罪地的基层人民法院起诉。如果由被告人居住地的人民法院审判更为适宜的，可以由被告人居住地的人民法院管辖。如果刑事自诉案件的自诉人、被告人一方或者双方是港、澳、台居住的中国公民或者单位的，由犯罪地的基层人民法院审判。

什么是犯罪地？

犯罪地包括犯罪行为发生地和犯罪结果发生地。对于利用计算机网络实施的犯罪，犯罪地包括犯罪行为发生地的网站服务器所在地，网络接入地，网站建立者、管理者所在地，被侵害的计算机信息系统及其管理者所在地，被告人、被害人使用的计算机信息系统所在地，以及被害人财产遭受损失地。

什么是被告人居住地？

被告人居住地是指其户籍地。经常居住地与户籍地不一致的，经常居住地为其居住地。经常居住地是指被告人被起诉前已经连续居住一年以上的地方，但住院就医的除外。

谁有资格可以提起刑事自诉？

自诉案件一般由被害人自己提出。如果被害人死亡、丧失行为能力或者因为受强制、威吓等无法告诉，或者是限制行为能力人以及因年老、患病、盲、聋、哑等不能亲自告诉，其法定代理人、近亲属告诉或者代为告诉的，人民法院应当受理。

被害人的法定代理人、近亲属告诉或者代为告诉，应当提供与被害人关系的证明和被害人不能亲自告诉的原因的证明。

提起刑事自诉需要准备什么材料？

提起自诉应当提交刑事自诉状。对两名以上被告人提出告诉的，应当按照被告人的人数提供自诉状副本。

Q 刑事自诉状应该包括哪些内容？

A 根据《最高人民法院关于适用〈中华人民共和国刑事诉讼法〉的解释》（法释〔2012〕21 号，http://www.chinacourt.org/law）二百六十二条之规定，刑事自诉状应当记明以下事项：1. 自诉人或者代为告诉人、被告人的姓名、性别、年龄、民族、文化程度、职业、工作单位、住址、联系方式；2. 被告人实施犯罪的时间、地点、手段、情节和危害后果等；3. 具体的诉讼请求；4. 致送的人民法院和具状时间；5. 证据的名称、来源等；6. 有证人的，载明证人的姓名、住所、联系方式等。

Q 什么是告诉才处理的案件？

A 告诉才处理的案件包括：1. 侮辱、诽谤案［《中华人民共和国刑法》（以下简称《刑法》）第二百四十六条规定的，但严重危害社会秩序和国家利益的除外］；2. 暴力干涉婚姻自由案（《刑法》第二百五十七条第一款规定的）；3. 虐待案（《刑法》第二百六十条第一款规定的）；4. 侵占案（《刑法》第二百七十条规定的）。

【背景链接：《中华人民共和国刑法》（网址：http://www.chinacourt.org/law）第二百四十六条：以暴力或者其他方法公然侮辱他人或者捏造事实诽谤他人，情节严重的，处三年以下有期徒刑、拘役、管制或者剥夺政治权利。前款罪，告诉的才处理，但是严重危害社会秩序和国家利益的除外。第二百五十七条第一款：以暴力干涉他人婚姻自由的，处二年以下有期徒刑或者拘役。第二百六十条第一款：虐待家庭成员，情节恶劣的，处二年以下有期徒刑、拘役或者管制。第二百七十条：将代为保管的他人财物非法占为己有，数额较大，拒不退还的，处二年以下有期徒刑、拘役或者罚金；数额巨大或者有其他严重情节的，处二年以上五年以下有期徒刑，并处罚金。将他人的遗忘物或者埋藏物非法占为己有，数额较大，拒不交出的，依照前款的规定处罚。本条罪，告诉的才处理。】

Q 被害人有证据证明的轻微刑事案件包括哪些？

A 人民检察院没有提起公诉，被害人有证据证明的轻微刑事案件包括：1. 故意伤害案（《刑法》第二百三十四条第一款规定的）；2. 非法侵入住宅案（《刑法》第二百四十五条规定的）；3. 侵犯通信自由案（《刑法》第二百五十二条规定的）；4. 重婚案（《刑法》第二百五十八条规定的）；5. 遗弃案（《刑法》第二百六十一条规定的）；6. 生产、销售伪劣商品案（《刑法》分则第三章第一节规定的，但严重危害社会秩序和国家利益的除外）；7. 侵犯知识产权案（《刑法》分则第三章第七节规定的，但严重危害社会秩序和国家利益的除外）；8.《刑法》分则第四章、第五章规定的，对被告人可能判处三年有期徒刑以下刑罚的案件。

上述案件，被害人直接向人民法院起诉的，人民法院应当依法受理。对其中证据不足、可以由公安机关受理的，或者认为对被告人可能判处3年有期徒刑以上刑罚的，应当告知被害人向公安机关报案，或者移送公安机关立案侦查。

Q 利用网络捏造事实的情况属于诽谤案吗？

A 根据《最高人民法院、最高人民检察院关于办理利用信息网络实施诽谤等刑事案件适用法律若干问题的解释》（法释〔2013〕21号，http://www.chinacourt.org/law）规定，以下情形应当认定为“捏造事实诽谤他人”：1. 捏造损害他人名誉的事实，在信息网络上散布，或者组织、指使人员在信息网络上散布的。2. 将信息网络上涉及他人的原始信息内容篡改为损害他人名誉的事实，在信息网络上散布，或者组织、指使人员在信息网络上散布的；明知是捏造的损害他人名誉的事实，在信息网络上散布，情节恶劣的。但根据法律规定，必须达到“情节严重”，才可以以诽谤罪论处。

什么情况属于利用网络信息诽谤他人情节严重的？

1. 同一诽谤信息实际被点击、浏览次数达到5000次以上，或者被转发次数达到500次以上的；2. 造成被害人或者其近亲属精神失常、自残、自杀等严重后果的；3. 两年内曾因诽谤受过行政处罚，又诽谤他人的；4. 其他情况。

公诉转自诉的案件是什么意思？

所谓“公诉转自诉的案件”，即被害人有证据证明对被告人侵犯自己人身、财产权利的行为应当依法追究刑事责任，且有证据证明曾经提出控告，而公安机关或者人民检察院不予追究被告人刑事责任的案件。

刑事官司中的追诉时效是如何规定的？

刑事官司中有关时间的规定不叫“诉讼时效”，而称为“追诉时效”，它与诉讼时效不完全是一回事，但也有共同的地方。司法机关或刑事自诉人对于超过追诉时效的刑事犯罪不能再追究刑事犯罪人的刑事责任，当然也就不能提起公诉或自诉。《刑法》第八十七条规定的追诉时效为：1. 法定最高刑为不满五年有期徒刑的，经过五年；2. 法定最高刑为五年以上不满十年有期徒刑的，经过十年；3. 法定最高刑为十年以上有期徒刑的，经过十五年；4. 法定最高刑为无期徒刑、死刑的，经过二十年。如果二十年以后认为必须追诉的，须报请最高人民检察院核准。

报警后公安机关不立案，可以去法院起诉吗？

可以，但要符合一定的条件：被害人有证据证明对被告人侵犯自己人身、财产权利的行为应当依法追究刑事责任，且有证据证明曾经提出控告，而公安机关或者人民检察院不予追究被告人刑事责任。

公安机关不立案又不属于自诉案件的应该怎么办？

检察院对公安机关的立案侦查行为具有监督的义务。检察院认为公安机关对应当立案侦查的案件而不立案侦查的，或者被害人认为公安机关对应当立案侦查的案件而不立案侦查，向人民检察院提出的，人民检察院应当要求公安机关说明不立案的理由，公安机关应当于7日内说明情况答复检察院。人民检察院认为公安机关不立案理由不能成立的，应当通知公安机关立案，公安机关接到通知后应当于15日内立案。

对公安机关处理后的治安事件能否再到法院提起诉讼？

公安机关的治安管理处罚决定生效后，当事人在法定期间内未提起行政诉讼，而向人民法院提起刑事自诉的，只要符合刑事诉讼法的有关规定，并且被告人的行为是在追诉时效期限内的，人民法院均应受理。

刑事自诉案件需要交纳诉讼费用吗？

刑事自诉案件不收取诉讼费用。

自诉案件在什么情况下不予受理？

具有下列情形之一的，人民法院应当说服自诉人撤回起诉；自诉人不撤回起诉的，人民法院裁定不予受理：1. 不属于人民法院直接受理的自诉案件；2. 缺乏罪证的；3. 犯罪已过追诉时效期限的；4. 被告人死亡的；5. 被告人下落不明的；6. 除因证据不足而撤诉的以外，自诉人撤诉后，就同一事实又告诉的；7. 经人民法院调解结案后，自诉人反悔，就同一事实再行告诉的。

法院对起诉裁定不予受理或驳回起诉，自诉人怎么办？

自诉人对不予受理或者驳回起诉的裁定不服的，可以提起上诉。第二审的人民法院查明第一审人民法院作出的不予受理裁定有错误的，应当在撤销原裁定的同时，指令第一审人民法院立案受理；查明第一审人民法院驳回起诉裁定有错误的，应当在撤销原裁定的同时，指令第一审人民法院进行审理。

起诉后自诉人不到法院开庭会带来什么后果？

自诉案件的自诉人经两次传唤，无正当理由拒不到庭，或者未经法庭准许中途退庭的，人民法院应当裁定按撤诉处理。一起案件中有多个自诉人的，部分自诉人撤诉或者被裁定按撤诉处理的，不影响案件的继续审理。

自诉案件起诉后找不到被告人或者被告人不到庭怎么办？

被告人在自诉案件审判期间下落不明的，人民法院应当裁定中止审理。被告人到案后，应当恢复审理，必要时应当对被告人采取强制措施。

行政案件

Q 法院受理哪些行政诉讼？

A 人民法院受理公民、法人或者其他组织提起的下列行政诉讼：1. 对行政拘留、暂扣或者吊销许可证和执照、责令停产停业、没收违法所得、没收非法财物、罚款、警告等行政处罚不服的；2. 对限制人身自由或者对财产的查封、扣押、冻结等行政强制措施和行政强制执行不服的；3. 申请行政许可，行政机关拒绝或者在法定期限内不予答复，或者对行政机关作出的有关行政许可的其他决定不服的；4. 对行政机关作出的关于确认土地、矿藏、水流、森林、山岭、草原、荒地、滩涂、海域等自然资源的所有权或者使用权的决定不服的；5. 对征收、征用决定及其补偿决定不服的；6. 申请行政机关履行保护人身权、财产权等合法权益的法定职责，行政机关拒绝履行或者不予答复的；7. 认为行政机关侵犯其经营自主权或者农村土地承包经营权、农村土地经营权的；8. 认为行政机关滥用行政权力排除或者限制竞争的；9. 认为行政机关违法集资、摊派费用或者违法要求履行其他义务的；10. 认为行政机关没有依法支付抚恤金、最低生活保障待遇或者社会保险待遇的；11. 认为行政机关不依法履行、未按照约定履行或者违法变更、解除政府特许经营协议、土地房屋征收补偿协议等协议的；12. 认为行政机关侵犯其他人身权、财产权等合法权益的。除上述规定外，人民法院受理法律、法规规定可以提起诉讼的其他行政案件。

Q 法院如何处理当事人作为民事案件起诉的行政诉讼？

A 依照《中华人民共和国行政诉讼法》的规定，属于行政诉讼受案范围的，要告知原告提起行政诉讼。行政诉讼与民事诉讼性质不同，对于公民、法人或者其他组织以行政机关和行政机关工作人员的行政行为违法侵犯了自己的合法权益为由提起的诉讼，法院应当告知原告按照行政诉讼法规定的程序提起行政诉讼。

Q 对行政机关及其工作人员侵犯公民合法权益的可以提起行政诉讼吗？

A 可以。公民、法人或者其他组织认为行政机关和行政机关工作人员的行政行为侵犯其合法权益，有权依照行政诉讼法向人民法院提起诉讼。行政行为，包括法律、法规、规章授权的组织作出的行政行为。

Q 行政审判对于行政机关的工作有何意义？

A 人民法院的审判工作是促进行政机关依法行政、让权力高效便民公开运行的重要抓手。以最高人民法院公布的“齐来发诉山东省交通运输厅道路运输局不履行法定职责案”为例（案例网址：http://www.court.gov.cn/zixun-xiangqing-13335.html），该案突出了行政机关的释明义务，明确了在申请人依一般法规定要求行政机关履行职责时，行政机关不能因特别法有不同规定内部职权划分问题而置之不理，应该给予必要的说明和指导。2011年9月，齐来发与济南长途汽车运输有限责任公司签订协议，承包鲁A48307号客车。

2012年，齐来发向山东省交通运输厅道路运输局邮寄申请，认为鲁S30886号客车超线路经营，侵占了其营运路线，要求依法查处该车超线路经营行为，禁止该车侵占其路线营运，吊销客运经营者的道路运输经营许可证。该局收到申请后，一直未作出答复。该案经过上诉，济南市中级人民法院二审判决责令山东省交通运输厅道路运输局自接到判决之日起60日内，按照其职权范围的规定对齐来发的申请作出处理。

Q 被诉行政机关负责人应当出庭应诉吗？

A “行政机关负责人”包括行政机关的正职和副职负责人。被诉行政机关负责人应当出庭应诉。出庭应诉的，可以另行委托1～2名诉讼代理人；不能出庭的，应当委托行政机关相应的工作人员出庭。

Q 提起行政诉讼应当符合什么规定？

A 提起行政诉讼应当符合下列条件：1. 原告是符合法律规定的公民、法人或者其他组织；2. 有明确的被告；3. 有具体的诉讼请求和事实根据；4. 属于人民法院受案范围和受诉人民法院管辖。

Q 哪些事项不能提起行政诉讼？

A

人民法院不受理公民、法人或者其他组织对下列事项提起的行政诉讼：1. 国防、外交等国家行为；2. 行政法规、规章或者行政机关制定、发布的具有普遍约束力的决定、命令；3. 行政机关对行政机关工作人员的奖惩、任免等决定；4. 法律规定由行政机关最终裁决的行政行为。

Q 打行政官司时“有具体的诉讼请求”是指什么？

A

“有具体的诉讼请求”是指：1. 请求判决撤销或者变更行政行为；2. 请求判决行政机关履行法定职责或者给付义务；3. 请求判决确认行政行为违法；4. 请求判决确认行政行为无效；5. 请求判决行政机关予以赔偿或者补偿；6. 请求解决行政协议争议；7. 请求一并审查规章以下规范性文件；8. 请求一并解决相关民事争议；9. 其他诉讼请求。当事人未能正确表达诉讼请求的，人民法院应当予以释明。

Q 能举一个案例说明什么是“具体的诉讼请求”吗？

A

以最高人民法院公布的典型案例“钟华诉北京市工商行政管理局通州分局行政不作为案”（案例网址：http://www.court.gov.cn/zixun-xiangqing-13404.html）为例：该案中当事人提出“请求确认通州工商局处理举报案件程序违法并责令其履行移送职责”就是具体的诉讼请求。2013 年 12 月，北京市工商行政管理局通州分局接到钟华的申诉信，称其在通州家乐福购买的“北大荒富硒米”属不符合食品安全标准的违法产品，要求通州工商分局责令通州家乐福退还其货款并进行赔偿，依法作出行政处罚。通州工商分局答复称钟华反映的食品安全问题目前不属于其职能范围。钟华不服，以通州工商分局为被告提起行政诉讼。北京市通州区人民法院一审判决被告在 15 个工作日内就原告举报事项履行移送职责，驳回原告其他诉讼请求。

Q 哪些情形下当事人提出的行政诉讼请求会被驳回？

A 有下列情形之一，已经立案的，人民法院应当裁定驳回起诉：1. 不符合行政诉讼法规定的起诉条件的；2. 超过法定起诉期限且无正当理由的；3. 错列被告且拒绝变更的；4. 未按照法律规定由法定代理人、指定代理人、代表人代为诉讼行为的；5. 未按照法律、法规规定先向行政机关申请复议的；6. 重复起诉的；7. 撤回起诉后无正当理由再行起诉的；8. 行政行为对其合法权益明显不产生实际影响的；9. 诉讼标的已为生效裁判所羁束的；10. 不符合其他法定起诉条件的。人民法院经过阅卷、调查和询问当事人，认为不需要开庭审理的，可以径行裁定驳回起诉。

Q 行政官司的诉讼时效有多长时间？

A 行政官司的诉讼时效一般为 6 个月，从知道或者应当知道作出行政行为之日起计算，法律另有规定的除外。但是，因不动产提起诉讼的案件自行政行为作出之日起超过 20 年，其他案件自行政行为作出之日起超过 5 年提起诉讼的，人民法院不予受理。公民、法人或者其他组织不服复议决定的，可以在收到复议决定书之日起 15 日内向人民法院提起诉讼。公民、法人或者其他组织申请行政机关履行保护其人身权、财产权等合法权益的法定职责，行政机关在接到申请之日起 2 个月内不履行的，公民、法人或者其他组织可以向人民法院提起诉讼。

Q 行政协议是什么意思？

A 行政机关为实现公共利益或者行政管理目标，在法定职责范围内，与公民、法人或者其他组织协商订立的具有行政法上权利义务内容的协议，属于行政诉讼法规定的行政协议。

Q 哪些行政协议纠纷案件能被受理？

A 公民、法人或者其他组织就下列行政协议提起行政诉讼的，人民法院应当依法受理：1. 政府特许经营协议；2. 土地、房屋等征收征用补偿协议；3. 其他行政协议。

Q 对行政协议进行诉讼的也按照行政诉讼法的规定进行审理吗？

A 公民、法人或者其他组织对行政机关不依法履行、未按照约定履行协议提起诉讼的，参照民事法律规范关于诉讼时效的规定；对行政机关单方变更、解除协议等行为提起诉讼的，适用行政诉讼法及其司法解释关于起诉期限的规定。

Q 与行政诉讼相关的民事争议可以一并提起诉讼吗？

A 公民、法人或者其他组织请求一并审理行政诉讼相关民事争议，应当在第一审开庭审理前提出；有正当理由的，也可以在法庭调查中提出。有下列情形之一的，人民法院应当作出不予准许一并审理民事争议的决定，并告知当事人可以依法通过其他渠道主张权利：1. 法律规定应当由行政机关先行处理的；2. 违反民事诉讼法专属管辖规定或者协议管辖约定的；3. 已经申请仲裁或者提起民事诉讼的；4. 其他不宜一并审理的民事争议。对不予准许的决定可以申请复议一次。

Q 一并审理与行政诉讼相关的民事争议的意味着一并立案吗？

A 人民法院在行政诉讼中一并审理相关民事争议的，民事争议应当单独立案，由同一审判组织审理。审理行政机关对民事争议所作裁决的案件，一并审理民事争议的，不另行立案。

Q 审理与行政诉讼相关的民事争议适用什么法律？

A 人民法院一并审理相关民事争议，适用民事法律规范的相关规定，法律另有规定的除外。当事人在调解中对民事权益的处分，不能作为审查被诉行政行为合法性的根据。

Q 认为行政行为所依据的规范性文件不合法可以要求法院进行审查吗？

A 公民、法人或者其他组织认为行政行为所依据的国务院部门和地方人民政府及其部门制定的规范性文件不合法，在对行政行为提起诉讼时，可以一并请求对该规范性文件进行审查。

Q 应该何时提出审查规范性文件的要求？

A 公民、法人或者其他组织请求人民法院一并审查行政诉讼法规定的规范性文件，应当在第一审开庭审理前提出；有正当理由的，也可以在法庭调查中提出。

Q 如何保证法院审理行政诉讼不被干涉？

A 《中华人民共和国行政诉讼法》规定，行政机关及其工作人员不得干预、阻碍人民法院受理行政案件。在行政案件中，政府机关和领导干部对审判工作的干预长期为人民群众所诟病。为保证人民法院审判工作不受干涉，中共中央办公厅、国务院办公厅制定印发了《领导干部干预司法活动、插手具体案件处理的记录、通报和责任追究规定》（网址：http://news.xinhuanet.com/2015-03/30/c_1114812232.htm），中央政法委制定印发了《司法机关内部人员过问案件的记录和责任追究规定》（网址：http://news.xinhuanet.com/2015-03/30/c_1114812926.htm），领导干部插手、过问案件将全程留痕。同时，人民法院从2015年5月1日起实施立案登记制，对于符合法律规定的起诉一律接受，禁止在法律规定之外设定受理条件，全面清理和废止不符合法律规定的立案“土政策”。为了防止政府对行政案件审判的干扰，人民法院设立了跨行政区划法院，最高人民法院在深圳、沈阳设立了两个巡回法庭，更好地排除各种因素对审判工作的干扰。同时，人民法院还大力推进司法公开，进行庭审直播，建立办案质量终身负责制，这些都可以保证人民法院的审判工作公平、公正。

Q 法院审理行政案件有专门的审判庭吗？

A 是的。人民法院设行政审判庭，审理行政案件。

Q “民告官”案件向哪一级法院提出？

A 1. 基层人民法院管辖第一审行政案件。2. 中级人民法院管辖下列第一审行政案件：对国务院部门或者县级以上地方人民政府所作的行政行为提起诉讼的案件；海关处理的案件；本辖区内重大、复杂的案件；其他法律规定由中级人民法院管辖的案件。3. 高级人民法院管辖本辖区内重大、复杂的第一审行政案件。4. 最高人民法院管辖全国范围内重大、复杂的第一审行政案件。

Q 什么是"本辖区内重大、复杂的案件"？

A 有下列情形之一的，属于"本辖区内重大、复杂的案件"：1. 被告为县级以上人民政府，且基层人民法院不适宜审理的案件；2. 社会影响重大的共同诉讼、集团诉讼案件；3. 重大涉外或者涉及香港特别行政区、澳门特别行政区、台湾地区的案件；4. 其他重大、复杂案件。

Q "民告官"案件是向行政机关所在地的法院提起吗？

A 行政案件由最初作出行政行为的行政机关所在地人民法院管辖。经复议的案件，也可以由复议机关所在地人民法院管辖。经最高人民法院批准，高级人民法院可以根据审判工作的实际情况，确定若干人民法院跨行政区域管辖行政案件。

Q 不满限制人身自由的强制措施时应该向哪个法院提起诉讼？

A 对限制人身自由的行政强制措施不服提起的诉讼，由被告所在地或者原告所在地人民法院管辖。

Q 如何确定原告所在地？

A “原告所在地”，包括原告的户籍所在地、经常居住地和被限制人身自由地。

户籍所在地　　经常居住地　　被限制人身自由地

Q 涉及不动产的向哪个法院提起诉讼？

A 因不动产提起的行政诉讼，由不动产所在地人民法院管辖。

Q 两个以上法院都有管辖权的，原告可以向哪个法院提起诉讼？

A 两个以上人民法院都有管辖权的案件，原告可以选择其中一个人民法院提起诉讼。原告向两个以上有管辖权的人民法院提起诉讼的，由最先立案的人民法院管辖。

Q 行政机关基于同一事实既对人身自由又对财产采取了强制措施的，原告应该向哪个法院提起诉讼？

A 行政机关基于同一事实既对人身自由又对财产实施行政处罚或者采取行政强制措施的，被限制人身自由的公民、被扣押或者没收财产的公民、法人或者其他组织对上述行为均不服的，既可以向被告所在地人民法院提起诉讼，也可以向原告所在地人民法院提起诉讼，受诉人民法院可一并管辖。

当事人认为不应该由受理案件的法院管辖怎么办？

当事人提出管辖异议，应当在接到人民法院应诉通知之日起10日内以书面形式提出。对当事人提出的管辖异议，人民法院应当进行审查。异议成立的，裁定将案件移送有管辖权的人民法院；异议不成立的，裁定驳回。

法院发现受理的案件不属于本院管辖的怎么办？

人民法院发现受理的案件不属于本院管辖的，应当移送有管辖权的人民法院，受移送的人民法院应当受理。受移送的人民法院认为受移送的案件按照规定不属于本院管辖的，应当报请上级人民法院指定管辖，不得再自行移送。

上级法院可以审理下级法院的案件吗？

上级人民法院有权审理下级人民法院管辖的第一审行政案件。下级人民法院对其管辖的第一审行政案件，认为需要由上级人民法院审理或者指定管辖的，可以报请上级人民法院决定。

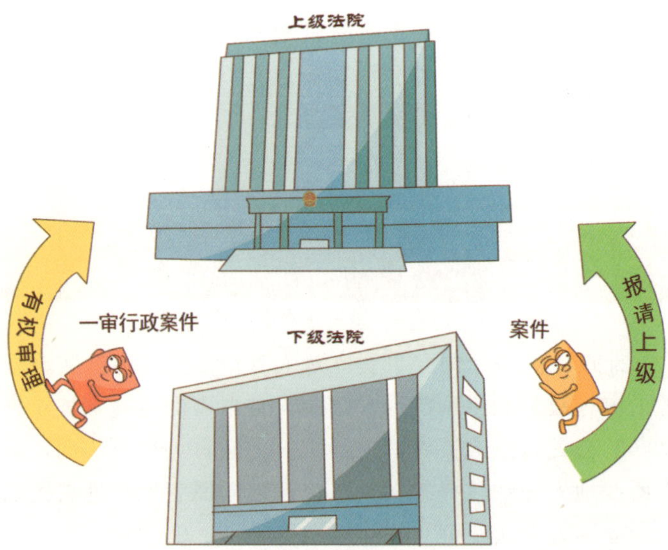

Q 谁有资格提起行政诉讼？

A 行政行为的相对人以及其他与行政行为有利害关系的公民、法人或者其他组织，有权提起行政诉讼。有权提起行政诉讼的公民死亡，其近亲属可以提起诉讼。有权提起行政诉讼的法人或者其他组织终止，承受其权利的法人或者其他组织可以提起诉讼。

Q 行政诉讼中“近亲属”有明确的定义和范围吗？

A “近亲属”，包括配偶、父母、子女、兄弟姐妹、祖父母、外祖父母、孙子女、外孙子女和其他具有扶养、赡养关系的亲属。

Q 被限制人身自由的人可以提起行政诉讼吗？

A 可以。公民因被限制人身自由而不能提起诉讼的，其近亲属可以依其口头或者书面委托以该公民的名义提起诉讼。

Q 合伙企业提起行政诉讼的，合伙人是原告还是企业是原告？

A 合伙企业向人民法院提起诉讼的，应当以核准登记的字号为原告，由执行合伙企业事务的合伙人作诉讼代表人；其他合伙组织提起诉讼的，合伙人为共同原告。不具备法人资格的其他组织向人民法院提起诉讼的，由该组织的主要负责人作诉讼代表人；没有主要负责人的，可以由推选的负责人作诉讼代表人。

Q 合伙组织提起诉讼的，所有的合伙人都需要出庭参加诉讼吗？

A 同案原告为5人以上，应当推选1～5名诉讼代表人参加诉讼；在指定期限内未选定的，人民法院可以依职权指定。

Q 农村土地承包人对行政机关处分集体土地行为不服，可以提起诉讼吗？

A 农村土地承包人等土地使用权人对行政机关处分其使用的农村集体所有土地的行为不服，可以自己的名义提起诉讼。

Q “民告官”案件中如何确定哪个行政机关是被告？

A 1. 公民、法人或者其他组织直接向人民法院提起诉讼的，作出行政行为的行政机关是被告。2. 经复议的案件，复议机关决定维持原行政行为的，作出原行政行为的行政机关和复议机关是共同被告；复议机关改变原行政行为的，复议机关是被告。3. 复议机关在法定期限内未作出复议决定，公民、法人或者其他组织起诉原行政行为的，作出原行政行为的行政机关是被告；起诉复议机关不作为的，复议机关是被告。4. 两个以上行政机关作出同一行政行为的，共同作出行政行为的行政机关是共同被告。5. 行政机关委托的组织所作的行政行为，委托的行政机关是被告。6. 行政机关被撤销或者职权变更的，继续行使其职权的行政机关是被告。

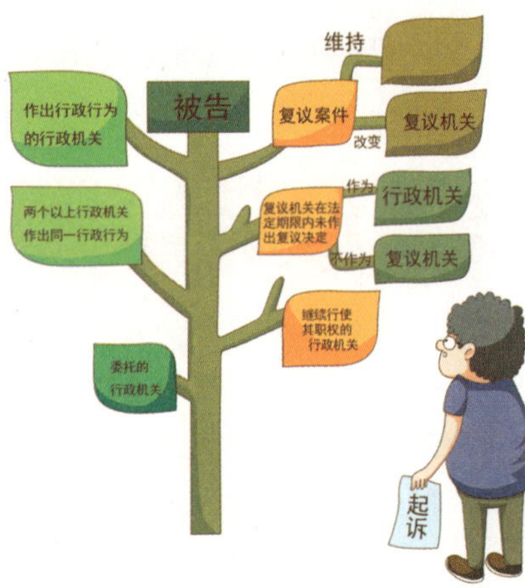

Q 什么是复议机关改变原行政行为？

A 复议决定有下列情形之一的，属于行政诉讼法规定的改变原行政行为：1. 改变原行政行为所认定的主要事实和证据的；2. 改变原行政行为所适用的规范依据且对定性产生影响的；3. 撤销、部分撤销或者变更原行政行为处理结果的。

Q 不服经上级行政机关批准的行政行为提起诉讼的，哪个行政机关是被告？

A 当事人不服经上级行政机关批准的行政行为，向人民法院提起诉讼的，应当以在对外发生法律效力的文书上署名的机关为被告。

Q 行政机关的内设机构以自己的名义作出行政行为的，该内设机构是被告吗？

A 不一定，要看法律有没有对行政机关内设机构进行授权：1. 行政机关的内设机构或者派出机构在没有法律、法规或者规章授权的情况下，以自己的名义作出行政行为，当事人不服提起诉讼的，应当以该行政机关为被告。2. 法律、法规或者规章授权行使行政职权的行政机关内设机构、派出机构或者其他组织，超出法定授权范围实施行政行为，当事人不服提起诉讼的，应当以实施该行为的机构或者组织为被告。3. 行政机关在没有法律、法规或者规章规定的情况下，授权其内设机构、派出机构或者其他组织行使行政职权的，应当视为委托。当事人不服提起诉讼的，应当以该行政机关为被告。

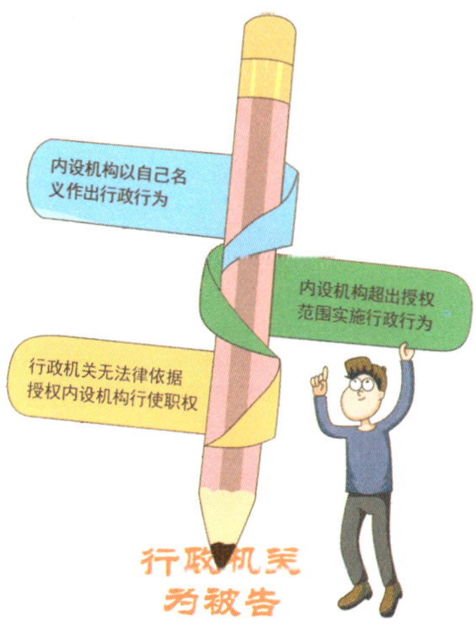

Q 法院可以提醒原告更换被告吗？

A 可以。原告所起诉的被告不适格，人民法院应当告知原告变更被告；原告不同意变更的，裁定驳回起诉。应当追加被告而原告不同意追加的，人民法院应当通知其以第三人的身份参加诉讼。

Q 多个人就同一事件状告行政机关的可以合并审理吗？

A 当事人一方或双方为二人以上，因同一行政行为发生的行政案件，或者因同类行政行为发生的行政案件，人民法院认为可以合并审理并经当事人同意的，为共同诉讼。

Q 当事人一方人数众多如何进行诉讼？

A 当事人一方人数众多的共同诉讼，可以由当事人推选代表人进行诉讼。

Q 共同诉讼中代表人的诉讼行为就是原告的诉讼行为吗？

A 代表人的诉讼行为对其所代表的当事人发生效力，但代表人变更、放弃诉讼请求或者承认对方当事人的诉讼请求，应当经被代表的当事人同意。

Q 其他人如果认为与被诉的行政行为有利害关系但没有提起诉讼的怎么办？

A 公民、法人或者其他组织同被诉行政行为有利害关系但没有提起诉讼，或者同案件处理结果有利害关系的，可以作为第三人申请参加诉讼，或者由人民法院通知其参加诉讼。

只有部分利害关系人起诉行政机关的行政行为时法院如何处理？

行政机关的同一行政行为涉及两个以上利害关系人，其中一部分利害关系人对行政行为不服提起诉讼，人民法院应当通知没有起诉的其他利害关系人作为第三人参加诉讼。第三人有权提出与本案有关的诉讼主张；对人民法院的一审判决不服，有权提起上诉。

第三人可以对案件的结果提起上诉吗？

人民法院判决第三人承担义务或者减损第三人权益的，第三人有权依法提起上诉。

行政诉讼必须要请律师吗？

不是。当事人、法定代理人可以自己出庭应诉，也可以委托1～2人作为诉讼代理人，但诉讼代理人不一定需要律师担任。

什么人可以作为行政诉讼的诉讼代理人？

下列人员可以被委托为诉讼代理人：1. 律师、基层法律服务工作者；2. 当事人的近亲属或者工作人员；3. 当事人所在社区、单位以及有关社会团体推荐的公民。

诉讼代理人

行政诉讼中律师作诉讼代理人会比其他诉讼代理人享有更多的权利吗？

是的。代理诉讼的律师，有权按照规定查阅、复制与案件有关的材料，有权向有关组织和公民调查，以及收集与本案有关的证据，但对涉及国家秘密、商业秘密和个人隐私的材料，应当依照法律规定保密。当事人和其他诉讼代理人有权按照规定查阅、复制本案庭审材料，但涉及国家秘密、商业秘密和个人隐私的内容除外。

委托诉讼代理人的需要向法院交委托的证明吗？

当事人委托诉讼代理人，应当向人民法院提交由委托人签名或者盖章的授权委托书。委托书应当载明委托事项和具体权限。公民在特殊情况下无法书面委托的，也可以口头委托。口头委托的，人民法院应当核实并记录在卷；被诉机关或者其他有义务协助的机关拒绝人民法院向被限制人身自由的公民核实的，视为委托成立。当事人解除或者变更委托的，应当书面报告人民法院，由人民法院通知其他当事人。

申请认定工伤应当在何时提出？

职工所在单位向统筹地区劳动保障行政部门提出工伤认定申请的时限要求是自事故伤害发生之日或者被诊断、鉴定为职业病之日起 30 日内。工伤职工或者其直系亲属、工会组织向用人单位所在地统筹地区劳动保障行政部门提出工伤认定申请的时限要求是在事故伤害发生之日或者被诊断、鉴定为职业病之日起 1 年内。

劳动保障部门接到工伤认定申请后多长时间内作出决定？

劳动保障行政部门作出工伤认定决定的时限要求为受理工伤认定申请之日起 60 日内。设区的市级劳动能力鉴定委员会作出劳动能力鉴定结论的时限要求是自收到劳动能力鉴定申请之日起60日内。

劳动保障行政部门将工伤认定决定送达工伤认定申请人以及受伤害职工和用人单位的期限要求是自工伤认定决定作出之日起20个工作日内。

对医疗鉴定不服的应当在何时提出再次鉴定申请？

当事人对首次医疗事故技术鉴定结论不服的，向原受理医疗事故争议处理申请的卫生行政部门提出再次鉴定的申请，或由双方当事人共同委托省、自治区、直辖市医学会组织再次鉴定。再次鉴定申请的时限要求为自收到首次医疗事故技术鉴定书之日起15日内。

申请劳动能力复查鉴定需要在何时提出？

申请劳动能力复查鉴定的期限是自劳动能力鉴定结论作出之日起1年后。

受到意外伤害的铁路旅客应当在多长时间内提出申领旅客意外保险金？

申请领取铁路旅客意外伤害保险金的时间要求是自意外事故发生之日起1年内。

Q “五保一金”是指什么?

A “五保一金”是指基本养老保险、基本医疗保险、失业保险、工伤保险、生育保险和住房公积金。按《社会保险费征缴暂行条例》的规定，国有企业、城镇集体企业、外商投资企业、城镇私营企业和其他城镇企业及其职工，都是基本养老保险金、基本医疗保险金和失业保险金的征缴范围。

Q 养老保险金最低缴纳标准是多少?

A 养老保险金 = 工资 ×8%(个人交纳比例)+ 工资 ×20%(单位交纳比例)。

Q 医疗保险金最低缴纳比例是多少?

A 医疗保险金 = 工资 ×2%(个人交纳比例)+ 工资 ×8%(单位交纳比例)。

Q 失业保险金缴纳比例是多少?

A 失业保险金 = 工资 ×1%(个人交纳比例)+ 工资 ×2%(单位交纳比例)。

Q 住房公积金最低缴纳比例是多少?

A 国家《住房公积金管理条例》规定：国家机关、国有企业、城镇集体企业、外商投资企业、城镇私营企业及其他城镇企业、事业单位及其在职职工都应缴存职工住房公积金。其最低缴存比例为：住房公积金 = 工资 ×5%(个人交纳比例)+ 工资 ×5%(单位交纳比例)。

执行案件

Q 所有的执行案件都需要立案吗？

A 根据最高人民法院制定的《关于执行案件立案、结案若干问题的意见》（法发〔2014〕26号，http://www.court.gov.cn/fabu-xiangqing-13613.html）规定，执行案件统一由人民法院立案机构进行审查立案，人民法庭经授权执行自审案件的，可以自行审查立案，法律、司法解释规定可以移送执行的，相关审判机构可以移送立案机构办理立案登记手续。人民法院不得有审判和执行案件统一管理体系之外的执行案件。任何案件不得以任何理由未经立案即进入执行程序。

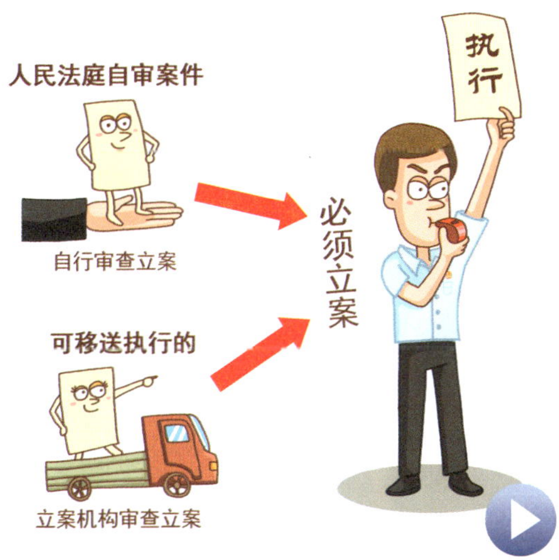

Q 执行案件的类型代字和案件编号都是什么意思？

A 执行实施类案件类型代字为“执字”，按照立案时间的先后顺序确定案件编号，单独进行排序；但执行财产保全裁定的，案件类型代字为“执保字”，按照立案时间的先后顺序确定案件编号，单独进行排序；恢复执行的，案件类型代字为“执恢字”，按照立案时间的先后顺序确定案件编号，单独进行排序。

哪些情况法院可以恢复执行？

下列案件，人民法院应当按照恢复执行案件予以立案：1. 申请执行人因受欺诈、胁迫与被执行人达成和解协议，申请恢复执行原生效法律文书的；2. 一方当事人不履行或不完全履行执行和解协议，对方当事人申请恢复执行原生效法律文书的；3. 执行实施案件以裁定终结本次执行程序方式报结后，如发现被执行人有财产可供执行，申请执行人申请或者人民法院依职权恢复执行的；4. 执行实施案件因委托执行结案后，确因委托不当被已立案的受托法院退回委托的；5. 依照《中华人民共和国民事诉讼法》第二百五十七条的规定而终结执行的案件，申请执行的条件具备时，申请执行人申请恢复执行的。

【背景链接：《中华人民共和国民事诉讼法》（http://www.chinacourt.org/law）第二百五十七条：有下列情形之一的，人民法院裁定终结执行：（一）申请人撤销申请的；（二）据以执行的法律文书被撤销的；（三）作为被执行人的公民死亡，无遗产可供执行，又无义务承担人的；（四）追索赡养费、扶养费、抚育费案件的权利人死亡的；（五）作为被执行人的公民因生活困难无力偿还借款，无收入来源，又丧失劳动能力的；（六）人民法院认为应当终结执行的其他情形。】

法院可以拆分执行案件吗？

一般不允许。根据《关于执行案件立案、结案若干问题的意见》规定，除下列情形外，人民法院不得人为拆分执行实施案件：1. 生效法律文书确定的给付内容为分期履行的，各期债务履行期间届满，被执行人未自动履行，申请执行人可分期申请执行，也可以对几期或全部到期债权一并申请执行。2. 生效法律文书确定有多个债务人各自单独承担明确的债务的，申请执行人可以对每个债务人分别申请执行，也可以对几个或全部债务人一并申请执行。3. 生效法律文书确定有多个债权人各自享有明确的债权的（包括按份共有），每个债权人可以分别申请执行。4. 申请执行赡养费、扶养费、抚养费的案件，涉及金钱给付内容的，人民法院应当根据申请执行时已发生的债权数额进行审查立案，执行过程中新发生的债权应当另行申请执行；涉及人身权内容的，人民法院应当根据申请执行时义务人未履行义务的事实进行审查立案，执行过程中义务人延续消极行为的，应当依据申请执行人的申请一并执行。

哪些事项属于执行异议案件？

根据《关于执行案件立案、结案若干问题的意见》（法发〔2014〕26 号，http://www.court.gov.cn/fabu-xiangqing-13613.html）规定，下列案件，人民法院应当按照执行异议案件予以立案：1. 当事人、利害关系人认为人民法院的执行行为违反法律规定，提出书面异议的；2. 执行过程中，案外人对执行标的提出书面异议的；3. 人民法院受理执行申请后，当事人对管辖权提出异议的；4. 申请执行人申请追加、变更被执行人的；5. 被执行人以债权消灭、超过申请执行期间或者其他阻止执行的实体事由提出阻止执行的；6. 被执行人对仲裁裁决或者公证机关赋予强制执行效力的公证债权文书申请不予执行的；7. 其他依法可以申请执行异议的。

哪些案件属于执行复议案件？

下列案件，人民法院应当按照执行复议案件予以立案：1. 当事人、利害关系人不服人民法院针对《关于执行案件立案、结案若干问题的意见》第九条第（一）项、第（三）项、第（五）项作出的裁定，向上一级人民法院申请复议的；2. 除因夫妻共同债务、出资人未依法出资、股权转让引起的追加和对一人公司股东的追加外，当事人、利害关系人不服人民法院针对《关于执行案件立案、结案若干问题的意见》第九条第（四）项作出的裁定，向上一级人民法院申请复议的；3. 当事人不服人民法院针对《关于执行案件立案、结案若干问题的意见》第九条第（六）项作出的不予执行公证债权文书、驳回不予执行公证债权文书申请、不予执行仲裁裁决、驳回不予执行仲裁裁决申请的裁定，向上一级人民法院申请复议的；4. 其他依法可以申请复议的。

【背景链接：《关于执行案件立案、结案若干问题的意见》第九条：下列案件，人民法院应当按照执行异议案件予以立案：（一）当事人、利害关系人认为人民法院的执行行为违反法律规定，提出书面异议的；（二）执行过程中，案外人对执行标的提出书面异议的；（三）人民法院受理执行申请后，当事人对管辖权提出异议的；（四）申请执行人申请追加、变更被执行人的；（五）被执行人以债权消灭、超过申请执行期间或者其他阻止执行的实体事由提出阻止执行的；（六）被执行人对仲裁裁决或者公证机关赋予强制执行效力的公证债权文书申请不予执行的；（七）其他依法可以申请执行异议的。**】**

Q 哪些情况属于执行协调案件？

A 根据《关于执行案件立案、结案若干问题的意见》规定，下列案件，人民法院应当按照执行协调案件予以立案：1. 不同法院因执行程序、执行与破产、强制清算、审判等程序之间对执行标的产生争议，经自行协调无法达成一致意见，向共同上级人民法院报请协调处理的；2. 对跨高级人民法院辖区的法院与公安、检察等机关之间的执行争议案件，执行法院报请所属高级人民法院与有关公安、检察等机关所在地的高级人民法院商有关机关协调解决或者报请最高人民法院协调处理的；3. 当事人对内地仲裁机构作出的涉港澳仲裁裁决分别向不同人民法院申请撤销及执行，受理执行申请的人民法院对受理撤销申请的人民法院作出的决定撤销或者不予撤销的裁定存在异议，亦不能直接作出与该裁定相矛盾的执行或者不予执行的裁定，报请共同上级人民法院解决的；4. 当事人对内地仲裁机构作出的涉港澳仲裁裁决向人民法院申请执行且人民法院已经作出应予执行的裁定后，一方当事人向人民法院申请撤销该裁决，受理撤销申请的人民法院认为裁决应予撤销且该人民法院与受理执行申请的人民法院非同一人民法院时，报请共同上级人民法院解决的；5. 跨省、自治区、直辖市的执行争议案件报请最高人民法院协调处理的；6. 其他依法报请协调的。

Q 哪些属于执行监督案件？

A 上级人民法院对下级人民法院，最高人民法院对地方各级人民法院依法进行监督的案件，应当按照执行监督案件予以立案。

Q 哪些属于执行请示案件？

A 下列案件，人民法院应当按照执行请示案件予以立案：1. 当事人向人民法院申请执行内地仲裁机构作出的涉港澳仲裁裁决，或者香港特别行政区、澳门特别行政区仲裁机构作出的仲裁裁决，或者临时仲裁庭在香港特别行政区、澳门特别行政区作出的仲裁裁决，人民法院经审查认为裁决存在依法不予执行的情形，在作出裁定前，报请所属高级人民法院进行审查的，以及高级人民法院同意不予执行，报请最高人民法院的；2. 下级人民法院依法向上级人民法院请示的。

Q 执行案件的结案方式一般包括哪些？

A 除执行财产保全裁定、恢复执行的案件外，其他执行实施类案件的结案方式包括：1. 执行完毕；2. 终结本次执行程序；3. 终结执行；4. 销案；5. 不予执行；6. 驳回申请。

Q 哪种情形属于“执行完毕”？

A 生效法律文书确定的执行内容，经被执行人自动履行、人民法院强制执行，已全部执行完毕，或者是当事人达成执行和解协议，且执行和解协议履行完毕，可以以“执行完毕”方式结案。

Q 哪些情形可以按照“终结本次执行程序”处理？

A 有下列情形之一的，可以以“终结本次执行程序”方式结案：1. 被执行人确无财产可供执行，申请执行人书面同意人民法院终结本次执行程序的；2. 因被执行人无财产而中止执行满两年，经查证被执行人确无财产可供执行的；3. 申请执行人明确表示提供不出被执行人的财产或财产线索，并在人民法院穷尽财产调查措施之后，对人民法院认定被执行人无财产可供执行书面表示认可的；4. 被执行人的财产无法拍卖变卖，或者动产经两次拍卖、不动产或其他财产权经三次拍卖仍然流拍，申请执行人拒绝接受或者依法不能交付其抵债，经人民法院穷尽财产调查措施，被执行人确无其他财产可供执行的；5. 经人民法院穷尽财产调查措施，被执行人确无财产可供执行或虽有财产但不宜强制执行，当事人达成分期履行和解协议，且未履行完毕的；6. 被执行人确无财产可供执行，申请执行人属于特困群体，执行法院已经给予其适当救助的。

Q “终结本次执行程序”需要合议庭进行合议吗？

A 人民法院应当依法组成合议庭，就案件是否终结本次执行程序进行合议。

Q 裁定终结本次执行程序前，申请执行人可以提出异议吗？

A 对于以下情况，裁定终结本次执行程序前，应当告知申请执行人可以在指定的期限内提出异议：1. 因被执行人无财产而中止执行满两年，经查证被执行人确无财产可供执行的；2. 被执行人的财产无法拍卖变卖，或者动产经两次拍卖、不动产或其他财产权经三次拍卖仍然流拍，申请执行人拒绝接受或者依法不能交付其抵债，经人民法院穷尽财产调查措施，被执行人确无其他财产可供执行的；3. 经人民法院穷尽财产调查措施，被执行人确无财产可供执行或虽有财产但不宜强制执行，当事人达成分期履行和解协议，且未履行完毕的；4. 被执行人确无财产可供执行，申请执行人属于特困群体，执行法院已经给予其适当救助的。

Q “人民法院穷尽财产调查措施”是指什么？

A “人民法院穷尽财产调查措施”，是指至少完成下列调查事项：1. 被执行人是法人或其他组织的，应当向银行业金融机构查询银行存款，向有关房地产管理部门查询房地产登记，向法人登记机关查询股权，向有关车管部门查询车辆等情况。2. 被执行人是自然人的，应当向被执行人所在单位及居住地周边群众调查了解被执行人的财产状况或财产线索，包括被执行人的经济收入来源、被执行人到期债权等。如果根据财产线索判断被执行人有较高收入，应当按照对法人或其他组织的调查途径进行调查。3. 通过最高人民法院的全国法院网络执行查控系统和执行法院所属高级人民法院的“点对点”网络执行查控系统能够完成的调查事项。4. 法律、司法解释规定必须完成的调查事项。

Q 哪些情形以“终结执行”的方式结案？

A 有下列情形之一的，可以以“终结执行”方式结案：1. 申请人撤销申请或者是当事人双方达成执行和解协议，申请执行人撤回执行申请的；2. 据以执行的法律文书被撤销的；3. 作为被执行人的公民死亡，无遗产可供执行，又无义务承担人的；4. 追索赡养费、扶养费、抚育费案件的权利人死亡的；5. 作为被执行人的公民因生活困难无力偿还借款，无收入来源，又丧失劳动能力的；6. 作为被执行人的企业法人或其他组织被撤销、注销、吊销营业执照或者歇业、终止后既无财产可供执行，又无义务承受人，也没有能够依法追加变更执行主体的；7. 依照《中华人民共和国刑法》规定由于遭遇不能抗拒的灾祸缴纳确实有困难，免除罚金的；8. 被执行人被人民法院裁定宣告破产的；9. 行政执行标的灭失的；10. 案件被上级人民法院裁定提级执行的；11. 案件被上级人民法院裁定指定由其他法院执行的；12. 按照《最高人民法院关于委托执行若干问题的规定》，办理了委托执行手续，且收到受托法院立案通知书的；13. 人民法院认为应当终结执行的其他情形。

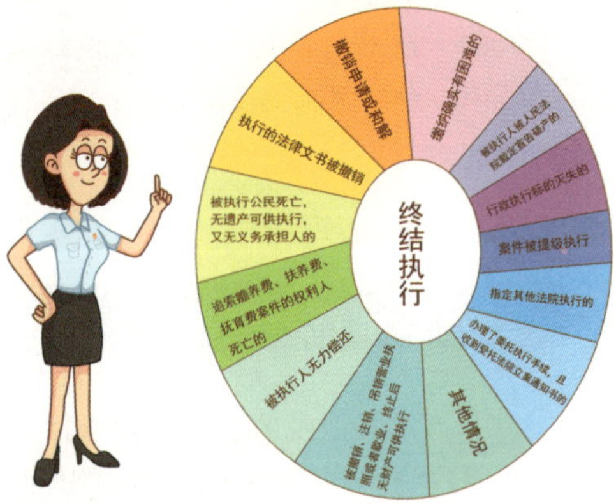

Q 哪些情形以“销案”方式结案？

A 执行实施案件立案后，有下列情形之一的，可以以“销案”方式结案：1. 被执行人提出管辖异议，经审查异议成立，将案件移送有管辖权的法院或申请执行人撤回申请的；2. 发现其他有管辖权的人民法院已经立案在先的；3. 受托法院报经高级人民法院同意退回委托的。

Q 哪些情形以“不予执行”方式结案？

A 执行实施案件立案后，被执行人对仲裁裁决或公证债权文书提出不予执行申请，经人民法院审查，裁定不予执行的，以“不予执行”方式结案。

Q 哪些情形以“驳回申请”的方式结案？

A 执行实施案件立案后，经审查发现不符合受理条件，裁定驳回申请的，以“驳回申请”方式结案。

Q 执行财产保全案件的结案方式有哪些？

A 执行财产保全裁定案件的结案方式包括：1. 保全完毕，即保全事项全部实施完毕；2. 部分保全，即因未查询到足额财产，致使保全事项未能全部实施完毕；3. 无标的物可实施保全，即未查到财产可供保全。

Q 恢复执行案件的结案方式有哪些？

A 恢复执行案件的结案方式包括：1. 执行完毕；2. 终结本次执行程序；3. 终结执行。

Q 执行异议案件的结案方式有哪些？

A 执行异议案件的结案方式包括：1. 准予撤回异议或申请，即异议人撤回异议或申请的；2. 驳回异议或申请，即异议不成立或者案外人虽然对执行标的享有实体权利但不能阻止执行的；3. 撤销相关执行行为、中止对执行标的的执行、不予执行、追加变更当事人，即异议成立的；4. 部分撤销并变更执行行为、部分不予执行、部分追加变更当事人，即异议部分成立的；5. 不能撤销、变更执行行为，即异议成立或部分成立，但不能撤销、变更执行行为的；6. 移送其他人民法院管辖，即管辖权异议成立的。

Q 执行复议案件的结案方式有哪些？

执行复议案件的结案方式包括：1. 准许撤回申请，即申请复议人撤回复议申请的；2. 驳回复议申请，维持异议裁定，即异议裁定认定事实清楚，适用法律正确，复议理由不成立的；3. 撤销或变更异议裁定，即异议裁定认定事实错误或者适用法律错误，复议理由成立的；4. 查清事实后作出裁定，即异议裁定认定事实不清，证据不足的；5. 撤销异议裁定，发回重新审查，即异议裁定遗漏异议请求或者异议裁定错误对案外人异议适用执行行为异议审查程序的。

Q 执行监督案件的结案方式有哪些？

执行监督案件的结案方式包括：1. 准许撤回申请，即当事人撤回监督申请的；2. 驳回申请，即监督申请不成立的；3. 限期改正，即监督申请成立，指定执行法院在一定期限内改正的；4. 撤销并改正，即监督申请成立，撤销执行法院的裁定直接改正的；5. 提级执行，即监督申请成立，上级人民法院决定提级自行执行的；6. 指定执行，即监督申请成立，上级人民法院决定指定其他法院执行的；7. 其他，即其他可以报结的情形。

Q 执行请示案件的结案方式有哪些？

执行请示案件的结案方式包括：1. 答复，即符合请示条件的；2. 销案，即不符合请示条件的。

Q 执行协调案件如何结案？

执行协调案件的结案方式包括：1. 撤回协调请求，即执行争议法院自行协商一致，撤回协调请求的；2. 协调解决，即经过协调，执行争议法院达成一致协调意见，将协调意见记入笔录或者向执行争议法院发出协调意见函的。

e时代打官司一本通

第二章 民事诉讼

1 2 3 4 5 6 7

审判组织

Q 哪些案件可以独任审理？

A 法院审理民事案件时，或是由一名法官独任审理，或是由合议庭审理。按照民事诉讼法相关规定，适用简易程序审理的民事案件，由审判员一人独任审理。

Q 合议庭应当由几个人组成？

A 法律对合议庭的组成人数没有限制性规定。但是，无论是第一审案件还是第二审案件，无论是审判员组成的合议庭还是审判员与陪审员共同组成的合议庭，合议庭成员的人数都必须是单数。

合议庭必须是单数

Q 人民陪审员可以参加二审案件的合议庭吗？

A 不可以。人民法院审理第二审民事案件，由审判员组成合议庭。所以，人民陪审员不能参加民事二审案件的合议庭。

Q 发回重审案件能否由原审法院的同一合议庭审理？

A 不能。发回重审的案件，原审人民法院应当按照第一审程序另行组成合议庭。

再审案件能否由原合议庭审理？

不能。审理再审案件，原来是第一审的，按照第一审程序另行组成合议庭；原来是第二审的或者是上级人民法院提审的，按照第二审程序另行组成合议庭。

人民陪审员可以担任合议庭的审判长吗？

不能。合议庭的审判长由院长或者庭长指定审判员一人担任；院长或者庭长参加审判的，由院长或者庭长担任。需要指出的是，在审判员与人民陪审员共同组成的合议庭中，不能指定人民陪审员担任审判长。

合议庭评议案件时公民可以旁听吗？

不能。合议庭评议案件依法不公开，合议庭成员应独立评议案件，除书记员参与记录外，其他人员不得参加评议，评议笔录不得对外泄露。合议庭评议案件，实行少数服从多数的原则。评议应当制作笔录，由合议庭成员签名。评议中的不同意见，必须如实记入笔录。

什么是人民陪审员制度？

人民陪审员制度，是指国家审判机关审判案件时吸收非职业法官作为陪审员， 陪审员与职业法官或职业审判员一起审判案件的一种司法制度。

Q 为什么要改革人民陪审员制度？

A 人民陪审员制度是中国特色社会主义司法制度的重要组成部分。截至2014年年底，全国人民陪审员共有约20.95万人，普通群众比例为70.2%。2014年人民陪审员参审案件达219.6万件。然而，人民陪审员制度在运行过程中存在人民陪审员的广泛性和代表性不足、陪审案件范围不够明确、职权与职责不相匹配、退出和责任追究机制缺乏、履职保障机制不完善等问题。这些问题制约了人民陪审员制度功能的充分发挥，并由此产生了诸如“陪而不审、审而不议”的现象。

针对上述问题，2015年4月1日，中央全面深化改革领导小组第11次会议审议通过了《人民陪审员制度改革试点方案》，提出了一系列改革举措。4月24日，第十二届全国人民代表大会常务委员会第十四次会议通过了《关于授权在部分地区开展人民陪审员制度改革试点工作的决定》。4月29日和5月20日，最高人民法院和司法部分别印发了《方案》及配套实施办法，确定在北京、河北、黑龙江、江苏、福建、山东、河南、广西、重庆、陕西部分地区开展为期两年的人民陪审员制度改革试点工作。

Q 试点地区公民担任人民陪审员需要具备哪些条件？

A 公民担任人民陪审员，应当具备下列条件：1. 拥护中华人民共和国宪法；2. 具有选举权和被选举权；3. 年满28周岁；4. 品行良好、公道正派；5. 身体健康。担任人民陪审员，一般应当具有高中以上文化学历，但农村地区和贫困偏远地区德高望重者不受此限。

Q 人民陪审员享有哪些权利？

A 人民陪审员依法享有参加审判活动、独立发表意见、获得履职保障等权利。

Q 人民陪审员承担哪些义务？

A 人民陪审员应当忠实履行陪审义务，保守国家秘密和审判工作秘密，秉公判断，不得徇私枉法。

Q 哪些人员不宜担任人民陪审员？

A 下列人员不宜担任人民陪审员：1. 人民代表大会常务委员会组成人员，人民法院、人民检察院、公安机关、国家安全机关、司法行政机关的工作人员；2. 执业律师、基层法律服务工作者等从事法律服务工作的人员；3. 因其他原因不适宜担任人民陪审员的人员。

Q 哪些人员不得担任人民陪审员？

A 下列人员不得担任人民陪审员：1. 因犯罪受过刑事处罚的；2. 被开除公职的；3. 被人民法院纳入失信被执行人名单的；4. 因受惩戒被免除人民陪审员职务的。

哪些案件应当由人民陪审员和法官组成合议庭审理？

有下列情形之一的第一审案件，原则上应当由人民陪审员和法官共同组成合议庭审理：1. 涉及群体利益、社会公共利益、人民群众广泛关注或者其他社会影响较大的刑事、行政、民事案件；2. 可能判处10年以上有期徒刑、无期徒刑的刑事案件；3. 涉及征地拆迁、环境保护、食品药品安全的重大案件。上述案件中，因涉及个人隐私、商业秘密或者其他原因，当事人申请不适用人民陪审制审理的，人民法院可以决定不适用人民陪审制审理。

当事人可以申请人民陪审员参加合议庭审判吗？

可以。第一审刑事案件被告人、民事案件当事人和行政案件原告有权申请人民陪审员参加合议庭审判。人民法院接到申请后，经审查决定适用人民陪审制审理案件的，应当组成有人民陪审员参加的合议庭进行审判。

在一审重大案件审理中，人民陪审员在合议庭中的人数是多少？

适用人民陪审制审理第一审重大刑事、行政、民事案件的，人民陪审员在合议庭中的人数原则上应当在2人以上。

参与审理案件的人民陪审员如何确定？

参与合议庭审理案件的人民陪审员，应当在开庭前通过随机抽选的方式确定。人民法院可以根据案件审理需要，从人民陪审员名册中随机抽选一定数量的候补人民陪审员，并确定递补顺序。

当事人可以申请人民陪审员回避吗？

当事人有权申请人民陪审员回避。人民陪审员的回避，参照有关法官回避的规定执行。人民陪审员回避事由经审查成立的，人民法院应当及时从候补人员中确定递补人选。

人民陪审员可以组织双方当事人调解吗？

在庭审过程中，人民陪审员有权依法参加案件调查和案件调解工作。经审判长同意，人民陪审员可以在休庭时组织双方当事人进行调解。

人民陪审员可以对案件法律适用问题表决吗？

不能。人民陪审员应当全程参与合议庭评议，并就案件事实认定问题独立发表意见并进行表决。人民陪审员可以对案件的法律适用问题发表意见，但不参与表决。合议庭评议时，审判长应当提请人民陪审员围绕案件事实认定问题发表意见，并对与事实认定有关的证据资格、证据规则、诉讼程序等问题及注意事项进行必要的说明，但不得妨碍人民陪审员对案件事实的独立判断。

Q 人民陪审员在合议案件时可以首先发言吗？

A 合议庭评议案件时，一般先由人民陪审员发表意见。

Q 合议时法官与人民陪审员意见有分歧如何处理？

A 人民陪审员和法官共同对案件事实认定负责，如果意见分歧，应当按多数人意见对案件事实作出认定，但是少数人意见应当写入笔录。法官如果与人民陪审员多数意见存在重大分歧，且认为人民陪审员多数意见对事实的认定违反了证据规则，可能导致适用法律错误或者造成错案的，可以将案件提交院长决定是否由审判委员会讨论。提交审判委员会讨论决定的案件，审判委员会的决定理由应当在裁判文书中写明。

Q 哪些情形应当免除人民陪审员职务？

A 人民陪审员有下列情形之一，经所在法院会同同级司法行政机关查证属实的，应当由法院院长提请同级人民代表大会常务委员会免除其人民陪审员职务：1. 因年龄、疾病、职业、生活等原因难以履行陪审职责，向人民法院申请辞去人民陪审员职务的；2. 被依法剥夺选举权和被选举权的；3. 因犯罪受到刑事处罚、被开除公职或者被纳入失信被执行人名单的；4. 系人民代表大会常务委员会组成人员，人民法院、人民检察院、公安机关、国家安全机关、司法行政机关的工作人员或者执业律师、基层法律服务工作者等从事法律服务工作人员的；5. 其他不宜担任人民陪审员的情形。人民陪审员被免除职务的，人民法院应当将免职决定通知被免职者本人，将免职名单抄送同级司法行政机关，并逐级报高级人民法院备案，同时向社会公告。相关司法行政机关应当将免职名单逐级报省级司法行政机关备案。

人民陪审员泄露审判工作秘密会被免职吗？

会被免职。人民陪审员有下列情形之一，经所在法院会同同级司法行政机关查证属实的，除按程序免除其人民陪审员职务外，可以采取在辖区范围内公开通报、纳入个人诚信系统不良记录等措施进行惩戒；构成犯罪的，依法移送有关部门追究刑事责任：1. 在人民陪审员资格审查中提供虚假材料的；2. 一年内拒绝履行陪审职责达 3 次的；3. 泄露国家秘密和审判工作秘密的；4. 利用陪审职务便利索取或者收受贿赂的；5. 充当诉讼掮客，为当事人介绍律师和评估、鉴定等中介机构的；6. 滥用职权、徇私舞弊的；7. 有其他损害陪审公信或司法公正行为的。

最高人民法院设立了几个巡回法庭？

目前，最高人民法院设立了两个巡回法庭，受理巡回区内相关案件。第一巡回法庭设在广东省深圳市罗湖区红岭中路 1036 号，巡回区为广东、广西、海南三省区。第二巡回法庭设在辽宁省沈阳市浑南区世纪路 3 号，巡回区为辽宁、吉林、黑龙江三省。

最高人民法院为何在深圳和沈阳设立巡回法庭？

巡回法庭设置地点的选择与当地的经济社会发展特点和司法审判工作实际密切相关。第一巡回法庭设立在广东省深圳市，主要考虑到广东的经济发展速度比较快，案件数量比较多，临近港澳地区，案件类型多样，为了更好地统一法律适用标准，将第一巡回法庭设立在这里。将第二巡回法庭设立在辽宁省沈阳市，主要是考虑东北是我国老工业基地，在工业经济结构转型升级的背景下，矛盾纠纷数量较多，希望通过设立第二巡回法庭，促进东北老工业基地的振兴和东北地区的经济社会发展。未来条件成熟时，根据有关规定和审判工作需要，还可以适时增设巡回法庭，并调整巡回区域和受案范围。

Q 最高人民法院设立巡回法庭有何意义？

A 最高人民法院设立巡回法庭是党的十八届四中全会作出的重大改革部署，对于切实加强审判工作，依法履行宪法和法律赋予的神圣职责，坚持和完善中国特色社会主义司法制度，全面推进依法治国，努力形成高效完善的法治实施体系，促进国家治理体系和治理能力现代化，都具有重要而深远的意义：一是巡回法庭审理跨区域重大行政、民商事案件，有利于保障司法公正，有效监督、指导、支持地方法院依法独立公正行使审判权，推进法律正确实施，维护国家法制统一。二是方便人民群众就近诉讼，减轻当事人诉累，更加有效地维护人民群众合法权益。三是有利于纠纷就地解决，维护首都地区社会和谐稳定。四是有利于最高人民法院本部集中精力制定司法政策和司法解释，审理对统一法律适用有重大指导意义的案件，强化最高人民法院本部监督指导全国法院审判工作的职能。

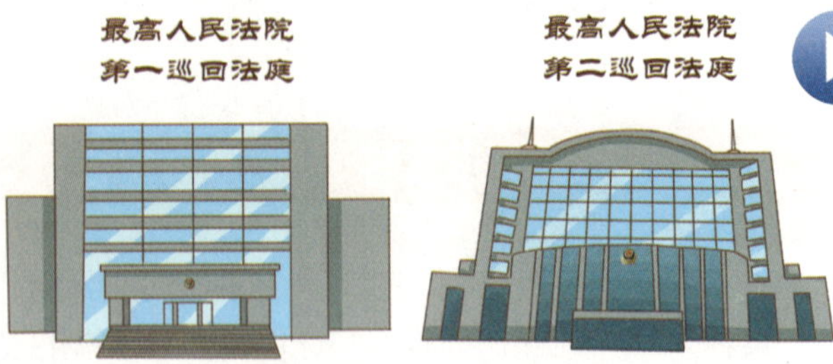

Q 最高人民法院巡回法庭的法官司法能力怎么样？

A 巡回法庭庭长由现任副部级审判委员会专职委员担任，副庭长由现任民事、行政审判部门正、副职领导担任，其中4人为最高人民法院审判委员会委员。主审法官主要由民事、行政审判业务部门现任的优秀审判长或代理审判长担任。两个巡回法庭6位庭长、副庭长中有5位具有法学博士学位，两位系全国审判业务专家并曾获“全国十大杰出青年法学家”称号。主审法官均具有硕士以上学历，其中多位获法学博士学位，平均具有15年以上审判工作经验，具有独立办理重大疑难案件和签发裁判文书的能力，其中多位系全国审判业务专家，获“全国优秀法官”、“全国法院办案标兵”等称号，助理审判员、审判辅助人员和综合行政人员也都绩效突出，经验丰富，踏实敬业。

Q 最高人民法院巡回法庭实行主审法官办案责任制吗？

A 是的。巡回法庭实行主审法官、合议庭办案负责制。合议庭审理案件时，承办案件的主审法官自己担任审判长，签发相应的裁判文书；巡回法庭庭长、副庭长要直接参加合议庭审理案件，除自己承办或参与合议庭担任审判长的案件外，不再审核、签发其他主审法官承办案件的裁判文书。

Q 最高人民法院巡回法庭的“扁平化管理”体现在哪里？

A 巡回法庭除设立庭党组之外，其下再无管理层级，有的只是主审法官、法官助理和书记员组成的审判团队，以及一个综合办公室；合议庭随机组成，不设固定合议庭；根据精简、高效原则设立综合办公室，负责审判管理、司法调研、后勤装备等全部行政管理工作，实现内设机构精简化。扁平化管理模式，淡化了行政管理特性，从体制机制上取消了各种繁琐的报批程序，很好地实践了“让审理者裁判，由裁判者负责”原则。

Q 最高人民法院巡回法庭如何实践“庭审中心主义”？

A 巡回法庭将当庭宣判作为主要裁判模式，最大限度地避免外界的干扰。主审法官、合议庭负责制，取消了庭长、副庭长的案件审批，为当庭宣判提供了更大可能。庭审中心主义的另一表现形式是“阶段性合议”的采用。例如：第一巡回法庭在东莞巡回开庭的休庭期间，合议庭对涉及案件争议的证据认定、争议焦点归纳等问题进行认真评议，对主要证据的认证意见，在再次开庭时向双方当事人阐明，避免当事人重复申辩已认定问题，对于增强庭审的针对性，提高庭审效率，切实发挥庭审功能具有积极意义。

Q 最高人民法院巡回法庭审理的案件如何做到裁判尺度统一？

A 巡回法庭探索通过以下方式统一裁判尺度，规范自由裁量权：一是建立类案参考制度。主审法官应就案件涉及的核心法律问题，检索同类型案件，形成书面的分析报告，合议时要先向合议庭报告类案检索情况。二是充分发挥主审法官联席会议作用。合议庭意见不一致的案件，应提交主审法官联席会议讨论；合议庭意见一致，但所涉法律问题重大、前沿、疑难、复杂的，也应当提交主审法官联席会议讨论。主审法官联席会议的研讨意见仅作为合议庭审理案件的参考，研讨意见采纳与否由合议庭自行决定，并由合议庭承担责任。三是征求本部相关业务庭室的意见。重大疑难案件，合议庭内部分歧较大的案件，或者最高人民法院本部就案件所涉法律问题本身有分歧的，也可以征求最高人民法院本部相关业务庭室的意见。征求意见后仍不能形成一致意见的，可以视情况将案件提交最高人民法院审委会讨论。四是建立裁判文书交叉校验制度。裁判文书形成后，提交全庭至少30%的主审法官对裁判观点和理由进行校验，提出参考意见，以尽量杜绝因法理性问题导致的差错率，克服来自不同部门的法官在知识面、思维模式、专业经验方面的局限性。

Q 最高人民法院巡回法庭作出的裁判是最高人民法院的裁判吗？

A 是的。巡回法庭是最高人民法院派出的常设审判机构。作为最高人民法院的组成部分和派出机构，巡回法庭不是一个独立的法院，巡回法庭的审级就是最高人民法院审级，巡回法庭作出的判决、裁定、决定，就是最高人民法院的判决、裁定、决定，盖最高人民法院印章。

Q 最高人民法院巡回法庭可以办理群众来信来访吗？

A 巡回法庭可以依法办理巡回区内向最高人民法院提出的来信来访事项。巡回法庭处理信访事项坚持依法纠错原则，对于信访人反映强烈或者坚持按照民事诉讼法第一百九十八条处理的申诉案件，不能简单地劝信访人到最高人民检察院申请检察监督，而应视情况作出不同处理：经初步审查认为原审没有问题不需要立案的，要做好法律释明、息诉服判、教育疏导工作；认为可能存在问题的，可予立案审查，经审查发现确有问题的，可依职权启动再审程序；认为可能存在问题的，也可要求相关高院启动信访复查程序，相关高院原则上应当在3个月内将复查处理情况报告巡回法庭。同时，还要坚持依法终结原则。对经审查未发现问题的，严格落实涉诉信访终结机制，建立涉诉信访终结备案审查办理和反馈机制，将涉诉信访纳入法治化处理渠道。涉诉信访终结后，信访人仍不息访的，除法定情形外，各级法院不受理、不交办。

【**背景链接：**《中华人民共和国民事诉讼法》（http://www.chinacourt.org/law）第一百九十八条：各级人民法院院长对本院已经发生法律效力的判决、裁定、调解书，发现确有错误，认为需要再审的，应当提交审判委员会讨论决定。最高人民法院对地方各级人民法院已经发生法律效力的判决、裁定、调解书，上级人民法院对下级人民法院已经发生法律效力的判决、裁定、调解书，发现确有错误的，有权提审或者指令下级人民法院再审。】

Q 什么是指导性案例？

A 指导性案例应当是裁判已经发生法律效力，认定事实清楚，适用法律正确，裁判说理充分，法律效果和社会效果良好，对审理类似案件具有普遍指导意义的案例。截至2015年6月，最高人民法院已经公布了52个指导性案例。

指导性案例可以作为其他案件的裁判依据吗？

各级人民法院审理类似案件参照指导性案例的，应当将指导性案例作为裁判理由引述，但不作为裁判依据引用。在办理案件过程中，案件承办人员应当查询相关指导性案例。在裁判文书中引述相关指导性案例的，应在裁判理由部分引述指导性案例的编号和裁判要点。公诉机关、案件当事人及其辩护人、诉讼代理人引述指导性案例作为控（诉）辩理由的，案件承办人员应当在裁判理由中回应是否参照了该指导性案例并说明理由。

社会公众可以推荐指导性案例吗？

可以。人大代表、政协委员、人民陪审员、专家学者、律师，以及其他关心人民法院审判、执行工作的社会各界人士，对于符合指导性案例条件的案例，可以向作出生效裁判的原审人民法院推荐，也可以向最高人民法院案例指导工作办公室提出推荐建议。

最高人民法院发布指导性案例有哪些作用？

1. 有利于统一法律适用和裁判尺度。建立案例指导制度，为广大法官审理类似案件提供参考，可有效规范和限制自由裁量权，确保同类案件法律适用基本统一，裁判尺度基本相同，处理结果基本一致。2. 有利于提升司法效率，促进司法公正。用已决案例指导待决类似案件的裁判，可以在“抽象到具体”的法律适用中，增加一个“具体到具体”的参照，有助于缩短办案时间，提高司法效率，促进司法公正，为群众提供更为高效公正的司法服务。3. 有利于弘扬社会主义法治精神和社会主义核心价值观。案例是法制宣传教育的“活教材”，通过公布指导性案例和其他案例，可以增强全民法治意识，使公众从案例中直观领悟法律原则和精神。同时，可以更好地发挥司法的指导引领作用，推动社会主义核心价值观建设，促进社会形成良好道德风尚。

回 避

Q 哪些人属于“审判人员”？

A 审判人员包括参与本案审理的人民法院院长、副院长、审判委员会委员、庭长、副庭长、审判员、助理审判员和人民陪审员。书记员和执行员适用审判人员回避的有关规定。

Q 当事人可以对哪些人申请回避？

A 当事人可以对审判人员、书记员、执行员、翻译人员、鉴定人和勘验人申请回避。

Q 审判人员是一方当事人近亲属的应当自行回避吗？

A 审判人员有下列情形之一的，应当自行回避，当事人有权申请其回避：1. 是本案当事人或者当事人近亲属的；2. 本人或者其近亲属与本案有利害关系的；3. 担任过本案的证人、鉴定人、辩护人、诉讼代理人、翻译人员的；4. 是本案诉讼代理人近亲属的；5. 本人或者其近亲属持有本案非上市公司当事人的股份或者股权的；6. 与本案当事人或者诉讼代理人有其他利害关系，可能影响公正审理的。

审判人员接受了一方当事人宴请应当回避吗？

审判人员有下列情形之一的，当事人有权申请其回避：1. 接受本案当事人及其受托人宴请，或者参加由其支付费用的活动的；2. 索取、接受本案当事人及其受托人财物或者其他利益的；3. 违反规定会见本案当事人、诉讼代理人的；4. 为本案当事人推荐、介绍诉讼代理人，或者为律师、其他人员介绍代理本案的；5. 向本案当事人及其受托人借用款物的；6. 有其他不正当行为，可能影响公正审理的。

参与某案件一审审理的法官调到上一级法院后能否担任上诉案件的法官？

不能。在一个审判程序中参与过本案审判工作的审判人员，不得再参与该案其他程序的审判。发回重审的案件，在一审法院作出裁判后又进入第二审程序的，原第二审程序中合议庭组成人员不受上述规定的限制。

当事人可以在什么时间申请审判人员回避？

当事人提出回避申请，应当说明理由，在案件开始审理时提出；

回避事由在案件开始审理后知道的，也可以在法庭辩论终结前提出。当事人申请回避可以口头或书面方式提出。

Q 被申请回避者可以继续参加庭审吗？

A 被申请回避的人员在人民法院作出是否回避的决定前，应当暂停参与本案的工作，但案件需要采取紧急措施的除外。

Q 审判人员的回避由谁决定？

A 审判人员的回避，由院长决定。院长担任审判长时的回避，由审判委员会决定。其他人员的回避，由审判长决定。

Q 提出回避申请后多长时间能有结果？

A 人民法院对当事人提出的回避申请，应当在申请提出的3日内，以口头或者书面形式作出决定。

Q 申请人对法院作出的回避决定不服怎么办？

A 申请人对决定不服的，可以在接到决定时申请复议一次。复议期间，被申请回避的人员，不停止参与本案的工作。人民法院对复议申请，应当在3日内作出复议决定，并通知复议申请人。

诉讼参加人

Q 哪些人可以作为民事诉讼当事人？

A 公民、法人和其他组织可以作为民事诉讼的当事人。法人由其法定代表人进行诉讼。其他组织由其主要负责人进行诉讼。

Q 法人的法定代表人如何确定？

A 法人的法定代表人以依法登记的为准，但法律另有规定的除外。依法不需要办理登记的法人，以其正职负责人为法定代表人；没有正职负责人的，以其主持工作的副职负责人为法定代表人。法定代表人已经变更，但未完成登记，变更后的法定代表人要求代表法人参加诉讼的，人民法院可以准许。

诉讼过程中一方当事人的法人代表发生变更对审判有影响吗？

在诉讼中，法人的法定代表人变更的，由新的法定代表人继续进行诉讼，并应向人民法院提交新的法定代表人身份证明书。原法定代表人进行的诉讼行为有效。上述规定同样适用于其他组织参加的诉讼。

“其他组织”具体包括哪些组织？

“其他组织”是指合法成立、有一定的组织机构和财产，但又不具备法人资格的组织，包括：1. 依法登记领取营业执照的个人独资企业；2. 依法登记领取营业执照的合伙企业；3. 依法登记领取我国营业执照的中外合作经营企业、外资企业；4. 依法成立的社会团体的分支机构、代表机构；5. 依法设立并领取营业执照的法人的分支机构；6. 依法设立并领取营业执照的商业银行、政策性银行和非银行金融机构的分支机构；7. 经依法登记领取营业执照的乡镇企业、街道企业；8. 其他符合上述条件的组织。

Q 尚未领取营业执照的分公司能否成为当事人？

A 法人非依法设立的分支机构，或者虽依法设立，但没有领取营业执照的分支机构，以设立该分支机构的法人为当事人。

Q 挂靠纠纷的当事人如何确定？

A 以挂靠形式从事民事活动，当事人请求由挂靠人和被挂靠人依法承担民事责任的，该挂靠人和被挂靠人为共同诉讼人。

Q 诉讼中一方当事人死亡的怎么办？

A 在诉讼中，一方当事人死亡，需要等待继承人表明是否参加诉讼的，裁定中止诉讼。人民法院应当及时通知继承人作为当事人承担诉讼，被继承人已经进行的诉讼行为对承担诉讼的继承人有效。原告死亡，没有继承人，或者继承人放弃诉讼权利的，终结诉讼。

Q 执行工作任务造成他人损害的应由谁作为被告？

A 法人或者其他组织的工作人员执行工作任务造成他人损害的，该法人或者其他组织为当事人。

Q 因劳务造成他人损害的如何确定被告？

A 提供劳务一方因劳务造成他人损害，受害人提起诉讼的，以接受劳务一方为被告。

劳务派遣期间造成他人损害的如何确定被告？

在劳务派遣期间，被派遣的工作人员因执行工作任务造成他人损害的，以接受劳务派遣的用工单位为当事人。当事人主张劳务派遣单位承担责任的，该劳务派遣单位为共同被告。

起诉个体工商户时如何确定被告？

在诉讼中，个体工商户以营业执照上登记的经营者为当事人。有字号的，以营业执照上登记的字号为当事人，但应同时注明该字号经营者的基本信息。营业执照上登记的经营者与实际经营者不一致的，以登记的经营者和实际经营者为共同诉讼人。

起诉个人合伙时如何确定被告？

在诉讼中，未依法登记领取营业执照的个人合伙的全体合伙人为共同诉讼人。个人合伙有依法核准登记的字号的，应在法律文书中注明登记的字号。全体合伙人可以推选代表人；被推选的代表人，应由全体合伙人出具推选书。

对不履行人民调解协议案件的人可以起诉吗？

可以。当事人之间的纠纷经人民调解委员会调解达成协议后，一方当事人不履行调解协议，另一方当事人向人民法院提起诉讼的，应以对方当事人为被告。

Q 对于未登记的法人如何确定被告?

A 下列情形以行为人为当事人：1. 法人或者其他组织应登记而未登记，行为人即以该法人或者其他组织名义进行民事活动的；2. 行为人没有代理权、超越代理权或者代理权终止后以被代理人名义进行民事活动的，但相对人有理由相信行为人有代理权的除外；3. 法人或者其他组织依法终止后，行为人仍以其名义进行民事活动的。

Q 企业法人变更时如何确定被告?

A 企业法人合并的，因合并前的民事活动发生的纠纷，以合并后的企业为当事人；企业法人分立的，因分立前的民事活动发生的纠纷，以分立后的企业为共同诉讼人。

Q 企业法人解散时如何确定被告?

A 企业法人解散的，依法清算并注销前，以该企业法人为当事人；未依法清算即被注销的，以该企业法人的股东、发起人或者出资人为当事人。

Q 对借用合同专用章的如何确定被告?

A 借用业务介绍信、合同专用章、盖章的空白合同书或者银行账户的，出借单位和借用人为共同诉讼人。

Q 保证合同纠纷案件如何确定被告?

A 因保证合同纠纷提起的诉讼，债权人向保证人和被保证人一并主张权利的，人民法院应当将保证人和被保证人列为共同被告。保证合同约定为一般保证，债权人仅起诉保证人的，人民法院应当通知被保证人作为共同被告参加诉讼；债权人仅起诉被保证人的，可以只列被保证人为被告。

Q 学龄前儿童致人损害的应该将谁作为被告？

A 学龄前儿童属于无民事行为能力人。无民事行为能力人、限制民事行为能力人造成他人损害的，无民事行为能力人、限制民事行为能力人和其监护人为共同被告。

Q 村民委员会或村民小组能否作为当事人？

A 村民委员会或者村民小组与他人发生民事纠纷的，村民委员会或者有独立财产的村民小组为当事人。

Q 死者名誉受到侵害哪些人可以起诉？

A 对侵害死者遗体、遗骨以及姓名、肖像、名誉、荣誉、隐私等行为提起诉讼的，死者的近亲属为当事人。近亲属的范围包括配偶、父母、子女、兄弟姐妹、祖父母、外祖父母、孙子女及外孙子女。

Q 当事人有哪些诉讼权利？

A 当事人有权委托代理人，提出回避申请，收集、提供证据，进行辩论，请求调解，提起上诉，申请执行。当事人可以查阅本案有关材料，并可以复制本案有关材料和法律文书。查阅、复制本案有关材料的范围和办法由最高人民法院规定。双方当事人可以自行和解。原告可以放弃或者变更诉讼请求。被告可以承认或者反驳诉讼请求，有权提起反诉。

当事人有哪些诉讼义务?

当事人必须依法行使诉讼权利，遵守诉讼秩序，履行发生法律效力的判决书、裁定书和调解书。

法院审理过程中当事人可以自行协商解决纠纷吗?

在诉讼过程中，当事人双方可以通过自行协商对其争议的实体权利的处分达成协议从而解决纠纷，这就是法律规定的诉讼和解。

诉讼和解和法院调解有何区别?

诉讼和解和法院调解均属于诉讼中判决外的纠纷解决方式，但两者有着重大区别：1. 法院调解是审判人员主持下使双方当事人达成调解协议，而诉讼和解则是当事人自行协商解决纠纷；2. 法院调解过程中法官居于主导地位，而诉讼和解中当事人处于主导地位；3. 在法律后果上，法院调解是一种法定结案方式，根据调解协议制作的调解书具有强制执行力，而诉讼和解不是法院的结案方式，和解协议要靠当事人的自觉履行，不能作为法院的执行依据。

诉讼标的是什么意思?

简单地说，诉讼标的是指当事人之间因发生争议，而请求人民法院作出裁判的法律关系。诉讼标的物，是指当事人双方权利义务指向的对象。诉讼标的不同于诉讼标的物，例如：在因房屋租赁产生的诉讼中，诉讼标的是房屋租赁关系，而诉讼标的物是所租赁的房屋。

原告方有三个人算不算共同诉讼?

当事人一方或者双方为二人以上，其诉讼标的是共同的，或者诉讼标的是同一种类、人民法院认为可以合并审理并经当事人同意的，为共同诉讼。共同诉讼分为必要的共同诉讼和普通的共同诉讼两种类型。共同诉讼的一方当事人对诉讼标的有共同权利义务的，其中一人的诉讼行为经其他共同诉讼人承认，对其他共同诉讼人发生效力；对诉讼标的没有共同权利义务的，其中一人的诉讼行为对其他共同诉讼人不发生效力。

Q 房屋共有人因租金支付问题与租户产生争议，属于共同诉讼吗？

A 这种情形属于民事诉讼法规定的必要的共同诉讼。例如：甲、乙二人共同出资购买了一处房产出租给丙，甲、乙与丙之间因租金支付产生争议形成的诉讼即是如此。当事人一方或者双方为二人以上的，其诉讼标的是共同的，是必要的共同诉讼。这种诉讼标的的共同性是由实体法律关系决定的，即共同诉讼人在实体上享有共同的权利或承担共同的义务，由于诉讼标的是共同的，共同诉讼人必须一同起诉或者应诉，法院必须适用同一个诉讼程序进行合并审理，并作出合一裁判。

Q 物业管理企业针对多个业主提起的请求交纳物业费的诉讼属于共同诉讼吗？

A 这种情形属于民事诉讼法规定的普通的共同诉讼。普通的共同诉讼，是指当事人一方或者双方为二人以上，其诉讼标的为同一种类，人民法院认为可以合并审理并经当事人同意的诉讼。普通的共同诉讼中的共同诉讼人对诉讼标的没有共同的权利义务，只是因为他们的诉讼标的属于同一种类，人民法院为了审理方便与简化程序，才将他们合并作为共同诉讼审理。需要注意的是，普通的共同诉讼是一种可分之诉，当事人可以单独起诉、应诉，也可以共同起诉、应诉，法院可以合并审理，也可以分别审理。即便法院合并审理，也需分别作出裁判，对其中一个诉讼标的作出的裁判，效力不及于其他诉讼标的。

Q 继承纠纷案件中没有提起诉讼的其他继承人算共同原告吗？

A 在继承遗产的诉讼中，部分继承人起诉的，人民法院应通知其他继承人作为共同原告参加诉讼；被通知的继承人不愿意参加诉讼又未明确表示放弃实体权利的，人民法院仍应将其列为共同原告。

Q 委托书授权不明的可以把被代理人与代理人列为共同被告吗？

A 可以。代理人因代理行为产生的民事责任原则上由被代理人承担，但两种情形下被代理人和代理人应当向第三人承担连带责任：一是《中华人民共和国民法通则》（以下简称《民法通则》）第六十七条第三款规定的“委托书授权不明的，被代理人应当向第三人承担民事责任，代理人负连带责任”；二是《民法通则》第六十七条规定的“代理人知道被委托代理的事项违法仍然进行代理活动的，或者被代理人知道代理人的代理行为违法不表示反对的，由被代理人和代理人负连带责任”。因此，在上述两种情形之下，原告起诉被代理人和代理人，要求承担连带责任的，被代理人和代理人为共同被告。

Q 共有纠纷案件部分共有权人起诉的，其他共有权人是共同诉讼人吗？

A 共有财产权受到他人侵害，部分共有权人起诉的，其他共有权人为共同诉讼人。

Q 必须共同进行诉讼的当事人没有参加诉讼，法院应当如何处理？

A 必须共同进行诉讼的当事人没有参加诉讼的，人民法院应当通知其参加；当事人也可以向人民法院申请追加。人民法院对当事人提出的申请，应当进行审查，申请理由不成立的，裁定驳回；申请理由成立的，书面通知被追加的当事人参加诉讼。人民法院追加共同诉讼的当事人时，应当通知其他当事人。应当追加的原告，已明确表示放弃实体权利的，可不予追加；既不愿意参加诉讼，又不放弃实体权利的，仍应追加为共同原告，其不参加诉讼，不影响人民法院对案件的审理和依法作出判决。

Q 一方当事人人数众多能否选出代表进行诉讼？

A 代表人诉讼，是指当事人一方人数众多，由其中一人或数人作为代表进行诉讼，其他的当事人不参加诉讼程序，人民法院所作判决的效力及于全体当事人的诉讼。代表人诉讼是我国民事诉讼法为适应民事纠纷群体化这一现实所建立的一种诉讼制度，同时还吸收了诉讼代理制度的机能，使众多诉讼主体的诉讼行为通过诉讼代表人集中实施，扩大了司法解决纠纷的功能。代表人诉讼分为人数确定的代表人诉讼和人数不确定的代表人诉讼两种类型。

Q 法律规定的“当事人一方人数众多”是什么标准？

A “人数众多”，一般是指10人以上。

Q 人数确定的共同诉讼如何推选代表人进行诉讼？

A 当事人一方人数众多的共同诉讼，可以由当事人推选代表人进行诉讼。代表人的诉讼行为对其所代表的当事人发生效力，但代表人变更、放弃诉讼请求或者承认对方当事人的诉讼请求，进行和解，必须经被代表的当事人同意。当事人一方人数众多在起诉时人数确定的，可以由全体当事人推选共同的代表人，也可以由部分当事人推选自己的代表人；推选不出代表人的当事人，在必要的共同诉讼中可以自己参加诉讼，在普通的共同诉讼中可以另行起诉。

Q 人数不确定的共同诉讼如何推选代表人进行诉讼？

A 诉讼标的是同一种类、当事人一方人数众多在起诉时人数尚未确定的，人民法院可以发出公告，说明案件情况和诉讼请求，通知权利人在不少于30日期间内向人民法院登记。向人民法院登记的权利人可以推选代表人进行诉讼；推选不出代表人的，人民法院可以与参加登记的权利人商定代表人。代表人的诉讼行为对其所代表的当事人发生效力，但代表人变更、放弃诉讼请求或者承认对方当事人的诉讼请求，进行和解，必须经被代表的当事人同意。人民法院作出的判决、裁定，对参加登记的全体权利人发生效力。未参加登记的权利人在诉讼时效期间提起诉讼的，适用该判决、裁定。

Q 代表人最多可以有几个人？

A 按照相关司法解释规定，代表人可以有2～5人，因此代表人最多可以有5个人。

Q 代表人可以委托诉讼代理人吗？

A 可以。每位代表人可以委托1～2人作为诉讼代理人。

Q 在人数不确定的代表人诉讼中，权利人如何向法院登记？

A 根据民事诉讼法相关规定，向人民法院登记的权利人，应当证明其与对方当事人的法律关系和所受到的损害。证明不了的，不予登记，权利人可以另行起诉。人民法院的裁判在登记的范围内执行。未参加登记的权利人提起诉讼，人民法院认定其请求成立的，裁定适用人民法院已作出的判决、裁定。

Q 公民个人可以对污染环境行为提起公益诉讼吗？

A 公民个人不能提起公益诉讼。根据2015年1月7日起实施的《最高人民法院关于审理环境民事公益诉讼案件适用法律若干问题的解释》，法律规定的机关和有关组织依据《中华人民共和国民事诉讼法》第五十五条、《中华人民共和国环境保护法》第五十八条等法律的规定，对已经损害社会公共利益或者具有损害社会公共利益重大风险的污染环境、破坏生态的行为提起诉讼，具备有明确的被告，有具体的诉讼请求和事实、理由，属于人民法院受理民事诉讼的范围和受诉人民法院管辖3个条件的，人民法院应予受理。

【背景链接：《中华人民共和国民事诉讼法》（http://www.chinacourt.org/law）第五十五条：对污染环境、侵害众多消费者合法权益等损害社会公共利益的行为，法律规定的机关和有关组织可以向人民法院提起诉讼。

《中华人民共和国环境保护法》（http://www.chinacourt.org/law）第五十八条：对污染环境、破坏生态，损害社会公共利益的行为，符合下列条件的社会组织可以向人民法院提起诉讼：（一）依法在设区的市级以上人民政府民政部门登记；（二）专门从事环境保护公益活动连续五年以上且无违法记录。符合前款规定的社会组织向人民法院提起诉讼，人民法院应当依法受理。提起诉讼的社会组织不得通过诉讼牟取经济利益。】

Q 哪些社会组织可以提起环境民事公益诉讼？

A 依照法律、法规的规定，在设区的市级以上人民政府民政部门登记的社会团体、民办非企业单位以及基金会等，可以提起环境民事公益诉讼。

Q 提起公益诉讼需要具备哪些条件？

A 环境保护法、消费者权益保护法等法律规定的机关和有关组织对污染环境、侵害众多消费者合法权益等损害社会公共利益的行为，根据民事诉讼法相关规定提起公益诉讼，符合下列条件的，人民法院应当受理：1. 有明确的被告；2. 有具体的诉讼请求；3. 有社会公共利益受到损害的初步证据；4. 属于人民法院受理民事诉讼的范围和受诉人民法院管辖。

Q 提起环境民事公益诉讼应当提交哪些材料？

A 提起环境民事公益诉讼应当提交下列材料：1. 符合民事诉讼法规定的起诉状，并按照被告人数提供副本；2. 被告的行为已经损害社会公共利益或者具有损害社会公共利益重大风险的初步证明材料；3. 社会组织提起诉讼的，

应当提交社会组织登记证书、章程、起诉前连续5年的年度工作报告书或者年检报告书，以及由其法定代表人或者负责人签字并加盖公章的无违法记录的声明。

Q 能举一个环境民事公益诉讼的案例吗？

A 最高人民法院2014年7月3日公布的“中华环保联合会与无锡市蠡湖惠山景区管理委员会生态环境损害赔偿纠纷案”就是一起环境民事公益诉讼的典型案例（案例网址：http://www.court.gov.cn/zixun-xiangqing-6511.html）。无锡市蠡湖惠山景区管理委员会在负责开发建设动植物园和儿童乐园项目的过程中，擅自占用2万平方米左右的林地。涉案项目尚有2500平方米山体土壤裸露宕口地块，系20世纪80年代开采山石遗留状态，景区管委会未在该地块进行任何建设。中华环保联合会提起诉讼，请求判令景区管委会将非法占用的林地恢复用途并赔偿损失，立即将项目区域内裸露的部分土地进行复绿固土。无锡市滨湖区人民法院认为，建设单位景区管委会在建设工程中未经批准占用并改变林地用途，对生态环境造成损害，理应承担恢复生态环境的民事责任。该院于2012年12月作出判决，判令景区管委会一个月内完成17477平方米林地改变用途的申报程序，将异地补植费用人民币79.44万元汇至指定账户并在6个月内完成杨湾地块4500平方米的异地补植，景区管委会及其他地块使用人6个月内完成2500平方米宕口地块复绿固土工作。

Q 公益诉讼案件应该向哪些法院起诉？

A 公益诉讼案件可以向侵权行为地或者被告住所地中级人民法院起诉，但法律、司法解释另有规定的除外。环境民事公益诉讼案件可以向污染环境、破坏生态行为发生地、损害结果地或者被告住所地的中级以上人民法院起诉。因污染海洋环境提起的公益诉讼，可以向污染发生地、损害结果地或者采取预防污染措施地海事法院起诉。对同一侵权行为分别向两个以上人民法院提起公益诉讼的，由最先立案的人民法院管辖，必要时由它们的共同上级人民法院指定管辖。

原告提出的诉讼请求不足以保护社会公共利益时，法院可以主动提示原告增加诉讼请求吗？

人民法院认为原告提出的诉讼请求不足以保护社会公共利益的，可以向原告行使释明权，提示原告变更或者增加停止侵害、恢复原状等诉讼请求。

法院受理公益诉讼案件后需要告知相关行政主管部门吗？

人民法院受理公益诉讼案件后，应当在10日内书面告知相关行政主管部门。

公益诉讼案件受理后其他适格主体可以申请参加诉讼吗？

人民法院受理公益诉讼案件后，依法可以提起诉讼的其他机关和有关组织，可以在开庭前向人民法院申请参加诉讼。人民法院准许参加诉讼的，列为共同原告。

法院受理公益诉讼后受害人还能提起私益诉讼吗？

人民法院受理公益诉讼案件，不影响同一侵权行为的受害人根据民事诉讼法规定的起诉条件提起诉讼。

公益诉讼能和解或者调解吗？

对于公益诉讼案件，当事人可以和解，人民法院可以调解。当事人达成和解或者调解协议后，人民法院应当将和解或者调解协议进行公告。公告期间不得少于30日。公告期满后，人民法院经审查，和解或者调解协议不违反社会公共利益的，应当出具调解书；和解或者调解协议违反社会公共利益的，不予出具调解书，继续对案件进行审理并依法作出裁判。

Q 公益诉讼中原告的自认有效吗？

A 原告在诉讼过程中承认的对己方不利的事实和认可的证据，人民法院认为损害社会公共利益的，应当不予确认。

Q 支持社会组织依法提起环境民事公益诉讼有哪些方式？

A 检察机关、负有环境保护监督管理职责的部门及其他机关、社会组织、企业事业单位，可以通过提供法律咨询、提交书面意见、协助调查取证等方式支持社会组织依法提起环境民事公益诉讼。

Q 环境民事公益诉讼中被告能否提出反诉？

A 在环境民事公益诉讼案件审理过程中，被告以反诉方式提出诉讼请求的，人民法院不予受理。

Q 环境民事公益诉讼中被告承担民事责任有哪些方式？

A 对污染环境、破坏生态，已经损害社会公共利益或者具有损害社会公共利益重大风险的行为，原告可以请求被告承担停止侵害、排除妨碍、消除危险、恢复原状、赔偿损失、赔礼道歉等民事责任。

Q 公益诉讼可以撤诉吗？

A 可以，但必须在法庭辩论终结之前。公益诉讼案件的原告在法庭辩论终结后申请撤诉的，人民法院不予准许。在环境民事公益诉讼案件中，负有环境保护监督管理职责的部门依法履行监管职责而使原告诉讼请求全部实现，原告申请撤诉的，人民法院应予准许。

Q 对同一侵权行为可以两次提起公益诉讼吗？

A 原则上不能。公益诉讼案件的裁判发生法律效力后，其他依法具有原告资格的机关和有关组织就同一侵权行为另行提起公益诉讼的，人民法院裁定不予受理。但是，环境民事公益诉讼案件裁判生效后，有权提起诉讼的其他机关和社会组织就同一污染环境、破坏生态行为另行起诉，有下列情形之一的，人民法院应予受理：1. 前案原告的起诉被裁定驳回的；2. 前案原告申请撤诉被裁定准许的，但负有环境保护监督管理职责的部门依法履行监管职责而使原告诉讼请求全部实现，原告申请撤诉人民法院准许的除外；3. 环境民事公益诉讼案件的裁判生效后，有证据证明存在前案审理时未发现的损害的。

环境民事公益诉讼和私益诉讼的生效裁判哪个应当优先执行？

被告因污染环境、破坏生态在环境民事公益诉讼和其他民事诉讼中均承担责任，其财产不足以履行全部义务的，应当先履行其他民事诉讼生效裁判所确定的义务，但法律另有规定的除外。

社会组织通过环境民事公益诉讼牟利的如何制裁？

社会组织有通过诉讼违法收受财物等牟取经济利益行为的，人民法院可以根据情节轻重依法收缴其非法所得、予以罚款；涉嫌犯罪的，依法移送有关机关处理。人民法院还应向登记管理机关或者有关机关发送司法建议，由其依法处理。

认为自己对他人争执的诉讼标的物有所有权的应当如何维权？

这种情况属于民事诉讼法规定的有独立请求权的第三人。对当事人双方的诉讼标的，第三人认为有独立请求权的，有权向人民法院提出诉讼请求和事实、理由，成为当事人。所谓独立的请求权，是指第三人所主张的请求权不同于本诉原告向被告主张的请求权，而是同时针对原告和被告的。这种独立请求权的实体权利依据一般是物权请求权，通常表现为第三人对他人之间争执的标的物主张所有权。有独立请求权的第三人以起诉方式参加诉讼。

认为自己与他人之间的诉讼有利害关系的如何维护自身权益？

与他人之间的诉讼有利害关系的人就是民事诉讼法规定的无独立请求权的第三人，是指因与案件处理结果有法律上的利害关系，而参加到他人之间已经开始的诉讼中来的人。无独立请求权的第三人之所以参加诉讼，是因为与一方当事人具有法律上的利害关系。

如果该当事人胜诉，他就维护了自己的某种权利不受影响；如果该当事人败诉，他就有可能承担某种法律义务。所以，无独立请求权的第三人参加诉讼总是支持一方当事人的主张，而反对另一方当事人的主张，在诉讼中处于辅助地位，不是独立的当事人。

Q 无独立请求权的第三人如何参加诉讼？

A 无独立请求权的第三人参加诉讼有两种方式：一是申请参加，即案外第三人以书面或口头形式向法院提出参加诉讼的申请；二是法院通知参加，即法院依职权主动发出通知书，要求案外第三人参加诉讼。

Q 无独立请求权的第三人可以提出管辖异议吗？

A 在一审中，无独立请求权的第三人无权提出管辖异议，无权放弃、变更诉讼请求或者申请撤诉，被判决承担民事责任的，有权提起上诉。

Q 未参加他人之间的诉讼但认为生效判决损害其权益的如何维权？

A 此种情形即民事诉讼法规定的第三人撤销之诉。第三人因不能归责于本人的事由未参加诉讼，但有证据证明发生法律效力的判决、裁定、调解书的部分或者全部内容错误，损害其民事权益的，可以自知道或者应当知道其民事权益受到损害之日起6个月内，向作出该判决、裁定、调解书的人民法院提起诉讼。人民法院经审理，诉讼请求成立的，应当改变或者撤销原判决、裁定、调解书；诉讼请求不成立的，驳回诉讼请求。

Q 哪些情形属于“不能归责于本人的事由”？

A 因不能归责于本人的事由未参加诉讼，是指没有被列为生效判决、裁定、调解书当事人，且无过错或者无明显过错的情形，包括：1. 不知道诉讼而未参加的；2. 申请参加未获准许的；3. 知道诉讼，但因客观原因无法参加的；4. 因其他不能归责于本人的事由未参加诉讼的。

Q 第三人撤销之诉的撤销对象是什么？

A 撤销的对象具体是指判决、裁定的主文，调解书中处理当事人民事权利义务的结果。

Q 第三人撤销之诉的诉讼时效是多久？

A 6 个月。自第三人知道或者应当知道其民事权益受到损害之日起计算。

Q 第三人撤销之诉由哪个法院管辖？

A 第三人应当向作出生效判决、裁定、调解书的人民法院提起诉讼。

Q 提起第三人撤销之诉应当提供哪些证据材料？

A 应当提供存在下列情形的证据材料：1. 因不能归责于本人的事由未参加诉讼；2. 发生法律效力的判决、裁定、调解书的全部或者部分内容错误；3. 发生法律效力的判决、裁定、调解书内容错误，损害其民事权益。

Q 第三人撤销之诉可以独任审理吗？

A 人民法院对第三人撤销之诉案件，应当组成合议庭开庭审理。

Q 哪些情形不能提起第三人撤销之诉？

A 对下列情形提起第三人撤销之诉的，人民法院不予受理：1. 适用特别程序、督促程序、公示催告程序、破产程序等非讼程序处理的案件；2. 婚姻无效、撤销或者解除婚姻关系等判决、裁定、调解书中涉及身份关系的内容；3. 《中华人民共和国民事诉讼法》（以下简称《民事诉讼法》）第五十四条规定的未参加登记的权利人对代表人诉讼案件的生效裁判；4. 《民事诉讼法》第五十五条规定的损害社会公共利益行为的受害人对公益诉讼案件的生效裁判。

【**背景链接：**《中华人民共和国民事诉讼法》（http://www.chinacourt.org/law）第五十四条：诉讼标的是同一种类、当事人一方人数众多在起诉时人数尚未确定的，人民法院可以发出公告，说明案件情况和诉讼请求，通知权利人在一定期间向人民法院登记。

向人民法院登记的权利人可以推选代表人进行诉讼；推选不出代表人的，人民法院可以与参加登记的权利人商定代表人。

代表人的诉讼行为对其所代表的当事人发生效力，但代表人变更、放弃诉讼请求或者承认对方当事人的诉讼请求，进行和解，必须经被代表的当事人同意。

人民法院作出的判决、裁定，对参加登记的全体权利人发生效力。未参加登记的权利人在诉讼时效期间提起诉讼的，适用该判决、裁定。

第五十五条：对污染环境、侵害众多消费者合法权益等损害社会公共利益的行为，法律规定的机关和有关组织可以向人民法院提起诉讼。】

第三人撤销之诉的当事人如何确定？

第三人提起撤销之诉，人民法院应当将该第三人列为原告，生效判决、裁定、调解书的当事人列为被告，但生效判决、裁定、调解书中没有承担责任的无独立请求权的第三人列为第三人。

第三人撤销之诉受理后原裁判能否中止执行？

受理第三人撤销之诉案件后，原告提供相应担保，请求中止执行的，人民法院可以准许。

法院对第三人撤销之诉如何作出裁判？

对第三人撤销或者部分撤销发生法律效力的判决、裁定、调解书内容的请求，人民法院经审理，按下列情形分别处理：1. 请求成立且确认其民事权利的主张全部或部分成立的，改变原判决、裁定、调解书内容的错误部分；2. 请求成立，但确认其全部或部分民事权利的主张不成立，或者未提出确认其民事权利请求的，撤销原判决、裁定、调解书内容的错误部分；3. 请求不成立的，驳回诉讼请求。

第三人撤销之诉可以上诉吗？

可以上诉。

法院只改变了原裁判的部分内容，其他内容还有效吗？

原判决、裁定、调解书的内容未改变或者未撤销的部分继续有效。

第三人撤销之诉审理期间原审当事人申请再审的怎么办？

第三人撤销之诉案件审理期间，人民法院对生效判决、裁定、调解书裁定再审的，受理第三人撤销之诉的人民法院应当裁定将第三人的诉讼请求并入再审程序。但有证据证明原审当事人之间恶意串通损害第三人合法权益的，人民法院应当先行审理第三人撤销之诉案件，裁定中止再审诉讼。

第三人诉讼请求并入再审程序后法院如何裁判？

第三人诉讼请求并入再审程序审理的，按照下列情形分别处理：1. 按照第一审程序审理的，人民法院应当对第三人的诉讼请求一并审理，所作的判决可以上诉；2. 按照第二审程序审理的，人民法院可以调解，调解达不成协议的，应当裁定撤销原判决、裁定、调解书，发回一审法院重审，重审时应当列明第三人。

第三人提起撤销之诉后可否提起执行异议之诉？

可以。第三人提起撤销之诉后，未中止生效判决、裁定、调解书执行的，执行法院对第三人依照民事诉讼法第二百二十七条规定提出的执行异议，应予审查。第三人不服驳回执行异议裁定，申请对原判决、裁定、调解书再审的，人民法院不予受理。

【背景链接：《中华人民共和国民事诉讼法》（http://www.chinacourt.org/law）第二百二十七条：执行过程中，案外人对执行标的提出书面异议的，人民法院应当自收到书面异议之日起十五日内审查，理由成立的，裁定中止对该标的的执行；理由不成立的，裁定驳回。案外人、当事人对裁定不服，认为原判决、裁定错误的，依照审判监督程序办理；与原判决、裁定无关的，可以自裁定送达之日起十五日内向人民法院提起诉讼。**】**

Q 执行异议之诉启动后能否提起第三人撤销之诉？

A 案外人对人民法院驳回其执行异议裁定不服，认为原判决、裁定、调解书内容错误损害其合法权益的，应当根据《中华人民共和国民事诉讼法》第二百二十七条规定申请再审，提起第二人撤销之诉的，人民法院不予受理。

【**背景链接：**《中华人民共和国民事诉讼法》（http://www.chinacourt.org/law）第二百二十七条：执行过程中，案外人对执行标的提出书面异议的，人民法院应当自收到书面异议之日起十五日内审查，理由成立的，裁定中止对该标的的执行；理由不成立的，裁定驳回。案外人、当事人对裁定不服，认为原判决、裁定错误的，依照审判监督程序办理；与原判决、裁定无关的，可以自裁定送达之日起十五日内向人民法院提起诉讼。】

Q 什么是诉讼代理人？

A 诉讼代理人，是指依据法律规定或者当事人的授权，在民事诉讼中为当事人的利益进行诉讼活动的人。

Q 未成年人有诉讼行为能力吗？

A 没有。诉讼行为能力，是以自己的行为实现诉讼权利、履行诉讼义务的能力。每个公民都有民事诉讼权利能力，但并非每个公民都具有诉讼行为能力。民法上的无民事行为能力人和限制民事行为能力人都被认为无诉讼行为能力人，如未成年人、精神病患者，因为其年龄、智力和精神状况而不具有以自己的行为进行诉讼的能力。为保护无诉讼行为能力人的利益，法律规定应当由他们的监护人作为诉讼代理人代为诉讼。

法定代理人如何确定？

在诉讼中，无民事行为能力人、限制民事行为能力人的监护人是其法定代理人。事先没有确定监护人的，可以由有监护资格的人协商确定；协商不成的，由人民法院在他们之中指定诉讼中的法定代理人。当事人没有《中华人民共和国民法通则》第十六条第一款、第二款或者第十七条第一款规定的监护人的，可以指定该法第十六条第四款或者第十七条第三款规定的有关组织担任诉讼中的法定代理人。

【背景链接：《中华人民共和国民法通则》（http://www.chinacourt.org/law）第十六条：未成年人的父母是未成年人的监护人。

未成年人的父母已经死亡或者没有监护能力的，由下列人员中有监护能力的人担任监护人：（一）祖父母、外祖父母；（二）兄、姐；（三）关系密切的其他亲属、朋友愿意承担监护责任，经未成年人的父、母的所在单位或者未成年人住所地的居民委员会、村民委员会同意的。

对担任监护人有争议的，由未成年人的父、母的所在单位或者未成年人住所地的居民委员会、村民委员会在近亲属中指定。对指定不服提起诉讼的，由人民法院裁决。

没有第一款、第二款规定的监护人的，由未成年人的父、母的所在单位或者未成年人住所地的居民委员会、村民委员会或者民政部门担任监护人。

第十七条：无民事行为能力或者限制民事行为能力的精神病人，由下列人员担任监护人：（一）配偶；（二）父母；（三）成年子女；（四）其他近亲属；（五）关系密切的其他亲属、朋友愿意承担监护责任，经精神病人的所在单位或者住所地的居民委员会、村民委员会同意的。

对担任监护人有争议的，由精神病人的所在单位或者住所地的居民委员会、村民委员会在近亲属中指定。对指定不服提起诉讼的，由人民法院裁决。

没有第一款规定的监护人的，由精神病人的所在单位或者住所地的居民委员会、村民委员会或者民政部门担任监护人。】

哪些人可以被委托为诉讼代理人？

当事人、法定代理人可以委托 1 ～ 2 人作为诉讼代理人。下列人员可以被委托为诉讼代理人：1. 律师、基层法律服务工作者；2. 当事人的近亲属或者工作人员；3. 当事人所在社区、单位以及有关社会团体推荐的公民。

基层法律服务工作者是什么意思？

司法部2000年3月31日颁布的《基层法律服务工作者管理办法》（司法部令第60号，http://www.gov.cn/gongbao/content/2001/content_61297.htm）规定，基层法律服务工作者是“符合本办法规定的执业条件，经核准执业登记，领取《法律服务工作者执业证》，在基层法律服务所中执业，为社会提供法律服务的人员”。基层法律服务工作者的工作与律师相似，除不能办理刑事诉讼案件外，几乎可以涉足律师的全部业务范围。

当事人的哪些近亲属可以被委托为诉讼代理人？

与当事人有夫妻、直系血亲、三代以内旁系血亲、近姻亲关系以及其他有抚养、赡养关系的亲属，可以当事人近亲属的名义作为诉讼代理人。

什么样的工作人员可以被委托为诉讼代理人？

与当事人有合法劳动人事关系的职工，可以当事人工作人员的名义作为诉讼代理人。

有关社会团体推荐公民担任诉讼代理人应当具备哪些条件？

有关社会团体推荐公民担任诉讼代理人的，应当符合下列条件：1. 社会团体属于依法登记设立或者依法免予登记设立的非营利性法人组织；2. 被代理人属于该社会团体的成员，或者当事人一方住所地位于该社会团体的活动地域；3. 代理事务属于该社会团体章程载明的业务范围；4. 被推荐的公民是该社会团体的负责人或者与该社会团体有合法劳动人事关系的工作人员。专利代理人经中华全国专利代理人协会推荐，可以在专利纠纷案件中担任诉讼代理人。

限制民事行为能力人可以被委托为诉讼代理人吗？

不可以。无民事行为能力人、限制民事行为能力人以及其他依法不能作为诉讼代理人的，当事人不得委托其作为诉讼代理人。

授权委托书应该记明哪些内容？

委托他人代为诉讼，必须向人民法院提交由委托人签名或者盖章的授权委托书。授权委托书必须记明委托事项和权限。诉讼代理人代为承认、放弃、变更诉讼请求，进行和解，提起反诉或者上诉，必须有委托人的特别授权。侨居在国外的中华人民共和国公民从国外寄交或者托交的授权委托书，必须经中华人民共和国驻该国的使领馆证明；没有使领馆的，由与中华人民共和国有外交关系的第三国驻该国的使领馆证明，再转由中华人民共和国驻该第三国使领馆证明，或者由当地的爱国华侨团体证明。

Q 除授权委托书之外，诉讼代理人还应向法院提交哪些材料？

A 诉讼代理人除根据《中华人民共和国民事诉讼法》第五十九条规定提交授权委托书外，还应当向人民法院提交以下相关材料：1. 律师应当提交律师执业证、律师事务所证明材料；2. 基层法律服务工作者应当提交法律服务工作者执业证、基层法律服务所出具的介绍信，以及当事人一方位于本辖区内的证明材料；3. 当事人的近亲属应当提交身份证件和与委托人有近亲属关系的证明材料；4. 当事人的工作人员应当提交身份证件和与当事人有合法劳动人事关系的证明材料；5. 当事人所在社区、单位推荐的公民应当提交身份证件、推荐材料和当事人属于该社区、单位的证明材料；6. 有关社会团体推荐的公民应当提交身份证件和符合规定条件的证明材料。

Q 简易程序中，当事人可以口头委托诉讼代理人吗？

A 适用简易程序审理的案件，双方当事人同时到庭并进行开庭审理的，可以当场口头委托诉讼代理人，由人民法院记入笔录。

Q 诉讼代理人有哪些权利？

A 代理诉讼的律师和其他诉讼代理人有权调查收集证据，可以查阅本案有关材料。查阅本案有关材料的范围和办法由最高人民法院规定。

Q 有诉讼代理人的离婚案件本人可以不出庭吗？

A 离婚案件有诉讼代理人的，本人除不能表达意思的以外，仍应出庭；确因特殊情况无法出庭的，必须向人民法院提交书面意见。

证 据

Q 民事诉讼法规定的证据有哪些种类？

A 证据包括：1. 当事人的陈述；2. 书证；3. 物证；4. 视听资料；5. 电子数据；6. 证人证言；7. 鉴定意见；8. 勘验笔录。证据必须查证属实，才能作为认定事实的根据。

Q 什么是举证责任？

A 《最高人民法院关于适用〈中华人民共和国民事诉讼法〉的解释》第九十条规定："当事人对自己提出的诉讼请求所依据的事实或者反驳对方诉讼请求所依据的事实，应当提供证据加以证明，但法律另有规定的除外。在作出判决前，当事人未能提供证据或者证据不足以证明其事实主张的，由负有举证证明责任的当事人承担不利的后果。"上述条文即是对行为意义上的举证责任和结果意义上的举证责任的规定。前者就是我们通常所说的"谁主张，谁举证"，而后者则强调一方当事人负担的因事实真伪不明引起的败诉风险。

举证责任如何在当事人之间进行分配？

人民法院应当依照下列原则确定举证证明责任的承担，但法律另有规定的除外：1. 主张法律关系存在的当事人，应当对产生该法律关系的基本事实承担举证证明责任；2. 主张法律关系变更、消灭或者权利受到妨害的当事人，应当对该法律关系变更、消灭或者权利受到妨害的基本事实承担举证证明责任。

自认的事实需要证明吗？

一方当事人在法庭审理中，或者在起诉状、答辩状、代理词等书面材料中，对于己不利的事实明确表示承认的，另一方当事人无须举证证明。

哪些事实的自认没有法律效力？

对于涉及身份关系、国家利益、社会公共利益等应当由人民法院依职权调查的事实，不适用自认的规定。

自认的事实与查明的事实不符会有什么后果？

自认的事实与查明的事实不符的，人民法院不予确认。

哪些事实无须举证证明？

下列事实，当事人无须举证证明：1. 自然规律以及定理、定律；2. 众所周知的事实；3. 根据法律规定推定的事实；4. 根据已知的事实和日常生活经验法则推定出的另一事实；5. 已为人民法院发生法律效力的裁判所确认的事实；6. 已为仲裁机构生效裁决所确认的事实；7. 已为有效公证文书所证明的事实。

上述第 2 项和第 4 项规定的事实，当事人有相反证据足以反驳的除外；第 5 至 7 项规定的事实，当事人有相反证据足以推翻的除外。

Q 法院应当依职权调取的证据有哪些？

A 当事人及其诉讼代理人因客观原因不能自行收集的证据，或者人民法院认为审理案件需要的证据，人民法院应当调查收集。

Q 因客观原因不能自行收集的证据是指哪些证据？

A 当事人及其诉讼代理人因客观原因不能自行收集的证据包括：1. 证据由国家有关部门保存，当事人及其诉讼代理人无权查阅调取的；2. 涉及国家秘密、商业秘密或者个人隐私的；3. 当事人及其诉讼代理人因客观原因不能自行收集的其他证据。当事人及其诉讼代理人因客观原因不能自行收集的证据，可以在举证期限届满前书面申请人民法院调查收集。

Q 法院认为审理案件需要的证据应该怎样理解？

A 人民法院认为审理案件需要的证据包括：1. 涉及可能损害国家利益、社会公共利益的；2. 涉及身份关系的；3. 涉及民事公益诉讼的；4. 当事人有恶意串通损害他人合法权益可能的；5. 涉及依职权追加当事人、中止诉讼、终结诉讼、回避等程序性事项的。除上述规定外，人民法院调查收集证据，应当依照当事人的申请进行。

Q 法院调查收集证据的程序是怎样的？

A 人民法院调查收集证据，应当由两人以上共同进行。调查材料要由调查人、被调查人、记录人签名、捺印或者盖章。

法院如何进行证据审核？

人民法院应当按照法定程序，全面、客观地审核证据，依照法律规定，运用逻辑推理和日常生活经验法则，对证据有无证明力和证明力大小进行判断，并公开判断的理由和结果。

非法证据的判断标准是什么？

对以严重侵害他人合法权益、违反法律禁止性规定或者严重违背公序良俗的方法形成或者获取的证据，不得作为认定案件事实的根据。

调解过程中的自认有何效力？

在诉讼中，当事人为达成调解协议或者和解协议作出妥协而认可的事实，不得在后续的诉讼中作为对其不利的根据，但法律另有规定或者当事人均同意的除外。

法律规定的证明标准是怎样的？

民事诉讼的证明标准是“高度盖然性”标准。对于负有举证证明责任的当事人提供的证据，人民法院经审查并结合相关事实，确信待证事实的存在具有高度可能性的，应当认定该事实存在。对于一方当事人为反驳负有举证证明责任的当事人所主张事实而提供的证据，人民法院经审查并结合相关事实，认为待证事实真伪不明的，应当认定该事实不存在。法律对于待证事实所应达到的证明标准另有规定的，从其规定。

Q 哪些事实的证明标准要严于一般标准？

A 虽然民事诉讼的证明标准是“高度盖然性”标准，但对某些特定事实法律规定了更加严格的“排除合理怀疑”标准。当事人对欺诈、胁迫、恶意串通事实的证明，以及对口头遗嘱或者赠与事实的证明，人民法院确信该待证事实存在的可能性能够排除合理怀疑的，应当认定该事实存在。

Q 当事人接受法庭询问必须签署保证书吗？

A 人民法院认为有必要的，可以要求当事人本人到庭，就案件有关事实接受询问。在询问当事人之前，可以要求其签署保证书。保证书应当载明据实陈述、如有虚假陈述愿意接受处罚等内容。当事人应当在保证书上签名或者捺印。

Q 当事人拒绝签署保证书有什么法律后果？

A 负有举证证明责任的当事人拒绝到庭、拒绝接受询问或者拒绝签署保证书，待证事实又欠缺其他证据证明的，人民法院对其主张的事实不予认定。

Q 当事人提供证据有时间限制吗？

A 有举证期限的限制。所谓举证期限，是指民事诉讼当事人向法院提供证据的期限。当事人必须在规定的期限内提供证据，逾期提供将承担不利的法律后果。人民法院应当在审理前的准备阶段确定当事人的举证期限。举证期限可以由当事人协商，并经人民法院准许。

举证期限一般是多少天？

人民法院确定举证期限，第一审普通程序案件不得少于15日，当事人提供新的证据的第二审案件举证期限不得少于10日。

举证期限届满后还可以再次申请确定举证期限吗？

举证期限届满后，当事人对已经提供的证据，申请提供反驳证据或者对证据来源、形式等方面的瑕疵进行补正的，人民法院可以酌情再次确定举证期限。

当事人如何申请延长举证期限？

当事人申请延长举证期限的，应当在举证期限届满前向人民法院提出书面申请。申请理由成立的，人民法院应当准许，适当延长举证期限，并通知其他当事人。延长的举证期限适用于其他当事人。申请理由不成立的，人民法院不予准许，并通知申请人。

法院对逾期举证如何审查？

当事人逾期提供证据的，人民法院应当责令其说明理由，必要时可以要求其提供相应的证据。拒不说明理由或者理由不成立的，人民法院根据不同情形可以不予采纳该证据，或者采纳该证据但予以训诫、罚款。当事人因客观原因逾期提供证据，或者对方当事人对逾期提供证据未提出异议的，视为未逾期。

Q 当事人逾期举证有何法律后果？

A 当事人因故意或者重大过失逾期提供的证据，人民法院不予采纳。但该证据与案件基本事实有关的，人民法院应当采纳，并依照《中华人民共和国民事诉讼法》第六十五条、第一百一十五条第一款的规定予以训诫、罚款。当事人非因故意或者重大过失逾期提供的证据，人民法院应当采纳，并对当事人予以训诫。当事人一方要求另一方赔偿因逾期提供证据致使其增加的交通、住宿、就餐、误工、证人出庭作证等必要费用的，人民法院可予支持。

故意逾期

【**背景链接：**《中华人民共和国民事诉讼法》（http://www.chinacourt.org/law）第六十五条：当事人对自己提出的主张应当及时提供证据。人民法院根据当事人的主张和案件审理情况，确定当事人应当提供的证据及其期限。当事人在该期限内提供证据确有困难的，可以向人民法院申请延长期限，人民法院根据当事人的申请适当延长。当事人逾期提供证据的，人民法院应当责令其说明理由；拒不说明理由或者理由不成立的，人民法院根据不同情形可以不予采纳该证据，或者采纳该证据但予以训诫、罚款。

第一百一十五条第一款：对个人的罚款金额，为人民币十万元以下。对单位的罚款金额，为人民币五万元以上一百万元以下。】

Q 法院签收当事人提交的证据材料有何手续？

A 人民法院收到当事人提交的证据材料，应当出具收据，写明证据名称、页数、份数、原件或者复印件以及收到时间等，并由经办人员签名或者盖章。

单位出具证明材料有何具体要求？

单位向人民法院提出的证明材料，应当由单位负责人及制作证明材料的人员签名或者盖章，并加盖单位印章。人民法院就单位出具的证明材料，可以向单位及制作证明材料的人员进行调查核实。必要时，可以要求制作证明材料的人员出庭作证。单位及制作证明材料的人员拒绝人民法院调查核实，或者制作证明材料的人员无正当理由拒绝出庭作证的，该证明材料不得作为认定案件事实的根据。

国家机关依职权制作的公文书证效力如何？

国家机关或者其他依法具有社会管理职能的组织，在其职权范围内制作的文书所记载的事项推定为真实，但有相反证据足以推翻的除外。必要时，人民法院可以要求制作文书的机关或者组织对文书的真实性予以说明。

证据必须在法庭上出示吗？

证据应当在法庭上出示，由当事人互相质证。未经当事人质证的证据，不得作为认定案件事实的根据。当事人在审理前的准备阶段认可的证据，经审判人员在庭审中说明后，视为质证过的证据。涉及国家秘密、商业秘密、个人隐私或者法律规定应当保密的证据，不得公开质证。

商业秘密是什么意思？

商业秘密，是指生产工艺、配方、贸易联系、购销渠道等当事人不愿公开的技术秘密、商业情报及信息。

质证是什么含义？

人民法院应当组织当事人围绕证据的真实性、合法性以及与待证事实的关联性进行质证，并针对证据有无证明力和证明力大小进行说明和辩论。能够反映案件真实情况、与待证事实相关联、来源和形式符合法律规定的证据，应当作为认定案件事实的根据。

书证必须提交原件吗？

书证应当提交原件。物证应当提交原物。提交原件或者原物确有困难的，可以提交复制品、照片、副本、节录本。提交外文书证，必须附有中文译本。

提交书证原件确有困难包括哪些情形？

提交书证原件确有困难，包括下列情形：1. 书证原件遗失、灭失或者毁损的；2. 原件在对方当事人控制之下，经合法通知提交而拒不提交的；3. 原件在他人控制之下，而其有权不提交的；4. 原件因篇幅或者体积过大而不便提交的；5. 承担举证证明责任的当事人通过申请人民法院调查收集或者其他方式无法获得书证原件的。以上情形，人民法院应当结合其他证据和案件具体情况，审查判断书证复制品等能否作为认定案件事实的根据。

当事人可以申请法院调取对方持有的书证吗？

书证在对方当事人控制之下的，承担举证证明责任的当事人可以在举证期限届满前书面申请人民法院责令对方当事人提交。申请理由成立的，人民法院应当责令对方当事人提交，因提交书证所产生的费用，由申请人负担。

Q 持有书证的当事人无正当理由拒不提交有何法律后果?

A 对方当事人无正当理由拒不提交的，人民法院可以认定申请人所主张的书证内容为真实。

Q 持有书证的当事人毁灭有关书证有何法律后果?

A 持有书证的当事人以妨碍对方当事人使用为目的，毁灭有关书证或者实施其他致使书证不能使用行为的，人民法院可以对其处以罚款、拘留。

Q 视听资料包括哪些?

A 视听资料是指利用录音、录像等技术手段反映的声音、图像以及电子计算机储存的数据证明案件事实的证据。视听资料包括录音资料和影像资料。

Q 什么是电子数据?

A 电子数据是指通过电子邮件、电子数据交换、网上聊天记录、博客、微博客、手机短信、电子签名、域名等形成或者存储在电子介质中的信息。存储在电子介质中的录音资料和影像资料，适用电子数据的规定。

Q 证人必须出庭作证吗？

A 凡是知道案件情况的单位和个人，都有义务出庭作证。有关单位的负责人应当支持证人作证。

Q 未成年人可以作证吗？

A 可以。是否能正确表达意思是判断证人资格的核心标准。民事行为能力有欠缺的人能否作为证人，取决于是否具有辨别是非的能力、正确表达的能力和对事实的感知、记忆能力。因此，待证事实与其年龄、智力状况、精神健康状况相适应的无民事行为能力人和限制行为能力人，同样可以作为证人。

Q 证人可以通过远程视频方式作证吗？

A 经人民法院通知，证人应当出庭作证。有下列情形之一的，经人民法院许可，可以通过书面证言、视听传输技术或者视听资料等方式作证：1. 因健康原因不能出庭的；2. 因路途遥远，交通不便不能出庭的；3. 因自然灾害等不可抗力不能出庭的；4. 其他有正当理由不能出庭的。

申请证人出庭作证有时间要求吗？

当事人申请证人出庭作证的，应当在举证期限届满前提出。属于人民法院依职权调查取证事项的，人民法院可以依职权通知证人出庭作证。未经人民法院通知，证人不得出庭作证，但双方当事人同意并经人民法院准许的除外。

证人出庭作证需要签署保证书吗？

人民法院在证人出庭作证前应当告知其如实作证的义务以及作伪证的法律后果，并责令其签署保证书，但无民事行为能力人和限制民事行为能力人除外。证人签署保证书适用当事人签署保证书的规定。

证人拒绝签署保证书有何法律后果？

证人拒绝签署保证书的，不得作证，并自行承担相关费用。

证人出庭作证的费用由谁承担？

证人因履行出庭作证义务而支出的交通、住宿、就餐等必要费用以及误工损失，由败诉一方当事人负担。当事人申请证人作证的，由该当事人先行垫付；当事人没有申请，人民法院通知证人作证的，由人民法院先行垫付。

Q 证人费用按照什么标准计算？

A 证人因履行出庭作证义务而支出的交通、住宿、就餐等必要费用，按照机关事业单位工作人员差旅费用和补贴标准计算；误工损失按照国家上年度职工日平均工资标准计算。人民法院准许证人出庭作证申请的，应当通知申请人预缴证人出庭作证费用。

Q 当事人申请鉴定有时间要求吗？

A 当事人申请鉴定，可以在举证期限届满前提出。申请鉴定的事项与待证事实无关联，或者对证明待证事实无意义的，人民法院不予准许。

Q 鉴定人必须由双方当事人协商确定吗？

A 人民法院准许当事人鉴定申请的，应当组织双方当事人协商确定具备相应资格的鉴定人。当事人协商不成的，由人民法院指定。

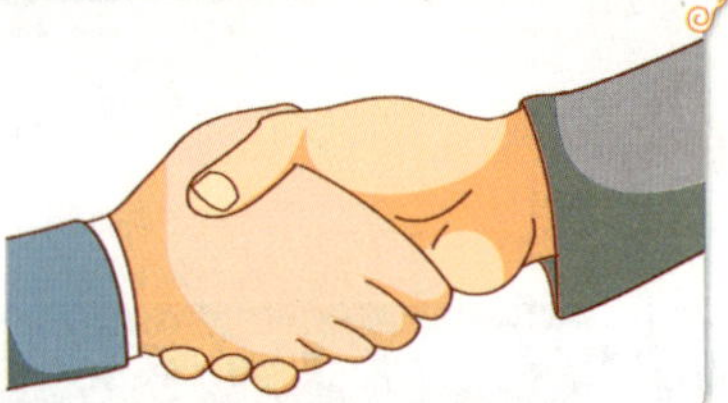

Q 法院依职权委托鉴定需不需要征求当事人意见？

A 符合依职权调查收集证据条件的，人民法院应当依职权委托鉴定，在询问当事人的意见后，指定具备相应资格的鉴定人。

Q 鉴定人在鉴定中有何权利和义务？

A 鉴定人有权了解进行鉴定所需要的案件材料，必要时可以询问当事人、证人。鉴定人应当提出书面鉴定意见，在鉴定书上签名或者盖章。

Q 当事人对鉴定意见有异议可以申请鉴定人出庭作证吗？

A 当事人对鉴定意见有异议或者人民法院认为鉴定人有必要出庭的，鉴定人应当出庭作证。经人民法院通知，鉴定人拒不出庭作证的，鉴定意见不得作为认定事实的根据；支付鉴定费用的当事人可以要求返还鉴定费用。

Q 什么是专家辅助人？

A 《中华人民共和国民事诉讼法》第七十九条规定："当事人可以申请人民法院通知有专门知识的人出庭，就鉴定人作出的鉴定意见或者专业问题提出意见。"上述"有专门知识的人"就是专家辅助人，是指在科学、技术以及其他专业知识方面具有特殊的专门知识或经验，根据当事人的申请并经人民法院通知，出庭就鉴定人作出的鉴定意见或者案件事实所涉及的专业问题进行说明或者发表专业意见的人。

【背景链接：2014 年 10 月 16 日，最高人民法院对奇虎公司诉腾讯公司垄断上诉案作出终审裁判，驳回奇虎公司全部上诉请求，认定腾讯公司未滥用市场支配地位。在该案此前开庭审理过程中，奇虎公司聘请的余妍、大卫·斯塔利布拉斯（David Stallibrass）作为专家辅助人出庭就该案相关问题发表了意见，腾讯公司聘请的姜奇平、吴韬作为专家辅助人出庭就该案相关问题发表了意见。**】**

Q 申请专家辅助人出庭有时间要求吗？

A 当事人可以在举证期限届满前申请 1 ～ 2 名具有专门知识的人出庭，代表当事人对鉴定意见进行质证，或者对案件事实所涉及的专业问题提出意见。具有专门知识的人在法庭上就专业问题提出的意见，视为当事人的陈述。

Q 专家辅助人出庭费用如何负担？

A 人民法院准许当事人申请专家辅助人出庭的，相关费用由提出申请的当事人负担。

Q 专家辅助人可以全程参加审理活动吗？

A 具有专门知识的人不得参与专业问题之外的法庭审理活动。人民法院可以对出庭的具有专门知识的人进行询问。经法庭准许，当事人可以对出庭的具有专门知识的人进行询问，当事人各自申请的具有专门知识的人可以就案件中的有关问题进行对质。

Q 勘验时当事人必须到场吗？

A 勘验物证或者现场，勘验人必须出示人民法院的证件，并邀请当地基层组织或者当事人所在单位派人参加。当事人或者当事人的成年家属应当到场，拒不到场的，不影响勘验的进行。

Q 勘验笔录需要当事人签名吗？

A 勘验人应当将勘验情况和结果制作笔录，由勘验人、当事人和被邀参加人签名或者盖章。

Q 鉴定人可以参与勘验吗？

A 人民法院可以要求鉴定人参与勘验。必要时，可以要求鉴定人在勘验中进行鉴定。

当事人如何申请证据保全？

在证据可能灭失或者以后难以取得的情况下，当事人可以在诉讼过程中向人民法院申请保全证据，人民法院也可以主动采取保全措施。

提起诉讼之前可以申请证据保全吗？

因情况紧急，在证据可能灭失或者以后难以取得的情况下，利害关系人可以在提起诉讼或者申请仲裁前向证据所在地、被申请人住所地或者对案件有管辖权的人民法院申请保全证据。

申请证据保全何时提出？

当事人申请证据保全的，可以在举证期限届满前书面提出。

申请证据保全要不要提供担保？

证据保全可能对他人造成损失的，人民法院应当责令申请人提供相应的担保。

期间和送达

Q 什么是期间？

A 民事诉讼中的期间，是指法院、当事人和其他诉讼参与人实施诉讼行为依法应当遵守的期限。

Q 期间应当如何计算？

A 期间以时、日、月、年计算。民事诉讼中以时起算的期间从次时起算；以日、月、年计算的期间从次日起算。期间届满的最后一日是节假日的，以节假日后的第一日为期间届满的日期。期间不包括在途时间，诉讼文书在期满前交邮的，不算过期。

Q 法律规定申请再审的六个月时限可以延长吗？

A 不可以。按照《最高人民法院关于适用〈中华人民共和国民事诉讼法〉的解释》的规定，以下8种期间为不变期间，不适用诉讼时效中止、中断、延长的规定：

1. 提起第三人撤销之诉的六个月时限。

2. 当事人申请再审的六个月时限。

3. 利害关系人对人民法院作出的确认调解协议、准许实现担保物权的裁定提出异议的六个月时限。

4. 当事人对生效调解书申请再审的六个月时限。

5. 人民法院准许撤回再审申请或者按撤回再审申请处理后，再审申请人在四种情形下再次申请再审的六个月时限：（1）有新的证据，足以推翻原判决、裁定的；（2）原判决、裁定认定事实的主要证据是伪造的；（3）据以作出原判决、裁定的法律文书被撤销或者变更的；（4）审判人员审理该案件时有贪污受贿、徇私舞弊、枉法裁判行为的。

6. 必须共同进行诉讼的当事人因不能归责于本人或者其诉讼代理人的事由未参加诉讼的申请再审的六个月时限。

7. 案外人对驳回其执行异议的裁定不服，认为原判决、裁定、调解书内容错误损害其民事权益，自执行异议裁定送达之日起六个月的申请再审时限。

8. 公示催告程序中的利害关系人因正当理由不能在判决前向人民法院申报的，自知道或者应当知道判决公告之日起一年的起诉时限。

申请再审的审查时限是多长时间？

对于申请再审案件，人民法院应当自受理之日起3个月内审查完毕，但公告期间、当事人和解期间等不计入审查期限。有特殊情况需要延长的，由本院院长批准。

期间耽误了如何进行补救？

当事人因不可抗拒的事由或者其他正当理由耽误期限的，在障碍消除后的10日内，可以申请顺延期限，是否准许，由人民法院决定。

Q 送达日期如何确定？

A 送达诉讼文书必须有送达回证，由受送达人在送达回证上记明收到日期，签名或者盖章。受送达人在送达回证上的签收日期为送达日期。

Q 法律规定的送达方式有哪些种类？

A 民事诉讼法规定了直接送达、留置送达、委托送达、电子送达、邮寄送达、转交送达和公告送达7种方式。

Q 受送达人不在应当由谁签收诉讼文书？

A 送达诉讼文书，应当直接送交受送达人。受送达人是公民的，本人不在交他的同住成年家属签收；受送达人有诉讼代理人的，可以送交其代理人签收；受送达人已向人民法院指定代收人的，送交代收人签收。受送达人的同住成年家属，法人或者其他组织的负责收件的人，诉讼代理人或者代收人在送达回证上签收的日期为送达日期。

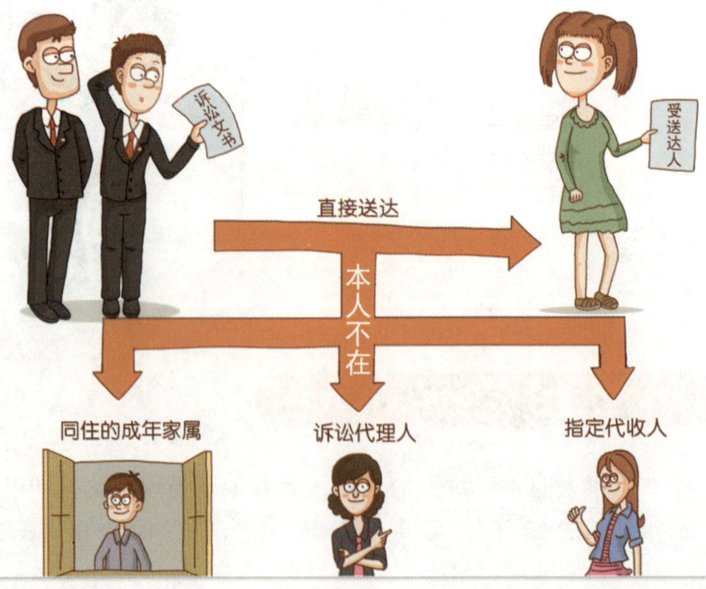

向法人或者其他组织送达诉讼文书，哪些人可以签收？

向法人或者其他组织送达诉讼文书，应当由法人的法定代表人、该组织的主要负责人或者办公室、收发室、值班室等负责收件的人签收或者盖章，拒绝签收或者盖章的，适用留置送达。

法院可以通知当事人到法院领取诉讼文书吗？

人民法院直接送达诉讼文书的，可以通知当事人到人民法院领取。当事人到达人民法院，拒绝签署送达回证的，视为送达。审判人员、书记员应当在送达回证上注明送达情况并签名。

在当事人住所地外送达诉讼文书有效吗？

人民法院可以在当事人住所地以外向当事人直接送达诉讼文书。当事人拒绝签署送达回证的，采用拍照、录像等方式记录送达过程即视为送达。审判人员、书记员应当在送达回证上注明送达情况并签名。

宣判时当事人拒收裁判文书怎么办？

人民法院在定期宣判时，当事人拒不签收判决书、裁定书的，应视为送达，并在宣判笔录中记明。

Q 受送达人拒收诉讼文书的如何送达？

A 受送达人或者他的同住成年家属拒绝接收诉讼文书的，送达人可以邀请有关基层组织或者所在单位的代表到场，说明情况，在送达回证上记明拒收事由和日期，由送达人、见证人签名或者盖章，把诉讼文书留在受送达人的住所；也可以把诉讼文书留在受送达人的住所，并采用拍照、录像等方式记录送达过程，即视为送达。

Q 留置送达中的见证人都包括哪些人？

A 法律规定的有关基层组织和所在单位的代表，可以是受送达人住所地的居民委员会、村民委员会的工作人员以及受送达人所在单位的工作人员。

Q 诉讼代理人适用留置送达吗？

A 受送达人有诉讼代理人的，人民法院既可以向受送达人送达，也可以向其诉讼代理人送达。受送达人指定诉讼代理人为代收人的，向诉讼代理人送达时，适用留置送达。

Q 调解书适用留置送达吗？

A 调解书应当直接送达当事人本人，不适用留置送达。当事人本人因故不能签收的，可由其指定的代收人签收。

Q 能否使用微信送达诉讼文书？

A 经受送达人同意，多数诉讼文书可以通过微信等电子方式送达。按照民事诉讼法规定，法院经受送达人同意后，可以采用传真、电子邮件、移动通信等即时收悉的特定系统作为送达媒介送达诉讼文书，但判决书、裁定书、调解书除外。受送达人同意采用电子方式送达的，应当在送达地址确认书中予以确认。

Q 电子送达如何确定送达日期？

A 采用电子方式送达的，以传真、电子邮件等到达受送达人特定系统的日期为送达日期。所谓到达受送达人特定系统的日期，就是人民法院对应系统显示发送成功的日期，但受送达人证明到达其特定系统的日期与人民法院对应系统显示发送成功的日期不一致的，以受送达人证明到达其特定系统的日期为准。

Q 可以委托其他法院代为送达吗？

A 直接送达诉讼文书有困难的，可以委托其他人民法院代为送达，或者邮寄送达。

Q 委托送达的送达日期如何确定？

A 委托其他人民法院代为送达的，委托法院应当出具委托函，并附需要送达的诉讼文书和送达回证，以受送达人在送达回证上签收的日期为送达日期。

Q 受委托法院应该在多长时间内代为送达？

A 委托送达的，受委托人民法院应当自收到委托函及相关诉讼文书之日起 10 日内代为送达。

Q 什么情况下可以邮寄送达？

A 受诉法院在直接送达诉讼文书有困难时，可以通过邮局以特定方式将诉讼文书送交受送达人签收。

Q 邮寄送达的送达日期如何确定？

A 邮寄送达的，以回执上注明的收件日期为送达日期。

Q 什么情形下可以转交送达？

A 根据民事诉讼法的规定，以下 3 种情况适用转交送达：1. 受送达人是军人的，通过其所在部队团以上单位的政治机关转交；2. 受送达人被监禁的，通过其所在监所转交；3. 受送达人被采取强制性教育措施的，通过其所在强制性教育机构转交。

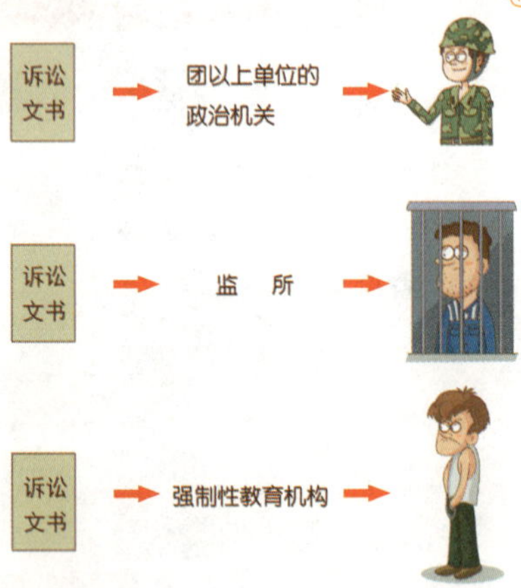

Q 转交送达的送达日期如何确定？

A 代为转交的机关、单位收到诉讼文书后，必须立即交受送达人签收，以在送达回证上的签收日期为送达日期。

Q 什么情况下可以公告送达？

A 受送达人下落不明，或者用法律规定的其他6种送达方式无法送达的，可以公告送达。自发出公告之日起，经过60日，即视为送达。

Q 公告送达对公告刊载有何要求？

A 公告送达可以在法院的公告栏和受送达人住所地张贴公告，也可以在报纸、信息网络等媒体上刊登公告，发出公告日期以最后张贴或者刊登的日期为准。对公告送达方式有特殊要求的，应当按要求的方式进行。公告期满，即视为送达。人民法院在受送达人住所地张贴公告的，应当采取拍照、录像等方式记录张贴过程。

Q 公告送达对公告内容有何要求？

A 1. 公告送达应当说明公告送达的原因；2. 公告送达起诉状或者上诉状副本的，应当说明起诉或者上诉要点，受送达人答辩期限及逾期不答辩的法律后果；3. 公告送达传票，应当说明出庭的时间和地点及逾期不出庭的法律后果；4. 公告送达判决书、裁定书的，应当说明裁判主要内容，当事人有权上诉的，还应当说明上诉权利、上诉期限和上诉的人民法院。

Q 简易程序适用公告送达吗？

A 适用简易程序的案件，不适用公告送达。

调 解

Q 法院依据什么原则进行调解？

A 人民法院审理民事案件，应当根据自愿、合法的原则进行调解。当事人一方或者双方坚持不愿调解的，应当及时裁判。

Q 什么情形下可以径行调解？

A 人民法院受理案件后，经审查，认为法律关系明确、事实清楚，在征得当事人双方同意后，可以径行调解。

Q 哪些案件不能调解？

A 适用特别程序、督促程序、公示催告程序的案件，婚姻等身份关系确认案件，以及其他根据案件性质不能进行调解的案件，不得调解。

Q 法院调解时必须组成合议庭吗？

A 人民法院进行调解，可以由审判员一人主持，也可以由合议庭主持，并尽可能就地进行。

Q 法院进行调解时可以短信通知当事人到庭吗？

A 可以。按照民事诉讼法相关规定，人民法院进行调解，可以用简便方式通知当事人、证人到庭。

Q 法院调解过程可以公开吗？

A 人民法院审理民事案件，调解过程不公开，但当事人同意公开的除外。调解协议内容不公开，但为保护国家利益、社会公共利益、他人合法权益，人民法院认为确有必要公开的除外。主持调解以及参与调解的人员，对调解过程以及调解过程中获悉的国家秘密、商业秘密、个人隐私和其他不宜公开的信息，应当保守秘密，但为保护国家利益、社会公共利益、他人合法权益的除外。

Q 当事人可以委托代理人参加调解吗？

A 人民法院调解案件时，当事人不能出庭的，经其特别授权，可由其委托代理人参加调解，达成的调解协议，可由委托代理人签名。离婚案件当事人确因特殊情况无法出庭参加调解的，除本人不能表达意志的以外，应当出具书面意见。

Q 法院可以委托有关单位进行调解吗？

A 可以。经双方当事人同意，或者人民法院认为确有必要，人民法院可以在立案后将民事案件委托行政机关、人民调解组织、商事调解组织、行业调解组织或者其他具有调解职能的组织协助进行调解。当事人可以协商选定有关机关或者组织，也可商请人民法院确定。

委托调解结束后如何处理？

委托调解结束后，有关机关或者组织应当将调解结果告知人民法院。达成调解协议的，当事人可以申请撤诉、申请司法确认，或者由人民法院经过审查后制作调解书。调解不成的，人民法院应当及时审判。

可以邀请有关单位和个人协助法院调解吗？

可以。对于已经立案的民事案件，人民法院可以按照有关规定邀请符合条件的单位和个人与审判组织共同进行调解。被邀请的单位和个人，应当协助人民法院进行调解。

协助法院调解必须在法庭进行吗？

有关单位和个人协助法院调解应当在人民法院的法庭或者其他办公场所进行，经当事人同意也可以在法院以外的场所进行。

协助法院调解达成调解协议后应当如何处理？

达成调解协议的，可以允许当事人撤诉，或者由人民法院经过审查后制作调解书。调解不成的，人民法院应当及时审判。

对当事人之间虚假和解的如何进行法律制裁？

人民法院审理民事案件，发现当事人之间恶意串通，企图通过和解、调解方式侵害他人合法权益的，应当依照《中华人民共和国民事诉讼法》第一百一十二条的规定处理。

【背景链接：《中华人民共和国民事诉讼法》（http://www.chinacourt.org/law）第一百一十二条：当事人之间恶意串通，企图通过诉讼、调解等方式侵害他人合法权益的，人民法院应当驳回其请求，并根据情节轻重予以罚款、拘留；构成犯罪的，依法追究刑事责任。**】**

Q 调解书包括哪些内容？

A 调解达成协议，人民法院应当制作调解书。调解书应当写明诉讼请求、案件的事实和调解结果。调解书由审判人员、书记员署名，加盖人民法院印章，送达双方当事人。

Q 调解书何时发生法律效力？

A 调解书经双方当事人签收后，即具有法律效力。调解书需经当事人签收后才发生法律效力的，应当以最后收到调解书的当事人签收的日期为调解书生效日期。调解未达成协议或者调解书送达前一方反悔的，人民法院应当及时判决。

Q 哪些案件可以不制作调解书？

A 下列案件调解达成协议，人民法院可以不制作调解书：1. 调解和好的离婚案件；2. 调解维持收养关系的案件；3. 能够即时履行的案件；4. 其他不需要制作调解书的案件。对不需要制作调解书的协议，应当记入笔录，由双方当事人、审判人员、书记员签名或者盖章后，即具有法律效力。

Q 当事人可以约定在调解协议上签名即发生法律效力吗？

A 可以。当事人各方同意在调解协议上签名或者盖章后即发生法律效力的，经人民法院审查确认后，应当记入笔录或者将调解协议附卷，并由当事人、审判人员、书记员签名或者盖章后即具有法律效力。在这种情形下，当事人请求制作调解书的，人民法院审查确认后可以制作调解书送交当事人。当事人拒收调解书的，不影响调解协议的效力。

Q 调解达成协议后可以根据协议内容制作判决书吗？

A 当事人自行和解或者调解达成协议后，请求人民法院按照和解协议或者调解协议的内容制作判决书的，人民法院不予准许。

Q 哪一种离婚案件可以根据调解协议内容制作判决书？

A 无民事行为能力人的离婚案件，由其法定代理人进行诉讼。法定代理人与对方达成协议要求发给判决书的，可根据协议内容制作判决书。

Q 涉外民事诉讼可以根据调解协议内容制作判决书吗？

A 涉外民事诉讼中，经调解双方达成协议，应当制发调解书。当事人要求发给判决书的，可以依协议的内容制作判决书送达当事人。

Q 调解书需由第三人承担责任的应否经其同意？

A 人民法院调解民事案件，需由无独立请求权的第三人承担责任的，应当经其同意。该第三人在调解书送达前反悔的，人民法院应当及时裁判。

保全和先予执行

Q 当事人如何申请诉讼保全？

A 人民法院对于可能因当事人一方的行为或者其他原因，使判决难以执行或者造成当事人其他损害的案件，根据对方当事人的申请，可以裁定对其财产进行保全、责令其作出一定行为或者禁止其作出一定行为；当事人没有提出申请的，人民法院在必要时也可以裁定采取保全措施。

Q 申请诉讼保全需要提供担保吗？

A 人民法院采取保全措施，可以责令申请人提供担保，申请人不提供担保的，裁定驳回申请。在诉讼中，人民法院依申请或者依职权采取保全措施的，应当根据案件的具体情况，决定当事人是否应当提供担保以及担保的数额。

Q 作出保全裁定的时间有要求吗？

A 人民法院接受申请后，对情况紧急的，必须在48小时内作出裁定；裁定采取保全措施的，应当立即开始执行。

Q 上诉过程中对方当事人可能转移财产的，应当向哪个法院申请采取保全措施？

A 对当事人不服一审判决提起上诉的案件，在第二审人民法院接到报送的案件之前，当事人有转移、隐匿、出卖或者毁损财产等行为，必须采取保全措施的，由第一审人民法院依当事人申请或者依职权采取。第一审人民法院的保全裁定，应当及时报送第二审人民法院。

Q 二审法院作出的保全裁定一定要委托一审法院实施吗？

A 第二审人民法院裁定对第一审人民法院采取的保全措施予以续保或者采取新的保全措施的，可以自行实施，也可以委托第一审人民法院实施。

Q 再审法院作出的保全裁定可以委托原审法院实施吗？

A 再审人民法院裁定对原保全措施予以续保或者采取新的保全措施的，可以自行实施，也可以委托原审人民法院或者执行法院实施。

Q 法律文书生效后，进入执行程序前，债权人可以申请保全吗？

A 法律文书生效后，进入执行程序前，债权人因对方当事人转移财产等紧急情况，不申请保全将可能导致生效法律文书不能执行或者难以执行的，可以向执行法院申请采取保全措施。债权人在法律文书指定的履行期间届满后5日内不申请执行的，人民法院应当解除保全。

Q 诉讼中保全裁定的效力可以延续到执行程序中吗？

A 保全裁定未经人民法院依法撤销或者解除，进入执行程序后，自动转为执行中的查封、扣押、冻结措施，期限连续计算，执行法院无须重新制作裁定书，但查封、扣押、冻结期限届满的除外。

Q 诉前可以申请保全吗？

A 利害关系人因情况紧急，不立即申请保全将会使其合法权益受到难以弥补的损害的，可以在提起诉讼或者申请仲裁前向被保全财产所在地、被申请人住所地或者对案件有管辖权的人民法院申请采取保全措施。

Q 诉前财产保全必须提供担保吗？

A 申请人应当提供担保，不提供担保的，法院裁定驳回申请。利害关系人申请诉前保全的，应当提供担保。申请诉前财产保全的，应当提供相当于请求保全数额的担保；情况特殊的，人民法院可以酌情处理。申请诉前行为保全的，担保的数额由人民法院根据案件的具体情况决定。

Q 诉前财产保全裁定应在多长时间内作出？

A 人民法院接受申请后，必须在48小时内作出裁定；裁定采取保全措施的，应当立即开始执行。

Q 采取保全措施后申请人应在多长时间内起诉？

A 申请人在人民法院采取保全措施后30日内不依法提起诉讼或者申请仲裁的，人民法院应当解除保全。

Q 诉前保全法院和案件受理法院不一致怎么办？

A 当事人向采取诉前保全措施以外的其他有管辖权的人民法院起诉的，采取诉前保全措施的人民法院应当将保全手续移送受理案件的人民法院。诉前保全的裁定视为受移送人民法院作出的裁定。

诉讼保全的范围是什么？

保全限于请求的范围，或者与本案有关的财物。

对不宜长期保存的物品如何采取保全措施？

人民法院对季节性商品、鲜活、易腐烂变质以及其他不宜长期保存的物品采取保全措施时，可以责令当事人及时处理，由人民法院保存价款；必要时，人民法院可予以变卖，保存价款。

法院对担保物可以采取保全措施吗？

人民法院对抵押物、质押物、留置物可以采取财产保全措施，但不影响抵押权人、质权人、留置权人的优先受偿权。

法院对债务人到期应得收益可以采取保全措施吗？

人民法院对债务人到期应得的收益，可以采取财产保全措施，限制其支取，通知有关单位协助执行。

对债务人的到期债权如何采取保全措施？

债务人的财产不能满足保全请求，但对他人有到期债权的，人民法院可以依债权人的申请裁定该他人不得对本案债务人清偿。该他人要求偿付的，由人民法院提存财物或者价款。

法院对申请保全人提供的担保财产如何处理？

对申请保全人或者他人提供的担保财产，人民法院应当依法办理查封、扣押、冻结等手续。

Q 谁有权解除保全措施？

A 人民法院裁定采取保全措施后，除作出保全裁定的人民法院自行解除或者其上级人民法院决定解除外，在保全期限内，任何单位不得解除保全措施。

Q 法院进行财产保全有哪些方法？

A 财产保全采取查封、扣押、冻结或者法律规定的其他方法。人民法院保全财产后，应当立即通知被保全财产的人。财产已被查封、冻结的，不得重复查封、冻结。

Q 被保全财产应该由谁保管？

A 人民法院在财产保全中采取查封、扣押、冻结财产措施时，应当妥善保管被查封、扣押、冻结的财产。不宜由人民法院保管的，人民法院可以指定被保全人负责保管；不宜由被保全人保管的，可以委托他人或者申请保全人保管。

Q 担保财产被保全后一般由谁保管？

A 查封、扣押、冻结担保物权人占有的担保财产，一般由担保物权人保管；由人民法院保管的，质权、留置权不因采取保全措施而消灭。

Q 法院指定被保全人保管的财产还可以使用吗？

A 由人民法院指定被保全人保管的财产，如果继续使用对该财产的价值无重大影响，可以允许被保全人继续使用；由人民法院保管或者委托他人、申请保全人保管的财产，人民法院和其他保管人不得使用。

Q 被申请人提供担保后可以解除保全吗？

A 财产纠纷案件中，被申请人提供担保的，人民法院应当裁定解除保全。

Q 被保全人提供等值担保财产的可以变更保全标的物吗？

A 财产保全的被保全人提供其他等值担保财产且有利于执行的，人民法院可以裁定变更保全标的物为被保全人提供的担保财产。

Q 申请保全错误的应当如何处理？

A 申请有错误的，申请人应当赔偿被申请人因保全所遭受的损失。

Q 哪些情形法院应当作出解除保全裁定？

A 裁定采取保全措施后，有下列情形之一的，人民法院应当作出解除保全裁定：1. 保全错误的；2. 申请人撤回保全申请的；3. 申请人的起诉或者诉讼请求被生效裁判驳回的；4. 人民法院认为应当解除保全的其他情形。解除以登记方式实施的保全措施的，应当向登记机关发出协助执行通知书。

Q 哪些案件可以申请先予执行？

A 人民法院对下列案件，根据当事人的申请，可以裁定先予执行：1. 追索赡养费、扶养费、抚育费、抚恤金、医疗费用的；2. 追索劳动报酬的；3. 因情况紧急需要先予执行的。

Q 先予执行措施应在何时实施？

A 人民法院应当在受理案件后终审判决作出前采取。

Q 先予执行的范围是什么？

A 先予执行应当限于当事人诉讼请求的范围，并以当事人的生活、生产经营的急需为限。

Q “因情况紧急需要先予执行”包括哪些情形？

A “情况紧急”包括以下 5 种情形：1. 需要立即停止侵害、排除妨碍的；2. 需要立即制止某项行为的；3. 追索恢复生产、经营急需的保险理赔费的；4.需要立即返还社会保险金、社会救助资金的；5. 不立即返还款项，将严重影响权利人生活和生产经营的。

Q 先予执行的适用条件是什么？

A 人民法院裁定先予执行的，应当符合以下条件：1. 当事人之间权利义务关系明确，不先予执行将严重影响申请人的生活或者生产经营的；2. 被申请人有履行能力。人民法院可以责令申请人提供担保，申请人不提供担保的，驳回申请。申请人败诉的，应当赔偿被申请人因先予执行遭受的财产损失。

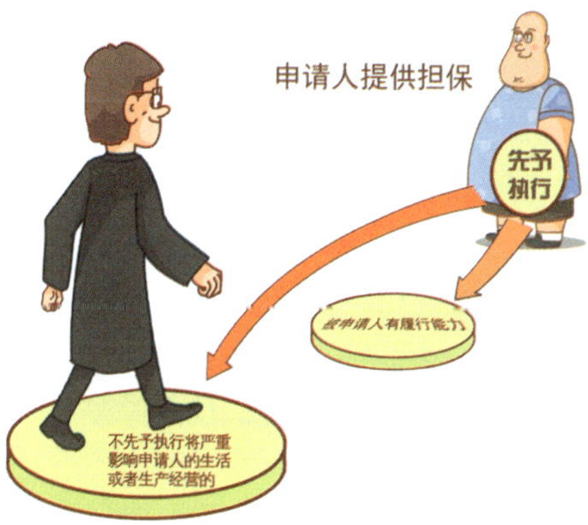

Q 当事人对保全或者先予执行裁定不服有何救济手段？

A 当事人对保全或者先予执行裁定不服的，可以自收到裁定书之日起 5 日内向作出裁定的人民法院申请复议。复议期间不停止裁定的执行。人民法院应当在收到复议申请后 10 日内审查。裁定正确的，驳回当事人的申请；裁定不当的，变更或者撤销原裁定。利害关系人对保全或者先予执行的裁定不服申请复议的，参照上述程序处理。

Q 先予执行后需要返还的应当如何处理？

A 人民法院先予执行后，根据发生法律效力的判决，申请人应当返还因先予执行所取得的利益的，适用民事诉讼法关于执行回转的规定。

对妨害民事诉讼的强制措施

Q 何种情形下法院可以拘传被告？

A 人民法院对必须到庭的被告，经两次传票传唤，无正当理由拒不到庭的，可以拘传。

Q 哪些被告必须到庭？

A 必须到庭的被告，是指负有赡养、抚育、扶养义务和不到庭就无法查清案情的被告。人民法院对必须到庭才能查清案件基本事实的原告，经两次传票传唤，无正当理由拒不到庭的，可以拘传。

Q 拘传的程序是怎样的？

A 拘传必须用拘传票，并直接送达被拘传人；在拘传前，应当向被拘传人说明拒不到庭的后果，经批评教育仍拒不到庭的，可以拘传其到庭。

Q 对妨害法庭秩序的人可以采取哪些强制措施？

A 诉讼参与人和其他人应当遵守法庭规则。人民法院对违反法庭规则的人，可以予以训诫，责令退出法庭或者予以罚款、拘留。人民法院对哄闹、冲击法庭，侮辱、诽谤、威胁、殴打审判人员，严重扰乱法庭秩序的人，依法追究刑事责任；情节较轻的，予以罚款、拘留。

Q 未经允许在法庭上录音录像的如何处理？

A 诉讼参与人或者其他人有下列行为之一的，人民法院可以予以训诫，采取责令退出法庭、罚款、拘留等强制措施；构成犯罪的，依法追究刑事责任：1. 未经准许进行录音、录像、摄影的；2. 未经准许以移动通信等方式现场传播审判活动的；3. 其他扰乱法庭秩序，妨害审判活动进行的。有以上情形的，人民法院可以暂扣诉讼参与人或者其他人进行录音、录像、摄影、传播审判活动的器材，并责令其删除有关内容；拒不删除的，人民法院可以采取必要手段强制删除。

Q 训诫和责令退出法庭由谁决定？

A 训诫、责令退出法庭由合议庭或者独任审判员决定。训诫的内容、被责令退出法庭者的违法事实应当记入庭审笔录。

Q 对妨碍法庭审理的行为可以采取哪些强制措施？

A 诉讼参与人或者其他人有下列行为之一的，人民法院可以根据情节轻重予以罚款、拘留；构成犯罪的，依法追究刑事责任：1. 伪造、毁灭重要证据，妨碍人民法院审理案件的；2. 以暴力、威胁、贿买方法阻止证人作证或者指使、贿买、胁迫他人作伪证的；3. 隐藏、转移、变卖、毁损已被查封、扣押的财产，或者已被清点并责令其保管的财产，转移已被冻结的财产的；4. 对司法工作人员、诉讼参加人、证人、翻译人员、鉴定人、勘验人、协助执行的人，进行侮辱、诽谤、诬陷、殴打或者打击报复的；5. 以暴力、威胁或者其他方法阻碍司法工作人员执行职务的；6. 拒不履行人民法院已经发生法律效力的判决、裁定的。人民法院对有以上情形的行为之一的单位，可以对其主要负责人或者直接责任人员予以罚款、拘留；构成犯罪的，依法追究刑事责任。

Q 哪些行为属于以暴力威胁或者其他方法阻碍司法工作人员执行职务的行为？

A 以暴力、威胁或者其他方法阻碍司法工作人员执行职务的行为，包括：1. 在人民法院哄闹、滞留，不听从司法工作人员劝阻的；2. 故意毁损、抢夺人民法院法律文书、查封标志的；3. 哄闹、冲击执行公务现场，围困、扣押执行或者协助执行公务人员的；4. 毁损、抢夺、扣留案件材料、执行公务车辆、其他执行公务器械、执行公务人员服装和执行公务证件的；5. 以暴力、威胁或者其他方法阻碍司法工作人员查询、查封、扣押、冻结、划拨、拍卖、变卖财产的；6. 以暴力、威胁或者其他方法阻碍司法工作人员执行职务的其他行为。

Q 哪些行为属于拒不履行法院已经发生法律效力的判决、裁定的行为？

A 拒不履行人民法院已经发生法律效力的判决、裁定的行为，包括：1. 在法律文书发生法律效力后隐藏、转移、变卖、毁损财产或者无偿转让财产、以明显不合理的价格交易财产、放弃到期债权、无偿为他人提供担保等，致使人民法院无法执行的；2. 隐藏、转移、毁损或者未经人民法院允许处分已向人民法院提供担保的财产的；3. 违反人民法院限制高消费令进行消费的；4. 有履行能力而拒不按照人民法院执行通知履行生效法律文书确定的义务的；5. 有义务协助执行的个人接到人民法院协助执行通知书后，拒不协助执行的；6. 在执行中，被执行人隐匿财产、会计账簿等资料的；7. 被执行人不履行法律文书指定的行为，且该项行为只能由被执行人完成的。

Q 对虚假诉讼有何制裁手段？

A 当事人之间恶意串通，企图通过诉讼、调解等方式侵害他人合法权益的，人民法院应当驳回其请求，并根据情节轻重予以罚款、拘留；构成犯罪的，依法追究刑事责任。

Q 如何惩处恶意串通逃避执行行为？

A 被执行人与他人恶意串通，通过诉讼、仲裁、调解等方式逃避履行法律文书确定的义务的，人民法院应当根据情节轻重予以罚款、拘留；构成犯罪的，依法追究刑事责任。

Q 冒充他人提起诉讼有何法律后果？

A 诉讼参与人或者其他人有下列行为之一的，人民法院可以根据情节轻重予以罚款、拘留；构成犯罪的，依法追究刑事责任：1. 冒充他人提起诉讼或者参加诉讼的；2. 证人签署保证书后作虚假证言，妨碍人民法院审理案件的；3. 伪造、隐藏、毁灭或者拒绝交出有关被执行人履行能力的重要证据，妨碍人民法院查明被执行人财产状况的；4. 擅自解冻已被人民法院冻结的财产的；5. 接到人民法院协助执行通知书后，给当事人通风报信，协助其转移、隐匿财产的。

Q 单位进行虚假诉讼如何处罚？

A 单位有虚假诉讼、虚假调解、恶意串通逃避执行行为的，人民法院应当对该单位进行罚款，并可以对其主要负责人或者直接责任人员予以罚款、拘留；构成犯罪的，依法追究刑事责任。

Q 对不履行协助义务的行为可以采取哪些强制措施？

A 有义务协助调查、执行的单位有下列行为之一的，人民法院除责令其履行协助义务外，并可以予以罚款：1. 有关单位拒绝或者妨碍人民法院调查取证的。2. 有关单位接到人民法院协助执行通知书后，拒不协助查询、扣押、冻结、划拨、变价财产的。3. 有关单位接到人民法院协助执行通知书后，拒不协助扣留被执行人的收入，办理有关财产权证照转移手续，转交有关票证、证照或者其他财产的。4. 有关单位接到人民法院协助执行通知书后，有下列行为之一的：（1）允许被执行人高消费的；（2）允许被执行人出境的；（3）拒不停止办理有关财产权证照转移手续、权属变更登记、规划审批等手续的；（4）以需要内部请示、内部审批，有内部规定等为由拖延办理的。5. 其他拒绝协助执行的。人民法院对有以上情形的行为之一的单位，可以对其主要负责人或者直接责任人员予以罚款；对仍不履行协助义务的，可以予以拘留；并可以向监察机关或者有关机关提出予以纪律处分的司法建议。

Q 罚款的限额是多少？

A 对个人的罚款金额为人民币10万元以下。对单位的罚款金额为人民币5万元以上100万元以下。

Q 法院确定罚款金额应当考虑哪些因素？

A 人民法院对个人或者单位采取罚款措施时，应当根据其实施妨害民事诉讼行为的性质、情节、后果，当地的经济发展水平，以及诉讼标的额等因素，在法定限额内确定相应的罚款金额。

Q 拘留的期限是几天？

A 拘留的期限为15日以下。

Q 什么情形下可以提前解除拘留？

A 被拘留人在拘留期间认错悔改的，可以责令其具结悔过，提前解除拘留。提前解除拘留，应报经院长批准，并作出提前解除拘留决定书，交负责看管的公安机关执行。

Q 被拘留人不在本辖区的如何执行拘留？

A 被拘留人不在本辖区的，作出拘留决定的人民法院应当派员到被拘留人所在地的人民法院，请该院协助执行。受委托的人民法院应当及时派员协助执行。被拘留人申请复议或者在拘留期间承认并改正错误，需要提前解除拘留的，受委托人民法院应当向委托人民法院转达或者提出建议，由委托人民法院审查决定。

Q 采取拘留措施后通知家属的时限是多少？

A 人民法院对被拘留人采取拘留措施后，应当在24小时内通知其家属；确实无法按时通知或者通知不到的，应当记录在案。

Q 哪些强制措施必须由院长批准？

A 拘传、罚款、拘留必须经院长批准。采取拘留措施的，应作出拘留决定书，由司法警察将被拘留人送交当地公安机关看管。

Q 罚款、拘留可以合并适用吗？

A 民事诉讼法规定的罚款、拘留可以单独适用，也可以合并适用。

Q 罚款、拘留可以连续适用吗？

A 对同一妨害民事诉讼行为的罚款、拘留不得连续适用。发生新的妨害民事诉讼行为的，人民法院可以重新予以罚款、拘留。

Q 对罚款、拘留决定不服如何申请复议？

A 被罚款、拘留的人不服罚款、拘留决定申请复议的，应当自收到决定书之日起 3 日内提出。上级人民法院应当在收到复议申请后 5 日内作出决定，并将复议结果通知下级人民法院和当事人。上级人民法院复议时认为强制措施不当的，应当制作决定书，撤销或者变更下级人民法院作出的拘留、罚款决定。情况紧急的，可以在口头通知后 3 日内发出决定书。

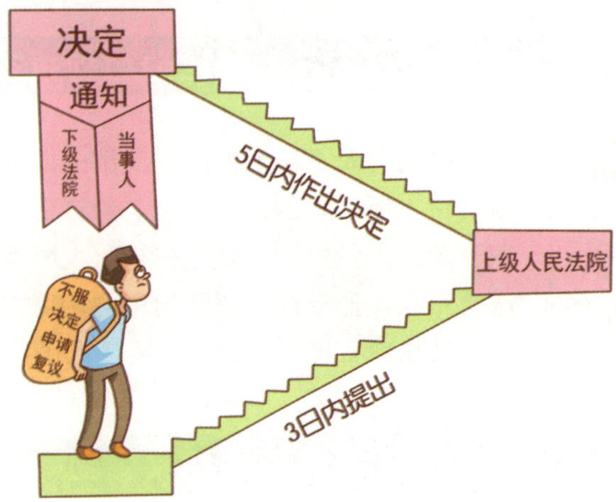

第一审普通程序

Q 被告应在多长时间内提出答辩状？

A 人民法院应当在立案之日起 5 日内将起诉状副本发送被告，被告应当在收到之日起 15 日内提出答辩状。人民法院应当在收到答辩状之日起 5 日内将答辩状副本发送原告。

Q 被告答辩状应该记载哪些内容？

A 答辩状应当记明被告的姓名、性别、年龄、民族、职业、工作单位、住所、联系方式；法人或者其他组织的名称、住所和法定代表人或者主要负责人的姓名、职务、联系方式。

Q 被告不提出答辩状有何法律后果？

A 被告不提出答辩状的，不影响人民法院审理。

Q 法院必须告知当事人诉讼权利义务吗？

A 人民法院对决定受理的案件，应当在受理案件通知书和应诉通知书中向当事人告知有关的诉讼权利义务，或者口头告知。

Q 当事人如何提出管辖权异议？

A 人民法院受理案件后，当事人对管辖权有异议的，应当在提交答辩状期间提出。人民法院对当事人提出的异议，应当审查。异议成立的，裁定将案件移送有管辖权的人民法院；异议不成立的，裁定驳回。

Q 当事人既提出管辖异议又进行答辩的如何处理？

A 当事人在提交答辩状期间提出管辖异议，又针对起诉状的内容进行答辩的，人民法院应当对管辖异议进行审查。

当事人未提出管辖异议直接应诉答辩的如何处理？

当事人未提出管辖异议，就案件实体内容进行答辩、陈述或者反诉的，视为受诉人民法院有管辖权，但违反级别管辖和专属管辖规定的除外。

当事人何时可以得知合议庭组成人员？

合议庭组成人员确定后，应当在3日内告知当事人。

法院调查取证的程序是怎样的？

审判人员必须认真审核诉讼材料，调查收集必要的证据。人民法院派出人员进行调查时，应当向被调查人出示证件。调查笔录经被调查人校阅后，由被调查人、调查人签名或者盖章。

法院可以委托调查取证吗？

可以。人民法院在必要时可以委托外地人民法院调查。委托调查，必须提出明确的项目和要求。受委托人民法院可以主动补充调查。受委托人民法院收到委托书后，应当在30日内完成调查。因故不能完成的，应当在上述期限内函告委托人民法院。

法院受理案件后如何进行繁简分流？

人民法院对受理的案件，分别情形，予以处理：1. 当事人没有争议，符合督促程序规定条件的，可以转入督促程序；2. 开庭前可以调解的，采取调解方式及时解决纠纷；3. 根据案件情况，确定适用简易程序或者普通程序；4. 需要开庭审理的，通过要求当事人交换证据等方式，明确争议焦点。

Q 审前准备包括哪些内容？

A 人民法院可以在答辩期届满后，通过组织证据交换、召集庭前会议等方式，作好审理前的准备。

Q 庭前会议包括哪些内容？

A 根据案件具体情况，庭前会议可以包括下列内容：1. 明确原告的诉讼请求和被告的答辩意见；2. 审查处理当事人增加、变更诉讼请求的申请和提出的反诉，以及第三人提出的与本案有关的诉讼请求；3. 根据当事人的申请决定调查收集证据，委托鉴定，要求当事人提供证据，进行勘验，进行证据保全；4. 组织交换证据；5. 归纳争议焦点；6. 进行调解。

Q 法院归纳的争议焦点需要征求当事人意见吗？

A 是的。人民法院应当根据当事人的诉讼请求、答辩意见以及证据交换的情况，归纳争议焦点，并就归纳的争议焦点征求当事人的意见。

Q 所有案件都是公开审理吗？

A 不是。人民法院审理民事案件，除涉及国家秘密、个人隐私或者法律另有规定的以外，应当公开进行。

Q 哪些案件当事人可以申请不公开审理？

A 离婚案件，涉及商业秘密的案件，当事人申请不公开审理的，可以不公开审理。

Q 法院应提前几日通知开庭？

A 人民法院审理民事案件，应当在开庭3日前通知当事人和其他诉讼参与人。公开审理的，应当公告当事人姓名、案由和开庭的时间、地点。

Q 法院使用何种法律文书通知开庭？

A 人民法院适用普通程序审理案件，应当在开庭3日前用传票传唤当事人。对诉讼代理人、证人、鉴定人、勘验人、翻译人员应当用通知书通知其到庭。当事人或者其他诉讼参与人在外地的，应当留有必要的在途时间。

Q 开庭审理前书记员需要做哪些工作？

A 开庭审理前，书记员应当查明当事人和其他诉讼参与人是否到庭，宣布法庭纪律。

Q 开庭审理时审判长首先需要做哪些工作？

A 开庭审理时，审判长首先要核对当事人，宣布案由，宣布审判人员、书记员名单，告知当事人有关的诉讼权利义务，询问当事人是否提出回避申请。

Q 法庭调查的顺序是怎样的？

A 法庭调查按照下列顺序进行：1. 当事人陈述；2. 告知证人的权利义务，证人作证，宣读未到庭的证人证言；3. 出示书证、物证、视听资料和电子数据；4. 宣读鉴定意见；5. 宣读勘验笔录。

Q 当事人对此前认可的事实可以反悔吗？

A 可以。当事人在庭审中对其在审理前的准备阶段认可的事实和证据提出不同意见的，人民法院应当责令其说明理由。必要时，可以责令其提供相应证据。人民法院应当结合当事人的诉讼能力、证据和案件的具体情况进行审查。理由成立的，可以列入争议焦点进行审理。

Q 法庭调查和法庭辩论可以合并进行吗？

A 人民法院根据案件具体情况并征得当事人同意，可以将法庭调查和法庭辩论合并进行。

Q 当事人在法庭调查阶段有哪些诉讼权利？

A 当事人在法庭上可以提出新的证据。当事人经法庭许可，可以向证人、鉴定人、勘验人发问。当事人要求重新进行调查、鉴定或者勘验的，是否准许由人民法院决定。

增加诉讼请求或提出反诉可以合并审理吗？

在案件受理后，法庭辩论结束前，原告增加诉讼请求，被告提出反诉，第三人提出与本案有关的诉讼请求，可以合并审理的，人民法院应当合并审理。

反诉当事人范围如何确定？

反诉的当事人应当限于本诉的当事人的范围。

什么样的反诉应当合并审理？

反诉与本诉的诉讼请求基于相同法律关系、诉讼请求之间具有因果关系，或者反诉与本诉的诉讼请求基于相同事实的，人民法院应当合并审理。

什么样的反诉法院会裁定不予受理？

反诉应由其他人民法院专属管辖，或者与本诉的诉讼标的及诉讼请求所依据的事实、理由无关联的，裁定不予受理，告知另行起诉。

有独立请求权的第三人无正当理由拒不到庭，有何法律后果？

有独立请求权的第三人经人民法院传票传唤，无正当理由拒不到庭的，或者未经法庭许可中途退庭的，按撤诉处理。

有独立请求权的第三人参加诉讼后，原告申请撤诉，法院如何处理？

有独立请求权的第三人参加诉讼后，原告申请撤诉，人民法院在准许原告撤诉后，有独立请求权的第三人作为另案原告，原案原告、被告作为另案被告，诉讼继续进行。

二审发回重审案件当事人可以增加诉讼请求或提出反诉吗？

可以。二审裁定撤销一审判决发回重审的案件，当事人申请变更、增加诉讼请求或者提出反诉，第三人提出与本案有关的诉讼请求的，可以合并处理。

哪些情形下再审发回重审案件当事人可以增加诉讼请求或提出反诉？

再审裁定撤销原判决、裁定发回重审的案件，当事人申请变更、增加诉讼请求或者提出反诉，符合下列情形之一的，人民法院应当准许：1. 原审未合法传唤缺席判决，影响当事人行使诉讼权利的；2. 追加新的诉讼当事人的；3. 诉讼标的物灭失或者发生变化致使原诉讼请求无法实现的；4. 当事人申请变更、增加的诉讼请求或者提出的反诉，无法通过另诉解决的。

法庭辩论的程序是怎样的？

法庭辩论按照下列顺序进行：1. 原告及其诉讼代理人发言；2. 被告及其诉讼代理人答辩；3. 第三人及其诉讼代理人发言或者答辩；4. 互相辩论。法庭辩论终结，由审判长按照原告、被告、第三人的先后顺序征询各方最后意见。

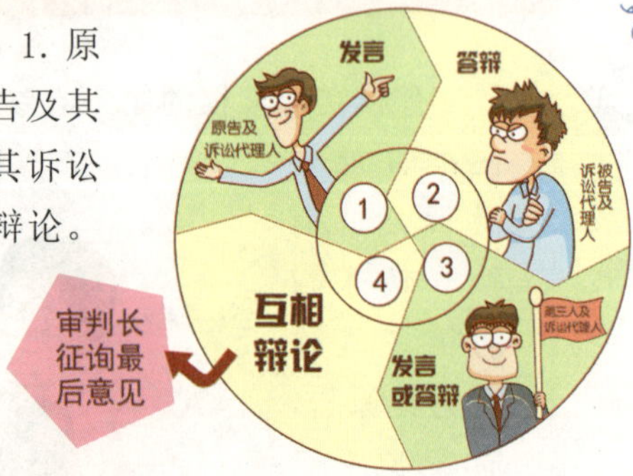

法庭辩论终结后还可以调解吗？

法庭辩论终结，应当依法作出判决。判决前能够调解的，还可以进行调解；调解不成的，应当及时判决。

原告无正当理由拒不到庭有何法律后果？

原告经传票传唤，无正当理由拒不到庭的，或者未经法庭许可中途退庭的，可以按撤诉处理；被告反诉的，可以缺席判决。

被告无正当理由拒不到庭有何法律后果？

被告经传票传唤无正当理由拒不到庭，或者未经法庭许可中途退庭的，人民法院应当按期开庭或者继续开庭审理，对到庭的当事人诉讼请求、双方的诉辩理由以及已经提交的证据及其他诉讼材料进行审理后，可以依法缺席判决。

Q 无民事行为能力当事人的法定代理人拒不到庭，有何法律后果？

A 无民事行为能力的当事人的法定代理人，经传票传唤无正当理由拒不到庭，属于原告方的按撤诉处理，属于被告方的缺席判决。必要时，人民法院可以拘传其到庭。

Q 无民事行为能力人的离婚诉讼法定代理人必须到庭吗？

A 无民事行为能力人的离婚诉讼，当事人的法定代理人应当到庭；法定代理人不能到庭的，人民法院应当在查清事实的基础上，依法作出判决。

Q 无独立请求权的第三人无正当理由拒不到庭，有何法律后果？

A 无独立请求权的第三人经人民法院传票传唤，无正当理由拒不到庭，或者未经法庭许可中途退庭的，不影响案件的审理。

Q 原告提出撤诉一定能得到法院准许吗？

A 不一定。宣判前，原告申请撤诉的，是否准许，由人民法院裁定。

Q 哪些情形下原告的撤诉申请不会得到法院准许？

A 两种情形下原告的撤诉申请不会获准：1. 当事人申请撤诉或者依法可以按撤诉处理的案件，如果当事人有违反法律的行为需要依法处理的，人民法院可以不准许撤诉或者不按撤诉处理；2. 法庭辩论终结后原告申请撤诉，被告不同意的，人民法院可以不予准许。

Q 当事人撤诉对反诉有什么影响？

A 人民法院准许本诉原告撤诉的，应当对反诉继续审理；被告申请撤回反诉的，人民法院应予准许。

Q 申请撤诉未获准许原告不到庭的可以缺席判决吗？

A 人民法院裁定不准许撤诉的，原告经传票传唤，无正当理由拒不到庭的，可以缺席判决。

Q 哪些情形法院可以延期审理？

A 有下列情形之一的，可以延期开庭审理：1. 必须到庭的当事人和其他诉讼参与人有正当理由没有到庭的；2. 当事人临时提出回避申请的；3. 需要通知新的证人到庭，调取新的证据，重新鉴定、勘验，或者需要补充调查的；4. 其他应当延期的情形。

法庭笔录有差错，当事人可以申请补正吗？

当事人和其他诉讼参与人认为对自己的陈述记录有遗漏或者差错的，有权申请补正。如果不予补正，应当将申请记录在案。书记员应当将法庭审理的全部活动记入笔录，由审判人员和书记员签名，由当事人和其他诉讼参与人签名或者盖章。

不公开审理的案件也需要公开宣判吗？

人民法院对公开审理或者不公开审理的案件，一律公开宣告判决。

宣判后当事人何时可以拿到判决书？

当庭宣判的，应当在10日内发送判决书。除当事人当庭要求邮寄发送裁判文书的外，人民法院应当告知当事人或者诉讼代理人领取裁判文书的时间和地点以及逾期不领取的法律后果。上述情况，应当记入笔录；定期宣判的，宣判后立即发给判决书。

一审判决离婚后当事人可以立即另行结婚吗？

不可以。法院宣告离婚判决后，当事人必须等到判决发生法律效力后才能另行结婚。如果一审判决书送达后15天内双方均未提起上诉，则该判决发生法律效力。

Q 当事人不服一审判决的应当在几天内上诉?

A 当事人不服地方人民法院第一审判决的，有权在判决书送达之日起15日内向上一级人民法院提起上诉。

Q 当事人不服一审裁定的应当在几天内上诉?

A 当事人不服地方人民法院第一审裁定的，有权在裁定书送达之日起10日内向上一级人民法院提起上诉。

Q 一审宣判后，原审法院发现判决有错误怎么办?

A 一审宣判后，原审人民法院发现判决有错误，当事人在上诉期内提出上诉的，原审人民法院可以提出原判决有错误的意见，报送第二审人民法院，由第二审人民法院按照第二审程序进行审理；当事人不上诉的，按照审判监督程序处理。

Q 一审案件的审理期限是多长时间?

A 人民法院适用普通程序审理的案件，应当在立案之日起6个月内审结。有特殊情况需要延长的，由本院院长批准，可以延长6个月；还需要延长的，报请上级人民法院批准。

Q 双方当事人和解期间计入审理期限吗?

A 不计入审理期限。民事诉讼法规定的审限，是指从立案之日起至裁判宣告、调解书送达之日止的期间，但公告期间、鉴定期间、双方当事人和解期间、审理当事人提出的管辖异议以及处理人民法院之间的管辖争议期间不应计算在内。

Q 哪些情形应当中止诉讼？

A 有下列情形之一的，法院裁定中止诉讼：1. 一方当事人死亡，需要等待继承人表明是否参加诉讼的；2. 一方当事人丧失诉讼行为能力，尚未确定法定代理人的；3. 作为一方当事人的法人或者其他组织终止，尚未确定权利义务承受人的；4. 一方当事人因不可抗拒的事由，不能参加诉讼的；5. 本案必须以另一案的审理结果为依据，而另一案尚未审结的；6. 其他应当中止诉讼的情形。中止诉讼的原因消除后，恢复诉讼。裁定中止诉讼的原因消除，恢复诉讼程序时，不必撤销原裁定，从人民法院通知或者准许当事人双方继续进行诉讼时起，中止诉讼的裁定即失去效力。

Q 哪些情形应当终结诉讼？

A 有下列情形之一的，终结诉讼：1. 原告死亡，没有继承人，或者继承人放弃诉讼权利的；2. 被告死亡，没有遗产，也没有应当承担义务的人的；3. 离婚案件一方当事人死亡的；4. 追索赡养费、扶养费、抚育费以及解除收养关系案件的一方当事人死亡的。

Q 判决书包括哪些内容？

A 判决书应当写明判决结果和作出该判决的理由。判决书内容包括：1. 案由、诉讼请求、争议的事实和理由；2. 判决认定的事实和理由、适用的法律和理由；3. 判决结果和诉讼费用的负担；4. 上诉期间和上诉的法院。判决书由审判人员、书记员署名，加盖人民法院印章。

Q 判决书未能同时送达双方当事人的，上诉期如何计算？

A 可以上诉的判决书、裁定书不能同时送达双方当事人的，上诉期从各自收到判决书、裁定书之日计算。

Q 当事人争议事实有一部分已查清的，法院可以先行判决吗？

A 人民法院审理案件，其中一部分事实已经清楚，可以就该部分先行判决。

Q 法院会针对哪些事项作出裁定？

A 裁定适用于下列范围：1. 不予受理；2. 对管辖权有异议的；3. 驳回起诉；4. 保全和先予执行；5. 准许或者不准许撤诉；6. 中止或者终结诉讼；7. 补正判决书中的笔误，具体是指法律文书误写、误算，诉讼费用漏写、误算和其他笔误；8. 中止或者终结执行；9. 撤销或者不予执行仲裁裁决；10. 不予执行公证机关赋予强制执行效力的债权文书；11. 其他需要裁定解决的事项。

Q 当事人对哪些裁定可以上诉？

A 对不予受理、管辖权异议和驳回起诉作出的裁定，当事人可以上诉。

Q 裁定书包括哪些内容？

A 裁定书应当写明裁定结果和作出该裁定的理由。裁定书由审判人员、书记员署名，加盖人民法院印章。口头裁定的，记入笔录。

哪些判决裁定一经作出即刻生效？

最高人民法院的判决、裁定，以及依法不准上诉或者超过上诉期没有上诉的判决、裁定，是发生法律效力的判决、裁定。

公众可以申请查阅生效裁判文书吗？

可以。公众可以查阅发生法律效力的判决书、裁定书，但涉及国家秘密、商业秘密和个人隐私的内容除外。

公众查阅生效裁判文书应当向哪个法院提出申请？

公民、法人或者其他组织申请查阅发生法律效力的判决书、裁定书的，应当向作出该生效裁判的人民法院提出。申请应当以书面形式提出，并提供具体的案号或者当事人姓名、名称。

公众提交查阅申请后法院如何处理？

对于查阅判决书、裁定书的申请，人民法院根据下列情形分别处理：1. 判决书、裁定书已经通过信息网络向社会公开的，应当引导申请人自行查阅；2. 判决书、裁定书未通过信息网络向社会公开，且申请符合要求的，应当及时提供便捷的查阅服务；3. 判决书、裁定书尚未发生法律效力，或者已失去法律效力的，不提供查阅并告知申请人；4. 发生法律效力的判决书、裁定书不是本院作出的，应当告知申请人向作出生效裁判的人民法院申请查阅；5. 申请查阅的内容涉及国家秘密、商业秘密、个人隐私的，不予准许并告知申请人。

简易程序

Q 什么样的案件可以用简易程序审理？

A 事实清楚、权利义务关系明确、争议不大的简单的民事案件，可以适用简易程序审理。事实清楚，是指当事人对争议的事实陈述基本一致，并能提供相应的证据，无须人民法院调查收集证据即可查明事实；权利义务关系明确，是指能明确区分谁是责任的承担者，谁是权利的享有者；争议不大，是指当事人对案件的是非、责任承担以及诉讼标的争执无原则分歧。

Q 中级人民法院可以适用简易程序审理案件吗？

A 不可以。按照民事诉讼法规定，只有基层人民法院和其派出的法庭可以适用简易程序审理案件。

Q 双方当事人可以约定适用简易程序吗？

A 可以。简易程序适用于简单民事案件，但是当事人双方可以约定对简单民事案件之外的案件适用简易程序。当事人双方约定适用简易程序的，应当在开庭前提出。口头提出的，记入笔录，由双方当事人签名或者捺印确认。

哪些案件不适用简易程序？

下列案件不适用简易程序：1. 起诉时被告下落不明的；2. 发回重审的；3. 当事人一方人数众多的；4. 适用审判监督程序的；5. 涉及国家利益、社会公共利益的；6. 第三人起诉请求改变或者撤销生效判决、裁定、调解书的；7. 其他不宜适用简易程序的案件。

按照普通程序审理的案件能转用简易程序审理吗？

已经按照普通程序审理的案件，在开庭后不得转为简易程序审理。

对简单民事案件原告可以口头起诉吗？

对简单的民事案件，原告可以口头起诉。人民法院应当将当事人的姓名、性别、工作单位、住所、联系方式等基本信息，诉讼请求，事实及理由等准确记入笔录，由原告核对无误后签名或者捺印。对当事人提交的证据材料，应当出具收据。

对简单民事案件法院可以当即审理吗？

对简单的民事案件，当事人双方可以同时到基层人民法院或者其派出的法庭，请求解决纠纷。基层人民法院或者其派出的法庭可以当即审理，也可以另定日期审理。

简易程序可以用远程视频方式开庭吗？

当事人双方可就开庭方式向人民法院提出申请，由人民法院决定是否准许。经当事人双方同意，可以采用视听传输技术等方式开庭。

简易程序可以用微信通知开庭吗？

可以。适用简易程序审理案件，人民法院可以采取捎口信、电话、短信、传真、电子邮件等简便方式传唤双方当事人、通知证人和送达裁判文书以外的诉讼文书。但是，以简便方式送达的开庭通知，未经当事人确认或者没有其他证据证明当事人已经收到的，人民法院不得缺席判决。

简易程序还需要书记员记录吗？

需要。适用简易程序审理案件，由审判员独任审判，书记员担任记录。

简易程序审结案件的裁判文书盖的是人民法庭的印章吗？

不是。人民法庭适用简易程序审结案件制作的判决书、裁定书、调解书，必须加盖基层人民法院印章，不得用人民法庭的印章代替基层人民法院的印章。

简易程序的举证期限是几天？

适用简易程序案件的举证期限由人民法院确定，也可以由当事人协商一致并经人民法院准许，但不得超过 15 日。人民法院应当将举证期限和开庭日期告知双方当事人，并向当事人说明逾期举证以及拒不到庭的法律后果，由双方当事人在笔录和开庭传票的送达回证上签名或者捺印。当事人双方均表示不需要举证期限的，人民法院可以立即开庭审理或者确定开庭日期。

简易程序的答辩期间如何确定？

普通民事案件答辩期间为15天。适用简易程序的案件被告要求书面答辩的，人民法院可在征得其同意的基础上，合理确定答辩期间。当事人双方均表示不需要答辩期间的，人民法院可以立即开庭审理或者确定开庭日期。

简易程序可以简化审前准备和开庭审理程序吗？

可以。适用简易程序审理案件，在发送起诉状副本和答辩状副本、发送开庭通知、诉讼权利义务告知、开庭前举证期限及证据交换等审前准备环节可以进行简化处理。按照简易程序审理民事案件，可以不按照普通程序规定的法庭调查和法庭辩论的先后顺序进行。也就是说，法庭调查可以适当简略，法庭辩论可以更加灵活，法院有权根据庭审实际情况，把法庭调查和法庭辩论合并进行，当事人也可以一边陈述一边辩论。

法院对未委托代理人的当事人会释明法律规定吗？

对没有委托律师、基层法律服务工作者代理诉讼的当事人，人民法院在庭审过程中可以对回避、自认、举证证明责任等相关内容向其作必要的解释或者说明，并在庭审过程中适当提示当事人正确行使诉讼权利、履行诉讼义务。

当事人就案件适用简易程序审理可以提出异议吗？

可以。当事人就案件适用简易程序提出异议，人民法院经审查，异议成立的，裁定转为普通程序；异议不成立的，口头告知当事人，并记入笔录。转为普通程序的，人民法院应当将合议庭组成人员及相关事项以书面形式通知双方当事人。

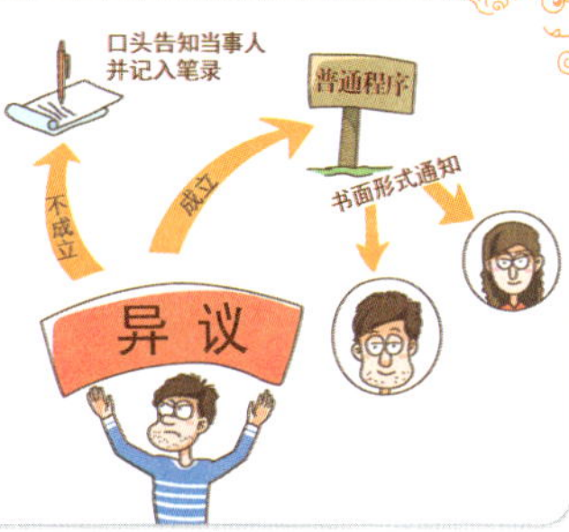

简易程序转为普通程序前，双方当事人确认的事实还需举证吗？

转为普通程序前，双方当事人已确认的事实，可以不再进行举证、质证。

哪些情形可以简化裁判文书中认定事实的内容？

适用简易程序审理的案件，有下列情形之一的，人民法院在制作判决书、裁定书、调解书时，对认定事实或者裁判理由部分可以适当简化：1. 当事人达成调解协议并需要制作民事调解书的；2. 一方当事人明确表示承认对方全部或者部分诉讼请求的；3. 涉及商业秘密、个人隐私的案件，当事人一方要求简化裁判文书中的相关内容，人民法院认为理由正当的；4. 当事人双方同意简化的。

简易程序审理期限是多少天？

人民法院适用简易程序审理案件，应当在立案之日起 3 个月内审结。适用简易程序审理的案件，审理期限到期后，双方当事人同意继续适用简易程序的，由本院院长批准，可以延长审理期限。延长后的审理期限累计不得超过 6 个月。

简易程序转为普通程序的审理期限从何时开始计算？

案件转为普通程序审理的，审理期限自人民法院立案之日计算。人民法院发现案情复杂，需要转为普通程序审理的，应当在审理期限届满前作出裁定并将合议庭组成人员及相关事项书面通知双方当事人。

哪些简单民事案件可以适用小额诉讼程序审理？

基层人民法院和其派出的法庭审理的简单的民事案件，标的额为各省、自治区、直辖市上年度就业人员年平均工资 30% 以下的，应当适用小额诉讼程序审理。

小额诉讼程序实行一审终审吗？

是的。小额诉讼程序实行一审终审。

适用小额诉讼程序审理的金钱给付纠纷案件有哪些？

下列金钱给付的案件适用小额诉讼程序审理：1. 买卖合同、借款合同、租赁合同纠纷；2. 身份关系清楚，仅在给付的数额、时间、方式上存在争议的赡养费、抚育费、扶养费纠纷；3. 责任明确，仅在给付的数额、时间、方式上存在争议的交通事故损害赔偿和其他人身损害赔偿纠纷；4. 供用水、电、气、热力合同纠纷；5. 银行卡纠纷；6. 劳动关系清楚，仅在劳动报酬、工伤医疗费、经济补偿金或者赔偿金给付数额、时间、方式上存在争议的劳动合同纠纷；7. 劳务关系清楚，仅在劳务报酬给付数额、时间、方式上存在争议的劳务合同纠纷；8. 物业、电信等服务合同纠纷；9. 其他金钱给付纠纷。

哪些案件不适用小额诉讼程序审理？

下列案件不适用小额诉讼程序审理：1. 人身关系、财产确权纠纷；2. 涉外民事纠纷；3. 知识产权纠纷；4. 需要评估、鉴定或者对诉前评估、鉴定结果有异议的纠纷；5. 其他不宜适用一审终审的纠纷。

Q 小额诉讼案件的举证期限和答辩期限是几天？

A 小额诉讼案件的举证期限由人民法院确定，也可以由当事人协商一致并经人民法院准许，但一般不超过7日。被告要求书面答辩的，人民法院可以在征得其同意的基础上合理确定答辩期间，但最长不得超过15日。当事人到庭后表示不需要举证期限和答辩期间的，人民法院可立即开庭审理。

Q 小额诉讼案件当事人对管辖权异议裁定不服的可以上诉吗？

A 不可以。当事人对小额诉讼案件提出管辖异议的，人民法院应当作出裁定。裁定一经作出即生效。

Q 小额诉讼案件当事人对驳回起诉的裁定可以上诉吗？

A 不可以。人民法院受理小额诉讼案件后，发现起诉不符合民事诉讼法规定的起诉条件的，裁定驳回起诉。裁定一经作出即生效。

Q 当事人变更诉讼请求，导致不符合小额诉讼案件条件的如何处理？

A 因当事人申请增加或者变更诉讼请求、提出反诉、追加当事人等，致使案件不符合小额诉讼案件条件的，应当适用简易程序的其他规定审理。应当适用普通程序审理的，裁定转为普通程序。适用简易程序的其他规定或者普通程序审理前，双方当事人已确认的事实，可以不再进行举证、质证。

Q 当事人对按照小额诉讼案件审理有异议应何时提出？

A 当事人对按照小额诉讼案件审理有异议的，应当在开庭前提出。人民法院经审查，异议成立的，适用简易程序的其他规定审理；异议不成立的，告知当事人，并记入笔录。

Q 小额诉讼案件的裁判文书记载内容可以简化吗？

A 可以。小额诉讼案件的裁判文书可以简化，主要记载当事人基本信息、诉讼请求、裁判主文等内容。

Q 当事人对小额诉讼案件可以申请再审吗？

A 可以。对小额诉讼案件的判决、裁定，当事人以民事诉讼法规定的事由向原审人民法院申请再审的，人民法院应当受理。申请再审事由成立的，应当裁定再审，组成合议庭进行审理。作出的再审判决、裁定，当事人不得上诉。当事人以不应按小额诉讼案件审理为由向原审人民法院申请再审的，人民法院应当受理。理由成立的，应当裁定再审，组成合议庭审理。作出的再审判决、裁定，当事人可以上诉。

第二审程序

Q 上诉状包括哪些内容？

A 上诉应当递交上诉状。上诉状的内容，应当包括当事人的姓名，法人的名称及其法定代表人的姓名或者其他组织的名称及其主要负责人的姓名，原审人民法院名称、案件的编号和案由，以及上诉的请求和理由。

Q 当事人口头表示上诉有法律效力吗？

A 没有法律效力。一审宣判时或者判决书、裁定书送达时，当事人口头表示上诉的，人民法院应告知其必须在法定上诉期间内递交上诉状。未在法定上诉期间内递交上诉状的，视为未提起上诉。虽递交上诉状，但未在指定的期限内交纳上诉费的，按自动撤回上诉处理。

Q 当事人上诉应当向哪个法院提交上诉状？

A 上诉状应当通过原审人民法院提出，并按照对方当事人或者代表人的人数提出副本。当事人直接向第二审人民法院上诉的，第二审人民法院应当在5日内将上诉状移交原审人民法院。

Q 当事人上诉后，原审法院应在多长时间内将案卷材料报送二审法院？

A 原审人民法院收到上诉状、答辩状，应当在5日内连同全部案卷和证据，报送第二审人民法院。在此之前，原审人民法院收到上诉状，应当在5日内将上诉状副本送达对方当事人，对方当事人在收到之日起15日内提出答辩状。人民法院应当在收到答辩状之日起5日内将副本送达上诉人。对方当事人不提出答辩状的，不影响人民法院审理。

Q 对当事人未提出上诉请求的事实，二审法院可以审查吗？

A 原则上不能。第二审人民法院应当对上诉请求的有关事实和适用法律进行审查。当事人没有提出请求的，不予审理，但一审判决违反法律禁止性规定，或者损害国家利益、社会公共利益、他人合法权益的除外。

Q 哪些上诉案件可以不开庭审理？

A 第二审人民法院对上诉案件，应当组成合议庭，开庭审理。经过阅卷、调查和询问当事人，对没有提出新的事实、证据或者理由，合议庭认为不需要开庭审理的，可以不开庭审理。二审法院对下列上诉案件可以不开庭审理：1. 不服不予受理、管辖权异议和驳回起诉裁定的；2. 当事人提出的上诉请求明显不能成立的；3. 原判决、裁定认定事实清楚，但适用法律错误的；4. 原判决严重违反法定程序，需要发回重审的。

Q 二审法院审理上诉案件必须在本院进行吗？

A 不是。第二审人民法院审理上诉案件，可以在本院进行，也可以到案件发生地或者原审人民法院所在地进行。

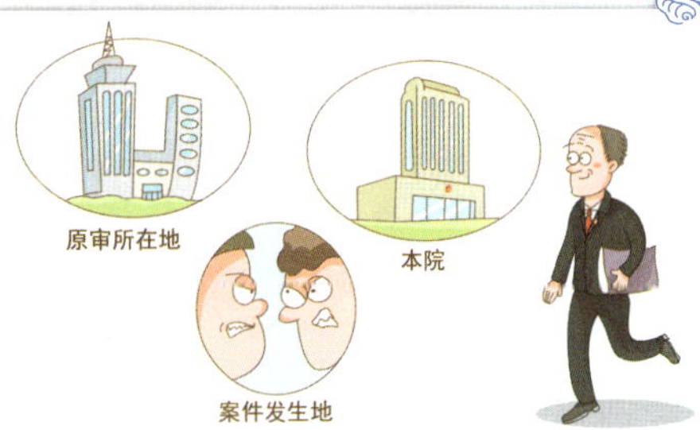

Q 上诉案件经二审法院处理后会有哪些结果？

A 第二审人民法院对上诉案件，经过审理，按照下列情形，分别处理：1. 原判决、裁定认定事实清楚，适用法律正确的，以判决、裁定方式驳回上诉，维持原判决、裁定。2. 原判决、裁定认定事实错误或者适用法律错误的，以判决、裁定方式依法改判、撤销或者变更。3. 原判决认定基本事实不清的，裁定撤销原判决，发回原审人民法院重审，或者查清事实后改判。基本事实是指用以确定当事人主体资格、案件性质、民事权利义务等对原判决、裁定的结果有实质性影响的事实。4. 原判决遗漏当事人或者违法缺席判决等严重违反法定程序的，裁定撤销原判决，发回原审人民法院重审。严重违反法定程序包括以下情形：（1）审判组织的组成不合法的；（2）应当回避的审判人员未回避的；（3）无诉讼行为能力人未经法定代理人代为诉讼的；（4）违法剥夺当事人辩论权利的。

Q 当事人对发回重审案件提起上诉的可以再次发回重审吗？

A 原审人民法院对发回重审的案件作出判决后，当事人提起上诉的，第二审人民法院不得再次发回重审。

Q 当事人的诉讼请求在一审程序中被遗漏，二审法院如何处理？

A 对当事人在第一审程序中已经提出的诉讼请求，原审人民法院未作审理、判决的，第二审人民法院可以根据当事人自愿的原则进行调解；调解不成的，发回重审。

Q 必须参加诉讼的当事人在一审程序中被遗漏，二审法院如何处理？

A 必须参加诉讼的当事人或者有独立请求权的第三人，在第一审程序中未参加诉讼，第二审人民法院可以根据当事人自愿的原则予以调解；调解不成的，发回重审。

Q 二审程序中当事人可以增加诉讼请求或提出反诉吗？

A 可以。在第二审程序中，原审原告增加独立的诉讼请求或者原审被告提出反诉的，第二审人民法院可以根据当事人自愿的原则就新增加的诉讼请求或者反诉进行调解；调解不成的，告知当事人另行起诉。双方当事人同意由第二审人民法院一并审理的，第二审人民法院可以一并裁判。

Q 二审法院认为一审判决不准离婚有误可以直接改判吗？

A 原则上不能。一审判决不准离婚的案件，上诉后，第二审人民法院认为应当判决离婚的，可以根据当事人自愿的原则，与子女抚养、财产问题一并调解；调解不成的，发回重审。双方当事人同意由第二审人民法院一并审理的，第二审人民法院可以一并裁判。

Q 二审法院认为一审法院受理案件错误的如何处理？

A 人民法院依照第二审程序审理案件，认为依法不应由人民法院受理的，可以由第二审人民法院直接裁定撤销原裁判，驳回起诉。

Q 二审法院认为一审法院违反专属管辖的如何处理？

A 人民法院依照第二审程序审理案件，认为第一审人民法院受理案件违反专属管辖规定的，应当裁定撤销原裁判并移送有管辖权的人民法院。

Q 二审法院对当事人提起上诉的一审不予受理或者驳回起诉裁定将如何处理？

A 第二审人民法院查明第一审人民法院作出的不予受理裁定有错误的，应当在撤销原裁定的同时，指令第一审人民法院立案受理；查明第一审人民法院作出的驳回起诉裁定有错误的，应当在撤销原裁定的同时，指令第一审人民法院审理。

上诉案件可以调解吗？

第二审人民法院审理上诉案件，可以进行调解。调解达成协议，应当制作调解书，由审判人员、书记员署名，加盖人民法院印章。调解书送达后，原审人民法院的判决即视为撤销。

当事人在二审程序中可以和解吗？

可以。当事人在第二审程序中达成和解协议的，人民法院可以根据当事人的请求，对双方达成的和解协议进行审查并制作调解书送达当事人；因和解而申请撤诉，经审查符合撤诉条件的，人民法院应予准许。

当事人在二审程序中可以撤回上诉吗？

可以提出申请，但准许与否需经法院审查。第二审人民法院判决宣告前，上诉人申请撤回上诉的，是否准许由第二审人民法院裁定。人民法院经审查认为一审判决确有错误，或者当事人之间恶意串通，损害国家利益、社会公共利益、他人合法权益的，不应准许。

二审程序中原审原告可以撤回上诉吗？

在第二审程序中，原审原告申请撤回起诉，经其他当事人同意，且不损害国家利益、社会公共利益、他人合法权益的，人民法院可以准许。准许撤诉的，应当一并裁定撤销一审裁判。原审原告在第二审程序中撤回起诉后重复起诉的，人民法院不予受理。

Q 二审判决可以在原审法院宣告吗？

A 可以。第二审人民法院宣告判决可以自行宣判，也可以委托原审人民法院或者当事人所在地人民法院代行宣判。

Q 二审裁判是终审裁判吗？

A 第二审人民法院的判决、裁定，是终审的判决、裁定。

Q 二审的审理期限是多少天？

A 人民法院审理对判决的上诉案件，应当在第二审立案之日起3个月内审结。人民法院审理对裁定的上诉案件，应当在第二审立案之日起30日内作出终审裁定。有特殊情况需要延长的，由本院院长批准。

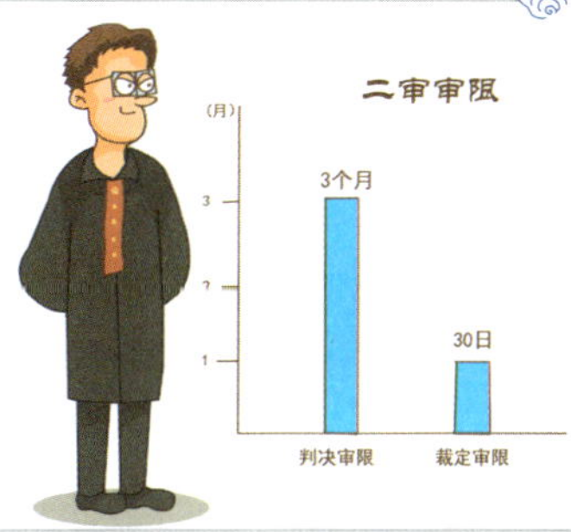

特别程序

Q 宣告失踪案件适用特别程序审理吗？

A 是的。人民法院审理选民资格案件、宣告失踪或者宣告死亡案件、认定公民无民事行为能力或者限制民事行为能力案件、认定财产无主案件、确认调解协议案件和实现担保物权案件，适用特别程序审理。这些案件的共同特点是，审理对象均为非民事权益争议案件，不存在对立的当事人。

Q 适用特别程序审理的案件是一审终审吗？

A 依照特别程序审理的案件，实行一审终审。

Q 适用特别程序审理的案件都是独任审理吗？

A 不是。选民资格案件或者重大、疑难的案件，由审判员组成合议庭审理；其他案件由审判员一人独任审理。

Q 适用特别程序审理的案件审理期限是多少天？

A 人民法院适用特别程序审理的案件，应当在立案之日起30日内或者公告期满后30日内审结。有特殊情况需要延长的，由本院院长批准。但审理选民资格的案件除外。

Q 特别程序中发现案件属于民事权益争议的如何处理？

A 人民法院在依照特别程序审理案件的过程中，发现本案属于民事权益争议的，应当裁定终结特别程序，并告知利害关系人可以另行起诉。

Q 适用特别程序审理的案件收费吗？

A 适用特别程序审理的案件，一律免交案件受理费。

Q 当事人认为适用特别程序作出的裁判有误如何寻求救济？

A 适用特别程序作出的判决、裁定，当事人、利害关系人认为有错误的，可以向作出该判决、裁定的人民法院提出异议。人民法院经审查，异议成立或者部分成立的，作出新的判决、裁定撤销或者改变原判决、裁定；异议不成立的，裁定驳回。对人民法院作出的确认调解协议、准许实现担保物权的裁定，当事人有异议的，应当自收到裁定之日起15日内提出；利害关系人有异议的，自知道或者应当知道其民事权益受到侵害之日起6个月内提出。

Q 公民对选举委员会公布的选民资格名单有异议，可以直接起诉吗？

A 不可以。根据选举法和民事诉讼法的规定，公民对选举委员会公布的选民资格名单有不同意见的，应当先向选举委员会提出申诉，选举委员会应当在3日内对申请作出决定。公民不服选举委员会对选民资格的申诉所作的处理决定，可以在选举日的5日以前向选区所在地基层人民法院起诉。

Q 选民资格案件必须在选举日前审结吗？

A 是的。人民法院受理选民资格案件后，必须在选举日前审结。人民法院的判决书，应当在选举日前送达选举委员会和起诉人，并通知有关公民。

Q 公民下落不明多长时间可以申请宣告失踪？

A 公民下落不明满两年，利害关系人申请宣告其失踪的，向下落不明人住所地基层人民法院提出。

Q 宣告失踪申请书需要写明哪些内容？

A 申请书应当写明失踪的事实、时间和请求，并附有公安机关或者其他有关机关关于该公民下落不明的书面证明。

Q 公民下落不明多长时间可以申请宣告死亡？

A 公民下落不明满4年，或者因意外事故下落不明满两年，或者因意外事故下落不明，经有关机关证明该公民不可能生存，利害关系人申请宣告其死亡的，向下落不明人住所地基层人民法院提出。

Q 宣告死亡申请书需要写明哪些内容？

A 申请书应当写明下落不明的事实、时间和请求，并附有公安机关或者其他有关机关关于该公民下落不明的书面证明。

Q 宣告失踪案件的公告需要多长时间？

A 人民法院受理宣告失踪案件后，应当发出寻找下落不明人的公告。宣告失踪的公告期间为3个月。公告期间届满，人民法院应当根据被宣告失踪、宣告死亡的事实是否得到确认，作出宣告失踪的判决或者驳回申请的判决。

Q 宣告死亡案件的公告需要多长时间？

A 人民法院受理宣告死亡案件后，应当发出寻找下落不明人的公告。宣告死亡的公告期间为1年。因意外事故下落不明，经有关机关证明该公民不可能生存的，宣告死亡的公告期间为3个月。公告期间届满，人民法院应当根据被宣告死亡的事实是否得到确认，作出宣告死亡的判决或者驳回申请的判决。

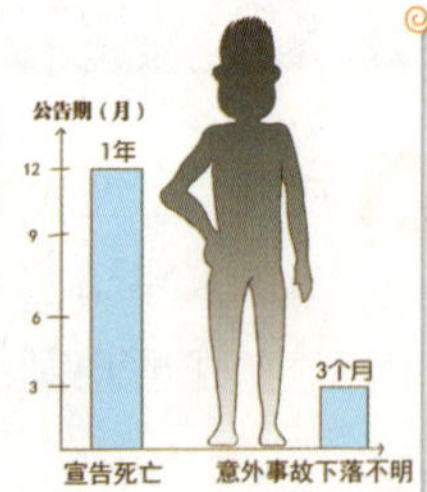

Q 寻找下落不明人的公告应当记载哪些内容？

A 寻找下落不明人的公告应当记载下列内容：1. 被申请人应当在规定期间内向受理法院申报其具体地址及其联系方式，否则被申请人将被宣告失踪、宣告死亡；2. 凡知悉被申请人生存现状的人，应当在公告期间内将其所知道情况向受理法院报告。

Q 多个利害关系人提出宣告失踪或死亡申请的如何处理？

A 符合法律规定的多个利害关系人提出宣告失踪、宣告死亡申请的，列为共同申请人。

Q 宣告失踪或死亡案件可以撤回申请吗？

A 可以。人民法院受理宣告失踪、宣告死亡案件后，作出判决前，申请人撤回申请的，人民法院应当裁定终结案件，但其他符合法律规定的利害关系人加入程序要求继续审理的除外。

Q 被宣告失踪或死亡的公民重新出现如何寻求救济？

A 被宣告失踪、宣告死亡的公民重新出现，经本人或者利害关系人申请，人民法院应当作出新判决，撤销原判决。

Q 认定公民无民事行为能力或限制民事行为能力案件应该如何起诉？

A 申请认定公民无民事行为能力或者限制民事行为能力，由其近亲属或者其他利害关系人向该公民住所地基层人民法院提出。

Q 认定公民无民事行为能力或限制民事行为能力案件申请书应该写明哪些内容？

A 申请书应当写明该公民无民事行为能力或者限制民事行为能力的事实和根据。

Q 诉讼中利害关系人提出当事人患有精神病的如何处理？

A 在诉讼中，当事人的利害关系人提出该当事人患有精神病，要求宣告该当事人无民事行为能力或者限制民事行为能力的，应由利害关系人向人民法院提出申请，由受诉人民法院按照特别程序立案审理，原诉讼中止。

Q 法院审理认定公民无民事行为能力或限制民事行为能力案件必须进行鉴定吗？

A 不是。人民法院受理申请后，必要时应当对被请求认定为无民事行为能力或者限制民事行为能力的公民进行鉴定。申请人已提供鉴定意见的，应当对鉴定意见进行审查。

Q 如何在被申请人的近亲属中确定代理人？

A 人民法院审理认定公民无民事行为能力或者限制民事行为能力的案件，应当由该公民的近亲属为代理人，但申请人除外。近亲属互相推诿的，由人民法院指定其中一人为代理人。该公民健康情况许可的，还应当询问本人的意见。

Q 被申请人没有近亲属的如何确定代理人？

A 被申请人没有近亲属的，人民法院可以指定其他亲属为代理人。被申请人没有亲属的，人民法院可以指定经被申请人所在单位或者住所地的居民委员会、村民委员会同意，且愿意担任代理人的关系密切的朋友为代理人。没有上述代理人的，由被申请人所在单位或者住所地的居民委员会、村民委员会或者民政部门担任代理人。

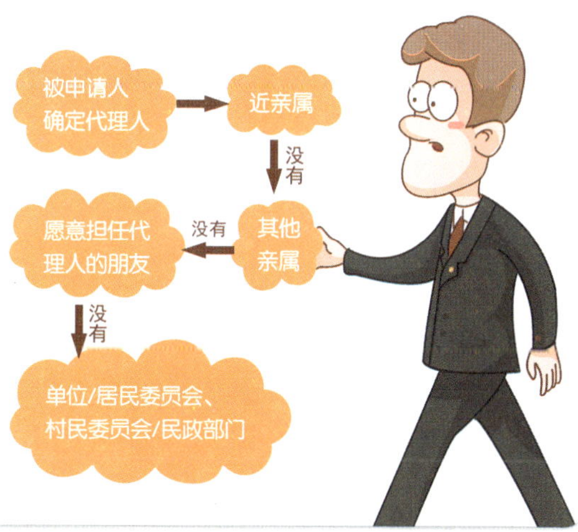

Q 被申请人确定的代理人最多可以几人？

A 最多两人。代理人可以是一人，也可以是同一顺序中的两人。

Q 无民事行为能力或者限制民事行为能力的原因消除后，可以撤销原判决吗？

A 可以。人民法院根据被认定为无民事行为能力人、限制民事行为能力人或者他的监护人的申请，证实该公民无民事行为能力或者限制民事行为能力的原因已经消除的，应当作出新判决，撤销原判决。

Q 认定财产无主案件应当向哪个法院提出申请？

A 申请认定财产无主，由公民、法人或者其他组织向财产所在地基层人民法院提出。

Q 认定财产无主案件的申请书应当写明哪些内容？

A 申请书应当写明财产的种类、数量以及要求认定财产无主的根据。

Q 认定财产无主案件必须发出财产认领公告吗？

A 是的。人民法院受理申请后，经审查核实，应当发出财产认领公告。公告满一年无人认领的，判决认定财产无主，收归国家或者集体所有。

Q 公告期间有人对财产提出请求的怎么办？

A 认定财产无主案件，公告期间有人对财产提出请求的，人民法院应当裁定终结特别程序，告知申请人另行起诉，适用普通程序审理。

原财产所有人可以撤销认定财产无主判决吗？

可以。判决认定财产无主后，原财产所有人或者继承人出现，在民法通则规定的诉讼时效期间可以对财产提出请求，人民法院审查属实后，应当作出新判决，撤销原判决。

对调解协议申请司法确认应当向哪个法院提出申请？

申请司法确认调解协议，由双方当事人或代理人依照人民调解法等法律，自调解协议生效之日起30日内，共同向调解组织所在地基层人民法院提出。

两个调解组织参与调解，当事人应该向哪个法院提出确认申请？

两个以上调解组织参与调解的，双方当事人可以共同向任何一个调解组织所在地基层人民法院提出调解协议确认申请。

共同向两个调解组织所在地基层法院提出申请的应由哪个法院管辖？

双方当事人共同向两个以上调解组织所在地基层人民法院提出申请的，由最先立案的人民法院管辖。

Q 当事人可以口头提出司法确认调解协议申请吗？

A 当事人申请司法确认调解协议，可以采用书面形式或者口头形式。当事人口头申请的，人民法院应当记入笔录，并由当事人签名、捺印或者盖章。

Q 当事人申请司法确认调解协议应当提交哪些材料？

A 当事人申请司法确认调解协议，应当向人民法院提交调解协议、调解组织主持调解的证明，以及与调解协议相关的财产权利证明等材料，并提供双方当事人的身份、住所、联系方式等基本信息。当事人未提交上述材料的，人民法院应当要求当事人限期补交。

Q 当事人对婚姻关系有效与否可以申请确认吗？

A 不可以。当事人申请司法确认调解协议，有下列情形之一的，人民法院裁定不予受理：1. 不属于人民法院受理范围的；2. 不属于收到申请的人民法院管辖的；3. 申请确认婚姻关系、亲子关系、收养关系等身份关系无效、有效或者解除的；4. 涉及适用其他特别程序、公示催告程序、破产程序审理的；5. 调解协议内容涉及物权、知识产权确权的。人民法院受理申请后，发现有上述不予受理情形的，应当裁定驳回当事人的申请。

Q 法院对调解协议进行审查时，双方当事人必须到场吗？

A 是的。人民法院审查相关情况时，应当通知双方当事人共同到场对案件进行核实。人民法院经审查，认为当事人的陈述或者提供的证明材料不充分、不完备或者有疑义的，可以要求当事人限期补充陈述或者补充证明材料。必要时，人民法院可以向调解组织核实有关情况。

Q 当事人可以撤回对调解协议的司法确认申请吗？

A 可以。确认调解协议的裁定作出前，当事人撤回申请的，人民法院可以裁定准许。当事人无正当理由未在限期内补充陈述、补充证明材料或者拒不接受询问的，人民法院可以按撤回申请处理。

Q 哪些调解协议确认申请会被法院裁定驳回？

A 经审查，调解协议有下列情形之一的，人民法院应当裁定驳回申请：1. 违反法律强制性规定的；2. 损害国家利益、社会公共利益、他人合法权益的；3. 违背公序良俗的；4. 违反自愿原则的；5. 内容不明确的；6. 其他不能进行司法确认的情形。

Q 实现担保物权案件应当向哪个法院提出申请？

A 申请实现担保物权，由担保物权人以及其他有权请求实现担保物权的人依照物权法等法律，向担保财产所在地或者担保物权登记地基层人民法院提出。

Q 哪些人有权提出实现担保物权申请？

A 有权提出担保物权申请的人包括担保物权人以及其他有权请求实现担保物权的人。担保物权人，是指抵押权人、质权人、留置权人；其他有权请求实现担保物权的人，是指抵押人、出质人、财产被留置的债务人或者所有权人等。

Q 当事人对实现担保物权的顺序有约定，法院会如何处理？

A 被担保的债权既有物的担保又有人的担保，当事人对实现担保物权的顺序有约定，实现担保物权的申请违反该约定的，人民法院裁定不予受理；没有约定或者约定不明的，人民法院应当受理。

Q 登记在先的担保物权尚未实现，后顺位的权利人可以提出申请吗？

A 同一财产上设立多个担保物权，登记在先的担保物权尚未实现的，不影响后顺位的担保物权人向人民法院申请实现担保物权。

Q 申请实现担保物权应当提交哪些材料？

A 申请实现担保物权，应当提交下列材料：1. 申请书，应当记明申请人、被申请人的姓名或者名称、联系方式等基本信息，具体的请求和事实、理由；2. 证明担保物权存在的材料，包括主合同、担保合同、抵押登记证明或者他项权利证书，权利质权的权利凭证或者质权出质登记证明等；3. 证明实现担保物权条件成就的材料；4. 担保财产现状的说明；5. 人民法院认为需要提交的其他材料。

被申请人何时可以提出异议？

人民法院受理申请后，应当在 5 日内向被申请人送达申请书副本、异议权利告知书等文书。被申请人有异议的，应当在收到人民法院通知后的 5 日内向人民法院提出，同时说明理由并提供相应的证据材料。

何种情形下法院对实现担保物权案件组成合议庭审查？

实现担保物权案件可以由审判员一人独任审查。担保财产标的额超过基层人民法院管辖范围的，应当组成合议庭进行审查。

法院对实现担保物权案件如何审查？

人民法院审查实现担保物权案件，可以询问申请人、被申请人、利害关系人，必要时可以依职权调查相关事实。

实现担保物权案件的审查内容是什么？

人民法院应当就主合同的效力、期限、履行情况，担保物权是否有效设立、担保财产的范围、被担保的债权范围、被担保的债权是否已届清偿期等担保物权实现的条件，以及是否损害他人合法权益等内容进行审查。被申请人或者利害关系人提出异议的，人民法院应当一并审查。

实现担保物权案件可以提出财产保全申请吗？

可以。人民法院受理申请后，申请人对担保财产提出保全申请的，可以按照民事诉讼法关于诉讼保全的规定办理。

实现担保物权案件有哪些处理结果？

人民法院审查后，按下列情形分别处理：1. 当事人对实现担保物权无实质性争议且实现担保物权条件成就的，裁定准许拍卖、变卖担保财产，当事人依据该裁定可以向人民法院申请执行；2. 当事人对实现担保物权有部分实质性争议的，可以就无争议部分裁定准许拍卖、变卖担保财产，当事人依据该裁定可以向人民法院申请执行；3. 当事人对实现担保物权有实质性争议的，裁定驳回申请，并告知申请人向人民法院提起诉讼。

审判监督程序

法院可以依职权提起再审吗？

可以。各级人民法院院长对本院已经发生法律效力的判决、裁定、调解书，发现确有错误，认为需要再审的，应当提交审判委员会讨论决定。最高人民法院对地方各级人民法院已经发生法律效力的判决、裁定、调解书，上级人民法院对下级人民法院已经发生法律效力的判决、裁定、调解书，发现确有错误的，有权提审或者指令下级人民法院再审。

Q 当事人可以申请再审吗？

A 当事人对已经发生法律效力的判决、裁定，认为有错误的，可以向上一级人民法院申请再审；当事人一方为10人以上或者当事人双方为公民的案件，也可以向原审人民法院申请再审。

Q 当事人申请再审，要停止判决、裁定执行吗？

A 当事人申请再审的，不停止判决、裁定的执行。

Q 当事人将生效裁判确认的债权转让后，受让人可以申请再审吗？

A 不可以。判决、调解书生效后，当事人将判决、调解书确认的债权转让，债权受让人对该判决、调解书不服申请再审的，人民法院不予受理。

Q 当事人可以分别选择不同级别的法院申请再审吗？

A 不可以。当事人一方人数众多或者当事人双方为公民的案件，当事人分别向原审人民法院和上一级人民法院申请再审且不能协商一致的，由原审人民法院受理。

Q 当事人对哪些案件不得申请再审？

A 适用特别程序、督促程序、公示催告程序、破产程序等非讼程序审理的案件，当事人不得申请再审。

哪些裁定可以申请再审？

当事人认为发生法律效力的不予受理、驳回起诉的裁定错误的，可以申请再审。

当事人申请再审的法定事由有哪些？

当事人的申请符合下列情形之一的，人民法院应当再审：1. 有新的证据，足以推翻原判决、裁定的；2. 原判决、裁定认定的基本事实缺乏证据证明的；3. 原判决、裁定认定事实的主要证据是伪造的；4. 原判决、裁定认定事实的主要证据未经质证的；5. 对审理案件需要的主要证据，当事人因客观原因不能自行收集，书面申请人民法院调查收集，人民法院未调查收集的；6. 原判决、裁定适用法律确有错误的；7. 审判组织的组成不合法或者依法应当回避的审判人员没有回避的；8. 无诉讼行为能力人未经法定代理人代为诉讼，或者应当参加诉讼的当事人，因不能归责于本人或者其诉讼代理人的事由，未参加诉讼的；9. 违反法律规定，剥夺当事人辩论权利的；10. 未经传票传唤，缺席判决的；11. 原判决、裁定遗漏或者超出诉讼请求的；12. 据以作出原判决、裁定的法律文书被撤销或者变更的；13. 审判人员审理该案件时有贪污受贿、徇私舞弊、枉法裁判行为的。

再审中新证据的认定标准是什么？

再审申请人提供的新的证据，能够证明原判决、裁定认定基本事实或者裁判结果错误的，应当认定为符合“有新的证据，足以推翻原判决、裁定”的再审事由。

Q 法院对再审中的新证据如何进行审查？

A 对于再审申请人提供的新证据，人民法院应当责令再审申请人说明其逾期提供该证据的理由；拒不说明理由或者理由不成立的，人民法院根据不同情形可以不予采纳该证据，或者采纳该证据但予以训诫、罚款。对方当事人还可要求其赔偿因逾期提供证据致使其增加的交通、住宿、就餐、误工、证人出庭作证等必要费用。

Q 哪些情形是再审申请人逾期提供证据的正当理由？

A 再审申请人证明其提交的新的证据符合下列情形之一的，可以认定逾期提供证据的理由成立：1. 在原审庭审结束前已经存在，因客观原因于庭审结束后才发现的；2. 在原审庭审结束前已经发现，但因客观原因无法取得或者在规定的期限内不能提供的；3. 在原审庭审结束后形成，无法据此另行提起诉讼的。再审申请人提交的证据在原审中已经提供，原审人民法院未组织质证且未作为裁判根据的，视为逾期提供证据的理由成立，但原审人民法院依照民事诉讼法第六十五条规定不予采纳的除外。

【背景链接：《中华人民共和国民事诉讼法》（http://www.chinacourt.org/law）第六十五条：当事人对自己提出的主张应当及时提供证据。人民法院根据当事人的主张和案件审理情况，确定当事人应当提供的证据及其期限。当事人在该期限内提供证据确有困难的，可以向人民法院申请延长期限，人民法院根据当事人的申请适当延长。当事人逾期提供证据的，人民法院应当责令其说明理由；拒不说明理由或者理由不成立的，人民法院根据不同情形可以不予采纳该证据，或者采纳该证据但予以训诫、罚款。**】**

Q 当事人在原审中拒绝发表质证意见的可以申请再审吗？

A 不可以。当事人对原判决、裁定认定事实的主要证据在原审中拒绝发表质证意见或者质证中未对证据发表质证意见的，不属于民事诉讼法规定的未经质证的情形，不属于申请再审的法定事由。

Q 哪些情形属于原判决、裁定适用法律确有错误？

A 有下列情形之一，导致判决、裁定结果错误的，应当认定为民事诉讼法规定的原判决、裁定适用法律确有错误：1. 适用的法律与案件性质明显不符的；2. 确定民事责任明显违背当事人约定或者法律规定的；3. 适用已经失效或者尚未施行的法律的；4. 违反法律溯及力规定的；5. 违反法律适用规则的；6. 明显违背立法原意的。

Q 哪些情形属于剥夺当事人辩论权利？

A 原审开庭过程中有下列情形之一的，应当认定为《中华人民共和国民事诉讼法》第二百条第九项规定的剥夺当事人辩论权利：1. 不允许当事人发表辩论意见的；2. 应当开庭审理而未开庭审理的；3. 违反法律规定送达起诉状副本或者上诉状副本，致使当事人无法行使辩论权利的；4. 违法剥夺当事人辩论权利的其他情形。

Q 当事人未对一审裁判遗漏的诉讼请求提起上诉的还能申请再审吗？

A 不能。《中华人民共和国民事诉讼法》规定的“原判决、裁定遗漏或者超出诉讼请求的”中的“诉讼请求”，包括一审诉讼请求、二审上诉请求，但当事人未对一审判决、裁定遗漏或者超出诉讼请求提起上诉的除外。

哪些法律文书被撤销后当事人可以申请再审？

1. 发生法律效力的判决书、裁定书、调解书；2. 发生法律效力的仲裁裁决书；3. 具有强制执行效力的公证债权文书。

认定审判人员有贪污受贿等行为的法律依据是什么？

民事诉讼法规定的审判人员审理该案件时有贪污受贿、徇私舞弊、枉法裁判行为，是指已经由生效刑事法律文书或者纪律处分决定所确认的行为。

当事人对生效调解书可以申请再审吗？

可以。当事人对已经发生法律效力的调解书，提出证据证明调解违反自愿原则或者调解协议的内容违反法律的，可以申请再审。经人民法院审查属实的，应当再审。

对调解书申请再审的期限是多长时间？

当事人对已经发生法律效力的调解书申请再审，应当在调解书发生法律效力后6个月内提出。

当事人对生效离婚裁判文书可以申请再审吗？

当事人对已经发生法律效力的解除婚姻关系的判决、调解书，不得申请再审。

当事人可以就离婚案件中的财产分割问题申请再审吗？

原则上可以。当事人就离婚案件中的财产分割问题申请再审，如涉及判决中已分割的财产，人民法院应当依照民事诉讼法规定进行审查，符合再审条件的，应当裁定再审。但是，如涉及判决中未作处理的夫妻共同财产，应当告知当事人另行起诉。

当事人申请再审应当提交哪些材料？

当事人申请再审，应当提交下列材料：1. 再审申请书，并按照被申请人和原审其他当事人的人数提交副本。2. 再审申请人是自然人的，应当提交身份证明；再审申请人是法人或者其他组织的，应当提交营业执照、组织机构代码证书、法定代表人或者主要负责人身份证明书。委托他人代为申请的，应当提交授权委托书和代理人身份证明。3. 原审判决书、裁定书、调解书。4. 反映案件基本事实的主要证据及其他材料。第2、3、4项规定的材料可以是与原件核对无异的复印件。

再审申请书应当记明哪些内容？

再审申请书应当记明下列事项：1. 再审申请人与被申请人及原审其他当事人的基本信息；2. 原审人民法院的名称，原审裁判文书案号；3. 具体的再审请求；4. 申请再审的法定情形及具体事实、理由。再审申请书应当明确申请再审的人民法院，并由再审申请人签名、捺印或者盖章。

Q 申请人何时可以得知案件是否受理？

A 人民法院应当自收到符合条件的再审申请书等材料之日起5日内向再审申请人发送受理通知书，并向被申请人及原审其他当事人发送应诉通知书、再审申请书副本等材料。

Q 再审申请的审查时限是多长时间？

A 人民法院应当自收到再审申请书之日起3个月内审查，符合民事诉讼法规定的，裁定再审；不符合民事诉讼法规定的，裁定驳回申请。有特殊情况需要延长的，由本院院长批准。

Q 当事人申请再审的案件由哪一级别法院审理？

A 当事人申请裁定再审的案件由中级人民法院以上的人民法院审理，但当事人依照民事诉讼法的规定选择向基层人民法院申请再审的除外。最高人民法院、高级人民法院裁定再审的案件，由本院再审或者交其他人民法院再审，也可以交原审人民法院再审。

Q 当事人的哪些再审申请法院不予受理？

A 当事人申请再审，有下列情形之一的，人民法院不予受理：1. 再审申请被驳回后再次提出申请的；2. 对再审判决、裁定提出申请的；3. 在人民检察院对当事人的申请作出不予提出再审检察建议或者抗诉决定后又提出申请的。第1、2项规定情形，人民法院应当告知当事人可以向人民检察院申请再审检察建议或者抗诉，但因人民检察院提出再审检察建议或者抗诉而再审作出的判决、裁定除外。

Q 法院再审审查后有哪些处理结果？

A 当事人主张的再审事由成立，且符合申请再审条件的，人民法院应当裁定再审。当事人主张的再审事由不成立，或者当事人申请再审超过法定申请再审期限、超出法定再审事由范围等不符合民事诉讼法及其司法解释规定的申请再审条件的，人民法院应当裁定驳回再审申请。

Q 再审审查时必须询问当事人吗？

A 不是。人民法院根据审查案件的需要决定是否询问当事人。新的证据可能推翻原判决、裁定的，人民法院应当询问当事人。

Q 再审审查期间其他当事人提出再审申请的怎么办？

A 审查再审申请期间，被申请人及原审其他当事人依法提出再审申请的，人民法院应当将其列为再审申请人，对其再审事由一并审查，审查期限重新计算。经审查，其中一方再审申请人主张的再审事由成立的，应当裁定再审。各方再审申请人主张的再审事由均不成立的，一并裁定驳回再审申请。

Q 再审申请人可以申请法院委托鉴定勘验吗？

A 不可以。审查再审申请期间，再审申请人申请人民法院委托鉴定、勘验的，人民法院不予准许。

Q 再审审查期间再审申请人可以撤回申请吗？

A 可以。审查再审申请期间，再审申请人撤回再审申请的，是否准许，由人民法院裁定。再审申请人经传票传唤，无正当理由拒不接受询问的，可以按撤回再审申请处理。

Q 当事人撤回再审申请后还能再次申请再审吗？

A 人民法院准许撤回再审申请或者按撤回再审申请处理后，再审申请人再次申请再审的，不予受理，但有民事诉讼法第二百条第一项、第三项、第十二项、第十三项规定情形的，自知道或者应当知道之日起6个月内提出的除外。

【**背景链接：**《中华人民共和国民事诉讼法》(http://www.chinacourt.org/law) 第二百条第一项：有新的证据，足以推翻原判决、裁定的；第三项：原判决、裁定认定事实的主要证据是伪造的；第十二项：据以作出原判决、裁定的法律文书被撤销或者变更的；第十三项：审判人员审理该案件时有贪污受贿、徇私舞弊、枉法裁判行为的。】

Q 哪些情形法院裁定终结审查？

A 再审申请审查期间，有下列情形之一的，裁定终结审查：1. 再审申请人死亡或者终止，无权利义务承继者或者权利义务承继者声明放弃再审申请的；2. 在给付之诉中，负有给付义务的被申请人死亡或者终止，无可供执行的财产，也没有应当承担义务的人的；3. 当事人达成和解协议且已履行完毕的，但当事人在和解协议中声明不放弃申请再审权利的除外；4. 他人未经授权以当事人名义申请再审的；5. 原审或者上一级人民法院已经裁定再审的；6. 有《最高人民法院关于适用〈中华人民共和国民事诉讼法〉的解释》

第三百八十三条第一款规定情形的。

【背景链接：《最高人民法院关于适用〈中华人民共和国民事诉讼法〉的解释》(http://www.chinacourt.org/law)第三百八十三条：当事人申请再审，有下列情形之一的，人民法院不予受理：（一）再审申请被驳回后再次提出申请的；（二）对再审判决、裁定提出申请的；（三）在人民检察院对当事人的申请作出不予提出再审检察建议或者抗诉决定后又提出申请的。前款第一项、第二项规定情形，人民法院应当告知当事人可以向人民检察院申请再审检察建议或者抗诉，但因人民检察院提出再审检察建议或者抗诉而再审作出的判决、裁定除外。】

Q 涉外民事案件与普通民事案件的再审审查时间一样吗？

A 不一样。人民法院对涉外民事案件的当事人申请再审进行审查的期间，不受3个月再审审查时间的限制。

Q 当事人申请再审需在多长时间内提出？

A 当事人申请再审，应当在判决、裁定发生法律效力后6个月内提出；有民事诉讼法第二百条第一项、第三项、第十二项、第十三项规定情形的，自知道或者应当知道之日起6个月内提出。

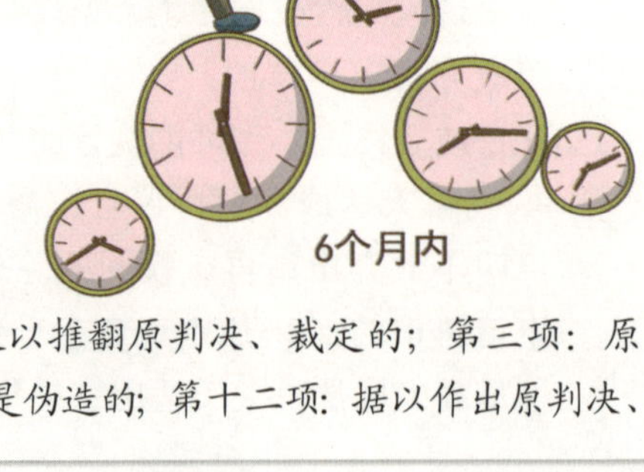

【背景链接：《中华人民共和国民事诉讼法》(http://www.chinacourt.org/law)第二百条第一项：有新的证据，足以推翻原判决、裁定的；第三项：原判决、裁定认定事实的主要证据是伪造的；第十二项：据以作出原判决、

裁定的法律文书被撤销或者变更的；第十三项：审判人员审理该案件时有贪污受贿、徇私舞弊、枉法裁判行为的。】

Q 法院决定再审的案件会不会中止执行？

A 原则上中止执行。按照审判监督程序决定再审的案件，裁定中止原判决、裁定、调解书的执行，法院应当在再审裁定中同时写明中止原判决、裁定、调解书的执行；情况紧急的，可以将中止执行裁定口头通知负责执行的人民法院，并在通知后10日内发出裁定书。但是，追索赡养费、扶养费、抚育费、抚恤金、医疗费用、劳动报酬等案件，可以不中止执行。

Q 因当事人申请裁定再审案件应由哪个法院再审？

A 因当事人申请裁定再审的案件一般应当由裁定再审的人民法院审理。

Q 哪些情形下对因当事人申请裁定再审案件可以指令再审？

A 有下列情形之一的，最高人民法院、高级人民法院可以指令原审人民法院再审：1. 依据民事诉讼法第二百条第四项、第五项或者第九项裁定再审的；2. 发生法律效力的判决、裁定、调解书是由第一审法院作出的；3. 当事人一方人数众多或者当事人双方为公民的；4. 经审判委员会讨论决定的其他情形。

【**背景链接：**《中华人民共和国民事诉讼法》（http://www.chinacourt.org/law）第二百条第四项：原判决、裁定认定事实的主要证据未经质证的；第五项：对审理案件需要的主要证据，当事人因客观原因不能自行收集，书面申请人民法院调查收集，人民法院未调查收集的；第九项：违反法律规定，剥夺当事人辩论权利的。】

Q 对检察院提出抗诉的案件可以指令再审吗？

A 人民检察院提出抗诉的案件，原则上由接受抗诉的人民法院审理。但是，具有以下情形之一的可以指令原审人民法院再审：1. 有新的证据，足以推翻原判决、裁定的；2. 原判决、裁定认定的基本事实缺乏证据证明的；3. 原判决、裁定认定事实的主要证据是伪造的；4. 原判决、裁定认定事实的主要证据未经质证的；5. 对审理案件需要的主要证据，当事人因客观原因不能自行收集，书面申请人民法院调查收集，人民法院未调查收集的。

Q 何种情形下法院裁定再审的案件应当提审？

A 最高人民法院对地方各级人民法院已经发生法律效力的判决、裁定、调解书，上级人民法院对下级人民法院已经发生法律效力的判决、裁定、调解书，发现确有错误的，应当提审。

Q 哪些案件虽然符合指令再审条件但仍应提审？

A 虽然符合可以指令再审的条件，但有下列情形之一的应当提审：1. 原判决、裁定系经原审人民法院再审审理后作出的；2. 原判决、裁定系经原审人民法院审判委员会讨论作出的；3. 原审审判人员在审理该案件时有贪污受贿、徇私舞弊、枉法裁判行为的；4. 原审人民法院对该案无再审管辖权的；5. 需要统一法律适用或裁量权行使标准的；6. 其他不宜指令原审人民法院再审的情形。

Q 按照二审程序审理再审案件发现原判认定基本事实不清怎么办？

A 人民法院按照第二审程序审理再审案件，发现原判决认定基本事实不清的，一般应当通过庭审认定事实后依法作出判决。但是，原审人民法院未对基本事实进行过审理的，可以裁定撤销原判决，发回重审。原判决认定事实错误的，上级人民法院不得以基本事实不清为由裁定发回重审。

Q 再审案件出现哪些情形可以认定为一审法院严重违反法定程序？

A 人民法院按照第二审程序审理再审案件，发现第一审人民法院有下列严重违反法定程序情形之一的，可以依照民事诉讼法第一百七十条第一款第（四）项的规定，裁定撤销原判决，发回第一审人民法院重审：1. 原判决遗漏必须参加诉讼的当事人的；2. 无诉讼行为能力人未经法定代理人代为诉讼，或者应当参加诉讼的当事人，因不能归责于本人或者其诉讼代理人的事由，未参加诉讼的；3. 未经合法传唤缺席判决，或者违反法律规定剥夺当事人辩论权利的；4. 审判组织的组成不合法或者依法应当回避的审判人员没有回避的；5. 原判决、裁定遗漏诉讼请求的。

【**背景链接**：《中华人民共和国民事诉讼法》（http://www.chinacourt.org/law）第一百七十条第一款第（四）项：原判决遗漏当事人或者违法缺席判决等严重违反法定程序的，裁定撤销原判决，发回原审人民法院重审。】

Q 上级法院指令再审或发回重审的应当阐明具体理由吗？

A 是的。上级人民法院裁定指令再审、发回重审的，应当在裁定书中阐明指令再审或者发回重审的具体理由。

Q 法院自行提起再审的案件按照什么程序审理？

A 人民法院按照审判监督程序再审的案件，发生法律效力的判决、裁定是由第一审法院作出的，按照第一审程序审理，所作的判决、裁定，当事人可以上诉；发生法律效力的判决、裁定是由第二审法院作出的，按照第二审程序审理，所作的判决、裁定，是发生法律效力的判决、裁定；上级人民法院按照审判监督程序提审的，按照第二审程序审理，所作的判决、裁定是发生法律效力的判决、裁定。

Q 法院审理再审案件应当另行组成合议庭吗？

A 是的。人民法院审理再审案件，应当另行组成合议庭。

Q 再审案件必须开庭审理吗？

A 不都是。人民法院审理再审案件应当组成合议庭开庭审理，但按照第二审程序审理，有特殊情况或者双方当事人已经通过其他方式充分表达意见，且书面同意不开庭审理的除外。

Q 再审案件可以缺席判决吗？

A 可以。符合缺席判决条件的，可以缺席判决。

Q 再审案件庭审中当事人依照何种顺序发表意见？

A 人民法院开庭审理再审案件，应当按照下列情形分别进行：1. 因当事人申请再审的，先由再审申请人陈述再审请求及理由，后由被申请人答辩、其他原审当事人发表意见；2. 因抗诉再审的，先由抗诉机关宣读抗诉书，再由申请抗诉的当事人陈述，后由被申请人答辩、其他原审当事人发表意见；3. 人民法院依职权再审，有申诉人的，先由申诉人陈述再审请求及理由，后由被申诉人答辩、其他原审当事人发表意见；4. 人民法院依职权再审，没有申诉人的，先由原审原告或者原审上诉人陈述，后由原审其他当事人发表意见。

Q 法律对再审案件的审理范围是如何规定的？

A 人民法院审理再审案件应当围绕再审请求进行。当事人的再审请求超出原审诉讼请求的，不予审理；符合另案诉讼条件的，告知当事人可以另行起诉。

Q 被申请人庭审辩论结束前提出再审请求的可以一并审理吗？

A 被申请人及原审其他当事人在庭审辩论结束前提出的再审请求，符合民事诉讼法规定的再审申请期限的，人民法院应当一并审理。

Q 法院再审中发现生效裁判损害他人合法权益的怎么办？

A 人民法院经再审，发现已经发生法律效力的判决、裁定损害国家利益、社会公共利益或者他人合法权益的，应当与当事人提出的再审请求一并审理。

哪些情形下可以终结再审程序？

再审审理期间，有下列情形之一的，可以裁定终结再审程序：1. 再审申请人在再审期间撤回再审请求，人民法院准许的；2. 再审申请人经传票传唤，无正当理由拒不到庭的，或者未经法庭许可中途退庭，按撤回再审请求处理的；3. 人民检察院撤回抗诉的；4. 有《最高人民法院关于适用〈中华人民共和国民事诉讼法〉的解释》第四百零二条第一项至第四项规定情形的；5. 因人民检察院提出抗诉裁定再审的案件，申请抗诉的当事人有前款规定的情形，且不损害国家利益、社会公共利益或者他人合法权益的，人民法院应当裁定终结再审程序。

【背景链接：《最高人民法院关于适用〈中华人民共和国民事诉讼法〉的解释》（http://www.chinacourt.org/law）第四百零二条第一项至第四项：（一）再审申请人死亡或者终止，无权利义务承继者或者权利义务承继者声明放弃再审申请的；（二）在给付之诉中，负有给付义务的被申请人死亡或者终止，无可供执行的财产，也没有应当承担义务的人的；（三）当事人达成和解协议且已履行完毕的，但当事人在和解协议中声明不放弃申请再审权利的除外；（四）他人未经授权以当事人名义申请再审的。**】**

再审程序终结后原生效裁判继续执行吗？

是的。再审程序终结后，人民法院裁定中止执行的原生效判决自动恢复执行。

Q 法院再审后有哪些审理结果？

A 人民法院经再审审理认为，原判决、裁定认定事实清楚、适用法律正确的，应予维持；原判决、裁定认定事实、适用法律虽有瑕疵，但裁判结果正确的，应当在再审判决、裁定中纠正瑕疵后予以维持；原判决、裁定认定事实、适用法律错误，导致裁判结果错误的，应当依法改判、撤销或者变更。

Q 按照二审程序再审案件，发现不符合起诉条件的如何处理？

A 按照第二审程序再审的案件，人民法院经审理认为不符合民事诉讼法规定的起诉条件或者符合民事诉讼法规定不予受理情形的，应当裁定撤销一、二审判决，驳回起诉。

Q 法院对调解书裁定再审后应当如何处理？

A 人民法院对调解书裁定再审后，按照下列情形分别处理：1. 当事人提出的调解违反自愿原则的事由不成立，且调解书的内容不违反法律强制性规定的，裁定驳回再审申请；2. 人民检察院抗诉或者再审检察建议所主张的损害国家利益、社会公共利益的理由不成立的，裁定终结再审程序。在上述情形之下，人民法院裁定中止执行的调解书需要继续执行的，自动恢复执行。

Q 一审原告在再审程序中可以申请撤诉吗？

A 可以。一审原告在再审审理程序中申请撤回起诉，经其他当事人同意，且不损害国家利益、社会公共利益或者他人合法权益的，人民法院可以准许。裁定准许撤诉的，应当一并撤销原判决。

Q 一审原告在再审程序中撤回起诉后重复起诉的能受理吗？

A 不能。一审原告在再审审理程序中撤回起诉后重复起诉的，人民法院不予受理。

Q 检察机关对民事诉讼进行法律监督有哪些方式？

A 检察机关可以采取抗诉或者提出检察建议的方式对民事诉讼进行法律监督：1. 最高人民检察院对各级人民法院已经发生法律效力的判决、裁定，上级人民检察院对下级人民法院已经发生法律效力的判决、裁定，发现有民事诉讼法第二百条规定情形之一的，或者发现调解书损害国家利益、社会公共利益的，应当提出抗诉。2. 地方各级人民检察院对同级人民法院已经发生法律效力的判决、裁定，发现有民事诉讼法规定的再审事由之一的，或者发现调解书损害国家利益、社会公共利益的，可以向同级人民法院提出检察建议，并报上级人民检察院备案；也可以提请上级人民检察院向同级人民法院提出抗诉。3. 各级人民检察院对审判监督程序以外的其他审判程序中审判人员的违法行为，有权向同级人民法院提出检察建议。

【背景链接：《中华人民共和国民事诉讼法》（http://www.chinacourt.org/law）第二百条：当事人的申请符合下列情形之一的，人民法院应当再审：（一）有新的证据，足以推翻原判决、裁定的；（二）原判决、裁定认定的基本事实缺乏证据证明的；（三）原判决、裁定认定事实的主要证据是伪造的；（四）原判决、裁定认定事实的主要证据未经质证的；（五）对审理案件需要的主要证据，当事人因客观原因不能自行收集，书面申请人民法院调查收集，人民法院未调查收集的；（六）原判决、裁定适用法律确有错误的；（七）审判组织的组成不合法或者依法应当回避的审判人员没有回避的；（八）无诉讼行为能力人未经法定代理人代为诉讼或者应当参加诉讼的当事人，因不能归责于本人或者其诉讼代理人的事由，未参加诉讼的；（九）违反法律规定，剥夺当事人辩论权利的；（十）未经传票传唤，缺席判决的；（十一）原判决、裁定遗漏或者超出诉讼请求的；（十二）据以作出原判决、裁定的法律文书被撤销或者变更的；（十三）审判人员审理该案件时有贪污受贿、徇私舞弊、枉法裁判行为的。】

Q 当事人提交新证据导致再审改判的应否补偿被申请人必要费用？

A 应当。当事人提交新的证据致使再审改判，因再审申请人或者申请检察监督当事人的过错未能在原审程序中及时举证，被申请人等当事人请求补偿其增加的交通、住宿、就餐、误工等必要费用的，人民法院应予支持。

Q 再审中部分当事人到庭并达成调解协议应当如何处理？

A 部分当事人到庭并达成调解协议，其他当事人未作出书面表示的，人民法院应当在判决中对该事实作出表述；调解协议内容不违反法律规定，且不损害其他当事人合法权益的，可以在判决主文中予以确认。

Q 检察机关对损害国家利益的生效裁判可以提出抗诉吗？

A 可以。人民检察院依法对损害国家利益、社会公共利益的发生法律效力的判决、裁定、调解书提出抗诉，或者经人民检察院检察委员会讨论决定提出再审检察建议的，人民法院应予受理。

检察院抗诉案件的范围包括哪些？

人民检察院对已经发生法律效力的判决及不予受理、驳回起诉的裁定依法提出抗诉的，人民法院应予受理，但适用特别程序、督促程序、公示催告程序、破产程序以及解除婚姻关系的判决、裁定等不适用审判监督程序的判决、裁定除外。

哪些情形下当事人可以向检察院申请检察建议或抗诉？

有下列情形之一的，当事人可以向人民检察院申请检察建议或者抗诉：1. 人民法院驳回再审申请的；2. 人民法院逾期未对再审申请作出裁定的；3. 再审判决、裁定有明显错误的。

检察院对当事人申请进行审查的时限是多长时间？

人民检察院对当事人的申请应当在 3 个月内进行审查，作出提出或者不予提出检察建议或者抗诉的决定。

Q 遭拒后当事人可以再次申请检察建议或者抗诉吗？

A 不可以。当事人不得再次向人民检察院申请检察建议或者抗诉。

Q 检察院提出再审检察建议需要符合哪些条件？

A 地方各级人民检察院依当事人的申请对生效判决、裁定向同级人民法院提出再审检察建议，符合下列条件的，人民法院应予受理：1. 再审检察建议书和原审当事人申请书及相关证据材料已经提交；2. 建议再审的对象为依照民事诉讼法及其司法解释规定可以进行再审的判决、裁定；3. 再审检察建议书列明该判决、裁定有民事诉讼法第二百零八条第二款规定情形；4. 符合民事诉讼法第二百零九条第一款第一项、第二项规定情形；5. 再审检察建议经该人民检察院检察委员会讨论决定。不符合上述规定的，人民法院可以建议人民检察院予以补正或者撤回；不予补正或者撤回的，应当函告人民检察院不予受理。

【**背景链接**：《中华人民共和国民事诉讼法》（http://www.chinacourt.org/law）第二百零八条第二款：地方各级人民检察院对同级人民法院已经发生法律效力的判决、裁定，发现有本法规定的再审事由之一的，或者发现调解书损害国家利益、社会公共利益的，可以向同级人民法院提出检察建议，并报上级人民检察院备案；也可以提请上级人民检察院向同级人民法院提出抗诉。

第二百零九条第一款：（一）人民法院驳回再审申请的；（二）人民法院逾期未对再审申请作出裁定的。】

法院对检察建议如何进行审查？

人民法院收到再审检察建议后，应当组成合议庭，在3个月内进行审查，发现原判决、裁定、调解书确有错误，需要再审的，依照民事诉讼法第一百九十八条规定裁定再审，并通知当事人；经审查，决定不予再审的，应当书面回复人民检察院。

【背景链接：《中华人民共和国民事诉讼法》（http://www.chinacourt.org/law）第一百九十八条：各级人民法院院长对本院已经发生法律效力的判决、裁定、调解书，发现确有错误，认为需要再审的，应当提交审判委员会讨论决定。最高人民法院对地方各级人民法院已经发生法律效力的判决、裁定、调解书，上级人民法院对下级人民法院已经发生法律效力的判决、裁定、调解书，发现确有错误的，有权提审或者指令下级人民法院再审。**】**

当事人再审申请被法院驳回后检察院还能抗诉吗？

能。人民法院审理因人民检察院抗诉或者检察建议裁定再审的案件，不受此前已经作出的驳回当事人再审申请裁定的影响。

检察机关有没有调查权？

有。人民检察院因履行法律监督职责提出检察建议或者抗诉的需要，可以向当事人或者案外人调查核实有关情况。

检察院提出的抗诉符合哪些条件法院应当裁定再审？

人民检察院依当事人的申请对生效判决、裁定提出抗诉，符合下列条件的，人民法院应当在30日内裁定再审：1. 抗诉书和原审当事人申请书及相关证据材料已经提交；2. 抗诉对象为依照民事诉讼法及其司法解释规定可以进行再审的判决、裁定；3. 抗诉书列明该判决、裁定有民事诉讼法第二百零八条第一款规定情形；4. 符合民事诉讼法第二百零九条第一款第一项、第二项规定情形。不符合上述规定的，人民法院可以建议人民检察院予以补正或者撤回；不予补正或者撤回的，人民法院可以裁定不予受理。

【背景链接：《中华人民共和国民事诉讼法》（http://www.chinacourt.org/law）第二百零八条第一款：最高人民检察院对各级人民法院已经发生法律效力的判决、裁定，上级人民检察院对下级人民法院已经发生法律效力的判决、裁定，发现有本法规定的法定再审事由之一的，或者发现调解书损害国家利益、社会公共利益的，应当提出抗诉。

第二百零九条第一项和第二项：有下列情形之一的，当事人可以向人民检察院申请检察建议或者抗诉：（一）人民法院驳回再审申请的；（二）人民法院逾期未对再审申请作出裁定的。】

Q 哪些情形下受理抗诉的法院可以交下一级法院再审？

A 当事人的再审申请被上级人民法院裁定驳回后，人民检察院对原判决、裁定、调解书提出抗诉，抗诉事由符合以下5种情形之一的，受理抗诉的人民法院可以交由下一级人民法院再审：1. 有新的证据，足以推翻原判决、裁定的；2. 原判决、裁定认定的基本事实缺乏证据证明的；3. 原判决、裁定认定事实的主要证据是伪造的；4. 原判决、裁定认定事实的主要证据未经质证的；5. 对审理案件需要的主要证据，当事人因客观原因不能自行收集，书面申请人民法院调查收集，人民法院未调查收集的。

Q 再审案件开庭审理时检察院应当派员出庭吗？

A 应当。人民法院开庭审理抗诉案件，应当在开庭3日前通知人民检察院、当事人和其他诉讼参与人。同级人民检察院或者提出抗诉的人民检察院应当派员出庭。

Q 检察院向当事人调查核实的情况需要当庭质证吗？

A 需要。人民检察院因履行法律监督职责向当事人或者案外人调查核实的情况，应当向法庭提交并予以说明，由双方当事人进行质证。

督促程序

Q 向法院申请要求债务人支付金钱或有价证券的支付令需要符合哪些条件？

A 债权人申请支付令，符合下列条件的，基层人民法院应当受理，并在收到支付令申请书后5日内通知债权人：1. 请求给付金钱或者汇票、本票、支票、股票、债券、国库券、可转让的存款单等有价证券；2. 请求给付的金钱或者有价证券已到期且数额确定，并写明了请求所根据的事实、证据；3. 债权人没有对待给付义务；4. 债务人在我国境内且未下落不明；5. 支付令能够送达债务人；6. 收到申请书的人民法院有管辖权；7. 债权人未向人民法院申请诉前保全。

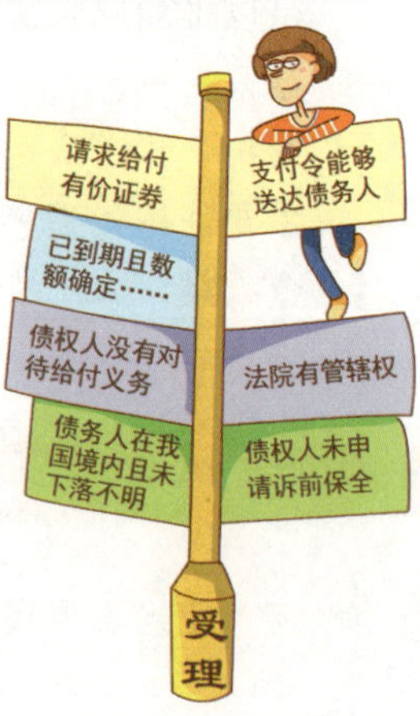

债权人申请支付令多长时间能知道是否受理？

债权人提出申请后，人民法院应当在 5 日内通知债权人是否受理。

基层法院受理支付令案件受债权金额限制吗？

基层人民法院受理申请支付令案件，不受债权金额的限制。

法院如何审理支付令案件？

人民法院受理申请后，经审查债权人提供的事实、证据对债权债务关系明确、合法的，应当在受理之日起 15 日内向债务人发出支付令；申请不成立的，裁定予以驳回。

债务人收到支付令后应当做什么？

债务人应当自收到支付令之日起 15 日内清偿债务，或者向人民法院提出书面异议。

债务人对支付令既不提出异议又不履行的有何法律后果？

债务人在收到支付令起 15 日内不提出书面异议又不履行支付令的，债权人可以向人民法院申请执行。

哪些情形下法院会驳回债权人的申请？

人民法院受理申请后，由审判员一人进行审查。经审查，有下列情形之一的，裁定驳回申请：1. 申请人不具备当事人资格的；2. 给付金钱或者有价证券的证明文件没有约定逾期给付利息或者违约金、赔偿金，债权人坚持要求给付利息或者违约金、赔偿金的；3. 要求给付的金钱或者有价证券属于违法所得的；4. 要求给付的金钱或者有价证券尚未到期或者数额不确定的。人民法院受理支付令申请后，发现不符合受理条件的，应当在受理之日起15日内裁定驳回申请。

Q 支付令可以留置送达吗？

A 可以。向债务人本人送达支付令，债务人拒绝接收的，人民法院可以留置送达。

Q 哪些情形下督促程序会终结？

A 有下列情形之一的，人民法院应当裁定终结督促程序，已发出支付令的，支付令自行失效：1. 人民法院受理支付令申请后，债权人就同一债权债务关系又提起诉讼的；2. 人民法院发出支付令之日起30日内无法送达债务人的；3. 债务人收到支付令前，债权人撤回申请的。

Q 债务人向其他法院起诉的影响支付令效力吗？

A 债务人在收到支付令后，未在法定期间提出书面异议，而向其他人民法院起诉的，不影响支付令的效力。

Q 债务人超过15天提出异议的有法律效力吗？

A 没有。债务人超过法定的15天期间提出异议的，视为未提出异议。

Q 债务人对支付令中部分请求提出异议影响其他部分的效力吗？

A 不影响。债权人基于同一债权债务关系，在同一支付令申请中向债务人提出多项支付请求，债务人仅就其中一项或者几项请求提出异议的，不影响其他各项请求的效力。

Q 多个债务人中部分人对支付令提出异议影响其他请求的效力吗？

A 不影响。债权人基于同一债权债务关系，就可分之债向多个债务人提出支付请求，多个债务人中的一人或者几人提出异议的，不影响其他请求的效力。

Q 向主债务人发出的支付令对担保人有约束力吗？

A 没有。对设有担保的债务的主债务人发出的支付令，对担保人没有拘束力。

Q 债权人就担保关系单独起诉对支付令效力有影响吗？

A 有影响。债权人就担保关系单独提起诉讼的，支付令自人民法院受理案件之日起失效。

哪些情形下应当认定债务人异议成立？

经形式审查，债务人提出的书面异议有下列情形之一的，应当认定异议成立，裁定终结督促程序，支付令自行失效：1.《最高人民法院关于适用〈中华人民共和国民事诉讼法〉的解释》规定的不予受理申请情形的；2.《最高人民法院关于适用〈中华人民共和国民事诉讼法〉的解释》规定的裁定驳回申请情形的；3.《最高人民法院关于适用〈中华人民共和国民事诉讼法〉的解释》规定的应当裁定终结督促程序情形的；4. 人民法院对是否符合发出支付令条件产生合理怀疑的。

【背景链接：《最高人民法院关于适用〈中华人民共和国民事诉讼法〉的解释》（http://www.chinacourt.org/law）第四百二十九条：债权人申请支付令，符合下列条件的，基层人民法院应当受理，并在收到支付令申请书后五日内通知债权人：（一）请求给付金钱或者汇票、本票、支票、股票、债券、国库券、可转让的存款单等有价证券；（二）请求给付的金钱或者有价证券已到期且数额确定，并写明了请求所根据的事实、证据；（三）债权人没有对待给付义务；（四）债务人在我国境内且未下落不明；（五）支付令能够送达债务人；（六）收到申请书的人民法院有管辖权；（七）债权人未向人民法院申请诉前保全。不符合前款规定的，人民法院应当在收到支付令申请书后五日内通知债权人不予受理。基层人民法院受理申请支付令案件，不受债权金额的限制。

第四百三十条：人民法院受理申请后，由审判员一人进行审查。经审查，有下列情形之一的，裁定驳回申请：（一）申请人不具备当事人资格的；（二）给付金钱或者有价证券的证明文件没有约定逾期给付利息或者违约金、赔偿金，债权人坚持要求给付利息或者违约金、赔偿金的；（三）要求给付的金钱或者有价证券属于违法所得的；（四）要求给付的金钱或者有价证券尚未到期或者数额不确定的。

第四百三十二条：有下列情形之一的，人民法院应当裁定终结督促程序，已发出支付令的，支付令自行失效：（一）人民法院受理支付令申请后，债权人就同一债权债务关系又提起诉讼的；（二）人民法院发出支付令之日起三十日内无法送达债务人的；（三）债务人收到支付令前，债权人撤回申请的。**】**

债务人提出无钱还债的影响支付令的效力吗？

债务人对债务本身没有异议，只是提出缺乏清偿能力、延缓债务清偿期限、变更债务清偿方式等异议的，不影响支付令的效力。人民法院经审查认为异议不成立的，裁定驳回。

债务人可以口头提出异议吗？

不可以。债务人口头对支付令提出异议无效。

债务人可以撤回异议吗？

可以。人民法院作出终结督促程序或者驳回异议裁定前，债务人请求撤回异议的，应当裁定准许。债务人对撤回异议反悔的，人民法院不予支持。

支付令失效后申请人不同意起诉的有什么法律后果？

支付令失效后，申请支付令的一方当事人不同意提起诉讼的，应当自收到终结督促程序裁定之日起 7 日内向受理申请的人民法院提出。这种情况不影响其向其他有管辖权的人民法院提起诉讼。

支付令失效后可以自动转入诉讼程序吗？

可以。支付令失效后，申请支付令的一方当事人自收到终结督促程序裁定之日起 7 日内未向受理申请的人民法院表明不同意提起诉讼的，视为向受理申请的人民法院起诉。债权人提出支付令申请的时间，即为向人民法院起诉的时间。

Q 支付令确有错误可以撤销吗？

A 可以。人民法院院长发现本院已经发生法律效力的支付令确有错误，认为需要撤销的，应当提交本院审判委员会讨论决定后，裁定撤销支付令，驳回债权人的申请。

公示催告程序

Q 票据被盗后如何维护自身权益？

A 按照规定可以背书转让的票据持有人，因票据被盗、遗失或者灭失，可以向票据支付地的基层人民法院申请公示催告。

Q 公示催告的申请书应当写明哪些内容？

A 申请人应当向人民法院递交申请书，写明票面金额、发票人、持票人、背书人等票据主要内容和申请的理由、事实。

Q 可以申请公示催告的票据持有人是指哪些人？

A 可以背书转让的票据持有人，是指票据被盗、遗失或者灭失前的最后持有人。

Q 公示催告申请人多久可以获知法院是否受理？

A 最多7日。人民法院收到公示催告的申请后，应当立即审查，并决定是否受理。经审查认为符合受理条件的，通知予以受理，并同时通知支付人停止支付；认为不符合受理条件的，7 日内裁定驳回申请。

Q 公示催告申请应当审查哪些内容？

A 因票据丧失，申请公示催告的，人民法院应结合票据存根、丧失票据的复印件、出票人关于签发票据的证明、申请人合法取得票据的证明、银行挂失止付通知书、报案证明等证据，决定是否受理。

Q 法院应在多长时间内发出公示催告的公告？

A 人民法院决定受理申请，应当同时通知支付人停止支付，并在 3 日内发出公告，催促利害关系人申报权利。

Q 公示催告的公告期间是多长时间？

A 公告期间不得少于 60 日，且公示催告期间届满日不得早于票据付款日后 15 日。

Q 公示催告的公告应当写明哪些内容？

A 人民法院依照民事诉讼法第二百一十九条规定发出的受理申请的公告，应当写明下列内容：1. 公示催告申请人的姓名或者名称；2. 票据的种类、号码、票面金额、出票人、背书人、持票人、付款期限等事项，以及其他可以申请公示催告的权利凭证的种类、号码、权利范围、权利人、义务人、行权日期等事项；3. 申报权利的期间；4. 在公示催告期间转让票据等权利凭证，利害关系人不申报的法律后果。

Q 公告应当在哪些载体刊登？

A 公告应当在有关报纸或者其他媒体上刊登，并于同日公布于人民法院公告栏内。人民法院所在地有证券交易所的，还应当同日在该交易所公布。

Q 支付人收到法院通知后应当停止支付吗？

A 支付人收到人民法院停止支付的通知，应当停止支付，至公示催告程序终结。公示催告期间，转让票据权利的行为无效。

Q 法院通知止付后支付人拒不止付的有何法律后果？

A 人民法院通知支付人停止支付，应当符合有关财产保全的规定。支付人收到停止支付通知后拒不止付的，除可依照民事诉讼法规定采取强制措施外，在判决后，支付人仍应承担付款义务。

Q 票据利害关系人如何申报权利？

A 利害关系人应当在公示催告期间向人民法院申报。人民法院收到利害关系人的申报后，应当裁定终结公示催告程序，并通知申请人和支付人。申请人或者申报人可以向人民法院起诉。

Q 利害关系人出示的票据与公示催告票据不一致如何处理？

A 利害关系人申报权利，人民法院应当通知其向法院出示票据，并通知公示催告申请人在指定的期间查看该票据。公示催告申请人申请公示催告的票据与利害关系人出示的票据不一致的，应当裁定驳回利害关系人的申报。

Q 公示催告程序终结后，申请人或申报人应当向哪个法院起诉？

A 人民法院依照民事诉讼法规定终结公示催告程序后，公示催告申请人或者申报人向人民法院提起诉讼，因票据权利纠纷提起的，由票据支付地或者被告住所地人民法院管辖；因非票据权利纠纷提起的，由被告住所地人民法院管辖。

Q 对于无人申报权利的，申请人应在多长时间内申请法院作出判决？

A 在申报权利的期间无人申报权利，或者申报被驳回的，申请人应当自公示催告期间届满之日起一个月内申请作出判决。逾期不申请判决的，终结公示催告程序。裁定终结公示催告程序的，应当通知申请人和支付人。

Q 判决公告后申请人可以据此请求付款人付款吗？

A 自判决公告之日起，公示催告申请人有权依据判决向付款人请求付款。付款人拒绝付款，申请人向人民法院起诉，符合民事诉讼法规定的起诉条件的，人民法院应予受理。

Q 因故未申报权利的利害关系人如何得到救济？

A 利害关系人因正当理由不能在判决前向人民法院申报的，自知道或者应当知道判决公告之日起一年内，可以向作出判决的人民法院起诉。

Q 利害关系人起诉的应当按照什么程序审理？

A 利害关系人向人民法院起诉的，人民法院可按票据纠纷适用普通程序审理。

Q 哪些事由属于未向法院申报权利的正当理由？

A 正当理由包括：1. 因发生意外事件或者不可抗力致使利害关系人无法知道公告事实的；2. 利害关系人因被限制人身自由而无法知道公告事实，或者虽然知道公告事实，但无法自己或者委托他人代为申报权利的；3. 不属于法定申请公示催告情形的；4. 未予公告或者未按法定方式公告的；5. 其他导致利害关系人在判决作出前未能向人民法院申报权利的客观事由。

Q 利害关系人起诉的应当以谁为被告？

A 利害关系人请求人民法院撤销除权判决的，应当将申请人列为被告。利害关系人仅诉请确认其为合法持票人的，人民法院应当在裁判文书中写明，确认利害关系人为票据权利人的判决作出后，除权判决即被撤销。

涉外民事诉讼的特别规定

Q 哪些案件属于涉外民事案件？

A 有下列情形之一，人民法院可以认定为涉外民事案件：1. 当事人一方或者双方是外国人、无国籍人、外国企业或者组织的；2. 当事人一方或者双方的经常居所地在中华人民共和国领域外的；3. 标的物在中华人民共和国领域外的；4. 产生、变更或者消灭民事关系的法律事实发生在中华人民共和国领域外的；5. 可以认定为涉外民事案件的其他情形。

Q 涉外民事案件审理时应当优先适用国际公约吗？

A 是的。中华人民共和国缔结或者参加的国际条约同民事诉讼法有不同规定的，适用该国际条约的规定，但中华人民共和国声明保留的条款除外。

Q 法院审理涉外民事案件必须使用中文吗？

A 人民法院审理涉外民事案件，应当使用中华人民共和国通用的语言、文字。当事人要求提供翻译的，可以提供，费用由当事人承担。

Q 当事人向法院提交外文书面材料的需要同时提交中文翻译件吗？

A 是的。当事人向人民法院提交的书面材料是外文的，应当同时向人民法院提交中文翻译件。当事人对中文翻译件有异议的，应当共同委托翻译机构提供翻译文本；当事人对翻译机构的选择不能达成一致的，由人民法院确定。

Q 外国当事人需要委托律师代理诉讼的，必须委托中国律师吗？

A 是的。外国人、无国籍人、外国企业和组织在人民法院起诉、应诉，需要委托律师代理诉讼的，必须委托中华人民共和国的律师。

Q 未在我国的外国当事人委托他人代理诉讼如何办理委托证明手续？

A 在中华人民共和国领域内没有住所的外国人、无国籍人、外国企业和组织委托中华人民共和国律师或者其他人代理诉讼，从中华人民共和国领域外寄交或者托交的授权委托书，应当经所在国公证机关证明，并经中华人民共和国驻该国使领馆认证，或者履行中华人民共和国与该所在国订立的有关条约中规定的证明手续后，才具有效力。

Q 外国当事人的身份证明文件如何进行公证和认证？

A 外国人参加诉讼，应当向人民法院提交护照等用以证明自己身份的证件。外国企业或者组织参加诉讼，向人民法院提交的身份证明文件，应当经所在国公证机关公证，并经中华人民共和国驻该国使领馆认证，或者履行中华人民共和国与该所在国订立的有关条约中规定的证明手续。代表外国企业或者组织参加诉讼的人，应当向人民法院提交其有权作为代表人参加诉讼的证明。该证明应当经所在国公证机关公证，并经中华人民共和国驻该国使领馆认证，或者履行中华人民共和国与该所在国订立的有关条约中规定的证明手续。“所在国”，是指外国企业或者组织的设立登记地国，也可以是办理了营业登记手续的第三国。

Q 外国当事人身份证明材料可以通过第三国办理认证吗？

A 外国当事人需要办理公证、认证手续，而外国当事人所在国与中华人民共和国没有建立外交关系的，可以经该国公证机关公证，经与中华人民共和国有外交关系的第三国驻该国使领馆认证，再转由中华人民共和国驻该第三国使领馆认证。

Q 外国当事人授权委托手续可以在法院当面办理吗？

A 可以。外国人、外国企业或者组织的代表人在人民法院法官的见证下签署授权委托书，委托代理人进行民事诉讼的，人民法院应予认可。

Q 外国当事人授权委托手续可以在我国办理公证吗？

A 可以。外国人、外国企业或者组织的代表人在中华人民共和国境内签署授权委托书，委托代理人进行民事诉讼，经中华人民共和国公证机构公证的，人民法院应予认可。

Q 外国当事人可以委托哪些人作为诉讼代理人？

A 涉外民事诉讼中的外籍当事人，可以委托本国人为诉讼代理人，也可以委托本国律师以非律师身份担任诉讼代理人；外国驻华使领馆官员，受本国公民的委托，可以以个人名义担任诉讼代理人，但在诉讼中不享有外交或者领事特权和豁免。

Q 外交代表可以为其本国国民聘请民事诉讼代理人吗？

A 可以。涉外民事诉讼中，外国驻华使领馆授权其本馆官员，在作为当事人的本国国民不在中华人民共和国领域内的情况下，可以以外交代表身份为其本国国民在中华人民共和国聘请中华人民共和国律师或者中华人民共和国公民代理民事诉讼。

Q 被告在我国境内没有住所的哪些法院有管辖权？

A 因合同纠纷或者其他财产权益纠纷，对在中华人民共和国领域内没有住所的被告提起的诉讼，如果合同在中华人民共和国领域内签订或者履行，或者诉讼标的物在中华人民共和国领域内，或者被告在中华人民共和国领域内有可供扣押的财产，或者被告在中华人民共和国领域内设有代表机构，可以由合同签订地、合同履行地、诉讼标的物所在地、可供扣押财产所在地、侵权行为地或者代表机构住所地人民法院管辖。

Q 涉外民事案件可以协议选择哪些法院管辖？

A 涉外合同或者其他财产权益纠纷的当事人，可以书面协议选择被告住所地、合同履行地、合同签订地、原告住所地、标的物所在地、侵权行为地等与争议有实际联系地点的外国法院管辖。但是，属于中华人民共和国法院专属管辖的案件，当事人不得协议选择外国法院管辖，协议选择仲裁的除外。

Q 哪些情形下法院会告知当事人向更方便的外国法院起诉？

A 涉外民事案件同时符合下列情形的，人民法院可以裁定驳回原告的起诉，告知其向更方便的外国法院提起诉讼：1. 被告提出案件应由更方便的外国法院管辖的请求，或者提出管辖异议；2. 当事人之间不存在选择中华人民共和国法院管辖的协议；3. 案件不属于中华人民共和国法院专属管辖；4. 案件不涉及中华人民共和国国家、公民、法人或者其他组织的利益；5. 案件争议的主要事实不是发生在中华人民共和国境内，且案件不适用中华人民共和国法律，人民法院审理案件在认定事实和适用法律方面存在重大困难；6. 外国法院对案件享有管辖权，且审理该案件更加方便。

Q 双方当事人分别向中外法院起诉的，中国法院可以受理吗？

A 可以。中华人民共和国法院和外国法院都有管辖权的案件，一方当事人向外国法院起诉，而另一方当事人向中华人民共和国法院起诉的，人民法院可予受理。判决后，外国法院申请或者当事人请求人民法院承认和执行外国法院对本案作出的判决、裁定的，不予准许；但双方共同缔结或者参加的国际条约另有规定的除外。

Q 我国法院承认外国判决后当事人可以再次就同一争议起诉吗？

A 外国法院判决、裁定已经被人民法院承认，当事人就同一争议向人民法院起诉的，人民法院不予受理。

Q 哪些涉外民事案件由中国法院专属管辖？

A 因在中华人民共和国履行中外合资经营企业合同、中外合作经营企业合同、中外合作勘探开发自然资源合同发生纠纷提起的诉讼，由中华人民共和国人民法院管辖。

Q 涉外民事诉讼有哪些送达方式？

A 人民法院对在中华人民共和国领域内没有住所的当事人送达诉讼文书，可以采用下列方式：1. 依照受送达人所在国与中华人民共和国缔结或者共同参加的国际条约中规定的方式送达；2. 通过外交途径送达；3. 对具有中华人民共和国国籍的受送达人，可以委托中华人民共和国驻受送达人所在国的使领馆代为送达；4. 向受送达人委托的有权代其接受送达的诉讼代理人送达；5. 向受送达人在中华人民共和国领域内设立的代表机构或者有权接受送达的分支机构、业务代办人送达；6. 受送达人所在国的法律允许邮寄送达的，可以邮寄送达，自邮寄之日起满 3 个月，送达回证没有退回，但根据各种情况足以认定已经送达的，期间届满之日视为送达；7. 采用传真、电子邮件等能够确认受送达人收悉的方式送达；8. 不能用上述方式送达的，公告送达，自公告之日起满 3 个月，即视为送达。

公告送达裁判文书时一审判决何时发生法律效力？

对在中华人民共和国领域内没有住所的当事人，经用公告方式送达诉讼文书，公告期满不应诉，人民法院缺席判决后，仍应当将裁判文书依照民事诉讼法规定公告送达。自公告送达裁判文书满 3 个月之日起，经过 30 日的上诉期当事人没有上诉的，一审判决即发生法律效力。

对在我国领域内的外国当事人可以直接送达吗？

可以。外国人或者外国企业、组织的代表人、主要负责人在中华人民共和国领域内的，人民法院可以向该自然人或者外国企业、组织的代表人、主要负责人送达。外国企业、组织的主要负责人包括该企业、组织的董事、监事、高级管理人员等。

涉外民事诉讼中如何进行邮寄送达？

受送达人所在国允许邮寄送达的，人民法院可以邮寄送达。邮寄送达时应当附有送达回证。受送达人未在送达回证上签收但在邮件回执上签收的，视为送达，签收日期为送达日期。自邮寄之日起满 3 个月，如果未收到送达的证明文件，且根据各种情况不足以认定已经送达的，视为不能用邮寄方式送达。

Q 一审时公告送达诉讼文书的，二审时可以继续公告送达吗？

A 可以。人民法院一审时采取公告方式向当事人送达诉讼文书的，二审时可径行采取公告方式向其送达诉讼文书，但人民法院能够采取公告方式之外的其他方式送达的除外。

Q 在我国没有住所的外国被告答辩期是多长时间？

A 被告在中华人民共和国领域内没有住所的，人民法院应当将起诉状副本送达被告，并通知被告在收到起诉状副本后30日内提出答辩状。被告申请延期的，是否准许由人民法院决定。

Q 在我国没有住所的外国被告上诉期是多长时间？

A 在中华人民共和国领域内没有住所的当事人，不服第一审人民法院判决、裁定的，有权在判决书、裁定书送达之日起30日内提起上诉。被上诉人在收到上诉状副本后，应当在30日内提出答辩状。当事人不能在法定期间提起上诉或者提出答辩状，申请延期的，是否准许由人民法院决定。

Q 涉外民事案件审理期限是多长时间？

A 人民法院审理涉外第一审民事案件不受在6个月内审结的限制，第二审民事案件不受在3个月内审结的限制。

Q 涉外商事海事纠纷可以申请仲裁吗？

A 可以。涉外经济贸易、运输和海事中发生的纠纷，当事人在合同中订有仲裁条款或者事后达成书面仲裁协议，提交中华人民共和国涉外仲裁机构或者其他仲裁机构仲裁的，当事人不得向人民法院起诉。当事人在合同中没有订有仲裁条款或者事后没有达成书面仲裁协议的，可以向人民法院起诉。

涉外仲裁当事人可以申请保全吗？

可以。当事人申请采取保全的，中华人民共和国的涉外仲裁机构应当将当事人的申请提交被申请人住所地或者财产所在地的中级人民法院裁定。人民法院可以进行审查，裁定是否进行保全。裁定保全的，应当责令申请人提供担保；申请人不提供担保的，裁定驳回申请。当事人申请证据保全，人民法院经审查认为无须提供担保的，申请人可以不提供担保。

一方当事人不履行仲裁裁决，对方当事人应向哪个法院申请执行？

经中华人民共和国涉外仲裁机构裁决的，当事人不得向人民法院起诉。一方当事人不履行仲裁裁决的，对方当事人可以向被申请人住所地或者财产所在地的中级人民法院申请执行。申请人应当提出书面申请，并附裁决书正本。如申请人为外国当事人，其申请书应当用中文文本提出。

哪些情形下涉外仲裁机构作出的裁决会被裁定不予执行？

对中华人民共和国涉外仲裁机构作出的裁决，被申请人提出证据证明仲裁裁决有下列情形之一的，经人民法院组成合议庭审查核实，裁定不予执行：1. 当事人在合同中没有订有仲裁条款或者事后没有达成书面仲裁协议的；2. 被申请人没有得到指定仲裁员或者进行仲裁程序的通知，或者由于其他不属于被申请人负责的原因未能陈述意见的；3. 仲裁庭的组成或者仲裁的程序与仲裁规则不符的；4. 裁决的事项不属于仲裁协议的范围或者仲裁机构无权仲裁的。人民法院认定执行该裁决违背社会公共利益的，裁定不予执行。

Q 法院不予执行仲裁裁决后，当事人有何救济途径？

A 仲裁裁决被人民法院裁定不予执行的，当事人可以根据双方达成的书面仲裁协议重新申请仲裁，也可以向人民法院起诉。

Q 中国和外国法院可以互相代为送达文书吗？

A 可以。根据中华人民共和国缔结或者参加的国际条约，或者按照互惠原则，人民法院和外国法院可以相互请求，代为送达文书、调查取证以及进行其他诉讼行为。外国法院请求协助的事项有损于中华人民共和国的主权、安全或者社会公共利益的，人民法院不予执行。

Q 请求和提供民事司法协助有哪些途径？

A 请求和提供司法协助，应当依照中华人民共和国缔结或者参加的国际条约所规定的途径进行；没有条约关系的，通过外交途径进行。外国驻中华人民共和国的使领馆可以向该国公民送达文书和调查取证，但不得违反中华人民共和国的法律，并不得采取强制措施。除上述规定的情况外，未经中华人民共和国主管机关准许，任何外国机关或者个人不得在中华人民共和国领域内送达文书、调查取证。

司法协助请求应当使用何种文字？

外国法院请求人民法院提供司法协助的请求书及其所附文件，应当附有中文译本或者国际条约规定的其他文字文本。人民法院请求外国法院提供司法协助的请求书及其所附文件，应当附有该国文字译本或者国际条约规定的其他文字文本。

我国法院提供司法协助应当遵循何种程序？

人民法院提供司法协助，依照中华人民共和国法律规定的程序进行。外国法院请求采用特殊方式的，也可以按照其请求的特殊方式进行，但请求采用的特殊方式不得违反中华人民共和国法律。

我国民事判决和仲裁裁决如何在域外得到承认和执行？

人民法院作出的发生法律效力的判决、裁定，如果被执行人或者其财产不在中华人民共和国领域内，当事人请求执行的，可以由当事人直接向有管辖权的外国法院申请承认和执行，也可以由人民法院依照中华人民共和国缔结或者参加的国际条约的规定，或者按照互惠原则，请求外国法院承认和执行。中华人民共和国涉外仲裁机构作出的发生法律效力的仲裁裁决，当事人请求执行的，如果被执行人或者其财产不在中华人民共和国领域内，应当由当事人直接向有管辖权的外国法院申请承认和执行。

Q 外国法院判决如何在我国得到承认和执行？

A 外国法院作出的发生法律效力的判决、裁定，需要中华人民共和国人民法院承认和执行的，可以由当事人直接向中华人民共和国有管辖权的中级人民法院申请承认和执行，也可以由外国法院依照该国与中华人民共和国缔结或者参加的国际条约的规定，或者按照互惠原则，请求人民法院承认和执行。

Q 当事人申请承认和执行外国法院判决应当提交哪些材料？

A 申请人向人民法院申请承认和执行外国法院作出的发生法律效力的判决、裁定，应当提交申请书，并附外国法院作出的发生法律效力的判决、裁定正本或者经证明无误的副本以及中文译本。外国法院判决、裁定为缺席判决、裁定的，申请人应当同时提交该外国法院已经合法传唤的证明文件，但判决、裁定已经对此予以明确说明的除外。中华人民共和国缔结或者参加的国际条约对提交文件有规定的，按照规定办理。

Q 我国法院如何对外国法院判决进行司法审查？

A 人民法院对申请或者请求承认和执行的外国法院作出的发生法律效力的判决、裁定，依照中华人民共和国缔结或者参加的国际条约，或者按照互惠原则进行审查后，认为不违反中华人民共和国法律的基本原则或者国家主权、安全、社会公共利益的，裁定承认其效力，需要执行的，发出执行令，依照民事诉讼法的有关规定执行。违反中华人民共和国法律的基本原则或者国家主权、安全、社会公共利益的，不予承认和执行。

Q 当事人可以向法院申请承认外国法院的生效离婚判决吗？

A 可以。当事人向中华人民共和国有管辖权的中级人民法院申请承认和执行外国法院作出的发生法律效力的判决、裁定的，如果该法院所在国与中华人民共和国没有缔结或者共同参加国际条约，也没有互惠关系的，裁定驳回申请，但当事人向人民法院申请承认外国法院作出的发生法律效力的离婚判决的除外。

Q 承认和执行外国判决申请被驳回后，当事人有何救济手段？

A 承认和执行外国判决的申请被裁定驳回的，当事人可以向人民法院起诉。

Q 当事人对外国判决或仲裁裁决可以直接向法院申请执行吗？

A 不可以。对外国法院作出的发生法律效力的判决、裁定或者外国仲裁裁决，需要中华人民共和国法院执行的，当事人应当先向人民法院申请承认。人民法院经审查，裁定承认后，再根据民事诉讼法有关执行的规定予以执行。当事人仅申请承认而未同时申请执行的，人民法院仅对应否承认进行审查并作出裁定。

Q 申请承认和执行外国生效判决的期间是几年？

A 2 年。当事人申请承认和执行外国法院作出的发生法律效力的判决、裁定或者外国仲裁裁决的期间，适用民事诉讼法第二百三十九条的规定。当事人仅申请承认而未同时申请执行的，申请执行的期间自人民法院对承认申请作出的裁定生效之日起重新计算。

【背景链接：《中华人民共和国民事诉讼法》（http://www.chinacourt.org/law）第二百三十九条：申请执行的期间为二年。申请执行时效的中止、中断，适用法律有关诉讼时效中止、中断的规定。

前款规定的期间，从法律文书规定履行期间的最后一日起计算；法律文书规定分期履行的，从规定的每次履行期间的最后一日起计算；法律文书未规定履行期间的，从法律文书生效之日起计算。】

申请承认和执行外国生效裁判或仲裁裁决案件必须由合议庭审查吗？

是的。承认和执行外国法院作出的发生法律效力的判决、裁定或者外国仲裁裁决的案件，人民法院应当组成合议庭进行审查。人民法院应当将申请书送达被申请人。被申请人可以陈述意见。

申请承认和执行外国生效裁判或仲裁裁决案件是一裁终局吗？

承认和执行外国法院作出的发生法律效力的判决、裁定或者外国仲裁裁决的案件，人民法院经审查作出的裁定，一经送达即发生法律效力。

当事人所在国家与中国没有条约和互惠基础，可以通过司法协助途径代为调查取证吗？

不可以。与中华人民共和国没有司法协助条约又无互惠关系的国家的法院，未通过外交途径，直接请求人民法院提供司法协助的，人民法院应予退回，并说明理由。

Q 当事人在境外使用我国法院判决的可以申请出具证明书吗？

A 可以。当事人在中华人民共和国领域外使用中华人民共和国法院的判决书、裁定书，要求中华人民共和国法院证明其法律效力的，或者外国法院要求中华人民共和国法院证明判决书、裁定书的法律效力的，作出判决、裁定的中华人民共和国法院，可以本法院的名义出具证明。

Q 当事人应向哪个法院提出承认和执行外国仲裁裁决申请？

A 国外仲裁机构的裁决，需要中华人民共和国人民法院承认和执行的，应当由当事人直接向被执行人住所地或者其财产所在地的中级人民法院申请，人民法院应当依照中华人民共和国缔结或者参加的国际条约，或者按照互惠原则办理。

Q 当事人可以申请承认和执行外国临时仲裁裁决吗？

A 可以。对临时仲裁庭在中华人民共和国领域外作出的仲裁裁决，一方当事人向人民法院申请承认和执行的，人民法院应当依照民事诉讼法第二百八十三条规定处理。

【背景链接：《中华人民共和国民事诉讼法》（http://www.chinacourt.org/law）第二百八十三条：国外仲裁机构的裁决，需要中华人民共和国人民法院承认和执行的，应当由当事人直接向被执行人住所地或者其财产所在地的中级人民法院申请，人民法院应当依照中华人民共和国缔结或者参加的国际条约，或者按照互惠原则办理。**】**

涉港澳台案件民事诉讼的有关规定

Q 涉港澳台案件可以适用我国民事诉讼法关于涉外民事诉讼程序的相关规定吗？

A 可以参照适用。人民法院审理涉及香港、澳门特别行政区和台湾地区的民事诉讼案件，可以参照适用涉外民事诉讼程序的特别规定。

Q 内地法院和香港法院可以相互委托送达民商事司法文书吗？

A 可以。

Q 内地法院和香港法院相互委托送达民商事法律文书的程序是怎样的？

A 双方委托送达司法文书，均须通过各高级人民法院和香港特别行政区高等法院进行。最高人民法院司法文书可以直接委托香港特别行政区高等法院送达。

Q 委托方出具的委托书需要载明哪些内容？

A 委托方请求送达司法文书，须出具盖有其印章的委托书，并须在委托书中说明委托机关的名称、受送达人的姓名或者名称、详细地址及案件的性质。

Q 委托书必须以中文文本提出吗？

A 是的。委托书应当以中文文本提出。所附司法文书没有中文文本的，应当提供中文译本。委托书及所附司法文书和其他相关文件一式两份。受送达人为两人以上的，每人一式两份。

Q 委托送达应在多长时间内完成？

A 受委托方接到委托书后，应当及时完成送达，最迟不得超过自收到委托书之日起两个月。

Q 送达司法文书后内地法院和香港法院分别应当出具何种材料？

A 送达司法文书后，内地人民法院应当出具送达回证；香港特别行政区法院应当出具送达证明书。出具送达回证和证明书，应当加盖法院印章。

Q 受委托法院无法送达司法文书怎么办？

A 受委托方无法送达的，应当在送达回证或者证明书上注明妨碍送达的原因、拒收事由和日期，并及时退回委托书及所附全部文件。

Q 内地和香港法院相互委托送达民商事司法文书收费吗？

A 原则上不收费。委托送达司法文书费用互免。但是，委托方在委托书中请求以特定送达方式送达所产生的费用，由委托方负担。

Q 内地和香港法院可以相互委托送达哪些民商事司法文书？

A 可以相互委托送达的民商事司法文书，在内地包括：起诉状副本、上诉状副本、授权委托书、传票、判决书、调解书、裁定书、决定书、通知书、证明书、送达回证；在香港特别行政区包括：起诉状副本、上诉状副本、传票、状词、誓章、判案书、判决书、裁决书、通知书、法庭命令、送达证明。

Q 内地与澳门法院可以相互委托送达民商事案件司法文书吗？

A 可以。

Q 内地与澳门法院可以相互委托调取民商事案件证据吗？

A 可以。

Q 内地与澳门法院相互委托送达司法文书和调取证据的程序是怎样的？

A 双方相互委托送达司法文书和调取证据，均须通过各高级人民法院和澳门特别行政区终审法院进行。最高人民法院与澳门特别行政区终审法院可以直接相互委托送达和调取证据。

Q 委托书可以用葡文文本提出吗？

A 不可以。委托书应当以中文文本提出。所附司法文书及其他相关文件没有中文文本的，应当提供中文译本。

受委托方法院完成送达和调取证据的时限分别是多长时间？

受委托方法院应优先处理受托事项。完成受托事项的期限，送达文书最迟不得超过自收到委托书之日起2个月，调取证据最迟不得超过自收到委托书之日起3个月。

内地与澳门法院相互委托送达司法文书和调取证据需要支付费用吗？

原则上不需支付。委托方法院无须支付受委托方法院在送达司法文书或调取证据时发生的费用或税项。但是，受委托方法院根据本辖区法律规定，有权在调取证据时，要求委托方法院预付鉴定人、证人、翻译人员的费用，以及因采用委托方法院在委托书中请求以特殊方式送达司法文书或调取证据所产生的费用。

受委托方法院可以不予执行受托事项吗？

在特定条件下可以。受委托方法院在执行受托事项时，如果该事项不属于法院职权范围，或者内地人民法院认为在内地执行该受托事项将违反其基本法律原则或社会公共利益，或者澳门特别行政区法院认为在澳门特别行政区执行该受托事项将违反其基本法律原则或公共秩序的，可以不予执行，但应当及时向委托方法院书面说明不予执行的原因。

委托方法院请求送达司法文书需要出具委托书吗?

需要。委托方法院请求送达司法文书，须出具盖有其印章的委托书，并在委托书中说明委托机关的名称、受送达人的姓名或者名称、详细地址及案件性质。如果执行方法院请求按特殊方式送达或者有特别注意的事项的，应当在委托书中注明。

完成司法文书送达事项后，内地法院和澳门法院分别应当出具何种材料?

完成司法文书送达事项后，内地人民法院应当出具送达回证，澳门特别行政区法院应当出具送达证明书。出具的送达回证和送达证明书，应当注明送达的方法、地点和日期，以及司法文书接收人的身份，并加盖法院印章。受委托方法院无法送达的，应当在送达回证或者送达证明书上注明妨碍送达的原因、拒收事由和日期，并及时退回委托书及所附全部文件。

内地法院和澳门法院可以相互委托送达哪些民商事司法文书?

可以相互委托送达的民商事司法文书在内地包括：起诉状副本、上诉状副本、反诉状副本、答辩状副本、授权委托书、传票、判决书、调解书、裁定书、支付令、决定书、通知书、证明书、送达回证以及其他司法文书和所附相关文件；在澳门特别行政区包括：起诉状复本、答辩状复本、反诉状复本、上诉状复本、陈述书、申辩书、声明异议书、反驳书、申请书、撤诉书、认诺书、和解书、财产目录、财产分割表、和解建议书、债权人协议书、传唤书、通知书、法官批示、命令状、法庭许可令状、判决书、合议庭裁判书、送达证明书以及其他司法文书和所附相关文件。

Q 内地法院和澳门法院相互委托代为调取证据的委托书应当写明哪些内容?

A 双方相互委托代为调取证据的委托书应当写明：1. 委托法院的名称；2. 当事人及其诉讼代理人的姓名、地址及其他一切有助于辨别其身份的情况；3. 委托调取证据的原因，以及委托调取证据的具体事项；4. 被调查人的姓名、地址及其他一切有助于辨别其身份的情况，以及需要向其提出的问题；5. 调取证据需采用的特殊方式；6. 有助于执行该委托的其他一切情况。

Q 内地法院和澳门法院可以相互委托代为调取哪些证据?

A 内地法院和澳门法院相互委托代为调取证据的范围包括：代为询问当事人、证人和鉴定人，代为进行鉴定和司法勘验，调取其他与诉讼有关的证据。

Q 受委托方法院调取证据时，委托方法院可以派员出席吗?

A 可以。受委托方法院在执行委托调取证据时，根据委托方法院的请求，可以允许委托方法院派司法人员出席。必要时，经受委托方允许，委托方法院的司法人员可以向证人、鉴定人等发问。

Q 受委托方法院取证时，被调查当事人的代理人可以出席吗?

A 可以。受委托方法院取证时，被调查的当事人、证人、鉴定人等的代理人可以出席。

Q 受委托方法院完成调取证据事项后应当向委托方法院进行书面说明吗？

A 应当。受委托方法院完成委托调取证据的事项后，应当向委托方法院书面说明。如果未能按委托方法院的请求全部或部分完成调取证据事项，受委托方法院应当向委托方法院书面说明妨碍调取证据的原因，并及时退回委托书及所附全部文件。如果当事人、证人根据受委托方的法律规定，拒绝作证或推辞提供证言时，受委托方法院应当以书面通知委托方法院，并退回委托书及所附全部文件。

Q 受委托方法院可以安排本辖区的证人到对方辖区出庭作证吗？

A 可以。受委托方法院可以根据委托方法院的请求，并经证人、鉴定人同意，协助安排其辖区的证人、鉴定人到对方辖区出庭作证。

Q 受委托方法院安排的证人在委托方地区逗留期间可以享受豁免吗？

A 可以。证人、鉴定人在委托方地域内逗留期间，不得因在其离开受委托方地域之前，在委托方境内所实施的行为或针对他所作的裁决而被刑事起诉、羁押，或者为履行刑罚或者其他处罚而被剥夺财产或者扣留身份证件，或者以任何方式对其人身自由加以限制。但是，证人、鉴定人完成所需诉讼行为，且可自由离开委托方地域后，在委托方境内逗留超过7天，或者已离开委托方地域又自行返回时，上述豁免即行终止。

Q 证人到委托方法院出庭产生的费用由谁支付？

A 证人、鉴定人到委托方法院出庭而导致的费用及补偿，由委托方法院预付。

Q 受委托方法院可以代为查询提供本辖区有关法律吗？

A 可以。受委托方法院可以根据委托方法院的请求代为查询并提供本辖区的有关法律。

Q 内地与澳门特别行政区可以相互认可和执行仲裁裁决吗？

A 可以。

Q 当事人可以向哪个法院申请认可和执行仲裁裁决？

A 在内地或者澳门特别行政区作出的仲裁裁决，一方当事人不履行的，另一方当事人可以向被申请人住所地、经常居住地或者财产所在地的有关法院申请认可和执行。1. 内地有权受理认可和执行仲裁裁决申请的法院为中级人民法院。两个或者两个以上中级人民法院均有管辖权的，当事人应当选择向其中一个中级人民法院提出申请。2. 澳门特别行政区有权受理认可仲裁裁决申请的法院为中级法院，有权执行的法院为初级法院。

Q 被申请人住所地分别在内地和澳门的可以分别向两地法院提出申请吗？

A 可以。被申请人的住所地、经常居住地或者财产所在地分别在内地和澳门特别行政区的，申请人可以向一地法院提出认可和执行申请，也可以分别向两地法院提出申请。

Q 当事人分别向内地和澳门法院提出申请，法院如何进行审查？

A 当事人分别向两地法院提出申请的，两地法院都应当依法进行审查。予以认可的，采取查封、扣押或者冻结被执行人财产等执行措施。仲裁地法院应当先进行执行清偿；另一地法院在收到仲裁地法院关于经执行债权未获清偿情况的证明后，可以对申请人未获清偿的部分进行执行清偿。两地法院执行财产的总额，不得超过依据裁决和法律规定所确定的数额。

Q 申请人提出认可和执行仲裁裁决申请的应当提交哪些材料？

A 申请人向有关法院申请认可和执行仲裁裁决的，应当提交以下文件或者经公证的副本：1. 申请书；2. 申请人身份证明；3. 仲裁协议；4. 仲裁裁决书或者仲裁调解书。上述文件没有中文文本的，申请人应当提交经正式证明的中文译本。

Q 认可和执行仲裁裁决申请书应当包括哪些内容？

A 申请书应当包括下列内容：1. 申请人或者被申请人为自然人的，应当载明其姓名及住所；为法人或者其他组织的，应当载明其名称及住所，以及其法定代表人或者主要负责人的姓名、职务和住所；申请人是外国籍法人或者其他组织的，应当提交相应的公证和认证材料。2. 请求认可和执行的仲裁裁决书或者仲裁调解书的案号或识别资料和生效日期。3. 申请认可和执行仲裁裁决的理由及具体请求，以及被申请人财产所在地、财产状况及该仲裁裁决的执行情况。

Q 哪些情形下有关法院不予认可仲裁裁决？

A 对申请认可和执行的仲裁裁决，被申请人提出证据证明有下列情形之一的，有关法院经审查核实，可以裁定不予认可：1. 仲裁协议一方当事人依对其适用的法律在订立仲裁协议时属于无行为能力的；或者依当事人约定的准据法，或当事人没有约定适用的准据法而依仲裁地法律，该仲裁协议无效的。2. 被申请人未接到选任仲裁员或者进行仲裁程序的适当通知，或者因他故未能陈述意见的。3. 裁决所处理的争议不是提交仲裁的争议，或者不在仲裁协议范围之内；或者裁决载有超出当事人提交仲裁范围的事项的决定，但裁决中超出提交仲裁范围的事项的决定与提交仲裁事项的决定可以分开的，裁决中关于提交仲裁事项的决定部分可以予以认可。4. 仲裁庭的组成或者仲裁程序违反了当事人的约定，或者在当事人没有约定时与仲裁地的法律不符的。5. 裁决对当事人尚无约束力，或者业经仲裁地的法院撤销或者拒绝执行的。6. 有关法院认定，依执行地法律，争议事项不能以仲裁解决的，不予认可和执行该裁决。7. 内地法院认定在内地认可和执行该仲裁裁决违反内地法律的基本原则或者社会公共利益，澳门特别行政区法院认定在澳门特别行政区认可和执行该仲裁裁决违反澳门特别行政区法律的基本原则或者公共秩序，不予认可和执行该裁决。

Q 申请认可和执行仲裁裁决收费吗？

A 申请人申请认可和执行仲裁裁决的，应当根据执行地法律的规定，交纳诉讼费用。

Q 双方当事人分别向内地和澳门法院申请执行和撤销仲裁裁决的怎么办？

A 一方当事人向一地法院申请执行仲裁裁决，另一方当事人向另一地法院申请撤销该仲裁裁决，被执行人申请中止执行且提供充分担保的，执行法院应当中止执行。根据经认可的撤销仲裁裁决的判决、裁定，执行法院应当终结执行程序；撤销仲裁裁决申请被驳回的，执行法院应当恢复执行。当事人申请中止执行的，应当向执行法院提供其他法院已经受理申请撤销仲裁裁决案件的法律文书。

Q 内地或澳门的判决可以相互执行吗？

A 根据《中华人民共和国澳门特别行政区基本法》规定，最高人民法院与澳门特别行政区经协商，达成《内地与澳门特别行政区关于相互认可和执行民商事判决的安排》，内地与澳门特别行政区民商事案件（在内地包括劳动争议案件，在澳门特别行政区包括劳动民事案件）判决，刑事案件中有关民事损害赔偿的判决、裁定可以相互认可和执行。

Q 申请执行内地或澳门的判决应当向哪个法院提出？

A 内地有权受理认可和执行判决申请的法院为被申请人住所地、经常居住地或者财产所在地的中级人民法院。两个或者两个以上中级人民法院均有管辖权的，申请人应当选择向其中一个中级人民法院提出申请。澳门特别行政区有权受理认可判决申请的法院为中级法院，有权执行的法院为初级法院。被申请人在内地和澳门特别行政区均有可供执行财产的，申请人可以向一地法院提出执行申请。申请人向一地法院提出执行申请的同时，可以向另一地法院申请查封、扣押或者冻结被执行人的财产。待一地法院执行完毕后，可以根据该地法院出具的执行情况证明，就不足部分向另一地法院申请采取处分财产的执行措施。两地法院执行财产的总额，不得超过依据判决和法律规定所确定的数额。

Q 申请执行内地或澳门判决应当提交什么材料？

A 请求认可和执行判决的申请书，应当载明下列事项：1. 申请人或者被申请人为自然人的，应当载明其姓名及住所；申请人为法人或者其他组织的，应当载明其名称及住所，以及其法定代表人或者主要负责人的姓名、职务和住所。2. 请求认可和执行的判决的案号和判决日期。3. 请求认可和执行判决的理由、标的，以及该判决在判决作出地法院的执行情况。申请书应当附生效判决书副本，或者经作出生效判决的法院盖章的证明书，同时应当附作出生效判决的法院或者有权限机构出具的证明下列事项的相关文件：1. 传唤属依法作出，但判决书已经证明的除外；2. 无诉讼行为能力人依法得到代理，但判决书已经证明的除外；3. 根据判决作出地的法律，判决已经送达当事人，并已生效；4. 申请人为法人的，应当提供法人营业执照副本或者法人登记证明书；5. 判决作出地法院发出的执行情况证明。

Q 在什么情况下内地或澳门判决书可能会不予执行？

A 被请求方法院经审查核实判决书存在下列情形之一的，裁定不予认可：1. 根据被请求方的法律，判决所确认的事项属被请求方法院专属管辖；2. 在被请求方法院已存在相同诉讼，该诉讼先于待认可判决的诉讼提起，且被请求方法院具有管辖权；3. 被请求方法院已认可或者执行被请求方法院以外的法院或仲裁机构就相同诉讼作出的判决或仲裁裁决；4. 根据判决作出地的法律规定，败诉的当事人未得到合法传唤，或者无诉讼行为能力人未依法得到代理；5. 根据判决作出地的法律规定，申请认可和执行的判决尚未发生法律效力，或者因再审被裁定中止执行；6. 在内地认可和执行判决将违反

内地法律的基本原则或者社会公共利益，在澳门特别行政区认可和执行判决将违反澳门特别行政区法律的基本原则或者公共秩序。

Q 涉港澳民商事案件中受送达人在内地的可以直接送达吗？

A 可以。作为受送达人的自然人或者企业、其他组织的法定代表人、主要负责人在内地的，人民法院可以直接向该自然人或者法定代表人、主要负责人送达。

Q 涉港澳民商事案件中可以向诉讼代理人送达司法文书吗？

A 可以。除受送达人在授权委托书中明确表明其诉讼代理人无权代为接收有关司法文书外，其委托的诉讼代理人为有权代其接受送达的诉讼代理人，人民法院可以向该诉讼代理人送达司法文书。

Q 涉港澳民商事案件中受送达人在内地有代表机构的可以直接送达吗？

A 可以。受送达人在内地设立有代表机构的，人民法院可以直接向该代表机构送达。受送达人在内地设立有分支机构或者业务代办人并授权其接受送达的，人民法院可以直接向该分支机构或者业务代办人送达。

Q 涉港澳民商事案件送达司法文书可以邮寄送达吗？

A 人民法院向受送达人送达司法文书，可以邮寄送达。邮寄送达时应附有送达回证。受送达人未在送达回证上签收但在邮件回执上签收的，视为送达，签收日期为送达日期。自邮寄之日起满 3 个月，虽未收到送达与否的证明文件，但存在《最高人民法院关于涉港澳民商事案件司法文书送达问题若干规定》第十二条规定情形的，期间届满之日视为送达。自邮寄之日起满3个月，如果未能收到送达与否的证明文件，且不存在《最高人民法院关于涉港澳民商事案件司法文书送达问题若干规定》第十二条规定情形的，视为未送达。

【背景链接：《最高人民法院关于涉港澳民商事案件司法文书送达问题若干规定》（http://www.chinacourt.org/law）第十二条：受送达人未对人民法院送达的司法文书履行签收手续，但存在以下情形之一的，视为送达：（一）受送达人向人民法院提及了所送达司法文书的内容；（二）受送达人已经按照所送达司法文书的内容履行；（三）其他可以确认已经送达的情形。**】**

Q 涉港澳民商事案件送达司法文书可以用电子邮件送达吗？

A 可以。人民法院可以通过传真、电子邮件等能够确认收悉的其他适当方式向受送达人送达。

Q 涉港澳民商事案件送达司法文书可以公告送达吗？

A 人民法院不能依照直接送达、邮寄送达、委托送达、电子送达等方式送达的，可以公告送达。公告内容应当在内地和受送达人住所地公开发行的报刊上刊登，自公告之日起满3个月即视为送达。

Q 涉港澳民商事案件可以同时采取多种送达方式吗？

A 人民法院可以同时采取多种法定方式向受送达人送达。采取多种方式送达的，应当根据最先实现送达的方式确定送达日期。

Q 涉港澳民商事案件送达司法文书可以留置送达吗？

A 人民法院向在内地的受送达人或者受送达人的法定代表人、主要负责人、诉讼代理人、代表机构以及有权接受送达的分支机构、业务代办人送达司法文书，可以适用留置送达的方式。

Q 涉港澳民商事案件中哪些情形视为送达？

A 受送达人未对人民法院送达的司法文书履行签收手续，但存在以下情形之一的，视为送达：1. 受送达人向人民法院提及了所送达司法文书的内容；2. 受送达人已经按照所送达司法文书的内容履行；3. 其他可以确认已经送达的情形。

Q 在内地或者香港作出的仲裁裁决如何得到执行？

A 在内地或者香港特别行政区作出的仲裁裁决，一方当事人不履行仲裁裁决的，另一方当事人可以向被申请人住所地或者财产所在地的有关法院申请执行。“有关法院”在内地指被申请人住所地或者财产所在地的中级人民法院，在香港特别行政区指香港特别行政区高等法院。

Q 申请执行内地或香港作出的仲裁裁决时，有多个法院具有管辖权怎么办？

A 被申请人住所地或者财产所在地在内地不同的中级人民法院辖区内的，申请人可以选择其中一个人民法院申请执行裁决，不得分别向两个或者两个以上人民法院提出申请。被申请人的住所地或者财产所在地，既在内地又在香港特别行政区的，申请人不得同时分别向两地有关法院提出申请。只有一地法院执行不足以偿还其债务时，申请人才可就不足部分向另一地法院申请执行。两地法院先后执行仲裁裁决的总额，不得超过裁决数额。

Q 申请执行内地或香港的仲裁裁决应该提交哪些申请材料？

A 申请人向有关法院申请执行在内地或者香港特别行政区作出的仲裁裁决的，应当提交以下文书：1. 执行申请书；2. 仲裁裁决书；3. 仲裁协议。

Q 申请执行内地或者香港的仲裁裁决时，提交的申请书应该包括哪些内容？

A 执行申请书的内容应当载明下列事项：1. 申请人为自然人的情况下，该人的姓名、地址；申请人为法人或者其他组织的情况下，该法人或其他组织的名称、地址及法定代表人姓名。2. 被申请人为自然人的情况下，该人的姓名、地址；被申请人为法人或者其他组织的情况下，该法人或其他组织的名称、地址及法定代表人姓名。3. 申请人为法人或者其他组织的，应当提交企业注册登记的副本；申请人是外国籍法人或者其他组织的，应当提交相应的公证和认证材料。4. 申请执行的理由与请求的内容，被申请人的财产所在地及财产状况。执行申请书应当以中文文本提出，裁决书或者仲裁协议没有中文文本的，申请人应当提交正式证明的中文译本。

Q 哪些情况下法院不予执行香港或内地的仲裁裁决？

A 在内地或者香港特别行政区申请执行的仲裁裁决，被申请人接到通知后，提出证据证明有下列情形之一的，经审查核实，有关法院可裁定不予执行：1. 仲裁协议当事人依对其适用的法律属于某种无行为能力的情形，或者该项仲裁协议依约定的准据法无效，或者未指明以

何种法律为准时，依仲裁裁决地的法律是无效的；2. 被申请人未接到指派仲裁员的适当通知，或者因他故未能陈述意见的；3. 裁决所处理的争议不是交付仲裁的标的或者不在仲裁协议条款之内，或者裁决载有关于交付仲裁范围以外事项的决定的，但交付仲裁事项的决定可与未交付仲裁的事项划分时，裁决中关于交付仲裁事项的决定部分应当予以执行；4. 仲裁庭的组成或者仲裁庭程序与当事人之间的协议不符，或者在有关当事人没有这种协议时与仲裁地的法律不符的；5. 裁决对当事人尚无约束力，或者业经仲裁地的法院或者按仲裁地的法律撤销或者停止执行的。有关法院认定依执行地法律，争议事项不能以仲裁解决的，则可不予执行该裁决。内地法院认定在内地执行该仲裁裁决违反内地社会公共利益，或者香港特别行政区法院决定在香港特别行政区执行该仲裁裁决违反香港特别行政区的公共政策，则可不予执行该裁决。

Q 内地或香港的判决可以相互执行吗？

A 根据《中华人民共和国香港特别行政区基本法》的规定，最高人民法院与香港特别行政区政府经协商，就当事人协议管辖的民商事案件判决的执行问题进行了安排。也就是大陆和香港地区相互认可和执行的是当事人协议管辖的民商事案件的判决。

Q 内地或香港相互执行判决的条件是什么？

A 内地人民法院和香港特别行政区法院在具有书面管辖协议的民商事案件中作出的须支付款项的具有执行力的终审判决，当事人可以向内地人民法院或者香港特别行政区法院申请认可和执行。

什么是具有执行力的终审判决？

具有执行力的终审判决在内地是指：1. 最高人民法院的判决；2. 高级人民法院、中级人民法院以及经授权管辖第一审涉外、涉港澳台民商事案件的基层人民法院依法不准上诉或者已经超过法定期限没有上诉的第一审判决，第二审判决和依照审判监督程序由上一级人民法院提审后作出的生效判决。具有执行力的终审判决在香港特别行政区是指终审法院、高等法院上诉法庭及原讼法庭和区域法院作出的生效判决。

申请执行香港或内地判决时应该向哪个法院提出申请？

申请认可和执行符合规定的民商事判决，在内地向被申请人住所地、经常居住地或者财产所在地的中级人民法院提出，在香港特别行政区向香港特别行政区高等法院提出。

申请认可和执行内地或香港的判决时应当提交哪些材料？

申请人向有关法院申请认可和执行判决，应当提交以下文件：1. 请求认可和执行的申请书。2. 经作出终审判决的法院盖章的判决书副本。3. 作出终审判决的法院出具的证明书，证明该判决属于终审判决，在判决作出地可以执行。4. 身份证明材料：（1）申请人为自然人的，应当提交身份证或者经公证的身份证复印件；（2）申请人为法人或者其他组织的，应当提交经公证的法人或者其他组织注册登记证书的复印件；（3）申请人是外国籍法人或者其他组织的，应当提交相应的公证和认证材料。向内地人民法院提交的文件没有中文文本的，申请人应当提交证明无误的中文译本。

申请执行香港或内地判决应该在多长时间内提出？

申请人申请认可和执行的期间为两年。内地判决到香港特别行政区申请执行的，从判决规定履行期间的最后一日起计算，判决规定分期履行的，从规定的每次履行期间的最后一日起计算，判决未规定履行期间的，从判决生效之日起计算；香港特别行政区判决到内地申请执行的，从判决可强制执行之日起计算，该日为判决上注明的判决日期，判决对履行期间另有规定的，从规定的履行期间届满后开始计算。

申请执行香港或内地判决之前或之后可以申请财产保全吗？

法院受理认可和执行判决的申请之前或者之后，可以按照执行地法律关于财产保全或者禁止资产转移的规定，根据申请人的申请，对被申请人的财产采取保全或强制措施。

哪些情况下受理的法院可能会裁定不予执行香港或内地判决？

申请认可和执行的判决，原审判决中的债务人提供证据证明有下列情形之一的，受理申请的法院经审查核实，应当裁定不予认可和执行：

1. 根据当事人协议选择的原审法院地的法律，管辖协议属于无效，但选择法院已经判定该管辖协议为有效的除外；
2. 判决已获完全履行；

3. 根据执行地的法律，执行地法院对该案享有专属管辖权；4. 根据原审法院地的法律，未曾出庭的败诉一方当事人未经合法传唤或者虽经合法传唤但未获依法律规定的答辩时间，但原审法院根据其法律或者有关规定公告送达的，不属于上述情形；5. 判决是以欺诈方法取得的；6. 执行地法院就相同诉讼请求作出判决，或者外国、境外地区法院就相同诉讼请求作出判决，或者有关仲裁机构作出仲裁裁决，已经为执行地法院所认可或者执行的。内地人民法院认为在内地执行香港特别行政区法院判决违反内地社会公共利益，或者香港特别行政区法院认为在香港特别行政区执行内地人民法院判决违反香港特别行政区公共政策的，不予认可和执行。

Q 当事人可以向人民法院申请认可和执行台湾地区法院作出的民事判决吗？

A 可以。

Q 台湾地区法院作出的哪些民事判决可以申请认可和执行？

A 可以申请认可和执行的台湾地区法院民事判决，包括台湾地区法院作出的生效民事判决、裁定、和解笔录、调解笔录、支付命令等。

Q 台湾地区法院作出的刑事判决可以申请认可和执行吗？

A 台湾地区法院在刑事案件中作出的有关民事损害赔偿的生效判决、裁定、和解笔录，可比照民事判决申请认可和执行。

Q 台湾地区乡镇市调解委员会调解文书可以申请认可和执行吗？

A 台湾地区乡镇市调解委员会等出具并经台湾地区法院核定，与台湾地区法院生效民事判决具有同等效力的调解文书，可以申请认可和执行。

Q 申请人对台湾地区法院民事判决同时提出认可和执行申请的怎么办？

A 申请人同时提出认可和执行台湾地区法院民事判决申请的，人民法院先按照认可程序进行审查，裁定认可后，由人民法院执行机构执行。

Q 申请人直接申请执行台湾地区法院民事判决的怎么办？

A 申请人直接申请执行的，人民法院应当告知其一并提交认可申请；坚持不申请认可的，裁定驳回其申请。

Q 申请人应向哪些法院提出认可台湾地区民事判决案件的申请？

A 申请认可台湾地区法院民事判决的案件，由申请人住所地、经常居住地或者被申请人住所地、经常居住地、财产所在地中级人民法院或者专门人民法院受理。申请人向被申请人财产所在地人民法院申请认可的，应当提供财产存在的相关证据。

Q 申请人向两个以上有管辖权的法院申请认可的，应由哪个法院管辖？

A 申请人向两个以上有管辖权的人民法院申请认可的，由最先立案的人民法院管辖。

Q 对申请认可台湾地区法院民事判决案件，应当组成合议庭审查吗？

A 是的。对申请认可台湾地区法院民事判决的案件，人民法院应当组成合议庭进行审查。

Q 申请人可以委托代理人提出认可台湾地区法院民事判决申请吗？

A 可以。申请人委托他人代理申请认可台湾地区法院民事判决的，应当向人民法院提交由委托人签名或者盖章的授权委托书。

Q 台港澳地区或外国当事人签字或盖章的授权委托书应当履行证明手续吗？

A 应当。台湾地区、香港特别行政区、澳门特别行政区当事人或者外国当事人签名或者盖章的授权委托书应当履行相关的公证、认证或者其他证明手续，但授权委托书在人民法院法官的见证下签署或者经中国大陆公证机关公证证明是在中国大陆签署的除外。

Q 申请人申请认可台湾地区法院民事判决需要提交哪些材料？

A 申请人申请认可台湾地区法院民事判决，应当提交申请书，并附有台湾地区有关法院民事判决文书和民事判决确定证明书的正本或者经证明无误的副本。台湾地区法院民事判决为缺席判决的，申请人应当同时提交台湾地区法院已经合法传唤当事人的证明文件，但判决已经对此予以明确说明的除外。

Q 申请认可台湾地区法院民事判决的申请书应当载明哪些事项？

A 申请书应当载明以下事项：1. 申请人和被申请人姓名、性别、年龄、职业、身份证件号码、住址（申请人或者被申请人为法人或者其他组织的，应当记明法人或者其他组织的名称、地址、法定代表人或者主要负责人姓名、职务）和通讯方式；2. 请求和理由；3. 申请认可的判决的执行情况；4. 其他需要说明的情况。

Q 人民法院对符合规定条件的申请应当在几日内立案？

A 对于符合规定条件的申请，人民法院应当在收到申请后7日内立案，并通知申请人和被申请人，同时将申请书送达被申请人。

Q 人民法院对不符合规定的申请如何处理？

A 不符合规定条件的申请，应当在7日内裁定不予受理，同时说明不予受理的理由。

Q 申请人对法院作出的不予受理裁定不服，可以上诉吗？

A 申请人对裁定不服的，可以提起上诉。

Q 申请人应当证明申请认可的台湾地区法院民事判决真实且生效吗？

A 申请人申请认可台湾地区法院民事判决，应当提供相关证明文件，以证明该判决真实并且已经生效。

Q 查明申请认可的台湾地区法院民事判决是否真实有效有哪些途径？

A 申请人可以申请人民法院通过海峡两岸调查取证司法互助途径查明台湾地区法院民事判决的真实性和是否生效，以及当事人得到合法传唤的证明文件；人民法院认为必要时，也可以就有关事项依职权通过海峡两岸司法互助途径向台湾地区请求调查取证。

Q 人民法院审理申请认可台湾地区法院民事判决案件可以采取保全措施吗？

A 可以。人民法院受理认可台湾地区法院民事判决的申请之前或者之后，可以按照民事诉讼法及相关司法解释的规定，根据申请人的申请，裁定采取保全措施。

Q 人民法院受理认可申请后，当事人还能就同一争议起诉吗？

A 不能。人民法院受理认可台湾地区法院民事判决的申请后，当事人就同一争议起诉的，不予受理。

Q 一方当事人起诉后，另一方当事人提出认可申请的，能受理吗？

A 不能。一方当事人向人民法院起诉后，另一方当事人向人民法院申请认可的，对于认可的申请不予受理。

Q 当事人可以不申请认可台湾地区有关法院判决而直接起诉吗？

A 案件虽经台湾地区有关法院判决，但当事人未申请认可，而是就同一争议向人民法院起诉的，应予受理。

Q 人民法院受理认可申请后，申请人可以撤回申请吗？

A 人民法院受理认可台湾地区法院民事判决的申请后，作出裁定前，申请人请求撤回申请的，可以裁定准许。

Q 人民法院审理申请认可台湾地区法院民事判决案件的审限有多长？

A 人民法院受理认可台湾地区法院民事判决的申请后，应当在立案之日起6个月内审结。有特殊情况需要延长的，报请上一级人民法院批准。通过海峡两岸司法互助途径送达文书和调查取证的期间，不计入审查期限。

Q 哪些情形下台湾地区法院民事判决会被裁定不予认可？

A 台湾地区法院民事判决具有下列情形之一的，人民法院应当裁定不予认可：1. 申请认可的民事判决，是在被申请人缺席又未经合法传唤或者在被申请人无诉讼行为能力又未得到适当代理的情况下作出的；2. 案件系人民法院专属管辖的；3. 案件双方当事人订有有效仲裁协议，且无放弃仲裁管辖情形的；4. 案件系人民法院已作出判决或者中国大陆的仲裁庭已作出仲裁裁决的；5. 香港特别行政区、澳门特别行政区或者外国的法院已就同一争议作出判决且已为人民

法院所认可或者承认的；6. 台湾地区、香港特别行政区、澳门特别行政区或者外国的仲裁庭已就同一争议作出仲裁裁决且已为人民法院所认可或者承认的；7. 认可该民事判决将违反一个中国原则等国家法律的基本原则或者损害社会公共利益的。

Q 人民法院对申请认可台湾地区法院民事判决案件审查后如何处理？

A 人民法院经审查能够确认台湾地区法院民事判决真实并且已经生效，而且不具有应当裁定不予认可情形的，裁定认可其效力；不能确认该民事判决的真实性或者已经生效的，裁定驳回申请人的申请。

Q 法院裁定驳回申请的案件可以再次提出申请吗？

A 可以。裁定驳回申请的案件，申请人再次申请并符合受理条件的，人民法院应予受理。

Q 经人民法院裁定认可的台湾地区法院民事判决有强制执行效力吗？

A 有。经人民法院裁定认可的台湾地区法院民事判决，与人民法院作出的生效判决具有同等效力。

Q 人民法院作出的裁定何时发生法律效力？

A 人民法院作出的认可、不予认可或驳回申请的裁定，一经送达即发生法律效力。

Q 当事人对不予认可裁定不服的有何救济途径？

A 当事人对不予认可裁定不服的，可以自裁定送达之日起10日内向上一级人民法院申请复议。

Q 人民法院裁定不予认可后，当事人还能再次提出申请吗？

A 不能。对人民法院裁定不予认可的台湾地区法院民事判决，申请人再次提出申请的，人民法院不予受理，但申请人可以就同一争议向人民法院起诉。

Q 申请人应在多长时间内提出认可和执行台湾地区法院民事判决的申请？

A 两年。申请人申请认可和执行台湾地区法院民事判决的期间，适用《中华人民共和国民事诉讼法》第二百三十九条的规定，但申请认可台湾地区法院有关身份关系的判决除外。申请人仅申请认可而未同时申请执行的，申请执行的期间自人民法院对认可申请作出的裁定生效之日起重新计算。

【**背景链接：**《中华人民共和国民事诉讼法》（http://www.chinacourt.org/law）第二百三十九条：申请执行的期间为二年。申请执行时效的中止、中断，适用法律有关诉讼时效中止、中断的规定。

前款规定的期间，从法律文书规定履行期间的最后一日起计算；法律文书规定分期履行的，从规定的每次履行期间的最后一日起计算；法律文书未规定履行期间的，从法律文书生效之日起计算。】

Q 申请认可和执行台湾地区法院民事判决需要交纳诉讼费吗？

A 需要。申请认可和执行台湾地区法院民事判决，应当参照《诉讼费用交纳办法》的规定，交纳相关费用。

Q 能举一个申请认可台湾地区有关法院民事判决的案例吗？

A 最高人民法院2014年6月19日公布的“美亚公司申请认可台湾地区有关法院民事判决案”（案例网址：http://www.court.gov.cn/zixun-xiangqing-6478.html）就是一起典型案例。2007年7月6日，美亚贸易发展有限公司以共同侵权为由将陈某某、谢某某、英属维京群岛莹旭公司及上海莹旭金属制品有限公司列为共同被告向台湾台中地方法院提起诉讼。2009年6月12日，台湾台中地方法院作出2007年度重诉字第306号民事判决，驳回美亚公司的诉讼请求。美亚公司提起上诉后，台湾高等法院台中分院作出2009年度重上字第120号民事判决，判决莹旭公司向美亚公司给付美金761,603.96元及自2008年2月10日起至清偿之日止的利息（按年息5%计算）。莹旭公司上诉后，台湾地区审判主管机构于2011年10月27日作出2011年度台上字第1856号民事裁定，驳回莹旭公司的上诉。2012年3月16日，台湾高等法院台中分院出具《台湾高等法院台中分院民事判决确定证明书》，证明该院2009年度重上字第120号第二审判决确定并生效。2012年1月19日，美亚公司向上海市第二中级人民法院申请认可台湾高等法院台中分院前述民事判决。上海二中院依照有关法律和《最高人民法院关于人民法院认可台湾地区有关法院民事判决的规定》的有关规定，于2012年

6月19日作出（2012）沪二中民认（台）字第1号民事裁定，对台湾高等法院台中分院作出的2009年度重上字第120号民事判决的法律效力予以认可。

Q 台湾地区法院的离婚判决如何在大陆执行？

A 根据最高人民法院2015年公布的《最高人民法院关于认可和执行台湾地区法院民事判决的规定》，需要先由大陆法院认可台湾地区法院的判决。以最高人民法院公布的典型案例“康某向重庆五中院申请认可台湾高雄地院民事判决案”（案例网址：http://www.court.gov.cn/zixun-xiangqing-14834.html）为例：2004年6月1日，大陆居民康某与台湾居民黄某某在重庆市涉外婚姻登记处登记结婚。2005年3月，黄某某以无法取得联络、未共同生活为由，向台湾高雄地方法院提起离婚诉讼。2006年3月9日，台湾高雄地方法院作出2005年度婚字第1497号民事判决，判决准黄某某与康某离婚，诉讼费用由康某承担。2014年3月24日，台湾高雄少年及家事法院出具《判决确定证明书》，证明2005年度婚字第1497号民事判决已于2006年6月1日确定。2014年5月22日，康某向重庆市第五中级人民法院申请认可台湾高雄地方法院2005年度婚字第1497号民事判决。重庆五中院审查后认可了该判决的效力。

Q 当事人可以申请认可和执行台湾地区仲裁裁决吗？

A 台湾地区仲裁裁决的当事人可以作为申请人，向人民法院申请认可和执行台湾地区仲裁裁决。

哪些仲裁裁决可以申请认可和执行？

有关常设仲裁机构及临时仲裁庭在台湾地区按照台湾地区仲裁规定就有关民商事争议作出的仲裁裁决，包括仲裁判断、仲裁和解和仲裁调解。

申请人同时提出认可和执行台湾地区仲裁裁决申请的怎么办？

申请人同时提出认可和执行台湾地区仲裁裁决申请的，人民法院先按照认可程序进行审查， 裁定认可后，由人民法院执行机构执行。

申请人直接申请执行台湾地区仲裁裁决的怎么办？

申请人直接申请执行的，人民法院应当告知其一并提交认可申请；坚持不申请认可的，裁定驳回其申请。

申请人应当向哪些法院提出认可台湾地区仲裁裁决案件申请？

申请认可台湾地区仲裁裁决的案件，由申请人住所地、经常居住地或者被申请人住所地、经常居住地、财产所在地中级人民法院或者专门人民法院受理。申请人向被申请人财产所在地人民法院申请认可的，应当提供财产存在的相关证据。

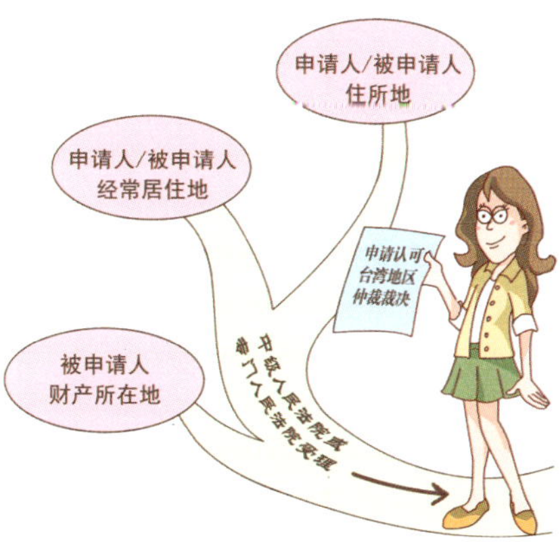

申请人向两个以上有管辖权法院申请认可的应由哪个法院管辖？

申请人向两个以上有管辖权的人民法院申请认可的，由最先立案的人民法院管辖。

申请认可台湾地区仲裁裁决案件应当组成合议庭审查吗？

应当。对申请认可台湾地区仲裁裁决的案件，人民法院应当组成合议庭进行审查。

申请人可以委托他人代理申请认可台湾地区仲裁裁决吗？

可以。申请人委托他人代理申请认可台湾地区仲裁裁决的，应当向人民法院提交由委托人签名或者盖章的授权委托书。

申请人申请认可台湾地区仲裁裁决应当提交哪些文件？

申请人申请认可台湾地区仲裁裁决，应当提交以下文件或者经证明无误的副本：1. 申请书；2. 仲裁协议；3. 仲裁判断书、仲裁和解书或者仲裁调解书。

申请认可台湾地区仲裁裁决的申请书应当记明哪些事项？

申请书应当记明以下事项：1. 申请人和被申请人姓名、性别、年龄、职业、身份证件号码、住址（申请人或者被申请人为法人或者其他组织的，应当记明法人或者其他组织的名称、地址、法定代表人或者主要负责人姓名、职务）和通讯方式；2. 申请认可的仲裁判断书、仲裁和解书或者仲裁调解书的案号或者识别资料和生效日期；3. 请求和理由；4. 被申请人财产所在地、财产状况及申请认可的仲裁裁决的执行情况；5. 其他需要说明的情况。

人民法院受理认可台湾地区仲裁裁决申请后当事人可以起诉吗？

不可以。人民法院受理认可台湾地区仲裁裁决的申请后，当事人就同一争议起诉的，不予受理。

当事人未申请认可仲裁裁决可以直接向人民法院起诉吗？

不可以。当事人未申请认可，而是就同一争议向人民法院起诉的，人民法院亦不予受理，但仲裁协议无效的除外。

当事人可以撤回认可台湾地区仲裁裁决的申请吗？

可以。人民法院受理认可台湾地区仲裁裁决的申请后，作出裁定前，申请人请求撤回申请的，可以裁定准许。

Q 申请认可台湾地区仲裁裁决案件的审限是多长时间？

A 两个月。人民法院应当尽快审查认可台湾地区仲裁裁决的申请，决定予以认可的，应当在立案之日起两个月内作出裁定；决定不予认可或者驳回申请的，应当在作出决定前按有关规定自立案之日起两个月内上报最高人民法院。通过海峡两岸司法互助途径送达文书和调查取证的期间，不计入审查期限。

Q 哪些情形下人民法院会裁定不予认可台湾地区仲裁裁决？

A 对申请认可和执行的台湾地区仲裁裁决，被申请人提出证据证明有下列情形之一的，人民法院经审查核实，裁定不予认可：1. 仲裁协议一方当事人依对其适用的法律在订立仲裁协议时属于无行为能力的；或者依当事人约定的准据法，或当事人没有约定适用的准据法而依台湾地区仲裁规定，该仲裁协议无效的；或者当事人之间没有达成书面仲裁协议的，但申请认可台湾地区仲裁调解的除外。2. 被申请人未接到选任仲裁员或进行仲裁程序的适当通知，或者由于其他不可归责于被申请人的原因而未能陈述意见的。3. 裁决所处理的争议不是提交仲裁的争议，或者不在仲裁协议范围之内；或者裁决载有超出当事人提交仲裁范围的事项的决定，但裁决中超出提交仲裁范围的事项的决定与提交仲裁事项的决定可以分开的，裁决中关于提交仲裁事项的决定部分可以予以认可。4. 仲裁庭的组成或者仲裁程序违反当事人的约定，或者在当事人没有约定时与台湾地区仲裁规定不符的。5. 裁决对当事人尚无约束力，或者业经台湾地区法院撤销或者驳回执行申请的。6. 依据国家法律，该争议事项不能以仲裁解决的，或者认可该仲裁裁决将违反一个中国原则等国家法律的基本原则或损害社会公共利益的。

Q 对申请认可和执行台湾地区仲裁裁决案件作出的裁定何时发生法律效力？

A 人民法院作出认可、不予认可或驳回申请的裁定，一经送达即发生法律效力。

Q 一方当事人向人民法院申请认可台湾地区仲裁裁决，而另一方当事人向台湾地区法院起诉撤销同一裁决的怎么办？

A 一方当事人向人民法院申请认可或者执行台湾地区仲裁裁决，另一方当事人向台湾地区法院起诉撤销该仲裁裁决，被申请人申请中止认可或者执行并提供充分担保的，人民法院应当中止认可或者执行程序。申请中止认可或者执行的，应当向人民法院提供台湾地区法院已经受理撤销仲裁裁决案件的法律文书。台湾地区法院撤销该仲裁裁决的，人民法院应当裁定不予认可或者裁定终结执行；台湾地区法院驳回撤销仲裁裁决请求的，人民法院应当恢复认可或者执行程序。

Q 对人民法院裁定不予认可的台湾地区仲裁裁决，申请人可以再次提出申请吗？

A 对人民法院裁定不予认可的台湾地区仲裁裁决，申请人再次提出申请的，人民法院不予受理。但是，当事人可以根据双方重新达成的仲裁协议申请仲裁，也可以就同一争议向人民法院起诉。

Q 申请认可和执行台湾地区仲裁裁决案件收费吗？

A 申请认可和执行台湾地区仲裁裁决，应当参照《诉讼费用交纳办法》的规定，交纳相关费用。

Q 向台湾地区当事人送达民事诉讼文书，可以采取哪些方式？

A 人民法院向住所地在台湾地区的当事人送达民事和行政诉讼司法文书，可以采用下列方式：1. 受送达人居住在大陆的，直接送达。受送达人是自然人，本人不在的，可以交其同住成年家属签收；受送达人是法人或者其他组织的，应当由法人的法定代表人、其他组织的主要负责人或者该法人、其他组织负责收件的人签收。受送达人不在大陆居住，但送达时在大陆的，可以直接送达。2. 受送达人在大陆有诉讼代理人的，向诉讼代理人送达。但是，受送达人在授权委托书中明确表明其诉讼代理人无权代为接收的除外。3. 受送达人有指定代收人的，向代收人送达。4. 受送达人在大陆有代表机构、分支机构、业务代办人的，向其代表机构或者经受送达人明确授权接受送达的分支机构、业务代办人送达。5. 通过协议确定的海峡两岸司法互助方式，请求台湾地区法院送达。6. 受送达人在台湾地区的地址明确的，可以邮寄送达。7. 有明确的传真号码、电子信箱地址的，可以通过传真、电子邮件方式向受送达人送达。8. 采用上述方式均不能送达或者台湾地区当事人下落不明的，可以公告送达。

Q 人民法院协助台湾地区法院送达司法文书，可以采取公告送达方式吗？

A 不可以。人民法院协助台湾地区法院送达司法文书，应当采用民事诉讼法、刑事诉讼法、行政诉讼法等法律和相关司法解释规定的送达方式，并应当尽可能采用直接送达方式，但不采用公告送达方式。

Q 哪些情形下对涉台民事诉讼文书可以留置送达？

A 采用直接送达，向诉讼代理人送达，向指定代收人送达，向代表机构、分支机构和业务代办人送达等方式送达的，由受送达人、诉讼代理人或者有权接受送达的人在送达回证上签收或者盖章，即为送达；拒绝签收或者盖章的，可以依法留置送达。

邮寄送达涉台民事诉讼文书时哪些情形视为送达?

邮寄送达应当附有送达回证。受送达人未在送达回证上签收但在邮件回执上签收的，视为送达，签收日期为送达日期。自邮寄之日起满 3 个月，如果未能收到送达与否的证明文件，且根据各种情况不足以认定已经送达的，视为未送达。

对涉台民事诉讼文书采取传真号码或电子邮件方式送达时如何确认送达?

采取传真号码或电子邮件送达方式时，应当注明人民法院的传真号码或者电子信箱地址，并要求受送达人在收到传真件或者电子邮件后及时予以回复。以能够确认受送达人收悉的日期为送达日期。

对涉台民事诉讼文书采取公告方式送达时如何确认送达?

采用公告方式送达的，公告内容应当在境内外公开发行的报刊或者权威网站上刊登。公告送达的，自公告之日起满 3 个月，即视为送达。

依照海峡两岸司法互助途径送达民事诉讼文书的时限是多少?

受请求方应于收到书面请求书之日起3个月内及时协助送达。

能举一个涉台送达文书司法互助的案例吗?

2014 年 6 月 19 日，最高人民法院公布了一起广东省广州市中级人民法院协助台湾士林地方法院送达文书的案例。2014 年 2 月 10 日，广东省高级人民法院协议联络人收到台湾地区法务主管部门协议联络人送达文书请求书，请求协助送达台湾士林地方法院 2013

年度司养申字第70号认可收养事件民事裁定书给受送达人李某某及其法定代理人大陆居民杨某。该案为认可收养案件，只有当被收养人亲生母亲，即受送达人的法定代理人杨某签收台湾地区法院裁定书且将送达证明文件返回台湾地区法院后，该裁定方可生效。裁定生效后，收养人（台湾居民）才可为被收养人（系学龄儿童）办理在台入学手续。为保证被收养人能按时入学，广东高院于收到台方请求书当日即转送广州市中级人民法院协助，并要求其立即开始查找受送达人予以送达。广州中院于2014年2月20日完成送达，并于当日将送达回证报送至广东高院，广东高院也于同日审查后回复台方。此案广东有关两级法院从收到台方请求书到作出回复书，全程用时仅为10天，做到了即来即办、速办速结，切实保障了涉案当事人有关权益的及时实现。

Q 人民法院可以与台湾地区法院相互协助调取哪些证据？

A 人民法院办理海峡两岸调查取证司法互助业务，限于与台湾地区法院相互协助调取与诉讼有关的证据，包括：取得证言及陈述，提供书证、物证及视听资料，确定关系人所在地或者确认其身份、前科等情况，进行勘验、检查、扣押、鉴定和查询等。

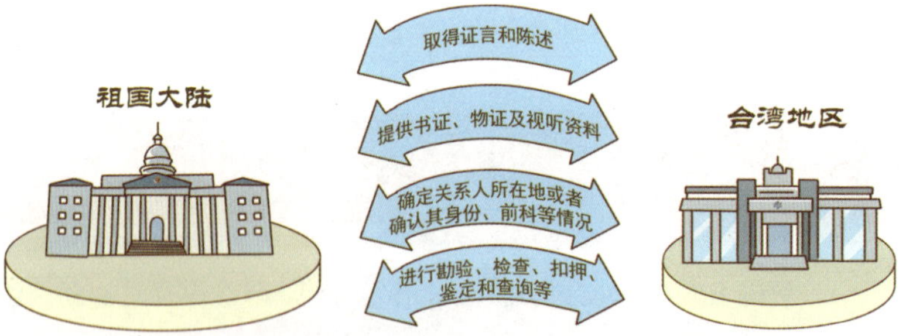

Q 能举一个涉台调查取证司法互助案例吗？

A 2014年6月19日，最高人民法院公布了一起福建省厦门市海沧区人民法院请求台湾地区法院协助就一房屋买卖合同纠纷调查取证的案例。2012年10月25日，最高人民法院协议联络人向台湾地区法务主管部门协议联络人发出调查取证请求书，请求台方协助就福建省厦门市海沧区人民法院审理的一起房屋买卖合同纠纷中被调查人黄某某的死亡时间，死亡时财产及负债情况，是否立有遗嘱，在世时的婚姻状况，继承人情况、送达地址和联系方式，继承人是否存在抛弃继承权的情况和是否已在台陈报遗产清算程序，以及台湾关于继承、夫妻财产关系的相关规定等问题，进行调查取证。最高人民法院协议联络人于2013年3月1日收到台方回复材料。该案经台湾台南地方法院协助，全面完成了大陆法院全部的请求事项。台南地院查询到了被调查人黄某某的死亡时间、遗嘱、在世时的婚姻情况，详细列明了3位继承人身份、户籍地址及是否抛弃继承权状况，以及近20页的台湾相关规定，并制作了调查结果一览表，还将被调查人黄某某及其配偶和前妻户籍誊本复印件一并附上。上述取证结果为案件审理法院顺利审结案件奠定了基础。

Q 依照海峡两岸司法互助途径从台湾地区获得的证据需要公证证明吗？

A 不需要。对于依照《海峡两岸共同打击犯罪及司法互助协议》和《最高人民法院关于人民法院办理海峡两岸送达文书和调查取证司法互助案件的规定》，从台湾地区获得的证据和司法文书等材料，不需要办理公证、认证等形式证明。

从台湾地区获得的证据和司法文书等材料

Q 人民法院执行台湾地区司法协助请求所发生的费用如何负担？

A 对于执行台湾地区法院的请求所发生的费用，由有关人民法院负担。但是，下列费用应当由台湾地区业务主管部门负责支付：1. 鉴定费用；2. 翻译费用和誊写费用；3. 为台湾地区法院提供协助的证人和鉴定人，因前往、停留、离开台湾地区所发生的费用；4. 其他经最高人民法院和台湾地区业务主管部门商定的费用。

Q 2014年全国法院办理涉台司法互助案件的情况如何？

A 2014年人民法院共办理涉台送达文书、调查取证、罪赃移交和裁判认可司法互助案件10678件。其中，协助台方送达文书案件有7089件（回复台方6740件，含旧存），请求台方送达文书案件有3190件（收到台方回复3269件，含旧存）；协助台方调查取证案件有148件（回复台方154件，含旧存），请求台方调查取证案件有176件（收到台方回复148件，含旧存）；请求罪赃移交（向台湾地区被害人返还财产）案件有1件，已完成返还1件；受理申请认可和执行台湾地区法院民事判决、仲裁裁决案件共有74件，审结70件。

Q 两岸司法互助协议生效以来，涉台司法互助案件办理情况如何？

A 自2009年6月25日两岸司法互助协议生效以来至2015年5月底，人民法院共办理涉台送达文书、调查取证、罪赃移交和裁判认可司法互助案件47170件。其中，协助台方送达文书案件有35650件，请求台方送达文书案件有9875件；协助台方调查取证案件有762件，请求台方调查取证案件有543件；请求向台湾地区被害人返还财产（罪赃移交）案件有4件，已完成返还4件；协助台方向被害人大陆遗属发送补偿金案件有1件；受理申请认可和执行台湾地区法院民事判决、仲裁裁决案件有335件。人民法院涉台司法互助案件从2009年的1200件增长到2014年的10678件，6年间有接近10倍的增长。

e时代打官司一本通

第三章 刑事诉讼

1 2 3 4 5 6 7

刑事自诉及综合

Q 刑事案件都是公诉案件吗？

A 刑事案件包括自诉案件和公诉案件。自诉案件是指被害人、代理人或者近亲属直接向法院起诉的案件，这些案件由人民法院直接受理。公诉案件是指由检察院对公安机关侦查终结移送审查的案件，以及对于自行侦查终结的案件，提请人民法院进行审判的情况，这类案件由检察院向人民法院提起公诉。

Q 自诉案件可以调解吗？

A 人民法院审理自诉案件，可以在查明事实、分清是非的基础上，根据自愿、合法的原则进行调解。调解达成协议的，应当制作刑事调解书，由审判人员和书记员署名，并加盖人民法院印章。调解书经双方当事人签收后，即具有法律效力。调解没有达成协议，或者调解书签收前当事人反悔的，应当及时作出判决。

自诉案件可以调解也是有例外的：被害人有证据证明对被告人侵犯自己人身、财产权利的行为应当依法追究刑事责任，而公安机关或者人民检察院不予追究被告人刑事责任的案件不能调解。

Q 自诉案件二审可以调解吗？

A 对第二审自诉案件，必要时可以调解，当事人也可以自行和解。调解结案的，应当制作调解书，第一审判决、裁定视为自动撤销；当事人自行和解的，应当裁定准许撤回自诉，并撤销第一审判决、裁定。

Q 调解可以反悔吗？

A 人民法院制定的民事调解书，是有强制执行力的，一旦签收就产生法律效力，不可以上诉，也不可以就同一纠纷另行起诉。所以，人民法院制作的调解书签收后是不能反悔的。

Q 自诉案件可以和解吗？

A 判决宣告前，自诉案件的当事人可以自行和解，自诉人可以撤回自诉。人民法院经审查，认为和解、撤回自诉确属自愿的，应当裁定准许；认为系被强迫、威吓等，并非出于自愿的，不予准许。

Q 自诉案件的和解与调解有什么区别？

A 和解和调解都是为了解决纠纷。和解是当事人双方经过协商达成和解协议，并撤回起诉，但人民法院会对和解及撤回自诉进行审查，认为确实属于自愿，将裁定准许。裁定准许撤诉或者当事人自行和解的自诉案件，被告人被采取强制措施的，人民法院应当立即解除。调解需在人民法院的主持下进行，调解达成协议的制作调解书，调解书与判决一样具有法律效力。

Q 家庭暴力的受害人不敢去法院起诉怎么办？

A 家庭暴力的受害人不敢去法院起诉，可以通过代为告诉充分保障被害人的自诉权。对于家庭暴力犯罪自诉案件，被害人无法告诉或者不能亲自告诉的，其法定代理人、近亲属可以告诉或者代为告诉；被害人是无行为能力人、限制行为能力人，其法定代理人、近亲属没有告诉或者代为告诉的，人民检察院可以告诉；侮辱、暴力干涉婚姻自由等告诉才处理的案件，被害人因受强制、威吓无法告诉的，人民检察院也可以告诉。人民法院对告诉或者代为告诉的，应当依法受理。

Q 公诉案件是什么案件？

A 公诉是指人民检察院对犯罪嫌疑人的犯罪行为向人民法院提出控告，要求法院通过审判确定犯罪事实、惩罚犯罪人的诉讼活动。人民检察院认为犯罪嫌疑人的犯罪事实已经查清，证据确实、充分，依法应当追究刑事责任的，应当作出起诉决定，按照审判管辖的规定，向人民法院提起公诉，并将案卷材料、证据移送人民法院。提起公诉应当向同级人民法院提出。

Q 公诉人是什么角色？

A 公诉人是指不用当事人来直接提起诉讼，而是由国家司法机关提起诉讼，在我国主要由人民检察院的司法人员来担任。公诉人的主要职责是对人民检察院提起公诉的案件，代表本院以国家公诉人的身份，出席法庭支持公诉，进一步阐述公诉机关的指控意见，并通过举证、质证和辩论，使合议庭确认公诉机关对被告人的指控，依法宣判被告人有罪并处以相应的刑罚。公诉人还肩负着监督法庭审理案件有无违反法律规定的重要职责。

Q 被害人可以委托律师吗？

A 根据《最高人民法院关于适用〈中华人民共和国刑事诉讼法〉的解释》（法释〔2012〕21号，http://www.chinacourt.org/law）规定，人民法院自受理自诉案件之日起3日内，应当告知自诉人及其法定代理人、附带民事诉讼当事人及其法定代理人，有权委托诉讼代理人，并告知如果经济困难的，可以申请法律援助。

Q 被告人必须委托辩护人吗？

A 根据《最高人民法院关于适用〈中华人民共和国刑事诉讼法〉的解释》规定，人民法院审判案件，应当充分保障被告人依法享有的辩护权利。被告人除自己行使辩护权以外，还可以委托辩护人辩护。被告人没有委托辩护人的，人民法院自受理案件之日起3日内，应当告知其有权委托辩护人；被告人因经济困难或者其他原因没有委托辩护人的，应当告知其可以申请法律援助；被告人属于应当提供法律援助情形的，应当告知被告人将依法通知法律援助机构指派律师为其提供辩护。

被告人可以委托几位辩护人?

根据《最高人民法院关于适用〈中华人民共和国刑事诉讼法〉的解释》规定，一名被告人可以委托1～2人作为辩护人。一名辩护人不得为两名以上的同案被告人，或者未同案处理但犯罪事实存在关联的被告人辩护。

被公安机关抓去后可以请辩护人吗?

犯罪嫌疑人自被侦查机关（公安机关或者检察机关）第一次讯问或者采取强制措施之日起，有权委托辩护人；在侦查期间，只能委托律师作为辩护人。被告人有权随时委托辩护人。人民法院自受理自诉案件之日起3日内，应当告知自诉人及其法定代理人、附带民事诉讼当事人及其法定代理人，有权委托诉讼代理人。

因经济困难请不起辩护人怎么办?

被告人因经济困难或者其他原因没有委托辩护人的，应当告知其可以申请法律援助；被告人属于应当提供法律援助情形的，应当告知其将依法通知法律援助机构指派律师为其提供辩护。

如何申请法律援助？

中华人民共和国司法部设有法律援助中心，指导和协调全国的法律援助工作。申请法律援助的申请人可以到市法律援助中心或市各区县法律援助机构直接申请援助，也可以通过网上填报法律援助申请表申请援助。

申请法律援助应当提交什么材料？

申请人申请法律援助，应当同时提交以下材料：1. 法律援助申请表，并载明申请人的基本情况、申请法律援助的事实和理由、申请人的经济状况、申请人提供的证明及证据材料清单，以及申请人保证所提交的证明及证据材料属实的声明等事项。书写有困难的申请人可口头提出申请，由接待人员按上述要求记入笔录，申请人签字或捺指印确认。2. 居民身份证、户籍证明或其他有效身份证明。3. 申请人住所地或户籍所在地的乡镇政府、街道办事处或申请人所在单位劳资、人事部门出具的申请人及家庭成员经济状况证明。4. 与所申请法律援助事项相关的证明及证据材料。5. 法律援助机构认为需要提供的其他材料。

申请法律援助没有被同意怎么办？

法律援助机构自收到申请援助事项的全部材料之日起 10 个工作日内进行审查，作出是否予以法律援助的决定。对符合条件者，作出同意提供法律援助的书面决定，指派承办法律援助事务的法律服务机构，并通知受援人。法律援助机构与受援人应签订法律援助协议。对不符合条件者，作出不予法律援助的决定，并书面通知申请人。

申请人对法律援助机构作出的不符合法律援助条件的通知有异议的，可以向确定该法律援助机构的司法行政部门提出，司法行政部门应当在收到异议之日起5个工作日内进行审查。

Q 进入诉讼程序后，在什么情况下法院会主动为被告人提供辩护人？

A 法院主动为被告人协调提供辩护人的分为两种类型：一种是法院必须要为被告人协调提供辩护人，这种情况下法院没有自由裁量的空间。另一种是法院可以为没有委托辩护人的被告人协调提供辩护人，这种情况下法院可以根据事实自己裁定是否协调。

Q 什么情况下法院应当通知法律援助机构指派律师提供辩护？

A 对下列没有委托辩护人的被告人，人民法院应当通知法律援助机构指派律师为其提供辩护：1. 盲、聋、哑人；2. 尚未完全丧失辨认或者控制自己行为能力的精神病人；3. 可能被判处无期徒刑、死刑的人。高级人民法院复核死刑案件，被告人没有委托辩护人的，应当通知法律援助机构指派律师为其提供辩护。

什么情况下法院可以通知法律援助机构指派律师提供辩护？

具有下列情形之一，被告人没有委托辩护人的，人民法院可以通知法律援助机构指派律师为其提供辩护：1. 共同犯罪案件中，其他被告人已经委托辩护人；2. 有重大社会影响的案件；3. 人民检察院抗诉的案件；4. 被告人的行为可能不构成犯罪；5. 有必要指派律师提供辩护的其他情形。

被告人能够拒绝法律援助中心指派的律师吗？

被告人拒绝法律援助机构指派的律师为其辩护，坚持自己行使辩护权的，人民法院应当准许。属于应当提供法律援助的情形，被告人拒绝指派的律师为其辩护的，人民法院应当查明原因。理由正当的，应当准许，但被告人须另行委托辩护人。被告人未另行委托辩护人的，人民法院应当在3日内书面通知法律援助机构另行指派律师为其提供辩护。

进入诉讼程序后，辩护律师可以阅卷吗？

辩护律师可以查阅、摘抄、复制案卷材料。其他辩护人经人民法院许可，也可以查阅、摘抄、复制案卷材料。合议庭、审判委员会的讨论记录以及其他依法不公开的材料不得查阅、摘抄、复制。辩护人查阅、摘抄、复制案卷材料的，人民法院应当提供方便，并保证必要的时间。复制案卷材料可以采用复印、拍照、扫描等方式。

辩护人和辩护律师有什么不同？

辩护律师是辩护人，但辩护人不一定都是辩护律师。辩护律师是持有律师执业证书、律师事务所证明和委托书或者法律援助公函，为被告人进行辩护的辩护人，相对辩护人来说，享有更多的权利。例如：自犯罪嫌疑人被侦查机关第一次讯问或者采取强制措施之日起，辩护律师就有权会见犯罪嫌疑人并了解案件进展。

辩护人和诉讼代理人有什么区别？

辩护人是刑事案件犯罪嫌疑人、被告人及其近亲属委托的，为被告人进行辩护的人。刑事案件中的诉讼代理人是指自诉人及其法定代理人、附带民事诉讼当事人及其法定代理人，委托为其诉求进行代理的人。

被害人可以申请法律援助吗？

人民法院自受理自诉案件之日起3日内，应当告知自诉人及其法定代理人、附带民事诉讼当事人及其法定代理人，有权委托诉讼代理人，并告知如果经济困难的，可以申请法律援助。

Q 庭审开始后被告人可以拒绝辩护人辩护吗？

A 被告人当庭拒绝辩护人辩护，要求另行委托辩护人或者指派律师的，合议庭应当准许。被告人拒绝辩护人辩护后，没有辩护人的，应当宣布休庭；仍有辩护人的，庭审可以继续进行。

有多名被告人的案件，部分被告人拒绝辩护人辩护后，没有辩护人的，根据案件情况，可以对该被告人另案处理，对其他被告人的庭审继续进行。

Q 庭审阶段被告人可以连续拒绝辩护人吗？

A 被告拒绝辩护人辩护后，更换辩护人后重新开庭，被告人再次当庭拒绝辩护人辩护的，可以准许，但被告人不得再次另行委托辩护人或者要求另行指派律师，由其自行辩护。也就是说，第二次拒绝辩护人辩护的，只能自行辩护。被告人属于应当提供法律援助的情形，重新开庭后再次当庭拒绝辩护人辩护的，不予准许。

Q 庭审过程中辩护人可以拒绝为被告人辩护吗？

A 法庭审理过程中，辩护人拒绝为被告人辩护的，应当准许；拒绝辩护后，没有辩护人的，应当宣布休庭；仍有辩护人的，庭审可以继续进行。有多名被告人的案件，部分辩护人拒绝辩护后，没有辩护人的，根据案件情况，可以对该被告人另案处理，对其他被告人的庭审继续进行。

法庭上被告人和被害人都享有什么权利？

在法庭上，审判长应当告知当事人及其法定代理人、辩护人、诉讼代理人在法庭审理过程中依法享有下列诉讼权利：1. 可以申请合议庭组成人员、书记员、公诉人、鉴定人和翻译人员回避；2. 可以提出证据，申请通知新的证人到庭、调取新的证据，申请重新鉴定或者勘验、检查；3. 被告人可以自行辩护；4. 被告人可以在法庭辩论终结后作最后陈述。

在什么情况下当事人可以申请审判人员回避？

审判人员具有下列情形之一的，应当自行回避，当事人及其法定代理人有权申请其回避：1. 是本案的当事人或者是当事人的近亲属的；2. 本人或者其近亲属与本案有利害关系的；3. 担任过本案的证人、鉴定人、辩护人、诉讼代理人、翻译人员的；4. 与本案的辩护人、诉讼代理人有近亲属关系的；5. 与本案当事人有其他利害关系，可能影响公正审判的。

审判人员与当事人有近亲属关系具体是指什么？

指与审判人员有夫妻、直系血亲、三代以内旁系血亲或近姻亲关系。

审判人员接受本案当事人宴请的是否应当回避？

审判人员违反规定，具有下列情形之一的，当事人及其法定代理人有权申请其回避：1. 违反规定会见本案当事人、辩护人、诉讼代理人的；2. 为本案当事人推荐、介绍辩护人、诉讼代理人，或者为律师、其他人员介绍办理本案的；3. 索取、接受本案当事人及其委托人的财物或者其他利益的；4. 接受本案当事人及其委托人的宴请，或者参加由其支付费用的活动的；5. 向本案当事人及其委托人借用款物的；6. 有其他不正当行为，可能影响公正审判的。

审判人员应当回避而当事人没有申请怎么办？

审判人员应当回避，本人没有自行回避，当事人及其法定代理人也没有申请其回避的，院长或者审判委员会应当决定其回避。

当事人如何知道哪些人员应当回避？

人民法院应当依法告知当事人及其法定代理人有申请回避的权利，以及合议庭组成人员、书记员的姓名、职务等相关信息。

Q 诉讼代理律师原来在法院工作，打起官司会更有利吗？

A 不一定。审判人员及法院其他工作人员从人民法院离任后两年内，不得以律师身份担任诉讼代理人或者辩护人。审判人员及法院其他工作人员从人民法院离任后，不得担任原任职法院所审理案件的诉讼代理人或者辩护人，但是作为当事人的监护人或者近亲属代理诉讼或者进行辩护的除外。

Q 诉讼代理律师的配偶在法院工作，打起官司会更有利吗？

A 审判人员及法院其他工作人员的配偶、子女或者父母不得担任其所任职法院审理案件的诉讼代理人或者辩护人。

Q 当事人哪些行为在庭审过程中是不被允许的？

A 法庭审理过程中，诉讼参与人、旁听人员应当遵守以下纪律：1. 服从法庭指挥，遵守法庭礼仪；2. 不得鼓掌、喧哗、哄闹、随意走动；3. 不得对庭审活动进行录音、录像、摄影，或者通过发送邮件、博客、微博客等方式传播庭审情况，但经人民法院许可的新闻记者除外；4. 旁听人员不得发言、提问；5. 不得实施其他扰乱法庭秩序的行为。

庭审过程中扰乱法庭纪律会有怎样的后果？

法庭审理过程中，诉讼参与人或者旁听人员扰乱法庭秩序的，审判长将按照下列情形分别处理：1. 情节较轻的，应当警告制止并进行训诫；2. 不听制止的，可以指令法警强行带出法庭；3. 情节严重的，报经院长批准后，可以对行为人处1000元以下的罚款或者15日以下的拘留；4. 未经许可录音、录像、摄影或者通过邮件、博客、微博客等方式传播庭审情况的，可以暂扣存储介质或者相关设备；5. 聚众哄闹、冲击法庭或者侮辱、诽谤、威胁、殴打司法工作人员或者诉讼参与人，严重扰乱法庭秩序，构成犯罪的，应当依法追究刑事责任。

因扰乱法庭秩序被处罚而不服气怎么办？

诉讼参与人、旁听人员对罚款、拘留的决定不服的，可以直接向上一级人民法院申请复议，也可以通过决定罚款、拘留的人民法院向上一级人民法院申请复议。通过决定罚款、拘留的人民法院申请复议的，该人民法院应当自收到复议申请之日起3日内，将复议申请、罚款或者拘留决定书和有关事实、证据材料一并报上一级人民法院复议。复议期间，不停止决定的执行。

辩护人或者律师扰乱法庭秩序会有什么后果？

担任辩护人、诉讼代理人的律师严重扰乱法庭秩序，被强行带出法庭或者被处以罚款、拘留的，人民法院应当通报司法行政机关，并可以建议依法给予相应处罚。

辩护人被带出法庭后庭审还会继续吗？

辩护人严重扰乱法庭秩序，被强行带出法庭或者被处以罚款、拘留，被告人自行辩护的，庭审继续进行；被告人要求另行委托辩护人，或者被告人属于应当提供法律援助情形的，应当宣布休庭。

证 据

Q 刑事诉讼中的证据包括什么？

A 刑事诉讼中可以用于证明案件事实的材料，都是证据。主要证据包括：物证；书证；证人证言；被害人陈述；犯罪嫌疑人、被告人供述和辩解；鉴定意见；勘验、检查、辨认、侦查实验等笔录；视听资料、电子数据。

Q 证据主要用来证明什么？

A 证据主要用来证明：1. 被告人、被害人的身份；2. 被指控的犯罪是否存在；3. 被指控的犯罪是否为被告人所实施；4. 被告人有无刑事责任能力，有无罪过，实施犯罪的动机和目的；5. 实施犯罪的时间、地点、手段、后果以及案件起因等；6. 被告人在共同犯罪中的地位、作用；7. 被告人有无从重、从轻、减轻、免除处罚情节；8. 有关附带民事诉讼、涉案财物处理的事实；9. 有关管辖、回避、延期审理等的程序事实；10. 与定罪量刑有关的其他事实。

被告人的犯罪事实由谁来证明？

公诉案件中被告人有罪的举证责任由人民检察院承担，自诉案件中被告人有罪的举证责任由自诉人承担。

行政机关在行政执法过程中收集的证据能作为定案的证据吗？

根据法律、行政法规规定行使国家行政管理职权的组织，在行政执法和查办案件过程中收集的证据材料，视为行政机关收集的证据材料。行政机关在行政执法和查办案件过程中收集的物证、书证、视听资料、电子数据等证据材料，在刑事诉讼中可以作为证据使用；经法庭查证属实，且收集程序符合有关法律、行政法规规定的，可以作为定案的根据。

证据“确实充分”有什么含义？

证据确实充分应当符合以下条件：1. 定罪量刑的事实都有证据证明；2. 据以定案的证据均经法定程序查证属实；3. 综合全案证据，对所认定事实已排除合理怀疑。

Q 公安机关采用暴力方法逼迫犯罪嫌疑人认罪的口供可以作为定罪证据吗？

A 不能作为定罪证据。采用刑讯逼供等非法方法收集的犯罪嫌疑人、被告人供述和采用暴力、威胁等非法方法收集的证人证言、被害人陈述，应当予以排除。收集物证、书证不符合法定程序，可能严重影响司法公正的，应当予以补正或者作出合理解释；不能补正或者作出合理解释的，对该证据应当予以排除。在侦查、审查起诉、审判时发现有应当排除的证据的，应当依法予以排除，不得作为起诉意见、起诉决定和判决的依据。

Q 什么是刑讯逼供？

A 使用肉刑、变相肉刑，或者采用其他使被告人在肉体上或者精神上遭受剧烈疼痛或者痛苦的方法，迫使被告人违背意愿供述的，应当认定为刑事诉讼法规定的“刑讯逼供等非法方法”。

Q 遭遇刑讯逼供等情况如何举证？

A 当事人及其辩护人、诉讼代理人申请人民法院排除以非法方法收集的证据的，应当提供涉嫌非法取证的人员、时间、地点、方式、内容等相关线索或者材料。开庭审理前，当事人及其辩护人、诉讼代理人申请排除非法证据，人民法院经审查，对证据收集的合法性有疑问的，应当召开庭前会议，就非法证据排除等问题了解情况，听取意见。

家庭暴力犯罪的证据不容易保存怎么办？

家庭暴力犯罪案件具有案发周期较长、证据难以保存，被害人处于相对弱势、举证能力有限，相关事实难以认定等特点。有些特点在自诉案件中表现得更为突出。因此，人民法院在审理家庭暴力自诉案件时，对于因当事人举证能力不足等原因，难以达到法律规定的证据要求的，应当及时对当事人进行举证指导，告知需要收集的证据及收集证据的方法。对于因客观原因不能取得的证据，当事人申请人民法院调取的，人民法院应当认真审查，认为确有必要的，应当调取。

庭审过程中，审判人员认为存在非法证据收集的可能性怎么办？

法庭审理过程中，审判人员认为可能存在非法方法收集证据情形的，应当对证据收集的合法性进行法庭调查。当事人及其辩护人、诉讼代理人有权申请人民法院对以非法方法收集的证据依法予以排除。对于经过法庭审理，确认或者不能排除存在以非法方法收集证据情形的，对有关证据应当予以排除。

Q 当事人对证据收集的合法性产生质疑需要自己证明吗？

A 在对证据收集的合法性进行法庭调查的过程中，人民检察院应当对证据收集的合法性加以证明。现有证据材料不能证明证据收集的合法性的，人民检察院可以提请人民法院通知有关侦查人员或者其他人员出庭说明情况；人民法院可以通知有关侦查人员或者其他人员出庭说明情况。有关侦查人员或者其他人员也可以要求出庭说明情况。经人民法院通知，有关人员应当出庭。

Q 进入诉讼阶段后，辩护人应当在何时提出当事人遭遇刑讯逼供等情况？

A 人民法院向被告人及其辩护人送达起诉书副本时，应当告知其申请排除非法证据的，应当在开庭审理前提出，但在庭审期间才发现相关线索或者材料的除外。

Q 当事人申请非法证据排除后，法院如何查明事实？

A 开庭审理前，当事人及其辩护人、诉讼代理人申请排除非法证据，人民法院经审查，对证据收集的合法性有疑问的，应当召开庭前会议，就非法证据排除等问题了解情况，听取意见。人民检察院可以通过出示有关证据材料等方式，对证据收集的合法性加以说明。

Q 庭审过程中当事人可以申请排除非法证据吗？

A 可以。法庭审理过程中，当事人及其辩护人、诉讼代理人申请排除非法证据的，法庭应当进行审查。经审查，对证据收集的合法性有疑问的，应当进行调查；没有疑问的，应当当庭说明情况和理由，继续法庭审理。

Q 当事人提出排除非法证据的申请但一审没有审查怎么办？

A 一般情况下，第二审人民法院应当进行审查。具有下列情形之一的，第二审人民法院应当对证据收集的合法性进行审查，并根据《中华人民共和国刑事诉讼法》和《最高人民法院关于适用〈中华人民共和国刑事诉讼法〉的解释》的有关规定作出处理：1. 第一审人民法院对当事人及其辩护人、诉讼代理人排除非法证据的申请没有审查，且以该证据作为定案根据的；2. 人民检察院或者被告人、自诉人及其法定代理人不服第一审人民法院作出的有关证据收集合法性的调查结论，提出抗诉、上诉的；3. 当事人及其辩护人、诉讼代理人在第一审结束后才发现相关线索或者材料，申请人民法院排除非法证据的。

Q 当事人对一审法院作出的有关证据合法性调查的结论不服可以提出上诉吗？

A 可以。人民检察院或者被告人、自诉人及其法定代理人不服第一审人民法院作出的有关证据收集合法性的调查结论，提出抗诉、上诉的，第二审人民法院应当对证据收集的合法性进行审查，并根据法律规定作出处理。

Q 当事人在一审结束后才发现可能存在非法证据的怎么办？

A 当事人及其辩护人、诉讼代理人在第一审结束后才发现相关线索或者材料，可以申请人民法院排除非法证据，此时由第二审人民法院对证据收集的合法性进行审查，并根据法律规定作出处理。

Q 检察院如何证明侦查人员收集证据是合法的？

A 检察院派出的公诉人通过出示、宣读讯问笔录或者其他证据，有针对性地播放讯问过程的录音录像，提请法庭通知有关侦查人员或者其他人员出庭说明情况等方式，证明证据收集的合法性。

Q 不能确认是否以非法方法收集的证据可以采用吗？

A 经审理，确认或者不能排除存在以非法方法收集证据情形的，对有关证据应当排除。

Q 侦查人员在破案过程中的侦查行为有人监督吗？

A 在刑事诉讼中，侦查人员勘验或检查与犯罪有关的场所、物品、人身和尸体，或者搜查被告人的人身、物品、住所，或者扣押被告人与案件有关的物品和文件，或者查封、扣押被告人的财产时，都必须邀请与案件无利害关系的人作为见证人到场观察和监督其有关行为的实施，并由其在当场制作的笔录上签名或盖章。由于客观原因无法由符合条件的人员担任见证人的，应当在笔录材料中注明情况，并对相关活动进行录像。

谁有资格成为见证人？

《最高人民法院关于适用〈中华人民共和国刑事诉讼法〉的解释》对见证人进行了排除性规定，下列人员不得担任刑事诉讼活动的见证人：1. 生理上、精神上有缺陷或者年幼，不具有相应辨别能力或者不能正确表达的人；2. 与案件有利害关系，可能影响案件公正处理的人；3. 行使勘验、检查、搜查、扣押等刑事诉讼职权的公安、司法机关的工作人员或者其聘用的人员。由于客观原因无法由符合条件的人员担任见证人的，应当在笔录材料中注明情况，并对相关活动进行录像。除此之外的其他人都可以成为见证人。

证人在法庭上作证能受到保护吗？

人民法院、人民检察院和公安机关应当保障证人及其近亲属的安全。对证人及其近亲属进行威胁、侮辱、殴打或者打击报复，构成犯罪的，依法追究刑事责任；尚不够刑事处罚的，依法给予治安管理处罚。

证人在黑社会性质的犯罪案件中作证会得到特殊的保护吗？

对于危害国家安全犯罪、恐怖活动犯罪、黑社会性质的组织犯罪、毒品犯罪等案件，证人、鉴定人、被害人因在诉讼中作证，本人或者其近亲属的人身安全面临危险的，人民法院、人民检察院和公安机关会采取保护措施，比较常见的有对证人声音进行处理改变，对证人影像进行处理等。法律规定应当采取以下一项或者多项保护措施：1. 不公开真实姓名、住址和工作单位等个人信息；2. 采取不暴露外貌、真实声音等出庭作证措施；3. 禁止特定的人员接触证人、鉴定人、被害人及其近亲属；4. 对人身和住宅采取专门性保护措施；5. 其他必要的保护措施。证人、鉴定人、被害人认为因在诉讼中作证，本人或者其近亲属的人身安全面临危险的，可以向人民法院、人民检察院、公安机关请求予以保护。人民法院、人民检察院、公安机关依法采取保护措施，有关单位和个人应当配合。

如何核实受到保护的证人的身份？

决定对出庭作证的证人、鉴定人、被害人采取不公开个人信息的保护措施的，审判人员应当在开庭前核实其身份，对证人、鉴定人如实作证的保证书不得公开，在判决书、裁定书等法律文书中可以使用化名等代替其个人信息。

没有被告人的口供就不能认定被告人有罪吗？

被告人供述在刑事诉讼中属于直接证据。在没有直接证据，但间接证据同时符合下列条件的，可以认定被告人有罪：1. 证据已经查证属实；2. 证据之间相互印证，不存在无法排除的矛盾和无法解释的疑问；3. 全案证据已经形成完整的证明体系；4. 根据证据认定案件事实足以排除合理怀疑，结论具有唯一性；5. 运用证据进行的推理符合逻辑和经验。

仅凭口供可以定罪吗？

只有被告人供述，没有其他证据的，不能认定被告人有罪和处以刑罚；没有被告人供述，证据确实、充分的，可以认定被告人有罪和处以刑罚。

亲属可以为被告人无罪作证吗？

可以，但法庭会慎重使用。与被告人有亲属关系或者其他密切关系的证人所作的有利被告人的证言，或者与被告人有利害冲突的证人所作的不利被告人的证言，应当慎重使用，有其他证据印证的，可以采信。

如何证明被告人是否达到法定责任年龄？

审查被告人实施被指控的犯罪时或者审判时是否达到相应法定责任年龄，应当根据户籍证明、出生证明文件、学籍卡、人口普查登记、无利害关系人的证言等证据综合判断。

无法判断被告人是否达到相应法定责任年龄怎么办？

证明被告人已满 14 周岁、16 周岁、18 周岁或者不满 75 周岁的证据不足的，应当认定被告人不满 14 周岁、不满 16 周岁、不满 18 周岁或者已满 75 周岁。

被告人出庭受审可以不穿囚服吗？

根据最高人民法院和公安部联合下发的《关于刑事被告人或上诉人出庭受审时着装问题的通知》要求，人民法院开庭时，刑事被告人或上诉人不再穿着看守所的识别服出庭受审。刑事被告人或上诉人穿着正装或便装出庭受审，既不需要其主动提出申请，也不需要任何机构或个人批准。

被告人在看守所必须穿囚服吗？

是的，被告人在看守所穿囚服是为了监管需要。因监管需要在看守所内可以穿着识别服。

·强制措施·

Q 逮捕要经过哪些程序？

A 逮捕犯罪嫌疑人、被告人，必须经过人民检察院批准或者人民法院决定，由公安机关执行。

Q 在什么情况下可能被逮捕？

A 对有证据证明有犯罪事实，可能判处徒刑以上刑罚的犯罪嫌疑人、被告人，采取取保候审尚不足以防止发生下列社会危险性的，应当予以逮捕：1. 可能实施新的犯罪的；2. 有危害国家安全、公共安全或者社会秩序的现实危险的；3. 可能毁灭、伪造证据，干扰证人作证或者串供的；4. 可能对被害人、举报人、控告人实施打击报复的；5. 企图自杀或者逃跑的。对有证据证明有犯罪事实，可能判处10年有期徒刑以上刑罚的，或者有证据证明有犯罪事实，可能判处徒刑以上刑罚，曾经故意犯罪或者身份不明的，应当予以逮捕。被取保候审、监视居住的犯罪嫌疑人、被告人违反取保候审、监视居住规定，情节严重的，可以予以逮捕。

公安机关发现现行犯可以直接逮捕吗？

公安机关不可以直接逮捕，但可以先行拘留。法律规定公安机关对于现行犯或者重大嫌疑分子，如果有下列情形之一的，可以先行拘留：1. 正在预备犯罪、实行犯罪或者在犯罪后即时被发觉的；2. 被害人或者在场亲眼看见的人指认他犯罪的；3. 在身边或者住处发现有犯罪证据的；4. 犯罪后企图自杀、逃跑或者在逃的；5. 有毁灭、伪造证据或者串供可能的；6. 不讲真实姓名、住址，身份不明的；7. 有流窜作案、多次作案、结伙作案重大嫌疑的。

公安机关将犯罪嫌疑人拘留后会如何进行处理？

公安机关应当立即将被拘留人送看守所羁押，至迟不得超过24小时。除无法通知或者涉嫌危害国家安全犯罪、恐怖活动犯罪通知可能有碍侦查的情形以外，应当在拘留后24小时以内，通知被拘留人的家属。有碍侦查的情形消失以后，应当立即通知被拘留人的家属。公安机关对被拘留的人，应当在拘留后的24小时以内进行讯问。在发现不应当拘留的时候，必须立即释放，发给释放证明。

刑事拘留最长时限是多少天？

刑事拘留的最长时限是37天。

Q 公安机关认为被拘留人需要逮捕的如何处理？

A 公安机关对被拘留的人，认为需要逮捕的，应当在拘留后的3日以内，提请人民检察院审查批准。在特殊情况下，提请审查批准的时间可以延长1～4日。对于流窜作案、多次作案、结伙作案的重大嫌疑分子，提请审查批准的时间可以延长至30日。

Q 检察院不批准逮捕的情况下公安机关如何处理？

A 检察院不批准逮捕的，公安机关应当立即释放被拘留人。根据法律规定，人民检察院不批准逮捕的，公安机关应当在接到通知后立即释放被拘留人，并且将执行情况及时通知人民检察院。对于需要继续侦查，并且符合取保候审、监视居住条件的，依法取保候审或者监视居住。公安机关对人民检察院不批准逮捕的决定，认为有错误的时候，可以要求复议，但是必须将被拘留的人立即释放。如果意见不被接受，可以向上一级人民检察院提请复核。上级人民检察院应当立即复核，作出是否变更的决定，通知下级人民检察院和公安机关执行。

Q 被逮捕的被告人正在怀孕，可以申请变更强制措施吗？

A 可以。被逮捕的被告人具有下列情形之一的，人民法院可以变更强制措施：1. 患有严重疾病、生活不能自理的；2. 怀孕或者正在哺乳自己婴儿的；3. 系生活不能自理的人的唯一扶养人。

Q 家庭暴力的施暴者对被害人有较强的危险性的，可以拘留、逮捕吗？

A 人民法院、人民检察院、公安机关对实施家庭暴力的犯罪嫌疑人、被告人，符合拘留、逮捕条件的，可以依法拘留、逮捕；没有采取拘留、逮捕措施的，应当通过走访、打电话等方式与被害人或者其法定代理人、近亲属联系，了解被害人的人身安全状况。对于犯罪嫌疑人、被告人再次实施家庭暴力的，应当根据情况，依法采取必要的强制措施。

Q 什么是取保候审？

A 取保候审是指在刑事诉讼中，公安机关、人民检察院和人民法院等司法机关对未被逮捕或逮捕后需要变更强制措施的犯罪嫌疑人、被告人，为防止其逃避侦查、起诉和审判，责令其提出保证人或者交纳保证金，并出具保证书，保证随传随到，对其不予羁押或暂时解除其羁押的一种强制措施，由公安机关执行。

Q 什么情况下可以采取取保候审措施？

A 人民法院、人民检察院和公安机关对有下列情形之一的犯罪嫌疑人、被告人，可以取保候审：1. 可能判处管制、拘役或者独立适用附加刑的；2. 可能判处有期徒刑以上刑罚，采取取保候审不致发生社会危险性的；3. 患有严重疾病、生活不能自理，怀孕或者正在哺乳自己婴儿的妇女，采取取保候审不致发生社会危险性的；4. 羁押期限届满，案件尚未办结，需要采取取保候审的。

Q 可以对决定取保候审的施暴者附加取保候审的条件吗？

A 可以。人民法院、人民检察院、公安机关决定对实施家庭暴力的犯罪嫌疑人、被告人取保候审的，为了确保被害人及其子女和特定亲属的安全，可以依照刑事诉讼法取保候审的规定，责令犯罪嫌疑人、被告人不得再次实施家庭暴力；不得侵扰被害人的生活、工作、学习；不得进行酗酒、赌博等活动；经被害人申请且有必要的，责令不得接近被害人及其未成年子女。

Q 取保候审的执行机关是哪个机关？

A 取保候审的执行机关是居住地公安机关。决定机关可以是人民法院、人民检察院和公安机关。

Q 取保候审的“保”是什么意思？

A 人民法院、人民检察院和公安机关决定对犯罪嫌疑人、被告人取保候审，应当责令犯罪嫌疑人、被告人提出保证人或者交纳保证金。

Q 担任保证人需要什么条件？

A 保证人必须符合下列条件：1. 与本案无牵连；2. 有能力履行保证义务；3. 享有政治权利，人身自由未受到限制；4. 有固定的住处和收入。

Q 保证人负有什么义务？

A 保证人应当履行以下义务：1. 监督被保证人遵守法律规定；2. 发

现被保证人可能发生或者已经发生违反《中华人民共和国刑事诉讼法》第六十九条规定的行为的，应当及时向执行机关报告。

【背景链接：《中华人民共和国刑事诉讼法》（http://www.gov.cn/flfg/2012-03/17/content_2094354.htm）第六十九条：被取保候审的犯罪嫌疑人、被告人应当遵守以下规定：（一）未经执行机关批准不得离开所居住的市、县；（二）住址、工作单位和联系方式发生变动的，在二十四小时以内向执行机关报告；（三）在传讯的时候及时到案；（四）不得以任何形式干扰证人作证；（五）不得毁灭、伪造证据或者串供。**】**

Q 保证人未履行法定义务将会受到什么处罚？

A 被保证人有违反法律规定的行为，保证人未履行保证义务的，对保证人处以罚款，构成犯罪的，依法追究刑事责任。

Q 保证人不愿意再作保证人的怎么办？

A 被告人被取保候审期间，保证人不愿继续履行保证义务或者丧失履行保证义务能力的，人民法院应当在收到保证人的申请或者公安机关的书面通知后3日内，责令被告人重新提出保证人或者交纳保证金，或者变更强制措施，并通知公安机关。

如何确定保证金?

取保候审的决定机关应当综合考虑保证诉讼活动正常进行的需要，被取保候审人的社会危险性，案件的性质、情节，可能判处刑罚的轻重，被取保候审人的经济状况等情况，确定保证金的数额。

保证金应当交给谁?

对决定取保候审的被告人使用保证金保证的，应当责令被告人或者为其提供保证金的单位、个人将保证金一次性存入公安机关指定银行的专门账户。

保证金和保证人可以同时使用吗?

不能。对被告人决定取保候审的，应当责令其提出保证人或者交纳保证金，不得同时使用保证人保证与保证金保证。

被取保候审的犯罪嫌疑人、被告人应当遵守哪些规定?

被取保候审的犯罪嫌疑人、被告人应当遵守以下规定：1. 未经执行机关批准不得离开所居住的市、县；2. 住址、工作单位和联系方式发生变动的，在 24 小时以内向执行机关报告；3. 在传讯的时候及时到案；4. 不得以任何形式干扰证人作证；5. 不得毁灭、伪造证据或者串供。

司法机关可以对取保候审的犯罪嫌疑人、被告人规定额外需要遵守的条件吗？

可以。人民法院、人民检察院和公安机关可以根据案件情况，责令被取保候审的犯罪嫌疑人、被告人遵守以下一项或者多项规定：1. 不得进入特定的场所；2. 不得与特定的人员会见或者通信；3. 不得从事特定的活动；4. 将护照等出入境证件、驾驶证件交执行机关保存。

取保候审期间被告人毁灭证据怎么办？

毁灭证据的，人民法院将依法对被告人决定逮捕。根据法律规定，被取保候审的被告人具有下列情形之一的，人民法院应当决定逮捕：1. 故意实施新的犯罪的；2. 企图自杀、逃跑的；3. 毁灭、伪造证据，干扰证人作证或者串供的；4. 对被害人、举报人、控告人实施打击报复的；5. 经传唤，无正当理由不到案，影响审判活动正常进行的；6. 擅自改变联系方式或者居住地，导致无法传唤，影响审判活动正常进行的；7. 未经批准，擅自离开所居住的市、县，影响审判活动正常进行，或者两次未经批准，擅自离开所居住的市、县的；8. 违反规定进入特定场所、与特定人员会见或者通信、从事特定活动，影响审判活动正常进行，或者两次违反有关规定的。

保证人与被告人勾结帮助被告人逃匿怎么办？

根据案件事实和法律规定，认为已经构成犯罪的被告人在取保候审期间逃匿的，如果系保证人协助被告人逃匿，或者保证人明知被告人藏匿地点但拒绝向司法机关提供，对保证人应当依法追究刑事责任。

Q 保证金会退还吗？

A 对被取保候审的被告人的判决、裁定生效后，应当解除取保候审、退还保证金的，如果保证金属于其个人财产，人民法院可以书面通知公安机关将保证金移交人民法院，用以退赔被害人、履行附带民事赔偿义务或者执行财产刑，剩余部分应当退还被告人。

Q 取保候审最长期限是多久？

A 人民法院、人民检察院和公安机关对犯罪嫌疑人、被告人取保候审最长不得超过 12 个月。

Q 什么是监视居住？

A 监视居住是指人民法院、人民检察院、公安机关在刑事诉讼中限令犯罪嫌疑人、被告人在规定的期限内不得离开住处或者指定的居所，并对其行为加以监视、限制其人身自由的一种强制措施。

Q 在什么情况下司法机关会采取监视居住措施？

A 人民法院、人民检察院和公安机关对符合逮捕条件，有下列情形之一的犯罪嫌疑人、被告人，可以监视居住：1. 患有严重疾病、生活不能自理的；2. 怀孕或者正在哺乳自己婴儿的妇女；3. 系生活不能自理的人的唯一扶养人；4. 因为案件的特殊情况或者办理案件的需要，采取监视居住措施更为适宜的；5. 羁押期限届满，案件尚未办结，需要采取监视居住措施的；6. 对符合取保候审条件，但犯罪嫌疑人、被告人不能提出保证人，也不交纳保证金的，可以监视居住。

Q 监视居住由哪个机关执行？

A 监视居住由公安机关执行。

Q 公安机关、检察院已经作出取保候审或者监视居住的决定后，法院可以变更吗？

A 人民检察院、公安机关已经对犯罪嫌疑人取保候审、监视居住，案件起诉至人民法院后，需要继续取保候审、监视居住或者变更强制措施的，人民法院应当在7日内作出决定，并通知人民检察院、公安机关。但是，人民法院不得对被告人重复采用取保候审、监视居住措施。

Q 法院决定继续取保候审、监视居住时，期限如何计算？

A 人民法院决定继续取保候审、监视居住的，应当重新办理手续，期限重新计算。

Q 法院决定继续取保候审的还需要再交纳保证金吗？

A 人民法院决定继续使用保证金保证的，不再收取保证金。

Q 监视居住是在犯罪嫌疑人、被告人家里执行吗？

A 监视居住应当在犯罪嫌疑人、被告人的住处执行；无固定住处的，可以在指定的居所执行。对于涉嫌危害国家安全犯罪、恐怖活动犯罪、特别重大贿赂犯罪，在住处执行可能有碍侦查的，经上一级人民检察院或者公安机关批准，也可以在指定的居所执行。但是，不得在羁押场所、专门的办案场所执行。

Q 监视居住需要通知犯罪嫌疑人、被告人的家属吗？

A 指定居所监视居住的，除无法通知的以外，应当在执行监视居住后 24 小时以内，通知被监视居住人的家属。

Q 执行机关如何执行监视居住？

A 执行机关对被监视居住的犯罪嫌疑人、被告人，可以采取电子监控、不定期检查等监视方法对其遵守监视居住规定的情况进行监督；在侦查期间，可以对被监视居住的犯罪嫌疑人的通信进行监控。

Q 被监视居住的犯罪嫌疑人、被告人应当遵守哪些规定？

A 被监视居住的犯罪嫌疑人、被告人应当遵守以下规定：1. 未经执行机关批准不得离开执行监视居住的处所；2. 未经执行机关批准不得会见他人或者通信；3. 在传讯的时候及时到案；4. 不得以任何形式干扰证人作证；5. 不得毁灭、伪造证据或者串供；6. 将护照等出入境证件、身份证件、驾驶证件交执行机关保存。

被监视居住的犯罪嫌疑人、被告人违反法律规定会承担哪些后果？

被监视居住的犯罪嫌疑人、被告人违反法律规定，情节严重的，可以予以逮捕；需要予以逮捕的，可以对犯罪嫌疑人、被告人先行拘留。

监视居住的最长期限是多久？

人民法院、人民检察院和公安机关对犯罪嫌疑人、被告人监视居住最长不得超过6个月。

被监视居住的被告人企图毁灭证据或者打击报复证人怎么办？

如果出现上述情况人民法院应当决定逮捕。根据法律规定，被监视居住的被告人具有下列情形之一的，人民法院应当决定逮捕：1. 故意实施新的犯罪的；企图自杀、逃跑的。2. 毁灭、伪造证据，干扰证人作证或者串供的。3. 对被害人、举报人、控告人实施打击报复的。4. 经传唤，无正当理由不到案，影响审判活动正常进行的。5. 未经批准，擅自离开执行监视居住的处所，影响审判活动正常进行，或者两次未经批准，擅自离开执行监视居住的处所的。6. 未经批准，擅自会见他人或者通信，影响审判活动正常进行，或者两次未经批准，擅自会见他人或者通信的。7. 对因患有严重疾病、生活不能自理，或者因怀孕、正在哺乳自己婴儿而未予逮捕的被告人，疾病痊愈或者哺乳期已满的。8. 依法应当决定逮捕的其他情形。

Q 审判长可以直接决定对被告人采取拘传、取保候审、监视居住或者逮捕等措施吗？

A 不能。人民法院审判案件，对被告人采取、撤销或者变更强制措施的，由院长决定。

Q 被告人认为自己无罪可以对法院的传唤置之不理吗？

A 不行。经依法传唤的被告人必须到庭。对经依法传唤拒不到庭的被告人，或者根据案件情况有必要拘传的被告人，可以拘传。

Q 对被告人拘传能使用戒具吗？

A 拘传被告人，应当由院长签发拘传票，由司法警察执行，执行人员不得少于两人。拘传被告人，应当出示拘传票。对抗拒拘传的被告人，可以使用戒具。

Q 传唤、拘传的时间最长是多久？

A 传唤、拘传持续的时间不得超过12小时；案情特别重大、复杂，需要采取拘留、逮捕措施的，传唤、拘传持续的时间不得超过24小时。

Q 可以对犯罪嫌疑人进行连续拘传吗？

A 不得以连续传唤、拘传的形式变相拘禁犯罪嫌疑人。传唤、拘传犯罪嫌疑人，应当保证犯罪嫌疑人的饮食和必要的休息时间。

Q 案件没有在规定期限内审结，可以继续对被告人进行羁押吗？

A 人民法院应当立即释放被告人或者变更强制措施。法律规定，被逮捕的被告人具有下列情形之一的，人民法院应当变更强制措施或者予以释放：

1. 第一审人民法院判处管制、宣告缓刑、单独适用附加刑，判决尚未发生法律效力的；2. 被告人被羁押的时间已到第一审人民法院对其判处的刑期期限的；3. 案件不能在法律规定的期限内审结的。

Q 被告人认为强制措施不合理的，可以申请变更强制措施吗？

A 可以申请。被告人及其法定代理人、近亲属或者辩护人申请变更强制措施的，应当说明理由。人民法院收到申请后，应当在3日内作出决定。同意变更强制措施的，应当依法处理；不同意的，应当告知申请人，并说明理由。

刑事附带民事诉讼

Q 什么是附带民事诉讼？

A 附带民事诉讼是指司法机关在刑事诉讼过程中，在解决被告人刑事责任的同时，附带解决因被告人的犯罪行为所造成的人身权利或物质损失的赔偿问题而进行的诉讼活动。

Q 满足什么条件才能提起附带民事诉讼？

A 附带民事诉讼的起诉条件是：1. 起诉人符合法定条件；2. 有明确的被告人；3. 有请求赔偿的具体要求和事实、理由；4. 属于人民法院受理附带民事诉讼的范围。

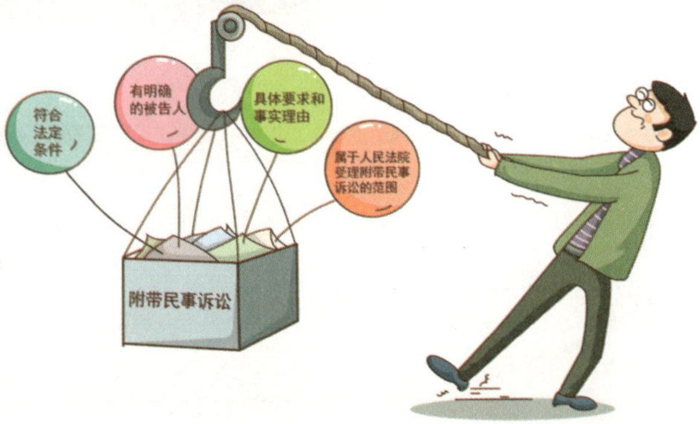

Q 国家工作人员在行使职权时侵犯他人人身、财产权利的，能否提起附带民事诉讼？

A 国家机关工作人员在行使职权时，侵犯他人人身、财产权利，构成犯罪，被害人或者其法定代理人、近亲属提起附带民事诉讼的，人民法院不予受理，但应当告知其可以依法申请国家赔偿。

被害人可以放弃提起附带民事诉讼吗？

可以。有权提起附带民事诉讼的人放弃诉讼权利的，应当准许，并记录在案。

有多个侵害人的被害人可以只对部分侵害人提起附带民事诉讼吗？

被害人或者其法定代理人、近亲属仅对部分共同侵害人提起附带民事诉讼的，人民法院应当告知其可以对其他共同侵害人，包括没有被追究刑事责任的共同侵害人，一并提起附带民事诉讼，但共同犯罪案件中同案犯在逃的除外。被害人或者其法定代理人、近亲属放弃对其他共同侵害人的诉讼权利的，人民法院应当告知其相应法律后果，并在裁判文书中说明其放弃诉讼请求的情况。

可以对逃匿后到案的同案犯再次提起附带民事诉讼吗？

逃跑的同案犯到案后，被害人或者其法定代理人、近亲属可以对其提起附带民事诉讼，但已经从其他共同犯罪人处获得足额赔偿的除外。

附带民事诉讼由谁提起？

被害人由于被告人的犯罪行为而遭受物质损失的，在刑事诉讼过程中，有权提起附带民事诉讼。被害人死亡或者丧失行为能力的，被害人的法定代理人、近亲属有权提起附带民事诉讼。如果是国家财产、集体财产遭受损失的，人民检察院在提起公诉的时候，可以提起附带民事诉讼。

被害人何时可以提起附带民事诉讼？

附带民事诉讼应当在刑事案件立案后及时提起。人民法院在受理刑事案件后，对符合法律规定的，可以告知被害人或者其法定代理人、近亲属有权提起附带民事诉讼。

二审期间可以提起附带民事诉讼吗？

第一审期间未提出附带民事诉讼，在第二审期间提起的，第二审人民法院可以依法进行调解；调解不成的，告知当事人可以在刑事判决、裁定生效后另行提起民事诉讼。

整个刑事诉讼期间都没有提出附带民事诉讼的怎么办？

被害人或者其法定代理人、近亲属在刑事诉讼过程中未提起附带民事诉讼，另行提起民事诉讼的，人民法院可以进行调解，或者根据物质损失情况作出判决。

附带民事诉讼中可以要求精神损害赔偿吗？

不能。根据法律规定，因受到犯罪侵犯，提起附带民事诉讼或者单独提起民事诉讼要求赔偿精神损失的，人民法院不予受理。

Q 需要多长时间才能知道法院是否受理了附带民事诉讼的请求？

A 被害人或者其法定代理人、近亲属提起附带民事诉讼的，人民法院应当在7日内决定是否立案。人民法院受理附带民事诉讼后，应当在5日内将附带民事起诉状副本送达附带民事诉讼被告人及其法定代理人，或者将口头起诉的内容及时通知附带民事诉讼被告人及其法定代理人，并制作笔录。

Q 被害人发现被告人转移自己的财产试图逃避民事赔偿责任的怎么办？

A 人民法院对可能因被告人的行为或者其他原因，使附带民事判决难以执行的案件，根据附带民事诉讼原告人的申请，可以裁定采取保全措施，查封、扣押或者冻结被告人的财产；附带民事诉讼原告人未提出申请的，必要时，人民法院也可以采取保全措施。

Q 被害人申请法院采取保全措施必须在提起附带民事诉讼之后吗？

A 有权提起附带民事诉讼的人因情况紧急，不立即申请保全将会使其合法权益受到难以弥补的损害的，可以在提起附带民事诉讼前，向被保全财产所在地、被申请人居住地或者对案件有管辖权的人民法院申请采取保全措施。申请人在人民法院受理刑事案件后15日内未提起附带民事诉讼的，人民法院应当解除保全措施。

Q 被告人被判处死刑后谁是民事赔偿的责任人？

A 死刑罪犯的遗产继承人负有赔偿责任。法律规定附带民事诉讼中依法负有赔偿责任的人包括：1. 刑事被告人以及未被追究刑事责任的其他共同侵害人；2. 刑事被告人的监护人；3. 死刑罪犯的遗产继承人；4. 共同犯罪案件中，案件审结前死亡的被告人的遗产继承人；5. 对被害人的物质损失依法应当承担赔偿责任的其他单位和个人。附带民事诉讼被告人的亲友自愿代为赔偿的，应当准许。

Q 法院在审理附带民事诉讼时当事人可以提出调解吗？

A 人民法院审理附带民事诉讼案件，可以根据自愿、合法的原则进行调解。经调解达成协议的，应当制作调解书。调解书经双方当事人签收后，即具有法律效力。调解达成协议并即时履行完毕的，可以不制作调解书，但应当制作笔录，经双方当事人、审判人员、书记员签名或者盖章后即发生法律效力。调解未达成协议或者调解书签收前当事人反悔的，附带民事诉讼应当同刑事诉讼一并判决。

Q 检察院撤回起诉的案件，被告人还需要进行民事赔偿吗？

A 人民法院准许人民检察院撤回起诉的公诉案件，对已经提起的附带民事诉讼，可以进行调解；不宜调解或者经调解不能达成协议的，应当裁定驳回起诉，并告知附带民事诉讼原告人可以另行提起民事诉讼。

Q 判决无罪的还需要进行民事赔偿吗？

A 人民法院认定公诉案件被告人的行为不构成犯罪，对已经提起的附带民事诉讼，经调解不能达成协议的，应当一并作出刑事附带民事判决。

Q 附带民事诉讼的赔偿额如何确定？

A 对附带民事诉讼作出判决，应当根据犯罪行为造成的物质损失，结合案件具体情况，确定被告人应当赔偿的数额。犯罪行为造成被害人人身损害的，应当赔偿医疗费、护理费、交通费等为治疗和康复支付的合理费用，以及因误工减少的收入。造成被害人残疾的，还应当赔偿残疾生活辅助具费等费用；造成被害人死亡的，还应当赔偿丧葬费等费用。

Q 附带民事诉讼需要交纳诉讼费吗？

A 人民法院审理附带民事诉讼案件，不收取诉讼费。

Q 审理附带民事诉讼时原告必须到庭吗？

A 必须到庭。法律规定，附带民事诉讼原告人经传唤，无正当理由拒不到庭，或者未经法庭许可中途退庭的，应当按撤诉处理。

Q 附带民事诉讼的被告人不到庭怎么办？

A 刑事被告人以外的附带民事诉讼被告人经传唤，无正当理由拒不到庭，或者未经法庭许可中途退庭的，附带民事部分可以缺席判决。

Q 被告人已经对被害人进行了一定的赔偿会影响量刑吗？

A 审理刑事附带民事诉讼案件，人民法院应当结合被告人赔偿被害人物质损失的情况认定其悔罪表现，并在量刑时予以考虑。

期间、送达、审理期限

Q 当事人由于无法抗拒的原因不能如期参加诉讼怎么办？

A 当事人由于不能抗拒的原因或者有其他正当理由而耽误期限，依法申请继续进行应当在期满前完成的诉讼活动的，人民法院查证属实后，应当裁定准许。

Q 收件人可以拒收法院的文书吗？

A 送达诉讼文书，应当由收件人签收。收件人或者代收人拒绝签收的，送达人可以邀请见证人到场，说明情况，在送达回证上注明拒收的事由和日期，由送达人、见证人签名或者盖章，将诉讼文书留在收件人、代收人的住处或者单位；也可以把诉讼文书留在受送达人的住处，并采用拍照、录像等方式记录送达过程，即视为送达。

Q 诉讼文书可以请别人代收吗？

A 收件人不在的，可以由其成年家属或者所在单位负责收件的人员代收。

Q 诉讼文书可以用邮寄的方式送达吗？

A 可以。邮寄送达的，应当将诉讼文书、送达回证挂号邮寄给收件人。挂号回执上注明的日期为送达日期。

Q 诉讼文书如何给军人送达？

A 诉讼文书的收件人是军人的，可以通过其所在部队团级以上单位的政治部门转交。

Q 诉讼文书如何送达给正在监狱服刑的人员？

A 收件人正在服刑的，可以通过执行机关转交。收件人正在被采取强制性教育措施的，可以通过强制性教育机构转交。

Q 审理期限届满时法院可以延长审理期限吗？

A 可以。向上级人民法院申请批准延长审理期限，应当在期限届满15日前层报。有权决定的人民法院不同意延长的，应当在审理期限届满5日前作出决定。因特殊情况向最高人民法院申请批准延长审理期限，最高人民法院经审查，予以批准的，可以延长审理期限1～3个月。期限届满案件仍然不能审结的，可以再次提出申请。

侦查和提起公诉

Q 司法机关只有一位侦查人员讯问犯罪嫌疑人合法吗？

A 讯问犯罪嫌疑人必须由人民检察院或者公安机关的侦查人员负责进行。讯问的时候，侦查人员不得少于两人。

Q 公安机关应该在什么场所讯问被羁押的犯罪嫌疑人？

A 犯罪嫌疑人被送交看守所羁押以后，侦查人员对其进行讯问，应当在看守所内进行。

Q 讯问没有被羁押的犯罪嫌疑人应当在哪里进行？

A 对不需要逮捕、拘留的犯罪嫌疑人，可以传唤到犯罪嫌疑人所在市、县内的指定地点或者到他的住处进行讯问，但是应当出示人民检察院或者公安机关的证明文件。对在现场发现的犯罪嫌疑人，经出示工作证件，可以口头传唤，但应当在讯问笔录中注明。

Q 被讯问的犯罪嫌疑人有保持沉默的权利吗？

A 犯罪嫌疑人对侦查人员的提问，应当如实回答。但是，对与本案无关的问题，有拒绝回答的权利。目前在我国的司法实践中，已经有在“零口供”的情况下对被告人定罪的情况。也就是说，犯罪嫌疑人在被讯问中有如实回答的义务，如果保持沉默，只要其他证据能够证明犯罪嫌疑人有罪，仍然会对犯罪嫌疑人定罪。

Q 侦查人员讯问犯罪嫌疑人的过程是否会进行录像？

A 侦查人员在讯问犯罪嫌疑人的时候，可以对讯问过程进行录音或者录像；对于可能判处无期徒刑、死刑的案件或者其他重大犯罪案件，应当对讯问过程进行录音或者录像。录音或者录像应当全程进行，保持完整性。

Q 被害人家属可以对公安机关作出的尸检的决定提出异议吗？

A 对于死因不明的尸体，公安机关有权决定解剖，并且通知死者家属到场。这就意味着被害人家属应当配合公安机关的决定。

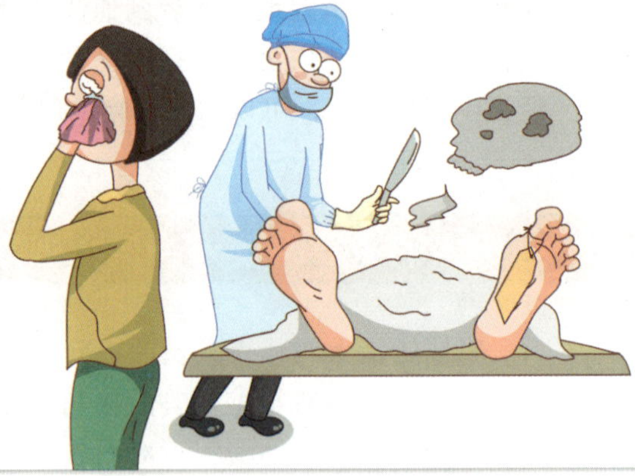

Q 犯罪嫌疑人有权拒绝公安机关对其进行人身检查吗？

A 为了确定被害人、犯罪嫌疑人的某些特征、伤害情况或者生理状态，可以对人身进行检查，可以提取指纹信息，采集血液、尿液等生物样本。犯罪嫌疑人如果拒绝检查，侦查人员认为必要的时候，可以强制检查。

Q 对女性犯罪嫌疑人进行人身检查必须由女性工作人员进行吗？

A 是的。检查妇女的身体应当由女性工作人员或者医师进行。

Q 对依法逮捕后的犯罪嫌疑人的侦查羁押期限是多长时间？

A 对犯罪嫌疑人逮捕后的侦查羁押期限不得超过两个月。案情复杂、期限届满不能终结的案件，可以经上一级人民检察院批准延长1个月。

Q 对于在3个月内仍然不能侦查终结的案件怎么办？

A 下列案件在3个月期限届满不能侦查终结的，经省、自治区、直辖市人民检察院批准或者决定，可以延长两个月：1. 交通十分不便的边远地区的重大复杂案件；2. 重大的犯罪集团案件；3. 流窜作案的重大复杂案件；4. 犯罪涉及面广，取证困难的重大复杂案件。

Q 对于经省、自治区、直辖市检察院批准或者决定延长两个月后仍然不能侦查终结的怎么办？

A 对犯罪嫌疑人可能判处10年有期徒刑以上刑罚，延长期限届满，仍不能侦查终结的，经省、自治区、直辖市人民检察院批准或者决定，可以再延长两个月。因为特殊原因，在较长时间内不宜交付审判的特别重大复杂的案件，由最高人民检察院报请全国人民代表大会常务委员会批准延期审理。

Q 在接到公安机关移送的案件后，检察院应当在多长时间内作出起诉决定？

A 人民检察院对于公安机关移送起诉的案件，应当在1个月以内作出决定，重大、复杂的案件，可以延长半个月。

检察院在审查起诉期间必须要再次讯问犯罪嫌疑人吗?

是的。人民检察院审查案件，应当讯问犯罪嫌疑人，听取辩护人、被害人及其诉讼代理人的意见，并记录在案。辩护人、被害人及其诉讼代理人提出书面意见的，应当附卷。

检察院发现公安机关移送的案件证据不充分怎么办?

人民检察院审查案件，对于需要补充侦查的，可以退回公安机关补充侦查，也可以自行侦查。对于补充侦查的案件，应当在1个月以内补充侦查完毕。补充侦查以二次为限。

退回补充侦查了两次的案件仍然证据不足的怎么办?

对于二次补充侦查的案件，人民检察院仍然认为证据不足，不符合起诉条件的，应当作出不起诉的决定。

检察院提起公诉需要满足什么条件?

人民检察院认为犯罪嫌疑人的犯罪事实已经查清，证据确实、充分，依法应当追究刑事责任的，应当作出起诉决定，按照审判管辖的规定，向人民法院提起公诉，并将案卷材料、证据移送人民法院。

Q 检察院在审查期间认为犯罪嫌疑人没有犯罪或者不构成犯罪的还会提起公诉吗?

A 人民检察院对下列情况应当作出不起诉决定：1. 犯罪嫌疑人没有犯罪事实，或者认为显著轻微、危害不大，不认为是犯罪的；2. 犯罪已过追诉时效期限的；3. 经特赦令免除刑罚的；4. 依照刑法告诉才处理的犯罪，没有告诉或者撤回告诉的；5. 犯罪嫌疑人、被告人死亡的情况。

Q 公安机关认为检察院作出的不起诉决定错误可以拒绝执行吗?

A 不能。公安机关在收到检察院作出的不起诉决定后，首先应当释放在押的决定不起诉的人。公安机关如果认为不起诉的决定有错误的时候，可以要求复议，如果意见不被接受，可以向上一级人民检察院提请复核，但申请复议和复核期间应当释放在押的犯罪嫌疑人。

Q 被害人不服检察院的不起诉决定怎么办?

A 被害人如果不服，可以自收到决定书后 7 日以内向上一级人民检察院申诉，请求提起公诉。人民检察院应当将复查决定告知被害人。对人民检察院维持不起诉决定的，被害人可以向人民法院起诉。被害人也可以不经申诉，直接向人民法院起诉。人民法院受理案件后，人民检察院应当将有关案件材料移送人民法院。

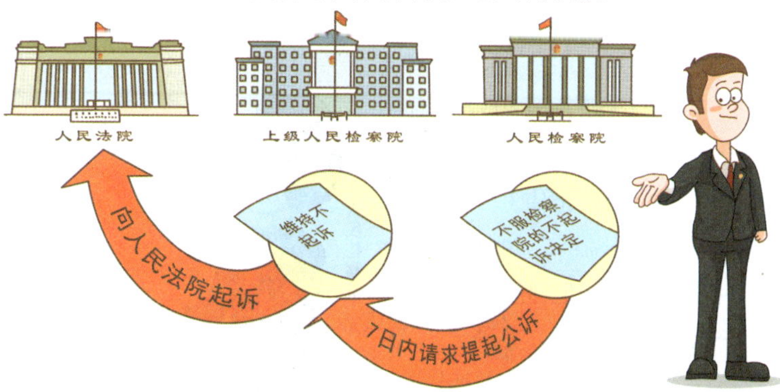

不被起诉的人如果不服检察院不起诉决定怎么办？

检察院作出的不起诉决定并不意味着犯罪嫌疑人是无罪的，如果被不起诉人坚持要证明自己无罪，对于人民检察院作出的不起诉决定，被不起诉人如果不服，可以自收到决定书后7日以内向人民检察院申诉。人民检察院应当作出复查决定，通知被不起诉人，同时抄送公安机关。

一审程序

法院在收到检察院审查起诉的案件后会有哪几种处理情况？

人民法院对提起公诉的案件审查后，应当按照下列情形分别处理：1. 属于告诉才处理的案件，应当退回人民检察院，并告知被害人有权提起自诉；2. 不属于本院管辖或者被告人不在案的，应当退回人民检察院；3. 案件需要补充材料的，应当通知人民检察院在3日内补送；4. 宣告被告人无罪后，人民检察院根据新的事实、证据重新起诉的，应当依法受理；5. 裁定准许撤诉的案件，没有新的事实、证据，重新起诉的，应当退回人民检察院；6. 对于犯罪已过追诉时效期限的，经特赦令免除刑罚的，依照刑法告诉才处理的犯罪没有告诉或者撤回告诉的，犯罪嫌疑人、被告人死亡的以及其他法律规定免予追究刑事责任的，法院应当裁定终止审理或者退回人民检察院；7. 被告人真实身份不明，但证据确实、充分的，应当依法受理。

在开庭前法院都会进行哪些准备工作？

开庭审理前，人民法院应当进行下列工作：1. 确定审判长及合议庭组成人员；2. 开庭 10 日前将起诉书副本送达被告人、辩护人；3. 通知当事人、法定代理人、辩护人、诉讼代理人在开庭 5 日前提供证人、鉴定人名单以及拟当庭出示的证据，申请证人、鉴定人、有专门知识的人出庭的，应当列明有关人员的姓名、性别、年龄、职业、住址、联系方式；4. 开庭 3 日前将开庭的时间、地点通知人民检察院；5. 开庭 3 日前将传唤当事人的传票和通知辩护人、诉讼代理人、法定代理人、证人、鉴定人等出庭的通知书送达；6. 通知有关人员出庭，也可以采取电话、短信、传真、电子邮件等能够确认对方收悉的方式；7. 公开审理的案件，在开庭 3 日前公布案由、被告人姓名、开庭时间和地点。

开庭审理前法院会提前听取双方当事人的意见吗？

在开庭以前，审判人员可以召集公诉人、当事人和辩护人、诉讼代理人，对回避、出庭证人名单、非法证据排除等与审判相关的问题，了解情况，听取意见。这就是庭前会议制度。

在什么情况下会召开庭前会议？

庭前会议不是法庭审理前的必经程序，是人民法院在法庭审理前根据公诉案件的复杂程度或者其他需要召集相关人员了解事实与证据情况、听取控辩双方的意见，整理争议焦点，为庭审安排进行的准备活动。根据法律规定，案件具有下列情形之一的，审判人员可以召开庭前会议：1. 当事人及其辩护人、诉讼代理人申请排除非法证据的；2. 证据材料较多、案情重大复杂的；3. 社会影响重大的；4. 需要召开庭前会议的其他情形。召开庭前会议，根据案件情况，可以通知被告人参加。

Q 庭前会议主要了解什么信息？

A 召开庭前会议，审判人员可以就下列问题向控辩双方了解情况，听取意见：1. 是否对案件管辖有异议；2. 是否申请有关人员回避；3. 是否申请调取在侦查、审查起诉期间公安机关、人民检察院收集但未随案移送的证明被告人无罪或者罪轻的证据材料；4. 是否提供新的证据；5. 是否对出庭证人、鉴定人、有专门知识的人的名单有异议；6. 是否申请排除非法证据；7. 是否申请不公开审理；8. 与审判相关的其他问题。

Q 庭前会议可以就附带民事诉讼部分进行调解吗？

A 可以。被害人或者其法定代理人、近亲属提起附带民事诉讼的，可以调解。

Q 庭前会议需要制作笔录吗？

A 需要。法律规定庭前会议应当制作笔录。

Q 刑事诉讼当事人最迟什么时候能知道开庭的时间？

A 人民法院确定开庭日期后，应当将开庭的时间、地点通知人民检察院，传唤当事人，通知辩护人、诉讼代理人、证人、鉴定人和翻译人员，传票和通知书至迟在开庭3日以前送达。公开审判的案件，应当在开庭3日以前先期公布案由、被告人姓名、开庭时间和地点。

Q 所有案件都可以公开庭审吗？

A 人民法院审判第一审案件应当公开进行。但是，有关国家秘密或者个人隐私的案件，不公开审理；涉及商业秘密的案件，当事人申请不公开审理的，可以不公开审理。

Q 公开审理的案件可以申请旁听吗？

A 是的，但精神病人、醉酒的人、未经人民法院批准的未成年人以及其他不宜旁听的人不得旁听案件审理。

Q 不公开审理的案件可以旁听吗？

A 不公开审理不仅指不公开报道，还包括不能旁听。法律规定不公开审理的案件，任何人不得旁听，但法律另有规定的除外。

Q 当事人何时可以申请回避？

A 宣布开庭后，审判长应当询问当事人及其法定代理人、辩护人、诉讼代理人是否申请回避、申请何人回避和申请回避的理由。

Q 法庭调查的顺序是什么？

A 1. 公诉人宣读起诉书。在公诉人宣读起诉书之后，被告人、被害人可以分别就起诉书所指控的犯罪进行陈述。2. 听取证人证言和鉴定结论。证人作证应个别进行。对证人的陈述有不清楚或矛盾的地方，应要求证人进一步陈述或说明；对证人之间的证言相互矛盾的，应进一步核实，互相质证。3. 出示证据。在出示证据之前，公诉人、辩护人应首先向当事人问清该物证的特征，然后再向法庭出示，让当事人辨认、核实，并听取当事人对所出示证据有什么意见。

对在法庭上出示的物证和宣读的其他证据，审判人员应听取公诉人、当事人、辩护人、诉讼代理人的意见，认真核对，只有经过当事人辨认，各方面的证人证言相互印证，核对属实后，才能作为定案的根据。

Q 所有的证据都可以在法庭上进行出示吗？

A 不是的。控辩双方申请证人出庭作证，出示证据，应当说明证据的名称、来源和拟证明的事实。法庭认为有必要的，应当准许；对方提出异议，认为有关证据与案件无关或者明显重复、不必要，法庭经审查异议成立的，可以不予准许。

Q 法庭可以对多个被告人同时讯问吗？

A 讯问同案审理的被告人，应当分别进行。必要时，可以传唤同案被告人到庭对质。

Q 被告人的诉讼代理人或辩护人可以随时向受害人发问吗？

A 控辩双方必须经过审判长准许，才可以向被害人、附带民事诉讼原告人发问。

Q 对证人证言、鉴定意见有异议的可以要求证人、鉴定人出庭质证吗？

A 公诉人、当事人或者辩护人、诉讼代理人对证人证言有异议，且该证人证言对定罪量刑有重大影响，或者对鉴定意见有异议，申请法庭通知证人、鉴定人出庭作证，人民法院认为有必要的，应当通知证人、鉴定人出庭；无法通知或者证人、鉴定人拒绝出庭的，应当及时告知申请人。

Q 证人必须出庭作证吗？

A 一般情况下证人必须出庭作证。经人民法院通知，证人没有正当理由不出庭作证的，人民法院可以强制其到庭，但是被告人的配偶、父母、子女除外。强制证人出庭的，应当由院长签发强制证人出庭令。

Q 证人拒绝出庭作证会带来什么后果？

A 经人民法院通知，证人没有正当理由拒绝出庭或者出庭后拒绝作证，法庭对其证言的真实性无法确认的，该证人证言不得作为定案的根据。

Q 证人不能到庭作证的正当理由有哪些？

A 证人具有下列情形之一，无法出庭作证的，人民法院可以准许其不出庭：1. 在庭审期间身患严重疾病或者行动极为不便的；2. 居所远离开庭地点且交通极为不便的；3. 身处国外短期无法回国的；4. 有其他客观原因，确实无法出庭的。

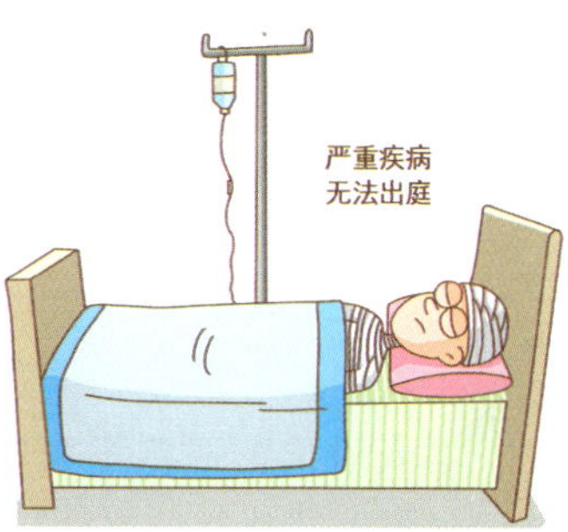

证人无法出庭时如何作证？

经人民法院准许可以不出庭作证的证人，可以通过视频等方式作证。

证人出庭作证产生的费用由谁承担？

证人出庭作证所支出的交通、住宿、就餐等费用，人民法院应当给予补助。

法院要求出庭作证的证人没有正当理由拒绝出庭作证怎么办？

证人没有正当理由拒绝出庭或者出庭后拒绝作证的，人民法院予以训诫，情节严重的，经院长批准，处以10日以下的拘留。被处罚人对拘留决定不服的，可以向上一级人民法院申请复议。复议期间不停止执行。

未成年人出庭作证会受到特殊保护吗？

是的。确有必要通知未成年被害人、证人出庭作证的，人民法院应当根据案件情况采取相应的保护措施。有条件的，可以采取视频等方式对其陈述、证言进行质证。

法庭审理过程中当事人还可以提出新的证据吗？

法庭审理过程中，当事人和辩护人、诉讼代理人有权申请通知新的证人到庭，调取新的物证，申请重新鉴定或者勘验。

法庭审理过程中当事人和公诉人可以申请专家出庭吗？

公诉人、当事人和辩护人、诉讼代理人可以申请法庭通知有专门知识的人出庭，就鉴定人作出的鉴定意见提出意见。

在法庭上向证人、鉴定人发问要遵循一定的顺序吗？

向证人、鉴定人发问，应当先由提请通知的一方进行；发问完毕后，经审判长准许，对方也可以发问。

Q 在法庭上当事人、证人等发问需要注意什么？

A 向被告人、被害人、证人、附带民事诉讼当事人、鉴定人、有专门知识的人讯问、发问，应当遵循以下规则：1. 发问的内容应当与本案事实有关；2. 不得以诱导方式发问；3. 不得威胁；4. 不得损害他人的人格尊严。

Q 证人、鉴定人可以旁听案件吗？

A 证人、鉴定人、有专门知识的人不得旁听对本案的审理。证人、鉴定人、有专门知识的人经控辩双方发问或者审判人员询问后，审判长应当告知其退庭。

Q 鉴定意见比较专业，可以申请专业人员在法庭上说明理由吗？

A 公诉人、当事人及其辩护人、诉讼代理人申请法庭通知有专门知识的人出庭，就鉴定意见提出意见的，应当说明理由。法庭认为有必要的，应当通知有专门知识的人出庭。申请有专门知识的人出庭，不得超过两人。有多种类鉴定意见的，可以相应增加人数。有专门知识的人出庭，适用鉴定人出庭的有关规定。

Q 法庭对证据产生质疑时还有补救措施吗？

A 法庭对证据有疑问的，可以告知公诉人、当事人及其法定代理人、辩护人、诉讼代理人补充证据或者作出说明。

合议庭对证据有疑问时可以宣布休庭吗？

法庭审理过程中，合议庭对证据有疑问的，可以宣布休庭，对证据进行调查核实。

在庭审过程中当事人可以申请调取新的证据吗？

在庭审过程中，当事人及其辩护人、诉讼代理人申请通知新的证人到庭，调取新的证据，申请重新鉴定或者勘验的，应当提供证人的姓名、证据的存放地点，说明拟证明的案件事实，要求重新鉴定或者勘验的理由。法庭认为有必要的，应当同意，并宣布延期审理；不同意的，应当说明理由并继续审理。

申请调取新的证据需要延期审理吗？

调取新的证据时需要进行延期审理。延期审理是指人民法院在已通知当事人、其他诉讼参与人和公告开庭审理日期后，或者在开庭时，由于出现法定原因，而另定日期对案件进行审理的制度。在法庭审判过程中，遇有下列情形之一，影响审判进行的，可以延期审理：1. 需要通知新的证人到庭，调取新的物证，重新鉴定或者勘验的；2. 检察人员发现提起公诉的案件需要补充侦查，提出建议的；3. 由于申请回避而不能进行审判的。

Q 延期审理的时间是否计算在审理期限内？

A 延期的时间不计算在审理期限内。延期审理只能发生在开庭审理阶段，延期审理前已进行的诉讼行为，对延期后的审理仍然有效。

Q 在审理过程中被告人突发严重疾病怎么办？

A 此时应当中止审理。中止审理是指人民法院在受理案件后，作出判决之前，出现了某些使审判在一定期限内无法继续进行的情况时，决定暂时停止案件审理，待有关情形消失后，再行恢复审判的活动。在审判过程中，有下列情形之一，致使案件在较长时间内无法继续审理的，可以中止审理：1. 被告人患有严重疾病，无法出庭的；2. 被告人脱逃的；3. 自诉人患有严重疾病，无法出庭，未委托诉讼代理人出庭的；4. 由于不能抗拒的原因。中止审理的原因消失后，应当恢复审理。中止审理的期间不计入审理期限。

Q 法院对一审案件多长时间应当审理完毕？

A 人民法院审理公诉案件，应当在受理后两个月以内宣判，至迟不得超过3个月。对于可能判处死刑的案件或者附带民事诉讼的案件，以及存在交通十分不便的边远地区的重大复杂案件，重大的犯罪集团案件，流窜作案的重大复杂案件，犯罪涉及面广、取证困难的重大复杂案件，经上一级人民法院批准，可以延长3个月；因特殊情况还需要延长的，报请最高人民法院批准。

审理期限是无条件的连续计算吗？

不是的。人民法院改变管辖的案件，从改变后的人民法院收到案件之日起计算审理期限。人民检察院补充侦查的案件，补充侦查完毕移送人民法院后，人民法院重新计算审理期限。中止审理的案件，中止审理的期间不计入审理期限。延期审理的案件，延期的时间不计算在审理期限内。

法院在什么情况下会作出无罪判决？

一种情况是依据法律认定被告人无罪的，应当作出无罪判决；另一种情况是证据不足，不能认定被告人有罪的，应当作出证据不足、指控的犯罪不能成立的无罪判决。第二种情况也称为“疑罪从无”。

检察院发现法院的审判工作违反诉讼程序的可以纠正法院工作吗？

人民检察院发现人民法院审理案件违反法律规定的诉讼程序，有权向人民法院提出纠正意见。

在庭审过程中控辩双方发表意见需要审判长同意吗？

是的。控辩双方的讯问和发问都要遵守法庭规则，一般先由发出通知的一方进行；发问完毕后经审判长许可，对方也可以发问。

Q 在电视剧中常见的律师所说的“反对，与本案无关”等言论在法庭上真的会出现吗？

A 控辩双方的讯问、发问方式不当或者内容与本案无关的，对方可以提出异议，申请审判长制止，审判长应当判明情况予以支持或者驳回；对方未提出异议的，审判长也可以根据情况予以制止。

Q 在庭审期间公诉人发现证据不足要求补充侦查，法庭会同意吗？

A 会的。审判期间，公诉人发现案件需要补充侦查，建议延期审理的，合议庭应当同意，但建议延期审理不得超过两次。人民检察院将补充收集的证据移送人民法院的，人民法院应当通知辩护人、诉讼代理人查阅、摘抄、复制。

Q 补充侦查期满后公诉人没有移送案件到法院的如何处理？

A 补充侦查期限届满后，经法庭通知，人民检察院未将案件移送人民法院，且未说明原因的，人民法院可以决定按人民检察院撤诉处理。

Q 法庭审理过程中会对影响量刑有关的情节进行调查吗？

A 人民法院除应当审查被告人是否具有法定量刑情节外，还应当根据案件情况审查以下影响量刑的情节：1. 案件起因；2. 被害人有无过错及过错程度，是否对矛盾激化负有责任及责任大小；3. 被告人的近亲属是否协助抓获被告人；4. 被告人平时表现，有无悔罪态度；5. 退赃、退赔及赔偿情况；6. 被告人是否取得被害人或者其近亲属谅解；7. 影响量刑的其他情节。

Q 被告人具有自首和立功情节但检察院没有提及怎么办？

A 审判期间，合议庭发现被告人可能有自首、坦白、立功等法定量刑情节，而人民检察院移送的案卷中没有相关证据材料的，应当通知人民检察院移送。审判期间，被告人提出新的立功线索的，人民法院可以建议人民检察院补充侦查。

Q 被告人认罪的案件还需要进行法庭调查吗？

A 对被告人认罪的案件，在确认被告人了解起诉书指控的犯罪事实和罪名，自愿认罪且知悉认罪的法律后果后，法庭调查可以主要围绕量刑和其他有争议的问题进行。

法庭辩论是自由辩论吗？

法庭辩论不是自由辩论，要遵守一定的顺序和规则。法庭辩论应当在审判长的主持下按照下列顺序进行：1. 公诉人发言；2. 被害人及其诉讼代理人发言；3. 被告人自行辩护；4. 辩护人辩护；5. 控辩双方进行辩论。

检察院可以对量刑提出建议吗？

人民检察院可以提出量刑建议并说明理由，量刑建议一般应当具有一定的幅度。

当事人可以对量刑提出建议吗？

当事人及其辩护人、诉讼代理人可以对量刑提出意见并说明理由。

被告人认罪的案件还需要进行法庭辩论吗？

对被告人认罪的案件，法庭辩论时，可以引导控辩双方主要围绕量刑和其他有争议的问题进行。

对于被告人不认罪的案件，法庭辩论应当如何进行？

对被告人不认罪或者辩护人作无罪辩护的案件，法庭辩论时，可以引导控辩双方先辩论定罪问题，后辩论量刑问题。

附带民事诉讼的辩论是与刑事部分同时进行的吗？

附带民事部分的辩论应当在刑事部分的辩论结束后进行，先由附带民事诉讼原告人及其诉讼代理人发言，后由附带民事诉讼被告人及其诉讼代理人答辩。

在法庭辩论期间发现新事实如何处理？

法庭辩论过程中，合议庭发现与定罪、量刑有关的新的事实，有必要调查的，审判长可以宣布暂停辩论，恢复法庭调查。在对新的事实调查后，继续法庭辩论。

被告人最后陈述是什么意思？

最后陈述权是刑事被告人在庭审中所享有的一项重要的诉讼权利。其理论基础主要在于立法对刑事被告人弱势地位的特别关注以及对言词原则的体现。最后陈述主要是被告人对犯罪事实和自己对案件的态度。

保障被告人的最后陈述权是指被告人在陈述时什么都可以说吗？

被告人在最后陈述中多次重复自己的意见的，审判长可以制止。陈述内容蔑视法庭、公诉人，损害他人及社会公共利益，或者与本案无关的，应当制止。在公开审理的案件中，被告人最后陈述的内容涉及国家秘密、个人隐私或者商业秘密的，应当制止。

Q 被告人在最后陈述时可以提出新的证据和主张吗？

A 可以。被告人在最后陈述中提出新的事实、证据，合议庭认为可能影响正确裁判的，应当恢复法庭调查；被告人提出新的辩解理由，合议庭认为可能影响正确裁判的，应当恢复法庭辩论。

Q 判决都是当庭宣告吗？

A 判决可以当庭宣告也可以定期宣告。当庭宣告判决的，应当在5日内送达判决书。定期宣告判决的，应当在宣判前先期公告宣判的时间和地点，传唤当事人并通知公诉人、法定代理人、辩护人和诉讼代理人；判决宣告后，应当立即送达判决书。

Q 宣告判决时被害人、公诉人或辩护律师不出席会影响判决的效力吗？

A 宣告判决，一律公开进行。公诉人、辩护人、诉讼代理人、被害人、自诉人或者附带民事诉讼原告人未到庭的，不影响宣判的进行。

Q 庭审的全部活动都需要进行记录吗？

A 开庭审理的全部活动，应当由书记员制作笔录；笔录经审判长审阅后，分别由审判长和书记员签名。法庭笔录应当在庭审后交由当事人、法定代理人、辩护人、诉讼代理人阅读或者向其宣读。

宣判前检察院可以撤回起诉吗？

宣告判决前，人民检察院要求撤回起诉的，人民法院应当审查撤回起诉的理由，作出是否准许的裁定。

简易程序

什么情况下可以适用简易程序审判案件？

基层人民法院管辖的案件，符合下列条件的，可以适用简易程序审判：1. 案件事实清楚、证据充分的；2. 被告人承认自己所犯罪行，对指控的犯罪事实没有异议的；3. 被告人对适用简易程序没有异议的。人民检察院在提起公诉的时候，可以建议人民法院适用简易程序。

什么情况下不能适用简易程序审判？

有下列情形之一的，不适用简易程序：1. 被告人是盲、聋、哑人，或者是尚未完全丧失辨认或者控制自己行为能力的精神病人的；2. 有重大社会影响的；3. 共同犯罪案件中部分被告人不认罪或者对适用简易程序有异议的；4. 其他不宜适用简易程序审理的。

简易程序“简易”在哪里？

1. 适用简易程序审理案件，经审判人员许可，被告人及其辩护人可以同公诉人、自诉人及其诉讼代理人互相辩论。2. 适用简易程序审理案件，不受关于送达期限、讯问被告人、询问证人、鉴定人、出示证据、法庭辩论程序规定的限制。但是，在判决宣告前应当听取被告人的最后陈述意见。3. 适用简易程序审理案件，人民法院应当在受理后 20 日以内审结；对可能判处的有期徒刑超过 3 年的，可以延长至一个半月。4. 适用简易程序的案件一般应当当庭宣判。

适用简易程序的案件都是由审判员一人独任审判吗？

不是。适用简易程序审理案件，对可能判处 3 年有期徒刑以下刑罚的，可以组成合议庭进行审判，也可以由审判员一人独任审判；对可能判处的有期徒刑超过 3 年的，应当组成合议庭进行审判。

对于适用简易程序的公诉案件，公诉人必须出庭吗？

适用简易程序审理公诉案件，人民检察院应当派员出席法庭。

适用简易程序是否需要被告人同意？

适用简易程序审理案件，审判人员应当询问被告人对指控的犯罪事实的意见，告知被告人适用简易程序审理的法律规定，确认被告人是否同意适用简易程序审理。被告人对指控的犯罪事实没有异议并同意适用简易程序的，可以决定适用简易程序，并在开庭前通知人民检察院和辩护人。

Q 在审理过程中发现有不适宜适用简易程序的情况出现怎么办？

A 人民法院在审理过程中发现不宜适用简易程序的，应当按照普通程序一审的规定重新审理。转为普通程序审理的案件，审理期限应当从决定转为普通程序之日起计算。

Q 哪些情况出现后简易程序应当转为普通程序审理？

A 适用简易程序审理案件，在法庭审理过程中，有下列情形之一的，应当转为普通程序审理：1. 被告人的行为可能不构成犯罪的；2. 被告人可能不负刑事责任的；3. 被告人当庭对其诉指控的犯罪事实予以否认的；4. 案件事实不清、证据不足的；5. 不应当或者不宜适用简易程序的其他情形。

二审程序

Q 什么情况会启动二审程序？

A 被告人、自诉人和他们的法定代理人，附带民事诉讼的当事人和他们的法定代理人，不服地方各级人民法院第一审的判决、裁定时可以向上级人民法院提出上诉。地方各级人民检察院认为本级人民法院第一审的判决、裁定确有错误的时候，应当向上级人民法院提出抗诉。也就是说，上诉和抗诉会启动二审程序。其中被告人、自诉人提出的称为“上诉”，检察院提出的称为“抗诉”。

被害人不服一审判决怎么办？

被害人及其法定代理人不服地方各级人民法院第一审判决的，自收到判决书后5日以内，有权请求人民检察院提出抗诉。人民检察院自收到被害人及其法定代理人的请求后5日以内，应当作出是否抗诉的决定并且答复请求人。

不服一审判决、裁定提起上诉必须要在一定的期限内吗？

不服判决的上诉和抗诉的期限为10日，不服裁定的上诉和抗诉的期限为5日，从接到判决书、裁定书的第二日起算。也就是说，不服一审判决必须要在接到判决书第二日起10日内向向上一级法院提起上诉或抗诉。

附带民事诉讼部分的上诉期限是按照民事诉讼法的规定执行吗？

不是。对附带民事判决、裁定的上诉、抗诉期限，应当按照刑事部分的上诉、抗诉期限确定。附带民事部分另行审判的，上诉期限也应当按照刑事诉讼法规定的期限确定。

上诉后还可以撤回上诉吗？

上诉人在上诉期限内要求撤回上诉的，人民法院应当准许。上诉人在上诉期满后要求撤回上诉的，第二审人民法院应当审查。经审查，认为原判认定事实和适用法律正确，量刑适当的，应当裁定准许撤回上诉；认为原判事实不清、证据不足或者将无罪判为有罪、轻罪重判等的，应当不予准许，继续按照上诉案件审理。

Q 被判处死刑立即执行的被告人上诉后可以撤回上诉吗？

A 被判处死刑立即执行的被告人提出上诉，在第二审开庭后宣告裁判前申请撤回上诉的，应当不予准许，继续按照上诉案件审理。

Q 被告人、自诉人等在上诉期满前就是否上诉多次作出矛盾的意思表达怎么办？

A 被告人、自诉人、附带民事诉讼当事人及其法定代理人是否提出上诉，以其在上诉期满前最后一次的意思表示为准。

Q 检察院可以撤回抗诉吗？

A 人民检察院在抗诉期限内撤回抗诉的，第一审人民法院不再向上一级人民法院移送案件；在抗诉期满后第二审人民法院宣告裁判前撤回抗诉的，第二审人民法院可以裁定准许，并通知第一审人民法院和当事人。

Q 撤回上诉和抗诉的一审判决何时生效？

A 在上诉、抗诉期满前撤回上诉、抗诉的，第一审判决、裁定在上诉、抗诉期满之日起生效。在上诉、抗诉期满后要求撤回上诉、抗诉，第二审人民法院裁定准许的，第一审判决、裁定应当自第二审裁定书送达上诉人或者抗诉机关之日起生效。

Q 提起上诉是向原审法院提出，还是直接向上一级法院提出？

A 提起上诉既可以向原审法院提出，也可以直接向二审法院提出。通过原审人民法院提出上诉的，原审人民法院应当在3日以内将上诉状连同案卷、证据移送上一级人民法院，同时将上诉状副本送交同级人民检察院和对方当事人。直接向第二审人民法院提出上诉的，第二审人民法院应当在3日以内将上诉状交原审人民法院送交同级人民检察院和对方当事人。

Q 上诉人通过一审法院提出上诉的材料如何转交到二审法院？

A 上诉人通过第一审人民法院提出上诉的，第一审人民法院应当审查。上诉符合法律规定的，应当在上诉期满后3日内将上诉状连同案卷、证据移送上一级人民法院，并将上诉状副本送交同级人民检察院和对方当事人。

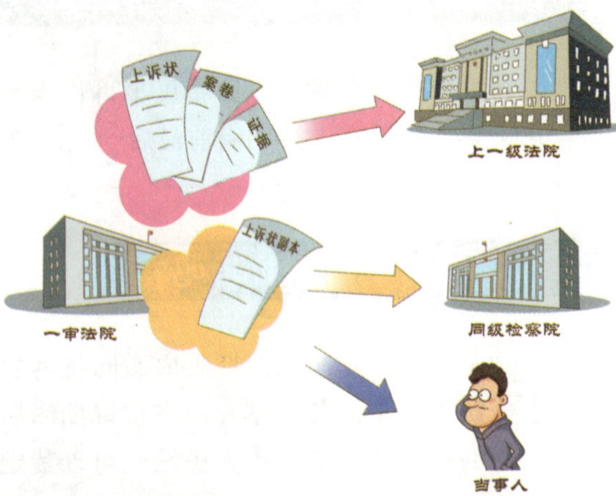

Q 提起上诉需要递交什么材料？

A 人民法院受理的上诉案件，一般应当有上诉状正本及副本。 上诉状内容应当包括：第一审判决书、裁定书的文号和上诉人收到的时间，第一审人民法院的名称，上诉的请求和理由以及提出上诉的时间。被告人的辩护人、近亲属经被告人同意提出上诉的，还应当写明其与被告人的关系，并应当以被告人作为上诉人。

二审法院会对一审法院移送的案卷进行审查吗?

应当审查。第二审人民法院对第一审人民法院移送的上诉、抗诉案卷、证据，应当审查是否包括下列内容：1. 移送上诉、抗诉案件函；2. 上诉状或者抗诉书；3. 第一审判决书、裁定书 8 份（每增加一名被告人增加一份）及其电子文本；4. 全部案卷、证据，包括案件审理报告和其他应当移送的材料。

第二审法院是仅围绕上诉、抗诉的范围进行审理吗?

第二审人民法院审理上诉、抗诉案件，应当就第一审判决、裁定认定的事实和适用法律进行全面审查，不受上诉、抗诉范围的限制。

法院如何处理共同犯罪案件中只有部分当事人提起上诉的案件?

共同犯罪的案件只有部分被告人上诉的，人民法院应当对全案进行审查，一并处理。

共同犯罪案件中提起上诉的被告人死亡，法院还会继续审理吗?

共同犯罪案件，上诉的被告人死亡，其他被告人未上诉的，第二审人民法院仍应对全案进行审查。经审查，死亡的被告人不构成犯罪的，应当宣告无罪；构成犯罪的，应当终止审理。对其他同案被告人仍应作出判决、裁定。

Q 当事人只对附带民事部分提起上诉的，法院还会审理刑事部分吗？

A 刑事附带民事诉讼案件，只有附带民事诉讼当事人及其法定代理人上诉的，第二审人民法院应当对全案进行审查。经审查，第一审判决的刑事部分并无不当的，第二审人民法院只需就附带民事部分作出处理；第一审判决的附带民事部分事实清楚，适用法律正确的，应当以刑事附带民事裁定维持原判，驳回上诉。

Q 仅对附带民事部分提起上诉的刑事部分何时生效？

A 刑事附带民事诉讼案件，只有附带民事诉讼当事人及其法定代理人上诉的，第一审刑事部分的判决在上诉期满后即发生法律效力。

Q 对于只对附带民事部分上诉的案件，二审法院发现已经生效的刑事部分确有错误的怎么办？

A 第二审人民法院审理对附带民事部分提出上诉，刑事部分已经发生法律效力的案件，发现第一审判决、裁定中的刑事部分确有错误的，应当依照审判监督程序对刑事部分进行再审，并将附带民事部分与刑事部分一并审理。

Q 对于只对刑事部分上诉、抗诉的案件，二审法院发现已经生效的民事部分确有错误的怎么办？

A 第二审人民法院审理对刑事部分提出上诉、抗诉，附带民事部分已经发生法律效力的案件，发现第一审判决、裁定中的附带民事部分确有错误的，应当依照审判监督程序对附带民事部分予以纠正。

被告人对一审判决不满上诉的会被加重刑罚吗？

只有被告一方上诉的，第二审人民法院在判决时不得加重被告人的刑罚，这也就是“上诉不加刑”原则。“上诉不加刑”是指第二审人民法院审判被告人或者他的法定代理人、辩护人、近亲属上诉的案件，不得加重被告人的刑罚。

被告人上诉，同时检察院也抗诉的，同样适用“上诉不加刑”原则吗？

人民检察院提出抗诉或者自诉人提出上诉的，不受“上诉不加刑”规定限制。上诉不加刑原则，只应用于被告人一方上诉的案件，第二审人民法院在审判时不得加重被告人的刑罚。这主要是为了保障被告人的上诉权。

上诉不加刑包括哪几种情况？

上诉不加刑包括：同种刑种不得在量上增加；不得改变刑罚的执行方法，如将缓刑改为实刑，延长缓刑考验期，将死刑缓期执行改为立即执行等；不得在主刑上增加附加刑；不得改判较重的刑种，如将拘役 6 个月改为有期徒刑 6 个月；不得加重数罪并罚案件的宣告刑；不得加重共同犯罪案件中未提起上诉和未被提起抗诉的被告人刑罚；原判事实清楚，证据确实、充分，只是认定的罪名不当的，可以改变罪名，但不得加重刑罚；原判没有宣告禁止令的，不得增加宣告；原判宣告禁止令的，不得增加内容、延长期限。

Q 原判量刑畸轻的情况在二审时也必须适用“上诉不加刑”原则吗？

A 是的。原判事实清楚，证据确实、充分，但判处的刑罚畸轻、应当适用附加刑而没有适用的，不得直接加重刑罚、适用附加刑，也不得以事实不清、证据不足为由发回第一审人民法院重新审判。必须依法改判的，应当在第二审判决、裁定生效后依照审判监督程序重新审判。

Q 检察院对部分被告人的判决提出抗诉，其他被告人的刑罚会加重吗？

A 人民检察院只对部分被告人的判决提出抗诉，或者自诉人只对部分被告人的判决提出上诉的，第二审人民法院不得对其他同案被告人加重刑罚。

Q 发回重审的案件也受到“上诉不加刑”的限制吗？

A 是的，但存在例外情况。法律规定被告人或者其法定代理人、辩护人、近亲属提出上诉的案件，第二审人民法院发回重新审判后，除有新的犯罪事实，人民检察院补充起诉的以外，原审人民法院不得加重被告人的刑罚。

Q 二审法院必须开庭审理案件吗？

A 不是，二审法院根据案件情况和法律规定决定是否需要开庭审理。

哪些情况二审法院必须开庭审理？

第二审人民法院对于下列案件，应当组成合议庭，开庭审理：1. 被告人、自诉人及其法定代理人对第一审认定的事实、证据提出异议，可能影响定罪量刑的上诉案件；2. 被告人被判处死刑的上诉案件；3. 人民检察院抗诉的案件；4. 其他应当开庭审理的案件。

共同犯罪中被判处死刑的被告人没有上诉二审法院还会开庭审理吗？

被判处死刑立即执行的被告人没有上诉，同案的其他被告人上诉的案件，第二审人民法院应当开庭审理。被告人被判处死刑缓期执行的上诉案件，虽不属于应当开庭的情形，有条件的，也应当开庭审理。

同案审理的被告人没有提出上诉的，二审时还需要到庭吗？

对同案审理案件中未上诉的被告人，未被申请出庭或者人民法院认为没有必要到庭的，可以不再传唤到庭；同案审理的案件，未提出上诉、人民检察院也未对其判决提出抗诉的被告人要求出庭的，应当准许。出庭的被告人可以参加法庭调查和辩论。

二审法院不开庭审理案件是指只就案卷进行书面审理吗？

不是。第二审人民法院决定不开庭审理的，也应当讯问被告人，听取其他当事人、辩护人、诉讼代理人的意见。

二审法院与一审法院不在同一个城市时还需要押解被告人去二审法院所在地吗？

不一定。第二审人民法院开庭审理上诉、抗诉案件，可以到案件发生地或者原审人民法院所在地进行。

二审法院对上诉、抗诉的案件主要审查什么？

对上诉、抗诉案件，应当着重审查下列内容：1. 第一审判决认定的事实是否清楚，证据是否确实、充分；2. 第一审判决适用法律是否正确，量刑是否适当；3. 在侦查、审查起诉、第一审程序中，有无违反法定诉讼程序的情形；4. 上诉、抗诉是否提出新的事实、证据；5. 被告人的供述和辩解情况；6. 辩护人的辩护意见及采纳情况；7. 附带民事部分的判决、裁定是否合法、适当；8. 第一审人民法院合议庭、审判委员会讨论的意见。

二审法院在审查时发现事实不清、证据不足的如何处理？

对上诉、抗诉案件，第二审人民法院经审查，有如下情形之一的，可以不开庭审理：认为原判事实不清、证据不足，或者具有违反刑事诉讼法有关公开审判规定的；违反回避制度的；剥夺或者限制了当事人的法定诉讼权利，可能影响公正审判的；审判组织的组成不合法的；其他违反法律规定的诉讼程序，可能影响公正审判，需要发回重新审判的。

Q 二审可以提交新证据吗？

A 第二审期间，人民检察院或者被告人及其辩护人提交新证据的，人民法院应当及时通知对方查阅、摘抄或者复制。

Q 上诉、抗诉案件的公诉人是原来检察院派出的吗？

A 不是。二审开庭审理上诉、抗诉的公诉案件，是二审法院的同级人民检察院派员出庭进行公诉的。

Q 抗诉的案件二审时检察院不派员应诉怎么办？

A 抗诉案件，人民检察院接到开庭通知后不派员出庭，且未说明原因的，人民法院可以裁定按人民检察院撤回抗诉处理，并通知第一审人民法院和当事人。

Q 二审程序和一审程序有何不同？

A 开庭审理上诉、抗诉案件，除参照适用第一审程序的有关规定外，应当按照下列规定进行：1. 法庭调查阶段，审判人员宣读第一审判决书、裁定书后，上诉案件由上诉人或者辩护人先宣读上诉状或者陈述上诉理由；抗诉案件由检察员先宣读抗诉书；既有上诉又有抗诉的案件，先由检察员宣读抗诉书，再由上诉人或者辩护人宣读上诉状或者陈述上诉理由。2. 法庭辩论阶段，上诉案件，先由上诉人、辩护人发言，后由检察员、诉讼代理人发言；抗诉案件，先由检察员、诉讼代理人发言，后由被告人、辩护人发言；既有上诉又有抗诉的案件，先由检察员、诉讼代理人发言，后由上诉人、辩护人发言。

Q 开庭审理上诉、抗诉案件时对没有异议的事实还需要进行法庭调查吗？

A 开庭审理上诉、抗诉案件，可以重点围绕对第一审判决、裁定有争议的问题或者有疑问的部分进行。法庭调查应当重点围绕对第一审判决提出异议的事实、证据以及提交的新的证据等进行；对没有异议的事实、证据和情节，可以直接确认。

Q 二审法院对上诉、抗诉案件会作出怎样的处理？

A 第二审人民法院对不服第一审判决的上诉、抗诉案件，经过审理后，应当按照下列情形分别处理：1. 原判决认定事实和适用法律正确、量刑适当的，应当裁定驳回上诉或者抗诉，维持原判。2. 原判决认定事实没有错误，但适用法律有错误，或者量刑不当的，应当改判。3. 原判决事实不清楚或者证据不足的，可以在查清事实后改判；也可以裁定撤销原判，发回原审人民法院重新审判。

Q 一审诉讼程序违法时二审法院会如何处理？

A 第二审人民法院发现第一审人民法院的审理有下列违反法律规定的诉讼程序的情形之一的，应当裁定撤销原判，发回原审人民法院重新审判：1. 违反有关公开审判的规定的；2. 违反回避制度的；3. 剥夺或者限制了当事人的法定诉讼权利，可能影响公正审判的；4. 审判组织的组成不合法的；5. 其他违反法律规定的诉讼程序，可能影响公正审判的。

Q 发回重审的案件还是原来的审判人员审判吗？

A 原审人民法院对于发回重新审判的案件，应当另行组成合议庭，依照第一审程序进行审判。

Q 发回重审的案件还可以再上诉吗？

A 可以。对于重新审判后的判决，根据法律规定可以上诉、抗诉。

Q 发回重审的案件如何计算审理期限？

A 人民法院发回原审人民法院重新审判的案件，原审人民法院从收到发回的案件之日起，重新计算审理期限。

Q 二审法院可以作出几次发回重审的裁定？

A 原审人民法院对于因原判决事实不清楚或者证据不足发回重新审判的案件作出判决后，被告人提出上诉或者人民检察院提出抗诉的，第二审人民法院应当依法作出判决或者裁定，不得再发回原审人民法院重新审判。

Q 二审案件多长时间能够审理完？

A 第二审人民法院受理上诉、抗诉案件，应当在两个月以内审结。对于可能判处死刑的案件或者附带民事诉讼的案件，以及存在交通十分不便的边远地区的重大复杂案件，重大的犯罪集团案件，流窜作案的重大复杂案件，犯罪涉及面广、取证困难的重大复杂案件的情形之一的，经省、自治区、直辖市高级人民法院批准或者决定，可以延长两个月；因特殊情况还需要延长的，报请最高人民法院批准。

Q 最高人民法院审理二审案件的期限是否有例外规定？

A 最高人民法院受理上诉、抗诉案件的审理期限，由最高人民法院决定。

Q 二审检察院阅卷时间应当计算在审理期限内吗？

A 不应当计算在审理期限内。开庭审理第二审公诉案件，应当在决定开庭审理后及时通知人民检察院查阅案卷。自通知后的第二日起，人民检察院查阅案卷的时间不计入审理期限。

Q 不服二审法院的判决可以再上诉吗？

A 不可以。第二审的判决、裁定是终审的判决、裁定。

Q 对最高人民法院的一审判决可以提出上诉吗？

A 不能。最高人民法院的判决、裁定，是终审的判决、裁定。

二审法院在外地羁押的被告人必须当面宣判吗？

第二审人民法院可以委托第一审人民法院代为宣判，并向当事人送达第二审判决书、裁定书。第一审人民法院应当在代为宣判后5日内将宣判笔录送交第二审人民法院，并在送达完毕后及时将送达回证送交第二审人民法院。

被告人可能被判处法定刑以下刑罚吗？

可能。犯罪分子具有刑法规定的减轻处罚情节的，应当在法定刑以下判处刑罚。犯罪分子虽然不具有法律规定的减轻处罚情节，但是根据案件的特殊情况，经最高人民法院核准，也可以在法定刑以下判处刑罚。

刑法规定的减轻处罚情节有哪些？

我国刑法规定的减轻处罚的情节有：预备犯、未遂犯、中止犯、从犯、胁从犯，犯罪后自首、立功等等。

在法定刑以下判处刑罚的案件应该遵从什么程序？

报请最高人民法院核准在法定刑以下判处刑罚的案件，应当按照下列情形分别处理：1. 被告人未上诉、人民检察院未抗诉的，在上诉、抗诉期满后3日内报请上一级人民法院复核。上一级人民法院同意原判的，应当书面层报最高人民法院核准；不同意的，应当裁定发回重新审判，或者改变管辖按照第一审程序重新审理。原判是基层人民法院作出的，高级人民法院可以指定中级人民法院按照第一审程序重新审理。2. 被告人上诉或者人民检察院抗诉的，应当依照第二审程序审理。第二审维持原判，或者改判后仍在法定刑以下判处刑罚的，应当依照前项规定层报最高人民法院核准。

Q 最高人民法院是以判决的方式核准法定刑以下判处刑罚的案件吗？

A 对在法定刑以下判处刑罚的案件，最高人民法院予以核准的，应当作出核准裁定书；不予核准的，应当作出不核准裁定书，并撤销原判决、裁定，发回原审人民法院重新审判或者指定其他下级人民法院重新审判。

Q 什么是“宽严相济的刑事政策”？

A 宽严相济刑事政策是我国的基本刑事政策，贯穿于刑事立法、刑事司法和刑罚执行的全过程，是惩办与宽大相结合政策在新时期的继承、发展和完善，是司法机关惩罚犯罪，预防犯罪，保护人民，保障人权，正确实施国家法律的指南。

Q 法院在审判中如何把握“宽严相济的刑事政策”？

A 根据最高人民法院2010年公布的《最高人民法院关于充分发挥刑事审判职能作用深入推进社会矛盾化解的若干意见》（法发〔2010〕63号，http://www.court.gov.cn/fabu-xiangqing-2584.html），对危害国家安全犯罪、恐怖犯罪、黑社会性质组织犯罪以及爆炸、杀人、抢劫、绑架、毒品等严重危害社会治安、严重影响人民群众安全感的犯罪，始终保持高压态势，依法从严打击；对以农村留守妇女、儿童、老人及社会弱势群体为侵害对象，人民群众深恶痛绝的犯罪，坚决依法严惩；对国家工作人员贪污贿赂、滥用职权、失职渎职的严重犯罪，包庇纵容黑恶势力犯罪、重大安全责任事故、制售伪劣食品药品所涉及的国家工作人员职务犯罪，发生在社会保障、征地拆迁、灾后重建、企业改制、医疗、教育、就业等领域严重损害群众利益、社会影响恶劣的国家工作人员职务犯罪，发生在经济社会建设重点领域、重点行业的严重商业贿赂犯罪，依法从严惩处；对集资诈骗、贷款诈骗、制贩假币等严重危害金融秩序的犯罪，生产、销售假药、劣药、有毒有害食品等严重危害食品药品安全的犯罪，严重侵犯知识产权和制售假冒伪劣商品犯罪，造成严重后果的重大安全责任事故犯罪，重大环境污染、非法采矿、盗伐林木等严重破坏生态环境的犯罪，依法从严惩处；对受害群众较多的涉众型案件，积极配合有关部门做好善后处置工作，最大限度地维护群众的合法权益。

Q 法院在审判中把握“宽严相济的刑事政策”时哪些情况可以酌定从轻处理？

A 对因生产生活、邻里纠纷、婚姻家庭等民间矛盾激化引发，事出有因、针对特定对象，对社会治安秩序没有重大影响的犯罪，要着眼于和谐稳定，下大力气做好矛盾化解工作。被害人及其亲属对被告人表示谅解的，应作为酌定从轻情节，量刑时充分考虑。

Q 涉医犯罪行为属于从重处罚的情况吗?

A 对涉医违法犯罪行为，要依法严肃追究、坚决打击。人民法院应当加快审理进度，在全面查明案件事实的基础上依法准确定罪量刑，对于犯罪手段残忍、主观恶性深、人身危险性大的被告人或者社会影响恶劣的涉医犯罪行为，要依法从严惩处。

Q 能举一个涉医犯罪从重处罚的案例吗?

A 以最高人民法院公布的典型案例“王英生故意杀人案”为例（案例网址：http://www.court.gov.cn/zixun-xiangqing-6349.html）：被告人王英生2012年10月14日因患脑血栓病到天津中医药大学第一附属医院就医，该院针灸科主任医师康红千（被害人，女，殁年46岁）为其进行针灸治疗。王英生接受治疗后自感病痛没有缓解，反而有所加重，认为系康红千针灸所致，遂产生报复之念。同年11月29日13时许，王英生携带斧子到该院二楼康红千所在的针灸十四诊室，持斧子朝康红千的头面部猛砍数下，致康红千重度颅脑损伤死亡。本案由天津市第一中级人民法院一审，天津市高级人民法院二审。最高人民法院对本案进行了死刑复核。罪犯王英生已于2014年4月22日被依法执行死刑。

Q 如何保证法官量刑公正？

A 在现行刑罚制度相对粗放、法定刑幅度较大、裁量空间比较大的情况下，为确保法官量刑公平、公正和精细，最高人民法院从2010年10月1日起在全国法院全面试行了刑事案件量刑规范化改革，并制定《人民法院量刑指导意见（试行）》以及《关于规范量刑程序若干问题的意见（试行）》，目的在于进一步规范量刑活动，规范法官裁量权，同时将量刑纳入法庭审理程序，引入量刑建议，增强量刑公开性与透明度。量刑指导意见明确了未成年犯、未遂犯、自首、立功等14种常见量刑情节对基准刑的调节幅度，选择了常见、多发的交通肇事、故意伤害、抢劫、盗窃、毒品等15种犯罪进行规范。

Q 法院量刑遵循的步骤是什么？

A 人民法院量刑的步骤是：1. 根据基本犯罪构成事实在相应的法定刑幅度内确定量刑起点；2. 根据其他影响犯罪构成的犯罪数额、犯罪次数、犯罪后果等犯罪事实，在量刑起点的基础上增加刑罚量确定基准刑；3. 根据量刑情节调节基准刑，并综合考虑全案情况，依法确定宣告刑。

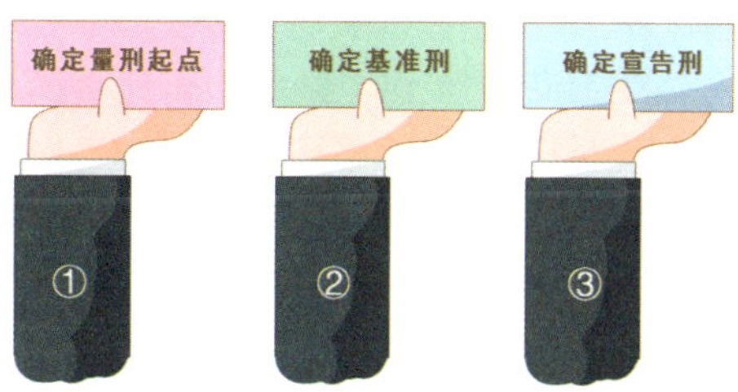

人民法院量刑遵循的步骤

Q 对于未成年人犯罪应当如何量刑？

A 对于未成年人犯罪，应当综合考虑未成年人对犯罪的认识能力、实施犯罪行为的动机和目的、犯罪时的年龄、是否初犯、悔罪表现、个人成长经历和一贯表现等情况，予以从宽处罚。

1. 已满14周岁不满16周岁的未成年人犯罪，可以减少基准刑的30%～60%；2. 已满16周岁不满18周岁的未成年人犯罪，可以减少基准刑的10%～50%。

对于未遂犯人应当如何量刑？

对于未遂犯，综合考虑犯罪行为的实行程度、造成损害的大小、犯罪未得逞的原因等情况，可以比照既遂犯减少基准刑的50%以下。

对于从犯应当如何量刑？

对于从犯，应当综合考虑其在共同犯罪中的地位、作用，以及是否实施犯罪实行行为等情况，予以从宽处罚，可以减少基准刑的20%～50%；犯罪较轻的，可以减少基准刑的50%以上或者依法免除处罚。

对于自首、立功的应当如何量刑？

对于自首情节，综合考虑投案的动机、时间、方式、罪行轻重、如实供述罪行的程度以及悔罪表现等情况，可以减少基准刑的40%以下；犯罪较轻的，可以减少基准刑的40%以上或者依法免除处罚。对于立功情节，综合考虑立功的大小、次数、内容、来源、效果以及罪行轻重等情况，确定从宽的幅度。一般立功的，可以减少基准刑的20%以下。

当庭自愿认罪的可以减轻处罚吗？

对于当庭自愿认罪的，根据犯罪的性质、罪行的轻重、认罪程度以及悔罪表现等情况，可以减少基准刑的10%以下，依法认定自首、坦白的除外。

Q 对于退赃、退赔的应当如何量刑？

A 对于退赃、退赔的，综合考虑犯罪性质，退赃、退赔行为对损害结果所能弥补的程度，退赃、退赔的数额及主动程度等情况，可以减少基准刑的30%以下。对于积极赔偿被害人经济损失的，综合考虑犯罪性质、赔偿数额、赔偿能力等情况，可以减少基准刑的30%以下。对于取得被害人或其家属谅解的，综合考虑犯罪的性质、罪行轻重、谅解的原因以及认罪悔罪的程度等情况，可以减少基准刑的20%以下。

Q 侵害未成年人、残疾人、老人的如何量刑？

A 对于犯罪对象为未成年人、老人、残疾人、孕妇等弱势人员的，综合考虑犯罪的性质、犯罪的严重程度等情况，可以增加基准刑的20%以下。

Q 在犯罪中地位、作用、责任大小不同会被判处轻重不等的刑罚吗？

A 是的。量刑时法院会根据被告人在犯罪中的地位、作用、责任大小不同而分别量刑。以最高人民法院公布的典型案例“邢小强拐卖儿童案”为例（案例网址：http://www.court.gov.cn/zixun-xiangqing-13549.html）：2011年9月，被告人邢小强的妻子陈某怀孕，经检查是一对双胞胎。邢小强想将孩子卖掉，后经他人居间介绍，在孩子出生后，以2万余元的价格卖给他人。2012年12月，陈某再次怀孕。邢小强又想将孩子卖掉，主动找人介绍，寻找买家。2013年1月，陈某生下一名男婴，邢小强让买家的父亲将小孩抱走，得款1万元。湖北省枣阳市人民法院经审理认为，邢小强以非法获利为目的出卖3名亲生儿子，其行为已构成拐卖儿童罪。邢小强经人居间介绍，出卖亲生儿子，在共同拐卖儿童犯罪中起主要作用，系主犯。依照刑法有关规定，法院以拐卖儿童罪判处被告人邢小强有期徒刑10年，并处罚金人民币1万元。该案居间介绍的其他多名同案被告人，均以拐卖儿童罪被分别判处2年至5年不等有期徒刑，或者被宣告缓刑、免予刑事处罚。

Q 互联网时代犯罪手段的翻新会影响量刑吗？

A 互联网时代犯罪手段不断翻新，但除法定和酌定的量刑情节外，其他不影响量刑。以最高人民法院公布的典型案例“王宁宁拐卖儿童案”为例（案例网址：http://www.court.gov.cn/zixun-xiangqing-13549.html）：2010年11月、2013年12月，被告人王宁宁以收养为名，先后通过互联网联系3名未婚先孕且不想抚养孩子的妇女到山东省临邑县待产。3名妇女产子后，王宁宁单独或伙同周长峰、邵金环（均系同案被告人，已判刑）将3名男婴分别以每名儿童3万余元至4万余元的价格卖给他人。山东省临邑县人民法院经审理认为，王宁宁以收养为名，将从亲生父母处骗来的婴儿出卖，其行为已构成拐卖儿童罪，依照刑法有关规定，以拐卖儿童罪判处被告人王宁宁有期徒刑10年，并处罚金人民币2万元。

Q 被害人的特殊身份会影响量刑吗？

A 被害人的特殊身份并不影响司法机关的定罪量刑。以最高人民法院发布的典型案例“杨恩光、李文建等拐卖妇女案”为例（案例网址：http://www.court.gov.cn/zixun-xiangqing-13549.html）：被告人杨恩光、李文建伙同田沈忠、张兴祥、李春飞等人，先后以嫖娼为名，在云南省河口县一些宾馆、酒店，采用暴力手段，强行将越南籍妇女被害人阮某桃、阮某恒等17人带至云南省，通过赵阿林、何万周等联系，转卖给当地村民。云南省红河哈尼族彝族自治州中级人民法院经审理认为，杨恩光、李文建等人采用暴力、胁迫的方式绑架妇女后出卖，其行为构成拐卖妇女罪，依照刑法有关规定，以拐卖妇女罪分别判处被告人杨恩光、李文建死刑，缓期两年执行，剥夺政治权利终身，并处没收个人全部财产。宣判后，杨恩光、李文建提出上诉。云南省高级人民法院经依法审理，裁定驳回上诉，维持原判。

Q 家庭暴力受害者犯罪的量刑时会考虑施暴者的过错吗？

A 是的。以最高人民法院公布的典型案例“常磊故意伤害案”为例（案例网址：http://www.court.gov.cn/zixun-xiangqing-13615.html）：被告人常磊与其父常新春（被害人）、母郑玲共同居住，常新春饮酒后脾气暴躁，经常辱骂、殴打家人。2012 年 8 月，常新春酒后又因琐事辱骂郑玲，后又殴打郑玲和常磊，扬言要杀死全家并取来菜刀。常磊见状夺下菜刀。常新春继续殴打郑玲。常磊义愤之下，持菜刀砍伤常新春，后将常新春送往医院救治（第二日因失血性休克死亡）。次日，常磊到公安机关投案。重庆市江津区人民法院经审理认为，常磊的行为已构成故意伤害罪，但其行为属防卫过当，依法应当减轻处罚。同时考虑被害人常新春常常对家庭成员实施家庭暴力，故对常磊减轻处罚并适用缓刑，以故意伤害罪判处常磊有期徒刑 3 年，缓刑 5 年。

Q 一些简单的刑事案件可以快速审结吗？

A 可以。为进一步完善刑事诉讼程序，合理配置司法资源，提高审理刑事案件的质量与效率，维护当事人的合法权益，2014 年 6 月第十二届全国人民代表大会常务委员会第九次会议决定：授权最高人民法院、最高人民检察院开展刑事案件速裁程序试点工作。2014 年 8 月，最高人民法院、最高人民检察院、公安部、司法部制定了《最高人民法院、最高人民检察院、公安部、司法部关于在部分地区开展刑事案件速裁程序试点工作的办法》。刑事速裁工作的开展，被专家评价为“正义来得更快了”。2015 年 6 月，根据北京市房山区法院发布的消息，房山区法院作为试点法院，截止到 2015 年 6 月 15 日，在适用速裁程序审结的全部案件中，平均审理用时约为 5 个工作日，服判息诉率为 100%，无一上诉案件。

Q 刑事速裁在哪些地方开展试点工作？

A 根据2014年8月最高人民法院、最高人民检察院、公安部、司法部制定的《最高人民法院、最高人民检察院、公安部、司法部关于在部分地区开展刑事案件速裁程序试点工作的办法》（以下简称《办法》），试点地区为北京、天津、上海、重庆、沈阳、大连、南京、杭州、福州、厦门、济南、青岛、郑州、武汉、长沙、广州、深圳及西安。各地应结合当地实际，确定若干试点单位，积累经验后逐步扩大，并根据《办法》制定实施方案或实施细则，由试点地区分别层报最高人民法院、最高人民检察院、公安部、司法部备案。

Q 什么类型的犯罪可以进行速裁？

A 对事实清楚，证据充分，被告人自愿认罪，当事人对适用法律没有争议的危险驾驶、交通肇事、盗窃、诈骗、抢夺、伤害、寻衅滋事等情节较轻，依法可能判处1年以下有期徒刑、拘役、管制的案件，或者依法单处罚金的案件，进一步简化刑事诉讼法规定的相关诉讼程序。

Q 对于适用刑事速裁程序的案件，被告人的辩护权、陈述权等可以简化吗？

A 不能。试点刑事案件速裁程序，应当遵循刑事诉讼法的基本原则，充分保障当事人的诉讼权利，确保司法公正。

死刑复核程序

死刑复核是什么意思？

死刑复核是人民法院对判处死刑的案件进行复核所遵循的一种特殊审判程序。

死刑为什么需要复核？

死刑是剥夺犯罪分子生命的刑罚，是刑法所规定的诸刑种中最严厉的一种，称为极刑。我国法律一方面把死刑作为打击犯罪、保护人民的有力武器，另一方面又强调严格控制死刑的适用。因此，除在实体法中规定了死刑不适用于未成年人、怀孕妇女等限制性要求外，还在程序法中对判处死刑的案件规定了一项特别的审查核准程序——死刑复核程序。

死刑是指死刑立即执行吗？

根据《中华人民共和国刑法》规定，死刑分为死刑缓期两年执行（死缓）与死刑并立即执行两种死刑判决。

死刑的一审案件一般由哪一级法院管辖？

死刑案件一般由中级以上法院管辖。根据法律规定，中级人民法院管辖下列第一审刑事案件：1. 危害国家安全、恐怖活动案件；2. 可能判处无期徒刑、死刑的案件。高级人民法院管辖的第一审刑事案件，是全省（自治区、直辖市）性的重大刑事案件。最高人民法院管辖的第一审刑事案件，是全国性的重大刑事案件。

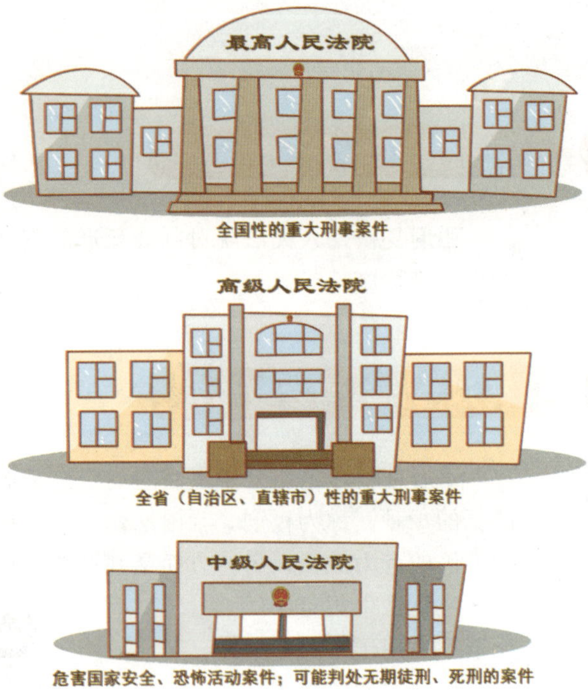

死刑立即执行由谁核准？

死刑立即执行由最高人民法院核准。具体程序是：1. 中级人民法院判处死刑的第一审案件，被告人未上诉、人民检察院未抗诉的，在上诉、抗诉期满后10日内报请高级人民法院复核；高级人民法院同意判处死刑的，应当在作出裁定后10日内报请最高人民法院核准。2. 中级人民法院判处死刑的第一审案件，被告人上诉或者人民检察院抗诉，高级人民法院裁定维持的，应当在作出裁定后10日内报请最高人民法院核准。3. 高级人民法院判处死刑的第一审案件，被告人未上诉、人民检察院未抗诉的，应当在上诉、抗诉期满后10日内报请最高人民法院核准。

Q 中级法院判处死刑后，高级法院经复核不同意的怎么办？

A 中级人民法院判处死刑的第一审案件，被告人未上诉、人民检察院未抗诉的，在上诉、抗诉期满后10日内报请高级人民法院复核。高级人民法院不同意判处死刑的，应当依照第二审程序提审或者发回重新审判。

Q 死刑缓期两年执行由谁核准？

A 中级人民法院判处死刑缓期两年执行的案件，由高级人民法院核准。

Q 高级人民法院在复核死刑缓期执行案件时还需要讯问当事人吗？

A 高级人民法院复核死刑缓期执行案件，应当讯问被告人。

Q 最高人民法院复核死刑案件还会讯问被告人吗？

A 最高人民法院复核死刑案件，应当讯问被告人，辩护律师提出要求的，应当听取辩护律师的意见。

Q 复核死刑案件需要组成合议庭吗？

A 最高人民法院复核死刑案件，高级人民法院复核死刑缓期执行的案件，应当由审判员 3 人组成合议庭进行。

Q 死刑核准过程中最高人民检察院可以向最高人民法院提出自己的意见吗？

A 可以。复核死刑案件过程中，最高人民检察院可以向最高人民法院提出意见。最高人民法院应当将死刑复核结果通报最高人民检察院。

Q 报请死刑复核时应当向高级人民法院或最高人民法院报送什么材料？

A 报请复核的死刑、死刑缓期执行案件，应当一案一报。报送的材料包括：1. 报请复核的报告，第一、二审裁判文书；2. 死刑案件综合报告各 5 份以及全部案卷、证据。死刑案件综合报告，第一、二审裁判文书和审理报告应当附送电子文本。3. 同案审理的案件应当报送全案案卷、证据。4. 曾经发回重新审判的案件，原第一、二审案卷应当一并报送。

死刑案件综合报告主要包括什么内容？

死刑案件综合报告应当包括以下内容：1. 被告人、被害人的基本情况。被告人有前科或者曾受过行政处罚的，应当写明。2. 案件的由来和审理经过。案件曾经发回重新审判的，应当写明发回重新审判的原因、时间、案号等。3. 案件侦破情况。通过技术侦查措施抓获被告人、侦破案件，以及与自首、立功认定有关的情况，应当写明。4. 第一审审理情况。包括控辩双方意见，第一审认定的犯罪事实，合议庭和审判委员会意见。5. 第二审审理或者高级人民法院复核情况，包括上诉理由、检察机关意见，第二审审理或者高级人民法院复核认定的事实，证据采信情况及理由，控辩双方意见及采纳情况。6. 需要说明的问题，包括共同犯罪案件中另案处理的同案犯的定罪量刑情况，案件有无重大社会影响，以及当事人的反应等情况。7. 处理意见，写明合议庭和审判委员会的意见。

复核死刑、死刑缓期执行案件主要审查什么？

复核死刑、死刑缓期执行案件，应当全面审查以下内容： 1. 被告人的年龄，被告人有无刑事责任能力、是否系怀孕的妇女；2. 原判认定的事实是否清楚，证据是否确实、充分；3. 犯罪情节、后果及危害程度；4. 原判适用法律是否正确，是否必须判处死刑，是否必须立即执行；5. 有无法定、酌定从重、从轻或者减轻处罚情节；6. 诉讼程序是否合法；7. 应当审查的其他情况。

能举一个在死刑复核时考虑酌定从重情节的例子吗？

对于拐卖妇女、儿童犯罪，我国司法机关历来坚持从严惩治的方针，其中偷盗、强抢、拐骗儿童予以出卖，造成许多家庭骨肉分离，对被拐儿童及其家庭造成巨大精神伤害与痛苦，在社会上易引发恐慌情绪，危害极大，更是从严惩治的重点。以最高人民法院发布的典型案例“蓝树山拐卖妇女、儿童案”为例（案例网址：http://www.court.gov.cn/zixun-xiangqing-13549.html）：1988年9月，被告人蓝树山伙同他人在广西壮族自治区南宁市将被害人向某某（女）拐带至福建省出卖。1989年6月，蓝树山将被害人廖某（男，时年1岁）出卖。此后至2008年间，蓝树山采取类似手段，单独或伙同他人先后将33名3至10岁男童出卖。蓝树山拐卖妇女、儿童，非法获利共计50余万元。广西壮族自治区河池市中级人民法院经审理认为，蓝树山的行为已构成拐卖妇女、儿童罪，依照刑法有关规定，判处被告人蓝树山死刑，剥夺政治权利终身，并处没收个人全部财产。宣判后，蓝树山提出上诉。广西壮族自治区高级人民法院经依法审理，裁定驳回上诉，维持原判，并依法报请最高人民法院复核。最高人民法院经依法复核，核准蓝树山死刑。

Q 高级人民法院如何复核死刑缓期执行案件？

A 高级人民法院复核死刑缓期执行案件，应当按照下列情形分别处理：1. 原判认定事实和适用法律正确、量刑适当、诉讼程序合法的，应当裁定核准；2. 原判认定的某一具体事实或者引用的法律条款等存在瑕疵，但判处被告人死刑缓期执行并无不当的，可以在纠正后作出核准的判决、裁定；3. 原判认定事实正确，但适用法律有错误，或者量刑过重的，应当改判；4. 原判事实不清、证据不足的，可以裁定不予核准，并撤销原判，发回重新审判，或者依法改判；5. 复核期间出现新的影响定罪量刑的事实、证据的，可以裁定不予核准，并撤销原判，发回重新审判，或者审理后依法改判；6. 原审违反法定诉讼程序，可能影响公正审判的，应当裁定不予核准，并撤销原判，发回重新审判。

Q 高级人民法院复核死刑缓期执行的案件同样适用“上诉不加刑”原则吗？

A 高级人民法院复核死刑缓期执行案件，不得加重被告人的刑罚。

Q 最高人民法院如何复核死刑案件？

A 最高人民法院复核死刑案件，应当按照下列情形分别处理：1. 原判认定事实和适用法律正确、量刑适当、诉讼程序合法的，应当裁定核准；2. 原判认定的某一具体事实或者引用的法律条款等存在瑕疵，但判处被告人死刑并无不当的，可以在纠正后作出核准的判决、裁定；3. 原判事实不清、证据不足的，应当裁定不予核准，并撤销原判，发回重新审判；4. 复核期间出现新的影响定罪量刑的事实、证据的，应当裁定不予核准，并撤销原判，发回重新审判；5. 原判认定事实正确，但依法不应当判处死刑的，应当裁定不予核准，并撤销原判，发回重新审判；6. 原审违反法定诉讼程序，可能影响公正审判的，应当裁定不予核准，并撤销原判，发回重新审判。

最高人民法院如何复核一人有两罪被判处死刑立即执行的案件？

对一人有两罪以上被判处死刑的数罪并罚案件，最高人民法院复核后，认为其中部分犯罪的死刑判决、裁定事实不清、证据不足的，应当对全案裁定不予核准，并撤销原判，发回重新审判；认为其中部分犯罪的死刑判决、裁定认定事实正确，但依法不应当判处死刑的，可以改判，并对其他应当判处死刑的犯罪作出核准死刑的判决。

最高人民法院复核两名以上被判处死刑的案件时可以只核准部分被告人的死刑吗？

主要看原审法院对被告人的死刑判决、裁定的事实认定是否清楚、证据是否充分。对有两名以上被告人被判处死刑的案件，最高人民法院复核后，认为其中部分被告人的死刑判决、裁定事实不清、证据不足的，应当对全案裁定不予核准，并撤销原判，发回重新审判；认为其中部分被告人的死刑判决、裁定认定事实正确，但依法不应当判处死刑的，可以改判，并对其他应当判处死刑的被告人作出核准死刑的判决。

最高人民法院不核准死刑时发回哪一级法院重审？

最高人民法院裁定不予核准死刑的，根据案件情况，可以发回第二审人民法院或者第一审人民法院重新审判。

Q 发回重审的案件必须开庭审理吗？

A 第一审人民法院重新审判的，应当开庭审理。第二审人民法院重新审判的，可以直接改判；必须通过开庭查清事实、核实证据或者纠正原审程序违法的，应当开庭审理。

Q 高级人民法院如何处理最高人民法院不核准死刑发回重审的案件？

A 如果高级法院是二审法院，高级法院应当重新审判。如果是高级人民法院依照复核程序审理后报请最高人民法院核准死刑，最高人民法院裁定不予核准，发回高级人民法院重新审判的，高级人民法院可以依照第二审程序提审或者发回重新审判。

Q 最高人民法院裁定不予核准死刑，发回重新审判的案件能由原审合议庭进行审理吗？

A 最高人民法院裁定不予核准死刑，发回重新审判的案件，原审人民法院应当另行组成合议庭审理。但是，如果是复核期间出现新的影响定罪量刑的事实、证据的，应当裁定不予核准，并撤销原判，发回重新审判；原判认定事实正确，但依法不应当判处死刑的，应当裁定不予核准，并撤销原判，发回重新审判的案件不需要另行组成合议庭审理。

Q 最高人民法院死刑复核期间，辩护律师可以提出意见吗？

A 为切实保障死刑复核案件被告人的辩护律师依法行使辩护权，确保死刑复核案件质量，2015年最高人民法院印发了《关于办理死刑复核案件听取辩护律师意见的办法》（法〔2014〕346号，http://www.court.gov.cn/fabu-xiangqing-13171.html）。最高人民法院复核死刑案件辩护律师提出要求的，应当听取辩护律师的意见。死刑复核期间，辩护律师要求当面反映意见的，最高人民法院有关合议庭应当在办公场所听取其意见，并制作笔录；辩护律师提出书面意见的，应当附卷。

Q 死刑缓期执行最终都会减为有期徒刑吗？

A 不是。根据《中华人民共和国刑法修正案（八）》以及《最高人民法院关于死刑缓期执行限制减刑案件审理程序若干问题的规定》（法释〔2011〕8号，http://www.court.gov.cn/fabu-xiangqing-2598.html），对被判处死刑缓期执行的累犯以及因故意杀人、强奸、抢劫、绑架、放火、爆炸、投放危险物质或者有组织的暴力性犯罪被判处死刑缓期执行的犯罪分子，人民法院根据犯罪情节等情况可以同时决定对其限制减刑。

Q 限制减刑的死刑缓期执行最低服刑时间是多长？

A 判处死刑缓期执行的，在死刑缓期执行期间，如果没有故意犯罪，两年期满以后，减为无期徒刑；如果确有重大立功表现，两年期满以后，减为25年有期徒刑。

Q 对限制减刑判决不服可以提出上诉吗？

A 可以。被告人对第一审人民法院作出的限制减刑判决不服的，可以提出上诉。经被告人同意，被告人的辩护人和近亲属也可以提出上诉。

Q 高级人民法院在复核死刑缓期执行时可以直接撤销或增加限制减刑吗？

A 高级人民法院审理或者复核判处死刑缓期执行并限制减刑的案件，认为原判对被告人判处死刑缓期执行适当，但判决限制减刑不当的，应当改判，撤销限制减刑。审理判处死刑缓期执行没有限制减刑的上诉案件，认为原判事实清楚、证据充分，但应当限制减刑的，不得直接改判，也不得发回重新审判。确有必要限制减刑的，应当在第二审判决、裁定生效后，按照审判监督程序重新审判。高级人民法院复核判处死刑缓期执行没有限制减刑的案件，认为应当限制减刑的，不得以提高审级等方式对被告人限制减刑。

Q 高级人民法院在二审期间可以直接判决限制减刑吗？

A 高级人民法院在二审期间决定限制减刑，必须满足 3 个条件：一是审理判处死刑的第二审案件；二是在审理后判决对被告人改判死刑缓期执行的；三是必须符合限制减刑的条件，即对被判处死刑缓期执行的累犯，以及因故意杀人、强奸、抢劫、绑架、放火、爆炸、投放危险物质或者有组织的暴力性犯罪被判处死刑缓期执行的犯罪分子，可以同时决定对其限制减刑。

Q 高级人民法院在复核死刑立即执行案件时可以直接改判并限制减刑吗？

A 高级人民法院复核判处死刑后没有上诉、抗诉的案件，认为应当改判死刑缓期执行并限制减刑的，可以提审或者发回重新审判。

Q 最高人民法院在复核死刑立即执行案件时可以直接改判并限制减刑吗?

A 最高人民法院复核死刑案件，认为对被告人可以判处死刑缓期执行并限制减刑的，应当裁定不予核准，并撤销原判，发回重新审判。一案中两名以上被告人被判处死刑，最高人民法院复核后，对其中部分被告人改判死刑缓期执行的，如果是被判处死刑缓期执行的累犯以及因故意杀人、强奸、抢劫、绑架、放火、爆炸、投放危险物质或者有组织的暴力性犯罪被判处死刑缓期执行的犯罪分子，可以同时决定对其限制减刑。

Q 限制减刑的判决应当写在判决书主文部分吗?

A 人民法院对被判处死刑缓期执行的被告人所作的限制减刑决定，应当在判决书主文部分单独作为一项予以宣告。

查封、扣押、冻结财物及其处理

Q 法院和检察院对查封、扣押、冻结的被告人财物需要制作清单列表吗?

A 是的。人民法院对查封、扣押、冻结的被告人财物及其孳息，应当妥善保管，并制作清单，附卷备查；对人民检察院随案移送的被告人财物及其孳息，应当根据清单核查后妥善保管。

被查封、扣押、冻结的犯罪嫌疑人、被告人的财物及其孳息应当由谁保管？

公安机关、人民检察院和人民法院对查封、扣押、冻结的犯罪嫌疑人、被告人的财物及其孳息，应当妥善保管，以供核查，并制作清单，随案移送。任何单位和个人不得挪用或者自行处理。

被查封、扣押、冻结的财物及其孳息在案件终结时如何处理？

人民法院作出的判决，应当对查封、扣押、冻结的财物及其孳息作出处理。人民法院作出的判决生效以后，有关机关应当根据判决对查封、扣押、冻结的财物及其孳息进行处理。对查封、扣押、冻结的赃款赃物及其孳息，除依法返还被害人的以外，一律上缴国库。

出于公务需要法院可以暂时借用被查封、扣押、冻结的财物吗？

不能。任何单位和个人不得挪用或者自行处理。

查封不动产需要通知不动产登记、管理部门吗？

需要，不动产登记部门、管理部门的查封登记具有公示效力。查封不动产、车辆、船舶、航空器等财物，应当扣押其权利证书，经拍照或者录像后原地封存，或者交持有人、被告人的近亲属保管，登记并写明财物的名称、型号、权属、地址等详细情况，并通知有关财物的登记、管理部门办理查封登记手续。

Q 扣押的物品需要登记吗？

A 扣押物品应当登记并写明物品名称、型号、规格、数量、重量、质量、成色、纯度、颜色、新旧程度、缺损特征和来源等。

Q 扣押的货币、有价证券应当放在什么地方保存？

A 扣押货币、有价证券，应当登记并写明货币、有价证券的名称、数额、面额等，货币应当存入银行专门账户，并登记银行存款凭证的名称、内容。

Q 扣押的文物、珠宝等贵重物品需要鉴定吗？

A 扣押文物、金银、珠宝、名贵字画等贵重物品以及违禁品，应当拍照，需要鉴定的，应当及时鉴定。对扣押的物品应当根据有关规定及时估价。

Q 在判决前相关权利人可以申请出卖被扣押、冻结的债券、股票、基金份额等财产吗？

A 审判期间，权利人申请出卖被扣押、冻结的债券、股票、基金份额等财产，人民法院经审查，认为不损害国家利益、被害人利益，不影响诉讼正常进行的，以及扣押、冻结的汇票、本票、支票有效期即将届满的，可以在判决、裁定生效前依法出卖，所得价款由人民法院保管，并及时告知当事人或者其近亲属。

Q 对于作为证据使用的有价证券等可以申请在判决前出卖吗？

A 对作为证据使用的实物，包括作为物证的货币、有价证券等，应当随案移送。第一审判决、裁定宣告后，被告人上诉或者人民检察院抗诉的，第

一审人民法院应当将上述证据移送第二审人民法院。

Q 扣押机关对不宜移送的实物先行处置后，法院还需要进行核实审查吗？

A 法院需要核实审查。人民法院对不宜移送的实物，应当根据情况分别审查以下内容：1. 大宗的、不便搬运的物品，查封、扣押机关是否随案移送查封、扣押清单，并附原物照片和封存手续，注明存放地点等；2. 易腐烂、霉变和不易保管的物品，查封、扣押机关变卖处理后，是否随案移送原物照片、清单、变价处理的凭证（复印件）等；3. 枪支弹药、剧毒物品、易燃易爆物品以及其他违禁品、危险物品，查封、扣押机关根据有关规定处理后，是否随案移送原物照片和清单等。上述不宜移送的实物，应当依法鉴定、估价的，还应当审查是否附有鉴定、估价意见。

Q 如何确定被查封、扣押、冻结的财物的权属？

A 法庭审理过程中，对查封、扣押、冻结的财物及其孳息，应当调查其权属情况，是否属于违法所得或者依法应当追缴的其他涉案财物。

Q 案外人可以对被查封、扣押、冻结财物的权属提出异议吗？

A 可以。案外人对查封、扣押、冻结的财物及其孳息提出权属异议的，人民法院应当审查并依法处理。

Q 经审查无法确定权属的财物如何处置？

A 经审查，不能确认查封、扣押、冻结的财物及其孳息属于违法所得或者依法应当追缴的其他涉案财物的，不得没收。

Q 对于所有查封、扣押、冻结的财物，都需要在判决书里写明处理方式吗？

A 对于查封、扣押、冻结的财物及其孳息，应当在判决书中写明名称、金额、数量、存放地点及其处理方式等。涉案财物较多，不宜在判决主文中详细列明的，可以附清单。涉案财物未随案移送的，应当在判决书中写明，并写明由查封、扣押、冻结机关负责处理。

Q 查封、扣押、冻结的财物确属违法所得的应该如何处理？

A 查封、扣押、冻结的财物及其孳息，经审查，确属违法所得或者依法应当追缴的其他涉案财物的，应当判决返还被害人，或者没收上缴国库，但法律另有规定的除外。

Q 查封、扣押、冻结的财物确属违法所得但无人认领的，法院可以自己留下来吗？

A 不可以。判决返还被害人的涉案财物，应当通知被害人认领；无人认领的，应当公告通知；公告满3个月无人认领的，应当上缴国库；上缴国库后有人认领，经查证属实的，应当申请退库予以返还；原物已经拍卖、变卖的，应当返还价款。对侵犯国有财产的案件，被害单位已经终止且没有权利义务继受人，或者损失已经被核销的，查封、扣押、冻结的财物及其孳息应当上缴国库。

判决生效后由哪个机关处置被查封、扣押的财物？

随案移送的或者人民法院查封、扣押的财物及其孳息，由第一审人民法院在判决生效后负责处理。涉案财物未随案移送的，人民法院应当在判决生效后10日内将判决书、裁定书送达查封、扣押机关，并告知其在1个月内将执行回单送回。

与本案无关的财物也是由法院进行处理吗？

不是。查封、扣押、冻结的财物与本案无关但已列入清单的，应当由查封、扣押、冻结机关依法处理。

查封、扣押、冻结的财物属于被告人合法财物的应当全部返还被告人吗？

查封、扣押、冻结的财物属于被告人合法所有的，应当在赔偿被害人损失、执行财产刑后及时返还被告人；财物未随案移送的，应当通知查封、扣押、冻结机关将赔偿被害人损失、执行财产刑的部分移送人民法院。

司法工作人员私自处理被查封、扣押、冻结的财物及其孳息的怎么办？

司法工作人员贪污、挪用或者私自处理查封、扣押、冻结的财物及其孳息的，依法追究刑事责任；不构成犯罪的，给予处分。

审判监督程序

Q 当事人及其法定代理人、近亲属认为已经发生法律效力的判决、裁定错误的应该怎么办？

A 当事人及其法定代理人、近亲属如果不服人民法院已经发生法律效力的判决和裁定，有权向人民法院或者人民检察院提出申诉，请求重新审理案件。

Q 谁可以向法院或检察院提出申诉请求？

A 当事人及其法定代理人、近亲属对已经发生法律效力的判决、裁定可以提出申诉；案外人认为已经发生法律效力的判决、裁定侵害其合法权益，也可以提出申诉。

Q 申诉可以委托律师吗？

A 申诉可以委托律师代为进行。

Q 向法院申诉应当准备什么材料？

A 向人民法院申诉，应当提交以下材料：1. 申诉状。应当写明当事人的基本情况、联系方式以及申诉的事实与理由。2. 原一、二审判决书、裁定书等法律文书。经过人民法院复查或者再审的，应当附有驳回通知书、再审决定书、再审判决书、裁定书。3. 其他相关材料。以有新的证据证明原判决、裁定认定的事实确有错误为由申诉的，应当同时附有相关证据材料；申请人民法院调查取证的，应当附有相关线索或者材料。

申诉人拒交应当递交的材料，法院还会审查吗？

申诉不符合规定的，人民法院应当告知申诉人补充材料；申诉人对必要材料拒绝补充且无正当理由的，不予审查。

申诉应当向哪一级法院提出？

申诉人应当向作出生效判决的终审人民法院提出申诉。

申诉人可以直接向上一级法院申诉吗？

上一级人民法院对未经终审人民法院审查处理的申诉，可以告知申诉人向终审人民法院提出申诉，或者直接交终审人民法院审查处理，并告知申诉人；案件疑难、复杂、重大的，也可以直接审查处理。对未经终审人民法院及其上一级人民法院审查处理，直接向上级人民法院申诉的，上级人民法院可以告知申诉人向下级人民法院提出。

申诉期间可以暂停判决、裁定的执行吗？

申诉期间不能停止判决、裁定的执行。

Q 法院再审期间可以暂停判决、裁定的执行吗？

再审期间不停止原判决、裁定的执行，但被告人可能经再审改判无罪，或者可能经再审减轻原判刑罚而致刑期届满的，可以决定中止原判决、裁定的执行，必要时可以对被告人采取取保候审、监视居住措施。

Q 在什么情况下法院应当重审？

当事人及其法定代理人、近亲属的申诉符合下列情形之一的，人民法院应当重新审判：1. 有新的证据证明原判决、裁定认定的事实确有错误，可能影响定罪量刑的；2. 据以定罪量刑的证据不确实、不充分、依法应当排除的；3. 证明案件事实的主要证据之间存在矛盾的；4. 主要事实依据被依法变更或者撤销的；5. 认定罪名错误的；6. 量刑明显不当的；7. 违反法律关于溯及力规定的；8. 违反法律规定的诉讼程序，可能影响公正裁判的；9. 审判人员在审理该案件时有贪污受贿、徇私舞弊、枉法裁判行为的。

Q 什么是可以证明原判决、裁定认定的事实确有错误的新证据？

具有下列情形之一，可能改变原判决、裁定据以定罪量刑的事实的证据，应当认定为新的证据：1. 原判决、裁定生效后新发现的证据；2. 原判决、裁定生效前已经发现，但未予收集的证据；3. 原判决、裁定生效前已经收集，但未经质证的证据；4. 原判决、裁定所依据的鉴定意见，勘验、检查等笔录或者其他证据被改变、否定的。

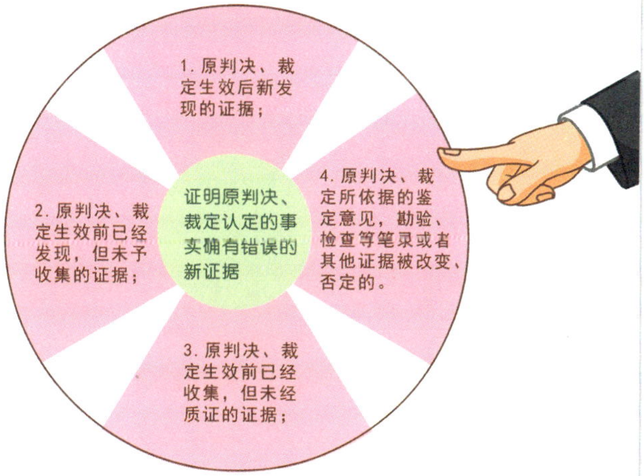

Q 申诉人对驳回申诉不服的可以向上一级法院继续申诉吗？

A 申诉人对驳回申诉不服的，可以向上一级人民法院申诉。上一级人民法院经审查认为申诉不符合刑事诉讼法关于重审规定的，应当说服申诉人撤回申诉；对仍然坚持申诉的，应当驳回或者通知不予重新审判。

Q 对不具备重审条件但是仍然坚持反复申诉的当事人怎么处理？

A 申诉不具有启动重审情形的，应当说服申诉人撤回申诉；对仍然坚持申诉的，应当书面通知驳回。

Q 人民法院院长发现本院判决错误的应当如何处理？

A 各级人民法院院长对本院已经发生法律效力的判决和裁定，如果发现在认定事实上或者在适用法律上确有错误，必须提交审判委员会处理。

Q 上级法院发现下级法院判决错误的应当如何处理？

A 最高人民法院对各级人民法院已经发生法律效力的判决和裁定，上级人民法院对下级人民法院已经发生法律效力的判决和裁定，如果发现确有错误，有权提审或者指令下级人民法院再审。

Q 上级法院可以指令原审法院进行再审吗？

A 上级人民法院指令下级人民法院再审的，一般应当指令原审人民法院以外的下级人民法院审理；由原审人民法院审理更有利于查明案件事实、纠正裁判错误的，可以指令原审人民法院审理。

Q 检察院发现下级法院判决错误的应当如何处理？

A 最高人民检察院对各级人民法院已经发生法律效力的判决和裁定，上级人民检察院对下级人民法院已经发生法律效力的判决和裁定，如果发现确有错误，有权按照审判监督程序向同级人民法院提出抗诉。

Q 法院如何处理检察院抗诉的案件？

A 根据最高人民法院 2011 年出台的《最高人民法院关于审理人民检察院按照审判监督程序提出的刑事抗诉案件若干问题的规定》（法释〔2011〕23 号，http://www.court.gov.cn/fabu-xiangqing-3244.html），对人民检察院依照审判监督程序提出抗诉的案件，人民法院应当在收到抗诉书后 1 个月内立案。经审查，具有下列情形之一的，应当决定退回人民检察院：1. 不属于本院管辖的；2. 按照抗诉书提供的住址无法向被提出抗诉的原审被告人送达抗诉书的；3. 以有新证据为由提出抗诉，抗诉书未附有新的证据目录、证人名单和主要证据复印件或者照片的；4. 以有新证据为由提出抗诉，但该证据并不是指向原起诉事实的。人民法院决定退回的刑事抗诉案件，人民检察院经补充相关材料后再次提出抗诉，经审查符合受理条件的，人民法院应当予以受理。

Q 对检察院抗诉的案件法院需要组成合议庭审理吗？

A 人民检察院按照审判监督程序提出的刑事抗诉案件，接受抗诉的人民法院应当组成合议庭进行审理。

Q 对于原判事实不清、证据不足的案件，法院如何处理？

A 对于原判决、裁定事实不清或者证据不足的案件，接受抗诉的人民法院进行重新审理后，应当按照下列情形分别处理：1. 经审理能够查清事实的，应当在查清事实后依法裁判；2. 经审理仍无法查清事实，证据不足，不能认定原审被告人有罪的，应当判决宣告原审被告人无罪；3. 经审理发现有新证据且超过刑事诉讼法规定的指令再审期限的，可以裁定撤销原判，发回原审人民法院重新审判。

Q 检察院可以撤回抗诉吗？

A 在开庭审理前，人民检察院撤回抗诉的，人民法院应当裁定准许。

Q 被提出抗诉的原审被告人死亡的，法院还需要继续审理吗？

A 被提出抗诉的原审被告人已经死亡或者在审理过程中死亡的，人民法院应当裁定终止审理，但对能够查清事实，确认原审被告人无罪的案件，应当予以改判。

Q 原审法院按照审判监督程序重新审理的需要另行组成合议庭吗？

A 人民法院按照审判监督程序重新审判的案件，由原审人民法院审理的，应当另行组成合议庭进行。

Q 按照审判监督程序重新审理的案件是依照二审程序的规定审理吗？

A 如果原来是第一审案件，应当依照第一审程序进行审判，所作的判决、裁定可以上诉、抗诉；如果原来是第二审案件，或者是上级人民法院提审的案件，应当依照第二审程序进行审判，所作的判决、裁定是终审的判决、裁定。

Q 再审案件检察院需要派员出庭吗？

A 人民法院开庭审理的再审案件，同级人民检察院应当派员出席法庭。

Q 再审案件中检察院没有派员出庭，可以按照撤诉处理吗？

A 人民检察院接到出庭通知后不派员出庭，且未说明原因的，可以裁定按撤回抗诉处理，并通知诉讼参与人。

Q 再审时需要对案件进行全面审查吗？

A 依照审判监督程序重新审判的案件，人民法院应当重点针对申诉、抗诉和决定再审的理由进行审理。必要时，应当对原判决、裁定认定的事实、证据和适用法律进行全面审查。

Q 再审案件必须开庭审理吗？

A 是的，但是对原审被告人、原审自诉人已经死亡或者丧失行为能力的再审案件，可以不开庭审理。

Q 再审只针对部分被告人的，其他被告人可以不出庭吗？

A 开庭审理的再审案件，再审决定书或者抗诉书只针对部分原审被告人，其他同案原审被告人不出庭不影响审理的，可以不出庭参加诉讼。

Q 申诉人必须到庭吗？

A 申诉人经依法通知无正当理由拒不到庭，或者未经法庭许可中途退庭的，应当裁定按撤回申诉处理，但申诉人不是原审当事人的除外。

Q 再审程序也适用“上诉不加刑”原则吗？

A 除人民检察院抗诉的以外，再审一般不得加重原审被告人的刑罚。再审决定书或者抗诉书只针对部分原审被告人的，不得加重其他同案原审被告人的刑罚。

Q 依照审判监督程序再审的案件应当多长时间审结？

A 人民法院按照审判监督程序重新审判的案件，应当在作出提审、再审决定之日起 3 个月以内审结，需要延长期限的，不得超过 6 个月。

Q 接受抗诉的案件也是3个月内审结吗？

A 接受抗诉的人民法院按照审判监督程序审判抗诉的案件，应当在作出提审、再审决定之日起3个月以内审结，需要延长期限的，不得超过6个月。对需要指令下级人民法院再审的，应当自接受抗诉之日起1个月以内作出决定，下级人民法院审理案件也应当于3个月以内审结，需要延长期限的，不得超过6个月。

Q 再审的案件法院会作出怎样的处理结果？

A 再审案件经过重新审理后，应当按照下列情形分别处理：1. 原判决、裁定认定事实和适用法律正确、量刑适当的，应当裁定驳回申诉或者抗诉，维持原判决、裁定；2. 原判决、裁定定罪准确、量刑适当，但在认定事实、适用法律等方面有瑕疵的，应当裁定纠正并维持原判决、裁定；3. 原判决、裁定认定事实没有错误，但适用法律错误，或者量刑不当的，应当撤销原判决、裁定，依法改判；4. 依照第二审程序审理的案件，原判决、裁定事实不清或者证据不足的，可以在查清事实后改判，也可以裁定撤销原判，发回原审人民法院重新审判。

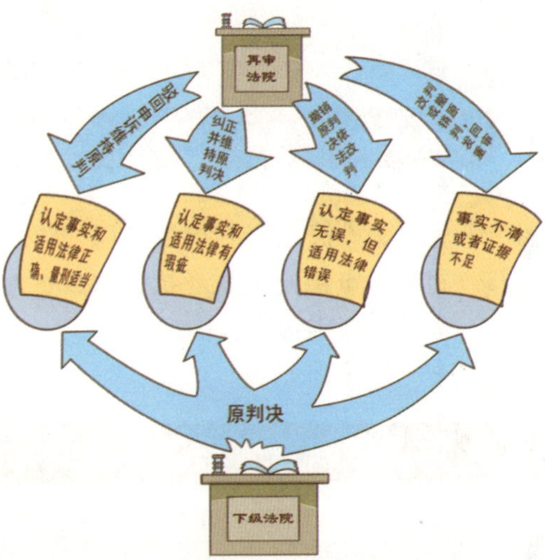

Q 对于事实无法查清、证据不足的可以宣告被告人无罪吗？

A 事实仍无法查清，证据不足，不能认定被告人有罪的，应当撤销原判决、裁定，判决宣告被告人无罪。

Q 原判决、裁定认定被告人姓名等身份信息有误的怎么办？

A 原判决、裁定认定被告人姓名等身份信息有误，但认定事实和适用法律正确、量刑适当的，作出生效判决、裁定的人民法院可以通过裁定对有关信息予以更正。

Q 再审宣告无罪的可以申请国家赔偿吗？

A 对再审改判宣告无罪并依法享有申请国家赔偿权利的当事人，人民法院宣判时，应当告知其在判决发生法律效力后可以依法申请国家赔偿。

Q 发现司法机关的工作人员在执法办案过程中有违法行为的应当如何举报？

A 当事人和辩护人、诉讼代理人、利害关系人对于司法机关及其工作人员有下列行为之一的，有权向该机关申诉或者控告，受理申诉或者控告的机关应当及时处理：1. 采取强制措施法定期限届满，不予以释放、解除或者变更的；2. 应当退还取保候审保证金不退还的；3. 对与案件无关的财物采取查封、扣押、冻结措施的；4. 应当解除查封、扣押、冻结不解除的；5. 贪污、挪用、私分、调换、违反规定使用查封、扣押、冻结的财物的。

Q 当事人对司法机关处理被举报的工作人员的结果不满意怎么办？

A 当事人和辩护人、诉讼代理人、利害关系人对处理不服的，可以向同级人民检察院申诉；人民检察院直接受理的案件，可以向上一级人民检察院申诉。人民检察院对申诉应当及时进行审查，情况属实的，通知有关机关予以纠正。

涉外司法协助

Q 什么是涉外刑事案件?

A

涉外刑事案件是指：1. 在中华人民共和国领域内，外国人犯罪的或者我国公民侵犯外国人合法权利的刑事案件；2. 符合《中华人民共和国刑法》规定我国公民在我国领域外犯本法规定之罪的、我国公民在我国领域外犯罪的案件；3. 符合《中华人民共和国刑法》第八条、第十条规定情形的外国人对我国国家或者公民犯罪的案件；4. 符合《中华人民共和国刑法》第九条规定情形的中华人民共和国在所承担国际条约义务范围内行使管辖权的案件。

【背景链接：《中华人民共和国刑法》（http://www.mps.gov.cn/n16/n1282/n3493/n3763/n493954/494322.html）第八条：外国人在中华人民共和国领域外对中华人民共和国国家或者公民犯罪，而按本法规定的最低刑为三年以上有期徒刑的，可以适用本法，但是按照犯罪地的法律不受处罚的除外。

第九条：对于中华人民共和国缔结或者参加的国际条约所规定的罪行，中华人民共和国在所承担条约义务的范围内行使刑事管辖权的，适用本法。

第十条：凡在中华人民共和国领域外犯罪，依照本法应当负刑事责任的，虽然经过外国审判，仍然可以依照本法追究，但是在外国已经受过刑罚处罚的，可以免除或者减轻处罚。**】**

Q 涉外刑事案件由哪一级法院审理?

A

第一审涉外刑事案件，除危害国家安全、恐怖活动案件，可能判处无期徒刑、死刑的案件以外，由基层人民法院管辖。必要时，中级人民法院可以指定辖区内若干基层人民法院集中管辖第一审涉外刑事案件，也可以依照《中华人民共和国刑事诉讼法》第二十三条的规定，审理基层人民法院管辖的第一审涉外刑事案件。

【背景链接：《中华人民共和国刑事诉讼法》（http://www.gov.cn/flfg/2012-03/17/content_2094354.htm）第二十三条：上级人民法院在必要的时候，可以审判下级人民法院管辖的第一审刑事案件；下级人民法院认为案情重大、复杂需要由上级人民法院审判的第一审刑事案件，可以请求移送上一级人民法院审判。**】**

如何确认外国人的国籍？

外国人的国籍，根据其入境时的有效证件确认；国籍不明的，根据公安机关或者有关国家驻华使、领馆出具的证明确认。

国籍无法查明的人怎么办？

国籍无法查明的，以无国籍人对待，适用涉外刑事司法协助有关规定，在裁判文书中写明“国籍不明”。

外国人享有的诉讼权利和我国公民享有的诉讼权利一样吗？

在刑事诉讼中，外国籍当事人享有我国法律规定的诉讼权利并承担相应义务。

对外国人采取强制措施时需要通报有关国家的使、领馆吗？

需要。涉外刑事案件审判期间，人民法院应当将下列事项及时通报同级人民政府外事主管部门，并通知有关国家驻华使、领馆：1. 人民法院决定对外国籍被告人采取强制措施的情况，包括外国籍当事人的姓名（包括译名）、性别、入境时间、护照或者证件号码、采取的强制措施及法律依据、羁押地点等；2. 开庭的时间、地点、是否公开审理等事项；3. 宣判的时间、地点。

由哪一级人民法院向外国使、领馆通知有关事项？

由高级人民法院通知。需要向有关国家驻华使、领馆通知有关事项的，应当层报高级人民法院，高级人民法院向外国驻华使、领馆通知有关事项，必要时可以请人民政府外事主管部门协助。

高级人民法院如何通知外国使、领馆？

需要向有关国家驻华使、领馆通知有关事项的，应当层报高级人民法院，由高级人民法院按照下列规定通知：1. 外国籍当事人国籍国与我国签订有双边领事条约的，根据条约规定办理；未与我国签订双边领事条约，但参加《维也纳领事关系公约》的，根据公约规定办理；未与我国签订领事条约，也未参加《维也纳领事关系公约》，但与我国有外交关系的，可以根据外事主管部门的意见，按照互惠原则，根据有关规定和国际惯例办理。2. 在外国驻华领馆领区内发生的涉外刑事案件，通知有关外国驻该地区的领馆；在外国领馆领区外发生的涉外刑事案件，通知有关外国驻华使馆；与我国有外交关系，但未设使、领馆的国家，可以通知其代管国家驻华使、领馆；无代管国家或者代管国家不明的，可以不通知。3. 双边领事条约规定通知时限的，应当在规定的期限内通知；无双边领事条约规定的，应当根据或者参照《维也纳领事关系公约》和国际惯例尽快通知，至迟不得超过 7 日。4. 双边领事条约没有规定必须通知，外国籍当事人要求不通知其国籍国驻华使、领馆的，可以不通知，但应当由其本人出具书面声明。

Q 在押的外国籍被告人可以要求会见近亲属吗?

A 人民法院受理涉外刑事案件后，应当告知在押的外国籍被告人享有与其国籍国驻华使、领馆联系，与其监护人、近亲属会见、通信，以及请求人民法院提供翻译的权利。

Q 外国籍被告人的近亲属可以要求会见被告人吗?

A 涉外刑事案件审判期间，外国籍被告人在押，其监护人、近亲属申请会见的，可以向受理案件的人民法院所在地的高级人民法院提出，并依照《最高人民法院关于适用<中华人民共和国刑事诉讼法>的解释》第四百零三条的规定提供与被告人关系的证明。人民法院经审查认为不妨碍案件审判的，可以批准。被告人拒绝接受探视、会见的，可以不予安排，但应当由其本人出具书面声明。

【背景链接:《最高人民法院关于适用<中华人民共和国刑事诉讼法>的解释》（http://www.court.gov.cn/fabu-xiangqing-4937.html）第四百零三条：外国籍当事人从中华人民共和国领域外寄交或者托交给中国律师或者中国公民的委托书，以及外国籍当事人的监护人、近亲属提供的与当事人关系的证明，必须经所在国公证机关证明，所在国中央外交主管机关或者其授权机关认证，并经我国驻该国使、领馆认证，但我国与该国之间有互免认证协定的除外。**】**

Q 外国籍被告人的国籍国驻华使、领馆官员可以要求探视被告人吗?

A 涉外刑事案件审判期间，外国籍被告人在押，其国籍国驻华使、领馆官员要求探视的，可以向受理案件的人民法院所在地的高级人民法院提出。人民法院应当根据我国与被告人国籍国签订的双边领事条约规定的时限予以安排；没有条约规定的，应当尽快安排。必要时，可以请人民政府外事主管部门协助。被告人拒绝接受探视、会见的，可以不予安排，但应当由其本人出具书面声明。

Q 涉外刑事案件公开审理吗？

A 人民法院审理涉外刑事案件，应当公开进行，但涉及国家秘密、商业秘密、个人隐私的依法不应公开审理的除外。

Q 外国籍当事人的使、领馆官员可以要求旁听庭审吗？

A 公开审理的涉外刑事案件，外国籍当事人国籍国驻华使、领馆官员要求旁听的，可以向受理案件的人民法院所在地的高级人民法院提出申请，人民法院应当安排。

Q 审理涉外刑事案件使用哪一国的语言文字？

A 使用我国的语言、文字。人民法院审判涉外刑事案件，使用中华人民共和国通用的语言、文字，应当为外国籍当事人提供翻译。人民法院的诉讼文书为中文本。外国籍当事人不通晓中文的，应当附有外文译本，译本不加盖人民法院印章，以中文本为准。外国籍当事人通晓中国语言、文字，拒绝他人翻译，或者不需要诉讼文书外文译本的，应当由其本人出具书面声明。

Q 外国人可以委托外国律师进行辩护吗？

A 不可以。外国籍被告人委托律师辩护，或者外国籍附带民事诉讼原告人、自诉人委托律师代理诉讼的，应当委托具有中华人民共和国律师资格并依法取得执业证书的律师。

外国人可以委托监护人、近亲属代为进行辩护、担任诉讼代理人吗？

外国籍当事人委托其监护人、近亲属担任辩护人、诉讼代理人的，被委托人应当提供与当事人关系的有效证明。经审查，符合刑事诉讼法、有关司法解释规定的，人民法院应当准许。

外国人可以拒绝辩护人辩护吗？

外国籍被告人没有委托辩护人的，人民法院可以通知法律援助机构为其指派律师提供辩护。被告人拒绝辩护人辩护的，应当由其出具书面声明，或者将其口头声明记录在案。被告人属于应当提供法律援助情形的，依照法律援助的规定处理。

外国人可以请求外国使领馆或近亲属代为委托辩护人、诉讼代理人吗？

外国籍被告人在押的，其监护人、近亲属或者其国籍国驻华使、领馆可以代为委托辩护人。其监护人、近亲属代为委托的，应当提供与被告人关系的有效证明。

Q 外国籍当事人的监护人、近亲属如何证明自己与当事人的关系？

A 外国籍当事人从中华人民共和国领域外寄交或者托交给中国律师或者中国公民的委托书，以及外国籍当事人的监护人、近亲属提供的与当事人关系的证明，必须经所在国公证机关证明，所在国中央外交主管机关或者其授权机关认证，并经我国驻该国使、领馆认证，但我国与该国之间有互免认证协定的除外。

Q 如何防止涉外刑事案件被告人回国躲避审判？

A 对涉外刑事案件的被告人，可以决定限制出境；对开庭审理案件时必须到庭的证人，可以要求暂缓出境。作出限制出境的决定，应当通报同级公安机关或者国家安全机关；限制外国人出境的，应当同时通报同级人民政府外事主管部门和当事人国籍国驻华使、领馆。

Q 如何能够确保被告人不会出境？

A 人民法院决定限制外国人和中国公民出境的，应当书面通知被限制出境的人在案件审理终结前不得离境，并可以采取扣留护照或者其他出入境证件的办法限制其出境；扣留证件的，应当履行必要手续，并发给本人扣留证件的证明。对需要在边防检查站阻止外国人和中国公民出境的，受理案件的人民法院应当层报高级人民法院，由高级人民法院填写口岸阻止人员出境通知书，向同级公安机关办理交控手续。控制口岸不在本省、自治区、直辖市的，应当通过有关省、自治区、直辖市公安机关办理交控手续。紧急情况下，确有必要的，也可以先向边防检查站交控，再补办交控手续。

Q 来自境外的材料可以作为案件的证据吗？

A 对来自境外的证据材料，人民法院应当对材料来源、提供人、提供时间以及提取人、提取时间等进行审查。经审查，能够证明案件事实且符合刑事诉讼法规定的，可以作为证据使用，但提供人或者我国与有关国家签订的双边条约对材料的使用范围有明确限制的除外；材料来源不明或者其真实性无法确认的，不得作为定案的根据。当事人及其辩护人、诉讼代理人提供来自境外的证据材料的，该证据材料应当经所在国公证机关证明，所在国中央外交主管机关或者其授权机关认证，并经我国驻该国使、领馆认证。

Q 涉外案件宣判后需要向被告人国籍国使、领馆提供判决书吗？

A 涉外刑事案件宣判后，外国籍当事人国籍国驻华使、领馆要求提供裁判文书的，可以向受理案件的人民法院所在地的高级人民法院提出，人民法院可以提供。

Q 外国法院可以向我国法院请求代为一定的诉讼行为吗？

A 一国法院或其他机构根据本国缔结或参加的国际条约或互惠原则，为他国法院代为一定的诉讼行为或与诉讼有关的行为的制度称为“司法协助”。根据中华人民共和国缔结或者参加的国际条约，或者按照互惠原则，人民法院和外国法院可以相互请求刑事司法协助。外国法院请求的事项有损中华人民共和国的主权、安全、社会公共利益的，人民法院不予协助。

Q 两国法院间的司法协助由哪一级法院执行？

A 人民法院请求外国提供司法协助的，应当经高级人民法院审查后报最高人民法院审核同意。外国法院请求我国提供司法协助，属于人民法院职权范围的，经最高人民法院审核同意后转有关人民法院办理。

Q 人民法院如何向居住在国外的当事人送达诉讼文书？

A 人民法院向在中华人民共和国领域外居住的当事人送达刑事诉讼文书，可以采用下列方式：1. 根据受送达人所在国与中华人民共和国缔结或者共同参加的国际条约规定的方式送达；2. 通过外交途径送达；3. 对中国籍当事人，可以委托我国驻受送达人所在国的使、领馆代为送达；4. 当事人是自诉案件的自诉人或者附带民事诉讼原告人的，可以向有权代其接受送达的诉讼代理人送达；5. 当事人是外国单位的，可以向其在中华人民共和国领域内设立的代表机构或者有权接受送达的分支机构、业务代办人送达；6. 受送达人所在国法律允许的，可以邮寄送达，自邮寄之日起满 3 个月，送达回证未退回，但根据各种情况足以认定已经送达的，视为送达；7. 受送达人所在国法律允许的，可以采用传真、电子邮件等能够确认受送达人收悉的方式送达。

Q 通过外交途径送达诉讼文书的需要其他部门审核吗?

A 人民法院通过外交途径向在中华人民共和国领域外居住的受送达人送达刑事诉讼文书的，所送达的文书应当经高级人民法院审查后报最高人民法院审核。最高人民法院认为可以发出的，由最高人民法院交外交部主管部门转递。外国法院通过外交途径请求人民法院送达刑事诉讼文书的，由该国驻华使馆将法律文书交我国外交部主管部门转最高人民法院。最高人民法院审核后认为属于人民法院职权范围，且可以代为送达的，应当转有关人民法院办理。

Q 对于犯罪证据在台湾地区的，人民法院可以直接去台湾地区调取吗?

A 不能直接调取。根据《海峡两岸共同打击犯罪及司法互助协议》(http://www.gov.cn/test/2009-04/28/content_1297857.htm)以及《最高人民法院关于人民法院办理海峡两岸送达文书和调查取证司法互助案件的规定》（法释〔2011〕15号，http://www.court.gov.cn/zixun-xiangqing-14834.html），大陆和台湾地区在民事、刑事领域相互提供以下协助：1. 共同打击犯罪；2. 送达文书；3. 调查取证；4. 认可及执行民事裁判与仲裁裁决（仲裁判断）；5. 移管（接返）被判刑人（受刑事裁判确定人）；6. 双方同意之其他合作事项。如果犯罪证据在台湾，大陆法院将通过台湾地区法务主管部门请求协助交换涉及犯罪有关情资，协助缉捕、遣返刑事犯与刑事嫌疑犯，并于必要时合作协查、侦办。

Q 犯罪证据在大陆时，台湾如何请求人民法院予以协助调取证据？

A 台湾地区请求人民法院协助台湾地区法院调查取证并通过其联络人将请求书和相关材料寄送最高人民法院联络人的，最高人民法院应当在收到之日起7个工作日内完成审查。以最高人民法院公布的典型案例“京黑豫粤法院协助台湾台中地院就一诈欺案调查取证案”为例（案例网址：http://www.court.gov.cn/zixun-xiangqing-14834.html）：2014年5月13日，最高人民法院两岸司法互助协议联络人收到台湾地区法务主管部门协议联络人调查取证请求书，请求协助查询20个银行账户的开户人基本资料，调取被害人汇款时所填之汇款单，查明被害人为何人，并制作笔录。最高人民法院收到台方请求书后，经审查发现，该案涉及一起跨境电信诈骗案，使用20张大陆银联卡，通过台湾地区的ATM机大量领取诈欺被害人汇入人头账户之款项。根据台方提供的涉案信息，涉案的银行账户较多，但仅有各银行卡的类别银行名称，而无具体开户银行名称及相关信息。为确定具体协助法院，最高人民法院首先通过中国人民银行协助查询确定涉案20个银行账户所涉及的具体开户银行名称，根据开户银行名称所在地将有关材料转送北京、黑龙江、河南及广东4省市高级人民法院予以协助。

Q 台湾地区和大陆可以相互移交罪赃吗？

A 可以。根据《海峡两岸共同打击犯罪及司法互助协议》，双方同意在不违反己方规定范围内，就犯罪所得移交或变价移交事宜给予协助。

人民法院如何向台湾地区的被害人移送罪赃？

根据判决已经确定的退赔及返还数额，办理案件的人民法院在两岸司法互助协议项下通过高级人民法院报请，由最高人民法院协议联络人向台湾地区法务主管部门联络人提出罪赃移交请求。以最高人民法院公布的典型案例“陕西西安中院向台湾地区被害人林某某等二人返还财产案”为例（案例网址：http://www.court.gov.cn/zixun-xiangqing-14834.html）：该案系一起电信诈骗犯罪案。陕西省西安市中级人民法院审理查明，2009 年 10 月下旬，被告人李家栋等 18 人（均系台湾地区居民）租用网络电话，冒充台湾地区基隆市警察局、基隆地方法院检察署工作人员，多次向台湾居民拨打电话，以其银行账户涉案为由，骗取其银行账户详细信息实施诈骗，先后诈骗被害人台湾居民林某某、李某某新台币共计 109 万元（折合人民币 230711.45 元）。根据判决已经确定的退赔及返还数额，西安中院在两岸司法互助协议项下通过陕西高院报请，由最高人民法院协议联络人向台湾地区法务主管部门联络人作出讯息通报并提出送达文书、调查取证及罪赃移交请求。台方协助确认了涉案两名台湾被害人的相关信息并经被害人签署有关文件反馈大陆法院后，西安中院据此将被告人已经退缴的赃款人民币 9900 元（约合新台币 50000 元）汇入两名被害人在台湾开立的账户。

台湾地区和大陆可以相互移交罪犯吗？

可以。根据《海峡两岸共同打击犯罪及司法互助协议》，双方同意基于人道、互惠原则，在请求方、受请求方及被判刑人（受刑事裁判确定人）均同意移交之情形下，移管（接返）被判刑人（受刑事裁判确定人）。

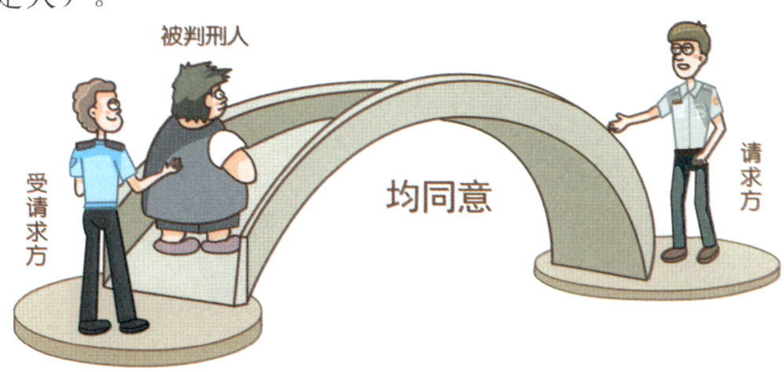

台湾地区和大陆可以相互帮助送达诉讼文书吗？

可以。根据《海峡两岸共同打击犯罪及司法互助协议》，双方同意依己方规定，尽最大努力，相互协助送达司法文书。受请求方应于收到请求书之日起 3 个月内及时协助送达。受请求方应将执行请求之结果通知请求方，并及时寄回证明送达与否的证明资料；无法完成请求事项者，应说明理由并送还相关资料。

当事人如何向台湾地区申请协助送达司法文书？

根据最高人民法院 2010 年制定的《最高人民法院关于人民法院办理海峡两岸送达文书和调查取证司法互助案件的规定》（法释〔2011〕15 号，http://www.court.gov.cn/fabu-xiangqing-3017.html），由审理案件的人民法院填写《〈海峡两岸共同打击犯罪及司法互助协议〉送达文书请求书》附录部分，连同需要送达的司法文书，一式两份，及时送交高级人民法院。需要台湾地区协助送达的司法文书中有指定开庭日期等类似期限的，一般应当为协助送达程序预留不少于 6 个月的时间。高级人民法院收到本院或者下级人民法院《〈海峡两岸共同打击犯罪及司法互助协议〉送达文书请求书》附录部分和需要送达的司法文书后，应当在 7 个工作日内完成审查。经审查认为可以请求台湾地区协助送达的，高级人民法院联络人应当填写《〈海峡两岸共同打击犯罪及司法互助协议〉送达文书请求书》正文部分，连同附录部分和需要送达的司法文书，立即寄送台湾地区联络人；经审查认为欠缺相关材料、内容或者认为不需要请求台湾地区协助送达的，应当立即告知提出请求的人民法院补充相关材料、内容或者在说明理由后将材料退回。

人民法院如何协助台湾地区法院进行司法送达？

台湾地区请求人民法院协助送达台湾地区法院的司法文书并通过其联络人将请求书和相关司法文书寄送高级人民法院联络人的，高级人民法院应当在 7 个工作日内完成审查。经审查认为可以协助送达的，应当立即转送有关下级人民法院送达或者由本院送达；经审查认为欠缺相关材料、内容或者认为不宜协助送达的，高级人民法院联络人应当立即向台湾地区联络人说明情况并告知其补充相关材料、内容或者将材料送还。具体办理送达文书司法互助案件的人民法院应当在收到高级人民法院转送的材料之日起 5 个工作日内，以“协助台湾地区送达民事（刑事、行政诉讼）司法文书”案由立案，指定专人办理，并应当自立案之日起 15 日内完成协助送达，最迟不得超过两个月。

按照大陆法律不认为是犯罪时，人民法院还需要帮助台湾地区调查取证吗？

台湾地区调查取证请求书所述的犯罪事实，依照大陆法律规定不认为涉嫌犯罪的，人民法院不予协助，但有重大社会危害并经双方业务主管部门同意予以个案协助的除外。台湾地区请求促使大陆居民至台湾地区作证，但未作出非经大陆主管部门同意不得追诉其进入台湾地区之前任何行为的书面声明的，人民法院可以不予协助。

未成年人刑事案件诉讼程序

Q 对未成年人的审判适用普通的刑事诉讼程序吗?

A 不适用。对犯罪的未成年人实行教育、感化、挽救的方针，坚持教育为主、惩罚为辅的原则。人民法院、人民检察院和公安机关办理未成年人刑事案件，应当保障未成年人行使其诉讼权利，保障未成年人得到法律帮助，并由熟悉未成年人身心特点的审判人员、检察人员、侦查人员承办。

Q 法院在保障未成年人合法权益中可以做哪些工作?

A 人民法院应当加强同政府有关部门以及共青团、妇联、工会、未成年人保护组织等团体的联系，推动未成年人刑事案件人民陪审、情况调查、安置帮教等工作的开展，充分保障未成年人的合法权益，积极参与社会管理综合治理。

Q 法院审理未成年人犯罪的案件应当由专门的审判人员进行审理吗?

A 审理未成年人刑事案件，应当由熟悉未成年人身心特点、善于做未成年人思想教育工作的审判人员进行，并应当保持有关审判人员工作的相对稳定性。

Q 法律对参加未成年人刑事犯罪的人民陪审员有特别规定吗？

A 未成年人刑事案件的人民陪审员，一般由熟悉未成年人身心特点，热心教育、感化、挽救失足未成年人工作，并经过必要培训的共青团、妇联、工会、学校、未成年人保护组织等单位的工作人员或者有关单位的退休人员担任。

Q 有专门审理未成年人犯罪的审判庭吗？

A 中级人民法院和基层人民法院可以设立独立建制的未成年人案件审判庭。尚不具备条件的，应当在刑事审判庭内设立未成年人刑事案件合议庭，或者由专人负责审理未成年人刑事案件。高级人民法院应当在刑事审判庭内设立未成年人刑事案件合议庭。具备条件的，可以设立独立建制的未成年人案件审判庭。未成年人案件审判庭和未成年人刑事案件合议庭统称“少年法庭”。

目前我国法院少年法庭建设情况如何？

根据2014年11月25日全国法院少年法庭工作30年座谈会公布的数据，30年来，少年法庭从最初的合议庭发展到独立建制的审判庭，从只审理未成年人刑事案件发展到综合审理未成年人刑事、民事、行政案件，从只在基层法院设置到在基层和中级、高级法院设置，组织机构不断健全。全国四级法院均已建立少年审判专门机构或者指定专人审理，共设立少年法庭2253个，包括合议庭1246个、少年刑事审判庭405个、综合审判庭602个。全国法院共有7200多名法官专门从事少年法庭审判工作。

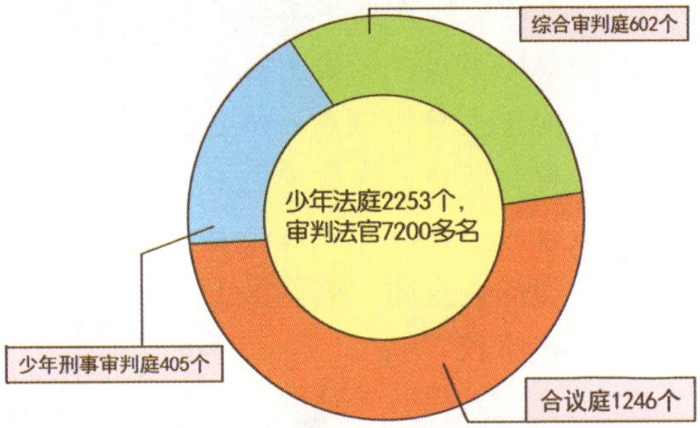

少年法庭审理哪类案件？

下列案件由少年法庭审理：1. 被告人实施被指控的犯罪时不满18周岁、人民法院立案时不满20周岁的案件；2. 被告人实施被指控的犯罪时不满18周岁、人民法院立案时不满20周岁，并被指控为首要分子或者主犯的共同犯罪案件。

共同犯罪案件中有未成年被告人的可以由少年法庭审理吗？

共同犯罪案件有未成年被告人的，或者其他涉及未成年人的刑事案件是否由少年法庭审理，由院长根据少年法庭工作的实际情况决定。未成年人与成年人共同犯罪案件，由不同人民法院或者不同审判组织分别审理的，有关人民法院或者审判组织应当互相了解共同犯罪被告人的审判情况，注意全案的量刑平衡。

Q 未成年犯罪嫌疑人、被告人必须有辩护律师吗？

A 是的。未成年犯罪嫌疑人、被告人没有委托辩护人的，人民法院、人民检察院、公安机关应当通知法律援助机构指派律师为其提供辩护。未成年被害人及其法定代理人因经济困难或者其他原因没有委托诉讼代理人的，应当帮助其申请法律援助。

Q 司法机关办理未成年人刑事犯罪需要对被告人进行更多的了解吗？

A 公安机关、人民检察院、人民法院办理未成年人刑事案件，根据情况可以对未成年犯罪嫌疑人、被告人的成长经历、犯罪原因、监护教育等情况进行调查。《最高人民法院关于适用〈中华人民共和国刑事诉讼法〉的解释》规定：对人民检察院移送的关于未成年被告人性格特点、家庭情况、社会交往、成长经历、犯罪原因、犯罪前后的表现、监护教育等情况的调查报告，以及辩护人提交的反映未成年被告人上述情况的书面材料，法庭应当接受。必要时，人民法院可以委托未成年被告人居住地的县级司法行政机关、共青团组织以及其他社会团体组织对未成年被告人的上述情况进行调查，或者自行调查。

Q 什么是未成年人刑事案件的社会调查？

A 社会调查制度是指在办理未成年人刑事案件过程中，由特定的调查主体就未成年犯罪嫌疑人、被告人的成长经历、性格特点、家庭情况、社会交往、犯罪原因、实施被指控的犯罪前后的表现、监护教育等情况作全面、细致的调查，并制作书面调查报告，以查明未成年人犯罪的原因，为司法机关选择最恰当的处理方法提供重要参考依据。对未成年人教育的关键在于在具体的案件中能够因人施教，找准对未成年人进行教育的“感化点”，以便对症下药，取得最佳的教育效果。因此，社会调查在办理未成年人刑事案件中至关重要，是“教育、感化、挽救”原则的必然要求和体现。

Q 对未成年被告人情况的调查有什么作用？

A 对未成年被告人情况的调查报告，以及辩护人提交的有关未成年被告人情况的书面材料，法庭应当审查并听取控辩双方意见。上述报告和材料可以作为法庭教育和量刑的参考。

Q 对未成年被告人采取强制措施的条件会更严格吗？

A 对未成年犯罪嫌疑人、被告人应当严格限制适用逮捕措施。人民检察院审查批准逮捕和人民法院决定逮捕，应当讯问未成年犯罪嫌疑人、被告人，听取辩护律师的意见。

被拘留、逮捕的未成年人可以与成年人共同关押吗?

对被拘留、逮捕和执行刑罚的未成年人与成年人应当分别关押、分别管理、分别教育。

讯问和审判未成年人需要其父母在场吗?

对于未成年人刑事案件，在讯问和审判的时候，应当通知未成年犯罪嫌疑人、被告人的法定代理人到场。无法通知、法定代理人不能到场或者法定代理人是共犯的，也可以通知未成年犯罪嫌疑人、被告人的其他成年亲属，所在学校、单位、居住地基层组织或者未成年人保护组织的代表到场，并将有关情况记录在案。到场的法定代理人可以代为行使未成年犯罪嫌疑人、被告人的诉讼权利。

未成年人的父母认为办案人员侵犯未成年人合法权益的可以进行制止吗?

到场的法定代理人或者其他人员认为办案人员在讯问、审判中侵犯未成年人合法权益的，可以提出意见。讯问笔录、法庭笔录应当交给到场的法定代理人或者其他人员阅读或者向其宣读。

对于一些被告人是未成年人的轻微刑事案件，检察院可以直接作不起诉决定吗?

对于未成年人涉嫌刑法分则中关于侵犯公民人身权利、民主权利罪，侵犯财产罪，妨害社会管理秩序罪的犯罪，可能判处一年有期徒刑以下刑罚，符合起诉条件，但有悔罪表现的，人民检察院可以作出附条件不起诉的决定。人民检察院在作出附条件不起诉的决定以前，应当听取公安机关、被害人的意见。

Q 公安机关或者被害人可以对检察院的不起诉决定提出异议吗？

A 可以。对附条件不起诉的决定，公安机关可以要求复议、提请复核，被害人可以申诉。

Q 未成年犯罪嫌疑人认为自己无罪可以对检察院不起诉决定提出异议吗？

A 未成年犯罪嫌疑人及其法定代理人对人民检察院决定附条件不起诉有异议的，人民检察院应当作出起诉的决定。

Q 检察机关的“附条件不起诉”附加的是什么条件？

A 附条件不起诉的条件是附加一个考验期。考验期为 6 个月以上 1 年以下，从人民检察院作出附条件不起诉的决定之日起计算。

Q 被附条件不起诉的未成年犯罪嫌疑人应当遵守哪些规定？

A 被附条件不起诉的未成年犯罪嫌疑人，应当遵守下列规定：1. 遵守法律法规，服从监督；2. 按照考察机关的规定报告自己的活动情况；3. 离开所居住的市、县或者迁居，应当报经考察机关批准；4. 按照考察机关的要求接受矫治和教育。

被附条件不起诉的未成年犯罪嫌疑人违反规定的应该怎么办？

被附条件不起诉的未成年犯罪嫌疑人在考验期内有下列情形之一的，人民检察院应当撤销附条件不起诉的决定，提起公诉：1. 实施新的犯罪或者发现决定附条件不起诉以前还有其他犯罪需要追诉的；2. 违反治安管理规定或者考察机关有关附条件不起诉的监督管理规定，情节严重的。被附条件不起诉的未成年犯罪嫌疑人在考验期内没有上述情形，考验期满的，人民检察院应当作出不起诉的决定。

审理未成年人刑事案件应当如何保护未成年人隐私？

人民法院审理未成年人刑事案件，不得向外界披露该未成年人的姓名、住所、照片以及可能推断出该未成年人身份的其他资料。查阅、摘抄、复制的未成年人刑事案件的案卷材料，不得公开和传播。被害人是未成年人的刑事案件，适用这样的规定。

审理未成年人刑事案件可以适用简易程序吗？

对未成年人刑事案件，人民法院决定适用简易程序审理的，应当征求未成年被告人及其法定代理人、辩护人的意见。上述人员提出异议的，不适用简易程序。

未成年人作最后陈述后，其父母可以代为补充吗？

审判未成年人刑事案件，未成年被告人最后陈述后，其法定代理人可以进行补充陈述。

开庭时被告人已满18周岁，其近亲属应当到庭吗？

被告人实施被指控的犯罪时不满18周岁，开庭时已满18周岁、不满20周岁的，人民法院开庭时，一般应当通知其近亲属到庭。经法庭同意，近亲属可以发表意见。近亲属无法通知、不能到场或者是共犯的，应当记录在案。

未成年人刑事案件也是公开审理吗？

开庭审理时被告人不满18周岁的案件，一律不公开审理。经未成年被告人及其法定代理人同意，未成年被告人所在学校和未成年人保护组织可以派代表到场。到场代表的人数和范围由法庭决定。到场代表经法庭同意，可以参与对未成年被告人的法庭教育工作。

什么是未成年人犯罪记录封存制度？

犯罪的时候不满18周岁，被判处5年有期徒刑以下刑罚的，应当对相关犯罪记录予以封存。犯罪记录被封存的，不得向任何单位和个人提供，但司法机关为办案需要或者有关单位根据国家规定进行查询的除外。依法进行查询的单位，应当对被封存的犯罪记录的情况予以保密。

对依法公开审理，但可能需要封存犯罪记录的案件，不得组织人员旁听。

未成年人刑事案件应当公开宣判吗？

对未成年人刑事案件宣告判决应当公开进行，但不得采取召开大会等形式。对依法应当封存犯罪记录的案件，宣判时不得组织人员旁听；有旁听人员的，应当告知其不得传播案件信息。

宣判后法院还需要回访未成年罪犯吗？

人民法院可以与未成年罪犯管教所等服刑场所建立联系，了解未成年罪犯的改造情况，协助做好帮教、改造工作，并可以对正在服刑的未成年罪犯进行回访考察。人民法院认为必要时，可以督促被收监服刑的未成年罪犯的父母或者其他监护人及时探视。

法院如何帮助在社区矫正机构矫正的未成年罪犯？

对被判处管制、宣告缓刑、裁定假释、决定暂予监外执行的未成年罪犯，人民法院可以协助社区矫正机构制定帮教措施。人民法院可以适时走访被判处管制、宣告缓刑、免除刑事处罚、裁定假释、决定暂予监外执行等的未成年罪犯及其家庭，了解未成年罪犯的管理和教育情况，引导未成年罪犯的家庭承担管教责任，为未成年罪犯改过自新创造良好的环境。被判处管制、宣告缓刑、免除刑事处罚、裁定假释、决定暂予监外执行等的未成年罪犯，具备就学、就业条件的，人民法院可以就其安置问题向有关部门提出司法建议，并附送必要的材料。

Q 法院需要对未成年罪犯进行心理疏导或者测评吗？

A 对未成年人刑事案件，人民法院根据情况，可以对未成年被告人进行心理疏导；经未成年被告人及其法定代理人同意，也可以对未成年被告人进行心理测评。

Q 未成年被告人开庭前可以见其父母吗？

A 开庭前和休庭时，法庭根据情况，可以安排未成年被告人与其法定代理人或者其他成年亲属、代表会见。

Q 少年法庭的设置与其他普通刑事案件审判庭有区别吗？

A 人民法院应当在辩护台靠近旁听区一侧为未成年被告人的法定代理人或者其他成年亲属、代表设置席位。审理可能判处5年有期徒刑以下刑罚或者过失犯罪的未成年人刑事案件，可以采取适合未成年人特点的方式设置法庭席位。

Q 未成年被告人拒绝辩护律师辩护怎么办？

A 未成年被告人或者其法定代理人当庭拒绝辩护人辩护的，要求另行委托辩护人或者指派律师的，合议庭应当准许。被告人拒绝辩护人辩护后，没有辩护人的，应当宣布休庭；仍有辩护人的，庭审可以继续进行。有多名被告人的案件，部分被告人拒绝辩护人辩护后，没有辩护人的，根据案件情况，可以对该被告人另案处理，对其他被告人的庭审继续进行。重新开庭后，未成年被告人或者其法定代理人再次当庭拒绝辩护人辩护的，不予准许。重新开庭时被告人已满18周岁的，可以准许，但不得再另行委托辩护人或者要求另行指派律师，由其自行辩护。

Q 在法庭上可以对未成年被告人使用戒具吗？

A 在法庭上不得对未成年被告人使用戒具，但被告人人身危险性大，可能妨碍庭审活动的除外。必须使用戒具的，在现实危险消除后，应当立即停止使用。

Q 法庭需要对未成年被告人进行教育吗？

A 法庭辩论结束后，法庭可以根据案件情况，对未成年被告人进行教育；判决未成年被告人有罪的，宣判后，应当对未成年被告人进行教育。对未成年被告人进行教育，可以邀请诉讼参与人、其他成年亲属、代表以及社会调查员、心理咨询师等参加。

Q 能举一个未成年人犯罪的新型案例吗？

A 以最高人民法院公布的我国第一起校园枪击案“吴某某等校园枪击案”为例（案例网址：http://www.court.gov.cn/zixun-xiangqing-13447.html）：2011年10月25日，被告人吴某某（徐闻县某中学学生）和同学从校外返回学校门口时，被一群男青年冲过来追打，吴某某等人逃入校园。随后，吴某某打电话叫被告人陈某某来报复对方。陈某某接到电话后叫被告人张某某与其一起去现场，并找朋友取来一支猎枪。此时，被害人吴某儒、林某奋（同校同学）二人正在小吃店门前。张某某取出猎枪先后向林某奋、吴某儒开了两枪，随后逃离现场。林某奋颈部中枪，当晚经抢救无效死亡。广东省湛江市中级人民法院经审理，以故意伤害罪判处张某某有期徒刑13年，判处陈某某有期徒刑14年，判处吴某某有期徒刑6年。

当事人和解的公诉案件诉讼程序

Q 公诉案件中当事人可以和解吗？

A 下列公诉案件，犯罪嫌疑人、被告人真诚悔罪，通过向被害人赔偿损失、赔礼道歉等方式获得被害人谅解，被害人自愿和解的，双方当事人可以和解：1. 因民间纠纷引起，涉嫌刑法分则第四章（侵犯公民人身权利、民主权利罪）、第五章（侵犯财产罪）规定的犯罪案件，可能判处3年有期徒刑以下刑罚的；2. 除渎职犯罪以外的可能判处7年有期徒刑以下刑罚的过失犯罪案件。犯罪嫌疑人、被告人在5年以内曾经故意犯罪的，不能和解。

当事人和解需要司法机关同意吗?

双方当事人和解的，公安机关、人民检察院、人民法院应当听取当事人和其他有关人员的意见，对和解的自愿性、合法性进行审查，并主持制作和解协议书。

法院可以提示当事人自行和解吗?

对符合法律规定可以和解的刑事案件，事实清楚、证据充分的，人民法院应当告知当事人可以自行和解；当事人提出申请的，人民法院可以主持双方当事人协商以达成和解。

当事人的近亲属可以参加和解工作吗?

根据案件情况，人民法院可以邀请人民调解员、辩护人、诉讼代理人、当事人亲友等参与促成双方当事人和解。

被害人死亡，其近亲属可以代为和解吗?

法律规定可以和解的公诉案件，被害人死亡的，其近亲属可以与被告人和解。近亲属有多人的，达成和解协议，应当经处于同一继承顺序的所有近亲属同意。被害人系无行为能力或者限制行为能力人的，其法定代理人、近亲属可以代为和解。

Q 被告人的近亲属可以代为和解吗？

A 被告人的近亲属经被告人同意，可以代为和解。被告人系限制行为能力人的，其法定代理人可以代为和解。

Q 和解协议约定的赔礼道歉等事项必须本人履行吗？

A 和解协议约定的赔礼道歉等事项，应当由被告人本人履行。

Q 对于公安机关、检察院主持制作的和解协议书当事人可以反悔吗？

A 公安机关、人民检察院主持制作的和解协议书，当事人提出异议的，人民法院应当审查。经审查，和解自愿、合法的，予以确认，无须重新制作和解协议书；和解不具有自愿性、合法性的，应当认定无效。和解协议被认定无效后，双方当事人重新达成和解的，人民法院应当主持制作新的和解协议书。

Q 审判期间当事人可以在庭外达成和解吗？

A 双方当事人在庭外达成和解的，人民法院应当通知人民检察院，并听取其意见。经审查，和解自愿、合法的，应当主持制作和解协议书。

当事人和解的案件被告人还会被判刑吗？

对于达成和解协议的案件，公安机关可以向人民检察院提出从宽处理的建议。人民检察院可以向人民法院提出从宽处罚的建议；对于犯罪情节轻微，不需要判处刑罚的，可以作出不起诉的决定。人民法院可以依法对被告人从宽处罚。

和解协议书应当包含什么内容？

和解协议书应当包括以下内容：1. 被告人承认自己所犯罪行，对犯罪事实没有异议，并真诚悔罪。2. 被告人通过向被害人赔礼道歉、赔偿损失等方式获得被害人谅解；涉及赔偿损失的，应当写明赔偿的数额、方式等；提起附带民事诉讼的，由附带民事诉讼原告人撤回附带民事诉讼。3. 被害人自愿和解，请求或者同意对被告人依法从宽处罚。

和解协议需要加盖法院的公章吗？

和解协议书应当由双方当事人和审判人员签名，但不加盖人民法院印章。和解协议书一式三份，双方当事人各持一份，另一份交人民法院附卷备查。

当事人可以要求法院对和解协议内容保密吗？

对和解协议中的赔偿损失内容，双方当事人要求保密的，人民法院应当准许，并采取相应的保密措施。

Q 被告人已履行完和解协议，被害人反悔怎么办？

A 和解协议约定的赔偿损失内容，被告人应当在协议签署后即时履行。和解协议已经全部履行，当事人反悔的，人民法院不予支持，但有证据证明和解违反自愿、合法原则的除外。

Q 双方当事人在侦查、审查起诉期间已经达成和解协议并全部履行的还可以提起附带民事诉讼吗？

A 双方当事人在侦查、审查起诉期间已经达成和解协议并全部履行，被害人或者其法定代理人、近亲属又提起附带民事诉讼的，人民法院不予受理，但有证据证明和解违反自愿、合法原则的除外。

Q 达成和解协议的公诉案件可以从轻处罚吗？

A 对达成和解协议的案件，人民法院应当对被告人从轻处罚；符合非监禁刑适用条件的，应当适用非监禁刑；判处法定最低刑仍然过重的，可以减轻处罚；综合全案认为犯罪情节轻微不需要判处刑罚的，可以免除刑事处罚。

Q 部分被告人与被害人达成和解协议可以对部分被告人从宽处罚吗？

A 共同犯罪案件，部分被告人与被害人达成和解协议的，可以依法对该部分被告人从宽处罚，但应当注意全案的量刑平衡。

Q 和解协议内容需要写到判决书中吗？

A 达成和解协议的，裁判文书应当作出叙述，并援引刑事诉讼法的相关条文。

犯罪嫌疑人、被告人逃匿、死亡案件违法所得的没收程序

Q 可以没收逃匿的犯罪嫌疑人、被告人的财产吗？

A 对于贪污贿赂犯罪、恐怖活动犯罪等重大犯罪案件，犯罪嫌疑人、被告人逃匿，在通缉一年后不能到案，或者犯罪嫌疑人、被告人死亡，依照刑法规定应当追缴其违法所得及其他涉案财产的，人民检察院可以向人民法院提出没收违法所得的申请。公安机关认为有以上情形的，应当写出没收违法所得意见书，移送人民检察院。

Q 检察院提出的没收违法所得的申请法院需要审理吗？

A 没收违法所得的申请，由犯罪地或者犯罪嫌疑人、被告人居住地的中级人民法院组成合议庭进行审理。

法院如何审查检察院提出的没收违法所得的请求？

对人民检察院提出的没收违法所得申请，人民法院应当审查以下内容：1. 是否属于本院管辖；2. 是否写明犯罪嫌疑人、被告人涉嫌有关犯罪的情况，并附相关证据材料；3. 是否附有通缉令或者死亡证明；4. 是否列明违法所得及其他涉案财产的种类、数量、所在地，并附相关证据材料；5. 是否附有查封、扣押、冻结违法所得及其他涉案财产的清单和相关法律手续；6. 是否写明犯罪嫌疑人、被告人的近亲属和其他利害关系人的姓名、住址、联系方式及其要求等情况；7. 是否写明申请没收的理由和法律依据。

检察院尚未提出没收财产申请的，法院可以先行扣押查封吗？

人民检察院尚未查封、扣押、冻结申请没收的财产或者查封、扣押、冻结期限即将届满，涉案财产有被隐匿、转移或者毁损、灭失危险的，人民法院可以查封、扣押、冻结申请没收的财产。

法院受理没收违法所得申请需要进行公告吗？

人民法院受理没收违法所得的申请后，应当发出公告。公告期间为 6 个月。

公告应当包括哪些内容？

人民法院决定受理没收违法所得的申请后，应当在 15 日内发出公告，公告期为 6 个月。公告应当写明以下内容：1. 案由；2. 犯罪嫌疑人、被告人通缉在逃或者死亡等基本情况；3. 申请没收财产的种类、数量、所在地；4. 犯罪嫌疑人、被告人的近亲属和其他利害关系人申请参加诉讼的期限、方式；5. 应当公告的其他情况。

法院受理没收入违法所得申请的公告可以在哪里看到？

公告应当在全国公开发行的报纸或者人民法院的官方网站刊登，并在人民法院公告栏张贴、发布；必要时，可以在犯罪地，犯罪嫌疑人、被告人居住地，申请没收的不动产所在地张贴、发布。

法院已经掌握被告人、犯罪嫌疑人的近亲属和利害关系人的联系方式，应当主动告知他们公告内容吗？

人民法院已经掌握犯罪嫌疑人、被告人的近亲属和其他利害关系人的联系方式的，应当采取电话、传真、邮件等方式直接告知其公告内容，并记录在案。

被告人、犯罪嫌疑人的近亲属和利害关系人可以参加法院关于没收财产的诉讼吗？

犯罪嫌疑人、被告人的近亲属和其他利害关系人有权申请参加诉讼，也可以委托诉讼代理人参加诉讼。人民法院在公告期满后对没收违法所得的申请进行审理。

Q 法院合议庭对没收财产的申请进行审理时需要开庭吗？

A 利害关系人参加诉讼的，人民法院应当开庭审理。没有利害关系人申请参加诉讼的，可以不开庭审理。

Q 利害关系人可以不到庭参加诉讼吗？

A 利害关系人接到通知后无正当理由拒不到庭，或者未经法庭许可中途退庭的，可以转为不开庭审理，但还有其他利害关系人参加诉讼的除外。

Q 被告人、犯罪嫌疑人的近亲属和利害关系人申请参加诉讼应当何时提出？

A 犯罪嫌疑人、被告人的近亲属和其他利害关系人申请参加诉讼的，应当在公告期间提出。犯罪嫌疑人、被告人的近亲属和其他利害关系人在公告期满后申请参加诉讼，能够合理说明原因，并提供证明申请没收的财产系其所有的证据材料的，人民法院应当准许。

Q 近亲属或利害关系人参加诉讼的需要证明自己的身份吗？

A 犯罪嫌疑人、被告人的近亲属应当提供其与犯罪嫌疑人、被告人关系的证明材料，其他利害关系人应当提供申请没收的财产系其所有的证据材料。

Q 开庭审理申请没收违法所得的案件依照什么程序进行？

A 开庭审理申请没收违法所得的案件，按照下列程序进行：1. 审判长宣布法庭调查开始后，先由检察员宣读申请书，后由利害关系人、诉讼代理人发表意见。2. 法庭应当依次就犯罪嫌疑人、被告人是否实施了贪污贿赂犯罪、恐怖活动犯罪等重大犯罪并已经通缉一年不能到案，或者是否已经死亡，以及申请没收的财产是否依法应当追缴进行调查；调查时，先由检察员出示有关证据，后由利害关系人发表意见、出示有关证据，并进行质证。3. 法庭辩论阶段，先由检察员发言，后由利害关系人及其诉讼代理人发言，并进行辩论。

Q 法院如何处理违法所得？

A 人民法院经审理，对经查证属于违法所得及其他涉案财产，除依法返还被害人的以外，应当裁定予以没收；对不属于应当追缴的财产的，应当裁定驳回申请，解除查封、扣押、冻结措施。

Q 被告人、犯罪嫌疑人的近亲属和利害关系人对法官的裁定可以提出上诉吗？

A 对没收违法所得或者驳回申请的裁定，犯罪嫌疑人、被告人的近亲属和其他利害关系人或者人民检察院可以在5日内提出上诉、抗诉。

Q 二审法院会对上诉或者抗诉作出怎样的处理？

A 对不服第一审没收违法所得或者驳回申请裁定的上诉、抗诉案件，第二审人民法院经审理，应当按照下列情形分别作出裁定：1. 原裁定正确的，应当驳回上诉或者抗诉，维持原裁定；2. 原裁定确有错误的，可以在查清事实后改变原裁定，也可以撤销原裁定，发回重新审判；3. 原审违反法定诉讼程序，可能影响公正审判的，应当撤销原裁定，发回重新审判。

Q 在审理过程中被告人、犯罪嫌疑人投案或被抓获的怎么办？

A 在审理过程中，在逃的犯罪嫌疑人、被告人自动投案或者被抓获的，人民法院应当终止审理。人民检察院向原受理申请的人民法院提起公诉的，可以由同一审判组织审理。

Q 在审理过程中被告人逃脱的，检察院可以提出没收财产的申请吗？

A 贪污贿赂犯罪、恐怖活动犯罪等重大犯罪案件，在审理案件过程中，被告人死亡或者脱逃，人民检察院可以向人民法院提出没收违法所得的申请。人民检察院向原受理案件的人民法院提出申请的，可以由同一审判组织依照有关没收违法财产的程序审理。

Q 被告人、犯罪嫌疑人到案后可以对没收财产的裁定提出异议吗？

A 没收违法所得裁定生效后，犯罪嫌疑人、被告人到案并对没收裁定提出异议，人民检察院向原作出裁定的人民法院提起公诉的，可以由同一审判组织审理。人民法院经审理，应当按照下列情形分别处理：1. 原裁定正确的，予以维持，不再对涉案财产作出判决；2. 原裁定确有错误的，应当撤销原裁定，并在判决中对有关涉案财产一并作出处理。

Q 法院关于没收财产的裁定确有错误的怎么办？

A 人民法院生效的没收裁定确有错误的，应当依照审判监督程序予以纠正。已经没收的财产，应当及时返还；财产已经上缴国库的，由原没收机关从财政机关申请退库，予以返还；原物已经出卖、拍卖的，应当退还价款；造成犯罪嫌疑人、被告人以及利害关系人财产损失的，应当依法赔偿。

依法不负刑事责任的精神病人的强制医疗程序

Q 精神病人必须送去强制治疗吗？

A 不是。根据规定，实施暴力行为，危害公共安全或者严重危害公民人身安全，经法定程序鉴定依法不负刑事责任的精神病人，有继续危害社会可能的，可以予以强制医疗。

Q 谁能够决定患有精神病的被告人、犯罪嫌疑人应当去强制治疗？

A 患有精神病的被告人、犯罪嫌疑人有必要进行强制治疗的，由人民法院依法作出强制医疗的决定。

Q 在侦查、起诉阶段发现需要强制治疗的精神病人怎么办？

A 公安机关发现精神病人符合强制医疗条件的，应当写出强制医疗意见书，移送人民检察院。对于公安机关移送的或者在审查起诉过程中发现的精神病人符合强制医疗条件的，人民检察院应当向人民法院提出强制医疗的申请。人民法院在审理案件过程中发现被告人符合强制医疗条件的，可以作出强制医疗的决定。

Q 检察院应当向哪一级法院申请强制医疗？

A 人民检察院申请对依法不负刑事责任的精神病人强制医疗的案件，由被申请人实施暴力行为所在地的基层人民法院管辖；由被申请人居住地的人民法院审判更为适宜的，可以由被申请人居住地的基层人民法院管辖。

Q 法院对检察院的申请需要审查哪些内容？

A 人民检察院提出的强制医疗申请，人民法院应当审查以下内容：1. 是否属于本院管辖；2. 是否写明被申请人的身份，实施暴力行为的时间、地点、手段、所造成的损害等情况，并附相关证据材料；3. 是否附有法医精神病鉴定意见和其他证明被申请人属于依法不负刑事责任的精神病人的证据材料；4. 是否列明被申请人的法定代理人的姓名、住址、联系方式；5. 需要审查的其他事项。

Q 对于检察院的申请，法院应当多长时间审查完？

A 对人民检察院提出的强制医疗申请，人民法院应当在7日内审查完毕，并按照下列情形分别处理：1. 不属于本院管辖的，应当退回人民检察院；2. 材料不全的，应当通知人民检察院在3日内补送；3. 属于强制医疗程序受案范围和本院管辖，且材料齐全的，应当受理。

Q 具有一定的伤害性的精神病人在法院作出强制治疗决定前如何处置？

A 对实施暴力行为的精神病人，在人民法院决定强制医疗前，公安机关可以采取临时的保护性约束措施。

Q 法院审理强制医疗的申请需要组成合议庭吗？

A 人民法院受理强制医疗的申请后，应当组成合议庭进行审理。

Q 法院审理强制医疗的案件需要开庭审理吗？

A 人民法院审理强制医疗案件，应当组成合议庭，开庭审理。但是，被申请人、被告人的法定代理人请求不开庭审理，并经人民法院审查同意的除外。

Q 审理强制医疗的案件应当按照什么程序审理？

A 开庭审理申请强制医疗的案件，按照下列程序进行：1. 审判长宣布法庭调查开始后，先由检察员宣读申请书，后由被申请人的法定代理人、诉讼代理人发表意见。2. 法庭依次就被申请人是否实施了危害公共安全或者严重危害公民人身安全的暴力行为，是否属于依法不负刑事责任的精神病人，是否有继续危害社会的可能进行调查；调查时，先由检察员出示有关证据，后由被申请人的法定代理人、诉讼代理人发表意见、出示有关证据，并进行质证；3. 法庭辩论阶段，先由检察员发言，后由被申请人的法定代理人、诉讼代理人发言，并进行辩论。

Q 被申请人必须到庭参加审理吗？

A 人民法院审理强制医疗案件，应当通知被申请人或者被告人的法定代理人到场。被申请人要求出庭，人民法院经审查其身体和精神状态，认为可以出庭的，应当准许。在法庭调查、辩论阶段，出庭的被申请人可以发表意见。

Q 被申请人必须要有代理律师吗？

A 是的。被申请人或者被告人没有委托诉讼代理人的，人民法院应当通知法律援助机构指派律师为其提供法律帮助。

Q 对于申请强制医疗的案件，法院审理后可能作出哪些决定？

A 对申请强制医疗的案件，人民法院审理后，应当按照下列情形分别处理：1. 符合刑事诉讼法强制医疗条件的，应当作出对被申请人强制医疗的决定。2. 被申请人属于依法不负刑事责任的精神病人，但不符合强制医疗条件的，应当作出驳回强制医疗申请的决定；被申请人已经造成危害结果的，应当同时责令其家属或者监护人严加看管和医疗。3. 被申请人具有完全或者部分刑事责任能力，依法应当追究刑事责任的，应当作出驳回强制医疗申请的决定，并退回人民检察院依法处理。

Q 法院审理案件过程中发现被告人可能符合强制医疗条件的应该怎么办？

A 第一审人民法院在审理案件过程中发现被告人可能符合强制医疗条件的，应当依照法定程序对被告人进行法医精神病鉴定。经鉴定，被告人属于依法不负刑事责任的精神病人的，应当适用强制医疗程序，对案件进行审理。

Q 法院在二审时发现被告人符合强制医疗条件的怎么办？

A 人民法院在审理第二审刑事案件过程中，发现被告人可能符合强制医疗条件的，可以依照强制医疗程序对案件作出处理，也可以裁定发回原审人民法院重新审判。

Q 法院审理强制医疗的申请应当多长时间审完？

A 人民法院经审理，对于被申请人或者被告人符合强制医疗条件的，应当在1个月以内作出强制医疗的决定。

Q 对强制医疗决定不服的可以申请复议吗？

A 被决定强制医疗的人、被害人及其法定代理人、近亲属对强制医疗决定不服的，可以向上一级人民法院申请复议。

Q 审理不服强制医疗决定的复议申请时需要组成合议庭吗？

A 对不服强制医疗决定的复议申请，上一级人民法院应当组成合议庭审理，并在1个月内，按照下列情形分别作出复议决定：1. 被决定强制医疗的人符合强制医疗条件的，应当驳回复议申请，维持原决定；2. 被决定强制医疗的人不符合强制医疗条件的，应当撤销原决定；3. 原审违反法定诉讼程序，可能影响公正审判的，应当撤销原决定，发回原审人民法院重新审判。

Q 强制医疗机构需要定期对被强制医疗的人进行诊断评估吗？

A 强制医疗机构应当定期对被强制医疗的人进行诊断评估。对于已不具有人身危险性，不需要继续强制医疗的，应当及时提出解除意见，报决定强制医疗的人民法院批准。

Q 被强制医疗的人可以申请解除强制治疗吗？

A 被强制医疗的人及其近亲属有权申请解除强制医疗。

Q 应当向哪一级法院申请解除强制治疗措施？

A 被强制医疗的人及其近亲属申请解除强制医疗的，应当向决定强制医疗的人民法院提出。

Q 解除强制医疗申请被法院驳回多长时间后才可以再次申请？

A 被强制医疗的人及其近亲属提出的解除强制医疗申请被人民法院驳回，6 个月后再次提出申请的，人民法院应当受理。

Q 被强制医疗的人想要申请解除强制医疗，但医疗机构不提供诊断报告怎么办？

A 被强制医疗的人及其近亲属向人民法院申请解除强制医疗，强制医疗机构未提供诊断评估报告的，申请人可以申请人民法院调取。必要时，人民法院可以委托鉴定机构对被强制医疗的人进行鉴定。

Q 法院对解除强制医疗的申请可能作出怎样的处理决定？

A 强制医疗机构提出解除强制医疗意见，或者被强制医疗的人及其近亲属申请解除强制医疗的，人民法院应当组成合议庭进行审查，并在1个月内，按照下列情形分别处理：1. 被强制医疗的人已不具有人身危险性，不需要继续强制医疗的，应当作出解除强制医疗的决定，并可责令被强制医疗的人的家属严加看管和医疗；2. 被强制医疗的人仍具有人身危险性，需要继续强制医疗的，应当作出继续强制医疗的决定。

Q 强制医疗案件的审理和执行有监督机关吗？

A 人民检察院对强制医疗的决定和执行实行监督。

Q 检察院如何对强制医疗的决定进行监督？

A 人民检察院认为强制医疗决定或者解除强制医疗决定不当，在收到决定书后20日内提出书面纠正意见的，人民法院应当另行组成合议庭审理，并在1个月内作出决定。

Q 强制医疗由哪个机关执行？

A 人民法院决定强制医疗的，应当在作出决定后5日内，向公安机关送达强制医疗决定书和强制医疗执行通知书，由公安机关将被决定强制医疗的人送交强制医疗。

e时代打官司一本通

第四章 行政诉讼

证　据

Q 行政诉讼中需要原告证明被告的行政机关行为违法吗？

A 不需要。行政机关需要自证清白。被告对作出的行政行为负有举证责任，应当提供作出该行政行为的证据和所依据的规范性文件。被告不提供或者无正当理由逾期提供证据，视为没有相应证据。

Q 行政机关逾期未向法院提供其行政行为合法性的证据，要承担败诉的风险吗？

A 是的，法律和司法解释明确规定了行政机关在诉讼中的举证责任，不在法定期限提供证据，视为被诉行政行为没有证据。以最高人民法院公布的“廖明耀诉龙南县人民政府房屋强制拆迁案”为例（案例网址：http://www.court.gov.cn/zixun-xiangqing-13405.html）：原告廖明耀的房屋位于龙南县。2011年，廖明耀的房屋被纳入龙南县第一人民医院建设项目拆迁范围。就拆迁安置补偿事宜，龙南县人民政府工作人员多次与廖明耀进行协商，但因意见分歧较大未达成协议。2013年，龙南县国土及规划部门将廖明耀的部分房屋认定为违章建筑，并下达自行拆除违建房屋的通知。同年3月，龙南县人民政府组织相关部门对廖明耀的违建房屋实施强制拆除，同时对拆迁范围内的合法房屋也进行了部分拆除。廖明耀于2013年7月向赣州市中级人民法院提起行政诉讼，请求法院确认龙南县人民政府拆除其房屋的行政行为违法。赣州市中级人民法院将该案移交安远县人民法院审理。法院受理案件后，于法定期限内向龙南县人民政府送达了起诉状副本和举证通知书，但龙南县人民政府在法定期限内只向法院提供了对廖明耀违建房屋进行行政处罚的相关证据，没有提供强制拆除房屋行政行为的相关证据和依据。安远县人民法院判决确认龙南县人民政府拆除廖明耀房屋的行政行为违法。

Q 被诉行政机关应当何时向法院提交自己据以作出行政行为的证据？

A 被告应当在收到起诉状副本之日起 10 日内提交答辩状，并提供作出行政行为时的证据、依据；被告不提供或者无正当理由逾期提供的，应当认定该行政行为没有证据、依据。

Q 原告可以提交证明行政机关违法的证据吗？

A 可以。原告可以提供证明行政行为违法的证据。原告提供的证据不成立的，不免除被告的举证责任。

Q 行政诉讼中原告需要证明的是什么？

A 原告对下列事项承担举证责任：1. 证明起诉符合法定条件，但被告认为原告起诉超过起诉期限的除外；2. 在起诉被告不作为的案件中，证明其提出申请的事实；3. 在一并提起的行政赔偿诉讼中，证明因受被诉行为侵害而造成损失的事实；4. 其他应当由原告承担举证责任的事项。

Q 被诉的政府机关可以自行向原告索要证据吗？

A 不能。在诉讼过程中，被告及其诉讼代理人不得自行向原告、第三人和证人收集证据。

Q 被诉行政机关在作出行政行为后才收集的证据有用吗？

A 下列证据不能作为认定被诉行政行为合法的根据：1. 被告及其诉讼代理人在作出行政行为后自行收集的证据；2. 被告严重违反法定程序收集的其他证据。

Q 被诉行政机关在二审时提交的证据可以作为改变一审判决的依据吗？

A 不能。被告在二审过程中向法庭提交在一审过程中没有提交的证据，不能作为二审法院撤销或者变更一审裁判的根据。

Q 行政复议机关收集的证据可以用来证明原行政行为合法吗？

A 不能。复议机关在复议过程中收集和补充的证据，不能作为人民法院维持原行政行为的根据。

Q 原告可以提出在行政处理程序中未提出的证据吗？

A 原告或者第三人提出了其在行政处理程序中没有提出的理由或者证据的，经人民法院准许，被告可以补充证据。

原告起诉行政机关不作为的需要提交什么证据？

在起诉被告不履行法定职责的案件中，原告应当提供其向被告提出申请的证据。但是，有下列情形之一的除外：1. 被告应当依职权主动履行法定职责的；2. 原告因正当理由不能提供证据的。

向行政机关提出申请后行政机关长期不答复属于行政不作为吗？

属于。行政机关对于公民提出的申请，应当在法定期限内及时予以答复，否则将损害申请人的权益，构成行政不作为。以最高人民法院公布的“赵永天诉凤阳县武店镇人民政府行政不作为”为例（案例网址：http://www.court.gov.cn/zixun-xiangqing-13404.html）：安徽省凤阳县人民政府制定了《凤阳县 2012 年农村危房改造工作实施方案》，在全县推广实施农村危房改造的惠民工程。赵永天依照上述文件，于 2012 年 4 月向自己所在村的村民委员会提交了危房改造补贴申请。该村村民委员会经评议后同意赵永天的申请意见，并将申请材料上报镇人民政府审核。但是，直至赵永天提起诉讼时止，镇政府仍未按照上述文件的规定依法履行其危房改造申请的审核职责。赵永天遂于 2013 年 4 月以镇政府为被告向法院提起行政诉讼，要求判决被告履行危房改造申请审核职责。凤阳县人民法院一审认为镇政府行为构成行政不作为。

原告要求行政机关进行赔偿的应该提交什么证据？

在行政赔偿、补偿的案件中，原告应当对行政行为造成的损害提供证据。因被告的原因导致原告无法举证的，由被告承担举证责任。

Q 法院可以帮助行政机关收集其行为合法的证据吗？

A 不能。人民法院有权向有关行政机关以及其他组织、公民调取证据。但是，不得为证明行政行为的合法性调取被告作出行政行为时未收集的证据。

Q 原告可以请求法院帮助自己调取证据吗？

A 可以。与本案有关的下列证据，原告或者第三人不能自行收集的，可以申请人民法院调取：1. 由国家机关保存而须由人民法院调取的证据；2. 涉及国家秘密、商业秘密和个人隐私的证据；3. 确因客观原因不能自行收集的其他证据。

Q 法院在什么情况下可以自行调取证据？

A 有下列情形之一的，人民法院有权调取证据：1. 原告或者第三人及其诉讼代理人提供了证据线索，但无法自行收集而申请人民法院调取的；2. 当事人应当提供而无法提供原件或者原物的。

Q 证据面临灭失或者损坏的危险时怎么办？

A 在证据可能灭失或者以后难以取得的情况下，诉讼参加人可以向人民法院申请保全证据，人民法院也可以主动采取保全措施。

起诉和受理

Q 对属于法院受案范围的行政案件，公民可以先向行政机关申请复议吗？

A 对属于人民法院受案范围的行政案件，公民、法人或者其他组织可以先向行政机关申请复议，对复议决定不服的，再向人民法院提起诉讼；也可以直接向人民法院提起诉讼。法律、法规规定应当先向行政机关申请复议，对复议决定不服再向人民法院提起诉讼的，依照法律、法规的规定。

Q 哪些情况是必须先申请复议后才能向法院提出行政诉讼的？

A 主要包括以下 5 类：1. 侵犯自然资源所有权或使用权的案件。公民、法人或其他组织认为行政机关的行政行为侵犯其已经依法取得的土地、矿藏、水流、森林、山岭、草原、荒地、滩涂、海域等自然资源的所有权或者使用权的，应当先申请行政复议；对行政复议决定不服的，可以依法向人民法院提起行政诉讼。2. 纳税争议案件。纳税人、扣缴义务人、纳税担保人同税务机关在纳税上发生争议时，向上一级税务机关申请复议，对复议决定不服的，可以在接到复议决定书之日起 15 日内向人民法院起诉。3. 审计争议案件。被审计单位对审计决定不服的，应当在收到审计决定之日起 15 日内先向上一级审计机关申请复议，不能直接向人民法院起诉。4. 专利复审委员会复审前置。专利申请人对国务院专利行政部门驳回申请的决定不服的，可以自收到通知之日起 3 个月内向专利复审委员会请求复审。专利申请人对专利复审委员会的复审决定不服的，可以自收到通知之日起 3 个月内向人民法院起诉。5. 经营者集中案件。对反垄断执法机构作出的决定不服的，可以先依法申请行政复议；对行政复议决定不服的，可以依法提起行政诉讼。

Q 对复议机关的决定不服的必须在多长时间内向法院起诉？

A 公民、法人或者其他组织不服复议决定的，可以在收到复议决定书之日起15日内向人民法院提起诉讼。复议机关逾期不作决定的，申请人可以在复议期满之日起15日内向人民法院提起诉讼。法律另有规定的除外。

Q 原告同时提起行政诉讼和行政复议的如何处理？

A 法律、法规未规定行政复议为提起行政诉讼必经程序，公民、法人或者其他组织既提起诉讼又申请行政复议的，由先受理的机关管辖；同时受理的，由公民、法人或者其他组织选择。公民、法人或者其他组织已经申请行政复议，在法定复议期间内又向人民法院提起诉讼的，人民法院不予受理。

Q 原告之前提出过行政复议又撤回的，法院可以受理吗？

A 法律、法规未规定行政复议为提起行政诉讼必经程序。公民、法人或者其他组织向复议机关申请行政复议后，又经复议机关同意撤回复议申请，在法定起诉期限内对原行政行为提起诉讼的，人民法院应当依法受理。

Q 原告撤回起诉后又向法院起诉的如何处理？

A 人民法院裁定准许原告撤诉后，原告以同一事实和理由重新起诉的，人民法院不予受理。准予撤诉的裁定确有错误，原告申请再审的，人民法院应当通过审判监督程序撤销原准予撤诉的裁定，重新对案件进行审理。

Q “民告官”案件中原告必须先交诉讼费用吗？

A 是的。原告或者上诉人未按规定的期限预交案件受理费，又不提出缓交、减交、免交申请，或者提出申请未获批准的，按自动撤诉处理。在按撤诉处理后，原告或者上诉人在法定期限内再次起诉或者上诉，并依法解决诉讼费预交问题的，人民法院应予受理。

Q “民告官”案件的诉讼费用是多少？

A 《诉讼费用交纳办法》（国务院令第481号，http://www.chinacourt.org/law/detail/2006/12/id/114251.shtml）规定：商标、专利、海事行政案件每件交纳100元；其他行政案件每件交纳50元。

Q 原告对行政机关重新作出的行政行为仍然不服的怎么办？

A 人民法院判决撤销行政机关的行政行为后，公民、法人或者其他组织对行政机关重新作出的行政行为不服向人民法院起诉的，人民法院应当依法受理。

Q 行政机关在作出行政行为时没有制作文书的怎么办？

A 行政机关作出行政行为时，没有制作或者没有送达法律文书，公民、法人或者其他组织不服向人民法院起诉的，只要能证明行政行为存在，人民法院应当依法受理。

对行政行为不服的必须在多长时间内向法院起诉？

公民、法人或者其他组织直接向人民法院提起诉讼的，应当自知道或者应当知道作出行政行为之日起6个月内提出。法律另有规定的除外。因不动产提起诉讼的案件自行政行为作出之日起超过20年，其他案件自行政行为作出之日起超过5年提起诉讼的，人民法院不予受理。

申请行政机关保护人身权而行政机关不作为的应当多长时间内向法院起诉？

公民、法人或者其他组织申请行政机关履行保护其人身权、财产权等合法权益的法定职责，行政机关在接到申请之日起两个月内不履行的，公民、法人或者其他组织可以向人民法院提起诉讼。法律、法规对行政机关履行职责的期限另有规定的，从其规定。公民、法人或者其他组织在紧急情况下请求行政机关履行保护其人身权、财产权等合法权益的法定职责，行政机关不履行的，提起诉讼不受以上规定期限的限制。

没有及时提起诉讼是因为行政机关没有告知有提起行政诉讼的权利和期限，怎么办？

行政机关作出行政行为时，未告知公民、法人或者其他组织诉权或者起诉期限的，起诉期限从公民、法人或者其他组织知道或者应当知道诉权或者起诉期限之日起计算，但从知道或者应当知道行政行为内容之日起最长不得超过2年。

公民、法人和其他组织不知道行政机关作出的行政行为怎么办？

公民、法人或者其他组织不知道行政机关作出的行政行为内容的，其起诉期限从知道或者应当知道该行政行为内容之日起计算。对涉及不动产的行政行为从作出之日起超过20年、其他行政行为从作出之日起超过5年提起诉讼的，人民法院不予受理。

因地震等天灾人祸耽误了起诉的怎么办？

公民、法人或者其他组织因不可抗力或者其他不属于其自身的原因耽误起诉期限的，被耽误的时间不计算在起诉期限内。公民、法人或者其他组织因其他特殊情况耽误起诉期限的，在障碍消除后10日内，可以申请延长期限，是否准许由人民法院决定。

因为被限制人身自由而无法如期提出行政诉讼的怎么办？

因人身自由受到限制而不能提起诉讼的，被限制人身自由的时间不计算在起诉期间内。

审理和判决

“民告官”的案件应当公开审理吗？

人民法院公开审理行政案件，但涉及国家秘密、个人隐私和法律另有规定的除外。涉及商业秘密的案件，当事人申请不公开审理的，可以不公开审理。

Q “民告官”的案件受理后，原告可以增加诉讼请求吗？

A 起诉状副本送达被告后，原告提出新的诉讼请求的，人民法院不予准许，但有正当理由的除外。

Q 两个机关对同一事实都作出行政行为的，法院可以合并审理吗？

A 可以合并审理。有下列情形之一的，人民法院可以决定合并审理：1. 两个以上行政机关分别依据不同的法律、法规对同一事实作出行政行为，公民、法人或者其他组织不服向同一人民法院起诉的；2. 行政机关就同一事实对若干公民、法人或者其他组织分别作出行政行为，公民、法人或者其他组织不服分别向同一人民法院起诉的；3. 在诉讼过程中，被告对原告作出新的行政行为，原告不服向同一人民法院起诉的；4. 人民法院认为可以合并审理的其他情形。

Q 原告如果认为审判人员与本案有利害关系的怎么办？

A 当事人认为审判人员、书记员、翻译人员、鉴定人、勘验人与本案有利害关系或者有其他关系可能影响公正审判，有权申请他们回避。院长担任审判长时的回避，由审判委员会决定；审判人员的回避，由院长决定；其他人员的回避，由审判长决定。当事人对决定不服的，可以申请复议一次。

Q 申请回避应当在何时提出？

A 当事人申请回避，应当说明理由，在案件开始审理时提出；回避事由在案件开始审理后知道的，应当在法庭辩论终结前提出。

被申请回避的人应当马上暂停工作吗？

被申请回避的人员，在人民法院作出是否回避的决定前，应当暂停参与本案的工作，但案件需要采取紧急措施的除外。复议期间，被申请回避的人员不停止参与本案的工作。

对当事人提出的回避申请，法院应当多长时间内作出决定？

对当事人提出的回避申请，人民法院应当在 3 日内以口头或者书面形式作出决定。对申请人的复议申请，人民法院应当在 3 日内作出复议决定，并通知复议申请人。

行政诉讼期间可以申请暂停行政行为的执行吗？

可以申请。当事人对停止执行或者不停止执行的裁定不服的，可以申请复议一次。原则上诉讼期间不停止行政行为的执行。但有下列情形之一的，裁定停止执行：1. 被告认为需要停止执行的；2. 原告或者利害关系人申请停止执行，人民法院认为该行政行为的执行会造成难以弥补的损失，并且停止执行不损害国家利益、社会公共利益的；3. 人民法院认为该行政行为的执行会给国家利益、社会公共利益造成重大损害的；4. 法律、法规规定停止执行的。

可以申请暂停行政行为的情形

Q 原告认为行政机关的不履职严重影响自己生活可以申请先予执行吗？

A 可以。人民法院对起诉行政机关没有依法支付抚恤金、最低生活保障金和工伤、医疗社会保险金的案件，权利义务关系明确、不先予执行将严重影响原告生活的，可以根据原告的申请，裁定先予执行。当事人对先予执行裁定不服的，可以申请复议一次。复议期间不停止裁定的执行。

Q 一方当事人的行为可能导致法院的判决难以执行的怎么办？

A 人民法院对于因一方当事人的行为或者其他原因，可能使行政行为或者人民法院生效裁判不能或者难以执行的案件，可以根据对方当事人的申请作出财产保全的裁定；当事人没有提出申请的，人民法院在必要时也可以依法采取财产保全措施。

Q “民告官”案件中的原告必须到庭吗？

A 经人民法院传票传唤，原告无正当理由拒不到庭，或者未经法庭许可中途退庭的，可以按照撤诉处理。原告或者上诉人申请撤诉，人民法院裁定不予准许的，原告或者上诉人经合法传唤无正当理由拒不到庭，或者未经法庭许可而中途退庭的，人民法院可以缺席判决。

Q “民告官”案件中的被告必须到庭吗？

A 被告无正当理由拒不到庭，或者未经法庭许可中途退庭的，可以缺席判决。对被告经传票传唤无正当理由拒不到庭，或者未经法庭许可中途退庭的，人民法院可以将被告拒不到庭或者中途退庭的情况予以公告，并可以向监察机关或者被告的上一级行政机关提出依法给予其主要负责人或者直接责任人员处分的司法建议。

Q 当事人采用“哄闹、冲击法庭”等方法就可以迫使法院作出对自己有利的判决吗？

A 不会。以暴力、威胁或者其他方法阻碍人民法院工作人员执行职务，或者以哄闹、冲击法庭等方法扰乱人民法院工作秩序的；对人民法院审判人员或者其他工作人员、诉讼参与人、协助调查和执行的人员恐吓、侮辱、诽谤、诬陷、殴打、围攻或者打击报复的：人民法院可以根据情节轻重，予以训诫、责令具结悔过或者处 1 万元以下的罚款、15 日以下的拘留；构成犯罪的，依法追究刑事责任。人民法院对有这些行为之一的单位，可以对其主要负责人或者直接责任人员依照上述规定予以罚款、拘留；构成犯罪的，依法追究刑事责任。

Q 行政机关采用威胁等办法强迫原告撤诉的怎么办？

A 指使、贿买、胁迫他人作伪证或者威胁、阻止证人作证的；隐藏、转移、变卖、毁损已被查封、扣押、冻结的财产的；以欺骗、胁迫等非法手段使原告撤诉的：人民法院可以根据情节轻重，予以训诫、责令具结悔过或者处 1 万元以下的罚款、15 日以下的拘留；构成犯罪的，依法追究刑事责任。人民法院对有这些行为之一的单位，可以对其主要负责人或者直接责任人员依照上述规定予以罚款、拘留；构成犯罪的，依法追究刑事责任。

Q 行政诉讼中的诉讼参与人为了赢得官司伪造证据的怎么办？

A 诉讼参与人或者其他人，有义务协助调查、执行的人，对人民法院的协助调查决定、协助执行通知书，无故推拖、拒绝或者妨碍调查、执行的；伪造、隐藏、毁灭证据或者提供虚假证明材料，妨碍人民法院审理案件的：人民法院可以根据情节轻重，予以训诫、责令具结悔过或者处 1 万元以下的罚款、15 日以下的拘留；构成犯罪的，依法追究刑事责任。人民法院对有这些行为之一的单位，可以对其主要负责人或者直接责任人员依照上述规定予以罚款、拘留；构成犯罪的，依法追究刑事责任。

Q “民告官”案件可以调解吗？

A 人民法院审理行政案件，不适用调解。但是，行政赔偿、补偿以及行政机关行使法律、法规规定的自由裁量权的案件可以调解。调解应当遵循自愿、合法原则，不得损害国家利益、社会公共利益和他人合法权益。

Q 行政机关在“民告官”案件审理过程中改变行政行为的，法院应当如何处理？

A 被告在一审期间改变被诉行政行为的，应当书面告知人民法院。人民法院对行政案件宣告判决或者裁定前，原告申请撤诉的，或者被告改变其所作的行政行为，原告同意并申请撤诉的，是否准许，由人民法院裁定。被告改变原行政行为，原告不撤诉，人民法院经审查认为原行政行为违法的，应当作出确认其违法的判决；认为原行政行为合法的，应当判决驳回原告的诉讼请求。原告或者第三人对改变后的行为不服提起诉讼的，人民法院应当就改变后的行政行为进行审理。

Q 法院审理“民告官”案件依据哪些法律进行审理？

A 人民法院审理行政案件，以法律和行政法规、地方性法规为依据。地方性法规适用于本行政区域内发生的行政案件。人民法院审理民族自治地方的行政案件，并以该民族自治地方的自治条例和单行条例为依据。人民法院审理行政案件，参照规章。

Q 在案件审理过程中出现原告死亡等情形的怎么办？

A 应当中止诉讼。在诉讼过程中，有下列情形之一的，中止诉讼：1. 原告死亡，须等待其近亲属表明是否参加诉讼的；2. 原告丧失诉讼行为能力，尚未确定法定代理人的；3. 作为一方当事人的行政机关、法人或者其他组织终止，尚未确定权利义务承受人的；4. 一方当事人因不可抗力的事由不能参加诉讼的；5. 案件涉及法律适用问题，需要送请有权机关作出解释或者确认的；6. 案件的审判须以相关民事、刑事或者其他行政案件的审理结果为依据，而相关案件尚未审结的；7. 其他应当中止诉讼的情形。中止诉讼的原因消除后，恢复诉讼。

Q 在案件审理过程中原告死亡且其近亲属放弃诉讼的怎么办？

A 应当终结诉讼。在诉讼过程中，有下列情形之一的，终结诉讼：1. 原告死亡，没有近亲属或者近亲属放弃诉讼权利的；2. 作为原告的法人或者其他组织终止后，其权利义务的承受人放弃诉讼权利的。

Q “民告官”案件的判决应当公开吗？

A 人民法院应当公开发生法律效力的判决书、裁定书，供公众查阅，但涉及国家秘密、商业秘密和个人隐私的内容除外。

Q 法院在审理行政案件时发现行政机关的人员有违法违纪现象的怎么办？

A 人民法院在审理行政案件中认为行政机关的主管人员、直接责任人员违法违纪的，应当将有关材料移送监察机关、该行政机关或者其上一级行政机关；认为有犯罪行为的，应当将有关材料移送公安、检察机关。

Q 被诉的行政机关应当在多长时间内向法院提交答辩状？

A 人民法院应当在立案之日起5日内将起诉状副本发送被告。被告应当在收到起诉状副本之日起15日内向人民法院提交作出行政行为的证据和所依据的规范性文件，并提交答辩状。人民法院应当在收到答辩状之日起5日内将答辩状副本发送原告。被告不提交答辩状的，不影响人民法院审理。

Q 审理行政案件需要组成合议庭吗？

A 人民法院审理行政案件，由审判员组成合议庭，或者由审判员、陪审员组成合议庭。合议庭的成员应当是3人以上的单数。

Q 行政机关行政行为正确的，法院会怎样判决？

A 行政行为证据确凿，适用法律、法规正确，符合法定程序的，或者原告申请被告履行法定职责或者给付义务理由不成立的，人民法院判决驳回原告的诉讼请求。

Q 法院可以直接要求行政机关重新作出行政行为吗？

A 可以。行政行为有下列情形之一的，人民法院判决撤销或者部分撤销，并可以判决被告重新作出行政行为：1. 主要证据不足的；2. 适用法律、法规错误的；3. 违反法定程序的；4. 超越职权的；5. 滥用职权的；6. 明显不当的。

Q 法院可以判决撤销行政机关的行政行为吗？

A 可以。以最高人民法院公布的典型案例“何刚诉淮安市淮阴区人民政府房屋征收补偿决定案”为例（案例网址：http://www.court.gov.cn/zixun-xiangqing-13405.html）：2011 年 10 月，淮安市淮阴区政府发布《房屋征收决定公告》，决定对规划红线范围内的房屋和附属物实施征收。同日，淮阴区政府发布征收补偿方案。何刚的房屋在征收范围内。在征收补偿商谈过程中，何刚向征收部门表示选择产权调换，但双方就产权调换的地点、面积未能达成协议。2012 年 6 月，淮阴区政府依征收部门申请作出《房屋征收补偿决定书》，明确因征收双方未能在征收补偿方案确定的签约期限内达成补偿协议，淮阴区政府作出给被征收人货币补偿款总计 60 多万元的补偿决定。何刚不服，向淮安市人民政府申请行政复议，淮安市人民政府复议维持本案征收补偿决定。何刚仍不服，遂向法院提起行政诉讼，要求撤销淮阴区政府对其作出的征收补偿决定。后淮安市淮阴区人民法院作出撤销被诉补偿决定的判决。

Q 行政机关可以作出与原行政行为基本相同的行为吗？

A 不可以。人民法院判决被告重新作出行政行为的，被告不得以同一事实和理由作出与原行政行为基本相同的行政行为。

Q 行政行为只要违法，法院都可以撤销吗？

A 不是，有些可以撤销，但有些不能或者不需要撤销。行政行为有下列情形之一的，人民法院判决确认违法，但不撤销行政行为：1. 行政行为依法应当撤销，但撤销会给国家利益、社会公共利益造成重大损害的；2. 行政行为程序轻微违法，但对原告权利不产生实际影响的。行政行为有下列情形之一，不需要撤销或者判决履行的，人民法院判决确认违法：1. 行政行为违法，但不具有可撤销内容的；2. 被告改变原违法行政行为，原告仍要求确认原行政行为违法的；3. 被告不履行或者拖延履行法定职责，判决履行没有意义的。

Q 撤销行政行为会给国家利益带来损失怎么办？

A 判决撤销违法的被诉行政行为，将会给国家利益、公共利益或者他人合法权益造成损失的，人民法院在判决撤销的同时，可以分别采取以下方式处理：1. 判决被告重新作出行政行为；2. 责令被诉行政机关采取相应的补救措施；3. 向被告和有关机关提出司法建议；4. 发现违法犯罪行为的，建议有权机关依法处理。

Q 法院可以判决责令行政机关在限期内作出新的行政行为吗？

A 人民法院判决被告重新作出行政行为，如不及时重新作出行政行为，将会给国家利益、公共利益或者当事人利益造成损失的，可以限定重新作出行政行为的期限。人民法院判决被告履行法定职责，应当指定履行的期限，因情况特殊难于确定期限的除外。

Q 法院撤销复议决定时需要责令行政机关重新作出复议决定吗？

A 复议决定改变原行政行为错误，人民法院判决撤销复议决定时，应当责令复议机关重新作出复议决定。复议决定维持原行政行为的，人民法院判决撤销原行政行为，复议决定自然无效。

Q 被诉的行政行为符合法律规定但缺乏合理性怎么办？

A 应当驳回原告诉讼请求。有下列情形之一的，人民法院应当判决驳回原告的诉讼请求：1. 起诉被告不作为理由不能成立的；2. 被诉行政行为合法但存在合理性问题的；3. 被诉行政行为合法，但因法律、政策变化需要变更或者废止的；4. 其他应当判决驳回诉讼请求的情形。

Q 被诉行政机关不履行法定职责但判决履行已经没有实际意义了怎么办？

A 法院可以作出确认被诉行政行为违法或者无效的判决。有下列情形之一的，人民法院应当作出确认被诉行政行为违法或者无效的判决：1. 被告不履行法定职责，但判决责令其履行法定职责已无实际意义的；2. 被诉行政行为违法，但不具有可撤销内容的；3. 被诉行政行为依法不成立或者无效的。

Q 经审理认为行政机构没有主体资格怎么办？

A 行政行为的实施主体不具有行政主体资格或者没有依据等重大且明显违法情形，原告申请确认行政行为无效的，人民法院判决确认无效。

Q 行政行为被判违法或者无效的，原告能得到补偿吗？

A 人民法院判决确认违法或者无效的，可以同时判决责令被告采取补救措施；给原告造成损失的，依法判决被告承担赔偿责任。

Q 行政机关由于不及时履行法定职责造成损害的应当承担赔偿责任吗？

A 不仅违法实施行政处罚、行政强制等侵权行为可能承担赔偿责任，因不依法履行职责、不及时救助群众，造成人身、财产损害的，同样可能承担赔偿责任。例如最高人民法院公布的典型案例“张美华等五人诉天水市公安局麦积分局行政不作为赔偿案”（案例网址：http://www.court.gov.cn/zixun-xiangqing-13404.html）：2006年3月3日凌晨3时许，被害人刘伟洲路过农行储蓄所门前时，遭到拦路抢劫。刘伟洲被刺伤后喊叫求救。有人听到呼救后，先后用手机于4时02分、4时13分、4时20分3次拨打“110”电话报警，“110”值班人员让给“120”打电话，“120”让给“110”

打电话。4时24分20秒（时长79秒），有人再次给“110”打电话报警后，“110”值班接警人员于6时23分35秒电话指令派出所出警。此时被害人刘伟洲因失血过多已经死亡。经法医鉴定，被害人刘伟洲系失血性休克死亡。被害人刘伟洲的近亲属于2009年以公安机关行政不作为为由向天水市公安局麦积分局提出行政赔偿申请，该局作出不予行政赔偿的决定。被害人近亲属遂以该局为被告，向法院提起行政赔偿诉讼，请求判令被告赔偿刘伟洲死亡赔偿金、丧葬费和被扶养人生活费。法院一审判决由该局赔偿刘伟洲死亡赔偿金和丧葬费，驳回张美华关于要求赔偿被扶养人生活费的诉讼请求。一审宣判后，双方均不服提出上诉。在二审期间，经该院主持调解，双方当事人达成调解协议。

Q 行政处罚明显不当的，法院应当如何判决？

A 行政处罚明显不当，或者其他行政行为涉及对款额的确定、认定确有错误的，人民法院可以判决变更。

Q 针对行政协议提起的诉讼，法院将如何判决？

A 主要分为以下几种情况：1. 原告主张被告不依法履行、未按照约定履行协议或者单方变更、解除协议违法，理由成立的，人民法院可以根据原告的诉讼请求判决确认协议有效，判决被告继续履行协议，并明确继续履行的具体内容。2. 被告无法继续履行或者继续履行已无实际意义的，判决被告采取相应的补救措施；给原告造成损失的，判决被告予以赔偿。3. 原告请求解除协议或者确认协议无效，理由成立的，判决解除协议或者确认协议无效，并根据合同法等相关法律规定作出处理。4. 被告因公共利益需要或者其他法定理由单方变更、解除协议，给原告造成损失的，判决被告予以补偿。

Q 判决变更行政行为可以加重原告的义务吗？

A 人民法院判决变更行政行为，不得加重原告的义务或者减损原告的权益。但利害关系人同为原告，且诉讼请求相反的除外。

复议机关与原行政行为机关同为被告的，法院如何判决？

复议机关与作出原行政行为的行政机关为共同被告的案件，人民法院应当对复议决定和原行政行为一并作出裁判。

要求一并审查规范性文件的，法院会如何判决？

公民、法人或者其他组织认为行政行为所依据的国务院部门和地方人民政府及其部门制定的规范性文件不合法，在对行政行为提起诉讼时，可以一并请求对该规范性文件进行审查。规范性文件不合法的，人民法院不作为认定行政行为合法的依据，并在裁判理由中予以阐明。作出生效裁判的人民法院应当向规范性文件的制定机关提出处理建议，并可以抄送制定机关的同级人民政府或者上一级行政机关。

被诉的机关不履行法定职责的，法院应该如何判决？

人民法院经过审理，查明被告不履行法定职责的，判决被告在一定期限内履行。例如最高人民法院公布的典型案例“张风竹诉濮阳市国土资源局行政不作为案”（案例网址：http://www.court.gov.cn/zixun-xiangqing-13404.html）：2013 年 10 月，张风竹向河南省濮阳市国土资源局（以下简称“市国土局”）书面提出申请，请求该局依法查处其所在村的耕地被有关工程项目违法强行占用的行为。市国土局收到申请后，没有受理、立案、处理。张风竹遂以市国土局不履行法定职责为由诉至法院。濮阳市华龙区人民法院一审判决，确认被告对原告要求查处违法占地申请未予受理的行为违法，限被告于本判决生效之日起履行法定职责。市国土局不服，提出上诉。濮阳市中级人民法院二审判决驳回上诉，维持原判。

Q 被诉的行政机关不履行给付义务，法院应该如何判决？

A 人民法院经过审理，查明被告依法负有给付义务的，判决被告履行给付义务。

Q 法律法规没有对行政机关的职责作出具体规定，法院如何判决？

A 基于行政管理复杂性和法律规定不明确，在职权界线不清晰的情况下，行政机关之间应当主动沟通联系，共同协调解决，不能互相推诿。人民法院对于行政主体在诉讼中隐瞒其与有关单位之间关于职权划分的相关文件的，应依法制裁，必要时可向纪检监察部门通报反映；在行政主体相互推诿，均否认具有相应法定职责的情况下，可依法将相关行政主体都列为被告，共同参加诉讼，通过庭审举证、质证和辩论，最终确定履责主体。同时，为保证履责判决的及时履行，可以在判决时一并明确不履行判决的法定后果，既督促行政主体尽快履责，也有利于保障生效裁判的迅速执行。

Q 行政主体隐瞒其与有关单位之间职权划分怎么办？

A 人民法院可以用行政裁判的方式明确行政主体相关职责。例如最高人民法院公布的典型案例“张恩琪诉天津市人力资源和社会保障局、天津市社会保险基金管理中心行政不作为案”（案例网址：http://www.court.gov.cn/zixun-xiangqing-13404.html）：张恩琪于2013年3月、10月向天津市社保局，9月向天津市社会保险基金管理中心邮寄信函，要求对其社会保险缴费基数偏低和少缴、漏缴问题进行强制征缴。市社保局于2013年10月26日收到信函后，认为其所述问题不属于该局职责，属于市社保基金中心职责，遂将信件转至该中心办理。该中心于2013年11月29日向张恩琪出具答复，主要内容为其已经办理退休手续，退休待遇均由其参保所在区的社保局审批确定，该中心作为社保经办机构，负责依据区县社保局审批结果按时足额发放退休待遇。张恩琪先是针对市社保局、市社保基金中心分别提起诉讼，因各自答辩不具备相应职责而申请撤诉，后将两单位作为共同被告诉至法院，请求确认市社保局向市社保基金中心转交信件行为违法，撤销市社保基金中心上述答复，判令二被告履行法定职责，对其诉求予以答复。天津市和平区人民法院一审判决，市社保基金中心于本判决生效之日起30日内对原告请求作出处理并将结果书面告知原告，在规定期限内不履行的，从期满之日起按日处70元罚款。一审宣判后，各方当事人均未上诉。

Q 法院可以要求行政机关限期履行职责吗？

A

原告申请被告依法履行支付抚恤金、最低生活保障待遇或者社会保险待遇等给付义务的理由成立，被告依法负有给付义务而拒绝或者拖延履行义务且无正当理由的，人民法院可以根据行政诉讼法规定，判决被告在一定期限内履行相应的给付义务。

"民告官"的判决需要公开宣判吗?

人民法院对公开审理和不公开审理的案件，一律公开宣告判决。当庭宣判的，应当在 10 日内发送判决书；定期宣判的，宣判后立即发给判决书。

"民告官"案件中，法院应当多长时间内作出判决?

人民法院应当在立案之日起 6 个月内作出第一审判决。有特殊情况需要延长的，由高级人民法院批准；高级人民法院审理第一审案件需要延长的，由最高人民法院批准。

审理"民告官"案件有简易程序吗?

人民法院审理下列第一审行政案件，认为事实清楚、权利义务关系明确、争议不大的，可以适用简易程序：1. 被诉行政行为是依法当场作出的；2. 案件涉及款额 2000 元以下的；3. 属于政府信息公开案件的。此外，第一审行政案件，当事人各方同意适用简易程序的，可以适用简易程序。发回重审、按照审判监督程序再审的案件不适用简易程序。

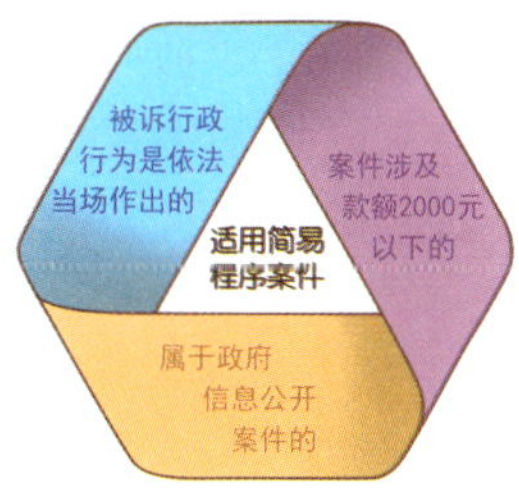

简易程序怎么审?

适用简易程序审理的行政案件，由审判员一人独任审理。

适用简易程序作出的判决更快吗?

适用简易程序审理的行政案件，应当在立案之日起45日内审结。

Q 审理过程中发现不适用简易程序了怎么办？

A 人民法院在审理过程中，发现案件不宜适用简易程序的，裁定转为普通程序。

Q 当事人不服第一审法院的判决怎么办？

A 当事人不服人民法院第一审判决的，有权在判决书送达之日起15日内向上一级人民法院提起上诉。当事人不服人民法院第一审裁定的，有权在裁定书送达之日起10日内向上一级人民法院提起上诉。逾期不提起上诉的，人民法院的第一审判决或者裁定发生法律效力。

Q 二审的“民告官”案件必须开庭审理吗？

A 人民法院对上诉案件应当组成合议庭，开庭审理。经过阅卷、调查和询问当事人，对没有提出新的事实、证据或者理由，合议庭认为不需要开庭审理的，也可以不开庭审理。当事人对原审人民法院认定的事实有争议的，或者第二审人民法院认为原审人民法院认定事实不清楚的，第二审人民法院应当开庭审理。

Q 二审的“民告官”案件只需要审理被诉的行政行为吗？

A 人民法院审理上诉案件，应当对原审人民法院的判决、裁定和被诉行政行为进行全面审查。

二审的“民告官”案件多长时间内作出判决？

人民法院审理上诉案件，应当在收到上诉状之日起 3 个月内作出终审判决。有特殊情况需要延长的，由高级人民法院批准；高级人民法院审理上诉案件需要延长的，由最高人民法院批准。

法院对上诉的“民告官”案件会作出怎样的判决？

人民法院审理上诉案件，按照下列情形，分别处理：1. 原判决、裁定认定事实清楚，适用法律、法规正确的，判决或者裁定驳回上诉，维持原判决、裁定；2. 原判决、裁定认定事实错误或者适用法律、法规错误的，依法改判、撤销或者变更；3. 原判决认定基本事实不清、证据不足的，发回原审人民法院重审，或者查清事实后改判；4. 原判决遗漏当事人或者违法缺席判决等严重违反法定程序的，裁定撤销原判决，发回原审人民法院重审。

二审法院对发回重审后又上诉的案件可以再次发回重审吗？

原审人民法院对发回重审的案件作出判决后，当事人提起上诉的，第二审人民法院不得再次发回重审。

发回重审的案件需要另行组成合议庭吗？

第二审人民法院裁定发回原审人民法院重新审理的行政案件，原审人民法院应当另行组成合议庭进行审理。

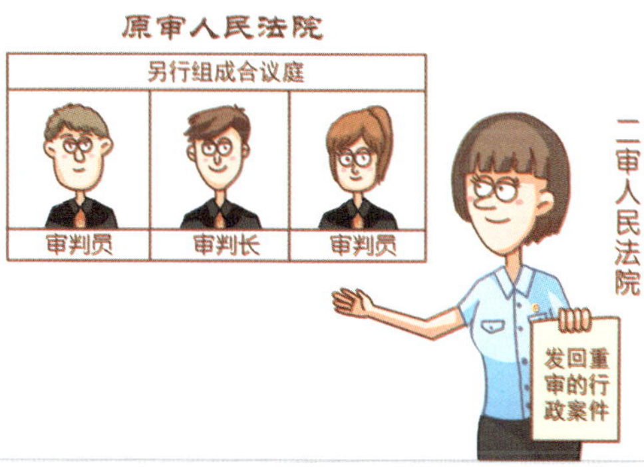

Q 原判决遗漏了必须参加诉讼的当事人怎么办?

A 原审判决遗漏了必须参加诉讼的当事人或者诉讼请求的，第二审人民法院应当裁定撤销原审判决，发回重审。

Q 原审判决遗漏了行政赔偿请求的怎么办?

A 原审判决遗漏行政赔偿请求，第二审人民法院经审查认为依法不应当予以赔偿的，应当判决驳回行政赔偿请求。原审判决遗漏行政赔偿请求，第二审人民法院经审理认为依法应当予以赔偿的，在确认被诉行政行为违法的同时，可以就行政赔偿问题进行调解；调解不成的，应当就行政赔偿部分发回重审。

Q 当事人在二审期间可以提出行政赔偿请求吗?

A 当事人在第二审期间提出行政赔偿请求的，第二审人民法院可以进行调解；调解不成的，应当告知当事人另行起诉。

Q 当事人认为生效的判决确实有错误的怎么办?

A 当事人对已经发生法律效力的判决、裁定，认为确有错误的，可以向上一级人民法院申请再审，但判决、裁定不停止执行。

Q 符合什么条件法院才可能启动再审?

A 当事人的申请符合下列情形之一的，人民法院应当再审：1. 不予立案或者驳回起诉确有错误的；2. 有新的证据，足以推翻原判决、裁定的；3. 原判决、裁定认定事实的主要证据不足、未经质证或者系伪造的；4. 原判决、裁定适用法律、法规确有错误的；5. 违反法律规定的诉讼程序，可能影响公正审判的；6. 原判决、裁定遗漏诉讼请求的；7. 据以作出原判决、裁定的法律文书被撤销或者变更的；8. 审判人员在审理该案件时有贪污受贿、徇私舞弊、枉法裁判行为的。

当事人的再审申请应当何时提出？

当事人向上一级人民法院申请再审，应当在判决、裁定或者调解书发生法律效力后6个月内提出。有下列情形之一的，自知道或者应当知道之日起6个月内提出：1. 有新的证据，足以推翻原判决、裁定的；2. 原判决、裁定认定事实的主要证据是伪造的；3. 据以作出原判决、裁定的法律文书被撤销或者变更的；4. 审判人员审理该案件时有贪污受贿、徇私舞弊、枉法裁判行为的。

法院院长可以提出启动再审程序吗？

各级人民法院院长对本院已经发生法律效力的判决、裁定，发现有启动再审条件之一的，或者发现调解违反自愿原则、调解书内容违法，认为需要再审的，应当提交审判委员会讨论决定。

上级法院可以要求下级法院启动再审程序吗？

最高人民法院对地方各级人民法院已经发生法律效力的判决、裁定，上级人民法院对下级人民法院已经发生法律效力的判决、裁定，发现具有启动再审情形之一，或者发现调解违反自愿原则、调解书内容违法的，有权提审或者指令下级人民法院再审。

Q 检察院可以要求法院启动再审程序吗？

A 最高人民检察院对各级人民法院已经发生法律效力的判决、裁定，上级人民检察院对下级人民法院已经发生法律效力的判决、裁定，发现具有启动再审情形之一，或者发现调解书损害国家利益、社会公共利益的，应当提出抗诉。地方各级人民检察院对同级人民法院已经发生法律效力的判决、裁定，发现具有启动再审情形之一，或者发现调解书损害国家利益、社会公共利益的，可以向同级人民法院提出检察建议，并报上级人民检察院备案；也可以提请上级人民检察院向同级人民法院提出抗诉。各级人民检察院对审判监督程序以外的其他审判程序中审判人员的违法行为，有权向同级人民法院提出检察建议。

Q 当事人可以向检察院申请抗诉吗？

A 可以。有下列情形之一的，当事人可以向人民检察院申请抗诉或者检察建议：1. 人民法院驳回再审申请的；2. 人民法院逾期未对再审申请作出裁定的；3. 再审判决、裁定有明显错误的。人民法院基于抗诉或者检察建议作出再审判决、裁定后，当事人申请再审的，人民法院不予立案。

Q 检察院提出抗诉的案子，检察院需要派员出庭吗？

A 人民法院开庭审理抗诉案件时，应当通知人民检察院派员出庭。

Q 再审的案件还可以提起上诉吗？

A 人民法院按照审判监督程序再审的案件，发生法律效力的判决、裁定是由第一审人民法院作出的，按照第一审程序审理，所作的判决、裁定，当事人可以上诉；发生法律效力的判决、裁定是由第二审人民法院作出的，按照第二审程序审理，所作的判决、裁定是发生法律效力的判决、裁定；上级人民法院按照审判监督程序提审的，按照第二审程序审理，所作的判决、裁定是发生法律效力的判决、裁定。

Q 再审行政案件时需要组成合议庭吗？

A 人民法院审理再审案件，应当另行组成合议庭。

Q 再审时需要中止原判决或裁定执行吗？

A 按照审判监督程序决定再审的案件，应当裁定中止原判决的执行；裁定由院长署名，加盖人民法院印章。上级人民法院决定提审或者指令下级人民法院再审的，应当作出裁定，裁定应当写明中止原判决的执行；情况紧急的，可以将中止执行的裁定口头通知负责执行的人民法院或者作出生效判决、裁定的人民法院，但应当在口头通知后10日内发出裁定书。

涉外行政诉讼

Q 外国人可以在中国提起行政诉讼吗？

A 可以。外国人、无国籍人、外国组织在中华人民共和国进行行政诉讼，适用中国法律。法律另有规定的除外。

Q 外国人在中国提起行政诉讼能与中国公民享有同等待遇吗？

A 外国人、无国籍人、外国组织在中华人民共和国进行行政诉讼，同中华人民共和国公民、组织有同等的诉讼权利和义务。外国法院对中华人民共和国公民、组织的行政诉讼权利加以限制的，人民法院对该国公民、组织的行政诉讼权利实行对等原则。

Q 外国人可以委托其本国的律师为诉讼代理人吗？

A 外国人、无国籍人、外国组织在中华人民共和国进行行政诉讼，委托律师代理诉讼的，应当委托中华人民共和国律师机构的律师。

第五章 国家赔偿

1 2 3 4 5 6 7

•成立要件•

Q 当事人合法权益受到国家侵害可以申请赔偿吗？

A 可以。如果一个人的合法权益受到国家机关或国家机关工作人员职权行为的侵害并造成损害，当事人有权向国家申请赔偿，国家为此而承担的赔偿责任就是国家赔偿责任。国家授予工作人员行使权力会有两种结果，即合法行使的可能性和违法行使导致损害的危险性，所以应当为工作人员行使职权造成的损害承担赔偿责任。

Q 国家在什么条件下应当承担赔偿责任？

A 国家赔偿责任的构成要件可以概括为以下4个方面：1. 主体要件，只有国家机关及其工作人员才能成为国家侵权行为的主体，其他公民、法人不能成为国家侵权行为的主体。当然，在特殊情况下，法律法规授权的组织及其工作人员和行政机关委托的组织及个人也可能成为侵权主体。2. 行为要件，即必须存在国家侵权行为。国家只对侵权主体实施的执行职务的行为承担赔偿责任，对侵权主体的非职务行为致人损害不承担责任。3. 损害结果要件，即国家侵权行为必须给受害人造成了事实上的损害，没有损害后果则无须赔偿。4. 因果关系要件，即只有损害结果与侵权行为之间存在因果关系，国家才会承担赔偿责任。

哪些人员属于国家机关工作人员？

国家机关工作人员是指国家依照法定方式和程序任用的，在各类国家机关工作的，行使国家权力执行公务的人员。国家赔偿法规定的国家机关工作人员包括行政机关的公务员、司法机关的侦查人员、检察人员、审判人员和监狱看守管教人员等，同时也包括法律、法规授权组织的人员和行政机关委托的行使国家权力的人员。

行政赔偿

当事人的人身权有哪些？

人身权是指权利主体（公民、法人或其他组织）基于其人格和身份而依法享有的，以其人格利益或身份利益为客体的权利。其中人格权包括生命权、身体权、健康权、姓名权、名称权、肖像权、名誉权、隐私权、信用权等；身份权包括配偶权、亲权、亲属权、荣誉权、知识产权中的身份权等。国家赔偿法规定的侵犯人身权的情形主要包括侵犯公民人身自由和生命健康权两个方面。

当事人人身权受到侵害的哪些情形可以申请行政赔偿？

行政机关及其工作人员在行使行政职权时有下列侵犯人身权情形之一的，受害人有取得赔偿的权利：1. 违法拘留或者违法采取限制公民人身自由的行政强制措施的；2. 非法拘禁或者以其他方法非法剥夺公民人身自由的；3. 以殴打、虐待等行为或者唆使、放纵他人以殴打、虐待等行为造成公民身体伤害或者死亡的；4. 违法使用武器、警械造成公民身体伤害或者死亡的；5. 造成公民身体伤害或者死亡的其他违法行为。

Q 行政强制措施是什么意思？

A 行政强制措施是指行政机关在行政管理过程中，为制止违法行为、防止证据损毁、避免危害发生、控制危险扩大等情形，依法对公民人身自由实施暂时性限制，或者对公民、法人及其他组织的财产实施暂时性控制的行为。比如：根据治安管理处罚法的规定，公安机关对违法者可以强制传唤；根据禁毒法，公安机关对吸毒成瘾者可以作出强制隔离戒毒的决定。

Q 违法使用武器警械的行为指什么？

A 武器指有关行政机关按照规定装备的枪支、弹药等致命性武器。警械是指人民警察等行政机关工作人员按照规定装备的警棍、催泪弹、高压水枪、特种防暴枪、手铐、脚镣、警绳等警用器械。违法使用武器警械是指行政机关工作人员在行使职权时，违反国家法律有关武器警械的使用规定而使用武器警械，造成公民身体损害或者死亡的行为。

Q 当事人的财产权指什么？

A 财产权是指以财产利益为内容，直接体现财产利益的民事权利，是公民、法人或其他组织对财产的占有、使用、收益和处分的权利，即对财产的实际控制、利用、收取利益及决定财产在法律上的命运的权利。我国公民的财产权受法律保护，行政机关及其工作人员在行使职权时侵犯财产权的，受害人可以申请国家赔偿。

当事人财产权受到侵害的可以申请行政赔偿吗？

可以。行政机关及其工作人员在行使行政职权时有下列侵犯财产权情形之一的，受害人有取得赔偿的权利：1. 违法实施罚款、吊销许可证和执照、责令停产停业、没收财物等行政处罚的；2. 违法对财产采取查封、扣押、冻结等行政强制措施的；3. 违法征收、征用财产的；4. 造成财产损害的其他违法行为。

征收征用符合哪些条件才是合法的？

征收、征用必须符合3项法定条件：1. 为了公共利益的需要。公共利益以外的目的，如商业目的，不应适用国家征收、征用。2. 征收、征用应当符合法律规定程序。3. 必须对被征收、征用的公民和法人给予公正补偿。违反上述3项条件，对公民、法人或者其他组织的合法财产进行征收、征用的，受害人有取得国家赔偿的权利。

征收与征用有何区别？

征收属于所有权的转移，对象只能是土地、房屋等不动产，不动产被征收后不再返还给原所有人，国家对原权利人进行补偿，补偿费用相当于购买被征收财产支付的费用。征用属于使用权的临时转移，所有权不发生变化，征用结束后国家应当返还征用的财产，对象可以是不动产也可以是动产，补偿则相当于使用财产的使用费。

哪些情形下国家不承担赔偿责任？

属于下列情形之一的，国家不承担赔偿责任：1. 行政机关工作人员与行使职权无关的个人行为；2. 因公民、法人和其他组织自己的行为致使损害发生的；3. 法律规定的其他情形。

Q 哪些是与职权无关的个人行为？

A 一般而言，行政机关工作人员在工作时间、工作场所内所为的行为通常视为职务行为，其他则为个人行为，但也有例外。例如：警察在工作时间和工作地点外所为的履职行为也认定为职务行为；以所属行政机关名义所为的行为通常为职务行为，否则为个人行为；涉及公共利益或与公共事务有关的行为通常视为职务行为，非为公共利益而实施的行为为个人行为；按照法律或行政首长的命令、指示以及委托实施的行为通常为职务行为，无命令和法律依据的视为个人行为；根据法律赋予的职责权限实施的行为应认定为职务行为，不论其行为是否越权、是否滥用、是否合法；实施行为时佩戴或出示能表明身份的职务标志，通常为职务行为，反之则为个人行为。

Q 当事人对损害的发生存在过错能否免除国家的赔偿责任？

A 如果损害的发生完全是由于受害人自己的原因造成的，则国家无须承担赔偿责任；如果国家机关及其工作人员与受害人对损害的发生均有过错，则国家不能免除全部赔偿责任，但对于受害人自己原因造成的部分损失国家不承担赔偿责任。

Q 当事人因公有公共设施遭受损害能否请求国家赔偿？

A 公有公共设施是指用于公共目的的供公众使用、利用的设施。国家赔偿法没有规定公有公共设施致人损害的国家赔偿责任，因此公有公共设施致人损害不能请求国家赔偿，但可以依据民法通则的规定要求负责管理的单位承担民事责任。

Q 哪些当事人可以请求行政赔偿？

A 受害的公民、法人和其他组织有权要求赔偿。受害的公民死亡，其继承人和其他有扶养关系的亲属有权要求赔偿。受害的法人或者其他组织终止的，其权利承受人有权要求赔偿。

Q 公民的继承人包括哪些？

A 继承人有法定继承人和遗嘱继承人之分。按照我国继承法规定，法定继承人分为第一顺序继承人和第二顺序继承人。第一顺序继承人包括：配偶、子女、父母。第二顺序继承人包括：兄弟姐妹、祖父母、外祖父母。继承开始后，由第一顺序继承人继承，第二顺序继承人不继承。没有第一顺序继承人继承的，由第二顺序继承人继承。“子女”包括婚生子女、非婚生子女、养子女和有扶养关系的继子女。“父母”包括生父母、养父母和有扶养关系的继父母。“兄弟姐妹”包括同父母的兄弟姐妹、同父异母或同母异父的兄弟姐妹、养兄弟姐妹、有扶养关系的继兄弟姐妹。

Q 既有继承人又有其他有扶养关系亲属的，谁可请求赔偿？

A 在受害人死亡的情况下，首先应由继承人请求赔偿；如果没有继承人或继承人全部放弃继承权或丧失继承权的，才能由其他有扶养关系的亲属请求赔偿。如继承人为法定继承人，有第一顺序继承人且未放弃继承权或丧失继承权的，第二顺序继承人无权继承。同一顺序的继承人可以共同行使请求权。

Q 哪个机关负责对当事人进行行政赔偿？

A 行政赔偿义务机关负责对当事人进行赔偿。行政机关及其工作人员行使行政职权侵犯公民、法人和其他组织的合法权益造成损害的，该行政机关为赔偿义务机关。

Q 两个行政机关共同致人损害的如何确定行政赔偿义务机关？

A 两个以上行政机关共同行使行政职权时侵犯公民、法人和其他组织的合法权益造成损害的，共同行使行政职权的行政机关为共同赔偿义务机关。

Q 法律法规授权组织可以成为行政赔偿义务机关吗？

A 可以。法律、法规授权的组织在行使授予的行政权力时侵犯公民、法人和其他组织的合法权益造成损害的，被授权的组织为赔偿义务机关。

Q 受委托行使权力致人损害的哪个机关是行政赔偿义务机关？

A 受行政机关委托的组织或者个人在行使受委托的行政权力时侵犯公民、法人和其他组织的合法权益造成损害的，委托的行政机关为赔偿义务机关。

行政机关被撤销的如何确定行政赔偿义务机关？

赔偿义务机关被撤销的，继续行使其职权的行政机关为赔偿义务机关；没有继续行使其职权的行政机关的，撤销该赔偿义务机关的行政机关为赔偿义务机关。

当事人能否向派出机关要求行政赔偿？

可以。派出机关是一级人民政府在一定区域内设定的派出组织，履行一级政府的功能。按照地方组织法的规定，我国的派出机关有3类：行政公署、区公所、街道办事处。派出机关具有行政主体资格，因其侵权行为给公民、法人或其他组织造成损害的，其可以作为行政赔偿义务机关承担行政赔偿责任。

什么是行政复议？

公民、法人或其他组织认为行政主体的行政行为侵犯其合法权益，依法向行政复议机关提出复查该行政行为的申请，由行政复议机关按照法定程序对被申请的行政行为进行合法性和适当性审查，并作出行政复议决定的一种法律制度。

经复议机关复议的如何确定行政赔偿义务机关？

经复议机关复议的，最初造成侵权行为的行政机关为赔偿义务机关，但复议机关的复议决定加重损害的，复议机关对加重的部分履行赔偿义务。

Q 赔偿请求人要求赔偿必须先向赔偿义务机关提出吗？

A 不是。赔偿请求人要求赔偿，应当先向赔偿义务机关提出，也可以在申请行政复议或者提起行政诉讼时一并提出。

Q 赔偿请求人如何向共同赔偿义务机关要求赔偿？

A 赔偿请求人可以向共同赔偿义务机关中的任何一个赔偿义务机关要求赔偿，该赔偿义务机关应当先予赔偿。

Q 什么是共同赔偿义务机关？

A 共同赔偿义务机关是指两个以上行政机关共同行使职权时侵犯公民、法人和其他组织的合法权益造成损害时，共同行使行政职权的行政机关。共同赔偿义务机关在赔偿方面承担的是连带责任，赔偿申请人可以向共同赔偿义务机关中的任何一个请求全部赔偿金额。

Q 赔偿请求人可以提出多项赔偿要求吗？

A 可以。赔偿请求人根据受到的不同损害，可以同时提出数项赔偿要求。例如：受害人财产权益受到侵害的，可以要求支付赔偿金、返还财产、恢复原状；人身自由或生命健康受到侵犯的，可以要求支付赔偿金、精神损害抚慰金，要求消除影响，恢复名誉，赔礼道歉。

Q 赔偿申请书包含哪些内容？

A 要求赔偿应当递交申请书，申请书应当载明下列事项：1. 受害人的姓名、性别、年龄、工作单位和住所，法人或者其他组织的名称、住所和法定代表人或者主要负责人的姓名、职务；2. 具体的要求、事实根据和理由；3. 申请的年、月、日。

Q 赔偿请求人本人不会写申请书怎么办？

A 赔偿请求人书写申请书确有困难的，可以委托他人代书；也可以口头申请，由赔偿义务机关记入笔录。

Q 赔偿请求人不是受害人本人的如何申请？

A 赔偿请求人不是受害人本人的，应当说明与受害人的关系，并提供相应证明。受害的公民死亡的，赔偿请求人应当证明其是受害人的继承人或其他有扶养关系的亲属；受害的法人或其他组织终止的，赔偿请求人应当证明其是受害的法人或其他组织的权利承受人。

Q 收到赔偿请求人递交的申请后，赔偿义务机关应该做什么？

A 赔偿请求人当面递交申请书的，赔偿义务机关应当当场出具加盖本行政机关专用印章并注明收讫日期的书面凭证。申请材料不齐全的，赔偿义务机关应当当场或者在5日内一次性告知赔偿请求人需要补正的全部内容。

Q 赔偿义务机关收到申请后多久作出是否赔偿的决定？

A 赔偿义务机关应当自收到申请之日起两个月内作出是否赔偿的决定。

Q 赔偿义务机关如何作出赔偿决定？

A 赔偿义务机关作出赔偿决定，应当充分听取赔偿请求人的意见，并可以与赔偿请求人就赔偿方式、赔偿项目和赔偿数额依照国家赔偿法的规定进行协商。

Q 赔偿请求人多久能收到赔偿决定书？

A 赔偿义务机关决定赔偿的，应当制作赔偿决定书，并自作出决定之日起 10 日内将赔偿决定书送达赔偿请求人。

Q 决定不予赔偿的，赔偿义务机关会怎么办？

A 赔偿义务机关决定不予赔偿的，应当自作出决定之日起 10 日内书面通知赔偿请求人，并说明不予赔偿的理由。

Q 未在法定期限内作出赔偿决定的，请求人该怎么办？

A 赔偿义务机关在规定期限内未作出是否赔偿的决定，赔偿请求人可以自期限届满之日起 3 个月内向人民法院提起诉讼。

Q 请求人对赔偿决定有异议怎么办？

A 赔偿请求人对赔偿的方式、项目、数额有异议的，可以自赔偿义务机关作出赔偿决定之日起 3 个月内向人民法院提起诉讼。

Q 赔偿义务机关作出不予赔偿决定的，请求人该怎么办？

A 赔偿义务机关作出不予赔偿决定的，赔偿请求人可以自赔偿义务机关作出不予赔偿决定之日起3个月内向人民法院提起诉讼。

Q 赔偿义务机关作出决定时未告知起诉期限的，请求人何时寻求救济？

A 赔偿义务机关作出赔偿决定时，未告知诉权或起诉期限，致赔偿请求人逾期起诉的，起诉期限从赔偿请求人实际知道诉权或起诉期限时计算，但自收到赔偿决定之日起不得超过1年。

Q 法院对于哪些行政赔偿诉讼案件不予受理？

A 公民、法人或者其他组织以国防、外交等国家行为或者行政机关制定发布行政法规、规章或者具有普遍约束力的决定、命令侵犯其合法权益造成损害为由，向人民法院提起行政赔偿诉讼的，人民法院不予受理。此外，行政机关工作人员与行使职权无关的个人行为以及因公民、法人和其他组织自己的行为致使损害发生的，国家不承担行政赔偿责任，法院也不会受理。

Q 当事人要承担行政赔偿案件的举证责任吗？

A 举证责任的一般原则为“谁主张，谁举证”。人民法院审理行政赔偿案件，赔偿请求人和赔偿义务机关对自己提出的主张，应当提供证据。

赔偿请求人需要提供哪些证据？

赔偿请求人通常需要证明：赔偿义务机关实施了违法行政行为；受害人的人身或财产等合法权益受到损害及损害的程度；受害人的合法权益受到损害与违法行政行为之间存在因果关系。

赔偿义务机关需要提供哪些证据？

赔偿义务机关为了证明自己不应赔偿或不应赔偿所请求的数额，通常需证明：行政行为合法；行政行为与损害结果之间没有因果关系；相对人没有受到损害或实际损害数额小于赔偿请求人要求的数额。

哪种情况下举证责任应当倒置？

赔偿义务机关采取行政拘留或者限制人身自由的强制措施期间，被限制人身自由的人死亡或者丧失行为能力的，赔偿义务机关的行为与被限制人身自由的人的死亡或者丧失行为能力是否存在因果关系，赔偿义务机关应当提供证据。

国家承担赔偿责任后，具体工作人员还需承担责任吗？

是的。赔偿义务机关赔偿损失后，应当责令有故意或者重大过失的工作人员或者受委托的组织及个人承担部分或全部赔偿费用。

刑事赔偿

当事人人身权受到司法机关侵犯的能否请求国家赔偿？

可以。行使侦查、检察、审判职权的机关以及看守所、监狱管理机关及其工作人员在行使职权时有下列侵犯人身权情形之一的，受害人有取得赔偿的权利：1. 违反刑事诉讼法的规定对公民采取拘留措施的，或者依照刑事诉讼法规定的条件和程序对公民采取拘留措施，但是拘留时间超过刑事诉讼法规定的时限，其后决定撤销案件、不起诉或者判决宣告无罪终止追究刑事责任的；2. 对公民采取逮捕措施后，决定撤销案件、不起诉或者判决宣告无罪终止追究刑事责任的；3. 依照审判监督程序再审改判无罪，原判刑罚已经执行的；4. 刑讯逼供，以殴打、虐待等行为或者唆使、放纵他人以殴打、虐待等行为造成公民身体伤害或者死亡的；5. 违法使用武器、警械造成公民身体伤害或者死亡的。

哪些机关承担刑事赔偿责任？

公安机关、国家安全机关、军队保卫部门、监狱、人民检察院、人民法院、看守所、监狱管理机关。

Q 当事人财产权受到司法机关侵害的能否请求国家赔偿?

A 行使侦查、检察、审判职权的机关以及看守所、监狱管理机关及其工作人员在行使职权时有下列侵犯财产权情形之一的，受害人有取得赔偿的权利：1. 违法对财产采取查封、扣押、冻结、追缴等措施的；2. 依照审判监督程序再审改判无罪，原判罚金、没收财产已经执行的。

Q 哪些情况属于违法查封、扣押、冻结、追缴?

A 主要表现有：查封、扣押、冻结案外财产，包括案外人财产和与案件无关的犯罪嫌疑人、被告人的合法财产；宣告被告人无罪后，仍继续查封、扣押或冻结财产；查封、扣押或冻结财产后，未依法履行妥善保管、封存、不得使用或毁损的义务，而给犯罪人、被告人的财产造成损害。

Q 国家不承担刑事赔偿责任的情况有哪些?

A 下列情形国家不承担赔偿责任：1. 因公民自己故意作虚伪供述，或者伪造其他有罪证据被羁押或者被判处刑罚的；2. 依照刑法第十七条、第十八条规定不负刑事责任的人被羁押的；3. 依照刑事诉讼法第十五条、第一百七十三条第二款、第二百七十三条第二款、第二百七十九条规定不追究刑事责任的人被羁押的；4. 行使侦查、检察、审判职权的机关以及看守所、监狱管理机关的工作人员与行使职权无关的个人行为；5. 因公民自伤、自残等故意行为致使损害发生的；6. 法律规定的其他情形。

【背景链接：《中华人民共和国刑法》（http://www.chinacourt.org/law）第十七条：已满十六周岁的人犯罪，应当负刑事责任。已满十四周岁不满十六周岁的人，犯故意杀人、故意伤害致人重伤或者死亡、强奸、抢劫、贩卖毒品、放火、爆炸、投毒罪的，应当负刑事责任。已满十四周岁不满十八周岁的人犯罪，应当从轻或者减轻处罚。因不满十六周岁不予刑事处罚的，责令他的家长或者监护人加以管教；在必要的时候，也可以由政府收容教养。已满七十五周岁的人故意犯罪的，可以从轻或者减轻处罚；过失犯罪的，应当从轻或者减轻处罚。

第十八条：精神病人在不能辨认或者不能控制自己行为的时候造成危害结果，经法定程序鉴定确认的，不负刑事责任，但是应当责令他的家属或者监护人严加看管和医疗；在必要的时候，由政府强制医疗。间歇性的精神病人在精神正常的时候犯罪，应当负刑事责任。尚未完全丧失辨认或者控制自己行为能力的精神病人犯罪的，应当负刑事责任，但是可以从轻或者减轻处罚。醉酒的人犯罪，应当负刑事责任。

《中华人民共和国刑事诉讼法》（http://www.chinacourt.org/law）第十五条：有下列情形之一的，不追究刑事责任，已经追究的，应当撤销案件，或者不起诉，或者终止审理，或者宣告无罪：（一）情节显著轻微、危害不大，不认为是犯罪的；（二）犯罪已过追诉时效期限的；（三）经特赦令免除刑罚的；（四）依照刑法告诉才处理的犯罪，没有告诉或者撤回告诉的；（五）犯罪嫌疑人、被告人死亡的；（六）其他法律规定免予追究刑事责任的。

第一百七十三条第二款：对于犯罪情节轻微，依照刑法规定不需要判处刑罚或者免除刑罚的，人民检察院可以作出不起诉决定。

第二百七十三条：被附条件不起诉的未成年犯罪嫌疑人，在考验期内有下列情形之一的，人民检察院应当撤销附条件不起诉的决定，提起公诉：（一）实施新的犯罪或者发现决定附条件不起诉以前还有其他犯罪需要追诉的；（二）违反治安管理规定或者考察机关有关附条件不起诉的监督管理规定，情节严重的。被附条件不起诉的未成年犯罪嫌疑人，在考验期内没有上述情形，考验期满的，人民检察院应当作出不起诉的决定。

第二百七十九条：对于达成和解协议的案件，公安机关可以向人民检察院提出从宽处理的建议。人民检察院可以向人民法院提出从宽处罚的建议；对于犯罪情节轻微，不需要判处刑罚的，可以作出不起诉的决定。人民法院可以依法对被告人从宽处罚。】

Q 已过追诉时效期限的犯罪是否必然不被追究？

A 不是。在人民检察院、公安机关、国家安全机关立案侦查或者在人民法院受理案件以后，逃避侦查或者审判的，不受追诉期限的限制。被害人在追诉期限内提出控告，人民法院、人民检察院、公安机关应当立案而不予立案的，不受追诉期限的限制。

不负刑事责任的人被羁押是否都可获得国家赔偿？

不一定。国家赔偿法第十九条规定的不负刑事责任的人被羁押的，国家免责的前提是该不负刑事责任的人却有犯罪事实。如果没有犯罪事实而被错误羁押的，国家仍然应该给予赔偿。

什么是刑事赔偿义务机关？

刑事赔偿义务机关是指在刑事赔偿法律关系中代表国家接受刑事赔偿请求、支付赔偿费用的义务机关。

哪些机关可以作为刑事赔偿义务机关？

1. 行使侦查、检察、审判职权的机关以及看守所、监狱管理机关及其工作人员在行使职权时侵犯公民、法人和其他组织的合法权益造成损害的，该机关为赔偿义务机关。2. 对公民采取拘留措施，依照国家赔偿法的规定应当给予国家赔偿的，作出拘留决定的机关为赔偿义务机关。3. 对公民采取逮捕措施后决定撤销案件、不起诉或者判决宣告无罪的，作出逮捕决定的机关为赔偿义务机关。4. 再审改判无罪的，作出原生效判决的人民法院为赔偿义务机关。二审改判无罪，以及二审发回重审后作无罪处理的，作出一审有罪判决的人民法院为赔偿义务机关。

Q 哪些机关可能因错误逮捕而承担国家赔偿责任？

A 根据宪法和刑事诉讼法相关规定，只有人民检察院和人民法院有权作出逮捕决定，而由公安机关执行逮捕。实践中，因错误逮捕应由逮捕决定机关承担国家赔偿责任，但因逮捕执行机关的行为造成公民人身伤害的，应由逮捕执行机关承担国家赔偿责任。

Q 如何理解“再审改判无罪的，作出原生效判决的法院为赔偿义务机关”？

A 法院生效判决可能是一审判决、二审判决或死刑核准判决。再审改判无罪的情形，谁作出生效判决谁就是赔偿义务机关。即：原生效判决是一审法院作出的，则一审法院为赔偿义务机关；原生效判决是二审法院作出的，无论二审法院维持一审判决或是改判的，二审法院为赔偿义务机关；死刑缓期执行由高级人民法院核准，则高级人民法院为赔偿义务机关；死刑立即执行由最高人民法院核准，则最高人民法院为赔偿义务机关。

Q 先被判处缓刑后被改判无罪的人，国家是否予以赔偿？

A 人民法院判处管制、有期徒刑缓刑、剥夺政治权利等刑罚的人被依法改判无罪的，国家不承担赔偿责任，但赔偿请求人在判决生效前被羁押的，依法有权取得赔偿。

Q 赔偿请求人要求刑事赔偿应该满足哪些条件？

A 赔偿请求人应是合法权益受到司法机关及其工作人员行使职权行为侵害的公民、法人或其他组织；赔偿义务机关必须存在国家赔偿法规定的司法机关及其工作人员侵犯受害人人身权或财产权的行为，且不属于免责情形；请求赔偿的义务机关必须是国家赔偿法规定的应当承担赔偿责任的机关；赔偿请求人应当向赔偿义务机关提交赔偿申请书；赔偿请求必须在法律规定的时效内提出，即自其知道或应当知道国家机关及其工作人员行使职权时的行为侵犯其人身权、财产权之日起两年内，但被羁押等限制人身自由期间不计算在内。

Q 刑事诉讼程序终结后才能提出刑事赔偿请求吗？

A

原则上是，但有例外。根据国家赔偿法相关司法解释规定，赔偿请求人因司法机关违法刑事拘留、错误逮捕、将无罪的人错判为有罪或存在法定侵犯受害人财产权的行为而有权请求国家赔偿的情形下，只能刑事诉讼程序终结后提出赔偿请求，但两种情况下例外：一是赔偿请求人有证据证明其与尚未终结的刑事案件无关的；二是刑事案件被害人依据刑事诉讼法第一百九十八条规定以财产未返还或认为返还的财产受到损害而要求赔偿的。

【背景链接：《中华人民共和国刑事诉讼法》（http://www.chinacourt.org/law）第二百三十四条：公安机关、人民检察院和人民法院对查封、扣押、冻结的犯罪嫌疑人、被告人的财物及其孳息，应当妥善保管，以供核查，并制作清单，随案移送。任何单位和个人不得挪用或者自行处理。对被害人的合法财产，应当及时返还。对违禁品或者不宜长期保存的物品，应当依照国家有关规定处理。

对作为证据使用的实物应当随案移送，对不宜移送的，应当将其清单、照片或者其他证明文件随案移送。

人民法院作出的判决，应当对查封、扣押、冻结的财物及其孳息作出处理。

人民法院作出的判决生效以后，有关机关应当根据判决对查封、扣押、冻结的财物及其孳息进行处理。对查封、扣押、冻结的赃款赃物及其孳息，除依法返还被害人的以外，一律上缴国库。

司法工作人员贪污、挪用或者私自处理查封、扣押、冻结的财物及其孳息的，依法追究刑事责任；不构成犯罪的，给予处分。

注：2012 年第二次修正后，原刑事诉讼法第一百九十八条改为现刑事诉讼法第二百三十四条。】

Q 刑事赔偿义务机关应在多长时间内作出赔偿决定？

A 赔偿义务机关应当自收到申请之日起两个月内作出是否赔偿的决定。

Q 刑事赔偿义务机关必须听取赔偿请求人的意见吗？

A 是的。赔偿义务机关作出赔偿决定，应当充分听取赔偿请求人的意见，并可以与赔偿请求人就赔偿方式、赔偿项目和赔偿数额依照国家赔偿法的规定进行协商。

Q 刑事赔偿义务机关应在多长时间内送达赔偿决定？

A 赔偿义务机关决定赔偿的，应当制作赔偿决定书，并自作出决定之日起 10 日内送达赔偿请求人。

Q 刑事赔偿义务机关决定不予赔偿的将如何处理？

A 赔偿义务机关决定不予赔偿的，应当自作出决定之日起 10 日内书面通知赔偿请求人，并说明不予赔偿的理由。

Q 对赔偿义务机关未在法定期限内作出决定的，请求人应怎么办？

A 赔偿请求人可以申请刑事赔偿复议。赔偿义务机关在规定期限内未作出是否赔偿的决定，赔偿请求人可以自期限届满之日起 30 日内向赔偿义务机关的上一级机关申请复议。赔偿义务机关是人民法院的，赔偿请求人可以向其上一级人民法院赔偿委员会申请作出赔偿决定。

Q 赔偿请求人对赔偿数额有异议的怎么办？

A 赔偿请求人对赔偿的方式、项目、数额有异议的，或者赔偿义务机关作出不予赔偿决定的，赔偿请求人可以自赔偿义务机关作出赔偿或者不予赔偿决定之日起30日内，向赔偿义务机关的上一级机关申请复议。赔偿义务机关是人民法院的，赔偿请求人可以向其上一级人民法院赔偿委员会申请作出赔偿决定。

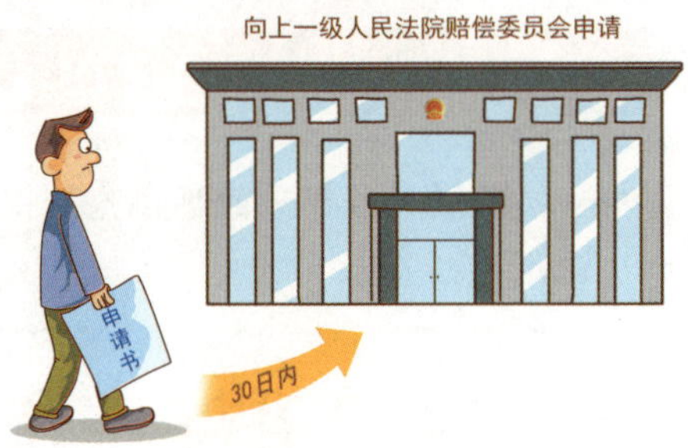

Q 赔偿义务机关是法院的，为何不适用刑事赔偿复议程序？

A 在赔偿义务机关是人民法院的情形下，其上一级机关（复议机关）是上一级人民法院，而上一级人民法院赔偿委员会也属于上一级人民法院，这就使得复议机关与作出最终决定的人民法院赔偿委员会同属一个机关。为了避免程序上的重复，在赔偿义务机关是人民法院的情形下取消了复议程序，只要经过赔偿义务机关先行处理程序和上一级人民法院赔偿委员会决定两个程序就可以了。

Q 赔偿请求人申请复议的可在多长时间内得到答复？

A 复议机关应当自收到申请之日起两个月内作出决定。

Q 赔偿请求人对复议决定不服怎么办？

A 赔偿请求人不服复议决定的，可以在收到复议决定之日起30日内向复议机关所在地的同级人民法院赔偿委员会申请作出赔偿决定。

复议机关逾期不作决定怎么办？

复议机关逾期不作决定的，赔偿请求人可以自期限届满之日起30日内向复议机关所在地的同级人民法院赔偿委员会申请作出赔偿决定。

赔偿请求人向赔偿委员会申请作出赔偿决定应当提供哪些材料？

赔偿请求人向赔偿委员会申请作出赔偿决定，应当递交赔偿申请书一式4份，此外还应提供以下法律文书和证明材料：1. 赔偿义务机关作出的决定书；2. 复议机关作出的复议决定书，但赔偿义务机关是人民法院的除外；3. 赔偿义务机关或者复议机关逾期未作出决定的，应当提供赔偿义务机关对赔偿申请的收讫凭证等相关证明材料；4. 行使侦查、检察、审判职权的机关在赔偿申请所涉案件的刑事诉讼程序、民事诉讼程序、行政诉讼程序、执行程序中作出的法律文书；5. 赔偿义务机关职权行为侵犯赔偿请求人合法权益造成损害的证明材料；6. 证明赔偿申请符合申请条件的其他材料。

赔偿请求人书写申请书有困难的可以口头申请吗？

赔偿请求人书写申请书确有困难的，可以口头申请。口头提出申请的，人民法院应当填写《申请赔偿登记表》，由赔偿请求人签名或者盖章。

Q 赔偿请求人可以委托几位代理人?

A 赔偿请求人可以委托一至二人作为代理人。

Q 哪些人可以被赔偿请求人委托为代理人?

A 律师、提出申请的公民的近亲属、有关的社会团体或者所在单位推荐的人、经赔偿委员会许可的其他公民,都可以被委托为代理人。

Q 赔偿义务机关可以委托哪些人作为代理人?

A 赔偿义务机关、复议机关可以委托本机关工作人员一至二人作为代理人。

Q 委托他人代理应当向赔偿委员会提交授权委托书吗?

A 是的。赔偿请求人、赔偿义务机关、复议机关委托他人代理,应当向赔偿委员会提交由委托人签名或者盖章的授权委托书。

Q 授权委托书应当写明哪些内容?

A 授权委托书应当载明委托事项和权限。代理人代为承认、放弃、变更赔偿请求,应当有委托人的特别授权。

Q 赔偿委员会作出赔偿决定必须有3名以上审判员参加吗?

A 是的。赔偿委员会作赔偿决定,必须有3名以上审判员参加,按照少数服从多数的原则作出决定。在提请赔偿委员会讨论决定之前，赔偿委员会应当指定一名审判员负责具体承办，该审判员应当查清事实并写出审理报告。

哪些情形下赔偿请求人可以申请审判人员回避？

审判人员有下列情形之一的，应当回避，赔偿请求人和赔偿义务机关有权以书面或者口头方式申请其回避：1. 系本案赔偿请求人的近亲属；2. 是本案代理人的近亲属；3. 与本案有利害关系；4. 与本案有其他关系，可能影响对案件公正审理的。上述规定适用于书记员、翻译人员、鉴定人、勘验人。

赔偿请求人应当提供证据吗？

应当。遵循“谁主张，谁举证”原则。人民法院赔偿委员会处理赔偿请求，赔偿请求人、赔偿义务机关对自己提出的主张或者反驳对方主张所依据的事实有责任提供证据加以证明。没有证据或者证据不足以证明其事实主张的，由负有举证责任的一方承担不利后果。

何种情况下赔偿请求人无需举证？

有例外规定。被羁押人在羁押期间死亡或者丧失行为能力的，赔偿义务机关的行为与被羁押人的死亡或者丧失行为能力是否存在因果关系，赔偿义务机关应当提供证据。

赔偿委员会审理赔偿案件可以组织协商吗？

可以。赔偿委员会审理赔偿案件，可以组织赔偿义务机关与赔偿请求人就赔偿方式、赔偿项目和赔偿数额依照国家赔偿法的规定进行协商。组织协商应当遵循自愿和合法的原则。赔偿请求人、赔偿义务机关一方或者双方不愿协商，或者协商不成的，赔偿委员会应当及时作出决定。

赔偿委员会组织协商达成协议的应当制作决定书吗？

是的。赔偿请求人和赔偿义务机关经协商达成协议的，赔偿委员会审查确认后应当制作国家赔偿决定书。

人民法院赔偿委员会如何处理赔偿请求？

人民法院赔偿委员会处理赔偿请求，采取书面审查的办法。必要时，可以向有关单位和人员调查情况、收集证据。赔偿请求人与赔偿义务机关对损害事实及因果关系有争议的，赔偿委员会可以听取赔偿请求人和赔偿义务机关的陈述与申辩，并可以进行质证。

什么是质证？

质证是指当事人、诉讼代理人及第三人在法庭的主持下，对当事人及第三人提出的证据就其真实性、合法性、关联性以及证明力有无、大小予以说明和辩论的活动或过程。

哪些情况下赔偿委员会可以组织质证？

有下列情形之一的，赔偿委员会可以组织赔偿请求人和赔偿义务机关进行质证：1. 对侵权事实、损害后果及因果关系争议较大的；2. 对是否属于国家赔偿法规定的国家不承担赔偿责任的情形争议较大的；3. 对赔偿方式、赔偿项目或者赔偿数额争议较大的；4. 赔偿委员会认为应当质证的其他情形。

质证都是公开的吗？

不都是。质证应当公开进行，但涉及国家秘密、个人隐私或者法律另有规定的不公开。

赔偿请求人或赔偿义务机关可以申请不公开质证吗？

可以。赔偿请求人或者赔偿义务机关申请不公开质证，对方同意的，赔偿委员会可以不公开质证。

质证时赔偿义务机关对哪些内容承担举证责任？

下列情形，由赔偿义务机关负举证责任：1. 赔偿义务机关行为的合法性；2. 赔偿义务机关无过错；3. 因赔偿义务机关过错致使赔偿请求人不能证明的待证事实；4. 赔偿义务机关行为与被羁押人在羁押期间死亡或者丧失行为能力不存在因果关系；5. 属于法定免责情形；6. 赔偿请求超过法定时效；7. 具有其他抗辩事由。

Q 赔偿请求人可以向赔偿委员会申请调取哪些证据？

A 赔偿请求人可以在举证期限内申请赔偿委员会调取下列证据：1. 由国家有关部门保存，赔偿请求人及其委托代理人无权查阅调取的证据；2. 涉及国家秘密、商业秘密、个人隐私的证据；3. 赔偿请求人及其委托代理人因客观原因不能自行收集的其他证据。赔偿请求人申请赔偿委员会调取证据，应当提供具体线索。

Q 哪些证据应当由赔偿委员会主动调取？

A 涉及国家利益、社会公共利益或者他人合法权益的事实，或者涉及依职权追加质证参加人、中止审理、终结审理、回避等程序性事项的，赔偿委员会可以向有关单位和人员调查情况、收集证据。

Q 赔偿请求人和赔偿义务机关的举证期限是多少天？

A 10 天。赔偿请求人、赔偿义务机关应当在收到受理案件通知书之日起 10 日内提供证据。赔偿请求人、赔偿义务机关确因客观事由不能在该期限内提供证据的，赔偿委员会可以根据其申请适当延长举证期限。赔偿请求人、赔偿义务机关无正当理由逾期提供证据的，应当承担相应的不利后果。

Q 质证前赔偿委员会可以组织证据交换吗？

A 对于证据较多或者疑难复杂的案件，赔偿委员会可以组织赔偿请求人、赔偿义务机关在质证前交换证据，明确争议焦点，并将交换证据的情况记录在卷。赔偿请求人、赔偿义务机关在证据交换过程中没有争议并记录在卷的证据，经审判员在质证中说明后，可以作为认定案件事实的依据。

Q 赔偿请求人何时可以得到质证通知？

A 赔偿委员会应当在质证3日前通知赔偿请求人、赔偿义务机关和其他质证参与人。必要时，赔偿委员会可以通知赔偿义务机关实施原职权行为的工作人员或者其他利害关系人到场接受询问。

Q 公开质证的应当公告哪些内容？

A 赔偿委员会决定公开质证的，应当在质证3日前公告案由，赔偿请求人和赔偿义务机关的名称，以及质证的时间、地点。

Q 质证应当围绕哪些内容进行？

A 赔偿请求人、赔偿义务机关应围绕证据的关联性、真实性、合法性，针对证据有无证明力以及证明力大小进行质证。

质证按照什么顺序进行？

质证一般按照下列顺序进行：1. 赔偿请求人、赔偿义务机关分别陈述，复议机关进行说明；2. 审判员归纳争议焦点；3. 赔偿请求人、赔偿义务机关分别出示证据，发表意见；4. 询问参加质证的证人、鉴定人、勘验人；5. 赔偿请求人、赔偿义务机关就争议的事项进行质询和辩论；6. 审判员宣布赔偿请求人、赔偿义务机关认识一致的事实和证据；7. 赔偿请求人、赔偿义务机关最后陈述意见。

赔偿委员会依职权调取的证据应当质证吗？

应当。赔偿委员会依照职权调取的证据应当在质证时出示，并就调取该证据的情况予以说明，听取赔偿请求人、赔偿义务机关的意见。

哪些事实无须举证证明？

下列事实无需举证证明：1. 自然规律以及定理、定律；2. 众所周知的事实；3. 根据法律规定推定的事实；4. 已经依法证明的事实；5. 根据日常生活经验法则推定的事实。上述2、3、4、5项，赔偿请求人、赔偿义务机关有相反证据否定其真实性的除外。

赔偿义务机关持有证据无正当理由拒不提供的，有何法律后果？

有证据证明赔偿义务机关持有证据无正当理由拒不提供的，赔偿委员会可以就待证事实作出有利于赔偿请求人的推定。

Q 赔偿委员会如何审查证据？

A 赔偿委员会应当依据法律规定，遵照法定程序，全面客观地审核证据，运用逻辑推理和日常生活经验，对证据的证明力进行独立、综合的审查判断。

Q 质证活动应当记入笔录吗？

A 是的。书记员应当将质证的全部活动记入笔录。质证笔录由赔偿请求人、赔偿义务机关和其他质证参与人核对无误或者补正后签名或者盖章。拒绝签名或者盖章的，应当记明情况附卷，由审判员和书记员签名。具备条件的，赔偿委员会可以对质证活动进行全程同步录音录像。

Q 赔偿请求人或赔偿义务机关无正当理由拒不参加质证，有何法律后果？

A 赔偿请求人、赔偿义务机关经通知无正当理由拒不参加质证或者未经许可中途退出质证的，视为放弃质证，赔偿委员会可以综合全案情况和对方意见认定案件事实。

哪些情形可以延期质证？

有下列情形之一的，可以延期质证：1. 赔偿请求人、赔偿义务机关因不可抗拒的事由不能参加质证的；2. 赔偿请求人、赔偿义务机关临时提出回避申请，是否回避的决定不能在短时间内作出的；3. 需要通知新的证人到场，调取新的证据，重新鉴定、勘验，或者补充调查的；4. 其他应当延期的情形。

人民法院赔偿委员会应在多长时间内作出决定？

人民法院赔偿委员会应当自收到赔偿申请之日起 3 个月内作出决定；属于疑难、复杂、重大案件的，经本院院长批准，可以延长 3 个月。

赔偿请求人递交材料需补正的，赔偿委员会作出决定的期限如何计算？

赔偿请求人递交的申请材料不齐全的，赔偿委员会应在 5 日内一次性告知赔偿请求人需要补正的全部内容。赔偿委员会应自收到补正材料之日起 3 个月内作出决定。如果被告知补正材料后赔偿请求人未予补正的，视为未提出赔偿申请。

赔偿请求人可以申请撤回赔偿申请吗？

可以。赔偿委员会作出决定前，赔偿请求人撤回赔偿申请的，赔偿委员会应当依法审查并作出是否准许的决定。

哪些情形下赔偿委员会应当决定中止审理？

有下列情形之一的，赔偿委员会应当决定中止审理：1. 赔偿请求人死亡，需要等待其继承人和其他有扶养关系的亲属表明是否参加赔偿案件处理的；2. 赔偿请求人丧失行为能力，尚未确定法定代理人的；3. 作为赔偿请求人的法人或者其他组织终止，尚未确定权利义务承受人的；4. 赔偿请求人因不可抗拒的事由，在法定审限内不能参加赔偿案件处理的；5. 宣告无罪的案件，人民法院决定再审或者人民检察院按照审判监督程序提出抗诉的；6. 应当中止审理的其他情形。中止审理的原因消除后，赔偿委员会应当及时恢复审理，并通知赔偿请求人、赔偿义务机关和复议机关。

哪些情形下赔偿委员会应当决定终结审理？

有下列情形之一的，赔偿委员会应当决定终结审理：1. 赔偿请求人死亡，没有继承人和其他有扶养关系的亲属，或者赔偿请求人的继承人和其他有扶养关系的亲属放弃要求赔偿权利的；2. 作为赔偿请求人的法人或者其他组织终止后，其权利义务承受人放弃要求赔偿权利的；3. 赔偿请求人据以申请赔偿的撤销案件决定、不起诉决定或者无罪判决被撤销的；4. 应当终结审理的其他情形。

人民法院赔偿委员会审理赔偿案件有哪些结果？

赔偿委员会审理赔偿案件应当按照下列情形分别作出决定：1. 赔偿义务机关的决定或者复议机关的复议决定认定事实清楚，适用法律正确的，依法予以维持；2. 赔偿义务机关的决定、复议机关的复议决定认定事实清楚，但适用法律错误的，依法重新决定；3. 赔偿义务机关的决定、复议机关的复议决定认定事实不清、证据不足的，查清事实后依法重新决定；4. 赔偿义务机关、复议机关逾期未作决定的，查清事实后依法作出决定。

Q 国家赔偿决定书应当载明哪些事项？

A 国家赔偿决定书应当载明以下事项：1. 赔偿请求人的基本情况，赔偿义务机关、复议机关的名称及其法定代表人；2. 赔偿请求人申请事项及理由，赔偿义务机关的决定、复议机关的复议决定情况；3. 赔偿委员会认定的事实及依据；4. 决定的理由及法律依据；5. 决定内容。

Q 赔偿委员会作出的决定应当送达哪些人？

A 赔偿委员会作出的决定应当分别送达赔偿请求人、赔偿义务机关和复议机关。

Q 人民法院赔偿委员会如何组成？

A 中级以上的人民法院设立赔偿委员会，由人民法院 3 名以上审判员组成，组成人员的人数应当为单数。

Q 赔偿委员会作赔偿决定依据什么原则？

A 赔偿委员会作赔偿决定，实行少数服从多数的原则。

Q 赔偿委员会作出的赔偿决定效力如何？

A 赔偿委员会作出的赔偿决定，是发生法律效力的决定，必须执行。

Q 当事人认为赔偿委员会作出的决定有错误怎么办？

A 赔偿请求人或者赔偿义务机关对赔偿委员会作出的决定，认为确有错误的，可以向上一级人民法院赔偿委员会提出申诉。

Q 哪些机关或部门有权提起赔偿委员会重新审查程序？

A 赔偿委员会作出的赔偿决定生效后，如发现赔偿决定违反国家赔偿法规定的，有权提起并决定启动赔偿委员会重新审查程序的主体有：1. 赔偿委员会所在人民法院院长；2. 赔偿委员会所在人民法院的上级人民法院；3. 赔偿委员会所在人民法院的上一级人民法院赔偿委员会；4. 最高人民检察院和上级人民检察院。

Q 赔偿委员会重新审查并依法作出决定的时间是多久？

A 两个月。

Q 赔偿委员会重新审查的，原赔偿决定是否继续执行？

A 国家赔偿的双方当事人提出申诉的，不停止赔偿决定的执行。但人民法院赔偿委员会决定重新审查的，可以决定中止原赔偿决定的执行。

Q 什么是自赔案件？

A 自赔案件是指人民法院办理的本院作为赔偿义务机关的国家赔偿案件。

Q 自赔案件由谁办理？

A 基层人民法院国家赔偿小组、中级以上人民法院赔偿委员会负责办理本院的自赔案件。

Q 自赔案件如何办理？

A 人民法院办理自赔案件，应当指定一名审判员承办。负责承办的审判员应当查清事实并提出处理意见，经国家赔偿小组或者赔偿委员会讨论后，报请院长决定。重大、疑难案件由院长提交院长办公会议讨论决定。

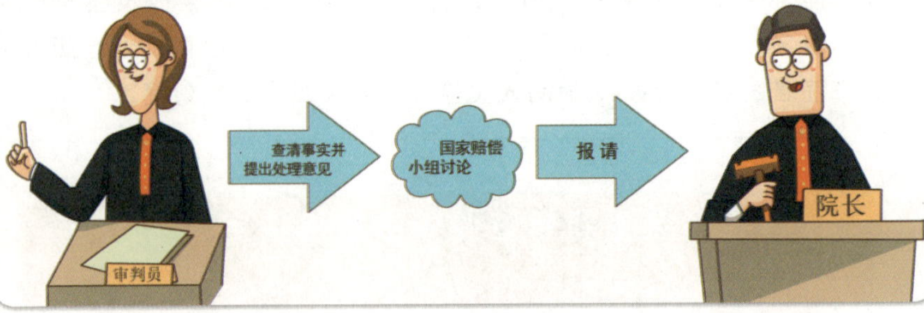

Q 自赔案件的赔偿请求人是否有申请回避的权利？

A 有。参与办理自赔案件的审判人员是赔偿请求人或其代理人的近亲属，与本案有利害关系，或者有其他关系，可能影响案件公正办理的，应当主动回避。赔偿请求人认为参与办理自赔案件的审判人员有上述情形的，有权以书面或者口头方式申请其回避。以上规定适用于书记员、翻译人员、鉴定人、勘验人。

Q 赔偿请求人可以随时申请审判人员回避吗？

A 不可以。赔偿请求人申请回避，应当在人民法院作出赔偿决定前提出。

Q 对赔偿请求人的回避申请如何处理？

A 人民法院应当自赔偿请求人申请回避之日起 3 日内作出书面决定。赔偿请求人对决定不服的，可以申请复议一次。人民法院对复议申请，应当在 3 日内作出复议决定，并通知复议申请人。复议期间，被申请回避的人员不停止案件办理工作。

Q 自赔案件中的回避由谁决定？

A 审判人员的回避，由院长决定；其他人员的回避，由国家赔偿小组负责人或者赔偿委员会主任决定。

Q 赔偿请求人能否申请听证？

A 可以。案件争议较大，或者案情疑难、复杂的，人民法院可以组织赔偿请求人、原案件承办人以及其他相关人员举行听证。听证情况应当制作笔录。

Q 赔偿请求人撤回申请后能否重新申请赔偿？

A 赔偿请求人撤回赔偿申请后，在国家赔偿法规定的时效内又申请赔偿，并有证据证明其撤回申请确属违背真实意思表示或者有其他正当理由的，人民法院应予受理。

Q 赔偿请求人多久能拿到赔偿决定书？

A 人民法院应当自收到赔偿申请之日起两个月内作出是否赔偿的决定，并制作国家赔偿决定书。人民法院决定赔偿或不予赔偿的，应当自作出决定之日起10日内将国家赔偿决定书送达赔偿请求人。

Q 自赔案件中的鉴定评估时间是否计入办理期限？

A 申请人向人民法院申请委托鉴定、评估的，鉴定、评估期间不计入办理期限。

Q 自赔案件中请求法院支付赔偿金要提交哪些材料？

A 赔偿请求人应当递交申请书，并提交以下材料：生效的判决书、复议决定书、赔偿决定书或调解书；赔偿请求人的身份证明；生效的国家赔偿决定书。

Q 赔偿请求人能否口头申请支付赔偿金？

A 赔偿请求人书写申请书确有困难的，可以口头申请，人民法院应当记入笔录，由赔偿请求人签名、捺印或者盖章。

Q 赔偿请求人申请支付材料不完整的怎么办？

A 申请支付材料不完整的，人民法院应当当场或者在3个工作日内一次性告知赔偿请求人需要补正的全部材料。收到支付申请的时间自人民法院收到补正材料之日起计算。财政部门告知人民法院申请支付材料不符合要求的，人民法院应当自接到通知之日起5个工作日内按照要求提交补正材料。需要赔偿请求人补正材料的，人民法院应当及时通知赔偿请求人。

Q 赔偿请求人的申请支付材料虚假的会有什么结果？

A 申请支付材料虚假、无效，人民法院决定不予受理的，应当在3个工作日内书面通知赔偿请求人并说明理由。

Q 赔偿请求人对法院不予受理申请支付的通知有异议的该怎么办？

A 赔偿请求人对人民法院不予受理申请支付的通知有异议的，可以自收到通知之日起10日内向上一级人民法院申请复核。

Q 赔偿请求人多久能得到复核决定？

A 上一级人民法院应当自收到复核申请之日起5个工作日内作出复核决定，并在作出复核决定之日起3个工作日内送达赔偿请求人。

Q 什么是刑事追偿?

A 刑事追偿是指刑事赔偿义务机关在代表国家承担了刑事赔偿责任后，再向因故意或重大过失侵害公民、法人和其他组织合法权益的国家机关工作人员要求偿还国家已经支付的部分或者全部的赔偿费用。

Q 哪些情形可以进行刑事追偿?

A 赔偿义务机关赔偿后，应当向有下列情形之一的工作人员追偿部分或者全部赔偿费用：1. 刑讯逼供，以殴打、虐待等行为或者唆使、放纵他人以殴打、虐待等行为造成公民身体伤害或者死亡的；2. 违法使用武器、警械造成公民身体伤害或者死亡的；3. 在处理案件中有贪污受贿、徇私舞弊、枉法裁判行为的。

赔偿方式和计算标准

Q 国家赔偿有哪些方式?

A 国家赔偿以支付赔偿金为主要方式。能够返还财产或者恢复原状的，予以返还财产或者恢复原状。

Q 什么是支付赔偿金?

A 支付赔偿金是指国家机关及其工作人员的侵权行为造成受害人人身或财产损害的，依法以给付金钱的方式向受害人履行赔偿义务。

Q 什么是返还财产？

A 返还财产是指国家机关将违法取得的受害人的财产返还给受害人的赔偿方式。

Q 什么是恢复原状？

A 恢复原状是指对因国家机关及其工作人员的侵权行为受到侵害的公民、法人或者其他组织的合法财产进行修复，使之恢复到受损害前的状态的赔偿方式。

Q 采用恢复原状的赔偿方式是否必须受害人申请？

A 国家赔偿法规定能够恢复原状的，予以恢复原状。采取恢复原状的赔偿方式并非取决于受害人请求，而是由赔偿义务机关根据具体情况确定。

Q 侵犯人身自由的国家赔偿金标准是多少？

A 侵犯公民人身自由的，每日赔偿金按照国家上年度职工日平均工资计算。

Q “国家上年度职工日平均工资”怎么计算？

A “上年度”为赔偿义务机关、复议机关或人民法院赔偿委员会作出赔偿决定时的上年度；复议机关或人民法院赔偿委员会决定维持原赔偿决定的，按作出原赔偿决定时的上年度执行。“职工日平均工资”应当以职工年平均工资除以全年法定工作日数的方法计算，年平均工资以国家统计局公布的数字为准。

Q 侵犯公民生命健康权造成身体伤害的，赔偿金如何计算？

A 造成身体伤害的，应当支付医疗费、护理费以及赔偿因误工减少的收入。减少的收入每日的赔偿金按照国家上年度职工日平均工资计算，最高额为国家上年度职工年平均工资的5倍。

Q 造成部分或者全部丧失劳动能力的赔偿金如何计算？

A 造成部分或者全部丧失劳动能力的，应当支付医疗费、护理费、残疾生活辅助具费、康复费等因残疾而增加的必要支出和继续治疗所必需的费用，以及残疾赔偿金。残疾赔偿金根据丧失劳动能力的程度，按照国家规定的伤残等级确定，最高不超过国家上年度职工年平均工资的20倍。造成全部丧失劳动能力的，对其扶养的无劳动能力的人，还应当支付生活费。

Q 造成死亡的赔偿金如何计算？

A 造成死亡的，应当支付死亡赔偿金、丧葬费，总额为国家上年度职工年平均工资的20倍。对死者生前扶养的无劳动能力的人，还应当支付生活费。

Q 生活费按什么标准发放？

A 生活费的发放标准，参照当地最低生活保障标准执行。

生活费应给付多长期限？

被扶养的人是未成年人的，生活费给付至 18 周岁止；其他无劳动能力的人，生活费给付至死亡时止。

因国家侵权行为致伤抢救无效死亡的，能否同时请求赔偿医疗费和死亡赔偿金？

医疗费的发生是由于国家侵权行为引起的，受害人及其家属对此没有过错，这部分费用理应由赔偿义务机关承担。赔偿请求人既可以要求支付医疗费，也可以要求支付死亡赔偿金。

医疗费的赔偿项目包括哪些？

医疗费的范围包括挂号费、诊疗费、检查费、化验费、医药费、住院费、康复费等，既包括已经实际发生的医疗费用，也包括经过诊断证明或鉴定结论确定在将来必然发生的医疗费用。

护理费的赔偿标准如何确定？

对于雇请专职护理人员进行护理的，应参照当地护工同等级护理服务的劳务报酬计算。对于由非专职护理人员护理（通常为受害人亲属）的，护理费应按照护理人员因务工而减少的损失计算。

Q 受害人扶养的人包括哪些？

A 根据我国婚姻法的规定，存在法定扶养关系的人的范围包括：1. 父母对未成年子女有抚养义务；2. 子女对父母有赡养义务；3. 夫妻间互负扶养义务；4. 有负担能力的祖父母、外祖父母，对于父母已经死亡的未成年的孙子女、外孙子女的抚养义务，有负担能力的孙子女、外孙子女对于子女已经死亡的祖父母、外祖父母的赡养义务；5. 有负担能力的兄、姐，对于父母已经死亡或者父母无力抚养的未成年弟、妹的抚养义务。

Q 残疾赔偿金如何计算？

A 《最高人民法院关于审理人身损害赔偿案件适用法律若干问题的解释》（法释〔2003〕20号，http://www.chinacourt.org/law）第二十五条规定：残疾赔偿金根据受害人丧失劳动能力程度或者伤残等级，按照受诉法院所在地上一年度城镇居民人均可支配收入或者农村居民人均纯收入标准，自定残之日起按二十年计算。但六十周岁以上的，年龄每增加一岁减少一年；七十五周岁以上的，按五年计算。受害人因伤致残但实际收入没有减少，或者伤残等级较轻但造成职业妨害严重影响其劳动就业的，可以对残疾赔偿金作相应调整。

Q 死亡赔偿金如何计算？

A 死亡赔偿金按照受诉法院所在地上一年度城镇居民人均可支配收入或者农村居民人均纯收入标准，按20年计算。但60周岁以上的，年龄每增加 1 岁减少 1 年；75 周岁以上的，按 5 年计算。赔偿权利人举证证明其住所地或者经常居住地城镇居民人均可支配收入或者农村居民人均纯收入高于受诉法院所在地标准的，残疾赔偿金或者死亡赔偿金可以按照其住所地或者经常居住地的相关标准计算。

Q 如何判断完全丧失劳动能力？

A 实践中可以参照《工伤保险条例》（国务院令第 586 号，http://www.gov.cn/gongbao/content/2003/content_62126.htm）和《职工非因工伤残或因病丧失劳动能力程度鉴定标准（试行）》（劳社部发〔2002〕8 号，http://www.gov.cn/gongbao/content/2003/content_62585.htm）执行。前者中的一至四级伤残，可认定为全部丧失劳动能力；五、六级伤残，为大部分丧失劳动能力；七至十级伤残，为部分丧失劳动能力。后者将丧失劳动能力分为完全丧失劳动能力和大部分丧失劳动能力。完全丧失劳动能力，是指因损伤或疾病造成人体组织器官缺失、严重缺损、畸形或严重损害，致使伤病的组织器官或生理功能完全丧失或存在严重功能障碍。大部分丧失劳动能力，是指因损伤或疾病造成人体组织器官大部分缺失、明显畸形或损害，致使受损组织器官功能中等度以上障碍。

Q 国家赔偿是否包括精神损害赔偿？

A 是的。有国家赔偿法规定侵犯公民人身权应当给予国家赔偿情形之一，致人精神损害的，应当在侵权行为影响的范围内为受害人消除影响，恢复名誉，赔礼道歉；造成严重后果的，应当支付相应的精神损害抚慰金。

Q 法人能否成为精神损害的主体？

A 不能。法人或其他组织以人格权利遭受侵害为由，向人民法院起诉请求赔偿精神损害的，人民法院不予受理。因此，法人不能成为精神损害的主体。

Q 精神损害抚慰金的赔偿数额应如何确定？

A 精神损害的赔偿数额根据以下因素确定：1. 侵权人的过错程度，法律另有规定的除外；2. 侵害的手段、场合、行为方式等具体情节；3. 侵权行为所造成的后果；4. 侵权人的获利情况；5. 侵权人承担责任的经济能力；6. 受诉法院所在地平均生活水平。法律、行政法规对残疾赔偿金、死亡赔偿金等有明确规定的，适用法律、行政法规的规定。受害人对损害事实和损害后果的发生有过错的，可以根据其过错程度减轻或者免除侵权人的精神损害赔偿责任。

Q 侵犯当事人财产权的国家赔偿方式有哪些？

A 侵犯公民、法人和其他组织的财产权造成损害的，按照下列规定处理：1. 处罚款、罚金、追缴、没收财产或者违法征收、征用财产的，返还财产。2. 查封、扣押、冻结财产的，解除对财产的查封、扣押、冻结，造成财产损坏或者灭失的，依照第 3、4 项的规定赔偿。3. 应当返还的财产损坏的，能够恢复原状的恢复原状，不能恢复原状的，按照损害程度给付相应的赔偿金。4. 应当返还的财产灭失的，给付相应的赔偿金。5. 财产已经拍卖或者变卖的，给付拍卖或者变卖所得的价款；变卖的价款明显低于财产价值的，应当支付相应的赔偿金。6. 吊销许可证和执照、责令停产停业的，赔偿停产停业期间必要的经常性费用开支。7. 返还执行的罚款或者罚金、追缴或者没收的金钱，解除冻结的存款或者汇款的，应当支付银行同期存款利息。8. 对财产权造成其他损害的，按照直接损失给予赔偿。

Q 什么是拍卖？

A 拍卖是指以公开竞价的形式将特定物品或财产权利转让给最高应价者的买卖方式。

Q 什么是必要的经常性费用开支？

A 必要的经常性费用开支是指受害人在停产停业期间为了维持生存而支付的必要费用，如职工工资、水电费等。

Q 什么是国家赔偿费用？

A 国家赔偿费用是指赔偿义务机关依照国家赔偿法的规定，为履行国家赔偿责任而向赔偿请求人支付的费用。

Q 国家赔偿费用具体由谁承担？

A 国家赔偿费用列入各级财政预算。

Q 赔偿请求人如何申请支付赔偿金？

A 赔偿请求人凭生效的判决书、复议决定书、赔偿决定书或者调解书，向赔偿义务机关申请支付赔偿金。

Q 赔偿请求人多久能领到赔偿金？

A 赔偿义务机关应当自收到支付赔偿金申请之日起 7 日内，依照预算管理权限向有关的财政部门提出支付申请。财政部门应当自收到支付申请之日起 15 日内支付赔偿金。

其他规定

Q 法院在民事或行政诉讼过程中违法采取拘留措施的，可以请求国家赔偿吗？

A 可以。人民法院在民事诉讼、行政诉讼过程中，违法采取对妨害诉讼的强制措施、保全措施或者对判决、裁定及其他生效法律文书执行错误，造成损害的，赔偿请求人要求赔偿的程序，适用国家赔偿法刑事赔偿程序的规定。

Q 请求人必须在民事或行政诉讼程序结束后才能提出赔偿请求吗？

A 原则上是，但有例外。赔偿请求人认为人民法院在民事诉讼、行政诉讼过程中有国家赔偿法规定的应予进行司法赔偿情形的，应当在民事、行政诉讼程序或者执行程序终结后提出赔偿请求，但人民法院已依法撤销对妨害诉讼采取的强制措施的情形除外。

Q 在民事或行政诉讼过程中被法院工作人员殴打致伤，可以请求国家赔偿吗？

A 可以。人民法院及其工作人员在民事、行政诉讼或者执行过程中，以殴打或唆使他人以殴打等暴力行为，或违法使用武器、警械，造成公民身体伤害、死亡的，应比照国家赔偿法的规定予以赔偿。

什么是妨害诉讼的强制措施？

妨害诉讼的强制措施是指在诉讼过程中，对有妨碍诉讼秩序行为的行为人采用的排除其妨碍行为的一种强制措施。根据国家赔偿法及相关司法解释规定，在行政诉讼及民事诉讼中，只有违法拘传、违法拘留、违法罚款对受害人造成损害的，国家才赔偿。

哪些属于违法采取的妨害诉讼的强制措施？

违法采取的妨害诉讼的强制措施包括：1. 对没有实施妨害诉讼行为的人或没有证据证明实施妨害诉讼的人采取司法拘留、罚款措施的；2. 超过法律规定期限实施司法拘留的；3. 对同一妨害诉讼行为重复采取罚款、司法拘留措施的；4. 超过法律规定金额实施罚款的；5. 违反法律规定的其他情形。

哪些属于违法采取的保全措施？

违法采取的保全措施包括：1. 依法不应当采取保全措施而采取保全措施或依法不应当解除保全措施而解除的；2. 保全案外人财产的，但案外人对案件当事人负有到期债务的除外；3. 明显超过申请人申请保全数额或范围的；4. 对查封、扣押的财务不履行监管职责，严重不负责任，造成毁损、灭失的，但依法交由有关单位或个人负责保管的除外；5. 变卖财产未由合法评估机构估价，或应当拍卖而未依法拍卖，强行将财物变卖给他人的；6. 违反法律规定的其他情形。

Q 哪些属于对生效法律文书执行错误？

A 对生效法律文书执行错误包括：1. 执行尚未发生效力的判决、裁定、民事制裁决定等法律文书的；2. 违反法律规定先予执行的；3. 违法执行案外人的财产且无法执行回转的；4. 明显超过申请数额、范围执行且无法执行回转的；5. 执行过程中，对查封、扣押的财产不履行监管职责，严重不负责任，造成财物毁损、灭失的；6. 执行过程中，变卖财产未由合法评估机构估价，或应当拍卖而未依法拍卖，强行将财物变卖给他人的；7. 违反法律规定的其他情形。

Q 判决和裁定之外的其他生效法律文书包括哪些？

A 其他生效法律文书是指已经发生法律效力的民事制裁决定、调解、支付令、仲裁裁决、具有强制执行效力的公证债权文书以及行政处罚、处理决定等。

民事或行政诉讼中司法赔偿的方式有哪些？

民事、行政诉讼中司法赔偿的赔偿方式主要为支付赔偿金，包括：支付侵犯人身自由权、生命健康权的赔偿金；财产损坏的，赔偿修复所需费用；财产灭失的，按侵权行为发生时当地市场价格予以赔偿；财产已拍卖的，给付拍卖所得的价款；财产已变卖的，按合法评估机构的估价赔偿；造成其他损害的，赔偿直接损失。能够返还财产或者恢复原状的，予以返还财产或者恢复原状，包括：解除查封、扣押、冻结；返还财产、恢复原状；退还罚款、罚没财物。

民事或行政诉讼中的司法赔偿只赔偿直接损失吗？

是的。人民法院及其工作人员在民事、行政诉讼或者执行过程中造成损害的，应当承担直接损失的赔偿责任。因多种原因造成的损害，只赔偿因违法侵权行为所造成的直接损失。

侵犯财产权的直接损失包括哪些？

直接损失包括下列情形：1. 保全、执行过程中造成财物灭失、毁损、霉变、腐烂等损坏的。2. 违法使用保全、执行的财物造成损坏的。3. 保全的财产系国家批准的金融机构贷款的，当事人应支付的该贷款借贷状态下的贷款利息。执行上述款项的，贷款本金及当事人应支付的该贷款借贷状态下的贷款利息。4. 保全、执行造成停产停业的，停产停业期间的职工工资、税金、水电费等必要的经常性费用。5. 法律规定的其他直接损失。

在民事或行政诉讼中国家不承担赔偿责任的情形有哪些？

具有下列情形之一的，国家不承担赔偿责任：1. 因申请人申请保全有错误造成损害的。2. 因申请人提供的执行标的物有错误造成损害的。3. 人民法院工作人员与行使职权无关的个人行为。4. 执行完毕后，据以执行的判决、裁定和其他法律文书确有错误，被人民法院撤销。对已被执行的财产，人民法院应当作出裁定，责令取得财产的人返还；拒不返还，被强制执行的。5. 被保全人、被执行人、或者人民法院依法指定的保管人员违法动用、隐匿、毁损、转移、变卖人民法院已经保全的财产的。6. 因不可抗力造成损害后果的。7. 依法不应由国家承担赔偿责任的其他情形。

Q 赔偿请求人请求国家赔偿的时效是多长时间?

A 赔偿请求人请求国家赔偿的时效为两年。

Q 什么时间开始起算时效?

A 自赔偿请求人知道或者应当知道国家机关及其工作人员行使职权时的行为侵犯其人身权、财产权之日起计算，但被羁押等限制人身自由期间不计算在内。在申请行政复议或者提起行政诉讼时一并提出赔偿请求的，适用行政复议法、行政诉讼法有关时效的规定。

Q 时效能中止吗？

A 赔偿请求人在赔偿请求时效的最后6个月内，因不可抗力或者其他障碍不能行使请求权的，时效中止。从中止时效的原因消除之日起，赔偿请求时效期间继续计算。

Q 什么是不可抗力？

A 不可抗力是指不能预见、不能避免并且不能克服的客观情况。

Q 不可抗力的范围包括哪些？

A 不可抗力主要包括：1. 自然灾害，如台风、洪水、地震；2. 政府行为，如征收、征用、政府禁令；3. 社会异常事件，如战争、罢工、骚乱。

Q 哪些情形属于“其他障碍”？

A 在时效期间的最后6个月内，权利被侵害的无民事行为能力人、限制民事行为能力人没有法定代理人，或法定代理人死亡、丧失代理权，或法定代理人本人丧失行为能力的，可以认定为因其他障碍不能行使请求权，其请求国家赔偿的请求时效中止。

Q 外国人能否在我国要求国家赔偿？

A 可以。外国人、外国企业和组织在中华人民共和国领域内要求中华人民共和国国家赔偿的，适用我国国家赔偿法。但是，外国人、外国企业和组织的所属国对我国公民、法人和其他组织要求该国国家赔偿的权利不予保护或者限制的，我国也同等对待该国的公民、法人或组织。

Q 赔偿请求人要求国家赔偿是否需缴纳费用？

A 赔偿请求人要求国家赔偿的，赔偿义务机关、复议机关和人民法院不得向赔偿请求人收取任何费用。

Q 赔偿请求人领取赔偿金是否要交税？

A 对赔偿请求人取得的赔偿金不予征税。

e时代打官司一本通

第六章 执行程序

1 2 3 4 5 6 7

民事执行

Q 民事判决由谁来执行？

A 发生法律效力的民事判决、裁定，由第一审人民法院或者与第一审人民法院同级的被执行的财产所在地人民法院执行。法律规定由人民法院执行的其他法律文书，由被执行人住所地或者被执行的财产所在地人民法院执行。

Q 刑事判决中的财产部分由谁来执行？

A 由第一审人民法院或者与第一审人民法院同级的被执行的财产所在地人民法院执行。法律规定由人民法院执行的其他法律文书，由被执行人住所地或者被执行的财产所在地人民法院执行。

Q 当事人或利害关系人认为执行行为违反法律规定怎么办？

A 当事人、利害关系人认为执行行为违反法律规定的，可以向负责执行的人民法院提出书面异议。当事人、利害关系人提出书面异议的，人民法院应当自收到书面异议之日起15日内审查，理由成立的，裁定撤销或者改正；理由不成立的，裁定驳回。当事人、利害关系人对裁定不服的，可以自裁定送达之日起10日内向上一级人民法院申请复议。

当事人申请法院执行的生效法律文书应当具备什么条件？

1. 权利义务主体明确；2. 给付内容明确。法律文书确定继续履行合同的，应当明确继续履行的具体内容。

当事人申请执行但法院未执行怎么办？

人民法院自收到申请执行书之日起超过 6 个月未执行的，申请执行人可以向上一级人民法院申请执行。上一级人民法院经审查，可以责令原人民法院在一定期限内执行，也可以决定由本院执行或者指令其他人民法院执行。

案外人可以对执行标的提出异议吗？

可以。案外人对执行标的提出异议的，应当在该执行标的执行程序终结前提出。

案外人对执行标的提出异议后，法院会如何处理？

1. 案外人对执行标的不享有足以排除强制执行的权益的，裁定驳回其异议；2. 案外人对执行标的享有足以排除强制执行的权益的，裁定中止执行。驳回案外人执行异议裁定送达案外人之日起 15 日内，人民法院不得对执行标的进行处分。

Q 提出执行异议的事由必须一次性提出吗？

A 当事人、利害关系人对同一执行行为如果有多个异议事由，但未在异议审查过程中一并提出，撤回异议或者被裁定驳回异议后，再次就该执行行为提出异议的，人民法院不予受理。案外人撤回异议或者被裁定驳回异议后，再次就同一执行标的提出异议的，人民法院不予受理。

Q 第三人可代为偿还吗？

A 可以，但不能反悔。执行过程中，第三人因书面承诺自愿代被执行人偿还债务而被追加为被执行人后，无正当理由反悔并提出异议的，人民法院不予支持。

Q 什么情况下房屋不能被强制执行？

A 需要根据情况而定。金钱债权执行中，符合下列情形之一，被执行人以执行标的系本人及所扶养家属维持生活必需的居住房屋为由提出异议的，人民法院不予支持：1. 对被执行人有扶养义务的人名下有其他能够维持生活必需的居住房屋的；2. 执行依据生效后，被执行人为逃避债务转让其名下其他房屋的；3. 申请执行人按照当地廉租住房保障面积标准为被执行人及所扶养家属提供居住房屋，或者同意参照当地房屋租赁市场平均租金标准从该房屋的变价款中扣除 5 ～ 8 年租金的。

Q 法院执行工作由专门的机构负责吗？

A 执行工作由执行员进行。人民法院根据需要可以设立执行机构。2014 年 12 月 24 日，最高人民法院举行了执行指挥办公室挂牌暨执行指挥系统开通活动。指挥系统开通后，人民法院充分发挥执行指挥系统的指挥调度作用，推进网络查控、信用惩戒、信息公开等，实现四级法院执行工作的统一管理、统一指挥、统一协调。

Q 申请执行人可以撤回执行申请吗？

A 可以。申请执行人与被执行人达成和解协议后请求中止执行或者撤回执行申请的，人民法院可以裁定中止执行或者终结执行。

Q 被执行人或者被执行的财产在外地怎么办？

A 被执行人或者被执行的财产在外地的，可以委托当地人民法院代为执行。受委托人民法院收到委托函件后，必须在15日内开始执行，不得拒绝。执行完毕后，应当将执行结果及时函复委托人民法院；在30日内如果还未执行完毕，也应当将执行情况函告委托人民法院。受委托人民法院自收到委托函件之日起15日内不执行的，委托人民法院可以请求受委托人民法院的上级人民法院指令受委托人民法院执行。

Q 被执行人在本地没有财产可以执行了怎么办？

A 根据最高人民法院2011年发布的《最高人民法院关于委托执行若干问题的规定》（法释〔2011〕11号，http://www.court.gov.cn/fabuxiangqing-2710.html），执行法院经调查发现被执行人在本辖区内已无财产可供执行，且在其他省、自治区、直辖市内有可供执行财产的，应当将案件委托异地的同级人民法院执行。

Q 一个执行案件涉及多个在不同地区的被执行人时如何执行？

A 执行案件中有3个以上被执行人或者3处以上被执行财产在本省、自治区、直辖市辖区以外，且分属不同异地的，执行法院根据案件具体情况，报经高级人民法院批准后可以异地执行。

Q 委托执行如何确定受托执行法院？

A 委托执行应当以执行标的物所在地或者执行行为实施地的同级人民法院为受托执行法院。有两处以上财产在异地的，可以委托主要财产所在地的人民法院执行。被执行人是现役军人或者军事单位的，可以委托对其有管辖权的军事法院执行。执行标的物是船舶的，可以委托有管辖权的海事法院执行。

Q 委托执行时应当准备什么材料？

A 案件委托执行时，委托法院应当提供下列材料：1. 委托执行函；2. 申请执行书和委托执行案件审批表；3. 据以执行的生效法律文书副本；4. 有关案件情况的材料或者说明，包括本辖区无财产的调查材料、财产保全情况、被执行人财产状况、生效法律文书的履行情况等；5. 申请执行人地址、联系电话；6. 被执行人身份证件或者营业执照复印件、地址、联系电话；7. 委托法院执行员和联系电话；8. 其他必要的案件材料等。

Q 受托法院发现材料不齐的怎么办？

A 受托法院如发现委托执行的手续、材料不全，可以要求委托法院补办。委托法院应当在30日内完成补办事项，在上述期限内未完成的，应当作出书面说明。委托法院既不补办又不说明原因的，视为撤回委托，受托法院可以将委托材料退回委托法院。

Q 委托法院已经查封、扣押、冻结的被执行人异地财产如何处理？

A 委托执行时，委托法院应当将已经查封、扣押、冻结的被执行人的异地财产，一并移交受托法院处理，并在委托执行函中说明。委托执行后，委托法院对被执行人财产已经采取查封、扣押、冻结等措施的，视为受托法院的查封、扣押、冻结措施。受托法院需要继续查封、扣押、冻结，持委托执行函和立案通知书办理相关手续。续封续冻时，仍为原委托法院的查封、冻结顺序。查封、扣押、冻结等措施的有效期限在移交受托法院时不足1个月的，委托法院应当先行续封或者续冻，再移交受托法院。

案件委托执行后当事人可以直接与受托法院联系相关事宜吗？

是的。受托法院收到委托执行函后，应当在7日内予以立案，并及时将立案通知书通过委托法院送达申请执行人，同时将指定的承办人、联系电话等书面告知委托法院。委托法院收到上述通知书后，应当在7日内书面通知申请执行人案件已经委托执行，并告知申请执行人可以直接与受托法院联系执行相关事宜。

委托执行后委托法院在其辖区内又发现了可供执行的财产怎么办？

委托法院在案件委托执行后又发现有可供执行财产的，应当及时告知受托法院。

受托法院发现本辖区外有执行财产的可以再次委托其他法院执行吗？

受托法院发现被执行人在受托法院辖区外另有可供执行财产的，可以直接异地执行，一般不再行委托执行。根据情况确需再行委托的，应当按照委托执行案件的程序办理，并通知案件当事人。

Q 受托法院迟迟不执行怎么办？

受托法院未能在6个月内将受托案件执结的，申请执行人有权请求受托法院的上一级人民法院提级执行或者指定执行，上一级人民法院应当立案审查，发现受托法院无正当理由不予执行的，应当限期执行或者作出裁定提级执行或指定执行。

Q 执行法院异地执行可以请求当地法院协助吗？

执行法院赴异地执行案件时，应当持有其所在辖区高级人民法院的批准函件，但异地采取财产保全措施和查封、扣押、冻结等非处分性执行措施的除外。异地执行时，可以根据案件具体情况。请求当地法院协助执行。当地法院应当积极配合，保证执行人员的人身安全和执行装备、执行标的物不受侵害。

Q 委托执行和异地执行工作由哪一级法院统管？

高级人民法院应当对辖区内委托执行和异地执行工作实行统一管理和协调，履行以下职责：1. 统一管理跨省、自治区、直辖市辖区的委托和受托执行案件；2. 指导、检查、监督本辖区内的受托案件的执行情况；3. 协调本辖区内跨省、自治区、直辖市辖区的委托和受托执行争议案件；4. 承办需异地执行的有关案件的审批事项；5. 对下级法院报送的有关委托和受托执行案件中的相关问题提出指导性处理意见；6. 办理其他涉及委托执行工作的事项。

双方当事人自行和解达成协议后可以恢复对原生效法律文书的执行吗？

视情况而定。一方当事人不履行或者不完全履行在执行中双方自愿达成的和解协议，对方当事人申请执行原生效法律文书的，人民法院应当恢复执行，但和解协议已履行的部分应当扣除。和解协议已经履行完毕的，人民法院不予恢复执行。

被执行人可以提出暂缓执行的请求吗？

被执行人向人民法院提供担保，并经申请执行人同意的，人民法院可以决定暂缓执行及暂缓执行的期限。被执行人逾期仍不履行的，人民法院有权执行被执行人的担保财产或者担保人的财产。

法院决定暂缓执行的期限为多长？

人民法院依照民事诉讼法规定决定暂缓执行的，如果担保是有期限的，暂缓执行的期限应当与担保期限一致，但最长不得超过一年。被执行人或者担保人对担保的财产在暂缓执行期间有转移、隐藏、变卖、毁损等行为的，人民法院可以恢复强制执行。

谁可以为被执行人提供暂缓执行担保？

根据民事诉讼法规定向人民法院提供执行担保的，可以由被执行人或者他人提供财产担保，也可以由他人提供保证。担保人应当具有代为履行或者代为承担赔偿责任的能力。他人提供执行保证的，应当向执行法院出具保证书，并将保证书副本送交申请执行人。被执行人或者他人提供财产担保的，应当参照物权法、担保法的有关规定办理相应手续。

Q 暂缓执行期结束后被执行人仍不执行怎么办？

A 被执行人在人民法院决定暂缓执行的期限届满后仍不履行义务的，人民法院可以直接执行担保财产，或者裁定执行担保人的财产，但执行担保人的财产以担保人应当履行义务部分的财产为限。

Q 被执行人死亡怎么办？

A 作为被执行人的公民死亡，其遗产继承人没有放弃继承的，人民法院可以裁定变更被执行人，由该继承人在遗产的范围内偿还债务。继承人放弃继承的，人民法院可以直接执行被执行人的遗产。

Q 作为被执行人的法人、单位变更或注销了怎么办？

A 执行中作为被执行人的法人或者其他组织分立、合并的，人民法院可以裁定变更后的法人或者其他组织为被执行人；被注销的，如果依照有关实体法的规定有权利义务承受人的，可以裁定该权利义务承受人为被执行人。

Q 执行完毕后发现判决错误怎么办？

A 执行完毕后，据以执行的判决、裁定和其他法律文书确有错误，被人民法院撤销的，对已被执行的财产，人民法院应当作出裁定，责令取得财产的人返还；拒不返还的，强制执行。

如果一方拒不执行生效判决且转移财产的怎么办？

转移财产，规避执行，涉嫌构成拒不执行判决、裁定罪。以最高人民法院公布的典型案例“赵春连申请执行张宇昊机动车交通事故案”为例（案例网址：http://www.court.gov.cn/zixunxiangqing-14000.html）：2010 年 7 月 31 日 21 时 41 分，李福胜驾驶三轮车（后乘申请人赵春连）与被执行人张宇昊发生机动车交通事故。张宇昊负事故全部责任。赵春连之夫李福胜代赵春连向北京市丰台区人民法院提起诉讼。双方在二审期间达成调解，确定张宇昊分期给付赵春连各项赔偿款共计 90 万元。张宇昊于调解书作出当日给付赵春连 20 万元，其后对剩余赔偿款便不再按调解书要求继续给付。李福胜代赵春连向北京市丰台区人民法院申请强制执行。在执行过程中，张宇昊有转移财产、规避执行的行为，北京市丰台区人民法院以涉嫌拒不执行判决、裁定罪将案件移送北京市公安局丰台分局立案侦查。公安机关立案侦查后，张宇昊及亲属将剩余执行款交到法院。北京市丰台区人民法院依法判处张宇昊有期徒刑 6 个月，缓期 1 年执行。

对依法设立的仲裁机构的裁决可以申请执行吗？

对依法设立的仲裁机构的裁决，一方当事人不履行的，对方当事人可以向有管辖权的人民法院申请执行。受申请的人民法院应当执行。

哪些情况可以不执行仲裁机构的裁决？

1. 当事人在合同中没有订有仲裁条款或者事后没有达成书面仲裁协议的；2. 裁决的事项不属于仲裁协议的范围或者仲裁机构无权仲裁的；3. 仲裁庭的组成或者仲裁的程序违反法定程序的；4. 裁决所根据的证据是伪造的；5. 对方当事人向仲裁机构隐瞒了足以影响公正裁决的证据的；6. 仲裁员在仲裁该案时有贪污受贿、徇私舞弊、枉法裁决行为的。人民法院认定执行该裁决违背社会公共利益的，裁定不予执行。裁定书应当送达双方当事人和仲裁机构。

法院裁定不予执行仲裁裁决怎么办？

仲裁裁决被人民法院裁定不予执行的，当事人可以根据双方达成的书面仲裁协议重新申请仲裁，也可以向人民法院起诉。

如果不履行公证的债权文书怎么办？

对公证机关依法赋予强制执行效力的债权文书，一方当事人不履行的，对方当事人可以向有管辖权的人民法院申请执行，受申请的人民法院应当执行。公证债权文书确有错误的，人民法院裁定不予执行，并将裁定书送达双方当事人和公证机关。

哪些情况可以认定公证债权文书确有错误？

1. 公证债权文书属于不得赋予强制执行效力的债权文书的；2. 被执行人一方未亲自或者未委托代理人到场公证等严重违反法律规定的公证程序的；3. 公证债权文书的内容与事实不符或者违反法律强制性规定的；4. 公证债权文书未载明被执行人不履行义务或者不完全履行义务时同意接受强制执行的。人民法院认定执行该公证债权文书违背社会公共利益的，裁定不予执行。公证债权文书被裁定不予执行后，当事人、公证事项的利害关系人可以就债权争议提起诉讼。

申请执行的期间有什么规定？

申请执行的期间为两年。申请执行时效的中止、中断，适用法律有关诉讼时效中止、中断的规定。上述时间从法律文书规定履行期间的最后一日起计算；法律文书规定分期履行的，从规定的每次履行期间的最后一日起计算；法律文书未规定履行期间的，从法律文书生效之日起计算。

Q 被执行人未按执行通知履行法律文书确定的义务怎么办？

A 1. 被执行人未按执行通知履行法律文书确定的义务，应当报告当前以及收到执行通知之日前一年的财产情况。被执行人拒绝报告或者虚假报告的，人民法院可以根据情节轻重对被执行人或者其法定代理人、有关单位的主要负责人或者直接责任人员予以罚款、拘留。2. 被执行人未按执行通知履行法律文书确定的义务，人民法院有权向有关单位查询被执行人的存款、债券、股票、基金份额等财产情况。人民法院有权根据不同情形扣押、冻结、划拨、变价被执行人的财产。人民法院查询、扣押、冻结、划拨、变价的财产不得超出被执行人应当履行义务的范围。人民法院决定扣押、冻结、划拨、变价财产，应当作出裁定，并发出协助执行通知书，有关单位必须办理。3. 执行人未按执行通知履行法律文书确定的义务，人民法院有权扣留、提取被执行人应当履行义务部分的收入。但是，应当保留被执行人及其所扶养家属的生活必需费用。人民法院扣留、提取收入时，应当作出裁定，并发出协助执行通知书，被执行人所在单位、银行、信用合作社和其他有储蓄业务的单位必须办理。4. 执行人未按执行通知履行法律文书确定的义务，人民法院有权查封、扣押、冻结、拍卖、变卖被执行人应当履行义务部分的财产。但是，应当保留被执行人及其所扶养家属的生活必需品。采取上述措施，人民法院应当作出裁定。

Q 法院查封或扣押公民或法人财产时需要哪些人到场？

A 人民法院查封、扣押财产时，被执行人是公民的，应当通知被执行人或者其成年家属到场。被执行人是法人或者其他组织的，应当通知其法定代表人或者主要负责人到场。拒不到场的，不影响执行。被执行人是公民的，其工作单位或者财产所在地的基层组织应当派人参加。对被查封、扣押的财产，执行员必须造具清单，由在场人签名或者盖章后，交被执行人一份。被执行人是公民的，也可以交其成年家属一份。

Q 财产被查封或扣押后被执行人仍不履行法律文书确定的义务怎么办？

A 被执行人逾期不履行的，人民法院应当拍卖被查封、扣押的财产；不适于拍卖或者当事人双方同意不进行拍卖的，人民法院可以委托有关单位变卖或者自行变卖。国家禁止自由买卖的物品，交有关单位按照国家规定的价格收购。

Q 被执行人隐匿财产不履行法律文书确定的义务怎么办？

A 被执行人不履行法律文书确定的义务并隐匿财产的，人民法院有权发出搜查令，对被执行人及其住所或者财产隐匿地进行搜查。采取以上措施，由院长签发搜查令。

Q 法律对搜查人员的搜查工作有何要求？

A 搜查人员应当按规定着装并出示搜查令和工作证件。人民法院搜查时禁止无关人员进入搜查现场；搜查对象是公民的，应当通知被执行人或者其成年家属以及基层组织派员到场；搜查对象是法人或者其他组织的，应当通知法定代表人或者主要负责人到场。拒不到场的，不影响搜查。搜查妇女身体，应当由女执行人员进行。搜查中发现应当依法采取查封、扣押措施的财产，依照民事诉讼法规定办理。搜查应当制作搜查笔录，由搜查人员、被搜查人及其他在场人签名、捺印或者盖章。拒绝签名、捺印或者盖章的，应当记入搜查笔录。

Q 法院有权查询被执行人的身份信息与财产信息吗？

A 有。人民法院有权查询被执行人的身份信息与财产信息，掌握相关信息的单位和个人必须按照协助执行通知书办理。

Q 法院冻结或查封被执行人存款或财产有期限吗？

A 人民法院冻结被执行人的银行存款的期限不得超过1年，查封、扣押动产的期限不得超过两年，查封不动产、冻结其他财产权的期限不得超过3年。申请执行人申请延长期限的，人民法院应当在查封、扣押、冻结期限届满前办理续行查封、扣押、冻结手续，续行期限不得超过以上规定的期限。人民法院也可以依职权办理续行查封、扣押、冻结手续。

Q 法院在执行中需要拍卖被执行人财产的怎么拍卖？

A 人民法院在执行中需要拍卖被执行人财产的，可以由人民法院自行组织拍卖，也可以交由具备相应资质的拍卖机构拍卖。交拍卖机构拍卖的，人民法院应当对拍卖活动进行监督。

Q 法院委托拍卖的如何确定拍卖机构？

A 根据最高人民法院2011年出台的《最高人民法院关于人民法院委托评估、拍卖工作的若干规定》（法释〔2011〕21号，http://www.court.gov.cn/fabu-xiangqing-3140.html），人民法院采用随机方式确定评估、拍卖机构。高级人民法院或者中级人民法院可以根据本地实际情况统一实施对外委托。取得政府管理部门行政许可并达到一定资质等级的评估、拍卖机构，可以自愿报名参加人民法院委托的评估、拍卖活动。

Q 国有资产拍卖有什么特别规定吗？

A 涉国有资产的司法委托拍卖由省级以上国有产权交易机构实施，拍卖机构负责拍卖环节相关工作，并依照相关监管部门制定的实施细则进行。

股票等证券如何拍卖？

根据《中华人民共和国证券法》规定，应当在证券交易所上市交易或转让的证券资产的司法委托拍卖，通过证券交易所实施，拍卖机构负责拍卖环节相关工作。

拍卖机构在拍卖过程中弄虚作假怎么办？

人民法院对其委托的评估、拍卖活动实行监督。出现下列情形之一，影响评估、拍卖结果，侵害当事人合法利益的，人民法院将不再委托其从事委托评估、拍卖工作；涉及违反法律法规的，依据有关规定处理：1. 评估结果明显失实；2. 拍卖过程中弄虚作假、存在瑕疵；3. 随机选定后无正当理由不能按时完成评估拍卖工作；4. 其他有关情形。

网上可以进行司法拍卖吗？

现在在淘宝网上有专门的“司法拍卖”栏目，很多法院已经在网络上实现司法拍卖，该栏目详细介绍了司法拍卖流程等信息。网址：http://sf.taobao.com/?spm=a2166.1605664.a214dv9.2.HFL8jW。

被执行人拒绝配合开展拍卖评估工作怎么办？

拍卖评估需要对现场进行检查、勘验的，人民法院应当责令被执行人、协助义务人予以配合。被执行人、协助义务人不予配合的，人民法院可以强制进行。

当事人、利害关系人可以请求撤销拍卖吗？

当事人、利害关系人提出异议请求撤销拍卖，符合下列情形之一的，人民法院应予支持：1. 竞买人之间、竞买人与拍卖机构之间恶意串通，损害当事人或者其他竞买人利益的；2. 买受人不具备法律规定的竞买资格的；3. 违法限制竞买人参加竞买或者对不同的竞买人规定不同竞买条件的；4. 未按照法律、司法解释的规定对拍卖标的物进行公告的；5. 其他严重违反拍卖程序且损害当事人或者竞买人利益的情形。

被执行人的财产无法拍卖或者变卖的怎么办？

被执行人的财产无法拍卖或者变卖的，经申请执行人同意，且不损害其他债权人合法权益和社会公共利益的，人民法院可以将该项财产作价后交付申请执行人抵偿债务，或者交付申请执行人管理；申请执行人拒绝接收或者管理的，退回被执行人。

拍卖成交的标的物所有权何时变更？

拍卖成交或者依法定程序裁定以物抵债的，标的物所有权自拍卖成交裁定或者抵债裁定送达买受人或者接受抵债物的债权人时转移。

特定的执行标的物损坏怎么办？

执行标的物为特定物的，应当执行原物。原物确已毁损或者灭失的，经双方当事人同意，可以折价赔偿。双方当事人对折价赔偿不能协商一致的，人民法院应当终结执行程序。申请执行人可以另行起诉。

他人持有法律文书指定交付的财物或者票证拒绝转交怎么办？

他人持有法律文书指定交付的财物或者票证，人民法院依照民事诉讼法规定发出协助执行通知后，拒不转交的，可以强制执行。他人持有期间财物或者票证毁损、灭失的，参照最高人民法院司法解释规定处理。他人主张合法持有财物或者票证的，可以根据民事诉讼法规定提出执行异议。

分支机构没有偿付能力怎么办？

人民法院可以通过依法追加被执行人维护申请人的权益。以最高人民法院公布的典型案例“潘某申请执行债权转让合同纠纷案”为例（案例网址：http://www.court.gov.cn/zixun-xiangqing-14000.html）：申请人潘某依据北京市第二中级人民法院作出的民事判决，向北京市通州区人民法院申请执行，要求被执行人中扶建设有限责任公司北京路通同泰建筑分公司给付货款、违约金及迟延履行期间的债务利息。执行法院查明，被执行人路通同泰建筑分公司系企业法人的分支机构，中扶建设有限责任公司为企业法人，系被执行人路通同泰建筑分公司的开办单位。当其所设立的分支机构不能对外清偿债务时，企业法人应对其设立的分支机构对外承担清偿责任。因此，法院依法裁定追加中扶建设有限责任公司为本案被执行人。

必须接受调查询问的被执行人拒不到场怎么办？

对必须接受调查询问的被执行人、被执行人的法定代表人、负责人或者实际控制人，经依法传唤无正当理由拒不到场的，人民法院可以拘传其到场。

对被拘传人进行调查询问的时限是多少？

人民法院应当及时对被拘传人进行调查询问，调查询问的时限不得超过 8 小时；情况复杂，依法可能采取拘留措施的，调查询问的时限不得超过 24 小时。人民法院在本辖区以外采取拘传措施时，可以将被拘传人拘传到当地人民法院，当地人民法院应予协助。

执行银行存款时必须先冻结才能扣划吗？

对被执行的财产，人民法院非经查封、扣押、冻结不得处分。对银行存款等各类可以直接扣划的财产，人民法院的扣划裁定同时具有冻结的法律效力。

可以从网络上直接对被执行人财产进行查询、冻结吗？

根据最高人民法院2013年出台的《最高人民法院关于网络查询、冻结被执行人存款的规定》（法释〔2013〕20 号，http://www.court.gov.cn/fabu-xiangqing-5662.html），人民法院与金融机构已建立网络执行查控机制的，可以通过网络实施查询、冻结被执行人存款等措施。网络执行查控机制的建立和运行应当具备以下条件：1. 已建立网络执行查控系统，具有通过网络执行查控系统发送、传输、反馈查控信息的功能；2. 授权特定的人员办理网络执行查控业务；3. 具有符合安全规范的电子印章系统；4. 已采取足以保障查控系统和信息安全的措施。

法院是如何实现与银行系统联网查控的？

中国银行业监督管理委员会鼓励和支持银行业金融机构与人民法院以全国法院执行案件信息系统为基础，建立全国网络执行查控机制。全国网络执行查控机制建设主要采取两种模式：一是“总对总”联网，即最高人民法院通过中国银行业监督管理委员会金融专网通道与各银行业金融机构总行网络对接。各级人民法院通过最高人民法院网络执行查控系统实施查控。二是“点对点”联网，即高级人民法院通过当地银监局金融专网通道与各银行业金融机构省级分行网络对接。本地人民法院通过高级人民法院执行查控系统实施本地查控，外地法院通过最高人民法院网络中转接入当地高级人民法院执行查控系统实施查控。

Q 法院负责执行工作的工作人员都可以通过网络进行查控吗？

A 不是。人民法院实施网络执行查控措施，应当事前统一向相应金融机构报备有权通过网络采取执行查控措施的特定执行人员的相关公务证件。办理具体业务时，不再另行向相应金融机构提供执行人员的相关公务证件。人民法院办理网络执行查控业务的特定执行人员发生变更的，应当及时向相应金融机构报备人员变更信息及相关公务证件。

Q 法院通过网络查询、冻结被执行人财产的需要履行什么程序？

A 人民法院通过网络查询被执行人存款时，应当向金融机构传输电子协助查询存款通知书。多案集中查询的，可以附汇总的案件查询清单。对查询到的被执行人存款需要冻结或者续行冻结的，人民法院应当及时向金融机构传输电子冻结裁定书和协助冻结存款通知书。人民法院向金融机构传输的法律文书，应当加盖电子印章。

Q 法院通过网络查控被执行人财产与现场执行的效力一样吗？

A 人民法院通过网络查询、冻结、续冻、解冻被执行人存款，与执行人员赴金融机构营业场所查询、冻结、续冻、解冻被执行人存款具有同等效力。

Q 金融机构必须协助法院的查控要求吗？

A 金融机构认为人民法院通过网络执行查控系统采取的查控措施违反相关法律、行政法规规定的，应当向人民法院书面提出异议。人民法院应当在15日内审查完毕并书面回复。

Q 法院的工作人员随意查询非执行义务人信息的怎么办？

A 人民法院在办理执行案件过程中，不得泄露通过网络执行查控系统取得的查控信息，也不得用于执行案件以外的目的；不得对被执行人以外的非执行义务主体采取网络查控措施。对于违反规定的人民法院工作人员应当按照《人民法院工作人员处分条例》给予纪律处分；情节严重构成犯罪的，应当依法追究刑事责任。

Q 法院通过网络查控被执行人财产后可以直接划扣吗？

A 人民法院具备相应网络扣划技术条件，并与金融机构协商一致的，可以通过网络执行查控系统采取扣划被执行人存款措施。

Q 办理财产权证照转移的单位可以拒绝法院的协助要求吗？

A 不能。在执行中，需要办理有关财产权证照转移手续的，人民法院可以向有关单位发出协助执行通知书，有关单位必须办理。

Q 被执行人未按照判决履行支付义务的需要计算利息吗？

A 被执行人未按判决、裁定和其他法律文书指定的期间履行给付金钱义务的，应当加倍支付迟延履行期间的债务利息。被执行人未按判决、裁定和其他法律文书指定的期间履行其他义务的，应当支付迟延履行金。

Q 被执行人拒不履行判决，法院有什么惩戒措施？

A 被执行人不履行法律文书确定的义务的，人民法院可以对其采取或者通知有关单位协助采取限制出境，在征信系统记录、通过媒体公布不履行义务信息，以及法律规定的其他措施。

Q 在什么情况下法院会对被执行人进行信用惩戒？

A 根据2013年最高人民法院出台的《最高人民法院关于公布失信被执行人名单信息的若干规定》（法释〔2013〕17号，http://www.court.gov.cn/fabu-xiangqing-5571.html），被执行人具有履行能力而不履行生效法律文书确定的义务，并具有下列情形之一的，人民法院应当将其纳入失信被执行人名单，依法对其进行信用惩戒：1. 以伪造证据、暴力、威胁等方法妨碍、抗拒执行的；2. 以虚假诉讼、虚假仲裁或者以隐匿、转移财产等方法规避执行的；3. 违反财产报告制度的；4. 违反限制高消费令的；5. 被执行人无正当理由拒不履行执行和解协议的；6. 其他有履行能力而拒不履行生效法律文书确定的义务的。

申请执行人可以请求法院将被执行人纳入失信被执行人名单吗？

申请执行人认为被执行人存在失信行为之一的，可以向人民法院提出申请将该被执行人纳入失信被执行人名单，人民法院经审查后作出决定。人民法院认为被执行人存在失信行为之一的，也可以依职权作出将该被执行人纳入失信被执行人名单的决定。

列入失信被执行人名单何时生效？

人民法院决定将被执行人纳入失信被执行人名单的，应当制作决定书，决定书自作出之日起生效。决定书应当按照民事诉讼法规定的法律文书送达方式送达当事人。

被执行人认为将其纳入失信被执行人名单错误的可以要求法院更正吗？

被执行人认为将其纳入失信被执行人名单错误的，可以向人民法院申请纠正。被执行人是自然人的，一般应由被执行人本人到人民法院提出并说明理由；被执行人是法人或者其他组织的，一般应由被执行人的法定代表人或者负责人本人到人民法院提出并说明理由。人民法院经审查认为理由成立的，应当作出决定予以纠正。

失信被执行人名单包括哪些内容？

记载和公布的失信被执行人名单信息应当包括：1. 作为被执行人的法人或者其他组织的名称、组织机构代码、法定代表人或者负责人姓名；2. 作为被执行人的自然人的姓名、性别、年龄、身份证号码；3. 生效法律文书确定的义务和被执行人的履行情况；4. 被执行人失信行为的具体情形；5. 执行依据的制作单位和文号、执行案号、立案时间、执行法院；6. 人民法院认为应当记载和公布的不涉及国家秘密、商业秘密、个人隐私的其他事项。

Q 失信被执行人名单一般在哪里公布？

A 各级人民法院应当将失信被执行人名单信息录入最高人民法院失信被执行人名单库，并通过该名单库统一向社会公布。各级人民法院可以根据各地实际情况，将失信被执行人名单通过报纸、广播、电视、网络、法院公告栏等其他方式予以公布，并可以采取新闻发布会或者其他方式对本院及辖区法院实施失信被执行人名单制度的情况定期向社会公布。目前，只要在“百度”中输入“失信被执行人”就可以查询被执行人名单。最高人民法院建立了“中国执行信息公开网”（网站网址：http://shixin.court.gov.cn/），失信被执行人名单在网站进行公布，另外各级各地法院在自己的网站、微博、微信上也公布失信被执行人名单。

Q 列入失信被执行人名单的人在其他商事行为中会受到限制吗？

A 人民法院应当将失信被执行人名单信息向政府相关部门、金融监管机构、金融机构、承担行政职能的事业单位及行业协会等通报，供相关单位依照法律、法规和有关规定，在政府采购、招标投标、行政审批、政府扶持、融资信贷、市场准入、资质认定等方面，对失信被执行人予以信用惩戒。人民法院应当将失信被执行人名单信息向征信机构通报，并由征信机构在其征信系统中记录。

Q 能举一个因为被限制有关商业行为而主动执行的案例吗？

A 以最高人民法院公布的典型案例“郑彦某与郑庆某买卖合同纠纷执行案”为例（案例网址：http://legal.people.com.cn/n/2013/1105/c42510-23436947.html）：郑彦某与郑庆某买卖合同

纠纷一案，生效调解书确认郑庆某于2012年7月19日即调解协议签订之日给付郑彦某10000元，余款于2012年12月31日全部付清。然而，郑庆某除签订调解协议时给付的10000元外，余款并未按协议如期履行。2013年4月22日，郑彦某向河北省枣强县人民法院申请执行。该案进入执行程序后，被执行人既未履行调解书确定的义务，也未向执行法院报告财产，更不依传票传唤到庭接受调查。执行法院在调查中了解到，被执行人正在办理银行贷款和公司注册登记手续。针对上述情况，执行法院向枣强县各金融机构、工商管理部门等送达了《枣强县人民法院不予办理失信被执行人申请事项建议书》，建议有关机构和部门在该案未执行结案前不为被执行人办理贷款业务和公司登记等事项。2013年8月20日，被执行人郑庆某来到执行法院，表示愿意主动履行民事调解书确定的义务，请求人民法院将其从失信被执行人名单中删除。

列入失信被执行人名单的人会被通报其所在单位吗？

失信被执行人是国家工作人员的，人民法院应当将其失信情况通报其所在单位。失信被执行人是国家机关、国有企业的，人民法院应当将其失信情况通报其上级单位或者主管部门。

失信被执行人的信息符合什么条件才能从失信被执行人名单中删除？

失信被执行人符合下列情形之一的，人民法院应当将其有关信息从失信被执行人名单库中删除：1. 全部履行了生效法律文书确定义务的；2. 与申请执行人达成执行和解协议并经申请执行人确认履行完毕的；3. 人民法院依法裁定终结执行的。

Q 能举一个被列入失信被执行人名单后主动执行的案例吗？

A 以最高人民法院公布的典型案例“张某与河南某食品有限公司买卖合同纠纷执行案”为例（案例网址：http://legal.people.com.cn/n/2013/1105/c42510-23436732.html）：张某与河南某食品工业有限公司买卖合同纠纷一案，河南省辉县市人民法院判令河南某食品工业有限公司偿还张某94万余元及利息。后来，本案指定新乡市牧野区人民法院执行。当事人双方达成和解协议，但被执行人偿还20万元后，便以各种理由拖延履行。《最高人民法院关于公布失信被执行人名单信息的若干规定》施行后，执行法院于2013年10月9日作出决定书，将河南某食品工业有限公司纳入失信被执行人名单，并录入最高人民法院失信被执行人名单库统一对外公布。被执行人迫于舆论压力，为避免对其商业信誉造成更为严重的影响，遂于2013年10月15日向申请执行人偿还了8万元现金和一辆汽车。鉴于一次性履行全部义务确有较大困难，被执行人主动与申请执行人达成和解协议，每月偿还5万元，直至全部清偿。

Q 公证债权文书具有强制执行力吗？

A 公证债权文书对主债务和担保债务同时赋予强制执行效力的，人民法院应予执行；仅对主债务赋予强制执行效力未涉及担保债务的，对担保债务的执行申请不予受理；仅对担保债务赋予强制执行效力未涉及主债务的，对主债务的执行申请不予受理。

一方当事人死亡的还需要继续执行吗？

应当中止执行。有下列情形之一的，人民法院应当裁定中止执行：1. 申请人表示可以延期执行的；2. 案外人对执行标的提出确有理由的异议的；3. 作为一方当事人的公民死亡，需要等待继承人继承权利或者承担义务的；4. 作为一方当事人的法人或者其他组织终止，尚未确定权利义务承受人的；5. 人民法院认为应当中止执行的其他情形。中止的情形消失后，恢复执行。

在什么情况下执行程序可以终结？

有下列情形之一的，人民法院裁定终结执行：1. 申请人撤销申请的；2. 据以执行的法律文书被撤销的；3. 作为被执行人的公民死亡，无遗产可供执行，又无义务承担人的；4. 追索赡养费、扶养费、抚育费案件的权利人死亡的；5. 作为被执行人的公民因生活困难无力偿还借款，无收入来源，又丧失劳动能力的；6. 人民法院认为应当终结执行的其他情形。

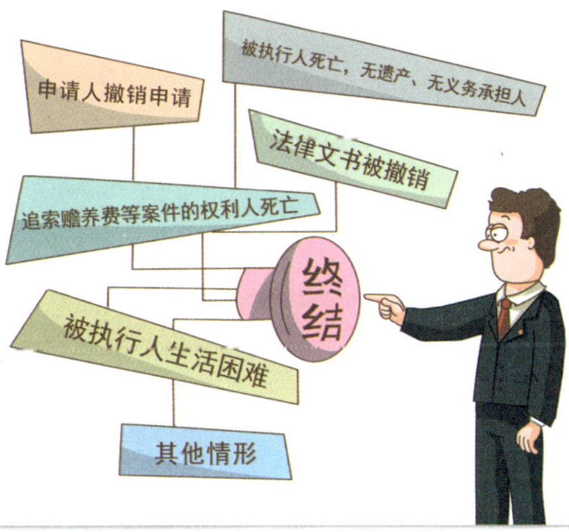

法院的执行流程是公开的吗？

根据最高人民法院2014年制定的《关于人民法院执行流程公开的若干意见》（法发〔2014〕18号，http://www.court.gov.cn/fabu-xiangqing-13606.html）要求，人民法院执行流程信息以公开为原则、不公开为例外。对依法应当公开、可以公开的执行流程及其相关信息，一律予以公开，实现执行案件办理过程全公开、节点全告知、程序全对接、文书全上网，为当事人和社会公众提供全方位、多元化、实时性的执行公开服务，全面推进阳光执行。

当事人在哪里可以看到案件的执行信息？

最高人民法院在政务网上建立“中国执行信息公开网”（网址：http://shixin.court.gov.cn/），开设“中国审判流程信息公开网”的入口，提供查询执行案件流程信息的功能以及全国各级人民法院执行流程信息公开平台的链接。各级人民法院应当建立电话语音系统，在立案大厅或信访接待等场所设立电子触摸屏，供案件当事人和委托代理人以及社会公众查阅有关执行公开事项。具备条件的法院应当建立电子公告屏，在执行指挥系统建设中增加12368智能短信服务平台，建立法院微博以及法院微信公众号等公开渠道。

当事人如何在网上查询执行案件信息？

在执行案件办理过程中，案件当事人及委托代理人可凭有效证件号码或组织机构代码、手机号码以及执行法院提供的查询码、密码，通过执行流程信息公开模块、电话语音系统、电子公告屏和触摸屏、手机应用客户端、法院微博、法院微信公众号等多种载体，查询、下载有关执行流程信息、材料等。

当事人可以在网上给承办法官留言吗？

执行流程信息公开模块具备双向互动功能。案件当事人及委托代理人登录执行流程信息公开模块后，可向案件承办人留言。留言内容应于次日自动导入网上办案平台，案件承办人可通过网上办案平台对留言进行回复。

Q 执行案件的哪些信息应当向当事人公开？

A 下列执行案件信息应当向当事人及委托代理人公开：1. 当事人名称、案号、案由、立案日期等立案信息；2. 执行法官以及书记员的姓名和办公电话；3. 采取执行措施信息，包括被执行人财产查询、查封、冻结、扣划、扣押等信息；4. 采取强制措施信息，包括司法拘留、罚款、拘传、搜查以及限制出境、限制高消费、纳入失信被执行人名单库等信息；5. 执行财产处置信息，包括委托评估、拍卖、变卖、以物抵债等信息；6. 债权分配和执行款收付信息，包括债权分配方案、债权分配方案异议、债权分配方案修改、执行款进入法院执行专用账户、执行款划付等信息；7. 暂缓执行、中止执行、委托执行、指定执行、提级执行等信息；8. 执行和解协议信息；9. 执行实施案件结案信息，包括执行结案日期、执行标的到位情况、结案方式、终结本次执行程序征求申请执行人意见等信息；10. 执行异议、执行复议、案外人异议、执行主体变更和追加等案件的立案时间、案件承办法官和合议庭其他组成人员以及书记员的姓名和办公电话、执行裁决、结案时间等信息；11. 执行申诉信访、执行督促、执行监督等案件的立案时间、案件承办法官和合议庭其他组成人员以及书记员的姓名和办公电话、案件处理意见、结案时间等信息；12. 执行听证、询问的时间、地点等信息；13. 案件的执行期限或审查期限，以及执行期限或审查期限扣除、延长等变更情况；14. 执行案件受理通知书、执行通知书、财产申报通知书、询问通知、听证通知、传票和询问笔录、调查取证笔录、执行听证笔录等材料；15. 执行裁定书、决定书等裁判文书；16. 执行裁判文书开始送达时间、完成送达时间、送达方式等送达信息；17. 执行裁判文书在执行法院执行流程信息公开模块、中国执行信息公开网及中国裁判文书网公布的情况，包括公布时间、查询方式等；18. 有关法律或司法解释要求公布的其他执行流程信息。

Q 法院的执行活动应当录音录像吗？

A 具备条件的法院，询问当事人、执行听证和开展重大执行活动时应当进行录音录像。询问、听证和执行活动结束后，该录音录像应当向当事人及委托代理人公开。当事人及委托代理人申请查阅录音录像的，执行法院经核对身份信息后，应及时提供查阅。

Q 执行过程中的程序性文书可以采用电子送达的方式吗？

A 对于执行裁定书、决定书以外的程序性执行文书，各级法院通过执行流程信息公开模块，向当事人及诉讼代理人提供电子送达服务。当事人及委托代理人同意人民法院采用电子方式送达执行文书的，应当在立案时提交签名或者盖章的确认书。

Q 同意电子送达的当事人如何在网上签收电子文书？

A 同意采用电子方式送达执行文书的当事人及委托代理人，可以通过执行流程信息公开模块签收执行法院以电子方式送达的各类执行文书。当事人及委托代理人下载或者查阅以电子方式送达的执行文书时，自动生成送达回证，记录受送达人下载文书的名称、下载时间、IP地址等。自动生成的送达回证归入电子卷宗。执行机构书记员负责跟踪受送达人接受电子送达的情况，提醒、指导受送达人及时下载、查阅电子送达的执行文书。提醒短信发出后3日内受送达人未下载或者查阅电子送达的执行文书的，应当通过电子邮件、传真、邮寄等方式及时送达。

Q 当事人应当在哪里查询有关执行案件收费标准等信息？

A 可以在各级人民法院的政务网站上查询。各级人民法院通过互联网门户网站（政务网）向社会公众公开本院下列信息：1. 法院地址、交通图示、联系方式、管辖范围、下辖法院、内设部门及其职能、投诉渠道等机构信息；2. 审判委员会组成人员、审判执行人员的姓名、职务等人员信息；3. 执行流程、执行裁判文书和执行信息的公开范围和查询方法等执行公开指南信息；4. 执行立案条件、执行流程、申请执行书等执行文书样式、收费标准、执行费缓减免交的条件和程序、申请强制执行风险提示等执行指南信息；5. 听证公告、悬赏公告、拍卖公告；6. 评估、拍卖及其他社会中介入选机构名册等名册信息；7. 司法解释、指导性案例、执行业务文件等。

Q 法院会主动提示当事人执行案件的进展情况吗？

A 除执行请示、执行协调案件外，各级人民法院受理的各类执行案件应当及时向案件当事人及委托代理人预留的手机号码自动推送短信，提示案件流程进展情况，提醒案件当事人及委托代理人及时接受电子送达的执行文书。

Q 对于不适合公开的执行案件可以由承办法官一人决定不予公开吗？

A 不可以。人民法院对决定不予公开的执行案件有严格规定。案件承办人认为具体案件不宜公开全部或部分流程信息及材料的，应当填写《执行流程信息不予公开审批表》，详细说明原因，经执行机构负责人审核后，呈报分管院领导审批。

Q 已经公开的信息需要变动的可以随时更改吗？

A 可以随时更改，但必须符合一定的程序要求。已在执行流程信息公开平台上发布的信息，因故需要变更的，案件承办人应当呈报执行机构领导审批后，及时更正网上办案平台中的相关信息，并通知当事人及网管人员，由网管人员及时更新执行流程信息公开平台上的相关信息。

Q 法院哪个部门负责执行案件信息的录入工作？

A 各级人民法院立案部门、执行机构是执行流程信息公开平台具体执行案件进度信息公开工作的责任部门，负责确保案件信息的准确性、完整性和录入、公开的及时性。

Q 法院哪个部门负责监督执行信息公开工作？

A 审判管理部门负责组织实施执行流程公开工作，监管执行流程信息公开平台，适时组织检查，汇总工作信息，向院领导报告工作情况，编发通报，进行督促、督办等。发现案件信息不完整、滞后公开或存在错误的，审判管理部门应当督促相关部门补正，并协调、指导信息技术部门及时做好信息更新等工作。

Q 执行案件信息有重大错漏的可以追究相关人员责任吗？

A 因过失导致公开的执行流程信息出现重大错漏，造成严重后果的，依据相关规定追究有关人员的责任。

刑事执行

判决和裁定什么时候交付执行？

判决和裁定在发生法律效力后执行。下列判决和裁定是发生法律效力的判决和裁定：1. 已过法定期限没有上诉、抗诉的判决和裁定；2. 终审的判决和裁定；3. 最高人民法院核准的死刑的判决和高级人民法院核准的死刑缓期两年执行的判决。

死刑立即执行的命令由谁签发？

最高人民法院判处和核准的死刑立即执行的判决，应当由最高人民法院院长签发执行死刑的命令。

死刑缓期执行的考验期从何时开始计算？

死刑缓期执行的期间，从判决或者裁定核准死刑缓期执行的法律文书宣告或者送达之日起计算。

Q 被判死刑缓期执行的罪犯在什么情况下会被执行死刑？

A 判处死刑缓期执行的罪犯，在死刑缓期执行期间故意犯罪的，应当由罪犯服刑地的中级人民法院依法审判，所作的判决可以上诉、抗诉。认定构成故意犯罪的判决、裁定发生法律效力后，应当层报最高人民法院核准执行死刑。

Q 死刑应当在接到最高人民法院执行死刑命令几日内执行？

A 下级人民法院接到最高人民法院执行死刑的命令后，应当在7日以内交付执行。

Q 死刑由哪个法院执行？

A 最高人民法院的执行死刑命令，由高级人民法院交付第一审人民法院执行。在死刑缓期执行期间故意犯罪，最高人民法院核准执行死刑的，由罪犯服刑地的中级人民法院执行。

Q 执行死刑的法院认为执行死刑的判决可能错误的怎么办？

A 第一审人民法院在接到执行死刑命令后、执行前，发现有下列情形之一的，应当暂停执行，并立即将请求停止执行死刑的报告和相关材料层报最高人民法院：1. 罪犯可能有其他犯罪的；2. 共同犯罪的其他犯罪嫌疑人到案，可能影响罪犯量刑的；3. 共同犯罪的其他罪犯被暂停或者停止执行死刑，可能影响罪犯量刑的；4. 罪犯揭发重大犯罪事实或者有其他重大立功表现，可能需要改判的；5. 罪犯怀孕的；6. 判决、裁定可能有影响定罪量刑的其他错误的。最高人民法院经审查，认为可能影响罪犯定罪量刑的，应当裁定停止执行死刑；认为不影响的，应当决定继续执行死刑。

Q 最高人民法院在执行死刑命令签发后、执行前发现有可能影响罪犯量刑的怎么办？

A 最高人民法院在执行死刑命令签发后、执行前，发现有可能影响罪犯量刑的，应当立即裁定停止执行死刑，并将有关材料移交下级人民法院。

Q 下级法院如何执行最高人民法院停止执行死刑的裁定？

A 下级人民法院接到最高人民法院停止执行死刑的裁定后，应当会同有关部门调查核实停止执行死刑的事由，并及时将调查结果和意见层报最高人民法院审核。下级人民法院报送的停止执行死刑的调查结果和意见，由最高人民法院原作出核准死刑判决、裁定的合议庭负责审查，必要时另行组成合议庭进行审查。

Q 最高人民法院对停止执行死刑的案件应当如何处理？

A 最高人民法院对停止执行死刑的案件，应当按照下列情形分别处理：1. 确认罪犯怀孕的，应当改判；2. 确认罪犯有其他犯罪，依法应当追诉的，应当裁定不予核准死刑，撤销原判，发回重新审判；3. 确认原判决、裁定有错误或者罪犯有重大立功表现，需要改判的，应当裁定不予核准死刑，撤销原判，发回重新审判；4. 确认原判决、裁定没有错误，罪犯没有重大立功表现，或者重大立功表现不影响原判决、裁定执行的，应当裁定继续执行死刑，并由院长重新签发执行死刑的命令。

Q 执行死刑前罪犯可以会见家属吗？

A 第一审人民法院在执行死刑前，应当告知罪犯有权会见其近亲属。罪犯申请会见并提供具体联系方式的，人民法院应当通知其近亲属。罪犯近亲属申请会见的，人民法院应当准许，并及时安排会见。

Q 死刑执行应当有监督机关吗？

A 第一审人民法院在执行死刑3日前，应当通知同级人民检察院派员临场监督。

Q 死刑采用什么方法？

A 死刑采用枪决或者注射等方法执行。采用注射方法执行死刑的，应当在指定的刑场或者羁押场所内执行。采用枪决、注射以外的其他方法执行死刑的，应当事先层报最高人民法院批准。

执行死刑需要验明正身吗？

指挥执行的审判人员，对罪犯应当验明正身，讯问有无遗言、信札，然后交付执行人员执行死刑。在执行前，如果发现可能有错误，应当暂停执行，报请最高人民法院裁定。

执行死刑后需要上报执行死刑的情况吗？

执行死刑后，应当由法医验明罪犯确实死亡，在场书记员制作笔录。负责执行的人民法院应当在执行死刑后15日内将执行情况，包括罪犯被执行死刑前后的照片，上报最高人民法院。

公民可以观看死刑执行吗？

不能。执行死刑应当公布，不应示众，禁止游街示众或者其他有辱罪犯人格的行为。

执行死刑后需要通知家属吗？

执行死刑后，交付执行的人民法院应当通知罪犯家属。

Q 执行死刑后罪犯的物品、遗书等如何处理？

A 执行死刑后，负责执行的人民法院应当办理以下事项：1. 对罪犯的遗书、遗言笔录，应当及时审查；涉及财产继承、债务清偿、家事嘱托等内容的，将遗书、遗言笔录交给家属，同时复制附卷备查；涉及案件线索等问题的，抄送有关机关。2. 通知罪犯家属在限期内领取罪犯骨灰；没有火化条件或者因民族、宗教等原因不宜火化的，通知领取尸体；过期不领取的，由人民法院通知有关单位处理，并要求有关单位出具处理情况的说明；对罪犯骨灰或者尸体的处理情况，应当记录在案。3. 对外国籍罪犯执行死刑后，通知外国驻华使、领馆的程序和时限，根据有关规定办理。

Q 死刑缓期执行、无期徒刑、有期徒刑、拘役判决应当如何交付执行？

A 1. 被判处死刑缓期执行、无期徒刑、有期徒刑、拘役的罪犯，交付执行时在押的，第一审人民法院应当在判决、裁定生效后10日内，将判决书、裁定书、起诉书副本、自诉状复印件、执行通知书、结案登记表送达看守所，由公安机关将罪犯交付执行。2. 罪犯需要收押执行刑罚，而判决、裁定生效前未被羁押的，人民法院应当根据生效的判决书、裁定书将罪犯送交看守所羁押，并办理执行手续。3. 对被判处有期徒刑的罪犯，在被交付执行刑罚前，剩余刑期在3个月以下的，由看守所代为执行。对被判处拘役的罪犯，由公安机关执行。执行通知书回执经看守所盖章后，应当附卷备查。

Q 收押罪犯需要通知家属吗？

A 执行机关应当将罪犯及时收押，并且通知罪犯家属。

执行期满需要发给释放证明吗？

判处有期徒刑、拘役的罪犯，执行期满，应当由执行机关发给释放证明书。

在什么情况下死刑缓期执行可以获得减刑？

判处死刑缓期执行的，在死刑缓期执行期间，如果没有故意犯罪，两年期满以后减为无期徒刑；如果确有重大立功表现，两年期满以后减为25年有期徒刑；如果故意犯罪，查证属实的，由最高人民法院核准，执行死刑。

什么情况下可以暂予监外执行？

对被判处有期徒刑或者拘役的罪犯，有下列情形之一的，可以暂予监外执行：1. 有严重疾病需要保外就医的；2. 怀孕或者正在哺乳自己婴儿的妇女；3. 生活不能自理，适用暂予监外执行不致危害社会的。

被判无期徒刑的罪犯可以暂予监外执行吗？

对被判处无期徒刑的罪犯，有怀孕或者正在哺乳自己婴儿的妇女的情形的，可以暂予监外执行。

什么是保外就医？

保外就医是监外执行的一种。根据法律规定，被判处有期徒刑或者拘役的罪犯有下列情形之一的，可准保外就医：身患严重疾病的；身体残疾、生活难以自理的；年老多病，已失去危害社会可能的。

如何证明罪犯确有严重疾病必须保外就医？

对罪犯确有严重疾病，必须保外就医的，由省级人民政府指定的医院诊断并开具证明文件。

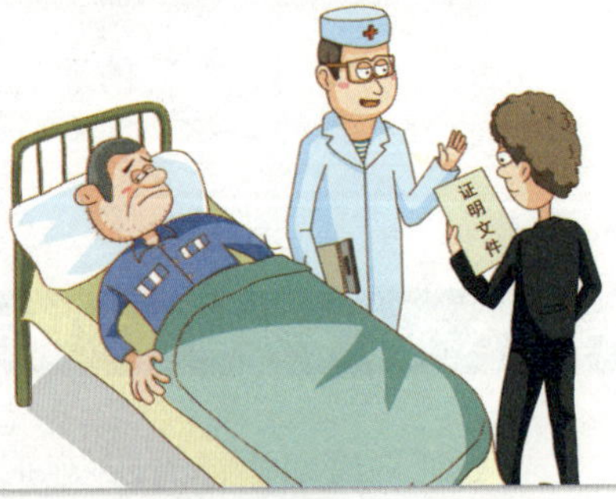

暂予监外执行的决定都是由法院作出的吗？

在交付执行前，暂予监外执行由交付执行的人民法院决定；在交付执行后，暂予监外执行由监狱或者看守所提出书面意见，报省级以上监狱管理机关或者设区的市一级以上公安机关批准。

检察院如何监督暂予监外执行？

监狱、看守所提出暂予监外执行的书面意见的，应当将书面意见的副本抄送人民检察院。人民检察院可以向决定或者批准机关提出书面意见。决定或者批准暂予监外执行的机关应当将暂予监外执行决定抄送人民检察院。人民检察院认为暂予监外执行不当的，应当自接到通知之日起1个月以内将书面意见送交决定或者批准暂予监外执行的机关。决定或者批准暂予监外执行的机关接到人民检察院的书面意见后，应当立即对该决定进行重新核查。

暂予监外执行的何时应当收监执行？

对暂予监外执行的罪犯，有下列情形之一的，应当及时收监：1. 发现不符合暂予监外执行条件的；2. 严重违反有关暂予监外执行监督管理规定的；3. 暂予监外执行的情形消失后，罪犯刑期未满的。

Q 不符合暂予监外执行条件的罪犯通过贿赂等非法手段被暂予监外执行的怎么办？

A 不符合暂予监外执行条件的罪犯通过贿赂等非法手段被暂予监外执行的，在监外执行的期间不计入执行刑期。罪犯在暂予监外执行期间脱逃的，脱逃的期间不计入执行刑期。

Q 能举一个暂予监外执行情形已经消失依法收监执行刑罚的案例吗？

A 例如罪犯车成义依法收监案（案例网址：http://www.court.gov.cn/zixun-xiangqing-13473.html），其基本案情如下：罪犯车成义，男，原中国农业银行齐齐哈尔分行风险管理部经理，因犯贪污罪于2012年3月被判处有期徒5年。2013年5月9日，经黑龙江省齐齐哈尔市第一医院司法鉴定中心鉴定，车成义患高血压Ⅲ期疾病。因此，齐齐哈尔市龙沙区人民法院决定对其暂予监外执行1年，执行期限自2013年5月10日起至2014年5月9日止。2014年3月14日，齐齐哈尔市第一医院司法鉴定所鉴定，车成义患多发脑梗死、脑萎缩、高血压Ⅲ期疾病，符合《罪犯保外就医疾病伤残范围》第三条即“高血压Ⅲ期”之规定。随后，龙沙区法院依据有关从严把握“三类罪犯”暂予监外执行标准的规定，对车成义的病情进行了重新鉴定。2014年6月3日，经黑龙江省医院司法鉴定中心鉴定，车成义所患疾病为高血压Ⅱ期，不符合《罪犯保外就医的疾病伤残范围》的规定。最终，龙沙区法院依法作出收监执行的决定，并及时将罪犯车成义收监继续执行剩余刑期。

Q 收监执行的罪犯由哪个司法机关负责交付执行？

A 人民法院应当将收监执行决定书送交罪犯居住地的县级司法行政机关，由其根据有关规定将罪犯交付执行。收监执行决定书应当同时抄送罪犯居住地的同级人民检察院和公安机关。

Q 管制、宣告缓刑的刑罚如何执行？

A 对被判处管制、宣告缓刑的罪犯，人民法院应当核实其居住地。宣判时，应当书面告知罪犯到居住地县级司法行政机关报到的期限和不按期报到的后果。判决、裁定生效后10日内，应当将判决书、裁定书、执行通知书等法律文书送达罪犯居住地的县级司法行政机关，同时抄送罪犯居住地的县级人民检察院。

Q 管制、宣告缓刑的刑罚可以同时宣布禁止令吗？

A 根据最高人民法院、最高人民检察院、公安部、司法部出台的《关于对判处管制、宣告缓刑的犯罪分子适用禁止令有关问题的规定（试行）》（法发〔2011〕9号，http://www.court.gov.cn/fabu-xiangqing-3454.html），对判处管制、宣告缓刑的犯罪分子，人民法院根据犯罪情况，认为从促进犯罪分子教育矫正、有效维护社会秩序的需要出发，确有必要禁止其在管制执行期间、缓刑考验期限内从事特定活动，进入特定区域、场所，接触特定人的，可以同时宣告禁止令。

Q 禁止进入特定区域和禁止接触特定人可以同时适用吗？

A 可以。人民法院宣告禁止令，应当根据犯罪分子的犯罪原因、犯罪性质、犯罪手段、犯罪后的悔罪表现、个人一贯表现等情况，充分考虑与犯罪分子所犯罪行的关联程度，有针对性地决定禁止其在管制执行期间、缓刑考验期限内“从事特定活动，进入特定区域、场所，接触特定的人”的一项或者几项内容。

Q “禁止从事特定活动”具体是指哪些活动？

A 人民法院可以根据犯罪情况，禁止判处管制、宣告缓刑的犯罪分子在管制执行期间、缓刑考验期限内从事以下一项或者几项活动：1. 个人为进行违法犯罪活动而设立公司、企业、事业单位，或者在设立公司、企业、事业单位后以实施犯罪为主要活动的，禁止设立公司、企业、事业单位；2. 实施证券犯罪、贷款犯罪、票据犯罪、信用卡犯罪等金融犯罪的，禁止从事证券交易、申领贷款、使用票据或者申领、使用信用卡等金融活动；3. 利用从事特定生产经营活动实施犯罪的，禁止从事相关生产经营活动；4. 附带民事赔偿义务未履行完毕，违法所得未追缴、退赔到位，或者罚金尚未足额缴纳的，禁止从事高消费活动；5. 其他确有必要禁止从事的活动。

Q “禁止进入特定场所”具体是指哪些场所？

A 人民法院可以根据犯罪情况，禁止判处管制、宣告缓刑的犯罪分子在管制执行期间、缓刑考验期限内进入以下一类或者几类区域、场所：1. 禁止进入夜总会、酒吧、迪厅、网吧等娱乐场所；2. 未经执行机关批准，禁止进入举办大型群众性活动的场所；3. 禁止进入中小学校区、幼儿园园区及周边地区，确因本人就学、居住等原因，经执行机关批准的除外；4. 其他确有必要禁止进入的区域、场所。

Q “禁止接触特定人”具体是指禁止接触哪些人员？

A 人民法院可以根据犯罪情况，禁止判处管制、宣告缓刑的犯罪分子在管制执行期间、缓刑考验期限内接触以下一类或者几类人员：1. 未经对方同意，禁止接触被害人及其法定代理人、近亲属；2. 未经对方同意，禁止接触证人及其法定代理人、近亲属；3. 未经对方同意，禁止接触控告人、批评人、举报人及其法定代理人、近亲属；4. 禁止接触同案犯；5. 禁止接触其他可能遭受其侵害、滋扰的人或者可能诱发其再次危害社会的人。

Q 禁止令的期限同管制、缓刑考验期相同吗？

A 禁止令的期限，既可以与管制执行、缓刑考验的期限相同，也可以短于管制执行、缓刑考验的期限，但判处管制的，禁止令的期限不得少于3个月，宣告缓刑的，禁止令的期限不得少于两个月。判处管制的犯罪分子在判决执行以前先行羁押以致管制执行的期限少于3个月的，禁止令的期限不受规定的最短期限的限制。禁止令的执行期限，从管制、缓刑执行之日起计算。

Q 检察院可以提出宣告禁止令的建议吗？

A 人民检察院在提起公诉时，对可能判处管制、宣告缓刑的被告人可以提出宣告禁止令的建议。当事人、辩护人、诉讼代理人可以就应否对被告人宣告禁止令提出意见，并说明理由。

Q 公安机关可以对宣告禁止令提出建议吗？

A 公安机关在移送审查起诉时，可以根据犯罪嫌疑人涉嫌犯罪的情况，就应否宣告禁止令及宣告何种禁止令向人民检察院提出意见。

Q 禁止令的宣告需要写入判决书中吗？

A 人民法院对判处管制、宣告缓刑的被告人宣告禁止令的，应当在裁判文书主文部分单独作为一项予以宣告。

Q 禁止令由哪个机关执行？

A 禁止令由司法行政机关指导管理的社区矫正机构负责执行。

Q 禁止令的执行由哪个机关负责监督？

A 人民检察院对社区矫正机构执行禁止令的活动实行监督。发现有违反法律规定的情况，应当通知社区矫正机构纠正。

Q 违反禁止令会受到什么处罚？

A 判处管制的犯罪分子违反禁止令，或者被宣告缓刑的犯罪分子违反禁止令尚不属情节严重的，由负责执行禁止令的社区矫正机构所在地的公安机关依照《中华人民共和国治安管理处罚法》处 5 日以上 10 日以下拘留，并处 200 元以上 500 元以下罚款。被宣告缓刑的犯罪分子违反禁止令，情节严重的，应当撤销缓刑，执行原判刑罚。原作出缓刑裁判的人民法院应当自收到当地社区矫正机构提出的撤销缓刑建议书之日起 1 个月内依法作出裁定。人民法院撤销缓刑的裁定一经作出，立即生效。

Q 哪些情况属于违反禁止令情节严重的？

A 违反禁止令，具有下列情形之一的，应当认定为“情节严重”：1. 违反禁止令 3 次以上的；2. 因违反禁止令被治安管理处罚后，再次违反禁止令的；3. 违反禁止令，发生较为严重危害后果的；4. 其他情节严重的情形。

Q 被判处禁止令的罪犯被依法减刑时，禁止令期限可以缩短吗？

A 被宣告禁止令的犯罪分子被依法减刑时，禁止令的期限可以相应缩短，由人民法院在减刑裁定中确定新的禁止令。

Q 剥夺政治权利的刑罚由哪个机关执行？

A 对被判处剥夺政治权利的罪犯，由公安机关执行。对单处剥夺政治权利的罪犯，人民法院应当在判决、裁定生效后10日内，将判决书、裁定书、执行通知书等法律文书送达罪犯居住地的县级公安机关，并抄送罪犯居住地的县级人民检察院。执行期满，应当由执行机关书面通知本人及其所在单位、居住地基层组织。

Q 罚金刑由哪个机关执行？

A 财产刑和附带民事裁判由第一审人民法院负责裁判执行的机构执行。

Q 判处罚金的罪犯期满后仍然不缴纳的怎么办？

A 罚金在判决规定的期限内一次或者分期缴纳。期满无故不缴纳或者未足额缴纳的，人民法院应当强制缴纳。经强制缴纳仍不能全部缴纳的，在任何时候，包括主刑执行完毕后，发现被执行人有可供执行的财产的，应当追缴。

Q 由于天灾人祸等原因可以申请少缴罚金吗？

A 被判处罚金的罪犯，期满不缴纳的，人民法院应当强制缴纳；如果由于遭遇不能抗拒的灾祸缴纳确实有困难的，可以裁定减少或者免除。

Q 行政机关对被告人就同一事实已经处以罚款的可以折抵罚金吗？

A 行政机关对被告人就同一事实已经处以罚款的，人民法院判处罚金时应当折抵，扣除行政处罚已执行的部分。

Q 没收财产的刑罚由哪个机关执行？

A 没收财产的判决，无论附加适用或者独立适用，都由人民法院执行；在必要的时候，可以会同公安机关执行。判处没收财产的，判决生效后，应当立即执行。

Q 案外人可以对执行的财产提出异议吗？

A 在执行财产刑和附带民事裁判过程中，案外人对被执行财产提出权属异议的，人民法院应当参照民事诉讼法有关执行异议的规定进行审查并作出处理。

Q 案外人对执行财产提出异议后还能够继续执行刑罚吗？

A 执行财产刑过程中，具有下列情形之一的，人民法院应当裁定中止执行：1. 执行标的物系人民法院或者仲裁机构正在审理案件的争议标的物，需等待该案件审理完毕确定权属的；2. 案外人对执行标的物提出异议的；3. 应当中止执行的其他情形。中止执行的原因消除后，应当恢复执行。

Q 财产刑的执行和民事赔偿的履行应当哪个优先？

A 被判处财产刑，同时又承担附带民事赔偿责任的被执行人，应当先履行民事赔偿责任。

Q 法院可以向符合救助条件的被害人发放救助款项吗？

A 人民法院在审理刑事案件过程中，通过深入了解案情，综合考虑刑事被害人遭受犯罪侵害所造成的实际损害后果、被告人及其他赔偿义务人实际民事赔偿情况、刑事被害人对案件发生有无过错以及过错大小、家庭经济状况、维持当地基本生活水平所必需的最低支出等因素，对符合救助条件的刑事被害人主动提出救助意见，及时发放救助款项。以被告人张某、赵某抢劫案为例（案例网址：http://www.court.gov.cn/zixun-xiangqing-4482.html）：被害人罗某遭遇抢劫时头部受重创，经法医鉴定为一级伤残，呈植物人状态。两个被告人无固定收入，无任何赔偿能力。为救治罗某，其母亲及亲属花费40余万元，几近倾家荡产。了解到被害人家庭的困难后，承办案件的法院及时启动救助程序，在案件判决的同时，为被害人罗某送去救助金，并积极联系当地有关部门，把罗某一家纳入特殊困难救助范围，办理了最低收入保障，帮助罗某的母亲联系解决了一份工作，案件处理取得了良好的法律效果和社会效果。

Q 法院如何对严重伤残的被害人进行救助？

A 遭受严重暴力犯罪侵害，导致严重伤残甚至死亡的被害人或其近亲属，较一般刑事案件的被害人遭受的损害更大，人民法院将这部分刑事被害人作为救助重点，在被告人及其他赔偿义务人无力赔偿的情况下，帮助刑事被害人解决基本生活方面的突出困难。以被告人缪某故意伤害案为例（案例网址：http://www.court.gov.cn/zixun-xiangqing-4482.html）：被告人缪某年仅 14 岁，将被害人孙某捅伤致死。缪某被判处有期徒刑 10 年的同时，被判赔偿被害人亲属 7 万余元，但缪某的父亲因 10 年前遭遇车祸右腿落下严重残疾，基本丧失劳动能力，母亲卧病在床，根本无力赔付。被害人孙某的父亲年近六旬，母亲身有残疾，生活更为困难。承办案件的法院对被害人的父母及时给予了救助，缓解了两位老人的困境。

Q 被判处财产刑之前罪犯所欠的债务怎么偿还？

A 判处财产刑之前被执行人所负正当债务，需要以被执行的财产偿还的，经债权人请求，应当偿还。

Q 被执行人的财产在异地的怎么办？

A 被执行人或者被执行财产在外地的，可以委托当地人民法院执行。 受托法院在执行财产刑后，应当及时将执行的财产上缴国库。

Q 被执行人死亡后财产刑还需要继续执行吗？

A 视情况而定。执行财产刑过程中，具有下列情形之一的，人民法院应当裁定终结执行：1. 据以执行的判决、裁定被撤销的；2. 被执行人死亡或者被执行死刑，且无财产可供执行的；3. 被判处罚金的单位终止，且无财产可供执行的；4. 如果由于遭遇不能抗拒的灾祸缴纳确实有困难，免除罚金的；5. 应当终结执行的其他情形。

Q 罪犯在服刑期间又犯罪的怎么办？

A 罪犯在服刑期间又犯罪的，或者发现了判决的时候所没有发现的罪行，由执行机关移送人民检察院处理。

Q 什么是减刑？

A 减刑，是指对原判刑期适当减轻的一种刑法执行活动。狭义的减刑是指依法被判处管制、拘役、有期徒刑、无期徒刑的罪犯在具有法定的减刑情节时，由负责执行刑罚的机关报送材料，人民法院依法予以减轻原判刑罚的刑事司法活动；广义的减刑是指凡受刑事处罚的人，在具备法定的减刑情节时，由负责执行刑罚的机关报送材料，人民法院依法予以减轻原判刑罚的刑事司法活动，不仅包括狭义减刑的范围，还涵盖了死刑缓期二年执行、罚金、缓刑及因主刑减刑后附加剥夺政治权利的减刑。

Q 什么是假释？

A 假释是对被判处有期徒刑、无期徒刑的犯罪分子，在执行一定刑期之后，因其遵守监规，接受教育和改造，确有悔改表现，不致再危害社会，而附条件地将其予以提前释放的制度。

Q 存在不受执行刑期限制的假释案件吗？

A 存在，应当报请最高人民法院核准。报请最高人民法院核准因罪犯具有特殊情况，不受执行刑期限制的假释案件，应当按照下列情形分别处理：1. 中级人民法院依法作出假释裁定后，应当报请高级人民法院复核。高级人民法院同意的，应当书面报请最高人民法院核准；不同意的，应当裁定撤销中级人民法院的假释裁定。2. 高级人民法院依法作出假释裁定的，应当报请最高人民法院核准。

Q 能用案例说明减刑的一般程序吗？

A 以最高人民法院公布的典型案例“罪犯吴正减刑案”为例（案例网址：http://www.court.gov.cn/zixun-xiangqing-13473.html）：罪犯吴正，因犯交通肇事罪被判处有期徒刑3年，缓刑3年，在湖南省汨罗市桃林镇接受社区矫正。2014年4月，汨罗市司法局向湖南省岳阳市中级人民法院提出对罪犯吴正减刑的建议。岳阳中院立案后将减刑建议书等材料在吴正接受矫正的桃林镇社区和互联网同步公示，并在桃林镇公开开庭审理了本案。岳阳中院经审理查明，罪犯吴正在社区矫正期间服从监管，接受教育改造，积极参加集中教育及社区服务等活动，表现良好。2013年5月，吴正还因抢救一名溺水儿童，被汨罗市综治委授予“见义勇为”称号。湖南省司法厅社区矫正管理局给予吴正重大立功奖励1次。岳阳中院认为，罪犯吴正在缓刑考验期间积极参加社区矫正部门组织的集中教育和社区服务活动，确有悔改表现并有重大立功表现，对其依法应予减刑。

Q 财产刑的执行情况会对减刑、假释的裁定有影响吗？

A 审理减刑、假释案件，应当审查财产刑和附带民事裁判的执行情况，以及罪犯退赃、退赔情况。罪犯积极履行判决确定的义务的，可以认定有悔改表现，在减刑、假释时从宽掌握；确有履行能力而不履行的，在减刑、假释时从严掌握。

Q 法院审理减刑、假释案件需要考虑罪犯的年龄以及假释后生活来源等情况吗？

A 人民法院审理假释案件，除应当审查财产刑和附带民事裁判的执行情况，以及罪犯退赃、退赔情况外，还应当综合考虑罪犯的年龄、身体状况、性格特征、假释后生活来源以及监管条件等影响再犯罪的因素。

Q 能举一个财产刑执行情况不理想而不予以减刑的案例吗？

A 以最高人民法院公布的典型案例“罪犯张松坚不予减刑案”为例（案例网址：http://www.court.gov.cn/zixun-xiangqing-13473.html）：罪犯张松坚，原安徽省滁州市人大常委会副主任，因犯受贿罪于2011年5月被判处无期徒刑，剥夺政治权利终身，并处没收个人全部财产，受贿所得现金、购物卡等400余万元予以追缴。2014年11月，执行机关安徽省巢湖监狱向安徽省高级人民法院提出减刑建议，该院立案后将减刑建议书等材料通过互联网向社会公示，并公开开庭审理本案。安徽高院经审理查明，罪犯张松坚对原审认定的受贿事实仅承认不足10万元的礼金和购物卡，其他部分拒不认罪。另查明，案发后张松坚实际退出赃款163万余元。安徽高院认为，罪犯张松坚否认原判认定的绝大部分犯罪事实，不能认定其“认罪悔罪”。张松坚不符合法律规定的减刑条件，依法裁定不予减刑。

Q 审理减刑、假释案件前需要对罪犯的信息进行公示吗？

A 审理减刑、假释案件，应当对以下内容予以公示：1. 罪犯的姓名、年龄等个人基本情况；2. 原判认定的罪名和刑期；3. 罪犯历次减刑情况；4. 执行机关的减刑、假释建议和依据。公示应当写明公示期限和提出意见的方式。公示地点为罪犯服刑场所的公共区域；有条件的地方可以面向社会公示。

公示信息在哪里可以看到？

最高人民法院开通了“全国法院减刑、假释、暂予监外执行信息网”，有关减刑、假释案件的立案信息可在网站（http://www.court.gov.cn/qgfyjxjszyjwzxxxw）的“立案公示”一栏中查询。同时，这个网站中可以查询“开庭公告”，还对减刑、假释案件进行庭审直播，并公布了裁判文书。

减刑、假释的一般程序是什么？

被判处管制、拘役、有期徒刑或者无期徒刑的罪犯，在执行期间确有悔改或者立功表现，应当依法予以减刑、假释的时候，由执行机关提出建议书，报请人民法院审核裁定，并将建议书副本抄送人民检察院。人民检察院可以向人民法院提出书面意见。

什么是“确有悔改表现”？

根据最高人民法院2011年出台的《最高人民法院关于办理减刑、假释案件具体应用法律若干问题的规定》（法释〔2012〕2号，http://www.court.gov.cn/fabu-xiangqing-3703.html），“确有悔改表现”是指同时具备以下4个方面情形：1. 认罪悔罪；2. 认真遵守法律法规及监规，接受教育改造；3. 积极参加思想、文化、职业技术教育；4. 积极参加劳动，努力完成劳动任务。罪犯积极执行财产刑和履行附带民事赔偿义务的，可视为有认罪悔罪表现，在减刑、假释时可以从宽掌握；确有执行、履行能力而不执行、不履行的，在减刑、假释时应当从严掌握。

Q 什么情形属于“立功表现”？

A 具有下列情形之一的，应当认定为有“立功表现”：1. 阻止他人实施犯罪活动的；2. 检举、揭发监狱内外犯罪活动，或者提供重要的破案线索，经查证属实的；3. 协助司法机关抓捕其他犯罪嫌疑人（包括同案犯）的；4. 在生产、科研中进行技术革新，成绩突出的；5. 在抢险救灾或者排除重大事故中表现突出的；6. 对国家和社会有其他贡献的。

Q 哪些情况不能认定为有立功表现？

A 根据最高人民法院2010年出台的《最高人民法院关于处理自首和立功若干具体问题的意见》（法发〔2010〕60 号，http://www.court.gov.cn/fabu-xiangqing-2484.html）规定，犯罪分子通过贿买、暴力、胁迫等非法手段，或者被羁押后与律师、亲友会见过程中违反监管规定，获取他人犯罪线索并“检举揭发”的，不能认定为有立功表现。犯罪分子将本人以往查办犯罪职务活动中掌握的，或者从负有查办犯罪、监管职责的国家工作人员处获取的他人犯罪线索予以检举揭发的，不能认定为有立功表现。犯罪分子亲友为使犯罪分子“立功”，向司法机关提供他人犯罪线索、协助抓捕犯罪嫌疑人的，不能认定为犯罪分子有立功表现。

Q 在服刑期间进行申诉会影响减刑吗？

A 对罪犯在刑罚执行期间提出申诉的，要依法保护其申诉权利，对罪犯申诉不应不加分析地认为是不认罪悔罪。

Q 协助司法机关抓捕其他犯罪嫌疑人如何认定？

A 犯罪分子具有下列行为之一，使司法机关抓获其他犯罪嫌疑人的，属于“协助司法机关抓捕其他犯罪嫌疑人”：1. 按照司法机关的安排，以打电话、发信息等方式将其他犯罪嫌疑人（包括同案犯）约至指定地点的；2. 按照司法机关的安排，当场指认、辨认其他犯罪嫌疑人（包括同案犯）的；3. 带领侦查人员抓获其他犯罪嫌疑人（包括同案犯）的；4. 提供司法机关尚未掌握的其他案件犯罪嫌疑人的联络方式、藏匿地址的，等等。犯罪分子提供同案犯姓名、住址、体貌特征等基本情况，或者提供犯罪前、犯罪中掌握、使用的同案犯联络方式、藏匿地址，司法机关据此抓捕同案犯的，不能认定为协助司法机关抓捕同案犯。

Q 什么情况下可以确定为“重大立功表现”？

A 具有下列情形之一的，应当认定为有“重大立功表现”：1. 阻止他人实施重大犯罪活动的；2. 检举监狱内外重大犯罪活动，经查证属实的；3. 协助司法机关抓捕其他重大犯罪嫌疑人（包括同案犯）的；4. 有发明创造或者重大技术革新的；5. 在日常生产、生活中舍己救人的；6. 在抗御自然灾害或者排除重大事故中有特别突出表现的；7. 对国家和社会有其他重大贡献的。

Q 法院对“发明创造”是如何予以确认的？

A 根据最高人民法院 2014 年出台的《最高人民法院关于减刑、假释案件审理程序的规定》（法释〔2014〕5 号，http://www.court.gov.cn/fabu-xiangqing-6785.html），执行机关以罪犯有立功表现或重大立功表现为由提出减刑的，应当审查立功或重大立功表现是否属实。涉及发明创造、技术革新或者其他贡献的，应当审查该成果是否系罪犯在执行期间独立完成，并经有关主管机关确认。

Q 减刑时法院如何把握减刑幅度？

A 有期徒刑罪犯在刑罚执行期间符合减刑条件的，减刑幅度为：确有悔改表现，或者有立功表现的，一次减刑一般不超过 1 年有期徒刑；确有悔改表现并有立功表现，或者有重大立功表现的，一次减刑一般不超过两年有期徒刑。

Q 有期徒刑执行多长时间后才可以申请减刑？

A 有期徒刑罪犯的减刑起始时间和间隔时间为：被判处5年以上有期徒刑的罪犯，一般在执行1年6个月以上方可减刑，两次减刑之间一般应当间隔1年以上。被判处不满5年有期徒刑的罪犯，可以比照上述规定，适当缩短起始和间隔时间。确有重大立功表现的，可以不受上述减刑起始和间隔时间的限制。有期徒刑的减刑起始时间自判决执行之日起计算。

Q 无期徒刑如何减刑？

A 无期徒刑罪犯在刑罚执行期间，确有悔改表现，或者有立功表现的，服刑两年以后，可以减刑。减刑幅度为：确有悔改表现，或者有立功表现的，一般可以减为20年以上22年以下有期徒刑；有重大立功表现的，可以减为15年以上20年以下有期徒刑。

Q 无期徒刑可以连续减刑吗？

A 可以，但是无期徒刑罪犯经过一次或几次减刑后，其实际执行的刑期不能少于13年，起始时间应当自无期徒刑判决确定之日起计算。

Q 死刑缓期执行减为无期徒刑后还可以再减刑吗？

A 可以。死刑缓期执行罪犯减为无期徒刑后，确有悔改表现，或者有立功表现的，服刑两年以后可以减为25年有期徒刑；有重大立功表现的，服刑两年以后可以减为23年有期徒刑。死刑缓期执行罪犯在缓期执行期间抗拒改造，尚未构成犯罪的，此后减刑时可以适当从严。

Q 死刑缓期执行减为有期徒刑的，最低服刑时间是多长？

A 死刑缓期执行罪犯经过一次或几次减刑后，其实际执行的刑期不能少于15年，死刑缓期执行期间不包括在内。

Q 判处管制、拘役的最低服刑时间是多长？

A 判处管制、拘役的罪犯，以及判决生效后剩余刑期不满1年有期徒刑的罪犯，符合减刑条件的，可以酌情减刑，其实际执行的刑期不能少于原判刑期的1/2。

Q 附加剥夺政治权利的执行时间可以减少吗？

A 有期徒刑罪犯减刑时，对附加剥夺政治权利的期限可以酌减。酌减后剥夺政治权利的期限，不能少于1年。

Q 判处拘役、宣告缓刑的罪犯可以减刑吗？

A 判处拘役或者3年以下有期徒刑并宣告缓刑的罪犯，一般不适用减刑。如缓刑考验期限内有重大立功表现的，可以予以减刑，同时应依法缩减其缓刑考验期限。拘役的缓刑考验期限不能少于两个月，有期徒刑的缓刑考验期限不能少于1年。

Q 服刑期间又犯罪的可以获得减刑吗？

A 被判处10年以上有期徒刑、无期徒刑的罪犯在刑罚执行期间又犯罪，被判处有期徒刑以下刑罚的，自新罪判决确定之日起两年内一般不予减刑；新罪被判处无期徒刑的，自新罪判决确定之日起3年内一般不予减刑。

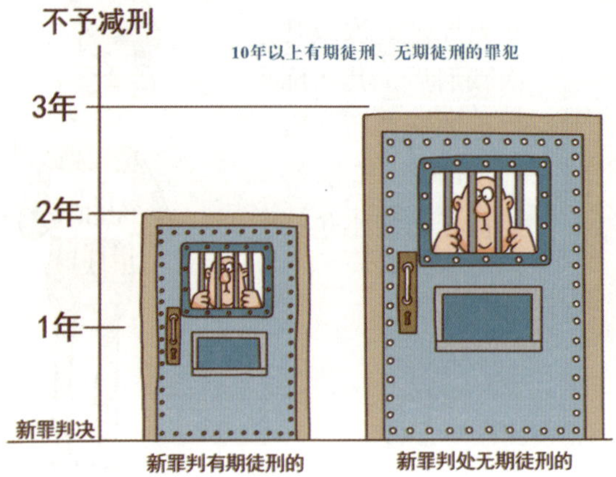

Q 所有类型的罪犯只要确有悔罪表现都有获得假释的机会吗？

A 对累犯以及因故意杀人、强奸、抢劫、绑架、放火、爆炸、投放危险物质或者有组织的暴力性犯罪被判处10年以上有期徒刑、无期徒刑的罪犯，不得假释。因这些情形和犯罪被判处死刑缓期执行的罪犯，被减为无期徒刑、有期徒刑后，也不得假释。

Q 年老、丧失基本生活能力的人可以优先获得减刑、假释吗？

A 老年、身体残疾（不含自伤致残）、患严重疾病罪犯的减刑、假释，应当主要注重悔罪的实际表现。基本丧失劳动能力、生活难以自理的老年、身体残疾、患严重疾病的罪犯，能够认真遵守法律法规及监规，接受教育改造，应视为确有悔改表现，减刑的幅度可以适当放宽，起始时间、间隔时间可以相应缩短。假释后生活确有着落的，除不得假释的法定情形外，可以依法假释。对身体残疾罪犯和患严重疾病罪犯进行减刑、假释，其残疾、疾病程度应由法定鉴定机构依法作出认定。

可以获得减刑后又直接申请假释吗？

不可以。罪犯减刑后又假释的间隔时间一般为 1 年；对一次减去两年有期徒刑后，决定假释的，间隔时间不能少于两年。罪犯减刑后余刑不足两年，决定假释的，可以适当缩短间隔时间。

再审改判时已经获得减刑、假释的会被撤销吗？

不一定。人民法院按照审判监督程序重新审理的案件，维持原判决、裁定的，原减刑、假释裁定效力不变；改变原判决、裁定的，应由刑罚执行机关依照再审裁判情况和原减刑、假释情况，提请有管辖权的人民法院重新作出减刑、假释裁定。

未成年犯的减刑、假释条件和成年犯一样吗？

这里的未成年犯是指减刑时不满 18 周岁的罪犯。未成年罪犯的减刑、假释，可以比照成年罪犯依法适当从宽。未成年罪犯能认罪悔罪，遵守法律法规及监规，积极参加学习、劳动的，应视为确有悔改表现，减刑的幅度可以适当放宽，起始时间、间隔时间可以相应缩短。符合规定的，可以假释。

减刑、假释的案件由哪里的法院进行审理？

根据最高人民法院 2014 年出台的《最高人民法院关于减刑、假释案件审理程序的规定》（法释〔2014〕5 号，http://www.court.gov.cn/fabu-xiangqing-6785.html），对被判处死刑缓期执行的罪犯的减刑，由罪犯服刑地的高级人民法院在收到同级监狱管理机关审核同意的减刑建议书后1个月内作出裁定；对被判处无期徒刑的罪犯的减刑、假释，由罪犯服刑地的高级人民法院在收到同级监狱管理机关审核同意的减刑、假释建议书后1个月内作出裁定，案情复杂或者情况特殊的，可以延长1个月；对被判处有期徒刑和被减为有期徒刑的罪犯的减刑、假释，由罪犯服刑地的中级人民法院在收到执行机关提出的减刑、假释建议书后1个月内作出裁定，案情复杂或者情况特殊的，可以延长1个月；对被判处拘役、管制的罪犯的减刑，由罪犯服刑地中级人民法院在收到同级执行机关审核同意的减刑、假释建议书后1个月内作出裁定。

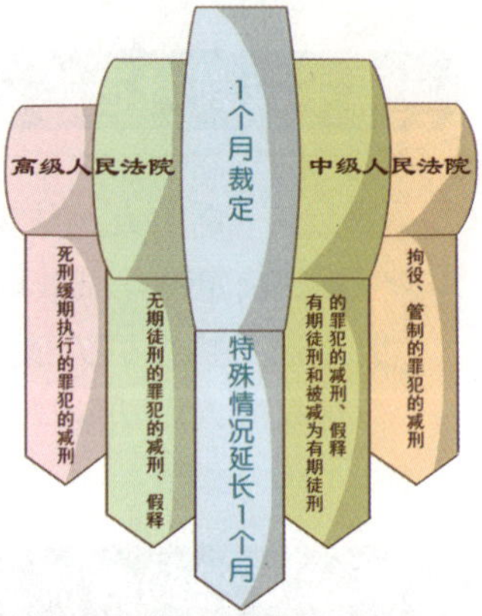

Q 减刑、假释的案件执行机关应当向法院移送哪些材料？

A 需要移送：1. 减刑或者假释建议书；2. 终审法院裁判文书、执行通知书、历次减刑裁定书的复印件；3. 罪犯确有悔改或者立功、重大立功表现的具体事实的书面证明材料；4. 罪犯评审鉴定表、奖惩审批表等；5. 其他根据案件审理需要应予移送的材料。报请假释的，应当附有社区矫正机构或者基层组织关于罪犯假释后对所居住社区影响的调查评估报告。人民检察院对报请减刑、假释案件提出检察意见的，执行机关应当一并移送受理减刑、假释案件的人民法院。

Q 审理减刑、假释案件都是书面审理吗？

A 不是。根据最高人民法院 2014 年出台的《最高人民法院关于减刑、假释案件审理程序的规定》（法释〔2014〕5 号，http://www.court.gov.cn/fabu-xiangqing-6785.html），人民法院审理减刑、假释案件，可以采用书面审理的方式。但下列案件应当开庭审理：1. 因罪犯有重大立功表现报请减刑的；2. 报请减刑的起始时间、间隔时间或者减刑幅度不符合司法解释一般规定的；3. 公示期间收到不同意见的；4. 人民检察院有异议的；5. 被报请减刑、假释罪犯系职务犯罪罪犯，组织（领导、参加、包庇、纵容）黑社会性质组织犯罪罪犯，破坏金融管理秩序和金融诈骗犯罪罪犯及其他在社会上有重大影响或社会关注度高的；6. 人民法院认为其他应当开庭审理的。

Q 哪些人应当参加减刑、假释案件的庭审？

A 人民法院开庭审理减刑、假释案件，应当通知人民检察院、执行机关及被报请减刑、假释罪犯参加庭审。人民法院根据需要，可以通知证明罪犯确有悔改表现或者立功、重大立功表现的证人，公示期间提出不同意见的人，以及鉴定人、翻译人员等其他人员参加庭审。

Q 减刑、假释案件都在法院内进行审理吗？

A 不是。开庭审理应当在罪犯刑罚执行场所或者人民法院确定的场所进行。有条件的人民法院可以采取视频开庭的方式进行。在社区执行刑罚的罪犯因重大立功被报请减刑的，可以在罪犯服刑地或者居住地开庭审理。

Q 减刑、假释案件的开庭时间也需要提前进行公告吗？

A 人民法院对于决定开庭审理的减刑、假释案件，应当在开庭3日前将开庭的时间、地点通知人民检察院，执行机关，被报请减刑、假释罪犯和有必要参加庭审的其他人员，并于开庭3日前进行公告。

Q 开庭审理的减刑、假释案件的庭审程序是怎样的？

A 减刑、假释案件的开庭审理由审判长主持，应当按照以下程序进行：1. 审判长宣布开庭，核实被报请减刑、假释罪犯的基本情况；2. 审判长宣布合议庭组成人员、检察人员、执行机关代表及其他庭审参加人；3. 执行机关代表宣读减刑、假释建议书，并说明主要理由；4. 检察人员发表检察意见；5. 法庭对被报请减刑、假释罪犯确有悔改表现或立功表现、重大立功表现的事实及其他影响减刑、假释的情况进行调查核实；6. 被报请减刑、假释罪犯作最后陈述；7. 审判长对庭审情况进行总结并宣布休庭评议。

Q 在减刑、假释案件的庭审中可以对报请理由提出疑问吗？

A 庭审过程中，合议庭人员对报请理由有疑问的，可以向被报请减刑、假释罪犯及证人、执行机关代表、检察人员提问。庭审过程中，检察人员对报请理由有疑问的，在经审判长许可后，可以出示证据，申请证人到庭，向被报请减刑、假释罪犯及证人提问并发表意见。被报请减刑、假释罪犯对报请理由有疑问的，在经审判长许可后，可以出示证据，申请证人到庭，向证人提问并发表意见。

Q 开庭审理的减刑、假释案件必须当庭宣布结果吗？

A 人民法院开庭审理减刑、假释案件，能够当庭宣判的应当当庭宣判；不能当庭宣判的，可以择期宣判。

Q 书面审理减刑、假释案件还需要对报请理由进行现场调查吗？

A 人民法院书面审理减刑、假释案件，可以就被报请减刑、假释罪犯是否符合减刑、假释条件进行调查核实或听取有关方面意见。人民法院书面审理减刑案件，可以提讯被报请减刑罪犯；书面审理假释案件，应当提讯被报请假释罪犯。

Q 减刑、假释案件可能有哪些裁判结果？

A 人民法院审理减刑、假释案件，应当按照下列情形分别处理：1. 被报请减刑、假释罪犯符合法律规定的减刑、假释条件的，作出予以减刑、假释的裁定；2. 被报请减刑的罪犯符合法律规定的减刑条件，但执行机关报请的减刑幅度不适当的，对减刑幅度作出相应调整后作出予以减刑的裁定；3. 被报请减刑、假释罪犯不符合法律规定的减刑、假释条件的，作出不予减刑、假释的裁定。

Q 减刑、假释的裁定书应当写明哪些内容？

A 减刑、假释裁定书应当写明罪犯原判和历次减刑情况，确有悔改表现或者立功、重大立功表现的事实和理由，以及减刑、假释的法律依据。裁定减刑的，应当注明刑期的起止时间；裁定假释的，应当注明假释考验期的起止时间。裁定调整减刑幅度或者不予减刑、假释的，应当在裁定书中说明理由。

Q 执行机关可以撤回关于减刑、假释的建议吗？

A 减刑、假释裁定作出前，执行机关书面提请撤回减刑、假释建议的，是否准许由人民法院决定。

Q 减刑、假释裁定书应当送达哪些单位？

A 人民法院作出减刑、假释裁定后，应当在7日内送达报请减刑、假释的执行机关、同级人民检察院以及罪犯本人。作出假释裁定的，还应当送达社区矫正机构或者基层组织。减刑、假释裁定书应当通过互联网依法向社会公布。

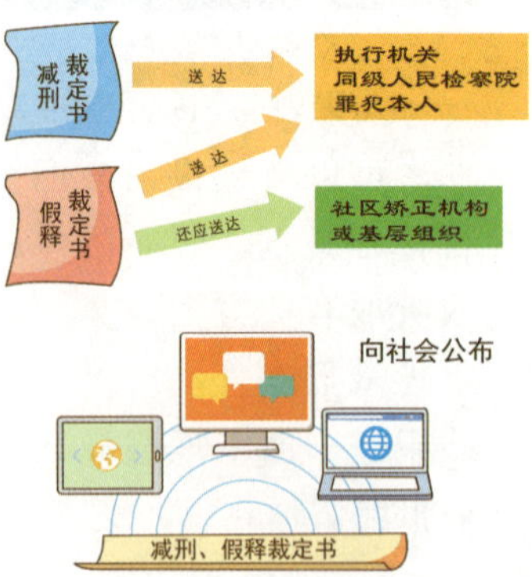

Q 法院发现减刑、假释的裁定确有错误的怎么办?

A 人民法院发现本院已经生效的减刑、假释裁定确有错误的，应当依法重新组成合议庭进行审理并作出裁定；上级人民法院发现下级人民法院已经生效的减刑、假释裁定确有错误的，应当指令下级人民法院另行组成合议庭审理，也可以自行依法组成合议庭进行审理并作出裁定。

Q 审理减刑、假释案件时应当向社会公开哪些信息?

A 人民法院审理减刑、假释案件，应当在立案后 5 日内将执行机关报请减刑、假释的建议书等材料依法向社会公示。公示内容应当包括罪犯的个人情况、原判认定的罪名和刑期、罪犯历次减刑情况、执行机关的建议及依据。公示应当写明公示期限和提出意见的方式。公示期限为 5 日。

Q 减刑、假释由谁来监督?

A 人民检察院对执行机关执行刑罚的活动是否合法实行监督。如果发现有违法的情况，应当通知执行机关纠正。人民检察院认为人民法院减刑、假释的裁定不当，应当在收到裁定书副本后 20 日以内，向人民法院提出书面纠正意见。人民法院应当在收到纠正意见后 1 个月以内重新组成合议庭进行审理，作出最终裁定。

Q 监狱等执行机关认为判决有错误的应当怎么办?

A 监狱和其他执行机关在刑罚执行中，如果认为判决有错误或者罪犯提出申诉，应当转请人民检察院或者原判人民法院处理。

Q 法院如何防止被群众诟病的“有钱人提前出狱”和“有权人以权赎身”现象？

A 最高人民法院对此提出了“五个一律”的要求，即：凡是减刑、假释、暂予监外执行案件，一律上网向社会公示；凡是职务犯罪、金融犯罪、涉黑犯罪三类罪犯的减刑、假释、暂予监外执行一律公开开庭审理，凡是三类案件的公开开庭审理一律邀请人大代表、政协委员或有关方面代表旁听；其裁判文书一律上网公布；法院工作人员在办理此类案件中有违纪违法行为甚至构成犯罪的，一律从重追究责任。建立职务犯罪罪犯“减假暂”案件备案审查制度，对原县处级职务犯罪罪犯的“减假暂”案件报请高级人民法院进行备案审查，对原厅局级以上职务犯罪罪犯的“减假暂”案件报请最高人民法院进行备案审查。

Q 职务犯罪的罪犯进行减刑、假释的条件和其他罪犯一样吗？

A 不一样。根据最高人民法院、最高人民检察院2012年出台的《关于办理职务犯罪案件严格适用缓刑、免予刑事处罚若干问题的意见》（法发〔2012〕17号，http://www.court.gov.cn/fabu-xiangqing-4826.html）规定，人民法院和人民检察院要严格掌握职务犯罪案件缓刑、免予刑事处罚的适用。

哪些情况的职务犯罪不适用缓刑、免予刑事处罚？

具有下列情形之一的职务犯罪分子，一般不适用缓刑或者免予刑事处罚：1. 不如实供述罪行的；2. 不予退缴赃款赃物或者将赃款赃物用于非法活动的；3. 属于共同犯罪中情节严重的主犯的；4. 犯有数个职务犯罪依法实行并罚或者以一罪处理的；5. 曾因职务违纪违法行为受过行政处分的；6. 犯罪涉及的财物属于救灾、抢险、防汛、优抚、扶贫、移民、救济、防疫等特定款物的；7. 受贿犯罪中具有索贿情节的；8. 渎职犯罪中徇私舞弊情节或者滥用职权情节恶劣的；9. 其他不应适用缓刑、免予刑事处罚的情形。不具有以上情形，全部退缴赃款赃物，依法判处 3 年有期徒刑以下刑罚，符合刑法规定的缓刑适用条件的贪污、受贿犯罪分子，可以适用缓刑。对于具有以上情形之一，但根据全案事实和量刑情节，检察机关认为确有必要适用缓刑或者免予刑事处罚并据此提出量刑建议的，应经检察委员会讨论决定；审理法院认为确有必要适用缓刑或者免予刑事处罚的，应经审判委员会讨论决定。

能举一个法院工作人员在办理减刑、假释案件中违法违纪受到刑事追究的案例吗？

以最高人民法院公布的典型案例“原渭南市中级人民法院刑庭庭长李宏办理暂予监外执行案件玩忽职守被追究刑事责任案”为例（案例网址：http://www.court.gov.cn/zixun-xiangqing-13473.html）：被告人李宏，原陕西省渭南市中级人民法院刑一庭副庭长。罪犯李宏亮故意伤害他人被批准逮捕后，因患恶性淋巴瘤被侦查机关取保候审，后以故意伤害罪被判处有期徒刑 10 年。2011 年 9 月，华县看守所所长王某向该案承办人李宏报送了李宏亮因病暂予监外执行的申报手续。李宏将申报材料置于其办公桌内，未作处理，导致具有极大社会危害性的罪犯李宏亮在判决刑罚后长期脱管，2012 年再次参与故意伤害犯罪致一人死亡。李宏的玩忽职守行为严重损害了司法机关的声誉，造成恶劣的社会影响。2014 年 12 月，吴堡县人民法院作出一审刑事判决，认定被告人李宏犯玩忽职守罪，判处有期徒刑两年。李宏提出上诉，截至 2015 年 2 月该案在二审审理中。

缓刑、假释在什么情况下会被撤销？

罪犯在缓刑、假释考验期限内，有下列情形之一的，原作出缓刑、假释判决、裁定的人民法院应当在收到执行机关的撤销缓刑、假释建议书后1个月内，作出撤销缓刑、假释的裁定：1. 违反禁止令，情节严重的；2. 无正当理由不按规定时间报到或者接受社区矫正期间脱离监管，超过1个月的；3. 因违反监督管理规定受到治安管理处罚，仍不改正的；4. 受到执行机关3次警告仍不改正的；5. 违反有关法律、行政法规和监督管理规定，情节严重的其他情形。

能举一个依法获得假释的案例吗？

以最高人民法院公布的典型案例“罪犯魏玉庆确有悔改表现，没有再犯罪危险，依法获得假释案”为例（案例网址：http://www.court.gov.cn/zixun-xiangqing-13473.html ）：罪犯魏玉庆，南开大学毕业生，因犯招摇撞骗罪于2012年11月被判处有期徒刑三年零六个月。判决生效后交付河南省安阳市监狱服刑。魏玉庆服刑一年零九个月后，安阳监狱提出其确有悔改表现，建议对其假释。2014年9月，安阳市中级人民法院受理该案后，将假释建议书等相关材料通过互联网向社会公示，同年9月12日公开开庭审理了本案。安阳中院经审理查明，罪犯魏玉庆在服刑期间认罪悔罪、积极改造，获得表扬1次，记功1次。另查明魏玉庆居住地村委会、邻居及其家属均表示愿意协助对其进行监管教育，且魏玉庆具有较高文化程度，假释后有能力凭借自身的劳动获取生活来源。因此，安阳中院认为，魏玉庆确有悔改表现，且假释后再犯罪的可能性较小，符合法律规定的假释条件，依法对魏玉庆作出准予假释的裁定。

撤销缓刑、假释的罪犯应当如何交付执行？

人民法院应当将撤销缓刑、假释裁定书送交罪犯居住地的县级司法行政机关，由其根据有关规定将罪犯交付执行。撤销缓刑、假释裁定书应当同时抄送罪犯居住地的同级人民检察院和公安机关。

对于家庭暴力的施暴者有什么特别的执行措施吗？

人民法院为了保护被害人的人身安全，避免其再次受到家庭暴力的侵害，可以根据申请，依照民事诉讼法等法律的相关规定，作出禁止施暴人再次实施家庭暴力、禁止接近被害人、迁出被害人的住所等内容的裁定。对于施暴人违反裁定的行为，如对被害人进行威胁、恐吓、殴打、伤害、杀害，或者未经被害人同意拒不迁出住所的，人民法院可以根据情节轻重予以罚款、拘留；构成犯罪的，应当依法追究刑事责任。

目前我国有犯罪人员信息库吗？

根据最高人民法院、最高人民检察院、公安部、国家安全部、司法部联合制定的《关于建立犯罪人员犯罪记录制度的意见》（法发〔2012〕10 号，http://www.court.gov.cn/fabu-xiangqing-4372.html）规定，为加强对犯罪人员信息的有效管理，依托政法机关现有网络和资源，由公安机关、国家安全机关、人民检察院、司法行政机关分别建立有关记录信息库，并实现互联互通，待条件成熟后建立全国统一的犯罪信息库。

犯罪人员信息库主要包括哪些内容？

犯罪人员信息登记机关录入的信息应当包括以下内容：犯罪人员的基本情况、检察机关（自诉人）和审判机关的名称、判决书编号、判决确定日期、罪名、所判处刑罚以及刑罚执行情况等。

不同地域、不同司法机关之间的犯罪信息如何互通？

人民法院、人民检察院、公安机关、国家安全机关和司法部门建立犯罪人员信息通报机制，人民法院应当及时将生效的刑事裁判文书以及其他有关信息通报犯罪人员信息登记机关。监狱、看守所应当及时将《刑满释放人员通知书》寄送被释放人员户籍所在地犯罪人员信息登记机关。县级司法行政机关应当及时将《社区服刑人员矫正期满通知书》寄送被解除矫正人员户籍所在地犯罪人员信息登记机关。国家机关基于办案需要，向犯罪人员信息登记机关查询有关犯罪信息，有关机关应当予以配合。

如何申请查询犯罪人员信息？

公安机关、国家安全机关、人民检察院和司法行政机关分别负责受理、审核和处理有关犯罪记录的查询申请。这些机关在向社会提供犯罪信息查询服务时，应当严格依照法律法规关于升学、入伍、就业等资格、条件的规定进行。辩护律师为依法履行辩护职责，要求查询本案犯罪嫌疑人、被告人的犯罪记录的，应当允许，涉及未成年人的犯罪记录被执法机关依法封存的除外。

可以查询未成年人的犯罪记录吗？

为深入贯彻落实党和国家对违法犯罪未成年人的“教育、感化、挽救”方针和“教育为主、惩罚为辅”原则，切实帮助失足青少年回归社会，根据刑事诉讼法的有关规定，结合我国未成年人保护工作的实际，建立未成年人轻罪犯罪记录封存制度，对于犯罪时不满18周岁，被判处5年有期徒刑以下刑罚的未成年人的犯罪记录，应当予以封存。犯罪记录被封存后，不得向任何单位和个人提供，但司法机关为办案需要或者有关单位根据国家规定进行查询的除外。依法进行查询的单位，应当对被封存的犯罪记录的情况予以保密。

行政执行

Q “民告官”案件中行政机关不履行法院判决怎么办？

A 行政机关拒绝履行判决、裁定、调解书的，第一审人民法院可以采取下列措施：1. 对应当归还的罚款或者应当给付的款额，通知银行从该行政机关的账户内划拨。2. 在规定期限内不履行的，从期满之日起，对该行政机关负责人按日处 50 ～ 100 元的罚款。3. 将行政机关拒绝履行的情况予以公告。4. 向监察机关或者该行政机关的上一级行政机关提出司法建议。接受司法建议的机关，根据有关规定进行处理，并将处理情况告知人民法院。5. 拒不履行判决、裁定、调解书，社会影响恶劣的，可以对该行政机关直接负责的主管人员和其他直接责任人员予以拘留；情节严重，构成犯罪的，依法追究刑事责任。

Q “民告官”案件中原告不履行法院判决怎么办？

A 公民、法人或者其他组织拒绝履行判决、裁定、调解书的，行政机关或者第三人可以向第一审人民法院申请强制执行，或者由行政机关依法强制执行。

在什么情况下行政机关可以申请强制执行？

公民、法人或者其他组织对行政行为在法定期间不提起诉讼又不履行的，行政机关可以申请人民法院强制执行，或者依法强制执行。

具有强制执行权的行政单位不依法履行强制执行行为的怎么办？

具有强制执行权的行政单位不能仅仅止于作出处罚决定，而应当依据《中华人民共和国行政强制法》的规定，采取有效措施，确保处罚决定的执行，才是完全履行法定职责。以最高人民法院公布的典型案例“彭某诉深圳市南山区规划土地监察大队行政不作为案”为例（案例网址：http://www.court.gov.cn/zixunxiangqing-13404.html）：彭某、陆某分别是深圳市某小区A座902房和901房业主。2011年9月，南山区规划土地监察大队查明901房存在违建行为，遂责令其立即停止违法行为，限期清理并自行拆除。2011年10月、2013年1月28日，区监察大队分别作出行政处罚决定和催告书，要求陆某拆除阳台搭建玻璃幕墙。截至案件开庭审理之日，上述违建部分未拆除。902房业主彭某认为区监察大队在发出责令改正违法行为通知后，对后续执行情况不管不问，是一种行政不作为，故以区监察大队为被告诉至法院。法院一审判决区监察大队继续作出处理。彭某及区监察大队均不服一审判决，提起上诉。深圳市中级人民法院二审以相同理由判决驳回上诉、维持原判。

行政机关申请强制执行行政行为需要满足什么条件？

行政机关申请执行其行政行为，应当具备以下条件：1. 行政行为依法可以由人民法院执行；2. 行政行为已经生效并具有可执行内容；3. 申请人是作出该行政行为的行政机关或者法律、法规、规章授权的组织；4. 被申请人是该行政行为所确定的义务人；5. 被申请人在行政行为确定的期限内或者行政机关另行指定的期限内未履行义务；6. 申请人在法定期限内提出申请；7. 被申请执行的行政案件属于受理申请执行的人民法院管辖。人民法院对符合条件的申请，应当立案受理，并通知申请人；对不符合条件的申请，应当裁定不予受理。

Q 公民申请强制执行的应该在何时提出？

A 申请人是公民的，申请执行生效的行政判决书、行政裁定书、行政赔偿判决书和行政赔偿调解书的期限为1年，申请执行的期限从法律文书规定的履行期间最后一日起计算；法律文书中没有规定履行期限的，从该法律文书送达当事人之日起计算。逾期申请的，除有正当理由外，人民法院不予受理。

Q 行政机关申请强制执行的应该在何时提出？

A 申请人是行政机关、法人或者其他组织的，申请执行生效的行政判决书、行政裁定书、行政赔偿判决书和行政赔偿调解书的期限为180日。申请执行的期限从法律文书规定的履行期间最后一日起计算；法律文书中没有规定履行期限的，从该法律文书送达当事人之日起计算。逾期申请的，除有正当理由外，人民法院不予受理。

Q 强制执行由哪一级法院执行？

A 发生法律效力的行政判决书、行政裁定书、行政赔偿判决书和行政赔偿调解书，由第一审人民法院执行。第一审人民法院认为情况特殊，需要由第二审人民法院执行的，可以报请第二审人民法院执行；第二审人民法院可以决定由其执行，也可以决定由第一审人民法院执行。

Q 没有行政强制权的行政机关可以申请法院强制执行吗？

A 法律、法规没有赋予行政机关强制执行权，行政机关申请人民法院强制执行的，人民法院应当依法受理。法律、法规规定既可以由行政机关依法强制执行，也可以申请人民法院强制执行，行政机关申请人民法院强制执行的，人民法院可以依法受理。

Q 行政机关申请强制执行行政行为应该向哪一级法院提出？

A 行政机关申请人民法院强制执行其行政行为，由申请人所在地的基层人民法院受理；执行对象为不动产的，由不动产所在地的基层人民法院受理。基层人民法院认为执行确有困难的，可以报请上级人民法院执行；上级人民法院可以决定由其执行，也可以决定由下级人民法院执行。

Q 行政机关解决的民事争议可以申请法院强制执行吗？

A 行政机关根据法律的授权对平等主体之间民事争议作出裁决后，当事人在法定期限内不起诉又不履行，作出裁决的行政机关在申请执行的期限内未申请人民法院强制执行的，生效行政行为确定的权利人或者其继承人、权利承受人在90日内可以申请人民法院强制执行。享有权利的公民、法人或者其他组织申请人民法院强制执行行政行为，参照行政机关申请人民法院强制执行行政行为的规定。

Q 行政机关申请强制执行应向法院递交什么材料？

A 行政机关申请人民法院强制执行其行政行为，应当提交申请执行书、据以执行的行政法律文书、证明该行政行为合法的材料和被执行人财产状况以及其他必须提交的材料。享有权利的公民、法人或者其他组织申请人民法院强制执行的，人民法院应当向作出裁决的行政机关调取有关材料。

Q 认为被执行人可能逃避执行怎么办？

A 行政机关或者行政行为确定的权利人申请人民法院强制执行前，有充分理由认为被执行人可能逃避执行的，可以申请人民法院采取财产保全措施。后者申请强制执行的，应当提供相应的财产担保。

Q 法院受理强制执行的申请后将如何处理？

A 人民法院受理行政机关申请执行其行政行为的案件后，应当在30日内由行政审判庭组成合议庭对行政行为的合法性进行审查，并就是否准予强制执行作出裁定；需要采取强制执行措施的，由本院负责强制执行非诉行政行为的机构执行。

Q 被申请执行的行政行为只要合法就可以被强制执行吗？

A 不是。被申请执行的行政行为有下列情形之一的，人民法院应当裁定不准予执行：1. 明显缺乏事实根据的；2. 明显缺乏法律依据的；3. 其他明显违法并损害被执行人合法权益的。

Q 行政机关拒绝履行生效判决、裁定会受到处罚吗？

A 行政机关拒绝履行人民法院生效判决、裁定的，人民法院可以依照有关规定，对主要负责人或者直接责任人员予以罚款处罚。

Q 强制征收补偿案件由哪一级法院负责管辖？

A 根据最高人民法院2012年出台的《最高人民法院关于办理申请人民法院强制执行国有土地上房屋征收补偿决定案件若干问题的规定》（法释〔2012〕4号，http://www.court.gov.cn/fabu-xiangqing-3866.html）规定，申请人民法院强制执行征收补偿决定案件，由房屋所在地基层人民法院管辖，高级人民法院可以根据本地实际情况决定管辖法院。

Q 申请强制执行征收补偿案件的应当提交哪些材料？

A 申请机关向人民法院申请强制执行，除提供强制执行申请书及附具材料外，还应当提供下列材料：1. 征收补偿决定及相关证据和所依据的规范性文件；2. 征收补偿决定送达凭证、催告情况及房屋被征收人、直接利害关系人的意见；3. 社会稳定风险评估材料；4. 申请强制执行的房屋状况；5. 被执行人的姓名或者名称、住址及与强制执行相关的财产状况等具体情况；6. 法律、行政法规规定应当提交的其他材料。

没有进行社会稳定风险评估的可以先行进行强制执行吗？

不能。根据《最高人民法院关于坚决防止土地征收、房屋拆迁强制执行引发恶性事件的紧急通知》的要求，对行政机关申请法院强制执行其征地拆迁行政行为的，必须严把立案关、审查关，坚持依法审查原则，不得背离公正、中立立场而迁就违法或不当的行政行为。凡是不符合法定受案条件以及未进行社会稳定风险评估的申请，一律退回申请机关或裁定不予受理。

征收补偿协议虽然合法但明显不合理怎么办？

凡是补偿安置不到位或行政行为虽然合法但确有明显不合理及不宜执行情形的，不得作出准予执行裁定。

申请强制执行征收补偿决定案件的应当何时提出？

强制执行的申请应当自被执行人的法定起诉期限届满之日起 3 个月内提出；逾期申请的，除有正当理由外，人民法院不予受理。

Q 法院在收到申请强制执行征收补偿决定材料多长时间内立案？

A 人民法院认为强制执行的申请符合形式要件且材料齐全的，应当在接到申请后5日内立案受理，并通知申请机关；不符合形式要件或者材料不全的应当限期补正，并在最终补正的材料提供后5日内立案受理；不符合形式要件或者逾期无正当理由不补正材料的，裁定不予受理。人民法院应当自立案之日起30日内作出是否准予执行的裁定；有特殊情况需要延长审查期限的，由高级人民法院批准。

Q 哪些情况下法院会对强制执行征收决定的申请裁定不予执行？

A 征收补偿决定存在下列情形之一的，人民法院应当裁定不准予执行：1. 明显缺乏事实根据；2. 明显缺乏法律、法规依据；3. 明显不符合公平补偿原则，严重损害被执行人合法权益，或者使被执行人基本生活、生产经营条件没有保障；4. 明显违反行政目的，严重损害公共利益；5. 严重违反法定程序或者正当程序；6. 超越职权；7. 法律、法规、规章等规定的其他不宜强制执行的情形。人民法院裁定不准予执行的，应当说明理由，并在5日内将裁定送达申请机关。

Q 申请机关对于法院不予执行裁定有异议的怎么办？

A 申请机关对不准予执行的裁定有异议的，可以自收到裁定之日起15日内向上一级人民法院申请复议，上一级人民法院应当自收到复议申请之日起30日内作出裁定。

Q 法院裁定准予实施强制征收补偿决定的如何通知被执行人？

A 人民法院裁定准予执行的，应当在5日内将裁定送达申请机关和被执行人，并可以根据实际情况建议申请机关依法采取必要措施，保障征收与补偿活动顺利实施。

Q 政府组织强制拆迁没有向被执行人发公告怎么办？

A 强制拆迁应当通知相对人，即使对于违法建筑的强制拆除，也要严格遵循行政强制法的程序性规定，拆除之前应当先通知相对人自行拆除，在当地张贴公告且不得在夜间拆除。如果行政机关未遵循这些程序要求，其行为将被人民法院判决确认违法。以最高人民法院公布的典型案例“叶呈胜、叶呈长、叶呈发诉仁化县人民政府房屋行政强制案”为例（案例网址：http://www.court.gov.cn/zixun-xiangqing-13405.html）：2009年间，广东省仁化县政府规划建设经济产业基地，需要征收原告所在的村民小组的部分土地。叶呈胜、叶呈长、叶呈发（下称叶呈胜等三人）的房屋所占土地在被征收土地范围之内，属于未经乡镇规划批准和领取土地使用证的“两违”建筑物。2009年8月至2013年7月间，仁化县政府先后在被征收土地的村民委员会、村民小组张贴征地通告等文书，以调查笔录等形式告知叶呈胜等三人房屋所占土地是违法用地。2013年7月12日凌晨5时许，在未发强行拆除通知、未予公告的情况下，仁化县政府组织人员对叶呈胜等三人的房屋实施强制拆除。叶呈胜等三人遂向法院提起行政诉讼，请求确认仁化县政府强制拆除行为违法。最终，法院判决，确认仁化县政府对叶呈胜等三人房屋实施行政强制拆除的行政行为违法。

Q 当事人已经就相关行政行为提起行政诉讼的行政机关可以申请先予执行吗？

A 根据《最高人民法院关于坚决防止土地征收、房屋拆迁强制执行引发恶性事件的紧急通知》的要求，凡是当事人就相关行政行为已经提起诉讼，其他当事人或有关部门申请先予执行的，原则上不得准许。

谁来负责组织征收补偿决定的强制执行？

根据《最高人民法院关于坚决防止土地征收、房屋拆迁强制执行引发恶性事件的紧急通知》以及《最高人民法院关于严格执行法律法规和司法解释依法妥善办理征收拆迁案件的通知》（法〔2012〕148号，http://www.court.gov.cn/fabu-xiangqing-4821.html）要求，强制征收补偿决定的执行采取“裁执分离”的方式，即由法院审查、政府组织实施的模式，各级人民法院不得与地方政府搞联合执行、委托执行。凡由人民法院强制执行的，须报经上一级人民法院审查批准方可采取强制手段；对涉及面广、社会影响大、社会关注度高的案件，上级人民法院应当加强监督指导，防范和制止下级人民法院强制执行中的违法行为和危害社会稳定的情形发生。

征收补偿方案确定的标准明显低于市场价值的怎么办？

《国有土地上房屋征收补偿条例》（国务院令第590号，http://www.gov.cn/zwgk/2011-01/21/content_1790111.htm）第二条规定对被征收人给予公平补偿原则。无论有关征收决定还是补偿决定的诉讼，人民法院都要坚持程序审查与实体审查相结合，一旦发现补偿方案确定的补偿标准明显低于法定的“类似房地产的市场价格”，即便对于影响面大、涉及人数众多的征收决定，该确认违法的要坚决确认违法，该撤销的要坚决撤销，以有力地维护人民群众的根本权益。以最高人民法院公布的典型案例“孔庆丰诉泗水县人民政府房屋征收决定案”为例（案例网址：http://www.court.gov.cn/zixun-xiangqing-13405.html）：2011 年 4 月 6 日，泗水县人民政府作出对泗城泗河路东林业局片区和泗河路西古城路北片区实施房屋征收的决定。其征收补偿方案规定，被征收主房面积大于安置房面积的部分，按照安置房优惠价增加每平方米 300 元的标准给予货币补偿。原告的房屋在被征收范围内。由于不服该决定，原告提起行政诉讼。济宁市中级人民法院经审理认为：优惠价格显然低于市场价格，对被征收房屋的补偿价格也明显低于被征收人的出资购买价格。该征收补偿方案的规定对被征收人显失公平，因此法院判决撤销被告泗水县人民政府作出的决定。

Q 对征地拆迁补偿协议不服如何提起诉讼?

A 在实践中对征地拆迁补偿协议不满意主要表现为对房屋性质界定不服，对补偿价款不满意等等。以最高人民法院公布的“霍佩英诉上海市黄浦区人民政府房屋征收补偿决定案”为例（案例网址：http://www.court.gov.cn/zixun-xiangqing-13405.html）：原告霍佩英租赁的上海市顺昌路一公有房屋，房屋类型旧里，房屋用途为居住。2012 年 6 月 2 日，被告上海市黄浦区人民政府作出征收决定，原告户居住房屋位于征收范围内。因原告户认为其户经营公司，被告应当对其给予非居住房屋补偿，致征收双方未能在签约期限内达成征收补偿协议。2013 年 4 月 11 日，房屋征收部门即第三人上海市黄浦区住房保障和房屋管理局向被告报请作出征收补偿决定。被告受理后召开审理协调会，因原告自行离开会场致协调不成。被告经审查核实相关证据材料，于 2013 年 4 月 23 日作出房屋征收补偿决定，认定原告户被征收房屋为居住房屋，房屋征收部门以房屋产权调换的方式补偿原告，原告支付房屋征收部门差价款 476,706.84 元。原告不服该征收补偿决定，便向上海市人民政府申请行政复议。上海市人民政府经复议维持该房屋征收补偿决定。原告仍不服，遂向上海市黄浦区人民法院提起行政诉讼，要求撤销被诉征收补偿决定。上海市黄浦区人民法院经审理，一审判决驳回原告的诉讼请求。宣判后，各方当事人均未提出上诉。

Q 征收土地的补偿协议必须同时符合程序合法性和实体合法性的要求吗？

A 是的。以最高人民法院公布的“文白安诉商城县人民政府房屋征收补偿决定案”为例（案例网址：http://www.court.gov.cn/zixun-xiangqing-13405.html）：信阳市商城县城关迎春台区域的房屋破损严重，2012 年 12 月，商城县房屋征收部门发布房屋征收评估机构选择公告，提供信阳市明宇房地产估价师事务所有限公司等 3 家房地产评估事务所作为具有资质的评估机构，由被征收人选择。后因征收人与被征收人未能协商一致，商城县房屋征收部门发布评估机构抽签公告，组织被征收人和群众代表抽签，确定信阳市明宇房地产估价师事务所有限公司为该次房屋征收的价格评估机构。随后商城县人民政府作出房屋征收的决定。2013 年 5 月，房地产价格评估机构出具了房屋初评报告。被告于 2013 年 7 月依据房屋评估报告作出征收补偿决定。原告不服该征收补偿决定，于是向人民法院提起诉讼。信阳市中级人民法院认为，本案被诉征收补偿决定的合法性存在评估机构选择程序不合法、对原告文白安的房屋权属认定错误等问题，判决撤销被诉房屋征收补偿决定。宣判后，各方当事人均未提出上诉。

e时代打官司一本通

第七章 司法公开

如何查找法院地址？

2014 年 12 月 24 日，最高人民法院与百度百科共同合作打造的“百度·中国法院地图”正式上线（网址：http://baike.baidu.com/court），只要将鼠标移动到要查找法院所在地域，或者在右侧的搜索栏中输入法院名称，就可以显示该法院的地理位置和联系电话。全国 3500 家法院的地址都可以从这里查到。例如：要查找“北京市西城区人民法院”，在页面的搜索栏中简单输入“西城”，系统显示查找到“北京市西城区人民法院”，点击后就可以看到西城区法院情况，包括院情简介、机构设置、法院建设、地理位置、联系电话等。

想要就案件问题申诉信访必须要到上一级法院去吗？

不是。根据最高人民法院 2014 年出台的《最高人民法院关于进一步做好司法便民利民工作的意见》（法〔2014〕293 号，http://www.court.gov.cn/zixun-xiangqing-6893.html）规定要求，各级人民法院要完善“诉访分离”和案件终结机制，保障当事人依法行使申诉权利。目前，已经开通网上信访、巡回接访、带案下访、远程视频接访等工作，建立健全律师等第三方参与化解涉诉信访的工作机制，及时就地解决涉诉信访问题。

如何查询诉讼文书？

为满足人民群众对司法公开的新期待，人民法院主动适应信息化时代的新要求，在互联网设立“中国裁判文书网”，统一公布各级人民法院的生效裁判文书，各级人民法院对其在中国裁判文书网公布的裁判文书质量负责。网址是 http://www.court.gov.cn/zgcpwsw/。在网站左侧的检索栏中，可以通过关键词、案号、裁判时间等文书的关键内容进行检索，查找到您要查询的诉讼文书；也可以点击该网站中的各级法院进行查询。

Q 法院在互联网上公布裁判文书有统一的规定和要求吗？

A 有。2013 年，最高人民法院出台了《最高人民法院关于人民法院在互联网公布裁判文书的规定》（法释〔2013〕26 号，http://www.court.gov.cn/fabuxiangqing-5867.html），对规范人民法院在互联网公布裁判文书工作作了统一的要求。

Q 谁对已经公布的裁判文书质量负责？

A 各级人民法院对其在中国裁判文书网公布的裁判文书质量负责。

Q 法院有专门的机构负责裁判文书上网工作吗？

A 有。各级人民法院应当指定专门机构负责互联网公布裁判文书的管理工作。该机构履行以下职责：1. 组织、上传裁判文书；2. 发现公布的裁判文书存在笔误或者技术处理不当等问题的，协调有关部门及时处理；3. 其他相关的指导、监督和考评工作。

Q 哪些生效裁判文书不宜在互联网上公布？

A 人民法院的生效裁判文书应当在互联网公布，但有下列情形之一的除外：1. 涉及国家秘密、个人隐私的；2. 涉及未成年人违法犯罪的；3. 以调解方式结案的；4. 其他不宜在互联网公布的。

Q 在互联网上公布的裁判文书会显示当事人的真实信息吗？

A 视情况适当显示信息。人民法院在互联网公布裁判文书时，应当保留当事人的姓名或者名称等真实信息，但必须采取符号替代方式对下列当事人及诉讼参与人的姓名进行匿名处理：1. 婚姻家庭、继承纠纷案件中的当事人及其法定代理人；2. 刑事案件中被害人及其法定代理人、证人、鉴定人；3. 被判处 3 年有期徒刑以下刑罚以及免予刑事处罚，且不属于累犯或者惯犯的被告人。人民法院在互联网公布裁判文书时，应当删除下列信息：1. 自然人的家庭住址、通讯方式、身份证号码、银行账号、健康状况等个人信息；2. 未成年人的相关信息；3. 法人以及其他组织的银行账号；4. 商业秘密；5. 其他不宜公开的内容。

Q 如何认定"其他不宜公开"的裁判文书？

A 独任法官或者合议庭认为裁判文书具有不宜在互联网公布情形的，应当提出书面意见及理由，由部门负责人审查后报主管副院长审定。

生效的裁判文书应当多长时间内上网？

承办法官或者人民法院指定的专门人员应当在裁判文书生效后7日内按照要求完成技术处理，并提交本院负责互联网公布裁判文书的专门机构在中国裁判文书网公布。

互联网公布的裁判文书与送达当事人的裁判文书一样吗？

在互联网公布的裁判文书，除依照相关规定的要求进行技术处理的以外，应当与送达当事人的裁判文书一致。人民法院对送达当事人的裁判文书进行补正的，应当及时在互联网公布补正裁定。

已经公布的裁判文书可以修改或者撤回吗？

人民法院在互联网公布的裁判文书，除因网络传输故障导致与送达当事人的裁判文书不一致的以外，不得修改或者更换；确因法定理由或者其他特殊原因需要撤回的，应当由高级人民法院以上负责互联网公布裁判文书的专门机构审查决定，并在中国裁判文书网办理撤回及登记备案手续。

对法院工作的意见、建议可向当地法院的院长提出吗？

为听取广大网友对全国各级人民法院审判工作和队伍建设等方面提出的宝贵意见和建议，最高人民法院在“中国法院网”和“最高人民法院网”上开通了“给大法官留言”栏目。这是网民可以与大法官直接“对话”的新平台，覆盖全国31个省、自治区、直辖市的高级人民法院。31位高级人民法院院长将在线与网民互动交流，亲自回复、督办网民反映的问题和意见，以减少周转环节，使当事人反映的问题尽快得到解决。根据最高人民法院的通报，2015年第一季度，全国法院共收到有效留言3126条，回复办理2532条。其中网上公开回复2145条，另有387条留言采取线下沟通或者当面约访当事人的形式办理，总回复率达81%。

怎么给大法官留言？

网民留言实行实名制及属地管理。留言对象应为所在辖区的大法官。网民注册时需要填写真实姓名、单位、住址、身份证号和联系方式，以便当地法院和其取得联系，征求其对回复的意见。给最高人民法院首席大法官的留言，可以直接发至院长信箱。

了解法院工作有哪些途径？

目前，各级法院都开通了自己的网站、微博、微信，不少法院入驻了人民日报政务发布厅、搜狐、网易、今日头条等客户端，您可以通过这些渠道了解法院工作。如果想了解最高人民法院信息，您可以登录“最高人民法院网”、“中国法院网”。最高人民法院还推出了中国法院手机电视 APP，下载安装之后，您就可以第一时间通过微视频的方式了解法院信息。

中国法院手机电视 APP 是什么？

中国法院手机电视 APP 是最高人民法院打造的人民法院信息传播新平台，于 2015 年 2 月 27 日正式上线开通，该 APP 可在苹果、安卓两大平台下载。目前，该 APP 包括法治新闻、庭审直播、案里案外、法官说案、现场发布、法治热点、影像中的法官、趣味法典、焦点关注等栏目。

Q 法院每个月都会召开发布会吗？

A 最高人民法院于 2006 年开始实行新闻发布会制度，2009 年 5 月起实行新闻发布月度例会制度，每一个月至少召开一次新闻发布会。从 2015 年 1 月 1 日起，各高级人民法院一律开始实施月度新闻发布会例会制度。有条件的中级人民法院，特别是省会城市、计划单列市中级人民法院实施月度例会制度。其他中级人民法院原则上实施双月例会制度，基层人民法院实行例会制度。

Q 最高人民法院举办的新闻发布会在哪里可以看到？

A 在“最高人民法院”网站首页“新闻发布会”栏目中，网址是 http://www.court.gov.cn/zixun-gengduo-26.html，您可以看到最高人民法院举办的新闻发布会内容，包括发布会实录、典型案例发布、图文直播、视频播报。最高人民法院的每一次新闻发布会都在最高人民法院网和中国法院手机电视 APP 上同步直播或录播。

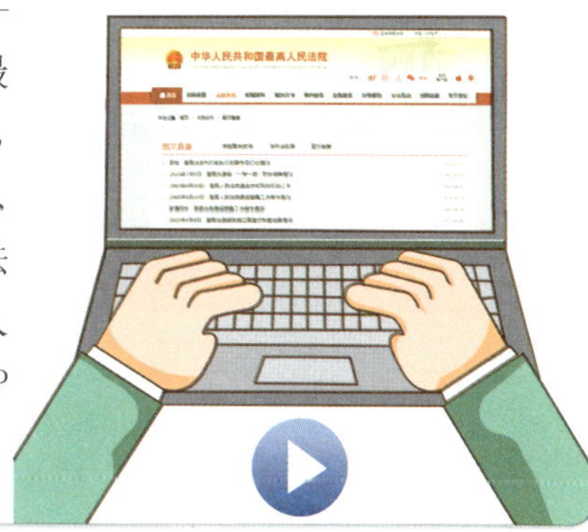

Q 想要采访各地法院应当如何联系？

A 2014 年 10 月，最高人民法院公布了全国 3000 余名新闻发言人名录，网址是：http://www.chinacourt.org/article/subjectdetail/type/speaker/id/MzAwNEgxNwCSYAAA/courtId/010000000000.shtml。通过这个网址，您可以看到全国各地法院的新闻机构及新闻发言人的联系方式，可以与相关法院进行联系并就采访事宜进行沟通。

在哪里可以看到全国的大法官信息？

登录“中国法院网”，在首页的栏目内容中有“大法官”栏目，网址是http://www.chinacourt.org/article/dfg.shtml。在这里，可以查询最高人民法院首席大法官、大法官，各高级人民法院大法官，军事法院大法官信息。

法院发布的权威司法解释、文件在哪里可以查询？

在“中国法院网”中查找“法律文库”栏目，您可以从中看到国家法律法规、地方法规、司法解释，甚至还可以了解全国人大的立法动向。“法律文库”栏目的网址是http://www.chinacourt.org/law.shtml。您还可以在“最高人民法院网”的“权威发布”栏目中查询最新的司法解释、司法文件等信息，网址是http://www.court.gov.cn/fabu.html。

法院的庭审可以在网络中看到吗？

您可以登录“中国法院庭审直播网”观看庭审直播视频，网址是http://ts.chinacourt.org/。直播网对直播的庭审内容进行了分类，包括刑事、民事、行政和其他案件。

当事人如何了解自己案件的办理情况？

最高人民法院开通了“中国审判信息公开网”。在“当事人服务”栏目中，当事人可以使用自己的身份证、密码和验证码登录。登录后，可以查询案件，还可以联系法官、接受电子送达以及投诉举报等事项。“中国审判信息公开网”的网址是 http://www.court.gov.cn/zgsplcxxgkw/。

法院的法官和工作人员有违法违纪行为，如何举报？

最高人民法院开通了“人民法院工作人员违纪违法举报中心”，网址是 http://jubao.court.gov.cn/。根据举报内容，人民法院纪检部门将会向被举报人所在的法院提交举报内容，并承诺对每一起有效举报都会进行及时答复。同时，根据最高人民法院 2014 年公布的《关于人民法院在审判执行活动中主动接受案件当事人监督的若干规定》（法发〔2014〕13 号，http://www.court.gov.cn/fabuxiangqing-13603.html）要求，人民法院应当在本院诉讼服务大厅、立案大厅、派出人民法庭等场所公布人民法院的纪律作风规定、举报受理电话和举报受理网址。

Q 除网络举报外，还有其他方式监督法院办案情况吗？

A 人民法院案件承办部门应当在向案件当事人送达相关案件受理法律文书时，向案件当事人发送廉政监督卡。案件当事人也可以根据需要到人民法院诉讼服务大厅、立案大厅、派出人民法庭直接领取廉政监督卡。案件当事人可以在案件办理期间或者案件办结之后，将填有本人意见的廉政监督卡直接寄交人民法院监察部门。

Q 法院如何处理廉政监督卡上提出的意见？

A 人民法院监察部门对案件当事人在廉政监督卡和廉政回访中提出的意见，应当按照下列方式进行处置：1. 对提出的批评意见，转案件承办部门查明情况后酌情对被监督人进行批评教育；2. 对提出的表扬意见，转案件承办部门查明情况后酌情对被监督人进行表扬奖励；3. 对反映的违纪违法线索，会同案件承办部门廉政监察员进行核查处理；4. 对反映的办案程序、法律适用及事实认定等方面问题，依照相关规定分别移送案件承办部门、审判监督部门或者审判管理部门处理。

Q 法院处理廉政监督卡上的意见后需要向当事人进行反馈吗？

A 人民法院案件承办部门对案件当事人反映的批评意见进行处置后，应当适时向案件当事人反馈处置情况。人民法院监察部门在对案件当事人反映的违纪违法线索进行处置后，应当适时向案件当事人反馈处置情况。因案件当事人反映问题不实而给被反映人造成不良影响的，人民法院监察部门和案件承办部门应当通过适当方式为被反映人澄清事实。

Q 廉政监督卡上反映的普遍问题可能成为法院改进工作的依据吗？

A 可以。人民法院监察部门应当定期对案件当事人在廉政监督卡和廉政回访中提出的意见进行梳理分析，并结合分析发现的普遍性问题向本院党组提出进一步改进工作的意见和建议。

Q 什么是廉政回访？

A 人民法院应当按照本院每年办案总数的一定比例，从当年审结或者执结的案件中随机抽取部分案件进行廉政回访，主动听取案件当事人对办案人员执行纪律作风规定情况的评价意见。廉政回访可以采取约谈回访、上门回访、电话回访、信函回访等方式进行。对案件当事人在回访中反映的意见应当记录在案。

Q 全国人大代表、政协委员如何对法院工作提出意见、建议？

A 最高人民法院专门设立了“全国人大代表、政协委员沟通联络平台”，网址是 http://219.141.171.41/gtpt/。在这里有提案建议办理情况、重大案件通报等内容，代表和委员通过登录进入“我的页面”，就可以对自己的提案建议办理情况进行查询。

Q 法院还有哪些专门的网站？

A 例如：

人民法院知识产权审判网：http://www.court.gov.cn/zscq/；

中国知识产权裁判文书网：http://ipr.court.gov.cn/；

人民法院诉讼资产网：http://www.rmfysszc.gov.cn/；

中国涉外商事海事审判网：http://www.ccmt.org.cn/；等等。

索 引

第一章 立案

● 立案综合 / 2

什么是打官司？ / 2
什么是民事官司？ / 2
什么是刑事官司？ / 3
什么是行政官司？ / 3
打官司应该到哪里立案？ / 3
法院的哪个部门负责立案？ / 4
法庭可以立案吗？ / 4
打官司可以预约立案吗？ / 5
立案登记制何时开始实施？ / 5
立案登记制是什么意思？ / 6
最高人民法院对实行登记立案提出了哪些要求？ /6
什么样的案件可以登记立案？ / 7
消费者协会提起的民事公益诉讼是否适用立案登记制？ / 7
可以登记立案的初始民事起诉需要具备哪些条件？ / 7
可以登记立案的初始行政起诉需要具备哪些条件？ / 8
可以登记立案的初始刑事自诉需要具备哪些条件？ / 8
可以登记立案的初始执行申请需要具备哪些条件？ / 8
可以登记立案的国家赔偿申请需要具备哪些条件？ / 8
当事人可以自助立案吗？ / 9
当事人可以申请法官上门立案吗？ / 9
当事人可以通过微信申请立案吗？ / 10
当事人未交诉讼费，法院可以先立案吗？ / 10
当事人可以异地申请立案吗？ / 10
哪些案件不能登记立案？ / 11
登记立案都是当场立案吗？ / 11
法律规定的立案期限有多少天？ / 11
什么情况下法院可以先行立案？ / 11
到法院打官司需要提交哪些材料？ / 12
打官司提交的材料不符合要求怎么办？ / 13
当事人补交材料后立案期限能否延长？ / 13
民事和行政起诉状应该包括哪些内容？ / 13
立案时法院不收材料、不予答复、不出具法律文书怎么办？ / 14
立案登记制实行后的情况如何？ / 14
哪些省份的立案数量增幅较大？ / 15
哪些类型的案件立案增幅较大？ / 15
立案登记制改革让人民群众“获得感”提升了吗？ / 16
立案登记制实行以后带来哪些新问题？ / 16
在切实保障当事人诉权方面法院还有哪些新举措？ / 17
打民事官司需要符合哪些条件？ / 17
“原告与本案有直接利害关系”是什么意思？ / 18
什么是“有明确的被告”？ / 18
民事起诉状上所写的被告信息不明确，法院能受理吗？ / 18
原告在民事起诉状中谩骂被告，法院能受理吗？ / 18
什么是诉讼请求？ / 19
法律规定的“事实、理由”是什么意思？ / 19
“属于人民法院受理民事诉讼的范围”应该怎么理解？ / 19
原告在民事起诉状中直接列写第三人有何法律效力？ / 20
口头起诉与书面起诉具有同等效力吗？ / 20
对基于同一事实发生的纠纷，法院可以合并审理吗？ / 20
当事人重复起诉，法院会受理吗？ / 20
裁判生效后发生新的事实，可以再次起诉吗？ / 21
当事人达成仲裁协议后还能不能提起诉讼？ / 21

法院对不属自身主管的争议如何处理？ / 22
法院对不属本院管辖的案件如何处理？ / 22
对已经发生法律效力的案件，当事人还能起诉吗？ / 22
哪些情形构成“重复起诉”？ / 23
法律规定哪些案件在一定期限内不能起诉？ / 23
打官司需要向法院交纳哪些诉讼费用？ / 23
案件受理费包括哪些费用？ / 24
申请费包括哪些费用？ / 24
复制卷宗材料要不要交纳费用？ / 24
打官司过程中发生的鉴定费用应该由谁承担？ / 25
在少数民族聚居地区打官司使用法院提供的翻译收费吗？ / 25
财产案件的受理费按照什么标准交纳？ / 25
非财产案件的受理费按照什么标准交纳？ / 26
知识产权民事案件的受理费按照什么标准交纳？ / 26
劳动争议案件的受理费按照什么标准交纳？ / 26
行政案件的受理费按照什么标准交纳？ / 26
管辖权异议案件按照什么标准交费？ / 27
申请执行生效法律文书的按照什么标准交费？ / 27
申请保全措施应该按照什么标准交费？ / 27
申请支付令应该按照什么标准交费？ / 28
申请公示催告应该按照什么标准交费？ / 28
申请撤销仲裁裁决应该按照什么标准交费？ / 28
破产案件应该按照什么标准交费？ / 28
海事案件申请费的交纳标准是什么？ / 29
哪些案件不需要交纳案件受理费？ / 29
哪些案件的受理费可以减半交纳？ / 29
立案后必须马上交纳诉讼费用吗？ / 30
诉讼费用应该由谁交纳？ / 30
案件中止诉讼或中止执行，诉讼费用能退吗？ / 31
法律规定的中止诉讼有哪些情形？ / 31
法律规定的中止执行有哪些情形？ / 31
哪些情形应当退还当事人交纳的案件受理费？ / 32
依法终结诉讼的案件受理费退不退？ / 32
诉讼费用最终由谁来负担？ / 32
调解结案的案件诉讼费用如何负担？ / 33
离婚案件的诉讼费用如何负担？ / 33
执行中达成和解协议的申请费由谁负担？ / 33
当事人申请撤诉的民事案件受理费应该由谁负担？ / 33
当事人申请撤诉的行政案件受理费应该由谁负担？ / 34
逾期举证增加的诉讼费用应该由谁负担？ / 34
打官司时对应当交纳的诉讼费用有异议怎么办？ / 34
家庭生活困难的当事人能免交诉讼费用吗？ / 35
哪些情形可以减交诉讼费用？ / 35
缓交诉讼费用需要具备什么条件？ / 35
基层巡回法庭能否当场收取诉讼费用？ / 36
可以在法院刷卡交纳诉讼费用吗？ / 36
当事人可以用支付宝交纳诉讼费用吗？ / 36
人民法庭可以代办诉讼费用交纳、退费事项吗？ / 37
诉讼费用应该交到哪里？ / 37
没能及时交上诉讼费会有什么后果？ / 37
简易程序转为普通程序的需要补交案件受理费吗？ / 37
消费者网购时如何维护自身权益？ / 38
单位知假买假受消费者权益保护法保护吗？ / 38
超市出售过期食品，消费者如何维权？ / 39
药店出售假冒批号保健食品，消费者如何维权？ / 39
网购广告打出“当日特价”却设置“定时抢购”，合法吗？ / 40
网上商品不是特价却标注为特价，消费者如何维权？ / 41
网购货物被人冒领，消费者如何维权？ / 42
买到假冒首饰，消费者该如何维权？ / 43
经营者对保健用品进行虚假宣传，消费者如何维权？ / 43
因预付卡消费产生争议，消费者如何维权？ / 44
空调等电器安装不当造成损害，可以要求赔偿吗？ / 45
经营者销售已公告召回的汽车，消费者如何维权？ / 46
医院不合理用药，患者如何维护自身权益？ / 47
人民调解和法院调解是一回事吗？ / 47
人民调解协议有没有强制执行效力？ / 48
法院制作的调解书与判决书具有同等法律效力吗？ / 48

● **民事案件 / 49**

打民事官司应该到哪个法院起诉？ / 49
四级法院分别管辖哪些案件？ / 49
哪些案件可以由最高人民法院的巡回法庭受理？ / 49
最高人民法院巡回法庭不管辖哪些案件？ / 51
民事官司中的诉讼时效是什么意思？ / 51
当事人超过民事诉讼时效起诉的如何处理？ / 52
我国现有几个知识产权法院？ / 52
知识产权法院管辖哪些案件？ / 52

广州知识产权法院对广东哪些案件实行跨区域管辖？ / 53
北京知识产权法院管辖哪些一审行政案件？ / 53
哪些上诉案件由知识产权法院审理？ / 53
当事人对知识产权法院裁判不服，应向哪个法院提起上诉？ / 54
铁路运输法院管辖哪些民事案件？ / 54
按照中央司法改革要求设立的跨行政区划法院有几家？ / 54
上海市第三中级人民法院管辖哪些案件？ / 55
北京市第四中级人民法院管辖哪些案件？ / 55
军事法院管辖哪些民事案件？ / 56
军人是指哪些人员？ / 56
军队单位是什么意思？ / 56
营区具体是指哪些地方？ / 56
哪些民事案件地方当事人起诉后军事法院应当受理？ / 57
哪些合同纠纷当事人可以约定由军事法院管辖？ / 57
军事法院与地方法院发生管辖权争议的怎么办？ / 57
法律对地域管辖是如何规定的？ / 58
为何地域管辖实行“原告就被告”原则？ / 58
如何确定公民的住所地与经常居住地？ / 58
如何确定法人或其他组织的住所地？ / 59
哪些案件可以由原告住所地法院管辖？ / 59
离婚和收养案件的起诉有哪些特别规定？ / 60
夫妻一方下落不明，另一方起诉离婚，法院会受理吗？ / 60
赡养费、扶养费、抚育费案件可以再次起诉吗？ / 60
涉外婚姻案件应该到哪个法院起诉？ / 61
合同纠纷案件应该怎样确定管辖法院？ / 61
保险合同纠纷案件如何确定管辖法院？ / 62
票据纠纷案件如何确定管辖法院？ / 62
公司设立纠纷案件应该由哪个法院管辖？ / 62
运输合同纠纷案件如何确定管辖法院？ / 63
如何认定合同履行地？ / 63
融资租赁合同如何确定合同履行地？ / 63
网上订立的买卖合同如何确定合同履行地？ / 63
哪些法院可以管辖侵权纠纷案件？ / 64
哪些法院可以管辖交通事故损害赔偿案件？ / 64
哪些法院可以管辖海事损害事故损害赔偿案件？ / 64
哪些法院可以管辖海难救助费用诉讼案件？ / 64
哪些法院可以管辖共同海损诉讼案件？ / 65
侵权行为地如何确定？ / 65
因产品质量造成的侵权纠纷案件如何确定管辖法院？ / 65
诉前保全造成的侵权纠纷案件应该由哪个法院管辖？ / 66
什么是专属管辖？ / 66
民事诉讼法规定的专属管辖都有哪些情形？ / 66
不动产纠纷案件具体是指哪些案件？ / 66
什么是协议管辖？ / 67
当事人协议管辖可以选择哪些法院？ / 67
管辖协议无法确定管辖法院的如何处理？ / 67
当事人约定多个法院管辖的如何确定管辖法院？ / 67
使用格式条款订立的管辖协议有没有效力？ / 68
管辖协议签订后住所地变更的如何确定管辖法院？ / 68
合同转让后原管辖协议对合同受让人是否有效？ / 68
当事人对离婚后发生的财产争议可以协议管辖吗？ / 68
两个法院都有管辖权，当事人该向哪个法院起诉？ / 69
案件受理后发现不应由该法院管辖怎么办？ / 69
两个法院都有管辖权，先立案的法院可以把案件移送出去吗？ / 69
案件受理后当事人住所地发生变化影响管辖吗？ / 70
案件受理后行政区域调整影响管辖吗？ / 70
案件受理后当事人增加诉讼请求影响管辖吗？ / 70
两个法院对同一起案件都认为有权管辖怎么办？ / 70
上级法院可以将哪些案件交下级法院审理？ / 71
上级法院将案件交下级法院审理有何程序？ / 71
下级法院能否将案件转给上级法院审理？ / 71
当事人对法院管辖权有异议应当如何提出？ / 72
原告增加诉讼请求导致超过级别管辖标准的，被告可否提出管辖权异议？ / 72
同时违反级别管辖和地域管辖规定的可以提出管辖权异议吗？ / 72
对发回重审的案件能否提出管辖权异议？ / 72
发生交通事故后需要交通管理部门进行调解应当何时提出？ / 73
学校发生学生受伤事件可以请求教育行政部门进行调解吗？ / 73
因人身受到损害而误工的起算日如何计算？ / 73
因伤残不能自理的可以请求对方支付多少年的护理费？ / 73
人身损害赔偿包括什么？ / 73
医疗费赔偿金额如何计算？ / 74
误工费赔偿金额如何计算？ / 74
护理费赔偿金额如何计算？ / 74
交通费赔偿金额如何计算？ / 74

住宿费赔偿金额如何计算？ / 74
住院伙食补助费如何计算？ / 74
营养费赔偿额如何计算？ / 74
残疾赔偿金赔偿额如何计算？ / 75
残疾辅助器具费赔偿如何计算？ / 75
丧葬费赔偿额如何计算？ / 75
被扶养人生活费赔偿额如何计算？ / 75
死亡赔偿金如何计算？ / 76
如何计算工作日？ / 76
工资如何计算？ / 76

● 刑事案件 / 77

什么情况下当事人可以直接向法院提起刑事诉讼？ / 77
可以向哪个法院提起刑事自诉？ / 77
什么是犯罪地？ / 78
什么是被告人居住地？ / 78
谁有资格可以提起刑事自诉？ / 78
提起刑事自诉需要准备什么材料？ / 78
刑事自诉状应该包括哪些内容？ / 79
什么是告诉才处理的案件？ / 79
被害人有证据证明的轻微刑事案件包括哪些？ / 80
利用网络捏造事实的情况属于诽谤案吗？ / 80
什么情况属于利用网络信息诽谤他人情节严重的？ / 81
公诉转自诉的案件是什么意思？ / 81
刑事官司中的追诉时效是如何规定的？ / 81
报警后公安机关不立案，可以去法院起诉吗？ / 81
公安机关不立案又不属于自诉案件的应该怎么办？ / 82
对公安机关处理后的治安事件能否再到法院提起诉讼？ / 82
刑事自诉案件需要交纳诉讼费用吗？ / 82
自诉案件在什么情况下不予受理？ / 82
法院对起诉裁定不予受理或驳回起诉，自诉人怎么办？ / 83
起诉后自诉人不到法院开庭会带来什么后果？ / 83
自诉案件起诉后找不到被告人或者被告人不到庭怎么办？ / 83

● 行政案件 / 84

法院受理哪些行政诉讼？ / 84
法院如何处理当事人作为民事案件起诉的行政诉讼？ / 85
对行政机关及其工作人员侵犯公民合法权益的可以提起行政诉讼吗？ / 85
行政审判对于行政机关的工作有何意义？ / 85
被诉行政机关负责人应当出庭应诉吗？ / 86
提起行政诉讼应当符合什么规定？ / 86
哪些事项不能提起行政诉讼？ / 87
打行政官司时“有具体的诉讼请求”是指什么？ / 87
能举一个案例说明什么是“具体的诉讼请求”吗？ / 87
哪些情形下当事人提出的行政诉讼请求会被驳回？ / 88
行政官司的诉讼时效有多长时间？ / 88
行政协议是什么意思？ / 88
哪些行政协议纠纷案件能被受理？ / 89
对行政协议进行诉讼的也按照行政诉讼法的规定进行审理吗？ / 89
与行政诉讼相关的民事争议可以一并提起诉讼吗？ / 89
一并审理与行政诉讼相关的民事争议的意味着一并立案吗？ / 89
审理与行政诉讼相关的民事争议适用什么法律？ / 90
认为行政行为所依据的规范性文件不合法可以要求法院进行审查吗？ / 90
应该何时提出审查规范性文件的要求？ / 90
如何保证法院审理行政诉讼不被干涉？ / 90
法院审理行政案件有专门的审判庭吗？ / 91
“民告官”案件向哪一级法院提出？ / 91
什么是“本辖区内重大、复杂的案件”？ / 92
“民告官”案件是向行政机关所在地的法院提起吗？ / 92
不满限制人身自由的强制措施时应该向哪个法院提起诉讼？ / 92
如何确定原告所在地？ / 93
涉及不动产的向哪个法院提起诉讼？ / 93
两个以上法院都有管辖权的，原告可以向哪个法院提起诉讼？ / 93
行政机关基于同一事实既对人身自由又对财产采取了强制措施的，原告应该向哪个法院提起诉讼？ / 93
当事人认为不应该由受理案件的法院管辖怎么办？ / 94
法院发现受理的案件不属于本院管辖的怎么办？ / 94
上级法院可以审理下级法院的案件吗？ / 94
谁有资格提起行政诉讼？ / 95
行政诉讼中“近亲属”有明确的定义和范围吗？ / 95

被限制人身自由的人可以提起行政诉讼吗？ / 95
合伙企业提起行政诉讼的，合伙人是原告还是企业是原告？ / 95
合伙组织提起诉讼的，所有的合伙人都需要出庭参加诉讼吗？ / 95
农村土地承包人对行政机关处分集体土地行为不服，可以提起诉讼吗？ / 96
“民告官”案件中如何确定哪个行政机关是被告？ / 96
什么是复议机关改变原行政行为？ / 96
不服经上级行政机关批准的行政行为提起诉讼的，哪个行政机关是被告？ / 97
行政机关的内设机构以自己的名义作出行政行为的，该内设机构是被告吗？ / 97
法院可以提醒原告更换被告吗？ / 97
多个人就同一事件状告行政机关的可以合并审理吗？ / 98
当事人一方人数众多如何进行诉讼 / 98
共同诉讼中代表人的诉讼行为就是原告的诉讼行为吗？ / 98
其他人如果认为与被诉的行政行为有利害关系但没有提起诉讼的怎么办？ / 98
只有部分利害关系人起诉行政机关的行政行为时法院如何处理？ / 99
第三人可以对案件的结果提起上诉吗？ / 99
行政诉讼必须要请律师吗？ / 99
什么人可以作为行政诉讼的诉讼代理人？ / 99
行政诉讼中律师作诉讼代理人会比其他诉讼代理人享有更多的权利吗？ / 100
委托诉讼代理人的需要向法院交委托的证明吗？ / 100
申请认定工伤应当在何时提出？ / 100
劳动保障部门接到工伤认定申请后多长时间内作出决定？ / 100
对医疗鉴定不服的应当在何时提出再次鉴定申请？ / 101
申请劳动能力复查鉴定需要在何时提出？ / 101
受到意外伤害的铁路旅客应当在多长时间内提出申领旅客意外保险金？ / 101
“五保一金”是指什么？ / 102
养老保险金最低缴纳标准是多少？ / 102
医疗保险金最低缴纳比例是多少？ / 102
失业保险金缴纳比例是多少？ / 102
住房公积金最低缴纳比例是多少？ / 102

● **执行案件 / 103**

所有的执行案件都需要立案吗？ / 103
执行案件的类型代字和案件编号都是什么意思？ / 103
哪些情况法院可以恢复执行？ / 104
法院可以拆分执行案件吗？ / 104
哪些事项属于执行异议案件？ / 105
哪些案件属于执行复议案件？ / 105
哪些情况属于执行协调案件？ / 106
哪些属于执行监督案件？ / 107
哪些属于执行请示案件？ / 107
执行案件的结案方式一般包括哪些？ / 107
哪种情形属于“执行完毕”？ / 108
哪些情形可以按照“终结本次执行程序”处理？ / 108
“终结本次执行程序”需要合议庭进行合议吗？ / 108
裁定终结本次执行程序前，申请执行人可以提出异议吗？ / 108
“人民法院穷尽财产调查措施”是指什么？ / 109
哪些情形以“终结执行”的方式结案？ / 109
哪些情形以“销案”方式结案？ / 110
哪些情形以“不予执行”方式结案？ / 111
哪些情形以“驳回申请”的方式结案？ / 111
执行财产保全案件的结案方式有哪些？ / 111
恢复执行案件的结案方式有哪些？ / 111
执行异议案件的结案方式有哪些？ / 111
执行复议案件的结案方式有哪些？ / 112
执行监督案件的结案方式有哪些？ / 112
执行请示案件的结案方式有哪些？ / 112
执行协调案件如何结案？ / 112

第二章 民事诉讼

● **审判组织 / 114**

哪些案件可以独任审理？ / 114
合议庭应当由几个人组成？ / 114
人民陪审员可以参加二审案件的合议庭吗？ / 114
发回重审案件能否由原审法院的同一合议庭审理？ / 114
再审案件能否由原合议庭审理？ / 115
人民陪审员可以担任合议庭的审判长吗？ / 115

合议庭评议案件时公民可以旁听吗？ / 115
什么是人民陪审员制度？ / 115
为什么要改革人民陪审员制度？ / 116
试点地区公民担任人民陪审员需要具备哪些条件？ / 116
人民陪审员享有哪些权利？ / 117
人民陪审员承担哪些义务？ / 117
哪些人员不宜担任人民陪审员？ / 117
哪些人员不得担任人民陪审员？ / 117
哪些案件应当由人民陪审员和法官组成合议庭审理？ / 118
当事人可以申请人民陪审员参加合议庭审判吗？ / 118
在一审重大案件审理中，人民陪审员在合议庭中的人数是多少？ / 118
参与审理案件的人民陪审员如何确定？ / 119
当事人可以申请人民陪审员回避吗？ / 119
人民陪审员可以组织双方当事人调解吗？ / 119
人民陪审员可以对案件法律适用问题表决吗？ / 119
人民陪审员在合议案件时可以首先发言吗？ / 120
合议时法官与人民陪审员意见有分歧如何处理？ / 120
哪些情形应当免除人民陪审员职务？ / 120
人民陪审员泄露审判工作秘密会被免职吗？ / 121
最高人民法院设立了几个巡回法庭？ / 121
最高人民法院为何在深圳和沈阳设立巡回法庭？ / 121
最高人民法院设立巡回法庭有何意义？ / 122
最高人民法院巡回法庭的法官司法能力怎么样？ / 122
最高人民法院巡回法庭实行主审法官办案责任制吗？ / 123
最高人民法院巡回法庭的“扁平化管理”体现在哪里？ / 123
最高人民法院巡回法庭如何实践“庭审中心主义”？ / 124
最高人民法院巡回法庭审理的案件如何做到裁判尺度统一？ / 124
最高人民法院巡回法庭作出的裁判是最高人民法院的裁判吗？ / 125
最高人民法院巡回法庭可以办理群众来信来访吗？ / 125
什么是指导性案例？ / 125
指导性案例可以作为其他案件的裁判依据吗？ / 126
社会公众可以推荐指导性案例吗？ / 126
最高人民法院发布指导性案例有哪些作用？ / 126

● **回　避 / 127**

哪些人属于“审判人员”？ / 127
当事人可以对哪些人申请回避？ / 127
审判人员是一方当事人近亲属的应当自行回避吗？ / 127
审判人员接受了一方当事人宴请应当回避吗？ / 128
参与某案件一审审理的法官调到上一级法院后能否担任上诉案件的法官？ / 128
当事人可以在什么时间申请审判人员回避？ / 128
被申请回避者可以继续参加庭审吗？ / 129
审判人员的回避由谁决定？ / 129
提出回避申请后多长时间能有结果？ / 129
申请人对法院作出的回避决定不服怎么办？ / 130

● **诉讼参加人 / 130**

哪些人可以作为民事诉讼当事人？ / 130
法人的法定代表人如何确定？ / 130
诉讼过程中一方当事人的法人代表发生变更对审判有影响吗？ / 131
“其他组织”具体包括哪些组织？ / 131
尚未领取营业执照的分公司能否成为当事人？ / 132
挂靠纠纷的当事人如何确定？ / 132
诉讼中一方当事人死亡的怎么办？ / 132
执行工作任务造成他人损害的应由谁作为被告？ / 132
因劳务造成他人损害的如何确定被告？ / 132
劳务派遣期间造成他人损害的如何确定被告？ / 133
起诉个体工商户时如何确定被告？ / 133
起诉个人合伙时如何确定被告？ / 133
对不履行人民调解协议案件的人可以起诉吗？ / 133
对于未登记的法人如何确定被告？ / 134
企业法人变更时如何确定被告？ / 134
企业法人解散时如何确定被告？ / 134
对借用合同专用章的如何确定被告？ / 134
保证合同纠纷案件如何确定被告？ / 134
学龄前儿童致人损害的应该将谁作为被告？ / 135
村民委员会或村民小组能否作为当事人？ / 135
死者名誉受到侵害哪些人可以起诉？ / 135
当事人有哪些诉讼权利？ / 135
当事人有哪些诉讼义务？ / 136
法院审理过程中当事人可以自行协商解决纠纷吗？ / 136
诉讼和解和法院调解有何区别？ / 136
诉讼标的是什么意思？ / 136

原告方有三个人算不算共同诉讼？ / 136
房屋共有人因租金支付问题与租户产生争议，属于共同诉讼吗？ / 137
物业管理企业针对多个业主提起的请求交纳物业费的诉讼属于共同诉讼吗？ / 137
继承纠纷案件中没有提起诉讼的其他继承人算共同原告吗？ / 138
委托书授权不明的可以把被代理人与代理人列为共同被告吗？ / 138
共有纠纷案件部分共有权人起诉的，其他共有权人是共同诉讼人吗？ / 138
必须共同进行诉讼的当事人没有参加诉讼，法院应当如何处理？ / 139
一方当事人人数众多能否选出代表进行诉讼？/ 139
法律规定的“当事人一方人数众多”是什么标准？ / 139
人数确定的共同诉讼如何推选代表人进行诉讼？ / 140
人数不确定的共同诉讼如何推选代表人进行诉讼？ / 140
代表人最多可以有几个人？ / 140
代表人可以委托诉讼代理人吗？ / 141
在人数不确定的代表人诉讼中，权利人如何向法院登记？ / 141
公民个人可以对污染环境行为提起公益诉讼吗？ / 141
哪些社会组织可以提起环境民事公益诉讼？ / 142
提起公益诉讼需要具备哪些条件？ / 142
提起环境民事公益诉讼应当提交哪些材料？ / 142
能举一个环境民事公益诉讼的案例吗？ / 143
公益诉讼案件应该向哪些法院起诉？ / 143
原告提出的诉讼请求不足以保护社会公共利益时，法院可以主动提示原告增加诉讼请求吗？ / 144
法院受理公益诉讼案件后需要告知相关行政主管部门吗？ / 144
公益诉讼案件受理后其他适格主体可以申请参加诉讼吗？ / 144
法院受理公益诉讼后受害人还能提起私益诉讼吗？ / 144
公益诉讼能和解或者调解吗？ / 144
公益诉讼中原告的自认有效吗？ / 145
支持社会组织依法提起环境民事公益诉讼有哪些方式？ / 145
环境民事公益诉讼中被告能否提出反诉？ / 145
环境民事公益诉讼中被告承担民事责任有哪些方式？ / 146
公益诉讼可以撤诉吗？ / 146
对同一侵权行为可以两次提起公益诉讼吗？ / 146
环境民事公益诉讼和私益诉讼的生效裁判哪个应当优先执行？ / 147
社会组织通过环境民事公益诉讼牟利的如何制裁？ / 147
认为自己对他人争执的诉讼标的物有所有权的应当如何维权？ / 147
认为自己与他人之间的诉讼有利害关系的如何维护自身权益？ / 147
无独立请求权的第三人如何参加诉讼？ / 148
无独立请求权的第三人可以提出管辖异议吗？/ 148
未参加他人之间的诉讼但认为生效判决损害其权益的如何维权？ / 148
哪些情形属于“不能归责于本人的事由”？ / 149
第三人撤销之诉的撤销对象是什么？ / 149
第三人撤销之诉的诉讼时效是多久？ / 149
第三人撤销之诉由哪个法院管辖？ / 149
提起第三人撤销之诉应当提供哪些证据材料？/ 150
第三人撤销之诉可以独任审理吗？ / 150
哪些情形不能提起第三人撤销之诉？ / 150
第三人撤销之诉的当事人如何确定？ / 151
第三人撤销之诉受理后原裁判能否中止执行？/ 151
法院对第三人撤销之诉如何作出裁判？ / 151
第三人撤销之诉可以上诉吗？ / 151
法院只改变了原裁判的部分内容，其他内容还有效吗？ / 151
第三人撤销之诉审理期间原审当事人申请再审的怎么办？ / 152
第三人诉讼请求并入再审程序后法院如何裁判？/ 152
第三人提起撤销之诉后可否提起执行异议之诉？ / 152
执行异议之诉启动后能否提起第三人撤销之诉？ / 153
什么是诉讼代理人？ / 153
未成年人有诉讼行为能力吗？ / 153
法定代理人如何确定？ / 154
哪些人可以被委托为诉讼代理人？ / 155
基层法律服务工作者是什么意思？ / 155

当事人的哪些近亲属可以被委托为诉讼代理人？ / 155
什么样的工作人员可以被委托为诉讼代理人？ / 155
有关社会团体推荐公民担任诉讼代理人应当具备哪些条件？ / 156
限制民事行为能力人可以被委托为诉讼代理人吗？ / 156
授权委托书应该记明哪些内容？ / 156
除授权委托书之外，诉讼代理人还应向法院提交哪些材料？ / 157
简易程序中，当事人可以口头委托诉讼代理人吗？ / 157
诉讼代理人有哪些权利？ / 157
有诉讼代理人的离婚案件本人可以不出庭吗？ / 157

● 证 据 / 158

民事诉讼法规定的证据有哪些种类？ / 158
什么是举证责任？ / 158
举证责任如何在当事人之间进行分配？ / 159
自认的事实需要证明吗？ / 159
哪些事实的自认没有法律效力？ / 159
自认的事实与查明的事实不符会有什么后果？ / 159
哪些事实无须举证证明？ / 159
法院应当依职权调取的证据有哪些？ / 160
因客观原因不能自行收集的证据是指哪些证据？ / 160
法院认为审理案件需要的证据应该怎样理解？ / 160
法院调查收集证据的程序是怎样的？ / 160
法院如何进行证据审核？ / 161
非法证据的判断标准是什么？ / 161
调解过程中的自认有何效力？ / 161
法律规定的证明标准是怎样的？ / 161
哪些事实的证明标准要严于一般标准？ / 162
当事人接受法庭询问必须签署保证书吗？ / 162
当事人拒绝签署保证书有什么法律后果？ / 162
当事人提供证据有时间限制吗？ / 162
举证期限一般是多少天？ / 163
举证期限届满后还可以再次申请确定举证期限吗？ / 163
当事人如何申请延长举证期限？ / 163
法院对逾期举证如何审查？ / 163
当事人逾期举证有何法律后果？ / 164
法院签收当事人提交的证据材料有何手续？ / 164
单位出具证明材料有何具体要求？ / 165
国家机关依职权制作的公文书证效力如何？ / 165
证据必须在法庭上出示吗？ / 165
商业秘密是什么意思？ / 165
质证是什么含义？ / 166
书证必须提交原件吗？ / 166
提交书证原件确有困难包括哪些情形？ / 166
当事人可以申请法院调取对方持有的书证吗？ / 166
持有书证的当事人无正当理由拒不提交有何法律后果？ / 167
持有书证的当事人毁灭有关书证有何法律后果？ / 167
视听资料包括哪些？ / 167
什么是电子数据？ / 167
证人必须出庭作证吗？ / 168
未成年人可以作证吗？ / 168
证人可以通过远程视频方式作证吗？ / 168
申请证人出庭作证有时间要求吗？ / 169
证人出庭作证需要签署保证书吗？ / 169
证人拒绝签署保证书有何法律后果？ / 169
证人出庭作证的费用由谁承担？ / 169
证人费用按照什么标准计算？ / 170
当事人申请鉴定有时间要求吗？ / 170
鉴定人必须由双方当事人协商确定吗？ / 170
法院依职权委托鉴定需不需要征求当事人意见？ / 170
鉴定人在鉴定中有何权利和义务？ / 170
当事人对鉴定意见有异议可以申请鉴定人出庭作证吗？ / 171
什么是专家辅助人？ / 171
申请专家辅助人出庭有时间要求吗？ / 171
专家辅助人出庭费用如何负担？ / 172
专家辅助人可以全程参加审理活动吗？ / 172
勘验时当事人必须到场吗？ / 172
勘验笔录需要当事人签名吗？ / 172
鉴定人可以参与勘验吗？ / 172
当事人如何申请证据保全？ / 173
提起诉讼之前可以申请证据保全吗？ / 173
申请证据保全何时提出？ / 173
申请证据保全要不要提供担保？ / 173

● 期间和送达 / 174

什么是期间？ / 174
期间应当如何计算？ / 174
法律规定申请再审的六个月时限可以延长吗？ / 174
申请再审的审查时限是多长时间？ / 175
期间耽误了如何进行补救？ / 175
送达日期如何确定？ / 176

法律规定的送达方式有哪些种类？ / 176
受送达人不在应当由谁签收诉讼文书？ / 176
向法人或者其他组织送达诉讼文书，哪些人可以签收？ / 177
法院可以通知当事人到法院领取诉讼文书吗？/ 177
在当事人住所地外送达诉讼文书有效吗？ / 177
宣判时当事人拒收裁判文书怎么办？ / 177
受送达人拒收诉讼文书的如何送达？ / 178
留置送达中的见证人都包括哪些人？ / 178
诉讼代理人适用留置送达吗？ / 178
调解书适用留置送达吗？ / 178
能否使用微信送达诉讼文书？ / 179
电子送达如何确定送达日期？ / 179
可以委托其他法院代为送达吗？ / 179
委托送达的送达日期如何确定？ / 179
受委托法院应该在多长时间内代为送达？ / 180
什么情况下可以邮寄送达？ / 180
邮寄送达的送达日期如何确定？ / 180
什么情形下可以转交送达？ / 180
转交送达的送达日期如何确定？ / 180
什么情况下可以公告送达？ / 181
公告送达对公告刊载有何要求？ / 181
公告送达对公告内容有何要求？ / 181
简易程序适用公告送达吗？ / 181

● **调　解 / 182**

法院依据什么原则进行调解？ / 182
什么情形下可以径行调解？ / 182
哪些案件不能调解？ / 182
法院调解时必须组成合议庭吗？ / 182
法院进行调解时可以短信通知当事人到庭吗？/ 183
法院调解过程可以公开吗？ / 183
当事人可以委托代理人参加调解吗？ / 183
法院可以委托有关单位进行调解吗？ / 183
委托调解结束后如何处理？ / 184
可以邀请有关单位和个人协助法院调解吗？/ 184
协助法院调解必须在法庭进行吗？ / 184
协助法院调解达成调解协议后应当如何处理？/184
对当事人之间虚假和解的如何进行法律制裁？/ 184
调解书包括哪些内容？ / 185
调解书何时发生法律效力？ / 185
哪些案件可以不制作调解书？ / 185
当事人可以约定在调解协议上签名即发生法律效力吗？ / 186
调解达成协议后可以根据协议内容制作判决书吗？ / 186
哪一种离婚案件可以根据调解协议内容制作判决书？ / 186
涉外民事诉讼可以根据调解协议内容制作判决书吗？ / 187
调解书需由第三人承担责任的应否经其同意？/ 187

● **保全和先予执行 / 187**

当事人如何申请诉讼保全？ / 187
申请诉讼保全需要提供担保吗？ / 187
作出保全裁定的时间有要求吗？ / 188
上诉过程中对方当事人可能转移财产的，应当向哪个法院申请采取保全措施？ / 188
二审法院作出的保全裁定一定要委托一审法院实施吗？ / 188
再审法院作出的保全裁定可以委托原审法院实施吗？ / 189
法律文书生效后，进入执行程序前，债权人可以申请保全吗？ / 189
诉讼中保全裁定的效力可以延续到执行程序中吗？ / 189
诉前可以申请保全吗？ / 189
诉前财产保全必须提供担保吗？ / 190
诉前财产保全裁定应在多长时间内作出？ / 190
采取保全措施后申请人应在多长时间内起诉？/ 190
诉前保全法院和案件受理法院不一致怎么办？/ 190
诉讼保全的范围是什么？ / 191
对不宜长期保存的物品如何采取保全措施？/ 191
法院对担保物可以采取保全措施吗？ / 191
法院对债务人到期应得收益可以采取保全措施吗？ / 191
对债务人的到期债权如何采取保全措施？ / 191
法院对申请保全人提供的担保财产如何处理？ / 191
谁有权解除保全措施？ / 192
法院进行财产保全有哪些方法？ / 192
被保全财产应该由谁保管？ / 192
担保财产被保全后一般由谁保管？ / 192
法院指定被保全人保管的财产还可以使用吗？/ 193
被申请人提供担保后可以解除保全吗？ / 193
被保全人提供等值担保财产的可以变更保全标的物吗？ / 193
申请保全错误的应当如何处理？ / 193
哪些情形法院应当作出解除保全裁定？ / 194

哪些案件可以申请先予执行？ / 194
先予执行措施应在何时实施？ / 194
先予执行的范围是什么？ / 194
“因情况紧急需要先予执行”包括哪些情形？/ 195
先予执行的适用条件是什么？ / 195
当事人对保全或者先予执行裁定不服有何救济手段？ / 195
先予执行后需要返还的应当如何处理？ / 196

● 对妨害民事诉讼的强制措施 / 196

何种情形下法院可以拘传被告？ / 196
哪些被告必须到庭？ / 196
拘传的程序是怎样的？ / 196
对妨害法庭秩序的人可以采取哪些强制措施？/ 196
未经允许在法庭上录音录像的如何处理？ / 197
训诫和责令退出法庭由谁决定？ / 197
对妨碍法庭审理的行为可以采取哪些强制措施？/ 197
哪些行为属于以暴力威胁或者其他方法阻碍司法工作人员执行职务的行为？ / 198
哪些行为属于拒不履行法院已经发生法律效力的判决、裁定的行为？ / 198
对虚假诉讼有何制裁手段？ / 199
如何惩处恶意串通逃避执行行为？ / 199
冒充他人提起诉讼有何法律后果？ / 199
单位进行虚假诉讼如何处罚？ / 199
对不履行协助义务的行为可以采取哪些强制措施？ / 200
罚款的限额是多少？ / 200
法院确定罚款金额应当考虑哪些因素？ / 200
拘留的期限是几天？ / 201
什么情形下可以提前解除拘留？ / 201
被拘留人不在本辖区的如何执行拘留？ / 201
采取拘留措施后通知家属的时限是多少？ / 201
哪些强制措施必须由院长批准？ / 201
罚款、拘留可以合并适用吗？ / 201
罚款、拘留可以连续适用吗？ / 202
对罚款、拘留决定不服如何申请复议？ / 202

● 第一审普通程序 / 202

被告应在多长时间内提出答辩状？ / 202
被告答辩状应该记载哪些内容？ / 203
被告不提出答辩状有何法律后果？ / 203
法院必须告知当事人诉讼权利义务吗？ / 203
当事人如何提出管辖权异议？ / 203
当事人既提出管辖异议又进行答辩的如何处理？ / 203
当事人未提出管辖异议直接应诉答辩的如何处理？ / 204
当事人何时可以得知合议庭组成人员？ / 204
法院调查取证的程序是怎样的？ / 204
法院可以委托调查取证吗？ / 204
法院受理案件后如何进行繁简分流？ / 204
审前准备包括哪些内容？ / 205
庭前会议包括哪些内容？ / 205
法院归纳的争议焦点需要征求当事人意见吗？/ 205
所有案件都是公开审理吗？ / 205
哪些案件当事人可以申请不公开审理？ / 206
法院应提前几日通知开庭？ / 206
法院使用何种法律文书通知开庭？ / 206
开庭审理前书记员需要做哪些工作？ / 206
开庭审理时审判长首先需要做哪些工作？ / 206
法庭调查的顺序是怎样的？ / 207
当事人对此前认可的事实可以反悔吗？ / 207
法庭调查和法庭辩论可以合并进行吗？ / 207
当事人在法庭调查阶段有哪些诉讼权利？ / 207
增加诉讼请求或提出反诉可以合并审理吗？ / 208
反诉当事人范围如何确定？ / 208
什么样的反诉应当合并审理？ / 208
什么样的反诉法院会裁定不予受理？ / 208
有独立请求权的第三人无正当理由拒不到庭，有何法律后果？ / 208
有独立请求权的第三人参加诉讼后，原告申请撤诉，法院如何处理？ / 209
二审发回重审案件当事人可以增加诉讼请求或提出反诉吗？ / 209
哪些情形下再审发回重审案件当事人可以增加诉讼请求或提出反诉？ / 209
法庭辩论的程序是怎样的？ / 210
法庭辩论终结后还可以调解吗？ / 210
原告无正当理由拒不到庭有何法律后果？ / 210
被告无正当理由拒不到庭有何法律后果？ / 210
无民事行为能力当事人的法定代理人拒不到庭，有何法律后果？ / 211
无民事行为能力人的离婚诉讼法定代理人必须到庭吗？ / 211
无独立请求权的第三人无正当理由拒不到庭，有何法律后果？ / 211
原告提出撤诉一定能得到法院准许吗？ / 211

哪些情形下原告的撤诉申请不会得到法院准许？ / 212
当事人撤诉对反诉有什么影响？ / 212
申请撤诉未获准许原告不到庭的可以缺席判决吗？ / 212
哪些情形法院可以延期审理？ / 212
法庭笔录有差错，当事人可以申请补正吗？ / 213
不公开审理的案件也需要公开宣判吗？ / 213
宣判后当事人何时可以拿到判决书？ / 213
一审判决离婚后当事人可以立即另行结婚吗？/ 213
当事人不服一审判决的应当在几天内上诉？ / 214
当事人不服一审裁定的应当在几天内上诉？ / 214
一审宣判后，原审法院发现判决有错误怎么办？/ 214
一审案件的审理期限是多长时间？ / 214
双方当事人和解期间计入审理期限吗？ / 214
哪些情形应当中止诉讼？ / 215
哪些情形应当终结诉讼？ / 215
判决书包括哪些内容？ / 215
判决书未能同时送达双方当事人的，上诉期如何计算？ / 216
当事人争议事实有一部分已查清的，法院可以先行判决吗？ / 216
法院会针对哪些事项作出裁定？ / 216
当事人对哪些裁定可以上诉？ / 216
裁定书包括哪些内容？ / 216
哪些判决裁定一经作出即刻生效？ / 217
公众可以申请查阅生效裁判文书吗？ / 217
公众查阅生效裁判文书应当向哪个法院提出申请？ / 217
公众提交查阅申请后法院如何处理？ / 217

● **简易程序 / 218**

什么样的案件可以用简易程序审理？ / 218
中级人民法院可以适用简易程序审理案件吗？/ 218
双方当事人可以约定适用简易程序吗？ / 218
哪些案件不适用简易程序？ / 219
按照普通程序审理的案件能转用简易程序审理吗？ / 219
对简单民事案件原告可以口头起诉吗？ / 219
对简单民事案件法院可以当即审理吗？ / 219
简易程序可以用远程视频方式开庭吗？ / 219
简易程序可以用微信通知开庭吗？ / 220
简易程序还需要书记员记录吗？ / 220
简易程序审结案件的裁判文书盖的是人民法庭的印章吗？ / 220
简易程序的举证期限是几天？ / 220
简易程序的答辩期间如何确定？ / 221
简易程序可以简化审前准备和开庭审理程序吗？/ 221
法院对未委托代理人的当事人会释明法律规定吗？ / 221
当事人就案件适用简易程序审理可以提出异议吗？ / 221
简易程序转为普通程序前，双方当事人确认的事实还需举证吗？ / 222
哪些情形可以简化裁判文书中认定事实的内容？ / 222
简易程序审理期限是多少天？ / 222
简易程序转为普通程序的审理期限从何时开始计算？ / 222
哪些简单民事案件可以适用小额诉讼程序审理？ / 223
小额诉讼程序实行一审终审吗？ / 223
适用小额诉讼程序审理的金钱给付纠纷案件有哪些？ / 223
哪些案件不适用小额诉讼程序审理？ / 223
小额诉讼案件的举证期限和答辩期限是几天？/ 224
小额诉讼案件当事人对管辖权异议裁定不服的可以上诉吗？ / 224
小额诉讼案件当事人对驳回起诉的裁定可以上诉吗？ / 224
当事人变更诉讼请求，导致不符合小额诉讼案件条件的如何处理？ / 224
当事人对按照小额诉讼案件审理有异议应何时提出？ / 225
小额诉讼案件的裁判文书记载内容可以简化吗？/ 225
当事人对小额诉讼案件可以申请再审吗？ / 225

● **第二审程序 / 225**

上诉状包括哪些内容？ / 225
当事人口头表示上诉有法律效力吗？ / 226
当事人上诉应当向哪个法院提交上诉状？ / 226
当事人上诉后，原审法院应在多长时间内将案卷材料报送二审法院？ / 226
对当事人未提出上诉请求的事实，二审法院可以审查吗？ / 226

哪些上诉案件可以不开庭审理？ / 227
二审法院审理上诉案件必须在本院进行吗？ / 227
上诉案件经二审法院处理后会有哪些结果？ / 227
当事人对发回重审案件提起上诉的可以再次发回重审吗？ / 228
当事人的诉讼请求在一审程序中被遗漏，二审法院如何处理？ / 228
必须参加诉讼的当事人在一审程序中被遗漏，二审法院如何处理？ / 228
二审程序中当事人可以增加诉讼请求或提出反诉吗？ / 228
二审法院认为一审判决不准离婚有误可以直接改判吗？ / 229
二审法院认为一审法院受理案件错误的如何处理？ / 229
二审法院认为一审法院违反专属管辖的如何处理？ / 229
二审法院对当事人提起上诉的一审不予受理或者驳回起诉裁定将如何处理？ / 229
上诉案件可以调解吗？ / 230
当事人在二审程序中可以和解吗？ / 230
当事人在二审程序中可以撤回上诉吗？ / 230
二审程序中原审原告可以撤回上诉吗？ / 230
二审判决可以在原审法院宣告吗？ / 231
二审裁判是终审裁判吗？ / 231
二审的审理期限是多少天？ / 231

● **特别程序 / 231**

宣告失踪案件适用特别程序审理吗？ / 231
适用特别程序审理的案件是一审终审吗？ / 232
适用特别程序审理的案件都是独任审理吗？ / 232
适用特别程序审理的案件审理期限是多少天？ / 232
特别程序中发现案件属于民事权益争议的如何处理？ / 232
适用特别程序审理的案件收费吗？ / 232
当事人认为适用特别程序作出的裁判有误如何寻求救济？ / 233
公民对选举委员会公布的选民资格名单有异议，可以直接起诉吗？ / 233
选民资格案件必须在选举日前审结吗？ / 233
公民下落不明多长时间可以申请宣告失踪？ / 233
宣告失踪申请书需要写明哪些内容？ / 234
公民下落不明多长时间可以申请宣告死亡？ / 234
宣告死亡申请书需要写明哪些内容？ / 234
宣告失踪案件的公告需要多长时间？ / 234
宣告死亡案件的公告需要多长时间？ / 234
寻找下落不明人的公告应当记载哪些内容？ / 235
多个利害关系人提出宣告失踪或死亡申请的如何处理？ / 235
宣告失踪或死亡案件可以撤回申请吗？ / 235
被宣告失踪或死亡的公民重新出现如何寻求救济？ / 235
认定公民无民事行为能力或限制民事行为能力案件应该如何起诉？ / 236
认定公民无民事行为能力或限制民事行为能力案件申请书应该写明哪些内容？ / 236
诉讼中利害关系人提出当事人患有精神病的如何处理？ / 236
法院审理认定公民无民事行为能力或限制民事行为能力案件必须进行鉴定吗？ / 236
如何在被申请人的近亲属中确定代理人？ / 237
被申请人没有近亲属的如何确定代理人？ / 237
被申请人确定的代理人最多可以几人？ / 237
无民事行为能力或者限制民事行为能力的原因消除后，可以撤销原判决吗？ / 238
认定财产无主案件应当向哪个法院提出申请？ / 238
认定财产无主案件的申请书应当写明哪些内容？ / 238
认定财产无主案件必须发出财产认领公告吗？ / 238
公告期间有人对财产提出请求的怎么办？ / 238
原财产所有人可以撤销认定财产无主判决吗？ / 239
对调解协议申请司法确认应当向哪个法院提出申请？ / 239
两个调解组织参与调解，当事人应该向哪个法院提出确认申请？ / 239
共同向两个调解组织所在地基层法院提出申请的应由哪个法院管辖？ / 239
当事人可以口头提出司法确认调解协议申请吗？ / 240
当事人申请司法确认调解协议应当提交哪些材料？ / 240
当事人对婚姻关系有效与否可以申请确认吗？ / 240
法院对调解协议进行审查时，双方当事人必须到场吗？ / 241

当事人可以撤回对调解协议的司法确认申请吗？ / 241
哪些调解协议确认申请会被法院裁定驳回？ / 241
实现担保物权案件应当向哪个法院提出申请？ / 241
哪些人有权提出实现担保物权申请？ / 242
当事人对实现担保物权的顺序有约定，法院会如何处理？ / 242
登记在先的担保物权尚未实现，后顺位的权利人可以提出申请吗？ / 242
申请实现担保物权应当提交哪些材料？ / 242
被申请人何时可以提出异议？ / 243
何种情形下法院对实现担保物权案件组成合议庭审查？ / 243
法院对实现担保物权案件如何审查？ / 243
实现担保物权案件的审查内容是什么？ / 243
实现担保物权案件可以提出财产保全申请吗？ / 244
实现担保物权案件有哪些处理结果？ / 244

● **审判监督程序 / 244**

法院可以依职权提起再审吗？ / 244
当事人可以申请再审吗？ / 245
当事人申请再审，要停止判决、裁定执行吗？ / 245
当事人将生效裁判确认的债权转让后，受让人可以申请再审吗？ / 245
当事人可以分别选择不同级别的法院申请再审吗？ / 245
当事人对哪些案件不得申请再审？ / 245
哪些裁定可以申请再审？ / 246
当事人申请再审的法定事由有哪些？ / 246
再审中新证据的认定标准是什么？ / 246
法院对再审中的新证据如何进行审查？ / 247
哪些情形是再审申请人逾期提供证据的正当理由？ / 247
当事人在原审中拒绝发表质证意见的可以申请再审吗？ / 248
哪些情形属于原判决、裁定适用法律确有错误？ / 248
哪些情形属于剥夺当事人辩论权利？ / 248
当事人未对一审裁判遗漏的诉讼请求提起上诉的还能申请再审吗？ / 248
哪些法律文书被撤销后当事人可以申请再审？ / 249
认定审判人员有贪污受贿等行为的法律依据是什么？ / 249
当事人对生效调解书可以申请再审吗？ / 249
对调解书申请再审的期限是多长时间？ / 249
当事人对生效离婚裁判文书可以申请再审吗？ / 250
当事人可以就离婚案件中的财产分割问题申请再审吗？ / 250
当事人申请再审应当提交哪些材料？ / 250
再审申请书应当记明哪些内容？ / 250
申请人何时可以得知案件是否受理？ / 251
再审申请的审查时限是多长时间？ / 251
当事人申请再审的案件由哪一级别法院审理？ / 251
当事人的哪些再审申请法院不予受理？ / 251
法院再审审查后有哪些处理结果？ / 252
再审审查时必须询问当事人吗？ / 252
再审审查期间其他当事人提出再审申请的怎么办？ / 252
再审申请人可以申请法院委托鉴定勘验吗？ / 252
再审审查期间再审申请人可以撤回申请吗？ / 252
当事人撤回再审申请后还能再次申请再审吗？ / 253
哪些情形法院裁定终结审查？ / 253
涉外民事案件与普通民事案件的再审审查时间一样吗？ / 253
当事人申请再审需在多长时间内提出？ / 254
法院决定再审的案件会不会中止执行？ / 255
因当事人申请裁定再审案件应由哪个法院再审？ / 255
哪些情形下对因当事人申请裁定再审案件可以指令再审？ / 255
对检察院提出抗诉的案件可以指令再审吗？ / 256
何种情形下法院裁定再审的案件应当提审？ / 256
哪些案件虽然符合指令再审条件但仍应提审？ / 256
按照二审程序审理再审案件发现原判认定基本事实不清怎么办？ / 257
再审案件出现哪些情形可以认定为一审法院严重违反法定程序？ / 257
上级法院指令再审或发回重审的应当阐明具体理由吗？ / 257
法院自行提起再审的案件按照什么程序审理？ / 258
法院审理再审案件应当另行组成合议庭吗？ / 258
再审案件必须开庭审理吗？ / 258
再审案件可以缺席判决吗？ / 258

再审案件庭审中当事人依照何种顺序发表意见?/ 258
法律对再审案件的审理范围是如何规定的? / 259
被申请人庭审辩论结束前提出再审请求的可以一并审理吗? / 259
法院再审中发现生效裁判损害他人合法权益的怎么办? / 259
哪些情形下可以终结再审程序? / 260
再审程序终结后原生效裁判继续执行吗? / 260
法院再审后有哪些审理结果? / 261
按照二审程序再审案件,发现不符合起诉条件的如何处理? / 261
法院对调解书裁定再审后应当如何处理? / 261
一审原告在再审程序中可以申请撤诉吗? / 261
一审原告在再审程序中撤回起诉后重复起诉的能受理吗? / 262
检察机关对民事诉讼进行法律监督有哪些方式?/262
当事人提交新证据导致再审改判的应否补偿被申请人必要费用? / 263
再审中部分当事人到庭并达成调解协议应当如何处理? / 263
检察机关对损害国家利益的生效裁判可以提出抗诉吗? / 263
检察院抗诉案件的范围包括哪些? / 264
哪些情形下当事人可以向检察院申请检察建议或抗诉? / 264
检察院对当事人申请进行审查的时限是多长时间? / 264
遭拒后当事人可以再次申请检察建议或者抗诉吗? / 265
检察院提出再审检察建议需要符合哪些条件? / 265
法院对检察建议如何进行审查? / 266
当事人再审申请被法院驳回后检察院还能抗诉吗? / 266
检察机关有没有调查权? / 266
检察院提出的抗诉符合哪些条件法院应当裁定再审? / 266
哪些情形下受理抗诉的法院可以交下一级法院再审? / 267
再审案件开庭审理时检察院应当派员出庭吗? / 267
检察院向当事人调查核实的情况需要当庭质证吗? / 268

● 督促程序 / 268

向法院申请要求债务人支付金钱或有价证券的支付令需要符合哪些条件? / 268
债权人申请支付令多长时间能知道是否受理? / 269
基层法院受理支付令案件受债权金额限制吗? / 269
法院如何审理支付令案件? / 269
债务人收到支付令后应当做什么? / 269
债务人对支付令既不提出异议又不履行的有何法律后果? / 269
哪些情形下法院会驳回债权人的申请? / 269
支付令可以留置送达吗? / 270
哪些情形下督促程序会终结? / 270
债务人向其他法院起诉的影响支付令效力吗? / 270
债务人超过 15 天提出异议的有法律效力吗? / 270
债务人对支付令中部分请求提出异议影响其他部分的效力吗? / 271
多个债务人中部分人对支付令提出异议影响其他请求的效力吗? / 271
向主债务人发出的支付令对担保人有约束力吗? / 271
债权人就担保关系单独起诉对支付令效力有影响吗? / 271
哪些情形下应当认定债务人异议成立? / 272
债务人提出无钱还债的影响支付令的效力吗? / 272
债务人可以口头提出异议吗? / 273
债务人可以撤回异议吗? / 273
支付令失效后申请人不同意起诉的有什么法律后果? / 273
支付令失效后可以自动转入诉讼程序吗? / 273
支付令确有错误可以撤销吗? / 274

● 公示催告程序 / 274

票据被盗后如何维护自身权益? / 274
公示催告的申请书应当写明哪些内容? / 272
可以申请公示催告的票据持有人是指哪些人? / 274
公示催告申请人多久可以获知法院是否受理? / 274
公示催告申请应当审查哪些内容? / 275
法院应在多长时间内发出公示催告的公告? / 275
公示催告的公告期间是多长时间? / 275
公示催告的公告应当写明哪些内容? / 275
公告应当在哪些载体刊登? / 276
支付人收到法院通知后应当停止支付吗? / 276
法院通知止付后支付人拒不止付的有何法律后果? / 276

票据利害关系人如何申报权利？ / 276
利害关系人出示的票据与公示催告票据不一致如何处理？ / 277
公示催告程序终结后，申请人或申报人应当向哪个法院起诉？ / 277
对于无人申报权利的，申请人应在多长时间内申请法院作出判决？ / 277
判决公告后申请人可以据此请求付款人付款吗？ / 277
因故未申报权利的利害关系人如何得到救济？ / 278
利害关系人起诉的应当按照什么程序审理？ / 278
哪些事由属于未向法院申报权利的正当理由？ / 278
利害关系人起诉的应当以谁为被告？ / 278

● 涉外民事诉讼的特别规定 / 279

哪些案件属于涉外民事案件？ / 279
涉外民事案件审理时应当优先适用国际公约吗？ / 279
法院审理涉外民事案件必须使用中文吗？ / 279
当事人向法院提交外文书面材料的需要同时提交中文翻译件吗？ / 279
外国当事人需要委托律师代理诉讼的，必须委托中国律师吗？ / 280
未在我国的外国当事人委托他人代理诉讼如何办理委托证明手续？ / 280
外国当事人的身份证明文件如何进行公证和认证？ / 280
外国当事人身份证明材料可以通过第三国办理认证吗？ / 281
外国当事人授权委托手续可以在法院当面办理吗？ / 281
外国当事人授权委托手续可以在我国办理公证吗？ / 281
外国当事人可以委托哪些人作为诉讼代理人？ / 281
外交代表可以为其本国国民聘请民事诉讼代理人吗？ / 282
被告在我国境内没有住所的哪些法院有管辖权？ / 282
涉外民事案件可以协议选择哪些法院管辖？ / 282
哪些情形下法院会告知当事人向更方便的外国法院起诉？ / 283
双方当事人分别向中外法院起诉的，中国法院可以受理吗？ / 283
我国法院承认外国判决后当事人可以再次就同一争议起诉吗？ / 284
哪些涉外民事案件由中国法院专属管辖？ / 284
涉外民事诉讼有哪些送达方式？ / 284
公告送达裁判文书时一审判决何时发生法律效力？ / 285
对在我国领域内的外国当事人可以直接送达吗？ / 285
涉外民事诉讼中如何进行邮寄送达？ / 285
一审时公告送达诉讼文书的，二审时可以继续公告送达吗？ / 286
在我国没有住所的外国被告答辩期是多长时间？ / 286
在我国没有住所的外国被告上诉期是多长时间？ / 286
涉外民事案件审理期限是多长时间？ / 286
涉外商事海事纠纷可以申请仲裁吗？ / 286
涉外仲裁当事人可以申请保全吗？ / 287
一方当事人不履行仲裁裁决，对方当事人应向哪个法院申请执行？ / 287
哪些情形下涉外仲裁机构作出的裁决会被裁定不予执行？ / 287
法院不予执行仲裁裁决后，当事人有何救济途径？ / 288
中国和外国法院可以互相代为送达文书吗？ / 288
请求和提供民事司法协助有哪些途径？ / 288
司法协助请求应当使用何种文字？ / 289
我国法院提供司法协助应当遵循何种程序？ / 289
我国民事判决和仲裁裁决如何在域外得到承认和执行？ / 289
外国法院判决如何在我国得到承认和执行？ / 290
当事人申请承认和执行外国法院判决应当提交哪些材料？ / 290
我国法院如何对外国法院判决进行司法审查？ / 290
当事人可以向法院申请承认外国法院的生效离婚判决吗？ / 291
承认和执行外国判决申请被驳回后，当事人有何救济手段？ / 291
当事人对外国判决或仲裁裁决可以直接向法院申请执行吗？ / 291
申请承认和执行外国生效判决的期间是几年？ / 291

申请承认和执行外国生效裁判或仲裁裁决案件必须由合议庭审查吗？ / 292
申请承认和执行外国生效裁判或仲裁裁决案件是一裁终局吗？ / 292
当事人所在国家与中国没有条约和互惠基础，可以通过司法协助途径代为调查取证吗？ / 292
当事人在境外使用我国法院判决的可以申请出具证明书吗？ / 293
当事人应向哪个法院提出承认和执行外国仲裁裁决申请？ / 293
当事人可以申请承认和执行外国临时仲裁裁决吗？ / 293

● **涉港澳台案件民事诉讼的有关规定 / 294**

涉港澳台案件可以适用我国民事诉讼法关于涉外民事诉讼程序的相关规定吗？ / 294
内地法院和香港法院可以相互委托送达民商事司法文书吗？ / 294
内地法院和香港法院相互委托送达民商事法律文书的程序是怎样的？ / 294
委托方出具的委托书需要载明哪些内容？ / 294
委托书必须以中文文本提出吗？ / 295
委托送达应在多长时间内完成？ / 295
送达司法文书后内地法院和香港法院分别应当出具何种材料？ / 295
受委托法院无法送达司法文书怎么办？ / 295
内地和香港法院相互委托送达民商事司法文书收费吗？ / 295
内地和香港法院可以相互委托送达哪些民商事司法文书？ / 296
内地与澳门法院可以相互委托送达民商事案件司法文书吗？ / 296
内地与澳门法院可以相互委托调取民商事案件证据吗？ / 296
内地与澳门法院相互委托送达司法文书和调取证据的程序是怎样的？ / 296
委托书可以用葡文文本提出吗？ / 296
受委托方法院完成送达和调取证据的时限分别是多长时间？ / 297
内地与澳门法院相互委托送达司法文书和调取证据需要支付费用吗？ / 297
受委托方法院可以不予执行受托事项吗？ / 297
委托方法院请求送达司法文书需要出具委托书吗？ / 298
完成司法文书送达事项后，内地法院和澳门法院分别应当出具何种材料？ / 298
内地法院和澳门法院可以相互委托送达哪些民商事司法文书？ / 298
内地法院和澳门法院相互委托代为调取证据的委托书应当写明哪些内容？ / 299
内地法院和澳门法院可以相互委托代为调取哪些证据？ / 299
受委托方法院调取证据时，委托方法院可以派员出席吗？ / 299
受委托方法院取证时，被调查当事人的代理人可以出席吗？ / 299
受委托方法院完成调取证据事项后应当向委托方法院进行书面说明吗？ / 300
受委托方法院可以安排本辖区的证人到对方辖区出庭作证吗？ / 300
受委托方法院安排的证人在委托方地区逗留期间可以享受豁免吗？ / 301
证人到委托方法院出庭产生的费用由谁支付？ / 301
受委托方法院可以代为查询提供本辖区有关法律吗？ / 301
内地与澳门特别行政区可以相互认可和执行仲裁裁决吗？ / 301
当事人可以向哪个法院申请认可和执行仲裁裁决？ / 302
被申请人住所地分别在内地和澳门的可以分别向两地法院提出申请吗？ / 302
当事人分别向内地和澳门法院提出申请，法院如何进行审查？ / 302
申请人提出认可和执行仲裁裁决申请的应当提交哪些材料？ / 303
认可和执行仲裁裁决申请书应当包括哪些内容？ / 303
哪些情形下有关法院不予认可仲裁裁决？ / 303
申请认可和执行仲裁裁决收费吗？ / 304
双方当事人分别向内地和澳门法院申请执行和撤销仲裁裁决的怎么办？ / 304
内地或澳门的判决可以相互执行吗？ / 305
申请执行内地或澳门的判决应当向哪个法院提出？ / 305
申请执行内地或澳门判决应当提交什么材料？ / 306
在什么情况下内地或澳门判决书可能会不予执行？ / 306

涉港澳民商事案件中受送达人在内地的可以直接送达吗？ / 307
涉港澳民商事案件中可以向诉讼代理人送达司法文书吗？ / 307
涉港澳民商事案件中受送达人在内地有代表机构的可以直接送达吗？ / 307
涉港澳民商事案件送达司法文书可以邮寄送达吗？ / 307
涉港澳民商事案件送达司法文书可以用电子邮件送达吗？ / 308
涉港澳民商事案件送达司法文书可以公告送达吗？ / 308
涉港澳民商事案件可以同时采取多种送达方式吗？ / 308
涉港澳民商事案件送达司法文书可以留置送达吗？ / 309
涉港澳民商事案件中哪些情形视为送达？ / 309
在内地或者香港作出的仲裁裁决如何得到执行？ / 309
申请执行内地或香港作出的仲裁裁决时，有多个法院具有管辖权怎么办？ / 309
申请执行内地或香港的仲裁裁决应该提交哪些申请材料？ / 310
申请执行内地或者香港的仲裁裁决时，提交的申请书应该包括哪些内容？ / 310
哪些情况下法院不予执行香港或内地的仲裁裁决？ / 310
内地或香港的判决可以相互执行吗？ / 311
内地或香港相互执行判决的条件是什么？ / 311
什么是具有执行力的终审判决？ / 312
申请执行香港或内地判决时应该向哪个法院提出申请？ / 312
申请认可和执行内地或香港的判决时应当提交哪些材料？ / 312
申请执行香港或内地判决应该在多长时间内提出？ / 313
申请执行香港或内地判决之前或之后可以申请财产保全吗？ / 313
哪些情况下受理的法院可能会裁定不予执行香港或内地判决？ / 313
当事人可以向人民法院申请认可和执行台湾地区法院作出的民事判决吗？ / 314
台湾地区法院作出的哪些民事判决可以申请认可和执行？ / 314
台湾地区法院作出的刑事判决可以申请认可和执行吗？ / 315
台湾地区乡镇市调解委员会调解文书可以申请认可和执行吗？ / 315
申请人对台湾地区法院民事判决同时提出认可和执行申请的怎么办？ / 315
申请人直接申请执行台湾地区法院民事判决的怎么办？ / 315
申请人应向哪些法院提出认可台湾地区民事判决案件的申请？ / 316
申请人向两个以上有管辖权的法院申请认可的，应由哪个法院管辖？ / 316
对申请认可台湾地区法院民事判决案件，应当组成合议庭审查吗？ / 316
申请人可以委托代理人提出认可台湾地区法院民事判决申请吗？ / 316
台港澳地区或外国当事人签字或盖章的授权委托书应当履行证明手续吗？ / 317
申请人申请认可台湾地区法院民事判决需要提交哪些材料？ / 317
申请认可台湾地区法院民事判决的申请书应当载明哪些事项？ / 317
人民法院对符合规定条件的申请应当在几日内立案？ / 318
人民法院对不符合规定的申请如何处理？ / 318
申请人对法院作出的不予受理裁定不服，可以上诉吗？ / 318
申请人应当证明申请认可的台湾地区法院民事判决真实且生效吗？ / 318
查明申请认可的台湾地区法院民事判决是否真实有效有哪些途径？ / 318
人民法院审理申请认可台湾地区法院民事判决案件可以采取保全措施吗？ / 319
人民法院受理认可申请后，当事人还能就同一争议起诉吗？ / 319
一方当事人起诉后，另一方当事人提出认可申请的，能受理吗？ / 319
当事人可以不申请认可台湾地区有关法院判决而直接起诉吗？ / 319
人民法院受理认可申请后，申请人可以撤回申请吗？ / 320
人民法院审理申请认可台湾地区法院民事判决案件的审限有多长？ / 320
哪些情形下台湾地区法院民事判决会被裁定不予认可？ / 320
人民法院对申请认可台湾地区法院民事判决案件审查后如何处理？ / 321

法院裁定驳回申请的案件可以再次提出申请吗？ / 321
经人民法院裁定认可的台湾地区法院民事判决有强制执行效力吗？ / 321
人民法院作出的裁定何时发生法律效力？ / 321
当事人对不予认可裁定不服的有何救济途径？ / 322
人民法院裁定不予认可后，当事人还能再次提出申请吗？ / 322
申请人应在多长时间内提出认可和执行台湾地区法院民事判决的申请？ / 322
申请认可和执行台湾地区法院民事判决需要交纳诉讼费吗？ / 323
能举一个申请认可台湾地区有关法院民事判决的案例吗？ / 323
台湾地区法院的离婚判决如何在大陆执行？ / 324
当事人可以申请认可和执行台湾地区仲裁裁决吗？ / 324
哪些仲裁裁决可以申请认可和执行？ / 325
申请人同时提出认可和执行台湾地区仲裁裁决申请的怎么办？ / 325
申请人直接申请执行台湾地区仲裁裁决的怎么办？ / 325
申请人应当向哪些法院提出认可台湾地区仲裁裁决案件申请？ / 325
申请人向两个以上有管辖权法院申请认可的应由哪个法院管辖？ / 326
申请认可台湾地区仲裁裁决案件应当组成合议庭审查吗？ / 326
申请人可以委托他人代理申请认可台湾地区仲裁裁决吗？ / 326
申请人申请认可台湾地区仲裁裁决应当提交哪些文件？ / 326
申请认可台湾地区仲裁裁决的申请书应当记明哪些事项？ / 327
人民法院受理认可台湾地区仲裁裁决申请后当事人可以起诉吗？ / 327
当事人未申请认可仲裁裁决可以直接向人民法院起诉吗？ / 327
当事人可以撤回认可台湾地区仲裁裁决的申请吗？ / 327
申请认可台湾地区仲裁裁决案件的审限是多长时间？ / 328
哪些情形下人民法院会裁定不予认可台湾地区仲裁裁决？ / 328
对申请认可和执行台湾地区仲裁裁决案件作出的裁定何时发生法律效力？ / 329
一方当事人向人民法院申请认可台湾地区仲裁裁决，而另一方当事人向台湾地区法院起诉撤销同一裁决的怎么办？ / 329
对人民法院裁定不予认可的台湾地区仲裁裁决，申请人可以再次提出申请吗？ / 329
申请认可和执行台湾地区仲裁裁决案件收费吗？ / 329
向台湾地区当事人送达民事诉讼文书，可以采取哪些方式？ / 330
人民法院协助台湾地区法院送达司法文书，可以采取公告送达方式吗？ / 330
哪些情形下对涉台民事诉讼文书可以留置送达？ / 330
邮寄送达涉台民事诉讼文书时哪些情形视为送达？ / 331
对涉台民事诉讼文书采取传真号码或电子邮件方式送达时如何确认送达？ / 331
对涉台民事诉讼文书采取公告方式送达时如何确认送达？ / 331
依照海峡两岸司法互助途径送达民事诉讼文书的时限是多少？ / 331
能举一个涉台送达文书司法互助的案例吗？/ 331
人民法院可以与台湾地区法院相互协助调取哪些证据？ / 332
能举一个涉台调查取证司法互助案例吗？ / 332
依照海峡两岸司法互助途径从台湾地区获得的证据需要公证证明吗？ / 333
人民法院执行台湾地区司法协助请求所发生的费用如何负担？ / 334
2014 年全国法院办理涉台司法互助案件的情况如何？ / 334
两岸司法互助协议生效以来，涉台司法互助案件办理情况如何？ / 334

第三章 刑事诉讼

● 刑事自诉及综合 / 336

刑事案件都是公诉案件吗？ / 336
自诉案件可以调解吗？ / 336
自诉案件二审可以调解吗？ / 337

调解可以反悔吗？ / 337
自诉案件可以和解吗？ / 337
自诉案件的和解与调解有什么区别？ / 337
家庭暴力的受害人不敢去法院起诉怎么办？ / 338
公诉案件是什么案件？ / 338
公诉人是什么角色？ / 339
被害人可以委托律师吗？ / 339
被告人必须委托辩护人吗？ / 339
被告人可以委托几位辩护人？ / 340
被公安机关抓去后可以请辩护人吗？ / 340
因经济困难请不起辩护人怎么办？ / 340
如何申请法律援助？ / 341
申请法律援助应当提交什么材料？ / 341
申请法律援助没有被同意怎么办？ / 341
进入诉讼程序后，在什么情况下法院会主动为被告人提供辩护人？ / 342
什么情况下法院应当通知法律援助机构指派律师提供辩护？ / 342
什么情况下法院可以通知法律援助机构指派律师提供辩护？ / 343
被告人能够拒绝法律援助中心指派的律师吗？ / 343
进入诉讼程序后，辩护律师可以阅卷吗？ / 343
辩护人和辩护律师有什么不同？ / 344
辩护人和诉讼代理人有什么区别？ / 344
被害人可以申请法律援助吗？ / 344
庭审开始后被告人可以拒绝辩护人辩护吗？ / 345
庭审阶段被告人可以连续拒绝辩护人吗？ / 345
庭审过程中辩护人可以拒绝为被告人辩护吗？ / 345
法庭上被告人和被害人都享有什么权利？ / 346
在什么情况下当事人可以申请审判人员回避？ / 346
审判人员与当事人有近亲属关系具体是指什么？ / 346
审判人员接受本案当事人宴请的是否应当回避？ / 347
审判人员应当回避而当事人没有申请怎么办？ / 347
当事人如何知道哪些人员应当回避？ / 347
诉讼代理律师原来在法院工作，打起官司会更有利吗？ / 348
诉讼代理律师的配偶在法院工作，打起官司会更有利吗？ / 348
当事人哪些行为在庭审过程中是不被允许的？ / 348
庭审过程中扰乱法庭纪律会有怎样的后果？ / 349
因扰乱法庭秩序被处罚而不服气怎么办？ / 349
辩护人或者律师扰乱法庭秩序会有什么后果？ / 349
辩护人被带出法庭后庭审还会继续吗？ / 349

● **证 据 / 350**

刑事诉讼中的证据包括什么？ / 350
证据主要用来证明什么？ / 350
被告人的犯罪事实由谁来证明？ / 351
行政机关在行政执法过程中收集的证据能作为定案的证据吗？ / 351
证据“确实充分”有什么含义？ / 351
公安机关采用暴力方法逼迫犯罪嫌疑人认罪的口供可以作为定罪证据吗？ / 352
什么是刑讯逼供？ / 352
遭遇刑讯逼供等情况如何举证？ / 352
家庭暴力犯罪的证据不容易保存怎么办？ / 353
庭审过程中，审判人员认为存在非法证据收集的可能性怎么办？ / 353
当事人对证据收集的合法性产生质疑需要自己证明吗？ / 354
进入诉讼阶段后，辩护人应当在何时提出当事人遭遇刑讯逼供等情况？ / 354
当事人申请非法证据排除后，法院如何查明事实？ / 354
庭审过程中当事人可以申请排除非法证据吗？ / 355
当事人提出排除非法证据的申请但一审没有审查怎么办？ / 355
当事人对一审法院作出的有关证据合法性调查的结论不服可以提出上诉吗？ / 355
当事人在一审结束后才发现可能存在非法证据的怎么办？ / 356
检察院如何证明侦查人员收集证据是合法的？ / 356
不能确认是否以非法方法收集的证据可以采用吗？ / 356
侦查人员在破案过程中的侦查行为有人监督吗？ / 356
谁有资格成为见证人？ / 357
证人在法庭上作证能受到保护吗？ / 357
证人在黑社会性质的犯罪案件中作证会得到特殊的保护吗？ / 357
如何核实受到保护的证人的身份？ / 358
没有被告人的口供就不能认定被告人有罪吗？ / 358
仅凭口供可以定罪吗？ / 358

亲属可以为被告人无罪作证吗？ / 358
如何证明被告人是否达到法定责任年龄？ / 359
无法判断被告人是否达到相应法定责任年龄怎么办？ / 359
被告人出庭受审可以不穿囚服吗？ / 359
被告人在看守所必须穿囚服吗？ / 359

● **强制措施 / 360**

逮捕要经过哪些程序？ / 360
在什么情况下可能被逮捕？ / 360
公安机关发现现行犯可以直接逮捕吗？ / 361
公安机关将犯罪嫌疑人拘留后会如何进行处理？ / 361
刑事拘留最长时限是多少天？ / 361
公安机关认为被拘留人需要逮捕的如何处理？ / 362
检察院不批准逮捕的情况下公安机关如何处理？ / 362
被逮捕的被告人正在怀孕，可以申请变更强制措施吗？ / 362
家庭暴力的施暴者对被害人有较强的危险性的，可以拘留、逮捕吗？ / 362
什么是取保候审？ / 363
什么情况下可以采取取保候审措施？ / 363
可以对决定取保候审的施暴者附加取保候审的条件吗？ / 363
取保候审的执行机关是哪个机关？ / 364
取保候审的“保”是什么意思？ / 364
担任保证人需要什么条件？ / 364
保证人负有什么义务？ / 364
保证人未履行法定义务将会受到什么处罚？ / 365
保证人不愿意再作保证人的怎么办？ / 365
如何确定保证金？ / 366
保证金应当交给谁？ / 366
保证金和保证人可以同时使用吗？ / 366
被取保候审的犯罪嫌疑人、被告人应当遵守哪些规定？ / 366
司法机关可以对取保候审的犯罪嫌疑人、被告人规定额外需要遵守的条件吗？ / 367
取保候审期间被告人毁灭证据怎么办？ / 367
保证人与被告人勾结帮助被告人逃匿怎么办？ / 367
保证金会退还吗？ / 368
取保候审最长期限是多久？ / 368
什么是监视居住？ / 368
在什么情况下司法机关会采取监视居住措施？ / 368
监视居住由哪个机关执行？ / 369
公安机关、检察院已经作出取保候审或者监视居住的决定后，法院可以变更吗？ / 369
法院决定继续取保候审、监视居住时，期限如何计算？ / 369
法院决定继续取保候审的还需要再交纳保证金吗？ / 369
监视居住是在犯罪嫌疑人、被告人家里执行吗？ / 370
监视居住需要通知犯罪嫌疑人、被告人的家属吗？ / 370
执行机关如何执行监视居住？ / 370
被监视居住的犯罪嫌疑人、被告人应当遵守哪些规定？ / 370
被监视居住的犯罪嫌疑人、被告人违反法律规定会承担哪些后果？ / 371
监视居住的最长期限是多久？ / 371
被监视居住的被告人企图毁灭证据或者打击报复证人怎么办？ / 371
审判长可以直接决定对被告人采取拘传、取保候审、监视居住或者逮捕等措施吗？ / 372
被告人认为自己无罪可以对法院的传唤置之不理吗？ / 372
对被告人拘传能使用戒具吗？ / 372
传唤、拘传的时间最长是多久？ / 372
可以对犯罪嫌疑人进行连续拘传吗？ / 373
案件没有在规定期限内审结，可以继续对被告人进行羁押吗？ / 373
被告人认为强制措施不合理的，可以申请变更强制措施吗？ / 373

● **刑事附带民事诉讼 / 374**

什么是附带民事诉讼？ / 374
满足什么条件才能提起附带民事诉讼？ / 374
国家工作人员在行使职权时侵犯他人人身、财产权利的，能否提起附带民事诉讼？ / 374
被害人可以放弃提起附带民事诉讼吗？ / 375
有多个侵害人的被害人可以只对部分侵害人提起附带民事诉讼吗？ / 375
可以对逃匿后到案的同案犯再次提起附带民事诉讼吗？ / 375

附带民事诉讼由谁提起？ / 375
被害人何时可以提起附带民事诉讼？ / 376
二审期间可以提起附带民事诉讼吗？ / 376
整个刑事诉讼期间都没有提出附带民事诉讼的怎么办？ / 376
附带民事诉讼中可以要求精神损害赔偿吗？/ 376
需要多长时间才能知道法院是否受理了附带民事诉讼的请求？ / 377
被害人发现被告人转移自己的财产试图逃避民事赔偿责任的怎么办？ / 377
被害人申请法院采取保全措施必须在提起附带民事诉讼之后吗？ / 377
被告人被判处死刑后谁是民事赔偿的责任人？ / 378
法院在审理附带民事诉讼时当事人可以提出调解吗？ / 378
检察院撤回起诉的案件，被告人还需要进行民事赔偿吗？ / 378
判决无罪的还需要进行民事赔偿吗？ / 379
附带民事诉讼的赔偿额如何确定？ / 379
附带民事诉讼需要交纳诉讼费吗？ / 379
审理附带民事诉讼时原告必须到庭吗？ / 379
附带民事诉讼的被告人不到庭怎么办？ / 379
被告人已经对被害人进行了一定的赔偿会影响量刑吗？ / 380

● **期间、送达、审理期限 / 380**

当事人由于无法抗拒的原因不能如期参加诉讼怎么办？ / 380
收件人可以拒收法院的文书吗？ / 380
诉讼文书可以请别人代收吗？ / 381
诉讼文书可以用邮寄的方式送达吗？ / 381
诉讼文书如何给军人送达？ / 381
诉讼文书如何送达给正在监狱服刑的人员？/ 382
审理期限届满时法院可以延长审理期限吗？ / 382

● **侦查和提起公诉 / 382**

司法机关只有一位侦查人员讯问犯罪嫌疑人合法吗？ / 382
公安机关应该在什么场所讯问被羁押的犯罪嫌疑人？ / 383
讯问没有被羁押的犯罪嫌疑人应当在哪里进行？ / 383
被讯问的犯罪嫌疑人有保持沉默的权利吗？/ 383
侦查人员讯问犯罪嫌疑人的过程是否会进行录像？ / 384
被害人家属可以对公安机关作出的尸检的决定提出异议吗？ / 384
犯罪嫌疑人有权拒绝公安机关对其进行人身检查吗？ / 384
对女性犯罪嫌疑人进行人身检查必须由女性工作人员进行吗？ / 384
对依法逮捕后的犯罪嫌疑人的侦查羁押期限是多长时间？ / 385
对于在3个月内仍然不能侦查终结的案件怎么办？ / 385
对于经省、自治区、直辖市检察院批准或者决定延长两个月后仍然不能侦查终结的怎么办？ / 385
在接到公安机关移送的案件后，检察院应当在多长时间内作出起诉决定？ / 385
检察院在审查起诉期间必须要再次讯问犯罪嫌疑人吗？ / 386
检察院发现公安机关移送的案件证据不充分怎么办？ / 386
退回补充侦查了两次的案件仍然证据不足的怎么办？ / 386
检察院提起公诉需要满足什么条件？ / 386
检察院在审查期间认为犯罪嫌疑人没有犯罪或者不构成犯罪的还会提起公诉吗？ / 387
公安机关认为检察院作出的不起诉决定错误可以拒绝执行吗？ / 387
被害人不服检察院的不起诉决定怎么办？ / 387
不被起诉的人如果不服检察院不起诉决定怎么办？ / 388

● **一审程序 / 388**

法院在收到检察院审查起诉的案件后会有哪几种处理情况？ / 388
在开庭前法院都会进行哪些准备工作？ / 389
开庭审理前法院会提前听取双方当事人的意见吗？ / 389
在什么情况下会召开庭前会议？ / 389
庭前会议主要了解什么信息？ / 390
庭前会议可以就附带民事诉讼部分进行调解吗？ / 390
庭前会议需要制作笔录吗？ / 390

刑事诉讼当事人最迟什么时候能知道开庭的时间？ / 390
所有案件都可以公开庭审吗？ / 390
公开审理的案件可以申请旁听吗？ / 391
不公开审理的案件可以旁听吗？ / 391
当事人何时可以申请回避？ / 391
法庭调查的顺序是什么？ / 391
所有的证据都可以在法庭上进行出示吗？ / 392
法庭可以对多个被告人同时讯问吗？ / 392
被告人的诉讼代理人或辩护人可以随时向受害人发问吗？ / 392
对证人证言、鉴定意见有异议的可以要求证人、鉴定人出庭质证吗？ / 393
证人必须出庭作证吗？ / 393
证人拒绝出庭作证会带来什么后果？ / 393
证人不能到庭作证的正当理由有哪些？ / 393
证人无法出庭时如何作证？ / 394
证人出庭作证产生的费用由谁承担？ / 394
法院要求出庭作证的证人没有正当理由拒绝出庭作证怎么办？ / 394
未成年人出庭作证会受到特殊保护吗？ / 395
法庭审理过程中当事人还可以提出新的证据吗？ / 395
法庭审理过程中当事人和公诉人可以申请专家出庭吗？ / 395
在法庭上向证人、鉴定人发问要遵循一定的顺序吗？ / 395
在法庭上当事人、证人等发问需要注意什么？ / 396
证人、鉴定人可以旁听案件吗？ / 396
鉴定意见比较专业，可以申请专业人员在法庭上说明理由吗？ / 396
法庭对证据产生质疑时还有补救措施吗？ / 396
合议庭对证据有疑问时可以宣布休庭吗？ / 397
在庭审过程中当事人可以申请调取新的证据吗？ / 397
申请调取新的证据需要延期审理吗？ / 397
延期审理的时间是否计算在审理期限内？ / 398
在审理过程中被告人突发严重疾病怎么办？ / 398
法院对一审案件多长时间应当审理完毕？ / 398
审理期限是无条件的连续计算吗？ / 399
法院在什么情况下会作出无罪判决？ / 399
检察院发现法院的审判工作违反诉讼程序的可以纠正法院工作吗？ / 399
在庭审过程中控辩双方发表意见需要审判长同意吗？ / 399
在电视剧中常见的律师所说的“反对，与本案无关”等言论在法庭上真的会出现吗？ / 400
在庭审期间公诉人发现证据不足要求补充侦查，法庭会同意吗？ / 400
补充侦查期满后公诉人没有移送案件到法院的如何处理？ / 400
法庭审理过程中会对影响量刑有关的情节进行调查吗？ / 401
被告人具有自首和立功情节但检察院没有提及怎么办？ / 401
被告人认罪的案件还需要进行法庭调查吗？/ 401
法庭辩论是自由辩论吗？ / 402
检察院可以对量刑提出建议吗？ / 402
当事人可以对量刑提出建议吗？ / 402
被告人认罪的案件还需要进行法庭辩论吗？/ 402
对于被告人不认罪的案件，法庭辩论应当如何进行？ / 402
附带民事诉讼的辩论是与刑事部分同时进行的吗？ / 403
在法庭辩论期间发现新事实如何处理？ / 403
被告人最后陈述是什么意思？ / 403
保障被告人的最后陈述权是指被告人在陈述时什么都可以说吗？ / 403
被告人在最后陈述时可以提出新的证据和主张吗？ / 404
判决都是当庭宣告吗？ / 404
宣告判决时被害人、公诉人或辩护律师不出席会影响判决的效力吗？ / 404
庭审的全部活动都需要进行记录吗？ / 404
宣判前检察院可以撤回起诉吗？ / 405

● **简易程序 / 405**

什么情况下可以适用简易程序审判案件？ / 405
什么情况下不能适用简易程序审判？ / 405
简易程序“简易”在哪里？ / 406
适用简易程序的案件都是由审判员一人独任审判吗？ / 406
对于适用简易程序的公诉案件，公诉人必须出庭吗？ / 406
适用简易程序是否需要被告人同意？ / 406
在审理过程中发现有不适宜适用简易程序的情况出现怎么办？ / 407
哪些情况出现后简易程序应当转为普通程序审理？ / 407

● 二审程序 / 407

什么情况会启动二审程序？ / 407
被害人不服一审判决怎么办？ / 408
不服一审判决、裁定提起上诉必须要在一定的期限内吗？ / 408
附带民事诉讼部分的上诉期限是按照民事诉讼法的规定执行吗？ / 408
上诉后还可以撤回上诉吗？ / 408
被判处死刑立即执行的被告人上诉后可以撤回上诉吗？ / 409
被告人、自诉人等在上诉期满前就是否上诉多次作出矛盾的意思表达怎么办？ / 409
检察院可以撤回抗诉吗？ / 409
撤回上诉和抗诉的一审判决何时生效？ / 409
提起上诉是向原审法院提出，还是直接向上一级法院提出？ / 410
上诉人通过一审法院提出上诉的材料如何转交到二审法院？ / 410
提起上诉需要递交什么材料？ / 410
二审法院会对一审法院移送的案卷进行审查吗？ / 411
第二审法院是仅围绕上诉、抗诉的范围进行审理吗？ / 411
法院如何处理共同犯罪案件中只有部分当事人提起上诉的案件？ / 411
共同犯罪案件中提起上诉的被告人死亡，法院还会继续审理吗？ / 411
当事人只对附带民事部分提起上诉的，法院还会审理刑事部分吗？ / 412
仅对附带民事部分提起上诉的刑事部分何时生效？ / 412
对于只对附带民事部分上诉的案件，二审法院发现已经生效的刑事部分确有错误的怎么办？ / 412
对于只对刑事部分上诉、抗诉的案件，二审法院发现已经生效的民事部分确有错误的怎么办？ / 412
被告人对一审判决不满上诉的会被加重刑罚吗？ / 413
被告人上诉，同时检察院也抗诉的，同样适用“上诉不加刑”原则吗？ / 413
上诉不加刑包括哪几种情况？ / 413
原判量刑畸轻的情况在二审时也必须适用“上诉不加刑”原则吗？ / 414
检察院对部分被告人的判决提出抗诉，其他被告人的刑罚会加重吗？ / 414
发回重审的案件也受到“上诉不加刑”的限制吗？ / 414
二审法院必须开庭审理案件吗？ / 414
哪些情况二审法院必须开庭审理？ / 415
共同犯罪中被判处死刑的被告人没有上诉二审法院还会开庭审理吗？ / 415
同案审理的被告人没有提出上诉的，二审时还需要到庭吗？ / 415
二审法院不开庭审理案件是指只就案卷进行书面审理吗？ / 415
二审法院与一审法院不在同一个城市时还需要押解被告人去二审法院所在地吗？ / 416
二审法院对上诉、抗诉的案件主要审查什么？ / 416
二审法院在审查时发现事实不清、证据不足的如何处理？ / 416
二审可以提交新证据吗？ / 417
上诉、抗诉案件的公诉人是原来检察院派出的吗？ / 417
抗诉的案件二审时检察院不派员应诉怎么办？ / 417
二审程序和一审程序有何不同？ / 417
开庭审理上诉、抗诉案件时对没有异议的事实还需要进行法庭调查吗？ / 418
二审法院对上诉、抗诉案件会作出怎样的处理？ / 418
一审诉讼程序违法时二审法院会如何处理？ / 418
发回重审的案件还是原来的审判人员审判吗？ / 419
发回重审的案件还可以再上诉吗？ / 419
发回重审的案件如何计算审理期限？ / 419
二审法院可以作出几次发回重审的裁定？ / 419
二审案件多长时间能够审理完？ / 420
最高人民法院审理二审案件的期限是否有例外规定？ / 420
二审检察院阅卷时间应当计算在审理期限内吗？ / 420
不服二审法院的判决可以再上诉吗？ / 420
对最高人民法院的一审判决可以提出上诉吗？ / 420
二审法院对在外地羁押的被告人必须当面宣判吗？ / 421
被告人可能被判处法定刑以下刑罚吗？ / 421

刑法规定的减轻处罚情节有哪些？ / 421
在法定刑以下判处刑罚的案件应该遵从什么程序？ / 421
最高人民法院是以判决的方式核准法定刑以下判处刑罚的案件吗？ / 422
什么是“宽严相济的刑事政策”？ / 422
法院在审判中如何把握“宽严相济的刑事政策”？ / 423
法院在审判中把握“宽严相济的刑事政策”时哪些情况可以酌定从轻处理？ / 423
涉医犯罪行为属于从重处罚的情况吗？ / 424
能举一个涉医犯罪从重处罚的案例吗？ / 424
如何保证法官量刑公正？ / 425
法院量刑遵循的步骤是什么？ / 425
对于未成年人犯罪应当如何量刑？ / 425
对于未遂犯人应当如何量刑？ / 426
对于从犯应当如何量刑？ / 426
对于自首、立功的应当如何量刑？ / 426
当庭自愿认罪的可以减轻处罚吗？ / 426
对于退赃、退赔的应当如何量刑？ / 427
侵害未成年人、残疾人、老人的如何量刑？/ 427
在犯罪中地位、作用、责任大小不同会被判处轻重不等的刑罚吗？ / 427
互联网时代犯罪手段的翻新会影响量刑吗？/ 428
被害人的特殊身份会影响量刑吗？ / 428
家庭暴力受害者犯罪的量刑时会考虑施暴者的过错吗？ / 429
一些简单的刑事案件可以快速审结吗？ / 429
刑事速裁在哪些地方开展试点工作？ / 430
什么类型的犯罪可以进行速裁？ / 430
对于适用刑事速裁程序的案件，被告人的辩护权、陈述权等可以简化吗？ / 430

● 死刑复核程序 / 431

死刑复核是什么意思？ / 431
死刑为什么需要复核？ / 431
死刑是指死刑立即执行吗？ / 431
死刑的一审案件一般由哪一级法院管辖？ / 432
死刑立即执行由谁核准？ / 432
中级法院判处死刑后，高级法院经复核不同意的怎么办？ / 433
死刑缓期两年执行由谁核准？ / 433
高级人民法院在复核死刑缓期执行案件时还需要讯问当事人吗？ / 433
最高人民法院复核死刑案件还会讯问被告人吗？ / 433
复核死刑案件需要组成合议庭吗？ / 434
死刑核准过程中最高人民检察院可以向最高人民法院提出自己的意见吗？ / 434
报请死刑复核时应当向高级人民法院或最高人民法院报送什么材料？ / 434
死刑案件综合报告主要包括什么内容？ / 435
复核死刑、死刑缓期执行案件主要审查什么？ / 435
能举一个在死刑复核时考虑酌定从重情节的例子吗？ / 435
高级人民法院如何复核死刑缓期执行案件？/ 436
高级人民法院复核死刑缓期执行的案件同样适用“上诉不加刑”原则吗？ / 437
最高人民法院如何复核死刑案件？ / 437
最高人民法院如何复核一人有两罪被判处死刑立即执行的案件？ / 438
最高人民法院复核两名以上被判处死刑的案件时可以只核准部分被告人的死刑吗？ / 438
最高人民法院不核准死刑时发回哪一级法院重审？ / 438
发回重审的案件必须开庭审理吗？ / 439
高级人民法院如何处理最高人民法院不核准死刑发回重审的案件？ / 439
最高人民法院裁定不予核准死刑，发回重新审判的案件能由原审合议庭进行审理吗？ / 439
最高人民法院死刑复核期间，辩护律师可以提出意见吗？ / 440
死刑缓期执行最终都会减为有期徒刑吗？ / 440
限制减刑的死刑缓期执行最低服刑时间是多长？ / 440
对限制减刑判决不服可以提出上诉吗？ / 440
高级人民法院在复核死刑缓期执行时可以直接撤销或增加限制减刑吗？ / 441
高级人民法院在二审期间可以直接判决限制减刑吗？ / 441
高级人民法院在复核死刑立即执行案件时可以直接改判并限制减刑吗？ / 441
最高人民法院在复核死刑立即执行案件时可以直接改判并限制减刑吗？ / 442
限制减刑的判决应当写在判决书主文部分吗？ / 442

● 查封、扣押、冻结财物及其处理 / 442

法院和检察院对查封、扣押、冻结的被告人财物需要制作清单列表吗？ / 442
被查封、扣押、冻结的犯罪嫌疑人、被告人的财物及其孳息应当由谁保管？ / 443
被查封、扣押、冻结的财物及其孳息在案件终结时如何处理？ / 443
出于公务需要法院可以暂时借用被查封、扣押、冻结的财物吗？ / 443
查封不动产需要通知不动产登记、管理部门吗？ / 443
扣押的物品需要登记吗？ / 444
扣押的货币、有价证券应当放在什么地方保存？ / 444
扣押的文物、珠宝等贵重物品需要鉴定吗？ / 444
在判决前相关权利人可以申请出卖被扣押、冻结的债券、股票、基金份额等财产吗？ / 444
对于作为证据使用的有价证券等可以申请在判决前出卖吗？ / 444
扣押机关对不宜移送的实物先行处置后，法院还需要进行核实审查吗？ / 445
如何确定被查封、扣押、冻结的财物的权属？/ 445
案外人可以对被查封、扣押、冻结财物的权属提出异议吗？ / 445
经审查无法确定权属的财物如何处置？ / 445
对于所有查封、扣押、冻结的财物，都需要在判决书里写明处理方式吗？ / 446
查封、扣押、冻结的财物确属违法所得的应该如何处理？ / 446
查封、扣押、冻结的财物确属违法所得但无人认领的，法院可以自己留下来吗？ / 446
判决生效后由哪个机关处置被查封、扣押的财物？ / 447
与本案无关的财物也是由法院进行处理吗？ / 447
查封、扣押、冻结的财物属于被告人合法财物的应当全部返还被告人吗？ / 447
司法工作人员私自处理被查封、扣押、冻结的财物及其孳息的怎么办？ / 447

● 审判监督程序 / 448

当事人及其法定代理人、近亲属认为已经发生法律效力的判决、裁定错误的应该怎么办？ / 448
谁可以向法院或检察院提出申诉请求？ / 448
申诉可以委托律师吗？ / 448
向法院申诉应当准备什么材料？ / 448
申诉人拒交应当递交的材料，法院还会审查吗？ / 449
申诉应当向哪一级法院提出？ / 449
申诉人可以直接向上一级法院申诉吗？ / 449
申诉期间可以暂停判决、裁定的执行吗？ / 449
法院再审期间可以暂停判决、裁定的执行吗？ / 450
在什么情况下法院应当重审？ / 450
什么是可以证明原判决、裁定认定的事实确有错误的新证据？ / 450
申诉人对驳回申诉不服的可以向上一级法院继续申诉吗？ / 451
对不具备重审条件但是仍然坚持反复申诉的当事人怎么处理？ / 451
人民法院院长发现本院判决错误的应当如何处理？ / 451
上级法院发现下级法院判决错误的应当如何处理？ / 452
上级法院可以指令原审法院进行再审吗？ / 452
检察院发现下级法院判决错误的应当如何处理？ / 452
法院如何处理检察院抗诉的案件？ / 452
对检察院抗诉的案件法院需要组成合议庭审理吗？ / 453
对于原判事实不清、证据不足的案件，法院如何处理？ / 453
检察院可以撤回抗诉吗？ / 453
被提出抗诉的原审被告人死亡的，法院还需要继续审理吗？ / 453
原审法院按照审判监督程序重新审理的需要另行组成合议庭吗？ / 453
按照审判监督程序重新审理的案件是依照二审程序的规定审理吗？ / 454
再审案件检察院需要派员出庭吗？ / 454
再审案件中检察院没有派员出庭，可以按照撤诉处理吗？ / 454
再审时需要对案件进行全面审查吗？ / 454
再审案件必须开庭审理吗？ / 454
再审只针对部分被告人的，其他被告人可以不出庭吗？ / 455
申诉人必须到庭吗？ / 455
再审程序也适用“上诉不加刑”原则吗？ / 455
依照审判监督程序再审的案件应当多长时间审结？ / 455

接受抗诉的案件也是3个月内审结吗？ / 456
再审的案件法院会作出怎样的处理结果？ / 456
对于事实无法查清、证据不足的可以宣告被告人无罪吗？ / 456
原判决、裁定认定被告人姓名等身份信息有误的怎么办？ / 457
再审宣告无罪的可以申请国家赔偿吗？ / 457
发现司法机关的工作人员在执法办案过程中有违法行为的应当如何举报？ / 457
当事人对司法机关处理被举报的工作人员的结果不满意怎么办？ / 457

● 涉外司法协助 / 458

什么是涉外刑事案件？ / 458
涉外刑事案件由哪一级法院审理？ / 458
如何确认外国人的国籍？ / 459
国籍无法查明的人怎么办？ / 459
外国人享有的诉讼权利和我国公民享有的诉讼权利一样吗？ / 459
对外国人采取强制措施时需要通报有关国家的使、领馆吗？ / 459
由哪一级人民法院向外国使、领馆通知有关事项？ / 460
高级人民法院如何通知外国使、领馆？ / 460
在押的外国籍被告人可以要求会见近亲属吗？ / 461
外国籍被告人的近亲属可以要求会见被告人吗？ / 461
外国籍被告人的国籍国驻华使、领馆官员可以要求探视被告人吗？ / 461
涉外刑事案件公开审理吗？ / 462
外国籍当事人的使、领馆官员可以要求旁听庭审吗？ / 462
审理涉外刑事案件使用哪一国的语言文字？ / 462
外国人可以委托外国律师进行辩护吗？ / 462
外国人可以委托监护人、近亲属代为进行辩护、担任诉讼代理人吗？ / 463
外国人可以拒绝辩护人辩护吗？ / 463
外国人可以请求外国使领馆或近亲属代为委托辩护人、诉讼代理人吗？ / 463
外国籍当事人的监护人、近亲属如何证明自己与当事人的关系？ / 464
如何防止涉外刑事案件被告人回国躲避审判？ / 464
如何能够确保被告人不会出境？ / 464
来自境外的材料可以作为案件的证据吗？ / 465
涉外案件宣判后需要向被告人国籍国使、领馆提供判决书吗？ / 465
外国法院可以向我国法院请求代为一定的诉讼行为吗？ / 466
两国法院间的司法协助由哪一级法院执行？ / 466
人民法院如何向居住在国外的当事人送达诉讼文书？ / 466
通过外交途径送达诉讼文书的需要其他部门审核吗？ / 467
对于犯罪证据在台湾地区的，人民法院可以直接去台湾地区调取吗？ / 467
犯罪证据在大陆时，台湾如何请求人民法院予以协助调取证据？ / 468
台湾地区和大陆可以相互移交罪赃吗？ / 468
人民法院如何向台湾地区的被害人移送罪赃？ / 469
台湾地区和大陆可以相互移交罪犯吗？ / 469
台湾地区和大陆可以相互帮助送达诉讼文书吗？ / 470
当事人如何向台湾地区申请协助送达司法文书？ / 470
人民法院如何协助台湾地区进行司法送达？ / 471
按照大陆法律不认为是犯罪时，人民法院还需要帮助台湾地区调查取证吗？ / 471

● 未成年人刑事案件诉讼程序 / 472

对未成年人的审判适用普通的刑事诉讼程序吗？ / 472
法院在保障未成年人合法权益中可以做哪些工作？ / 472
法院审理未成年人犯罪的案件应当由专门的审判人员进行审理吗？ / 472
法律对参加未成年人刑事犯罪的人民陪审员有特别规定吗？ / 473
有专门审理未成年人犯罪的审判庭吗？ / 473
目前我国法院少年法庭建设情况如何？ / 474
少年法庭审理哪类案件？ / 474
共同犯罪案件中有未成年被告人的可以由少年法庭审理吗？ / 474
未成年犯罪嫌疑人、被告人必须有辩护律师吗？ / 475
司法机关办理未成年人刑事犯罪需要对被告人进行更多的了解吗？ / 475

什么是未成年人刑事案件的社会调查？ / 475
对未成年被告人情况的调查有什么作用？ / 476
对未成年被告人采取强制措施的条件会更严格吗？ / 476
被拘留、逮捕的未成年人可以与成年人共同关押吗？ / 477
讯问和审判未成年人需要其父母在场吗？ / 477
未成年人的父母认为办案人员侵犯未成年人合法权益的可以进行制止吗？ / 477
对于一些被告人是未成年人的轻微刑事案件，检察院可以直接作不起诉决定吗？ / 477
公安机关或者被害人可以对检察院的不起诉决定提出异议吗？ / 478
未成年犯罪嫌疑人认为自己无罪可以对检察院不起诉决定提出异议吗？ / 478
检察机关的“附条件不起诉”附加的是什么条件？ / 478
被附条件不起诉的未成年犯罪嫌疑人应当遵守哪些规定？ / 478
被附条件不起诉的未成年犯罪嫌疑人违反规定的应该怎么办？ / 479
审理未成年人刑事案件应当如何保护未成年人隐私？ / 479
审理未成年人刑事案件可以适用简易程序吗？ / 479
未成年人作最后陈述后，其父母可以代为补充吗？ / 479
开庭时被告人已满18周岁，其近亲属应当到庭吗？ / 480
未成年人刑事案件也是公开审理吗？ / 480
什么是未成年人犯罪记录封存制度？ / 480
未成年人刑事案件应当公开宣判吗？ / 481
宣判后法院还需要回访未成年罪犯吗？ / 481
法院如何帮助在社区矫正机构矫正的未成年罪犯？ / 481
法院需要对未成年罪犯进行心理疏导或者测评吗？ / 482
未成年被告人开庭前可以见其父母吗？ / 482
少年法庭的设置与其他普通刑事案件审判庭有区别吗？ / 482
未成年被告人拒绝辩护律师辩护怎么办？ / 483
在法庭上可以对未成年被告人使用戒具吗？ / 483
法庭需要对未成年被告人进行教育吗？ / 483
能举一个未成年人犯罪的新型案例吗？ / 484

● **当事人和解的公诉案件诉讼程序 / 484**

公诉案件中当事人可以和解吗？ / 484
当事人和解需要司法机关同意吗？ / 485
法院可以提示当事人自行和解吗？ / 485
当事人的近亲属可以参加和解工作吗？ / 485
被害人死亡，其近亲属可以代为和解吗？ / 485
被告人的近亲属可以代为和解吗？ / 486
和解协议约定的赔礼道歉等事项必须本人履行吗？ / 486
对于公安机关、检察院主持制作的和解协议书当事人可以反悔吗？ / 486
审判期间当事人可以在庭外达成和解吗？ / 486
当事人和解的案件被告人还会被判刑吗？ / 487
和解协议书应当包含什么内容？ / 487
和解协议需要加盖法院的公章吗？ / 487
当事人可以要求法院对和解协议内容保密吗？ / 487
被告人已履行完和解协议，被害人反悔怎么办？ / 488
双方当事人在侦查、审查起诉期间已经达成和解协议并全部履行的还可以提起附带民事诉讼吗？ / 488
达成和解协议的公诉案件可以从轻处罚吗？ / 488
部分被告人与被害人达成和解协议可以对部分被告人从宽处罚吗？ / 488
和解协议内容需要写到判决书中吗？ / 489

● **犯罪嫌疑人、被告人逃匿、死亡案件违法所得的没收程序 / 489**

可以没收逃匿的犯罪嫌疑人、被告人的财产吗？ / 489
检察院提出的没收违法所得的申请法院需要审理吗？ / 489
法院如何审查检察院提出的没收违法所得的请求？ / 490
检察院尚未提出没收财产申请的，法院可以先行扣押查封吗？ / 490
法院受理没收违法所得申请需要进行公告吗？ / 490
公告应当包括哪些内容？ / 491
法院受理没收违法所得申请的公告可以在哪里看到？ / 491
法院已经掌握被告人、犯罪嫌疑人的近亲属和利害关系人的联系方式，应当主动告知他们公告内容吗？ / 491

被告人、犯罪嫌疑人的近亲属和利害关系人可以参加法院关于没收财产的诉讼吗？ / 491
法院合议庭对没收财产的申请进行审理时需要开庭吗？ / 492
利害关系人可以不到庭参加诉讼吗？ / 492
被告人、犯罪嫌疑人的近亲属和利害关系人申请参加诉讼应当何时提出？ / 492
近亲属或利害关系人参加诉讼的需要证明自己的身份吗？ / 492
开庭审理申请没收违法所得的案件依照什么程序进行？ / 493
法院如何处理违法所得？ / 493
被告人、犯罪嫌疑人的近亲属和利害关系人对法官的裁定可以提出上诉吗？ / 493
二审法院会对上诉或者抗诉作出怎样的处理？ / 494
在审理过程中被告人、犯罪嫌疑人投案或被抓获的怎么办？ / 494
在审理过程中被告人逃脱的，检察院可以提出没收财产的申请吗？ / 494
被告人、犯罪嫌疑人到案后可以对没收财产的裁定提出异议吗？ / 495
法院关于没收财产的裁定确有错误的怎么办？ / 495

● **依法不负刑事责任的精神病人的强制医疗程序 / 495**

精神病人必须送去强制治疗吗？ / 495
谁能够决定患有精神病的被告人、犯罪嫌疑人应当去强制治疗？ / 496
在侦查、起诉阶段发现需要强制治疗的精神病人怎么办？ / 496
检察院应当向哪一级法院申请强制医疗？ / 496
法院对检察院的申请需要审查哪些内容？ / 496
对于检察院的申请，法院应当多长时间审查完？ / 497
具有一定的伤害性的精神病人在法院作出强制治疗决定前如何处置？ / 497
法院审理强制医疗的申请需要组成合议庭吗？ / 497
法院审理强制医疗的案件需要开庭审理吗？ / 497
审理强制医疗的案件应当按照什么程序审理？ / 498
被申请人必须到庭参加审理吗？ / 498
被申请人必须要有代理律师吗？ / 498
对于申请强制医疗的案件，法院审理后可能作出哪些决定？ / 499
法院审理案件过程中发现被告人可能符合强制医疗条件的应该怎么办？ / 499
法院在二审时发现被告人符合强制医疗条件的怎么办？ / 499
法院审理强制医疗的申请应当多长时间审完？ / 500
对强制医疗决定不服的可以申请复议吗？ / 500
审理不服强制医疗决定的复议申请时需要组成合议庭吗？ / 500
强制医疗机构需要定期对被强制医疗的人进行诊断评估吗？ / 500
被强制医疗的人可以申请解除强制治疗吗？ / 501
应当向哪一级法院申请解除强制治疗措施？ / 501
解除强制医疗申请被法院驳回多长时间后才可以再次申请？ / 501
被强制医疗的人想要申请解除强制医疗，但医疗机构不提供诊断报告怎么办？ / 501
法院对解除强制医疗的申请可能作出怎样的处理决定？ / 502
强制医疗案件的审理和执行有监督机关吗？ / 502
检察院如何对强制医疗的决定进行监督？ / 502
强制医疗由哪个机关执行？ / 502

第四章 行政诉讼

● **证 据 / 504**

行政诉讼中需要原告证明被告的行政机关行为违法吗？ / 504
行政机关逾期未向法院提供其行政行为合法性的证据，要承担败诉的风险吗？ / 504
被诉行政机关应当何时向法院提交自己据以作出行政行为的证据？ / 505
原告可以提交证明行政机关违法的证据吗？ / 505
行政诉讼中原告需要证明的是什么？ / 505
被诉的政府机关可以自行向原告索要证据吗？ / 505
被诉行政机关在作出行政行为后才收集的证据有用吗？ / 506
被诉行政机关在二审时提交的证据可以作为改变一审判决的依据吗？ / 506

行政复议机关收集的证据可以用来证明原行政行为合法吗？ / 506
原告可以提出在行政处理程序中未提出的证据吗？ / 506
原告起诉行政机关不作为的需要提交什么证据？ / 507
向行政机关提出申请后行政机关长期不答复属于行政不作为吗？ / 507
原告要求行政机关进行赔偿的应该提交什么证据？ / 507
法院可以帮助行政机关收集其行为合法的证据吗？ / 508
原告可以请求法院帮助自己调取证据吗？ / 508
法院在什么情况下可以自行调取证据？ / 508
证据面临灭失或者损坏的危险时怎么办？ / 508

● 起诉和受理 / 509

对属于法院受案范围的行政案件，公民可以向行政机关申请复议吗？ / 509
哪些情况是必须先申请复议后才能向法院提出行政诉讼的？ / 509
对复议机关的决定不服的必须在多长时间内向法院起诉？ / 510
原告同时提起行政诉讼和行政复议的如何处理？ / 510
原告之前提出过行政复议又撤回的，法院可以受理吗？ / 510
原告撤回起诉后又向法院起诉的如何处理？ / 510
“民告官”案件中原告必须先交诉讼费用吗？ / 511
“民告官”案件的诉讼费用是多少？ / 511
原告对行政机关重新作出的行政行为仍然不服的怎么办？ / 511
行政机关在作出行政行为时没有制作文书的怎么办？ / 511
对行政行为不服的必须在多长时间内向法院起诉？ / 512
申请行政机关保护人身权而行政机关不作为的应当多长时间内向法院起诉？ / 512
没有及时提起诉讼是因为行政机关没有告知有提起行政诉讼的权利和期限，怎么办？ / 512
公民、法人和其他组织不知道行政机关作出的行政行为怎么办？ / 513
因地震等天灾人祸耽误了起诉的怎么办？ / 513
因为被限制人身自由而无法如期提出行政诉讼的怎么办？ / 513

● 审理和判决 / 513

“民告官”的案件应当公开审理吗？ / 513
“民告官”的案件受理后，原告可以增加诉讼请求吗？ / 514
两个机关对同一事实都作出行政行为的，法院可以合并审理吗？ / 514
原告如果认为审判人员与本案有利害关系的怎么办？ / 514
申请回避应当在何时提出？ / 514
被申请回避的人应当马上暂停工作吗？ / 515
对当事人提出的回避申请，法院应当多长时间内作出决定？ / 515
行政诉讼期间可以申请暂停行政行为的执行吗？ / 515
原告认为行政机关的不履职严重影响自己生活可以申请先予执行吗？ / 516
一方当事人的行为可能导致法院的判决难以执行的怎么办？ / 516
“民告官”案件中的原告必须到庭吗？ / 516
“民告官”案件中的被告必须到庭吗？ / 516
当事人采用“哄闹、冲击法庭”等方法就可以迫使法院作出对自己有利的判决吗？ / 517
行政机关采用威胁等办法强迫原告撤诉的怎么办？ / 517
行政诉讼中的诉讼参与人为了赢得官司伪造证据的怎么办？ / 517
“民告官”案件可以调解吗？ / 518
行政机关在“民告官”案件审理过程中改变行政行为的，法院应当如何处理？ / 518
法院审理“民告官”案件依据哪些法律进行审理？ / 518
在案件审理过程中出现原告死亡等情形的怎么办？ / 519
在案件审理过程中原告死亡且其近亲属放弃诉讼的怎么办？ / 519
“民告官”案件的判决应当公开吗？ / 519
法院在审理行政案件时发现行政机关的人员有违法违纪现象的怎么办？ / 520
被诉的行政机关应当在多长时间内向法院提交答辩状？ / 520
审理行政案件需要组成合议庭吗？ / 520
行政机关行政行为正确的，法院会怎样判决？ / 520
法院可以直接要求行政机关重新作出行政行为吗？ / 521

法院可以判决撤销行政机关的行政行为吗？/ 521
行政机关可以作出与原行政行为基本相同的行为吗？ / 522
行政行为只要违法，法院都可以撤销吗？ / 522
撤销行政行为会给国家利益带来损失怎么办？ / 522
法院可以判决责令行政机关在限期内作出新的行政行为吗？ / 523
法院撤销复议决定时需要责令行政机关重新作出复议决定吗？ / 523
被诉的行政行为符合法律规定但缺乏合理性怎么办？ / 523
被诉行政机关不履行法定职责但判决履行已经没有实际意义了怎么办？ / 524
经审理认为行政机构没有主体资格怎么办？/ 524
行政行为被判违法或者无效的，原告能得到补偿吗？ / 524
行政机关由于不及时履行法定职责造成损害的应当承担赔偿责任吗？ / 524
行政处罚明显不当的，法院应当如何判决？ / 525
针对行政协议提起的诉讼，法院将如何判决？ / 525
判决变更行政行为可以加重原告的义务吗？/ 525
复议机关与原行政行为机关同为被告的，法院如何判决？ / 526
要求一并审查规范性文件的，法院会如何判决？ / 526
被诉的机关不履行法定职责的，法院应该如何判决？ / 526
被诉的行政机关不履行给付义务，法院应该如何判决？ / 527
法律法规没有对行政机关的职责作出具体规定，法院如何判决？ / 527
行政主体隐瞒其与有关单位之间职权划分怎么办？ / 527
法院可以要求行政机关限期履行职责吗？ / 528
“民告官”的判决需要公开宣判吗？ / 529
“民告官”案件中，法院应当多长时间内作出判决？ / 529
审理“民告官”案件有简易程序吗？ / 529
简易程序怎么审？ / 529
适用简易程序作出的判决更快吗？ / 529
审理过程中发现不适用简易程序了怎么办？/ 530
当事人不服第一审法院的判决怎么办？ / 530
二审的“民告官”案件必须开庭审理吗？ / 530
二审的“民告官”案件只需要审理被诉的行政行为吗？ / 530
二审的“民告官”案件多长时间内作出判决？ / 531
法院对上诉的“民告官”案件会作出怎样的判决？ / 531
二审法院对发回重审后又上诉的案件可以再次发回重审吗？ / 531
发回重审的案件需要另行组成合议庭吗？ / 531
原判决遗漏了必须参加诉讼的当事人怎么办？ / 532
原审判决遗漏了行政赔偿请求的怎么办？ / 532
当事人在二审期间可以提出行政赔偿请求吗？ / 532
当事人认为生效的判决确实有错误的怎么办？ / 532
符合什么条件法院才可能启动再审？ / 532
当事人的再审申请应当何时提出？ / 533
法院院长可以提出启动再审程序吗？ / 533
上级法院可以要求下级法院启动再审程序吗？ / 533
检察院可以要求法院启动再审程序吗？ / 534
当事人可以向检察院申请抗诉吗？ / 534
检察院提出抗诉的案子，检察院需要派员出庭吗？ / 535
再审的案件还可以提起上诉吗？ / 535
再审行政案件时需要组成合议庭吗？ / 535
再审时需要中止原判决或裁定执行吗？ / 535

● 涉外行政诉讼 / 536

外国人可以在中国提起行政诉讼吗？ / 536
外国人在中国提起行政诉讼能与中国公民享有同等待遇吗？ / 536
外国人可以委托其本国的律师为诉讼代理人吗？ / 536

第五章 国家赔偿

● 成立要件 / 538

当事人合法权益受到国家侵害可以申请赔偿吗？ / 538

国家在什么条件下应当承担赔偿责任？ / 538
哪些人员属于国家机关工作人员？ / 539

● 行政赔偿 / 539

当事人的人身权有哪些？ / 539
当事人人身权受到侵害的哪些情形可以申请行政赔偿？ / 539
行政强制措施是什么意思？ / 540
违法使用武器警械的行为指什么？ / 540
当事人的财产权指什么？ / 540
当事人财产权受到侵害的可以申请行政赔偿吗？ / 541
征收征用符合哪些条件才是合法的？ / 541
征收与征用有何区别？ / 541
哪些情形下国家不承担赔偿责任？ / 541
哪些是与职权无关的个人行为？ / 542
当事人对损害的发生存在过错能否免除国家的赔偿责任？ / 542
当事人因公有公共设施遭受损害能否请求国家赔偿？ / 542
哪些当事人可以请求行政赔偿？ / 543
公民的继承人包括哪些？ / 543
既有继承人又有其他有扶养关系亲属的，谁可请求赔偿？ / 543
哪个机关负责对当事人进行行政赔偿？ / 544
两个行政机关共同致人损害的如何确定行政赔偿义务机关？ / 544
法律法规授权组织可以成为行政赔偿义务机关吗？ / 544
受委托行使权力致人损害的哪个机关是行政赔偿义务机关？ / 544
行政机关被撤销的如何确定行政赔偿义务机关？ / 545
当事人能否向派出机关要求行政赔偿？ / 545
什么是行政复议？ / 545
经复议机关复议的如何确定行政赔偿义务机关？ / 545
赔偿请求人要求赔偿必须先向赔偿义务机关提出吗？ / 546
赔偿请求人如何向共同赔偿义务机关要求赔偿？ / 546
什么是共同赔偿义务机关？ / 546
赔偿请求人可以提出多项赔偿要求吗？ / 546
赔偿申请书包含哪些内容？ / 547
赔偿请求人本人不会写申请书怎么办？ / 547
赔偿请求人不是受害人本人的如何申请？ / 547
收到赔偿请求人递交的申请后，赔偿义务机关应该做什么？ / 547
赔偿义务机关收到申请后多久作出是否赔偿的决定？ / 548
赔偿义务机关如何作出赔偿决定？ / 548
赔偿请求人多久能收到赔偿决定书？ / 548
决定不予赔偿的，赔偿义务机关会怎么办？ / 548
未在法定期限内作出赔偿决定的，请求人该怎么办？ / 548
请求人对赔偿决定有异议怎么办？ / 548
赔偿义务机关作出不予赔偿决定的，请求人该怎么办？ / 549
赔偿义务机关作出决定时未告知起诉期限的，请求人何时寻求救济？ / 549
法院对于哪些行政赔偿诉讼案件不予受理？ / 549
当事人要承担行政赔偿案件的举证责任吗？ / 549
赔偿请求人需要提供哪些证据？ / 550
赔偿义务机关需要提供哪些证据？ / 550
哪种情况下举证责任应当倒置？ / 550
国家承担赔偿责任后，具体工作人员还需承担责任吗？ / 550

● 刑事赔偿 / 551

当事人人身权受到司法机关侵犯的能否请求国家赔偿？ / 551
哪些机关承担刑事赔偿责任？ / 551
当事人财产权受到司法机关侵害的能否请求国家赔偿？ / 552
哪些情况属于违法查封、扣押、冻结、追缴？ / 552
国家不承担刑事赔偿责任的情况有哪些？ / 552
已过追诉时效期限的犯罪是否必然不被追究？ / 553
不负刑事责任的人被羁押是否都可获得国家赔偿？ / 554
什么是刑事赔偿义务机关？ / 554
哪些机关可以作为刑事赔偿义务机关？ / 554
哪些机关可能因错误逮捕而承担国家赔偿责任？ / 555
如何理解“再审改判无罪的，作出原生效判决的法院为赔偿义务机关”？ / 555
先被判处缓刑后被改判无罪的人，国家是否予以赔偿？ / 555

赔偿请求人要求刑事赔偿应该满足哪些条件？ / 555
刑事诉讼程序终结后才能提出刑事赔偿请求吗？ / 556
刑事赔偿义务机关应在多长时间内作出赔偿决定？ / 557
刑事赔偿义务机关必须听取赔偿请求人的意见吗？ / 557
刑事赔偿义务机关应在多长时间内送达赔偿决定？ / 557
刑事赔偿义务机关决定不予赔偿的将如何处理？ / 557
对赔偿义务机关未在法定期限内作出决定的，请求人应怎么办？ / 557
赔偿请求人对赔偿数额有异议的怎么办？ / 558
赔偿义务机关是法院的，为何不适用刑事赔偿复议程序？ / 558
赔偿请求人申请复议的可在多长时间内得到答复？ / 558
赔偿请求人对复议决定不服怎么办？ / 558
复议机关逾期不作决定怎么办？ / 559
赔偿请求人向赔偿委员会申请作出赔偿决定应当提供哪些材料？ / 559
赔偿请求人书写申请书有困难的可以口头申请吗？ / 559
赔偿请求人可以委托几位代理人？ / 560
哪些人可以被赔偿请求人委托为代理人？ / 560
赔偿义务机关可以委托哪些人作为代理人？ / 560
委托他人代理应当向赔偿委员会提交授权委托书吗？ / 560
授权委托书应当写明哪些内容？ / 560
赔偿委员会作出赔偿决定必须有3名以上审判员参加吗？ / 560
哪些情形下赔偿请求人可以申请审判人员回避？ / 561
赔偿请求人应当提供证据吗？ / 561
何种情况下赔偿请求人无需举证？ / 561
赔偿委员会审理赔偿案件可以组织协商吗？ / 562
赔偿委员会组织协商达成协议的应当制作决定书吗？ / 562
人民法院赔偿委员会如何处理赔偿请求？ / 562
什么是质证？ / 562
哪些情况下赔偿委员会可以组织质证？ / 563
质证都是公开的吗？ / 563
赔偿请求人或赔偿义务机关可以申请不公开质证吗？ / 563
质证时赔偿义务机关对哪些内容承担举证责任？ / 563
赔偿请求人可以向赔偿委员会申请调取哪些证据？ / 564
哪些证据应当由赔偿委员会主动调取？ / 564
赔偿请求人和赔偿义务机关的举证期限是多少天？ / 564
质证前赔偿委员会可以组织证据交换吗？ / 565
赔偿请求人何时可以得到质证通知？ / 565
公开质证的应当公告哪些内容？ / 565
质证应当围绕哪些内容进行？ / 565
质证按照什么顺序进行？ / 566
赔偿委员会依职权调取的证据应当质证吗？ / 566
哪些事实无须举证证明？ / 566
赔偿义务机关持有证据无正当理由拒不提供的，有何法律后果？ / 566
赔偿委员会如何审查证据？ / 567
质证活动应当记入笔录吗？ / 567
赔偿请求人或赔偿义务机关无正当理由拒不参加质证，有何法律后果？ / 567
哪些情形可以延期质证？ / 568
人民法院赔偿委员会应在多长时间内作出决定？ / 568
赔偿请求人递交材料需补正的，赔偿委员会作出决定的期限如何计算？ / 568
赔偿请求人可以申请撤回赔偿申请吗？ / 568
哪些情形下赔偿委员会应当决定中止审理？ / 569
哪些情形下赔偿委员会应当决定终结审理？ / 569
人民法院赔偿委员会审理赔偿案件有哪些结果？ / 569
国家赔偿决定书应当载明哪些事项？ / 570
赔偿委员会作出的决定应当送达哪些人？ / 570
人民法院赔偿委员会如何组成？ / 570
赔偿委员会作赔偿决定依据什么原则？ / 570
赔偿委员会作出的赔偿决定效力如何？ / 570
当事人认为赔偿委员会作出的决定有错误怎么办？ / 571
哪些机关或部门有权提起赔偿委员会重新审查程序？ / 571
赔偿委员会重新审查并依法作出决定的时间是多久？ / 571
赔偿委员会重新审查的，原赔偿决定是否继续执行？ / 571
什么是自赔案件？ / 571
自赔案件由谁办理？ / 572
自赔案件如何办理？ / 572

自赔案件的赔偿请求人是否有申请回避的权利？ / 572
赔偿请求人可以随时申请审判人员回避吗？ / 573
对赔偿请求人的回避申请如何处理？ / 573
自赔案件中的回避由谁决定？ / 573
赔偿请求人能否申请听证？ / 573
赔偿请求人撤回申请后能否重新申请赔偿？ / 574
赔偿请求人多久能拿到赔偿决定书？ / 574
自赔案件中的鉴定评估时间是否计入办理期限？ / 574
自赔案件中请求法院支付赔偿金要提交哪些材料？ / 574
赔偿请求人能否口头申请支付赔偿金？ / 574
赔偿请求人申请支付材料不完整的怎么办？ / 575
赔偿请求人的申请支付材料虚假的会有什么结果？ / 575
赔偿请求人对法院不予受理申请支付的通知有异议的该怎么办？ / 575
赔偿请求人多久能得到复核决定？ / 575
什么是刑事追偿？ / 576
哪些情形可以进行刑事追偿？ / 576

● **赔偿方式和计算标准 / 576**

国家赔偿有哪些方式？ / 576
什么是支付赔偿金？ / 576
什么是返还财产？ / 577
什么是恢复原状？ / 577
采用恢复原状的赔偿方式是否必须受害人申请？ / 577
侵犯人身自由的国家赔偿金标准是多少？ / 577
“国家上年度职工日平均工资”怎么计算？ / 577
侵犯公民生命健康权造成身体伤害的，赔偿金如何计算？ / 578
造成部分或者全部丧失劳动能力的赔偿金如何计算？ / 578
造成死亡的赔偿金如何计算？ / 578
生活费按什么标准发放？ / 578
生活费应给付多长期限？ / 579
因国家侵权行为致伤抢救无效死亡的，能否同时请求赔偿医疗费和死亡赔偿金？ / 579
医疗费的赔偿项目包括哪些？ / 579
护理费的赔偿标准如何确定？ / 579
受害人扶养的人包括哪些？ / 580
残疾赔偿金如何计算？ / 580
死亡赔偿金如何计算？ / 580
如何判断完全丧失劳动能力？ / 581
国家赔偿是否包括精神损害赔偿？ / 581
法人能否成为精神损害的主体？ / 582
精神损害抚慰金的赔偿数额应如何确定？ / 582
侵犯当事人财产权的国家赔偿方式有哪些？ / 582
什么是拍卖？ / 583
什么是必要的经常性费用开支？ / 583
什么是国家赔偿费用？ / 583
国家赔偿费用具体由谁承担？ / 583
赔偿请求人如何申请支付赔偿金？ / 583
赔偿请求人多久能领到赔偿金？ / 584

● **其他规定 / 584**

法院在民事或行政诉讼过程中违法采取拘留措施的，可以请求国家赔偿吗？ / 584
请求人必须在民事或行政诉讼程序结束后才能提出赔偿请求吗？ / 584
在民事或行政诉讼过程中被法院工作人员殴打致伤，可以请求国家赔偿吗？ / 584
什么是妨害诉讼的强制措施？ / 585
哪些属于违法采取的妨害诉讼的强制措施？ / 585
哪些属于违法采取的保全措施？ / 585
哪些属于对生效法律文书执行错误？ / 586
判决和裁定之外的其他生效法律文书包括哪些？ / 586
民事或行政诉讼中司法赔偿的方式有哪些？ / 587
民事或行政诉讼中的司法赔偿只赔偿直接损失吗？ / 587
侵犯财产权的直接损失包括哪些？ / 587
在民事或行政诉讼中国家不承担赔偿责任的情形有哪些？ / 587
赔偿请求人请求国家赔偿的时效是多长时间？ / 588
什么时间开始起算时效？ / 588
时效能中止吗？ / 589
什么是不可抗力？ / 589
不可抗力的范围包括哪些？ / 589
哪些情形属于“其他障碍”？ / 589
外国人能否在我国要求国家赔偿？ / 590
赔偿请求人要求国家赔偿是否需缴纳费用？ / 590
赔偿请求人领取赔偿金是否要交税？ / 590

第六章 执行程序

● 民事执行 / 592

民事判决由谁来执行？ / 592
刑事判决中的财产部分由谁来执行？ / 592
当事人或利害关系人认为执行行为违反法律规定怎么办？ / 592
当事人申请法院执行的生效法律文书应当具备什么条件？ / 593
当事人申请执行但法院未执行怎么办？ / 593
案外人可以对执行标的提出异议吗？ / 593
案外人对执行标的提出异议后，法院会如何处理？ / 593
提出执行异议的事由必须一次性提出吗？ / 594
第三人可代为偿还吗？ / 594
什么情况下房屋不能被强制执行？ / 594
法院执行工作由专门的机构负责吗？ / 594
申请执行人可以撤回执行申请吗？ / 595
被执行人或者被执行的财产在外地怎么办？ / 595
被执行人在本地没有财产可以执行了怎么办？ / 595
一个执行案件涉及多个在不同地区的被执行人时如何执行？ / 595
委托执行如何确定受托执行法院？ / 596
委托执行时应当准备什么材料？ / 596
受托法院发现材料不齐的怎么办？ / 596
委托法院已经查封、扣押、冻结的被执行人异地财产如何处理？ / 596
案件委托执行后当事人可以直接与受托法院联系相关事宜吗？ / 597
委托执行后委托法院在其辖区内又发现了可供执行的财产怎么办？ / 597
受托法院发现本辖区外有执行财产的可以再次委托其他法院执行吗？ / 597
受托法院迟迟不执行怎么办？ / 598
执行法院异地执行可以请求当地法院协助吗？ / 598
委托执行和异地执行工作由哪一级法院统管？ / 598
双方当事人自行和解达成协议后可以恢复对原生效法律文书的执行吗？ / 599
被执行人可以提出暂缓执行的请求吗？ / 599
法院决定暂缓执行的期限为多长？ / 599
谁可以为被执行人提供暂缓执行担保？ / 599
暂缓执行期结束后被执行人仍不执行怎么办？ / 600
被执行人死亡怎么办？ / 600
作为被执行人的法人、单位变更或注销了怎么办？ / 600
执行完毕后发现判决错误怎么办？ / 600
如果一方拒不执行生效判决且转移财产的怎么办？ / 601
对依法设立的仲裁机构的裁决可以申请执行吗？ / 601
哪些情况可以不执行仲裁机构的裁决？ / 601
法院裁定不予执行仲裁裁决怎么办？ / 602
如果不履行公证的债权文书怎么办？ / 602
哪些情况可以认定公证债权文书确有错误？ / 602
申请执行的期间有什么规定？ / 602
被执行人未按执行通知履行法律文书确定的义务怎么办？ / 603
法院查封或扣押公民或法人财产时需要哪些人到场？ / 603
财产被查封或扣押后被执行人仍不履行法律文书确定的义务怎么办？ / 604
被执行人隐匿财产不履行法律文书确定的义务怎么办？ / 604
法律对搜查人员的搜查工作有何要求？ / 604
法院有权查询被执行人的身份信息与财产信息吗？ / 604
法院冻结或查封被执行人存款或财产有期限吗？ / 605
法院在执行中需要拍卖被执行人财产的怎么拍卖？ / 605
法院委托拍卖的如何确定拍卖机构？ / 605
国有资产拍卖有什么特别规定吗？ / 605
股票等证券如何拍卖？ / 606
拍卖机构在拍卖过程中弄虚作假怎么办？ / 606
网上可以进行司法拍卖吗？ / 606
被执行人拒绝配合开展拍卖评估工作怎么办？ / 606
当事人、利害关系人可以请求撤销拍卖吗？ / 606
被执行人的财产无法拍卖或者变卖的怎么办？ / 607
拍卖成交的标的物所有权何时变更？ / 607
特定的执行标的物损坏怎么办？ / 607
他人持有法律文书指定交付的财物或者票证拒绝转交怎么办？ / 608
分支机构没有偿付能力怎么办？ / 608

必须接受调查询问的被执行人拒不到场怎么办？ / 608
对被拘传人进行调查询问的时限是多少？ / 609
执行银行存款时必须先冻结才能扣划吗？ / 609
可以从网络上直接对被执行人财产进行查询、冻结吗？ / 609
法院是如何实现与银行系统联网查控的？ / 609
法院负责执行工作的工作人员都可以通过网络进行查控吗？ / 610
法院通过网络查询、冻结被执行人财产的需要履行什么程序？ / 610
法院通过网络查控被执行人财产与现场执行的效力一样吗？ / 611
金融机构必须协助法院的查控要求吗？ / 611
法院的工作人员随意查询非执行义务人信息的怎么办？ / 611
法院通过网络查控被执行人财产后可以直接划扣吗？ / 611
办理财产权证照转移的单位可以拒绝法院的协助要求吗？ / 612
被执行人未按照判决履行支付义务的需要计算利息吗？ / 612
被执行人拒不履行判决，法院有什么惩戒措施？ / 612
在什么情况下法院会对被执行人进行信用惩戒？ / 612
申请执行人可以请求法院将被执行人纳入失信被执行人名单吗？ / 613
列入失信被执行人名单何时生效？ / 613
被执行人认为将其纳入失信被执行人名单错误的可以要求法院更正吗？ / 613
失信被执行人名单包括哪些内容？ / 613
失信被执行人名单一般在哪里公布？ / 614
列入失信被执行人名单的人在其他商事行为中会受到限制吗？ / 614
能举一个因为被限制有关商业行为而主动执行的案例吗？ / 614
列入失信被执行人名单的人会被通报其所在单位吗？ / 615
失信被执行人的信息符合什么条件才能从失信被执行人名单中删除？ / 615
能举一个被列入失信被执行人名单后主动执行的案例吗？ / 616
公证债权文书具有强制执行力吗？ / 616
一方当事人死亡的还需要继续执行吗？ / 617
在什么情况下执行程序可以终结？ / 617
法院的执行流程是公开的吗？ / 617
当事人在哪里可以看到案件的执行信息？ / 618
当事人如何在网上查询执行案件信息？ / 618
当事人可以在网上给承办法官留言吗？ / 618
执行案件的哪些信息应当向当事人公开？ / 619
法院的执行活动应当录音录像吗？ / 619
执行过程中的程序性文书可以采用电子送达的方式吗？ / 620
同意电子送达的当事人如何在网上签收电子文书？ / 620
当事人应当在哪里查询有关执行案件收费标准等信息？ / 620
法院会主动提示当事人执行案件的进展情况吗？ / 621
对于不适合公开的执行案件可以由承办法官一人决定不予公开吗？ / 621
已经公开的信息需要变动的可以随时更改吗？ / 621
法院哪个部门负责执行案件信息的录入工作？ / 622
法院哪个部门负责监督执行信息公开工作？ / 622
执行案件信息有重大错漏的可以追究相关人员责任吗？ / 622

● **刑事执行 / 623**

判决和裁定什么时候交付执行？ / 623
死刑立即执行的命令由谁签发？ / 623
死刑缓期执行的考验期从何时开始计算？ / 623
被判死刑缓期执行的罪犯在什么情况下会被执行死刑？ / 624
死刑应当在接到最高人民法院执行死刑命令几日内执行？ / 624
死刑由哪个法院执行？ / 624
执行死刑的法院认为执行死刑的判决可能错误的怎么办？ / 624
最高人民法院在执行死刑命令签发后、执行前发现有可能影响罪犯量刑的怎么办？ / 625
下级法院如何执行最高人民法院停止执行死刑的裁定？ / 625
最高人民法院对停止执行死刑的案件应当如何处理？ / 625
执行死刑前罪犯可以会见家属吗？ / 626

死刑执行应当有监督机关吗？ / 626
死刑采用什么方法？ / 626
执行死刑需要验明正身吗？ / 627
执行死刑后需要上报执行死刑的情况吗？ / 627
公民可以观看死刑执行吗？ / 627
执行死刑后需要通知家属吗？ / 627
执行死刑后罪犯的物品、遗书等如何处理？ / 628
死刑缓期执行、无期徒刑、有期徒刑、拘役判决应当如何交付执行？ / 628
收押罪犯需要通知家属吗？ / 628
执行期满需要发给释放证明吗？ / 629
在什么情况下死刑缓期执行可以获得减刑？ / 629
什么情况下可以暂予监外执行？ / 629
被判无期徒刑的罪犯可以暂予监外执行吗？ / 629
什么是保外就医？ / 629
如何证明罪犯确有严重疾病必须保外就医？ / 630
暂予监外执行的决定都是由法院作出的吗？ / 630
检察院如何监督暂予监外执行？ / 630
暂予监外执行的何时应当收监执行？ / 630
不符合暂予监外执行条件的罪犯通过贿赂等非法手段被暂予监外执行的怎么办？ / 631
能举 个暂予监外执行情形已经消失依法收监执行刑罚的案例吗？ / 631
收监执行的罪犯由哪个司法机关负责交付执行？ / 632
管制、宣告缓刑的刑罚如何执行？ / 632
管制、宣告缓刑的刑罚可以同时宣布禁止令吗？ / 632
禁止进入特定区域和禁止接触特定人可以同时适用吗？ / 632
“禁止从事特定活动”具体是指哪些活动？ / 633
“禁止进入特定场所”具体是指哪些场所？ / 633
“禁止接触特定人”具体是指禁止接触哪些人员？ / 634
禁止令的期限同管制、缓刑考验期相同吗？ / 634
检察院可以提出宣告禁止令的建议吗？ / 634
公安机关可以对宣告禁止令提出建议吗？ / 634
禁止令的宣告需要写入判决书中吗？ / 635
禁止令由哪个机关执行？ / 635
禁止令的执行由哪个机关负责监督？ / 635
违反禁止令会受到什么处罚？ / 635
哪些情况属于违反禁止令情节严重的？ / 635
被判处禁止令的罪犯被依法减刑时，禁止令期限可以缩短吗？ / 636
剥夺政治权利的刑罚由哪个机关执行？ / 636
罚金刑由哪个机关执行？ / 636
判处罚金的罪犯期满后仍然不缴纳的怎么办？ / 636
由于天灾人祸等原因可以申请少缴罚金吗？ / 637
行政机关对被告人就同一事实已经处以罚款的可以折抵罚金吗？ / 637
没收财产的刑罚由哪个机关执行？ / 637
案外人可以对执行的财产提出异议吗？ / 637
案外人对执行财产提出异议后还能够继续执行刑罚吗？ / 638
财产刑的执行和民事赔偿的履行应当哪个优先？ / 638
法院可以向符合救助条件的被害人发放救助款项吗？ / 638
法院如何对严重伤残的被害人进行救助？ / 639
被判处财产刑之前罪犯所欠的债务怎么偿还？ / 639
被执行人的财产在异地的怎么办？ / 639
被执行人死亡后财产刑还需要继续执行吗？ / 640
罪犯在服刑期间又犯罪的怎么办？ / 640
什么是减刑？ / 640
什么是假释？ / 640
存在不受执行刑期限制的假释案件吗？ / 641
能用案例说明减刑的一般程序吗？ / 641
财产刑的执行情况会对减刑、假释的裁定有影响吗？ / 641
法院审理减刑、假释案件需要考虑罪犯的年龄以及假释后生活来源等情况吗？ / 642
能举一个财产刑执行情况不理想而不予以减刑的案例吗？ / 642
审理减刑、假释案件前需要对罪犯的信息进行公示吗？ / 642
公示信息在哪里可以看到？ / 643
减刑、假释的一般程序是什么？ / 643
什么是“确有悔改表现”？ / 643
什么情形属于“立功表现”？ / 644
哪些情况不能认定为有立功表现？ / 644
在服刑期间进行申诉会影响减刑吗？ / 644
协助司法机关抓捕其他犯罪嫌疑人如何认定？ / 644
什么情况下可以确定为“重大立功表现”？ / 645
法院对“发明创造”是如何予以确认的？ / 645
减刑时法院如何把握减刑幅度？ / 645

有期徒刑执行多长时间后才可以申请减刑？ / 646
无期徒刑如何减刑？ / 646
无期徒刑可以连续减刑吗？ / 646
死刑缓期执行减为无期徒刑后还可以再减刑吗？ / 646
死刑缓期执行减为有期徒刑的，最低服刑时间是多长？ / 647
判处管制、拘役的最低服刑时间是多长？ / 647
附加剥夺政治权利的执行时间可以减少吗？ / 647
判处拘役、宣告缓刑的罪犯可以减刑吗？ / 647
服刑期间又犯罪的可以获得减刑吗？ / 648
所有类型的罪犯只要确有悔罪表现都有获得假释的机会吗？ / 648
年老、丧失基本生活能力的人可以优先获得减刑、假释吗？ / 648
可以获得减刑后又直接申请假释吗？ / 649
再审改判时已经获得减刑、假释的会被撤销吗？ / 649
未成年犯的减刑、假释条件和成年犯一样吗？ / 649
减刑、假释的案件由哪里的法院进行审理？ / 649
减刑、假释的案件执行机关应当向法院移送哪些材料？ / 650
审理减刑、假释案件都是书面审理吗？ / 651
哪些人应当参加减刑、假释案件的庭审？ / 651
减刑、假释案件都在法院内进行审理吗？ / 651
减刑、假释案件的开庭时间也需要提前进行公告吗？ / 652
开庭审理的减刑、假释案件的庭审程序是怎样的？ / 652
在减刑、假释案件的庭审中可以对报请理由提出疑问吗？ / 653
开庭审理的减刑、假释案件必须当庭宣布结果吗？ / 653
书面审理减刑、假释案件还需要对报请理由进行现场调查吗？ / 653
减刑、假释案件可能有哪些裁判结果？ / 654
减刑、假释的裁定书应当写明哪些内容？ / 654
执行机关可以撤回关于减刑、假释的建议吗？ / 654
减刑、假释裁定书应当送达哪些单位？ / 654
法院发现减刑、假释的裁定确有错误的怎么办？ / 655
审理减刑、假释案件时应当向社会公开哪些信息？ / 655
减刑、假释由谁来监督？ / 655
监狱等执行机关认为判决有错误的应当怎么办？ / 655
法院如何防止被群众诟病的“有钱人提前出狱”和“有权人以权赎身”现象？ / 656
职务犯罪的罪犯进行减刑、假释的条件和其他罪犯一样吗？ / 656
哪些情况的职务犯罪不适用缓刑、免于刑事处罚？ / 657
能举一个法院工作人员在办理减刑、假释案件中违法违纪受到刑事追究的案例吗？ / 657
缓刑、假释在什么情况下会被撤销？ / 658
能举一个依法获得假释的案例吗？ / 658
撤销缓刑、假释的罪犯应当如何交付执行？ / 658
对于家庭暴力的施暴者有什么特别的执行措施吗？ / 659
目前我国有犯罪人员信息库吗？ / 659
犯罪人员信息库主要包括哪些内容？ / 659
不同地域、不同司法机关之间的犯罪信息如何互通？ / 660
如何申请查询犯罪人员信息？ / 660
可以查询未成年人的犯罪记录吗？ / 660

● **行政执行 / 661**

“民告官”案件中行政机关不履行法院判决怎么办？ / 661
“民告官”案件中原告不履行法院判决怎么办？ / 661
在什么情况下行政机关可以申请强制执行？ / 662
具有强制执行权的行政单位不依法履行强制执行行为的怎么办？ / 662
行政机关申请强制执行行政行为需要满足什么条件？ / 662
公民申请强制执行的应该在何时提出？ / 663
行政机关申请强制执行的应该在何时提出？ / 663
强制执行由哪一级法院执行？ / 663
没有行政强制权的行政机关可以申请法院强制执行吗？ / 664
行政机关申请强制执行行政行为应该向哪一级法院提出？ / 664
行政机关解决的民事争议可以申请法院强制执行吗？ / 664
行政机关申请强制执行应向法院递交什么材料？ / 665

认为被执行人可能逃避执行怎么办？ / 665
法院受理强制执行的申请后将如何处理？ / 665
被申请执行的行政行为只要合法就可以被强制执行吗？ / 666
行政机关拒绝履行生效判决、裁定会受到处罚吗？ / 666
强制征收补偿案件由哪一级法院负责管辖？ / 666
申请强制执行征收补偿案件的应当提交哪些材料？ / 666
没有进行社会稳定风险评估的可以先行进行强制执行吗？ / 667
征收补偿协议虽然合法但明显不合理怎么办？ / 667
申请强制执行征收补偿决定案件的应当何时提出？ / 667
法院在收到申请强制执行征收补偿决定材料多长时间内立案？ / 668
哪些情况下法院会对强制执行征收决定的申请裁定不予执行？ / 668
申请机关对于法院不予执行裁定有异议的怎么办？ / 668
法院裁定准予实施强制征收补偿决定的如何通知被执行人？ / 669
政府组织强制拆迁没有向被执行人发公告怎么办？ / 669
当事人已经就相关行政行为提起行政诉讼的行政机关可以申请先予执行吗？ / 669
谁来负责组织征收补偿决定的强制执行？ / 670
征收补偿方案确定的标准明显低于市场价值的怎么办？ / 670
对征地拆迁补偿协议不服如何提起诉讼？ / 671
征收土地的补偿协议必须同时符合程序合法性和实体合法性的要求吗？ / 672

第七章 司法公开

如何查找法院地址？ / 674
想要就案件问题申诉信访必须要到上一级法院去吗？ / 674
如何查询诉讼文书？ / 674
法院在互联网上公布裁判文书有统一的规定和要求吗？ / 675
谁对已经公布的裁判文书质量负责？ / 675
法院有专门的机构负责裁判文书上网工作吗？ / 675
哪些生效裁判文书不宜在互联网上公布？ / 676
在互联网上公布的裁判文书会显示当事人的真实信息吗？ / 676
如何认定“其他不宜公开”的裁判文书？ / 676
生效的裁判文书应当多长时间内上网？ / 677
互联网公布的裁判文书与送达当事人的裁判文书一样吗？ / 677
已经公布的裁判文书以修改或者撤回吗？ / 677
对法院工作的意见、建议可向当地法院的院长提出吗？ / 677
怎么给大法官留言？ / 678
了解法院工作有哪些途径？ / 678
中国法院手机电视 APP 是什么？ / 678
法院每个月都会召开发布会吗？ / 679
最高人民法院举办的新闻发布会在哪里可以看到？ / 679
想要采访各地法院应当如何联系？ / 679
在哪里可以看到全国的大法官信息？ / 680
法院发布的权威司法解释、文件在哪里可以查询？ / 680
法院的庭审可以在网络中看到吗？ / 680
当事人如何了解自己案件的办理情况？ / 681
法院的法官和工作人员有违法违纪行为，如何举报？ / 681
除网络举报外，还有其他方式监督法院办案情况吗？ / 682
法院如何处理廉政监督卡上提出的意见？ / 682
法院处理廉政监督卡上的意见后需要向当事人进行反馈吗？ / 682
廉政监督卡上反映的普遍问题可能成为法院改进工作的依据吗？ / 683
什么是廉政回访？ / 683
全国人大代表、政协委员如何对法院工作提出意见、建议？ / 683
法院还有哪些专门的网站？ / 683

后记

在青岛出版社的大力支持下,《e时代打官司一本通》就要付印了。在本书即将出版之际，我们对本书编辑付出的辛苦努力表示感谢。在本书编辑过程中，央美阳光文化传播有限公司的孙雪松、王艳娥、李春颖、李佳兴、王迎春、康翠萍、刘建玲等同志为书中的内容绘制了精美的漫画，令本书增色。本书共收录了2300多个问题，力求把读者在打官司过程中可能遇到的问题“一网打尽”。但是，由于法律条文的修改和司法实践的变化，本书难免会有疏失和不当之处，恳请读者批评指正。对于读者指出的问题,我们会在后续修订时进一步修改完善。在编写本书时，我们尝试使用动漫作品和图像识别技术对枯燥的法律条文进行趣味化解读。为了强化“书网联通互动”特色，我们还开通了“e时代打官司”微信公众号(账号为esddgs)。欢迎读者朋友们通过微信提出宝贵的意见和建议，我们将及时推送最新的诉讼法律规定，并对在诉讼中应当注意的问题及时进行答复。感谢大家的关注，期待大家的参与！